자본주의 경제의 위기와 공황

자본주의 경제의 위기와 공황

김수행

서울대학교출판문화원

Economic Crisis and Panic in Capitalist Society

Soo-Haeng Kim

Seoul National University Press

머리말

이 책의 목적은 현재 우리를 둘러싸고 있는 세계적인 장기불황과 그것에 따른 사회 전반의 문제들을 설명하기 위한 것이다.

불황이나 공황이나 경제위기에 관한 이론은 주류경제학에는 없다. 주류경제학은 시장이 모든 경제주체들의 만족을 극대화하며 또한 그렇게 되도록 물적 · 인적 자원을 배분한다고 주장한다. 그러므로 상품들이 팔리지 않아 창고에 쌓여 있기 때문에 공장과 기계설비가 쉬고 실업자가 생기고 기업이 도산하는 것은 있을 수 없는 일이다. 그런데 지금 우리는 '있을 수 없는' 그런 경제현상을 항상 보고 있으므로 주류경제학은 '꿈 속의 경제학' 이라는 비판을 받는 것이다. 이처럼 공황을 설명할 수 있는 이론 틀이 없기 때문에 주류경제학은 한국 공황을 보면서 '도덕적 해이' 라든가 '연줄자본주의' 와 같은 경제학 이외의 용어들을 빌려 오게 된 것이다.

나는 박사논문(S.H. Kim 1982)에서 여러 가지 마르크스주의 공황이론들을 섭렵하고 비판하면서 마르크스 자신의 공황이론을 분명히 정립하려고 노력했는데, 지금과 같은 장기불황에서 나의 연구성과를 발표함으로써 현재의 불황의 근본원인과 극복방법에 관해 사회과학자들과 사회운동가들과 함께 고민하기를 바라는 마음 간절하다. 사실 나는 1986년에 『경제변동론』(비봉출판사)을 출판해 마르크스의 공황이론을 불충분하지만 설명했는데, 독자들이 그 책의 한자들을 읽을 수 없다고 크게 불평했다. 이제 이 책에서는 한자를 사용하지 않으면서 현재의 상황에 맞게 내용을 대폭 수정하고 확대했다.

이 책이 비록 자본주의 경제의 위기와 공황을 다루고 있지만, 그 기본내용은 자본주의가 어떤 경제체제인가를 독자들에게 폭로하면서 자본주의 체제의 일시적 성격과 다른 체제로의 이행 필연성을 분명히 밝히는 것이다. 도대체 인간의 상상을 초월하는 과학기술의 진보를 달성하면서도 주민의 대부분을 빈곤과 불안과 자살 충동에 사로잡아 두는 체제가 어떻게 오래 갈 수 있겠는가! 이 책의 내용은 공황이론과 현실의 공황분석이라는 두 부분으로 크게 나누어진다. 이론부분에서는 마르크스주의 공황이론의 여러 갈래를 자세하게 정리하고 비판하면서 그들의 합리적인 핵심을 찾으려고 노력했다. 현실의 공황분석에서는 1970년대 이후의 경제위기와 공황에 집중하면서 신자유주의, 자본의 세계화, 경제의 금융화, 1997년 말의 한국 공황, 제국주의, 세계공황의 가능성 등등을 다루었다. 그리고 마지막 장('장기불황을 넘어 새로운 사회로')에서는 자본주의 체제는 너무나 문제가 많기 때문에 새로운 사회로 이행해야 할 필요성이 점점 더 증대하고 있다는 점을 지적했다.

이 책은 연구자들과 운동가들을 위한 것이므로 여러 학자들의 저서와 논문을 인용하고 설명하면서 비판하는 형식을 취했다. 늘 하듯이 글을 알기 쉽게 쓰려고 노력했지만, 복잡한 이론을 풀어쓰는 데도 일정한 한계가 있으므로 이해하기가 어려운 부분들도 있을 것이다. 그러나 읽고 또 읽으면 곧 이해할 수 있으리라 믿는다.

책을 쓰기 시작한 것은 2005년 10월이었는데, 다행히 대학원의 강의자료들과 여러 곳에 발표한 글들이 있어 그것들을 정리하고 새로운 자료를 붙여 이제 완성하게 되었다. 독자들이 이 책을 읽고 자본주의의 운동법칙을 깨달아 자본주의를 지양하는 새로운 사회를 구상하게 된다면 나의 그 동안의 수고는 크게 보상받는 셈이 될 것이다.

2006년 8월 8일

서울대 16동 608호에서

김 수 행

차 례

제3장 과소소비설

제4장 케인즈의 유효수요이론과 장기정체설

제5장 임금 상승에 따른 이윤압박설

제9장 세계경제의 위기와 자본의 세계화

제10장 불황극복정책인 신자유주의의 파탄

제 1 장

마르크스주의적 방법론

1
기본개념들

1) 마르크스주의에서 사용하는 '위기' 개념

경제문제와 관련하여 마르크스주의자들이 사용하는 위기(crisis)라는 단어는 i) conjunctural crisis, ii) cyclical crisis, iii) historic crisis(또는 structural crisis) 등에서 볼 수 있다. i)은 특수상황에서 나타나는 구체적 · 현실적 위기를 말하며, ii)는 반복되는 순환적 위기 또는 경기순환(business cycle)을 가리키고, iii)은 자본주의 체제의 단계적 변형(transformation)이나 붕괴와 관련되는 위기를 의미한다.

마르크스는 1825년 이래 거의 10년의 주기를 가지고 반복적으로 일어났던 순환적 위기를 '이론적으로' 해명하려고 노력했으며, 더욱이 그는 순환적 위기를 자본주의적 생산양식(capitalist mode of production)[1]이라는 매우 추상적인 모델에서 이론화하려고 했다.

> 자본주의 사회의 운동이 모순들로 꽉 차 있다는 사실은 산업활동의 주기적 순환(periodic cycle)—이것의 봉우리가 일반적 위기(general crisis)이다—을 통해 실무적인 부르주아지에게 매우 분명히 알려져 있다(『자본론』 I(상): 19-20).

1 생산양식에 관해서는 김수행(2004a: 23-25)을 참조하라.

그런데 마르크스는 변증법적 유물론[2]에 의거하여 자본주의 체제가 어떤 경로를 통해 붕괴되는가에 큰 관심을 가졌기 때문에, 자본주의적 생산양식의 '역사적 위기'를 일으키는 내부 모순들을 매우 자세하게 분석했다. 이 내부 모순들은 『자본론』 제I권 제32장('자본주의적 축적의 역사적 경향')에 간략하게 요약되어 있다. 예컨대 대자본가에 의한 중소자본가의 수탈, 자본의 집중, 노동의 사회화, 자본의 사회화, 수적(數的)으로 점점 더 적어지는 대자본가들에 의한 지배와 억압의 증대, 훈련되고 통일되며 조직된 노동자계급의 성장, 더욱 더 심각해지는 공황, 자본주의적 생산관계(자본가에 의한 생산수단과 생산결과의 독점, 자본가에 의한 노동자의 착취)가 생산력의 발달을 저지하는 장애물로 전환하는 것 등등이다. 결국,

> 자본주의적 외피는 파열된다. 자본주의적 사적 소유의 조종이 울린다. 수탈자가 수탈당한다[3](『자본론』I(하): 1050).

이 역사적 위기 또는 구조적 위기는 자본주의를 타도하거나 변형시키는 결정적인 순간이기 때문에, 순환적 위기의 범위를 넘어서서 정치적 · 이데올로기적 투쟁을 포함할 수밖에 없다. 그렇지만 순환적 위기에서 나타나는 공황(恐慌 panic, crash) 국면은 자본주의적 생산관계가 이제는 생산력의 발달과 주민 복지의 증대를 저지하는 장애물로 전환된 것을, 따라서 자본주의 체제를 변혁해야 할 필요성을 가장 명확하게 폭로한다는 점에서 역사적 위기 또는 구조적 위기의 핵심적인 요소의 하나이다. 공황에서는 수많은 상공업기업들과 금융기업들이 도산하고 수많은 노동자들이 실직하기 때문에, 엄청난 규모의 생산력이 낭비된다. 그런데 이처럼 생산력이 낭비되면서 민중의 생활이 처참하게 되는 이유가 자본주의 체제의

2 변증법에서 헤겔과 마르크스가 어떻게 다른가는 김수행(2004a: 32-34)을 참조하라.
3 "수탈자가 수탈당한다"는 것은 중소자본가들을 수탈했던 소수의 대자본가들이 사회에 의해 그들의 소유가 모두 빼앗기는 것을 가리킨다.

문제—사회 전체적으로 생산과 소비를 계획에 의해 사전적으로 균형을 도모하지 않기 때문이라든가, 경제활동의 목적이 주민들의 욕구와 필요의 충족이 아니라 자본가들의 이윤 극대화 때문이라든가, 빈부 격차, 대기업과 중소기업의 격차, 정규직과 비정규직의 격차 등등 양극화 때문이라든가—로 인식되면서 '사회혁명' 의 시대가 다가온다.

> 사회의 물질적 생산력은 그 발전의 어느 단계에서 기존의 생산관계—이 생산관계를 법률적 용어로 표현한 것이 소유관계인데, 물질적 생산력은 이 소유관계의 틀 안에서 작용해 온 것이다—와 충돌하게 된다. 이 생산관계 또는 소유관계가 생산력을 발전시키는 형태로부터 생산력의 발전을 저지하는 형태로 전환한다는 말이다. 이 시점에서 사회혁명의 시대가 닥쳐온다. ……인간들은 생산력과 생산관계의 충돌을 법률적 · 정치적 · 종교적 · 예술적 · 철학적, 한마디로 말해 이데올로기적 형태들을 통해 의식하며, 또한 인간들은 이런 형태들을 통해 투쟁함으로써 생산력과 생산관계의 충돌을 해결하게 된다(Marx 1859: 263).

그러나 역사적 위기나 구조적 위기는 오직 자본주의 체제의 '최종적' 위기를 가리키는 것이 아니라, 자본주의 체제가 순환적 위기를 겪으면서 변형될 수 있다는 것을 함의하게 된다. 여기에서 조절이론(Regulation Theory)이나 사회적 축적이론(Social System of Accumulation Theory)의 기여를 인정할 수 있는데, 이 이론들은 순환적 위기에서 나루지 않는 자본축적의 '제도형태' 들의 변화를 포섭하고 있기 때문이다.

김숙경(2004)은 이윤율의 장기적인 저하가 자본주의의 '구조적 위기' 또는 '최종적 위기' 를 일으킬 것이지만, 현실의 역사에서는 이윤율의 장기적인 저하에 '반작용하는 요인들' 이 작용하기 때문에 이윤율의 장기적인 저하가 저지되면서 다수의 '역사적 위기' 가 나타난다고 이해한다. 그러나 마르크스가 말하는 이윤율 저하 경향의 법칙은 자본축적과정이 이윤율을 저하시키는 요소들과 상승시키는 요소들을 동시에 만들어 내고 있다는 것을 지적하고 있기 때문에,[4] 구조적 위기와 역사적 위기를 김숙경처럼 구분하는 것은 곤란하다고 말해야 할 것이다. 오히려 역사적 위기나 구조적 위기에 관한 논의는 순환적 위기보다 더 구체적으로 자본주의 체제의 온갖 제도형태들과 계급투쟁을 고려해야 하며, 구조적 위기는 반드시 최종적 위기와 동일시할 필요가 없다는 점을 강조해야 할 것이다. 사실상 역사적 위기나 구조적 위기는 마르크스주의의 전통에서는 장기파동론(long wave theory)에서 다루고 있는 것처럼 보인다.[5]

공황은 자본주의 체제의 '최종적' 위기와 어떤 관련이 있는가? 물론 공황이 실업자를 급격히 증가시켜 서민의 생활을 크게 위협하면, 자본가계급이 지배하던 자본주의가 선거나 폭동을 통해 타도될 수도 있다. 자본주의 체제는 공황에 의해 자동붕괴(自動崩壞 automatic breakdown)된다고 제2인터내셔널의 경제주의(economism)[6]가 주장했지만, 구체적인 역사는 경제주의가 옳지 않다는 것을 증명했다. 1930년대의 공황은 미국에서는 뉴딜(New Deal)을 낳았고 독일에서는 파시즘(fascism)을 낳았으며, 이 공황으로 말미암은 열강들 사이의 경제적 · 군사적 투쟁이 제2차 세계대전의 근본원인이었고 이 전쟁에 의해 공황이 일시적으로 해소되었다고 말할 수 있을 것이다. 다시 말해 1930년대의 공황은 자본주의를 타도한 것이 아니라 공황의 최대의 피해자인 노동자계급을 전쟁의 대포 밥으로 희생시켰으며, 이 전쟁을 통해 자본주의는 연명하게 되었다. 또한 1974~75년의 공황은 세계 전체에 신자유주의를 퍼뜨리면서 세계 전체의 노동자계급을 더욱 괴롭히고 있지만, 아직도 자본주의의 조종(弔鐘 knell)은 들리지 않는다.

자본주의 체제의 타도는 노동자계급을 중심으로 한 혁명세력이 자본가

4 이 책의 제6장을 참조하라.

5 이 책의 제8장을 참조하라.

6 경제적 결정론(economic determinism)이라고도 부른다.

계급과 국가기구들을 전복하여 전혀 새로운 사회질서(공동소유 · 공동노동 · 공동분배를 내용으로 할 것이다)를 수립할 때 비로소 가능할 것이다. 공황이 혁명세력에게 자본주의 체제를 타도하지 않고서는 억압과 착취로부터 '해방' 될 수 없다는 것을 가르친다면, 그리고 새로운 사회에 대한 혁명세력의 청사진이 대중의 참여와 헌신과 창의를 동원할 수 있다면, 공황은 자본주의 체제를 '최종적' 위기에 빠뜨릴 수 있다. 그러나 "공황기에 자본주의 체제가 붕괴한다"는 주장은 역사적으로 증명되지 않았다.[7]

2) 경기순환의 종류

자본주의 경제의 역사를 말할 때, 우리는 대체로 중상주의적(重商主義的) 정부개입의 단계로부터 시작하여 자유경쟁적 자유방임의 단계를 거쳐 독과점적(獨寡占的) 경쟁의 단계에 이르고 다시 사회정책적(社會政策的) 정부개입의 단계를 거쳐 1970년대 이후 지금까지 신자유주의적(neo-liberal) 시장만능(市場萬能)의 단계에 이르렀다고 말할 수 있다. 그런데 이런 질적인 변화보다는 양적인 변화에 주목하여 자본주의 경제의 역사를 경기순환의 측면에서 통계적으로 파악하려는 시도가 많이 있었다. 이리하여 자본주의 경제는 주기(週期 period, 경제활동의 하나의 꼭대기나 밑바닥으로부터 다음의 꼭대기나 밑바닥까지의 시간 간격)가 다른 여러 가지 형태의 순환을 겪으면서 발달하고 있다는 주장들이 나타났다.

경기순환에는 단기순환과 중기순환 및 장기순환 등이 발견되었고, 1974/75년 이래의 장기불황에서 장기순환이 크게 주목받고 있다. 소련의 경제학자 콘드라티예프(Nikolai Dmitrievich Kondratiev 1892~1931?)는 1922년 자본주의는 40~60년의 주기를 가진 장기순환을 겪으면서 발

7 영국의 경우 1930년대와 1970년대에 노동당이 집권하고 있었지만 노동당 정부는 노동자계급과 노동조합을 희생하면서 공황으로부터 탈출하려는 정책을 실시했다. 김수행 외(2006) 참조.

전하고 있다고 주장했다.[8] 그는 주요 자본주의 나라들(영국 · 미국 · 프랑스)의 경제지표들(도매물가 · 외국무역 · 생산)의 시계열(時系列 time series; 1790년에서 1920년까지 130년 동안의 것)을 분석하여 세 차례의 장기순환을 찾아내었다. 제1차 장기순환은 1790~1851년(상승국면은 1790년에서 1810~17년까지이고, 하강국면은 1810~17년에서 1844~51년까지이다)이고, 제2차 장기순환은 1844~96년(상승국면은 1844~51년에서 1870~75년까지이고, 하강국면은 1870~75년에서 1890~96년까지이다)이며, 제3차 장기순환의 상승국면은 1890~96년에서 1914~20년까지이다. 오늘에 와서 그의 장기파동설이 각광을 받고 있지만, 장기파동을 일으키는 원인이 무엇인가에 대해서는 여러 가지 견해가 있다.

그런데 이런 장기순환 또는 장기파동은 장기간의 시계열을 하나의 추세선(趨勢線 trend line)에 의해 파악하고 있지만(그림 1-1), 이 장기간의 시계열을 몇 개의 단계 또는 시기로 구별하는 것이 훨씬 더 유용하다고 말할 수 있을 것이다.[9] 예컨대 장기간의 추세선을 AB, BC, CD라는 세 개의 추세선으로 나누어 각각 다른 단계(또는 시기)의 상황을 가리키게 한다면, 시계열의 하강과 상승을 일으키는 요소들이 각 단계마다 다르게 될 것이고 전체의 역사적 흐름을 정확하게 파악할 수 있을 것이다.

이렇게 생각할 수 있는 것은 공황이 자본축적을 지탱하는 제도적 환경인 '사회적 축적구조(social structure of accumulation)'를 바꿀 수 있기 때문이다.[10] 예를 들면 1930년대의 공황을 거치면서 자유방임(自由放任 laissez-faire)사상은 크게 후퇴하고 정부의 재정금융정책이 경제운영에서

8 이 주장은 당시 소련 지도층에서 유행하던 견해, 즉 제1차 세계대전 직후인 1920~21년의 공황으로 자본주의 체제가 붕괴할 것이라는 견해를 비판하기 위해 제기한 것이다. 사실상 그의 주장이 맞았지만, 그 당시에는 이단으로 몰렸고 그는 1930년 스탈린에 의해 강제수용소로 추방되고 거기에서 죽었다.

9 최근 유행하는 계량경제사(econometric history, cliometrics)는 인류의 역사 전체가 경제인과 이윤극대화원리에 의해 지배되었다는 터무니없는 가정에 의거하고 있다(김수행 2004b: 13-14).

10 정성진(2005: 제4장)은 공황과 사회적 축적구조 변화의 상호관계를 미국과 한국을 예로 들면서 설명하고 있다.

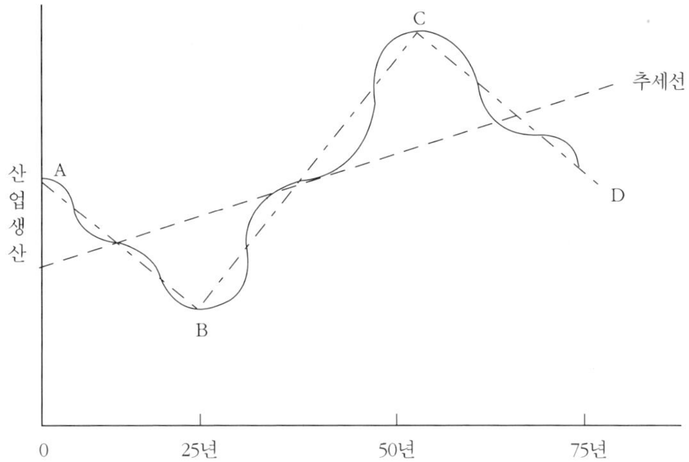

그림 1-1 추세적 성장과 단계적 성장

매우 큰 비중을 차지하게 되었다는 사실, 그리고 1974~75년의 공황을 거치면서 이제는 반대로 정부의 경제개입이 크게 축소되면서 자유방임이 자본의 세계화와 더불어 경제생활을 완전히 지배하게 되었다는 사실이 그것이다. 그러나 지금 당장 공황이 발생했을 때 이것이 구조적 공황인지 순환적 공황인지는 알 수 없다. 공황을 극복하는 과정에서 이전의 제도들로서는 도저히 공황을 극복할 수 없어 새로운 제도들을 도입하게 되는 것을 보면서 우리는 그것이 구조적 공황인 것을 알아차리게 된다.

콘드라디예프 이외에도 쿠즈네츠(Simon Kuznets)는 15~25년의 주기를 가진 순환을 발견했으며, 쥐글라(Clement Juglar)는 7~10년의 주기를 가진 순환, 그리고 키친(Joseph Kitchin)은 40개월 안팎의 주기를 가진 순환을 발견했다. 이들 순환의 내용을 간단히 살펴보자.

1971년도 노벨경제학상을 받은 미국의 쿠즈네츠는 1930년에 건물 건설과 그 관련 지표에서 15~25년의 주기를 가진 순환을 발견했는데, 이것을 쿠즈네츠순환이라고 부른다. 왜 이런 주기의 순환이 생기는가에 대해서는 분명한 설명이 없지만, 이민(immigration)과 인구증가율의 변동주기와 결부되어 있는 것이 아닌가라고 추측하고 있을 뿐이다. 그리고 프랑스의 쥐글라(1819~1905)는 1892년에 주기 7~10년의 경기순환을 발견했는데, 그는 이것이 설비의 갱신투자(更新投資 replacement investment) 때문에 생긴다고 말했다. 다음으로 미국의 키친은 1923년에 주기 40개월 안팎의 단기순환을 발견했는데, 그는 이것을 재고(在庫 inventory)의 과잉과 부족을 조정하는 과정에서 생기는 것으로 보았다. 다시 말해 호황기에는 호황이 더욱 진행될 것으로 보아 재고를 위한 구매를 더욱 많이 하게 되는데, 호황이 끝남에 따라 재고가 너무 많아 당분간 재고를 위해서는 구매하지 않다가 재고가 적정수준 밑으로 감소하면 다시 재고를 위해 구매하기 때문에, 40개월 정도의 주기를 가진 순환이 생긴다는 것이다.

이처럼 주기가 서로 다른 순환들이 함께 경제에 작용한다면 그 종합적 효과는 어떻게 나타날까? 슘페터는 『경기순환』(*Business Cycle* 1939: 213)에서 그림 1-2와 같이 세 개의 순환(1,2,3)들과 그것의 종합(4)을 예시하고 있다. 순환(1)은 주기 57년의 장기순환이고, 순환(2)는 주기 9.5년의 중기(中期)순환이며, 순환(3)은 주기 3년의 단기순환이다. 단기순환의 상승국면이 중기순환의 상승국면에서 나타날 때는 단기순환의 상승국면이 연장되는 경향이 있으며, 마찬가지로 중기순환의 상승국면이 장기순환의 상승국면에서 나타날 때는 중기순환의 상승국면이 연장되는 경향이 있다. 이와는 반대로 단기순환의 하강국면이 중기순환의 하강국면에서 나타날 때는 단기순환의 하강국면이 연장되는 경향이 있으며, 마찬가지로 중기순환의 하강국면이 장기순환의 하강국면에서 나타날 때는 중기순환의 하강국면이 연장되는 경향이 있다. 따라서 최대의 호황은 세 개의 순환들이 동시에 호항의 꼭대기에 도달할 때 생기며, 최악의 불황은 세 개의 순환들이 동시에 불황의 밑바닥에 빠질 때 생긴다.

그러나 1960년대 이후의 경기순환이론에서는 중기순환이나 단기순환에 관한 논의는 크게 후퇴했다. 왜냐하면 정부의 경제개입이 경기순환 그 자체까지 제거할 수 있다는 믿음이 유행했기 때문이다. 노벨경제학상을

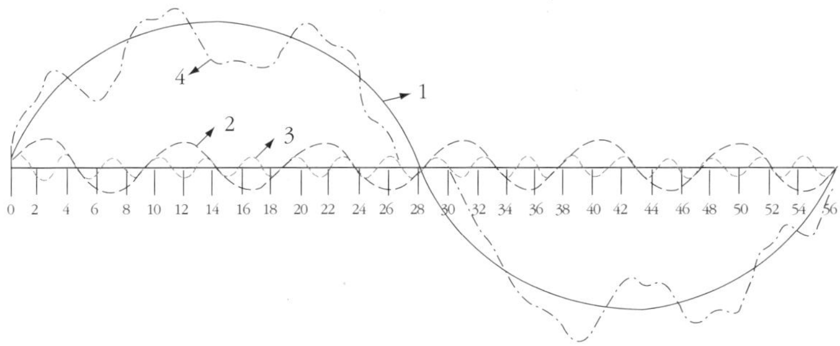

그림 1-2 순환의 겹침

받은 주류경제학자인 사뮤엘슨(Paul A. Samuelson)은 1973년 그의 베스트셀러 『경제학』(*Economics*)에서 다음과 같이 주장했다.

> 경기순환은 죽었는가? 현대 의학이 천연두와 소아마비와 같은 질병을 없앤 것처럼, 새로운 경제학은 경기순환과 같은 역사적 자본주의의 저주를 이제 영원히 제거했는가? ……큰 불황이 사실상 사라진 것은 투표자들의 새로운 태도 때문이다(큰 불황을 제거하지 않는 정부에게 투표하지 않기 때문이다: 번역자). $C+I+G$ 분석(소비 + 투자 + 정부지출 분석: 번역자)과 화폐분석에 의해, 경제과학은 경기후퇴가 장기적인 큰 불황으로 전환되는 것을 막기 위해 재정금융정책을 사용하는 방법을 알고 있다(Samuelson 1973: 266).

물론 정부의 경제정책은 단기순환이나 중기순환의 격렬성을 약화시킬 수 있었지만, 1974~75년의 세계적 대공황과 그 이후의 장기불황을 전혀 치유할 수 없었다. 오히려 정부가 단기와 중기의 순환들을 약화시키는 과정에서 대공황과 대불황의 씨앗을 뿌렸을 가능성이 있다는 주장도 있다. 어쨌든 세계경제는 2006년까지 장기불황의 늪에서 벗어나지 못하고 있기 때문에, 마르크스주의자와 비주류경제학자를 중심으로 경기순환[11] 특히 장기파동에 관한 연구가 진행되고 있다.

3) 경기순환의 국면과 공황의 원인

마르크스는 경기순환의 국면들을 다음과 같이 구별했다.

(가) 산업의 생애는 중간 정도의 활황, 번영, 과잉생산, crisis, 불황이라는 일련의 시기들로 구성된다(『자본론』I(하): 607).
(나) 근대산업의 특징적인 진행과정, 즉 평균수준의 호황, 활황, crisis, 침체로 이루어지는 10년을 1주기로 하는 순환(『자본론』I(하): 863).
(다) 근대적 산업이 통과하고 있는 회전순환(turnover cycle)—불황, 회복, 번영, 과잉생산, crash, 정체, 불황 등등의 순환(『자본론』III(상): 440).
(라) 이자율은 crisis 중에—이 때에는 지불하기 위해 어떤 비용이 들더라도 화폐를 차입해야 한다—그 최고 수준에 도달한다(『자본론』III(상): 440).

위에서 보면 crisis와 crash라는 단어가 나오는데, crash는 경제가 공황 또는 파국에 빠져 헤어나지 못하는 국면을 가리키는 것 같다. 그런데 (라)의 crisis는 경제가 과잉생산에 부닥쳤지만 아직 공황이나 파국에 빠지지 않은 국면—따라서 파산을 면하기 위해 아무리 높은 이자율을 지불하더라도 자금을 차입하려고 하는 국면—을 가리키는 것 같다. 이처럼 crisis와 crash는 구별할 수 있을 것 같은데, (가)와 (나)에서는 crisis가 crash를 포함하고 있는 것처럼 보인다. 따라서 일본의 마르크스주의자들은 crisis를 공황이라고 번역했고, 우리도 그것을 본받았다. 그런데 (라)에서 보는 바와 같이 crisis를 공황으로 번역하면 문장의 의미가 제대로 전달되지 않기 때문에, 나는 crisis를 '위기'로, crash를 '공황'으로 불러 각각 다른 국면을 가리키는 것으로 구별하기로 했다. 이렇게 되면 경기순환의 국면들은 회복, 호황, 벼락경기(활황 boom), 위기(과잉생산), 공황, 불황 등이

11 산업순환(industrial cycle) 또는 경제변동(economic fluctuation)이라고도 부른다.

될 것이다.

경기순환을 중요한 국면(局面 phase)들로 나누어 보면 대체로 그림 1-3과 같다. 경제위기(經濟危機 economic crisis)는 경제가 벼락경기(boom)를 거치면서 과잉생산에 빠져 허우적거리는 국면을 가리키지만, 공황으로 빠질지 회복으로 향할지는 모른다. 그런데 공황은 실제로 경제가 갑자기 혼란에 빠져 헤어나지 못하는 국면이다. 공황국면에서는 수많은 산업기업들과 금융기업들이 도산하고 대량의 실업자가 발생한다. 이 자본주의적 공황은 사실상 재화와 서비스가 '너무' 많이 생산되어 제값에 팔리기 않기 때문에 생기므로, 자본주의가 아닌 다른 경제체제에서 가뭄이나 계획의 실패에 의해 발생하는 경제적 혼란은 이 책의 관심사가 아니다.

이 책은 기본적으로 경제위기와 공황이 왜 일어나는가를 다루기 때문에, 그것들의 '원인'에 관한 이론들을 소개하고 비판한다. 이 원인은 경제위기를 일으키는 환경이나 경제위기의 전조(前兆 harbinger)와는 다르다. 예컨대 자본주의는 경제위기와 공황이 일어나는 '환경'을 이루기 때문에, "경제위기와 공황의 원인은 자본주의다"고 말하는 것은 아무런

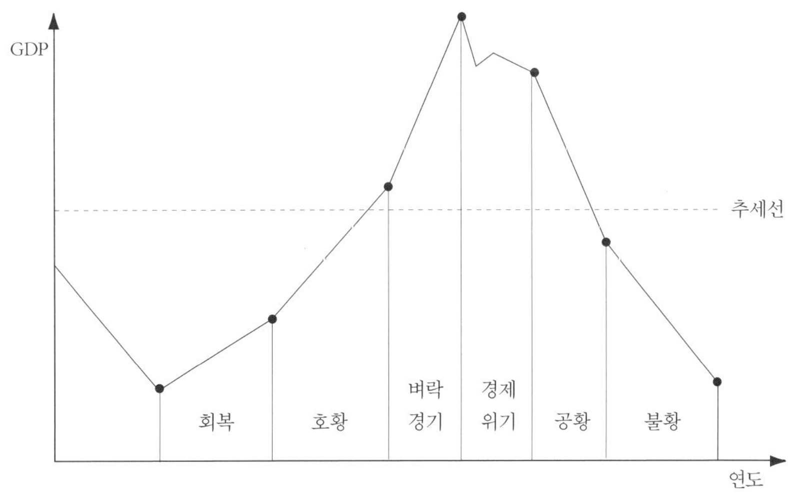

그림 1-3 경기변동의 국면

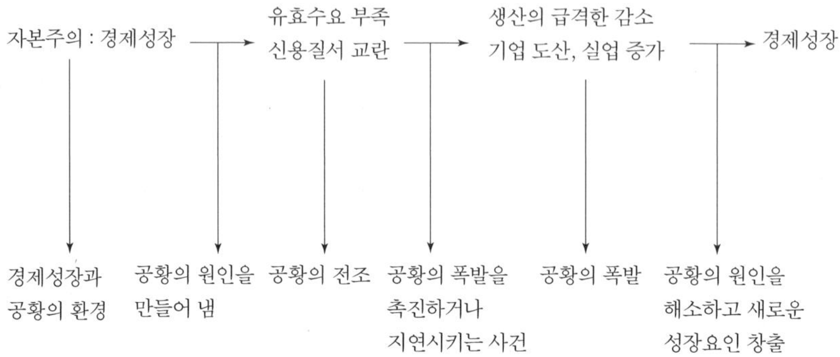

그림 1-4 공황의 환경 · 원인 · 전조 · 폭발

도움을 주지 않는다. 또한 "상품들이 팔리지 않기 때문에 경제위기와 공황이 일어난다"고 말하는 것은 경제위기와 공황의 전조를 그것들의 원인이라고 잘못 보는 것이다. 경제위기와 공황은 이전의 호황과 벼락경기 국면에서 발생한 여러 가지 문제점들 때문에 '폭발'하는 것이고, 이 문제점들은 공황(과 뒤이은 불황)을 통해 해소되거나 약화되면서 경제는 새로운 회복국면에 들어가게 된다. 이것이 공황의 '효과'이다(그림 1-4를 참조).

경제위기와 공황은 자본이 정상적인 축적과정에서 어떤 장애물이나 모순에 걸려 축적과정을 계속할 수 없게 되는 상황이다. 따라서 공황의 발생을 설명해야 비로소 경기순환의 존재가 증명되는 것이다. 흔히들 호황기의 특징을 기초로 공황에 이르는 과정을 설명하지만 이것은 올바른 연구방법이라고 말할 수 없다. 왜냐하면 이 경우에는 경기순환의 존재를 설명하기도 전에 경기순환을 미리 상정하기 때문이다.

2
『자본론』의 자본주의 연구방법[12]

주류경제학에는 경제위기와 공황에 관한 이론이 없다. 왜냐하면 시장에 모든 것을 맡겨두면 경제는 항상 효용과 이윤을 극대화하며 인적 · 물적 자원들은 가장 효율적으로 이용된다고 가정하고 있기 때문이다. 수많은 노동인력들이 취업을 못하고 수많은 기업들이 도산하는 것을 주류경제학은 설명할 수가 없다. 따라서 이 책은 기본적으로 마르크스주의 경제학에 의거하면서 경제위기와 공황을 이론적으로 그리고 역사적으로 설명하려고 한다. 이 경우 가장 필요한 것이 마르크스의 주된 저서인 『자본론』을 제대로 이해하는 것인데, 다행히 이 목적에 적합한 논쟁이 일본에서 오래 전에 있었다. 『자본론』은 무엇을 대상으로 어떻게 연구했는가에 관한 논쟁으로서 서방에서도 이와 비슷한 것이 있었다.

먼저 일본의 논쟁을 자세히 검토하자.

우노코조(宇野弘藏)의 『經濟原論』(경제원론)이 발간된 이래[13] 일본 마르크스주의자들은 『자본론』의 연구대상과 연구방법에 관해 큰 논쟁을 하게 되었다. 세키네(Sekine 1975)가 지적한 바와 같이, 우노는 『자본론』의 내용을 '독특하게' 해석했는데, 이 해석은 일본 마르크스주의자들로부터 많은 비판을 받았을 뿐 아니라 "일본의 마르크스주의 연구에 지대한 영

12 김수행(2004c)을 수정한 것이다.

13 (상), (하) 두 권으로 각각 1950년과 1952년에 발간되었다. 그리고 1964년에 개정되면서 축소되었다. 이 개정 축소판을 세키네(Thomas Sekine 關根友彦)가 영역하여 *Principles of Political Economy*로 1980년에 Harvester Press에서 발간했다.

향을 끼쳤다."

이 논쟁을 검토하면 우리는 다음과 같은 지식을 얻을 수 있다. 첫째로 『자본론』에 포함되어 있는 이론들이 지닌 추상수준(level of abstraction)을 이해할 수 있다. 둘째로 자본의 일반이론과 단계이론 사이의 상호관계를 파악할 수 있다. 셋째로 일본 마르크스주의자들의 여러 학파(學派)를 만날 수 있다.

이 논쟁은 해결되지 않은 채 이제는 관심 밖으로 밀려났지만 주로 다음과 같은 문제들을 다루었다.

(가) 우노가 마르크스주의 정치경제학을 '원리론', '단계론', '현상분석론'으로 분할한 것(3분할)이 『자본론』을 올바로 해석한 것인가?

(나) 『자본론』은 우노의 원리론 수준에 속하는가? 우노에 의하면, 원리론의 과제는 자본이 어떻게 자기 자신의 자율적이고 독립적인 운동을 '영원히' 반복할 수 있는가를 해명하는 것이다.

(다) 『자본론』은 자율적인 경제법칙들을 '순수자본주의 사회'—오로지 산업자본가(와 상업자본가), 현대적 토지소유자와 임금노동자로 구성되어 있는 사회—로부터 도출하고 있는가?

(라) 단계론의 필요성은 어디에 있는가? 우노에 의하면, 자본주의 사회의 현실적인 발전이 너무나 많은 '순수하지 않은' 요소들[14]을 포함하게 되어 순수자본주의 사회의 원리론이 '순수하지 않은' 자본주의 사회에 적용될 수 없기 때문에 단계론이 필요하다고 주장한다.

이런 질문들은 기본적으로 『자본론』에 대한 우노의 해석을 문제삼은 것이다. 일본의 정통파(正統派) 마르크스주의자들은 원리론과 단계론의 '분리'를 전혀 인정하지 않는다. 왜냐하면 그들은 『자본론』의 이론들이

14 '순수하지 않은' 요소들이란 금리생활자, 소부르주아지, 국가의 경제개입, 비자본주의적 관계 등을 가리킨다.

자본주의의 영원성을 해명하는 것이 아니라 자본의 논리적 · 역사적 발전과 자본주의적 생산관계의 필연적인 붕괴를 폭로한다고 보기 때문이다. 다른 한편으로 스즈키 코이치로(鈴木鴻一郎)를 중심으로 하는 스즈키학파에 따르면, 『자본론』은 자본주의 경제의 자율적인 운동을 순수자본주의 사회라는 관념적인 모델로부터 이론화한 것이 아니라 '세계자본주의'—세계시장에서 운동하는 현실적인 자본주의 사회, 예컨대 19세기 중엽의 영국 자본주의 사회—로부터 이론화한 것이라고 주장한다.

우노학파, 정통파, 스즈키학파는 일본 마르크스경제학을 대표하는데, 아래에서는 우노학파의 독특한 연구방법을 다른 학파들이 어떻게 비판하는가를 밝히면서 일본의 학파들과 유럽 마르크스주의자들을 비교할 것이다.

1) 우노학파

(1) 원리론과 『자본론』

우노(Uno 1980)는 노동 · 생산과정은 인간과 자연 사이의 신진대사를 위한 보편적인 조건일 뿐 아니라 자연이 영원히 부과한 인간의 존재조건임을 강조한다. 역사적으로 노동 · 생산과정을 조직하는 방법은 많았다. 그런데 자본주의적 생산이 다른 '형태'[15]의 생산과 다른 독특한 차이는, 우노에 의하면, 자본주의적 생산과정이 상품교환관계를 통해—즉 노동력을 포함한 상품들의 매매를 통해—조직되고 있다는 점이다. 그리고 상품교환관계 덕택에 자본주의적 생산과정은 정치적 · 이데올로기적 개입으로부터 독립하고 있으므로 순전히 경제적인 원리들에 의해 분석될 수 있다는 것이다(Uno 1980: 17-18, 22).

15 우노학파는 '실체(substance)'와 '형태(form)'를 끊임없이 구별하고 있으며, 생산양식(mode of production)을 강조하지 않는다. 예컨대 자본주의적 생산의 '실체'는 다른 모든 생산형태들과 마찬가지로 사회적 욕구를 충족시키기 위한 사용가치의 생산이지만 자본주의적 생산의 '형태'는 다른 '형태들'과 다르다.

우노는 자본주의 경제의 자율적인 운동을 경제가 상부구조와 독립하여 운동하는 것으로 정의하고 있지만, 이런 견해는 완전히 잘못된 것이다. 왜냐하면 경제가 일정한 수준의 생산력과 일정한 생산관계로 구성되어 있다 할지라도 자기의 독특한 존재의 조건으로서 정치적 · 이데올로기적 상부구조의 존재를 전제하지 않으면 안 되기 때문이다. 우노가 자본주의 경제의 자율적 또는 독립적 운동을 강조한 것은 자본주의적 생산은 다른 형태들의 생산과는 달리 상품교환관계에 근거하고 있기 때문에 경제적 재생산과정에 대한 정치적 · 이데올로기적 개입이 최소화되어 있다는 점을 지적하는 것으로 보인다.

우노가 자율적인 경제를 상부구조의 개입 없이 경제가 "무한히 스스로 반복한다"고 정의하기 때문에, '자본주의의 순수이론' 또는 정치경제학의 '원리론'은 자본주의적 생산과정이 어떻게 '영속적(永續的)으로' 또는 '영구히' 유지될 수 있는가를 연구할 수밖에 없다. 자본주의 경제의 영속성은 자본주의 경제의 운동을 지배하는 일반적 · 영속적 · 반복적인 법칙들이 존재하는 것을 의미한다. 그런데 현실의 구체적인 자본주의 사회는 오직 특수한 한번뿐인 구체적 현상들만 만들어 내기 때문에, 모든 자본주의 사회에 적용할 수 있는 일반적 · 영속적 · 반복적인 법칙들을 형성하기 위해서는 '순수자본주의'라는 이론적 모델을 구축해야만 한다(Uno 1980: Introduction, xxii).

순수자본주의 사회의 영속적인 운동을 증명하는 과정에서 우노는 생산과정의 필수 불가결한 주체적 요소인 노동력에 특별히 주목한다. 노동력은 생산과정에서 기존의 가치를 유지하고 새로운 가치를 창조하는 독특한 속성을 가지고 있을 뿐 아니라, 노동력은 자본 자체에 의해 '직접적으로 생산될 수 없기' 때문이다. 우노에 의하면, 자본주의적 생산의 '진정한 장벽'은 자본에 의해 생산될 수 없는 노동력이 상품으로 전환되었다는 사실에 있다. 자본주의적 생산에 적합한 노동력의 공급은 경제의 자율성을 유지하는 데 가장 필수적이다(Uno 1980: 54-55). 이에 따라 자본주의 경제가 노동력의 양적인 제한을 해결하는 어떤 메커니즘을 가지지 않는 한, 자본주의적 생산과정은 자기 자신의 순환적이고 반복적인 운동을 계속할 수 없다는 점이 명백하다. 우노는 산업순환 또는 공황을 상대적 과잉인구를 주기적으로 창조함으로써 적절한 노동력을 확보하는 자본주의에 특수한 메커니즘이라고 생각한다. 산업순환은 또한 경제가 상부구조의 개입 없이 상품교환관계를 기초로 기능할 수 있게 하는 메커니즘이기도 하다.

결국, 우노의 원리론의 주요한 과제는, 세 계급으로 구성된 순수자본주의 사회가 공황의 주기적인 발발을 통해 자본의 가치증식욕에 적합한 노동력을 확보할 수 있을 뿐 아니라 자립적이고 영원히 반복되는 경제를 유지할 수 있다는 것을 증명하는 것이다.[16]

이런 문제의식으로부터 우노는 『자본론』을 재평가했다. 우노의 『경제원론』은 사실상 『자본론』의 우노판(版)이다. 왜냐하면 우노는 원리론의 과제에 따라 『자본론』의 내용을 재배치하고 일부를 삭제했기 때문이다.[17]

『자본론』을 재평가하면서 우노는 다음과 같이 주장한다.

첫째 『자본론』의 연구대상은 '순수자본주의' 임에 틀림없다. 왜냐하면 마르크스는 사회계급들이 3대계급으로 '순수화하는' 경향을 인정하고 있으며(『자본론』III(하): 1073-1074), 자본주의적 생산의 법칙들을 자본주의적 생산만이 존재하는 사회로부터 도출하고 있기 때문이다(『자본론』III(상): 207). 더욱이 19세기 중엽의 영국 자본주의 사회는 사실상 순수자본주의 사회에 접근하고 있었으며 『자본론』은 이런 역사적 경향에 근거해 쓴 것이다(Uno 1980: Introduction, xxii).

둘째로 우노는 마르크스가 『자본론』의 연구대상을 순수자본주의 사회로 확정했음에도 불구하고 그 당시의 영국 자본주의 사회의 많은 역사적 사실들을 마치 이론적인 전개들(developments)인 것처럼 『자본론』에 삽

16 노동력의 양적 제한과 이에 따른 임금 상승이 우노 공황이론의 핵심이다.
17 『자본론』과 『경제원론』의 자세한 내용 비교는 Sekine(1975)를 참조하라.

입했다고 비판한다. 예컨대 점점 더 증대하는 산업예비군은 '자본주의적 축적의 절대적 일반법칙'(『자본론』I(하): 879)이라는 마르크스의 주장은 순수자본주의 사회의 논리적 귀결이 아니라 그 당시 영국의 역사적 사실에 의거한 것이라고 우노는 반박하면서[18] "상대적 과잉인구는 성장의 순환 과정을 통해 형성되기도 하고 흡수되기도 한다"(Uno 1980: 66)고 주장한다. 다른 하나의 예로서 우노는 『자본론』 제III권 21-24장에서 마르크스가 독립적인 화폐대부자의 존재를 가정하고 있는 점을 비판하고 있는데, 순수자본주의 사회에서는 이윤보다 적은 이자에 만족하는 화폐자본가나 자기 자신의 자본을 가지지 않는 기능자본가가 있을 수 없기 때문이라고 우노는 주장한다. 이렇게 되면 순수자본주의 사회의 화폐대부자는 일시적으로 유휴화폐자본을 가진 산업자본가들 자신이며, 이리하여 신용(상업신용이든 은행신용이든)은 산업자본가들 사이의 상호자금융통이 되어 버린다.

셋째로 우노는 『자본론』이 자본주의의 기원과 몰락에 관해 논의하는 것을 비판한다. 만약 『자본론』이 순수자본주의 사회의 일반적·반복적·자율적인 경제법칙을 제공한다면 이 법칙들은 순수자본주의 사회의 기원과 몰락을 설명할 수 없다는 것이다. 왜냐하면 그것의 기원은 자본주의적 관계와는 다른 상황을 연구하는 것이고, 그것의 몰락은 자본주의적 관계의 종결을 의미하기 때문이다. 이리하여 우노의 『경제원론』은 자본-노동관계의 기원에 관해 아무런 이야기도 하지 않으며, 자본주의적 축적이 자본-노동관계를 철폐하는 주체적·물질적 조건들을 창조하는 경향에 관해서도 이야기하지 않는다.

우노의 경제원론은 유통론, 생산론, 분배론으로 구성되어 있다. 상품교환 일반을 다루는 유통론[19]에서 우노는 화폐와 자본의 개념을 만들어

---

18 우노의 공황이론은 자본축적과정에서 산업예비군의 고갈과 이에 따른 임금 상승과 이윤 저하와 밀접하게 관련되어 있으므로, 점점 더 증대하는 산업예비군이라는 마르크스의 주장을 부정할 필요성은 절대적이다. 그러나 우노의 반박은 뒤에서 보는 바와 같이 마르크스가 말하는 '법칙'의 성격을 잘못 파악한 데서 오는 것이다.

내는데, 자본은 특수한 사회적 생산관계를 가리키지 않으며 단순히 '일정한 금액을 더욱 큰 금액으로 만드는 활동'을 의미할 뿐이다. 상품교환경제 일반과 자본주의 경제 사이의 유일한 차이는 후자에서는 상품교환관계가 생산영역까지 포섭한다는 점뿐이다. 다시 말해 생산이 생산요소들(생산수단과 노동력)의 구매를 통해 조직되고, 생산이 상품을 위한 생산 그리하여 이윤을 위한 생산이라는 점이다. 교환영역에서 가치를 증식시키는 자본이 생산과정을 포섭하게 되는 이유는, 노동력의 상품화로 말미암아 상품교환관계가 생산과정을 빨아들이기 때문이다.

'생산론'에서 우노는 자본이 어떻게 생산과정에서 자기의 가치를 증식시키는가를 연구한다. 또한 그는 노동력의 양적 제한성이 자본의 확대재생산과정의 기본적인 장벽이라고 강조한다. 왜냐하면 "자본은 직접적으로 노동력을 생산할 수 없기" 때문이다. 노동력의 이런 특수성은 자본축적의 일정한 단계에서 공황을 야기함으로써 자기를 드러낸다.

'분배론'에서 우노는 평균이윤 · 지대 · 이자를 지배하는 일반원리들을 설명한다. 그러나 여기에서도 자본주의 경제는 화폐 · 토지 · 산업자본 그 자체를 차례차례 상품화함으로써 상품교환경제를 완성하는 방향으로 진전한다고 주장한다. 산업자본 그 자체가 주식거래를 통해 교환되고, 주식자본 형태의 자본이 '자동적으로 이자 낳는 자본'[20]으로 간주될 때, 자본주의적 상품교환경제는 완성되며 자본주의의 순수이론(즉 원리론)은 끝을 맺는다. 그러나 주식자본의 형성은 금리생활자와 같은 '단순한 화폐자본

19 유통론은 『자본론』 제I권의 제1편('상품과 화폐')과 제2편('화폐가 자본으로 전환')을 재구성한 것이다. 우노의 기본 관점은 상품 · 화폐 · 자본은 생산이 자본주의적 생산으로 전환되기 이전에도 존재할 수 있다는 것이다. 상품의 '가치'가 그것을 생산하는 데 드는 사회적으로 필요한 노동시간에 의해 결정되기 이전에, 상품의 '교환가치'(다른 상품이나 화폐로 표현된다)는 상품교환경제 일반의 수준에서 이론화될 수 있다는 것이다. 이런 의미에서 상품교환관계를 통해 사회적 생산의 균형을 달성하는 법칙으로서의 가치법칙은 오직 자본주의적 생산에만 적용될 수 있다고 주장한다.

20 우노는 대부자본과 '자동적으로 이자 낳는 자본'을 구별한다. 전자는 화폐의 상품화를 가리키며, 후자는 산업자본의 상품화(즉 주식자본)를 가리킨다는 것이다. 그러나 이 구별은 마르크스의 이자 낳는 자본의 개념과 일치하지 않는다. 마르크스에 의하면 대부자본과 주식자본은 이자 낳는 자본의 순환(즉 $M \cdots M'$)을 대표한다.

가' 의 존재를 전제하기 때문에, 순수자본주의 사회의 이론은 상품교환관계를 확장하려는 자본의 경향에 근거해 주식자본의 가능성을 지적할 수 있을 뿐이라고 우노는 말한다.

우노의 『경제원론』의 자기완결적인 성격은 두 측면에서 드러난다. 첫째는 『경제원론』이 상품교환경제에서 시작해 상품교환경제로 끝난다는 점이다. 둘째는 『경제원론』이 공황을 노동력의 양적 제한성에 의해 야기되면서 그것을 해소하는 메커니즘으로 간주한다는 점이다. 다시 말해 우노에 의하면 자본의 자기영속적인 운동은 화폐 · 토지 · 산업자본 그 자체의 상품화에 의해 상품교환경제를 완성시키는 방향으로 발전하는 것을 포함하며, 이 완성된 상품교환관계 위에서 순수자본주의 사회는 자기 자신의 운동을 '영원히' 반복한다. 순수자본주의 사회의 이런 영원한 자율적인 운동은 노동력이 부과하는 기본적인 장벽을 해소하는 주기적인 공황에 의해 확보된다.

(2) 단계론: 원리론과의 관계

『정치경제학 비판 요강』(*Grundrisse*)에서 마르크스는 자기의 연구플랜(즉 1857년 플랜)을 밝힌 바 있다. 이것에 의하면 마르크스는 자본, 토지재산, 임금노동, 국가, 대외관계, 세계시장(과 공황)[21] 등 여섯 권의 책을 쓸 계획이었다. 첫 세 권의 책은 『자본론』에 포함되었지만 다음 세 권의 책은 『자본론』에서 전개되지 않았다. 이 사실을 우노는 다음과 같이 해석한다.

> *Grundrisse*에서 마르크스는 '부르주아 사회가 국가형태로 총괄되는 것', '국제적인 생산관계', '세계시장과 공황' 에 관해 책을 쓸 의도를 보였다. 이 책들이 『자본론』에서 제외된 이유는 국가와 세계시장이 순수자본주의 사회의 연구대상이 될 수 없기 때문이다. 원리론은 '부르주아 사

21 여기의 공황은 세계시장에서 일어나는 구체적인 공황을 가리킨다. Rosdolsky(1969)를 참조하라.

> 회의 내부구조를 이루는 범주들 그리고 기본계급들이 근거하고 있는 범주들'에 국한되어야만 한다. 다시 말해 원리론은 상품교환경제(노동력을 상품으로 장악함으로써 자본주의적 상품경제로 전환된다)로부터 시작해 화폐·토지·산업자본 그 자체를 상품으로 포함하는 상품교환경제로 되돌아오는 자기완결적이고 자기영속적인 체계이어야만 한다(宇野 1962: 42-43; 1950: 515).

우노에 따르면, 『자본론』의 연구대상이 순수자본주의 사회이기 때문에 국가·대외거래·세계시장에 관한 연구가 의도적으로 제외되었다는 것이다. 순수자본주의 사회에서는 경제가 자율적으로 운동하므로 국가에 관한 연구가 필요 없으며, 모든 곳에서 자본주의적 생산이 일반화한 상태이므로 대외거래와 세계시장에 관한 연구가 필요 없다는 것이다.

또한 우노는 19세기 중엽 이후 자본주의 사회의 현실적인 역사적 발전이 순수자본주의 사회로 나아가지 않았음을 지적한다. 한편으로는 경제적 재생산과정에서 자본주의 사회는 점점 더 세계시장과 국가개입에 의존하기 시작했고, 다른 한편으로는 사회계급들이 자본가·토지소유자·임금노동자로 순수화되지 않고 소부르주아지가 크게 증가했다는 것이다. "이런 현실에 직면하여 이제 정치경제학은 순수자본주의의 추상적인 이론 이외에 자본주의적 발전단계들의 더욱 구체적인 특징들을 연구할 새로운 분야가 필요하게 된다"(Uno 1980: Introduction, xxii). 결국, 우노가 단계론이 필요하다고 생각하게 된 것은 순수자본주의를 기초로 형성된 원리론이 순수하지 않은 자본주의 사회를 설명하는 데 직접적으로 적용될 수 없었기 때문이다.

물론 우노의 단계론 형성은 일본자본주의 논쟁과 1890년대 유럽의 수정주의 논쟁에 의해 크게 촉진되었다.[22] 일본 마르크스주의자들 사이에서

22 토하라 시로(戸原四朗 1967); Sekine(1975); Itoh(1980)를 참조하라.

1930년대에 일어난 일본 자본주의 논쟁은 일본 경제의 두 가지 대조적인 현상—한편으로는 고도로 발달한 자본주의적 조직들, 대규모 공업들, 재벌과 같은 독점자본이 있고, 다른 한편으로는 농촌의 고율의 현물지대와 점증하는 소규모 가내공업들이 있다—을 어떻게 설명할 것인가에 관한 것이었다. 강좌파(講座派 코자하)는 『자본론』에 있는 자본주의 사회와 그 당시 일본 사회 사이의 차이를 일본의 불완전한 부르주아혁명과 봉건적인 경제외적 강제의 존속 때문이라고 보았다. 따라서 강좌파는 봉건적인 경제외적 강제를 철폐하고 토지를 경작자에게 분배한다면, 농촌의 과잉 인구와 농민의 낮은 생활수준은 사라질 것이고 일본 자본주의 사회는 『자본론』에 묘사되어 있는 순수자본주의 사회에 접근하리라고 주장했다. 반면에 노농파(勞農派 로노하)는 일본에서 자본주의는 잘 정착했으며 농업문제와 소규모 가내공업들은 짧은 역사의 공업화 때문에 나타나는 일시적인 현상이라고 주장하면서 일본 자본주의 사회는 『자본론』에 묘사된 사회로 발달하고 있음을 강조했다.[23]

강좌파와 노농파의 논의에 대해, 우노는 공업과 농업, 대규모 공업과 소규모 공업, 도시와 농촌 사이의 격심한 차이는 일본 사회의 '내부' 메커니즘에 의해서만 생긴 것이 아니며 또한 일시적인 현상들이 아니라고 주장했다. 우노는 두 가지의 대조적인 현상들의 공존을 일본 자본주의 발달의 후발성(後發性)에 의해 설명했다. 일본에서 자본주의가 발달할 때는 세계자본주의는 이미 제국주의 단계(또는 금융자본의 단계)에 도달하고 있었다. 자본주의적 발달의 후발성 때문에 그리고 다른 선진국들과 경쟁해야 할 필요성 때문에, 일본은 발달의 초기부터 주식회사의 형성과 더불어

23 오우치 츠토무(大內力 1962: 제2장)와 카와카미 마수미치(川上正道 1976: 서문)를 참조하라. 현재의 정통파 마르크스주의자는 강좌파의 계속이라고 볼 수 있지만, 현재의 마르크스주의자들을 강좌파와 노농파로 구분하는 것은 정확하지 않다. 왜냐하면 현재 우노파가 지배적인 위치를 차지하기 때문이다. 강좌파와 노농파는 각각 일본공산당과 일본사회당과 관련을 맺고 있는데, 전자는 일본의 부르주아혁명의 미완을 강조하며 후자는 직접적인 사회주의혁명을 주창하고 있다는 점은 흥미롭다. Itoh(1980)를 참조하라.

현대적인 대규모 생산방법을 수입하지 않을 수 없었다. 이에 따라 금융자본 형태의 체계적인 독점과 자본의 유기적 구성의 고도화가 생겼는데, 이것들은 농촌인구의 흡수와 소규모 상품생산자들의 몰락에 기여하지 않았고 오히려 농촌지역과 가내공업들을 산업예비군의 저수지로 유지하게 되었다. 결국 우노에 따르면 일본 경제의 격심한 대조 현상은 세계경제의 제국주의 단계가 일본 자본주의의 발달에 미친 영향을 분석하지 않고서는 해명할 수 없다. 세계자본주의의 단계론을 매개하지 않고서는 『자본론』의 순수이론을 일본 자본주의의 현상분석에 적용하는 것은 불가능하다(宇野 1962: 60).

우노의 단계론 형성에 결정적인 자극을 준 두 번째 사건은 1890년대의 수정주의 논쟁이다. 우노는 베른슈타인(Eduard Bernstein)과 카우츠키(Karl Kautsky) 사이의 논쟁의 핵심은 『자본론』의 경제이론을 19세기 말경의 새로운 경제현상들에 적용하는 것이었다고 본다. 베른슈타인은 사회계급이 자본가와 노동자로 양극화(polarisation)하는 것, 공황의 격렬성의 심화, 노동자계급의 궁핍화 등은 그 당시 자본주의의 현실에 의해 증명되지 않았다고 지적하면서, 『자본론』의 경제이론들은 사회주의운동을 위한 실천적인 무기가 되기에는 이미 낡았다고 주장했다. 반대로 카우츠키는 마르크스의 경제이론을 다음과 같이 옹호했다. 이론은 하나하나의 현실적 현상과 일치할 수는 없고 현상들의 일반적 경향을 추구할 뿐이며, 자본의 집중은 주식회사의 설립을 통해 실제로 진전했고, 소부르주아지는 프롤레타리아로 해체되고 있다. 더욱이 노동자계급의 궁핍화는 프롤레타리아 계급투쟁에 의해 저지되었고, 독점형성에 의한 불비례의 조절 가능성은 경쟁에 의해 실현되지 않았으며, 자본주의 체제의 멸망은 프롤레타리아 계급투쟁이라는 주체적 요소의 개입 없이는 상상할 수 없다. 따라서 『자본론』의 경제이론들은 그 당시의 자본주의에서도 여전히 유효하다고 주장했다.

우노에 따르면, 베른슈타인의 견해는 "마르크스이론들에 관한 천박한 이해에 의거하고 있었기 때문에 카우츠키에 의해 쉽게 반박될 수 있었다"(Uno 1980: Introduction, xxvi). 그러나 카우츠키는 새로운 경제현상들을 마르크스 경제이론의 예증(例證)으로 밝히는 데 성공했지만, 그는 자본주의의 성격이 너무나 변하여 『자본론』의 전제들이 더 이상 유효하지 않다는 것을 완전히 인식하지는 못했다. 독점, 산업과 은행 사이의 융합, 세계무역과 식민지 확대, 국가에 의한 경제개입, 증가하는 소부르주아지 등 새로운 현상들은 『자본론』의 경제이론들의 '단순한 연장' 이나 '작은 수정' 에 의해 체계적으로 설명될 수 없는 것이었다. 왜냐하면 『자본론』은 세계를 자본주의적 생산양식만이 존재하는 하나의 나라로 가정하고 있으며 또한 경제가 상부구조의 개입 없이 자기 자신의 운동을 유지하는 것으로 가정하고 있기 때문이다. 따라서 『자본론』의 경제이론들을 새로운 현상들에 적용하는 것에 포함되어 있는 방법론적 문제는 카우츠키에 의해 해결되지 않았다고 본다. 그 뒤 힐퍼딩(Rudolf Hilferding)과 레닌(Lenin)이 새로운 형태의 자본(즉 금융자본)을 전개하고 새로운 현상들을 자본주의의 금융자본 단계에 속하는 것이라고 지적함으로써 방법론적 문제를 돌파했다고 우노는 생각한다.

그러나 제국주의에 관한 힐퍼딩 - 레닌 이론은 『자본론』과의 관계에서 새로운 문제를 제기하게 된다는 것이다. 힐퍼딩이 금융자본을 『자본론』의 화폐 - 신용이론으로부터 전개하고, 레닌이 독점을 『자본론』의 축적이론으로부터 전개하는 한, 그들의 제국주의이론은 『자본론』의 연장 또는 부록으로 간주될 수 있지만, 그들의 제국주의이론이 『자본론』의 범위를 훨씬 넘는 수많은 문제들을 다루고 있는 한, 그들의 이론은 『자본론』의 연장 또는 부록으로 간주될 수가 없기 때문이다.

우노에 따르면, 그들의 제국주의이론은 『자본론』의 연구수준과는 전혀 다른 수준에 속한다. 만약 힐퍼딩과 레닌이 그들의 이론과 『자본론』 사이의 연구수준의 차이를 완전히 인식했다면, 그들은 '단계론' 을 전개했을 것이다. 왜냐하면 제국주의 단계는 그 단계에 포함되어 있는 것과 동일한 요소들을 가진 그 이전의 단계를 필요로 하였을 것이고, 이리하여 그 이전의 단계가 제국주의 단계로 전환되는 것을 밝힐 수 있었을 것이기 때문이다. 『자본론』의 경제이론과 자본주의 단계론을 이렇게 엄격하게 분리하는 것만이 『자본론』의 가치를 유지하는 길이라고 우노는 생각한다. 이리하여 『자본론』으로부터 모든 단계론적인 요소들을 제거하고 『자본론』을 순수자본주의 사회의 분석에 국한시킨 것이다(Uno 1980: Introduction, xxvi-xxvii).

우노가 마르크스 정치경제학을 추상수준과 연구방법이 각각 다른 원리론 · 단계론 · 현상분석론으로 3분할한 것은 일본자본주의 논쟁과 수정주의 논쟁에 관한 우노의 대응이었다. 『자본론』은 구체적인 자본주의 사회를 연구하는 것이 아니라 순수자본주의 사회를 연구하는 것이라는 주장과, 구체적 자본주의 사회의 현상분석은 세계자본주의의 단계론에 의해 매개되어야 한다는 주장은 『자본론』의 경제이론들을 직접적으로 그 당시의 경제현상들의 실증분석에 적용함으로써 야기된 불합리성을 교정하기 위한 것이었다.

우노의 단계론은 『자본론』과 『경제원론』에 없는 계기들(예: 국가 · 대외거래 · 세계시장)을 자기의 확대된 정치경제학 체계에 흡수하려는 이론적 시도라고 간주할 수 있다. 그러나 이런 계기들을 흡수하는 방법이 너무나 이상해 많은 비판을 받게 된 것이다. 왜냐하면 국가 · 대외거래 · 세계시장의 개념들을 자기의 순수이론에 도입함으로써 순수이론을 확대하거나 풍부하게 하지 않고, 우노는 이 계기들의 구체적인 역사적 발달을 자기의 단계론에서 나열하고 있을 뿐이기 때문이다. 우노의 단계론은 세계자본주의 체제의 구체적 역사적 발달에 관한 그의 연구에 의거하고 있다. 세계자본주의 체제는 서로 다른 시기에 서로 다른 국민국가, 서로 다른 자본유형(예: 상업자본 · 산업자본 · 금융자본), 그리고 서로 다른 선도공업(先導工業)에 의해 지배되고 통합되었다. 단계들은 세계자본주의 경제의 현실적인 역사적 발달에서 일어난 지배적인 자본유형과 선도공업의 변화에 따라 설정된다. 그리고 단계론은 지배적인 자본유형과 선도공업 사이의 관련성, 지배적인 자본유형과 국가의 경제정책 사이의 관련성을 연구한다. 우노가 『經濟政策論』(경제정책론 1954)에서 단계론을 전개한 이유가 여기에 있다.

우노의 단계론에는 다음과 같은 세 단계가 있다.

(가) 중상주의는 영국 양모공업의 상업자본에 의해 대표된다. 이 단계는 시초축적의 단계이며 자본은 근대적 임금노동을 창출하기 위해 직접적인 경제외적 강제에 크게 의존했다(1954: 제1부).

(나) 자유방임 단계는 영국 면공업의 산업자본에 의해 대표된다. 이 단계는 자본이 유기적 구성의 고도화와 산업순환을 통해 상대적 과잉인구를 창출함으로써 자기 자신의 가치증식 메커니즘을 확립했다는 의미에서 순수자본주의에 가장 가깝다. 자본의 이런 자율적인 운동이 대외적으로는 자유무역, 대내적으로는 '작은 정부'의 경제적 기초였다. 국제분업은 영국 면공업의 필요에 따라 형성되었으며 영국 면공업의 순환운동이 세계경제를 지배하고 규제했다. 영국 산업자본이 국내적으로 면공업과 그 관련산업들을 지배했지만, 다른 한편으로 영국 산업자본은 원료와 식량을 해외의 비자본주의적 농업에 의존하고 있었다. 호황의 말기에는 임금수준이 상승하는데 원료와 식량의 가격은 농업생산의 계절적 성격과 상업자본의 투기에 의해 더욱 격렬하게 상승한다. 이에 따른 이윤율 저하는 금유출로 말미암은 런던화폐시장의 급격한 이자율 상승과 충돌하게 된다. 이리하여 영국 산업자본은 공황을 맞게 되며, 이 공황은 농산물 수요의 격감, 해외대부의 급격한 축소, 금 유입 등을 통해 국제적으로 파급된다(1954: 제2부).

(다) 제국주의 단계에서 자본의 지배적인 유형은 독일의 중화학공업에서 가장 분명히 형성된 '금융자본'이다. 독일에서는 자본주의적 발달의 후발성과 영국 산업자본과 경쟁해야 할 필요성 때문에 발달 초기부터 현대적

대규모 생산방법이 수입되고 주식회사가 설립되었다. 이로 말미암아 금융자본 형태로 체계적인 독점이 발달하고 자본의 유기적 구성이 고도화되었는데, 이것은 다시 산업예비군을 증가시켜 소규모 상품생산자들을 해체시킬 수 없었고 국내시장이 좁아 자본의 해외수출을 촉진했다. 제국주의 단계의 세계경제는 독일과 영국 사이의 국제적 대립으로 특징지어지는데, 전자는 세계의 재분할을 공격적으로 요구하고 후자는 기존의 권익을 보호하려 했다(1954: 제3부; 1962: 28, 29, 46, 88).

원리론과 단계론이 완전히 분리되어 있는 예를 자유방임 단계의 공황 설명에서 볼 수 있다. 원리론에서 우노는 모든 자본주의 사회에 적용할 수 있는 일반적 · 영구적 · 반복적인 법칙을 형성하려고 시도했으며 공황의 기본 이유를 노동력의 양적 제한(과 이에 따른 임금 상승)에 돌렸다. 그런데 자유방임 단계의 공황을 설명할 때는 그 이유를 농업생산의 계절적 특수성에 따른 원료가격의 폭등에서 찾고 있다.

마르크스 정치경제학을 원리론 · 단계론 · 현상분석론으로 우노가 분할한 것과 『자본론』의 재해석은 수많은 일본 마르크스주의자들의 인기를 끌었고 이리하여 우노학파는 일본 마르크스경제학의 지배적인 학파가 되었다. 그러나 우노학파에 대립하는 스즈키학파와 정통파는 우노의 3분할과 재해석을 크게 비판하고 있다.

2) 스즈키학파

(1) 우노의 순수자본주의 사회에 관해

우노학파 안에서 약간의 마르크스주의자들은 『자본론』의 연구대상이 순수자본주의 모델이라는 우노의 주장과, 원리론의 과제는 자본주의의 영원히 반복적인 법칙들을 정립하는 것이라는 우노의 주장에 의문을 제기하기 시작했다. 이들의 반대는 『자본론』 및 원리론의 연구대상은 '세계자본주의' 라는 주장으로 1960년대 이후 가시화되었다. 이들의 기본명제들은 다음과 같다. 첫째로 『자본론』은 순수자본주의 모델을 연구하는 것이 아니라 세계시장에서 운동하는 현실의 자본주의 사회를 연구한다. 둘째로 『자본론』의 많은 부분에서 오직 자본가와 임금노동자로 구성된 사회를 가정하는 것은 '관념적인' 순수자본주의 사회를 설정했기 때문이 아니라 해당 주제를 해명하기 위한 추상방법 때문이다. 이런 명제들은 스즈키 코이치로(鈴木鴻一郎)가 『經濟學原理論』(경제학원리론: (상)권은 1960, (하)권은 1962에 출간)에서 처음 제기했고, 그 뒤 타쿠미 미츠히코(侘美光彦 1970; 1976; 1978)에 의해 깊게 연구되었다. 이들을 스즈키학파라고 부를 것이다.

스즈키학파는 먼저 순수자본주의 사회가 단순한 사변(思辨 speculation)이 아니라 19세기 중엽 영국 경제의 역사적 경향으로부터 추출된 것이라는 우노의 주장을 반박한다. 순수자본주의 사회는 두 개의 측면을 포함하고 있는데, 하나는 사회계급들이 산업자본가, 현대적 토지소유자, 임금노동자로 순수화되어 가는 경향이고, 다른 하나는 상부구조로부터 독립한 경제의 자율화 경향이다. 그런데 이 두 측면들은 역사적으로나 논리적으로 전혀 다른 현상이라고 스즈키학파는 주장한다. 역사적으로 보면, 순수화 경향은 중상주의로부터 자유방임의 초기까지의 시기에 가장 분명히 나타났고, 경제의 자율화 경향은 만개한 자유방임 단계의 현상이다. 그리고 논리적으로 보면, 순수화 경향은 자본주의적 생산관계의 확대를 의미하고, 경제의 자율화 경향은 비자본주의적 환경이 확대하더라도 가능하다(侘美光彦 1976).

또한 스즈키학파는 순수자본주의 사회에서는 경제의 자율적 운동은 불가능하다고 주장한다. 타쿠미(侘美 1976)는 자본의 가치증식욕에 적합한 노동력을 제공하는 산업예비군의 역할을 인정하면서 다음과 같은 질문을 제기한다. "오직 산업자본가, 현대적 토지소유자, 임금노동자로 구성된 순수자본주의 사회에서 어떻게 산업예비군이 먹고 살 수 있는가?"[24] 이에 대해 우노는, "그 문제는 원리론의 차원에서 다룰 수 없다. 말할 수 있는 것은, 노동력의 가치가 노동자와 그의 가족의 생활비를 충족시키는 것과 마찬가지로, 산업예비군은 현역노동자의 임금으로 먹고 살 수 있다"고 대답한다. 타쿠미는 우노의 대답은 가족노동자들에게는 타당하지만 노동자 일반에게는 타당하지 않으며, 실업자가 실업상태에서도 취업시기처럼 살 수 있다면 산업예비군의 창출은 자본의 가치증식 회복에 아무런 역할을 할 수 없을 것이라고 반박한다.[25] 따라서 타쿠미에 의하면, 산업순환을 통한 수많은 노동자들의 축출과 흡수는 자본주의적 공장으로부터 노동자를 주기적으로 배제하기 때문에 산업예비군의 생존기반을 제공하는 비자본주의적 관계(예: 가족농업, 국가개입)가 반드시 존재해야 한다. 결국 경제의 자율적인 운동은 순수자본주의 사회에서는 달성되지 않는데, 그 이유는 거기에서는 실업자가 먹고 살 수 없기 때문이라는 것이다.

또한 경제가 주기적인 공황을 통해 자율적인 운동을 가장 분명히 나타낸 자유방임 단계에서 영국의 산업자본은 원료와 식량을 조달하기 위해 비자본주의적 나라들에 크게 의존했으며, 비자본주의적으로 생산된 상품들을 자기 자신의 자본순환에 포섭함으로써 자기 자신의 가치증식 상황에 따라 그것들의 생산과 가격을 통제했다. 더욱이 역사적 사실에서 볼 때 주기적 공황은 영국의 산업자본과 비자본주의적 생산자들 사이의 거래를 고려하지 않고서는 해명될 수 없다고 타쿠미는 주장한다. 호황국면의 절정에서 원료·식량의 가격은 자연적인 제약 때문에 임금수준이나

24 우노학파와 스즈키학파는 순수자본주의 사회가 방법론적 추상이 아니라 실제로 살아있는 사회라고 생각하고 있다. 알튀세르주의자들의 주장(예컨대 『자본론』은 자본주의적 생산양식의 경제영역을 연구하며 현실의 자본주의 사회는 몇 개의 생산양식들로 구성되어 있다)과 비교하면 큰 차이가 있다. 뒤에 다시 설명한다.

25 사실상 우노는 순수자본주의 사회에서 실업자의 생존기반을 『자본론』의 다음 문장에서 찾아내고 있다. "빈민구호는 자본주의적 생산의 공비(空費)의 일부를 이룬다. 그러나 자본은 그 비용부담의 대부분을 자기 자신의 어깨로부터 노동자계급과 소부르주아지의 어깨로 전가하는 방법을 알고 있다"(I(하): 879). 그러나 이 문장은 현역노동자의 임금의 일부를 실업자에게 이전시키는 것을 가리키는 것이 아니라 실업자의 존재 덕택으로 자본가가 현역노동자의 임금수준을 삭감할 수 있음을 가리키는 것이다. 물론 국가는 빈민구호를 위해 자본가계급에게 조세를 부과했을 것이다.

공산품의 가격보다 더욱 급속히 상승했으며, 이에 따라 금이 유출되고 이자율이 상승했다. 상승한 이자율이 저하한 이윤율을 초과했을 때 기업들은 광범하게 도산하고 이에 따른 신용제도의 붕괴는 일반적인 과잉생산 공황을 야기했다. 이렇게 볼 때 상승하는 이자율과 저하하는 이윤율 사이의 충돌이 공황을 촉발한다는 우노의 주장은 순수자본주의 사회 안에서는 정당화될 수 없다. 왜냐하면 그 사회 안에서는 이자와 이윤의 취득자가 동일한 산업자본가이므로 이자율이 상승하더라도 산업자본가계급 전체로서는 아무런 타격을 입지 않을 것이기 때문이다(侘美光彦 1970).

위와 같은 논의를 통해 스즈키학파는 역사적 사실로서의 자본주의 경제의 자율적 운동은 비자본주의적 환경과 관련을 맺음으로써 확립된 것이며 자율적인 경제는 사회계급의 순수화 경향과는 아무 관련도 없다고 주장한다. 다시 말해 자율적인 경제와 사회계급의 순수화 경향을 모두 포괄하는 순수자본주의 사회는 19세기 중엽의 자본주의 발달의 역사적 경향으로부터 추출된 것이 아니라 단순히 관념적으로 만들어 낸 자본주의 사회이다.

둘째로 스즈키학파는 『자본론』이 순수자본주의 사회라는 이론모델을 연구하는 것이 아니라 세계자본주의(즉 비자본주의적 경제와 관련을 맺으면서 운동하는 자본주의 경제)를 연구하고 있다는 점을 확인하려고 한다. 그들은 『자본론』의 다음 문장들을 인용한다.

> 자본주의적 생산양식이 이미 발전하여 지배적으로 된 시대에는…… 산업자본이 화폐나 상품으로 기능하는 유통과정 안에서는 산업자본의 순환—화폐자본의 형태든 상품자본의 형태든—은 매우 다양한 사회적 생산양식들(적어도 상품생산에 종사하는 경우)의 상품유통과 뒤섞여 있다. 상품이 노예제의 생산물이든, 빈농(중국인, 인도의 라이오트) 또는 공동체(네덜란드령 동인도) 또는 국영생산(러시아의 역사에서 나타나는 농노제에 의거한 것), 또는 반(半)원시적인 수렵민족의 생산물이든간에, 그 상품들은 산

업자본을 표현하는 화폐(와 상품)에 대해 상품(과 화폐)으로서 상대하고 있으며, 산업자본의 순환과 잉여가치의 순환(이 잉여가치가 수입(收入)으로 지출되는 한)에 들어간다. 그 상품들이 유래하는 생산과정의 성격은 전혀 중요하지 않다. 그것들은 시장에서 상품으로 기능하며, 상품으로서 산업자본의 순환과 산업자본에 의해 담지되고 있는 잉여가치의 순환에 들어간다. 그러므로 산업자본의 유통과정은 상품들의 출신지의 다양한 성격과 세계시장으로서의 시장의 존재에 의해 특징지어진다. 외국산 상품에 대해 말할 수 있는 것은 외국화폐에 대해서도 말할 수 있다. 상품자본은 외국화폐에 대해 오직 상품으로 기능하는 것과 마찬가지로, 외국화폐는 상품자본에 대해 오직 화폐로서 기능할 뿐인데, 여기에서 화폐는 세계화폐로 기능하게 된다(『자본론』II: 127).

위 문장에서 마르크스는 사실상 산업자본 순환의 두 국면[즉 *M*—*C*(*MP*, *LP*)와 *C′*—*M′*]에서는 *C*와 *M′*이 어디에서 나오든 산업자본에게는 아무런 관심도 없다고 말한다. 자본주의적 생산양식이 지배하는 한, 다양한 생산양식으로부터 나오는 상품과 화폐는 산업자본의 순환에 통합될 수 있다. 마르크스의 이런 언급에 주목해 스즈키학파는 마르크스가 순수자본주의 모델을 설정하지 않았다고 주장한다. 특히 스즈키학파는 마르크스가 비자본주의적 생산양식이 자본주의적 생산에 영향을 미칠 수 있다는 점과, 자본주의적 생산양식이 비자본주의적 생산양식들을 산업자본의 순환에 포섭해 자기의 필요에 따라 그들을 규제한다는 점을 인정했음을 강조한다. 『자본론』에서 마르크스는 말한다.

M—*MP*의 행위가 완료되면 상품들(*MP*)은 상품이기를 멈추고 산업자본의 존재양식의 하나로 된다. 그러므로 그들의 출산지는 지워지고 지금 그들은 다만 산업자본의 존재형태로 있으며 산업자본에 합쳐져 있다. 그러나 그들이 보충되기 위해서는 그들이 재생산될 필요가 있는데, 이 한도

> 까지는 자본주의적 생산양식은 그 자신의 발전단계의 밖에 있는 생산양식들에 의해 제약받게 된다. 그런데 자본주의적 생산양식의 경향은 모든 생산을 가능한 한 상품생산으로 전환시키는 것이며, 이것을 달성하는 주된 무기는 모든 생산을 자본주의적 생산양식의 유통과정에 끌어들이는 것이다(『자본론』II: 127-128).

스즈키학파에 의하면, 위와 같은 마르크스의 견해는 자유방임 단계의 영국 산업자본의 역사적 상황을 반영하는 것이다. 그 당시 영국 산업자본은 면공업과 그 관련산업에 확립되어 있었으며, 다양한 생산양식으로부터 원료와 식량을 수입하고 면공업 제품을 세계로 수출함으로써 세계체제를 유지하고 있었다.

이리하여 스즈키학파는 『자본론』은 자유방임 단계의 영국 자본주의의 운동법칙을 밝히는 것을 목적으로 했다고 주장하면서 우노의 방법론을 완전히 거부한다. 물론 스즈키학파도 노동력은 결코 자본의 생산물이 아니며 산업순환을 통해 확보되어야 한다는 것을 인정하지만, 순수자본주의 사회에서는 주기적으로 창출되는 실업자를 먹여 살릴 기반이 없기 때문에 산업예비군을 유지할 비용은 비자본주의적 관계(예: 가족농업, 국가지원)가 떠맡아야 한다. 또한 스즈키학파는 마르크스가 오직 자본가와 노동자로 구성되는 사회를 자주 가정한다는 사실을 인정하면서도, 이 가정은 어떤 주제를 모든 부차적인 교란요인들이 없는 상황에서 해명하기 위해 때때로 필요했다는 것이다. 예컨대 잉여가치의 생산을 해명하는 『자본론』 제I권에서는 오직 자본가와 노동자 사이의 관계를 검토하면 충분하며, 『자본론』 제II권 제3편('사회적 총자본의 재생산과 유통')에서는 모든 상품이 자본의 생산물이라고 가정하면서 주제를 연구하고 있다. 그렇지만 이 가정이 『자본론』 세 권 전체를 통해 유지된 것은 아니다. 특히 제II권에서는 위의 인용에서 본 것과 같이 자본주의적 유통과정에 엉켜 있는 비자본주의적 환경의 상품과 화폐가 강조되고 있다.

(2) 우노의 원리론의 목적에 관해

스즈키학파는 원리론의 목적은 자본주의의 영원히 반복되는 법칙들을 정립하는 것이라는 우노의 주장을 거부한다. 이 목적은 『자본론』의 연구방법과 전혀 다른데, 마르크스는 『자본론』의 연구방법에 대해서는 카우프만(I. Kaufman)의 논평이 훌륭하다고 다음과 같이 인용하고 있다.

> 마르크스에게 중요한 것은 그가 조사하고 있는 현상들의 법칙을 발견하는 것이다. 그리고 그에게 중요한 것은 (현상들의 일정한 형태가 주어진 역사적 시기와 상호관련을 가지는 경우) 그 현상들을 지배하는 법칙만이 아니다. 그에게 더 중요한 것은 현상들의 변화의 법칙, 현상들의 발전의 법칙, 즉 한 형태로부터 다른 형태로의 이행의 법칙, 상호관계의 한 질서로부터 다른 질서로의 이행의 법칙이다. ……이와 같은 연구의 과학적 가치는 일정한 사회유기체의 발생 · 생존 · 발전 · 사멸과 더 높은 사회유기체에 의한 교체를 규제하는 특수법칙들을 해명하는 데 있다. 또 이러한 가치를 마르크스의 책은 실제로 가지고 있다(『자본론』I(상): 16, 18).

마르크스는 분명히 자본주의의 이행기적 성격을 『자본론』의 '경제적 운동법칙'에 포함하고 있다. 왜냐하면 그의 변증법적 방법은 "현존하는 것을 긍정적으로 이해하면서도 동시에 그것의 부정(즉 그것의 불가피한 파멸)을 인정하기 때문이며," 그리고 "역사적으로 전개되는 모든 형태들을 유동상태 · 운동상태에 있나고 간주함으로써 그것들의 일시적 측면을 동시에 파악하기 때문이다"(I(상): 19). 그런데 이 이행기적 · 일시적 성격을 원리론의 수준에서 포괄하기 위해, 스즈키학파는 자본주의 경제가 발달과정에서 자기조절능력을 상실하는 경향이 있으며 따라서 경제영역에서 비경제적인 세력들이 불가피하게 성장한다는 점을 강조한다. 예컨대 스즈키(鈴木鴻一郎 1967)에 의하면, 평균이윤율의 형성이 사회적 노동의 산업부문들 사이의 균형적인 분배와 수요－공급의 균형을 달성하는 데 필수적인데, 생산과정에 고정자본이 있다는 사실은 고정자본요소들의 형태불변성(immalleability)과 그것들의 폐기처분에 따른 비용 때문에 자본이 이윤율이 낮은 산업부문으로부터 높은 산업부문으로 이동하는 것을 방해한다. 따라서 평균이윤율이 형성되기 위해서는 기존 고정자본이 부과하는 제약을 해소함으로써 자본을 산업부문들 사이로 이동시키는 메커니즘이 필요하다. 주기적인 산업순환이 사실상 이 일을 맡아 주는데, 왜냐하면 공황에서 기존 고정자본은 사용가치와 교환가치를 잃게 되어 폐기되므로 산업부문들 사이에서 고정자본의 갱신과 보충이 서로 다른 속도로 촉진되기 때문이다. 그런데 거대한 고정자본의 점진적인 증대가 어떤 일정한 수준에 도달하면 주기적인 공황까지도 기존 고정자본을 충분히 폐기할 수 없어 평균이윤율의 형성이 저지된다. 불균등한 이윤율의 지속은 자본주의 경제가 사회적 자본을 산업부문들 사이에 균형적으로 분배하고 수요-공급의 균형을 달성할 수 있는 능력을 잃어버린 것을 의미한다. 자본주의 경제는 장기 침체에 빠지고 회복을 위해서는 어쩔 수 없이 상부구조의 개입을 요구하게 된다. 결국 스즈키에 따르면 원리론은 자본주의 경제의 자율적인 운동을 유지하는 메커니즘을 해명할 뿐 아니라 경제가 그 자율성을 잃어 정치적·이데올로기적 개입에 의지하지 않을 수 없게 되는 메커니즘도 밝혀야 한다.[26]

그런데 타쿠미(侘美光彦 1970)는 대규모의 고정자본이 평균이윤율의 형성을 어쩔 수 없이 저지한다는 스즈키의 주장에 동의하지 않는다. 왜냐하면 주식회사의 주식(株式)가격의 변동을 통해 사회적 유휴자본이 산업부문 사이에 불균등하게 분배되므로 평균이윤율이 형성될 수 있기 때문이다. 각 개별 산업자본의 수익성이 각각의 주식가격에 반영되기 때문에, 주식가격이 상승하는 수익성이 높은 산업부문은 새로운 주식을 쉽게 발행함으로써 대규모 고정자본이 존재하더라도 생산의 사회적 재편성과 서

---

26 19세기 말경의 이른바 '대불황'과 금융자본은 고정자본의 거대한 건설과 평균이윤율 형성의 불가능성에 의해 설명할 수 있다고 스즈키는 주장한다.

로 다른 이윤율의 균등화를 달성할 수 있다. 따라서 타쿠미는 주식자본의 형성이 필연적으로 금리생활자 계급을 확대한다는 점을 강조한다. 주식은 스스로 기능하기에는 너무 적은 자본들로 하여금 자본기능을 유지하도록 하기 때문에 금리생활자가 증가한다. 금리생활자 계급은 자본주의 이전 사회의 상인 · 고리대금업자와 마찬가지로 '자본주의적 생산을 유지하는 데 어떤 관심도 가지지 않기' 때문에, 그들의 증가는 경제적 재생산에 대한 상부구조의 개입을 증대시킨다. 타쿠미에 의하면, 원리론 수준에서 자본주의의 일시적 성격을 폭로하는 방법은 '순수하지 않은' 자본주의적 관계들이 존재하면서 확대한다는 것을 확인하면 된다.

종합하면, 스즈키학파는 비자본주의적 경제관계와 끊임없이 접촉하면서 자율적인 운동을 유지하는 자본주의 경제를 원리론의 대상으로 한다. 다시 말해 자본주의 경제는 비자본주의 사회의 화폐와 상품을 산업자본의 순환에 포섭하며, 주기적으로 축출된 노동자들을 비자본주의적 경제관계들(예: 가족농업)이나 비경제적 관계들(예: 구빈법 · 실업수당)을 통해 살아가도록 한다. 또한 스즈키학파는 자본주의 경제의 자율적인 운동이 점점 더 비자본주의적 경제관계들이나 비경제적 관계들을 확대하는 경향이 있음을 확인한다.[27]

스즈키학파는 우노학파와는 달리 원리론으로부터 단계론으로 옮겨가는 데 큰 문제에 부닥치지 않는다. 왜냐하면 원리론이나 단계론이나 모두 세계자본수의를 연구하기 때문이다. 물론 단계론은 자본주의 세계경제의

27 타쿠미는 '순수하지 않은' 자본주의적 관계들이 왜 그리고 어떻게 자본주의를 파괴하게 되는지를 설명하지 않는다. 금리생활자가 증가하더라도 산업예비군이 증가할 때와 마찬가지로 경제는 사실상 아무런 큰 문제없이 운동할 것이기 때문이다. 그런데 스즈키나 타쿠미가 이야기하는 자본주의의 일시적 성격은 자본주의적 생산양식의 몰락을 가리키는 것이 아니라 자본주의 경제가 상부구조로부터 자립성 · 독립성을 잃게 된다는 것을 가리킬 뿐이다. 이 관점에 집착하는 이유는 스즈키학파도 우노학파와 마찬가지로 경제가 상부구조로부터 자립적 · 독립적이지 못하다면 원리론이 형성될 수 없다고 믿기 때문이다. 그들은 경제이론은 자본주의적 생산양식의 경제적 측면을 연구한다는 점과 자본주의적 생산양식은 경제적 토대와 상부구조로 복잡하게 접합되어 있다는 알튀세르학파의 주장에 귀를 기울일 필요가 있다.

구체적인 역사적 발달을 다루고 있지만. 스즈키학파의 단계론은 우노학파의 것과 다르지 않다. 그러나 타쿠미는 각각의 단계를 지배적인 자본유형(상인자본 · 산업자본 · 금융자본)과 지배적인 나라(영국 · 독일)에 의해 특징지우는 것에 추가하여, 특히 자본주의 세계경제의 통일적인 운동(예컨대 각국 경제가 주기적으로 균일하게 세계시장 공황에 빠지는 것)을 파악하려고 노력한다. 그리하여 그는 개별 국민국가의 국지적인 공황이 세계경제 일반으로 확대되어 세계시장 공황을 발생시키는 메커니즘으로서 금본위제도와 런던의 화폐 · 자본시장에 크게 주목하고 있다.

3) 정통파

일본정통파 마르크스주의자들은 원리론과 단계론의 분리를 완전히 거부하며, 『자본론』은 원리론의 수준에 속하고 레닌의 『제국주의』는 단계론에 속한다는 우노의 주장을 맹렬히 비판한다. 정통파는 자본의 일반이론(즉 원리론)과 자본의 특수한 발전단계들의 이론들(즉 단계론)은 변증법적 통일을 이루어야 하는데, 전자는 후자를 정립하는 기초를 제공해야 하며 후자는 전자의 실질적인 내용을 이루어야 한다는 것이다(見田石介 1965; 1967).

미타 세키수케(見田石介)는 자본의 일반이론과 자본의 특수한 발전단계들의 이론들이 동일하다는 점을 다음과 같이 설명하고 있다.

> 동일하다는 것은 자본-노동의 착취관계가 자본주의적 발전의 모든 단계들에 공통하기 때문만이 아니다. 발전의 모든 과정들—절대적 잉여가치의 생산으로부터 상대적 잉여가치의 생산으로, 매뉴팩쳐로부터 기계제대공업으로, 가치에 의한 상품들의 교환으로부터 생산가격에 의한 교환으로, 산업자본이 유일한 자본형태인 단계로부터 산업자본이 상업자본 · 이자 낳는 자본 · 근대적 토지소유와 공존하는 단계로, 경쟁으로부터 독

점 그리고 자본주의적 생산의 몰락에 이르기까지—이 자본의 일반이론이기 때문이다(見田石介 1965).

미타는 우노가 잘못된 생각—자본의 일반이론은 『자본론』에 의해 영원히 주어진 것이므로 그대로 남아 있어야 하며, 『자본론』 발간 이후의 현실의 자본주의 사회는 『자본론』이 설명할 수 없기 때문에 단계론에 의해 다루어야 한다—을 가지고 있다고 비판한다. 이 생각은 일반과 특수 사이의 관계를 완전히 오해한 것이다. 일반이 어쩔 수 없이 구체적이고 특수하며 한번뿐인 역사적 사실들로부터 도출되는 한, 그리고 일반이 "세밀하게 소재를 파악하고 소재의 상이한 발전형태들을 분석하고 이 형태들의 내적 관련을 구명하는"(『자본론』I(상): 18) 조사 뒤에 형성되는 한, 일반은 특수(또는 역사적인 것) 안의 일반임에 틀림없고 특수는 일반 안의 특수임에 틀림없다. 이리하여 미타에 따르면, 레닌의 『제국주의』의 이론적 의의는 단계론적 접근을 개시한 것(우노가 주장한다)에 있는 것이 아니라, 국가 · 대외거래 · 세계시장을 구체적인 수준에서 연구함으로써, 그리고 『자본론』에 없는 그런 계기들을 『자본론』에서 해명된 자본의 일반이론에 흡수함으로써, 자본의 일반이론을 풍부하게 했다는 점에 있다.

원리론과 단계론을 우노학파가 분리한 것은, 미타에 따르면, 연구대상을 원리론에는 순수자본주의를 그리고 단계론에는 현실자본주의를 배당했기 때문에 생긴 것이다. 순수자본주의 사회는 존재한 적이 없으며, 마르크스는 현실의 구체적인 자본주의 사회—이 사회는 국가 · 내외거래 · 세계시장 · 이윤 · 이자 · 금리생활자, 자본가에 의한 노동자의 착취 등 모든 구체적인 현상들을 지니고 있다—로부터 시작했다. 영국 자본주의 사회에 관한 구체적인 자료들을 세밀하게 분석함으로써 마르크스는 구체적인 자본주의 사회를 분석하는 데 기본적인 두 개의 가장 일반적이고 추상적인 개념을 창조했다. 하나는 자본이 자본과 노동 사이의 착취관계라는 것이고, 다른 하나는 상품의 가치가 그 상품을 만드는 데 드는 사회적으로 필요한 추상적인 노동에 의해 결정된다는 것이다. 이 두 개의 기본개념들(즉 자본개념과 가치개념)을 전개하고 풍부하게 함으로써 마르크스는 『자본론』에서 경제적 측면에서 본 영국 자본주의 사회의 '이상적인 표상(ideal image)'[28]을 만들어 낸 것이다.

미타에 따르면, 마르크스가 국가와 세계시장과 같은 계기들을 『자본론』에 포섭하지 않은 이유는, 우노학파가 주장하듯이 이런 계기들이 단계론의 연구대상이기 때문이 아니라, 마르크스는 먼저 "움직일 수 없는 필연성을 가지고 작용해 관철되는"(『자본론』I(상): 5) 경제법칙들을 정립한 뒤에 그것들을 나중에 연구하려고 남겨두었기 때문이다.[29] 그러므로 자기 시대의 자본주의 경제를 『자본론』에 있는 자본의 일반이론의 도움을 받아 연구하는 이론적 실천(예컨대 레닌의 『제국주의』)은 더욱 구체적이고 덜 추상적인 자본의 일반이론을 만들어 내는 유일한 길이다. 우노학파와 스즈키학파가 단계론이 필요하다고 느낀 이유는, 그들이 원리론을 자본주의의 현실적인 역사적 발전을 해명할 수 있게끔 전개할 수 없었기 때문이며 또한 원리론의 내용은 고정되고 영구불변이어야 한다는 잘못된 관념 때문이었다.

더욱이 원리론과 단계론을 분리한 것은 『자본론』의 내용은 현실의 자본주의 경제와는 무관하게 개념들의 자기 전개로 구성되어 있다고 잘못 이해했기 때문이라고 미타는 비판한다. 『자본론』에 제시된 자본주의 경제의 '이상적인 표상'은 현실의 자본주의 경제에 관한 마르크스의 자세한 분석의 결과이며, 『자본론』에 제시된 개념들의 전개순서는 현실의 자본주의 사회에서 그들 사이의 관계 그리고/또는 그들의 역사적 순서를 반영하고 있다.

미타는 『자본론』에 있는 '발표 또는 서술'의 방법을 다음과 같이 설명

28 '이상적인 표상'을 알튀세르는 '지식'이라고 부른다. Althusser & Balibar 1977: 194-196.
29 다음을 참조하라. Rosdolsky 1969: Ch. 4.

한다. 『자본론』은 현실의 경제를 항상 전제(前提)로서 유지하면서 구체적인 소재들의 분석에서 형성된 개념들의 내적 관련들을 체계적으로 서술함으로써 현실의 자본주의 경제의 이상적인 표상을 만들어 내고 있다. 『자본론』 제I권의 제2편(화폐가 자본으로 전환)과 제3편(절대적 잉여가치의 생산)에서 마르크스는 "필요노동시간을 넘는 노동일의 연장으로 증식되는 가치"를 자본의 일반개념으로 제시한다. 절대적 잉여가치의 생산에 의거한 이런 최초의 자본개념은 다른 개념인 상대적 잉여가치를 도입함으로써 확대된다. 왜냐하면 상대적 잉여가치는 절대적 잉여가치의 생산이 잉여가치를 생산하는 하나의 형태에 불과하다는 것을 밝히기 때문이다. 절대적 잉여가치로부터 상대적 잉여가치로 전개되는 과정은 새로운 개념(즉 상대적 잉여가치)을 창조하는 과정일 뿐 아니라 현실경제에서 단순협업으로부터 매뉴팩쳐와 기계제 대공업으로 이행하는 것을 개념화하고 있다. 마찬가지로 산업자본으로부터 상업자본과 이자 낳는 자본으로 전개되는 과정은 산업자본의 개념을 명백히 하는 과정이고 상업이윤 · 이자와 같은 새로운 개념들을 창조하는 과정일 뿐 아니라 자본의 일반개념을 풍부하게 하고 구체화하는 과정이기도 하다.[30] 그러나 이런 전개과정에서 범주들의 순서는 역사적으로 지배적이었던 순서를 반영하지는 않는다. 왜냐하면 상업자본과 이자 낳는 자본은 자본주의 사회에서는 지배적이 아니며 그들의 역할은 산업자본에 대한 완전한 지식 없이는 해명할 수 없기 때문이다. 마르크스는 말한다.

> 산업자본은 잉여가치 또는 잉여생산물의 취득뿐 아니라 그것의 창조까지도 자기의 기능으로 삼고 있는 유일한 자본형태다. 그러므로 산업자본은 생산의 자본주의적 성격을 조건으로 하며, 그것의 존재는 자본가와 임

30 곽노완(2006)의 다음과 같은 주장은 미타의 견해와 비슷하다. "『자본론』의 서술방법은 내재적이라고 할 수 없는, 이미 연구되었지만 아직 서술되지 않는 관계를 추가하면서 이전의 범주들이 갖는 불충분성과 한계를 드러내고 넘어서는 방법이라 할 수 있다."

금노동자 사이의 계급적대의 존재를 내포하고 있다. 산업자본이 사회의 생산을 지배함에 따라 노동과정의 기술과 사회적 조직이 변혁되어 가며, 그와 함께 사회의 경제적 · 역사적 유형이 변혁되어 간다. 산업자본보다 이전에, 사회적 생산의 낡은 상태 또는 몰락하고 있는 상태에서 출현한 여타의 자본 종류는 이제 산업자본에게 종속하게 되고, 이에 따라 자신의 기능 메커니즘에 변화를 겪었을 뿐 아니라 산업자본의 기초 위에서만 운동하게 되고, 이 기초와 생사존망을 함께 하게 된다. 화폐자본과 상품자본이 산업자본과 나란히 자기 자신의 독특한 사업분야의 담당자로 나타나고 기능하는 한(예: 은행업과 상업), 산업자본이 유통영역 안에서 끊임없이 취하고 버리는 각종의 기능형태들이 사회적 분업을 통하여 독립하여 일면적으로 발달된 것을 가리킬 뿐이다(『자본론』II: 63).

더욱이 미타는 우노학파가 국가 · 대외거래 · 세계시장은 『자본론』과 같은 추상수준에서는 이론화될 수 없고 오직 구체적인 역사적 사실들의 수준에서 분석될 수 있다고 주장하는 것은 틀렸다고 말한다. 구체적인 역사적 사실들을 나열하는 것은 그것들에 관한 이론을 대체할 수 없기 때문에, 자본의 일반이론은 국가 · 대외거래 · 세계시장의 이론들을 포함하지 않으면 안 되며, 이 사실은 1857년 연구플랜에서 마르크스가 분명히 다음과 같이 밝힌 바 있다.

17세기의 경제학자들은 항상 살아있는 전체, 예컨대 인구 · 국민 · 국가, 몇 개의 국가 등을 가지고 시작해서는, 분석을 통해 분업 · 화폐 · 가치 등 소수의 결정적이고 추상적이며 일반적인 관계들을 발견하고는 끝을 맺는다. 그렇지만 이런 개별적인 계기들이 다소 굳건히 확립되고 추상되어야만 경제체계가 세워질 수 있는데, 경제체계는 노동 · 분업 · 욕구 · 교환가치와 같은 단순한 관계로부터 국가, 국민들 사이의 교환, 세계시장의 수준으로 상향(上向)하게 된다. 후자가 분명히 과학적으로 올바른 방법이다. 구체적인 것은 수많은 경향들의 집적, 즉 다양한 것의 통일이기 때문에 구체적이다. ……추상으로부터 구체로 상향하는 방법이 사고(思考)가 구체적인 것을 흡수해 그것을 마음 속의 구체로 재생산하는 유일한 방법이다. 그렇지만 이것은 그 구체적인 것이 실제로 탄생하는 과정은 결코 아니다(Marx 1973: 100-101).

끝으로, 미타는 우노의 원리론의 자기완결적이고 영원한 성격—즉 자본의 존재를 위한 전제들이 외부로부터 매개되지 않은 채 자본주의적 생산과정의 결과로 창조되기 때문에 자본의 생산과 재생산이 영원히 계속된다—을 검토한다. 미타도 마르크스가 자본－노동관계의 영구성에 관해 여러 차례 언급했다는 우노의 지적에 동의한다. 두 개의 예를 들어 보자.

노동의 생산물과 노동 그 자체의 분리, 객체적 노동조건과 주체적 노동력의 분리가 자본주의적 생산과정의 현실적인 토대이며 출발점이었다. 그런데 최초에는 출발점에 불과했던 것이 과정의 단순한 연속(즉 단순재생산)에 의해 자본주의적 생산의 특징적인 결과(끊임없이 갱신되고 영구화되는 결과)로 된다(『자본론』I(하): 775).

완성된 부르주아체제에서 각각의 경제관계는 다른 관계들이 부르주아 경제형태로 있는 것을 전제하며, 따라서 모든 유기체의 경우처럼 가정된 것은 모두 전제조건이기도 하다. 이 유기체 그 자체는 하나의 총체로서 자기 자신의 전제조건들을 가지는데, 유기체가 총체성으로 발전하는 것은 바로 사회의 모든 요소들을 자기 자신에게 종속시키는 것, 또는 자기 자신으로부터 자기가 아직 가지지 못한 기관들(organs)을 창조해 내는 것에 있다. 이것이 역사적으로 유기체가 하나의 총체가 되는 길이다(Marx 1973: 278).

위의 인용문에서 마르크스는 자본주의적 생산과 그것의 전제조건들 사이의 상호순환을 인정하지만, 상호순환의 논리는 더 높은 발전의 논리(즉 생성 · 발전 · 몰락의 논리)에 포함되어 있으며 『자본론』은 이 두 논리들을 분리하지 않는다고 미타는 주장한다. 예컨대 『자본론』은 한편에서는 자본의 재생산과정을 연구하면서도 다른 한편에서는 시초축적과 자본주의적 축적의 역사적 경향을 연구한다. 우노는 순환의 논리와 발전의 논리를 분리함으로써 『경제원론』이 자본주의적 생산을 생산의 영원한 형태로 간주하게 되었다고 미타는 비판한다. 요코야마 마사히코(横山正彦 1971)와 토미자와 켄지(富澤賢治 1972 & 1973)는 미타의 주장을 보충하면서 『자본론』은 자본주의적 생산양식을 철폐하는 세 개의 필수적인 계기들—즉 자본의 집중화, 노동과 생산의 사회화, 노자 계급 적대의 심화—의 측면에서 자본주의적 생산의 발전과정을 분석하고 있다고 주장한다.

4) 일본의 논쟁과 서방의 마르크스주의자들

(1) 순수자본주의 사회와 세계자본주의

우노학파가 현실의 자본주의 사회와 전혀 다른 '관념적인' 순수자본주의 사회를 원리론의 연구대상으로 간주하는 한, 그들은 방법론적으로 알튀세르학파와 비슷하다. 왜냐하면 알튀세르학파는 현실의 대상과 연구대상을 엄격히 구분하고 연구대상을 사고하는 두뇌(thinking head)의 산물로 간주하기 때문이다(Althusser 1977: 182-193; Althusser & Balibar 1977: 13-69, 119-144). 그러나 우노학파가 순수자본주의의 과학적 성격을 19세기 중엽의 영국 자본주의 사회와의 유사성에서 찾는 한, 그들은 알튀세르학파와는 다르다. 왜냐하면 후자는 두뇌의 산물의 과학성이나 진실성은 그것이 현실의 구체와 유사하거나 현실의 구체를 설명할 수 있거나에 의해 판단되는 것이 아니라 이론적 실천 내부의 기준에 의해 판단된다고 보기 때문이다. "마르크스이론이 진실하기 때문에 성공적으로 적용될 수 있었던 것이지, 성공적으로 적용될 수 있었기 때문에 진실한 것은 아니다"(Althusser & Balibar 1977: 59).

이처럼 우노학파와 알튀세르학파 사이에 차이가 생긴 이유는 후자가 자본주의적 생산양식과 사회구성(social formation)을 구별하며 자본주의적 생산양식의 구조에 관해 독특한 견해를 가지고 있기 때문이다. 알튀세르학파에 따르면, 현실의 자본주의 사회(즉 사회구성)는 다수의 서로 다른 생산양식들(자본주의적 생산양식이 지배하지만)로 구성된 복잡하게 접합된 구조이고, 자본주의적 생산양식은 경제적 · 정치적 · 이데올로기적 영역들('최후의 심급에서' 경제적인 것이 결정적이지만)로 구성되어 있다. 따라서 알튀세르학파가 『자본론』은 자본주의적 생산양식의 경제영역을 연구한다고 말할 때, 『자본론』의 연구대상이 현실의 자본주의 사회에서 직접적으로 주어져 있는 것이 아니라, 다른 생산양식들을 추상하여 자본주의적 생산양식을 이론적으로 만들어 내어야 하고 또한 자본주의적 생산양식의 다른 영역들을 추상하여 경제적 영역을 이론적으로 만들어 내어야 하는 것이다(Althusser & Balibar 1977: 178). 알튀세르학파가 이렇게 현실의 대상과 연구대상을 엄격하게 구분하는 것이 타당하다면, 일본 논쟁의 한 부분—순수자본주의 사회 또는 세계자본주의 중 어느 것이 19세기 중엽의 영국 자본주의를 더욱 잘 반영하는가—의 이론적 가치는 크게 감소한다.

둘째로 우노학파의 순수자본주의 사회에 대한 스즈키학파의 비판은 마르크스의 재생산표식에 관한 룩셈부르크(Luxemburg 1913; 1915)의 비판과 비슷한 요소들을 지니고 있다. 스즈키학파와 룩셈부르크는 자본주의 경제는 비자본주의적 환경을 포섭하지 않고서는 자기 자신을 유지할 수 없다는 점에서 의견이 일치한다. 또한 그들은 자본주의적 축적은 자본주의적 발전의 현실의 역사적 과정에 따라 분석되어야 한다는 점에서도 의견이 일치한다. 그러나 그들은 비자본주의적 환경이 왜 필요한가와 『자본론』의 연구대상이 무엇인가에서는 서로 다른 의견을 가지고 있다.

룩셈부르크는 순수자본주의 사회에서 확대재생산이 불가능한 이유로, 그 사회에서는 잉여생산물 중 자본화되어야 할 부분이 팔릴 수 없기 때문이라고 주장한다(이 책의 제3장 4를 참조하라). 임금노동자는 연간생산물 중 가변자본의 가치에 해당하는 부분만을 구매할 수 있을 뿐이고, 자본가는 축적을 위해 잉여생산물의 점점 더 작은 부분을 소비하려고 하기 때문이다. 따라서 자본주의 경제는 비자본주의적 환경에서 독립적인 구매재원을 얻고 있는 제3의 구매자들을 필요로 한다. 물론 스즈키학파는 순수자본주의 사회에서는 산업예비군이 생존할 수 없기 때문에 비자본주의적 환경이 필요하다고 했다. 이런 차이는 현실의 자본주의 사회의 궁극적 몰락에 관해서도 서로 다른 견해를 가지게 한다. 룩셈부르크는 모든 비자본주의적 사회들이 자본주의화하면 자본축적이 불가능하기 때문에 자본주의 체제는 멸망하는데, 스즈키학파에게는 자본주의 사회에서 '순수하지 않은' 요소들이 증가함으로써 자본주의 사회는 변형된다.

『자본론』의 연구대상과 관련해서, 스즈키학파는 『자본론』이 세계자본주의를 다루고 있다고 주장하지만, 룩셈부르크는 『자본론』이 비현실적인 순수자본주의 사회를 다루고 있다고 심하게 비판하고 있다(Luxemburg 1915: 61)

(2) 원리론과 단계론

알튀세르학파는 『자본론』을 자본주의 생산양식의 경제영역의 이론이라고 간주하기 때문에, 그들은 우노학파와 마찬가지로 자본주의적 생산양식의 '영구성'이 『자본론』의 이론에 필수불가결하다고 주장한다(Althusser & Balibar 1977: 274). 또한 알튀세르학파는 우노학파와 마찬가지로 산업순환(또는 공황)은 경제적 모순들(이것들은 자본주의적 생산양식의 구조 전체를 물들이고 있는 자본과 노동 사이의 시초모순으로부터 발생한다)을 주기적으로 해소함으로써 자본주의 경제를 영속화시키는 메커니즘이라고 주장한다.

단계론에 관해 알튀세르학파나 우노학파는 자본주의 생산양식 그 자체의 단계구분은 필요하지 않다고 생각한다. 알튀세르학파는 사회구성의 역사에는 '역사의 시간'(또는 연대적 시간)을 주고 생산양식의 단계들에는 '동학의 시간'(또는 논리적 시간 또는 경향의 시간)을 주고 있다. 이렇게 보면, 알튀세르학파, 우노학파, 스즈키학파가 제시한 단계론은 자본주의의 사회구성의 역사에 국한된 것이고, 일본 정통파와 영국의 파인과 해리스(1985)는 자본주의 생산양식 그 자체를 단계구분함으로써 『자본론』에 있는 자본의 일반이론으로부터 상향하여 더욱 복잡한 개념들(국가 일반, 국민국가, 세계경제를 포함)로 나아가 구체적인 사회구성에 관한 지식을 생산하려 한다고 말할 수 있다. 파인과 해리스는 자본주의 생산양식 그 자체를 단계구분해야 할 이유에 관해 다음과 같이 말한다.

> 사회구성의 역사적 발전은 생산양식의 변형의 결과로서만 이해할 수 있다. 이 변형은 한 생산양식의 다른 생산양식에 의한 지양, 이행과정에서 서로 다른 생산양식들의 접합, 그리고 한 생산양식 안에서 한 단계에서 다른 단계로의 변형을 포함한다. ……자본주의 생산양식 안에서의 단계별 이동을 연구하지 않으면 자본주의의 일반적 발전법칙을 고찰하는 것은 불가능하며, 마르크스주의자들은 특정 자본주의 사회의 발전을 연구하는 데 그칠 뿐 그 발전을 일반적 법칙에 의거해 설명할 수는 없게 될 것이다. 게다가 만일 생산양식의 법칙이 연속적인 추세보다 서로 다른 단계를 발생시킴을 보여 줄 수 없다면, 우리는 사회구성의 역사를 몇 개의 단계로 구분하는 것을 정당화할 수 없을 것이다(파인과 해리스 1985: 119-120).

일본 정통파와 유럽의 파인과 해리스는 단계론이 이론의 수준에서 분석되어야 하며, 단계론의 개념들이 외부의 경험적 사실로부터 도입될 것이 아니라 더욱 추상적인 개념들에 의거해야 한다고 주장한다. 파인과 해리스는 자본주의 생산양식을 단계구분하는 기준으로서 '잉여가치를 취득하고 통제하는 방법'을 들고 있는데,[31] 이 방법의 변형을 결정하는 동력은 잉여가치를 증대시키려는 자본의 끊임없는 노력과 이것에 대한 노동자계급의 투쟁이다. 자본주의 생산양식의 경향적 또는 논리적 단계들로 파인과 해리스는 자유방임 · 독점 · 국가독점 자본주의를 제시한다. 제1단계의 특징은 절대적 잉여가치의 생산, 집적에 의한 자본축적, 잉여가치를 기업이윤 형태로 취득, 노동일의 길이를 둘러싼 계급투쟁 등이다. 제2단계의 특징은 상대적 잉여가치의 생산, 집중과 신용에 의한 자본축적, 잉여가치를 이자형태로 취득, 숙련의 무용지물화(deskilling)와 해고를 둘러싼 계급투쟁 등이다. 제3단계에서는 점점 더 격렬하고 심각한 공황의 발생과 노동자계급의 세력 증대에 따라 국가가 개입하는데, 국가는 재정금융정책과 국유화를 통해 자본주의적 생산을 통제하고 조세를 통해 잉여가치를 취득한다.

5) 소결

『자본론』의 연구방법에 관한 일본의 논쟁과 유럽 마르크스주의자들의 공헌을 고찰하면서 다음과 같은 몇 개의 결론을 내릴 수 있을 것 같다.

첫째로 자본주의 사회의 현실적이고 구체적인 역사적 발전을 과학적으로 분석하기 위해서는 현실의 사회가 몇 개의 생산양식으로 구성되어 있다는 알튀세르학파의 주장을 받아들일 필요가 있다. 특히 『자본론』이 자본주의 생산양식의 경제영역을 연구하는 책이라는 점을 인정한다면, 더 많은 이론적 실천이 요구된다. 예컨대 자본주의 생산양식이 다른 생산양식들을 지배하는 방법에 대해, 자본주의적 생산양식의 경제영역과 다른 영역들 사이의 관계에 대해, 그리고 국가와 세계시장에 관해 이론들을 정

31 이 기준은 마르크스가 『자본론』 제III권 47장('자본주의적 지대의 기원')에서 봉건사회를 단계구분할 때 사용한 것이다. 마르크스는 봉건사회가 노동지대(부역) → 생산물지대 → 화폐지대의 단계를 거쳤다고 말했다.

립해야만 할 것이다.

둘째로 이론적 실천을 실증적 · 구체적 · 역사적 사실들의 나열로 대체할 수 없다는 점을 명심해야 한다. 물신화된 복잡한 현상들은 이론의 영역에서 논리적이고 필연적인 결과로 재생산되어야만 한다.

셋째로 자본의 일반이론은 『자본론』에 주어진 채로 고정되고 영구적이라고 생각해서는 안 된다. 새로운 구체적 현상들을 분석함으로써 얻는 새로운 개념과 지식으로 『자본론』에 있는 자본의 일반이론을 개선하고 풍부하게 해야만 한다. 특히 자본의 특수한 발전단계들의 이론과 일반이론은 분리될 수 없고 변증법적 통일을 이루어야 한다.

넷째로 자본주의적 생산양식이 단계별로 변형된다는 아이디어는 생산력과 생산관계의 충돌로부터 낡은 생산양식의 몰락과 새로운 생산양식의 탄생을 연구하는 마르크스의 유물사관에 의거해야 할 것이다. 자본주의적 생산양식에서 생산활동이 개인기업에 의해 관리 · 통제되다가 그 다음으로 주식회사와 독점 및 국가에 의해 관리 · 통제되는 것도 결국은 생산력의 발전에 따라 생산관계가 변형되는 것을 가리키는 것이며, 마지막으로 소수의 대자본가들과 국가에 의한 생산력의 통제가 지닌 자본가적 성격을 타파하기 위해 사회 그 자체가 생산수단을 공유하는 것, 따라서 자본주의적 생산양식이 멸망하는 것도 생산력과 생산관계의 충돌로 설명될 수 있는 것이다(김수행 2006b).

3
세계경제의 위기와 공황

마르크스는 자신의 공황이론을 어느 특정한 저서나 저서의 특정한 부분에서 상세히 서술한 적이 없다. 또한 주저인 『자본론』에서도 공황의 원인에 관해 다양한 의견을 제시하고 있다. 이러한 의미에서 마르크스의 공황이론은 '미완성' 이라고 평가할 수 있을 것이다.[32] 그러나 그 동안의 연구과정에서 '자본주의 생산양식 차원의 공황' 에 관해서는 상당한 의견의 합의가 이루어졌다. 예컨대 마르크스는 공황이 일어나는 환경, 공황의 원인, 공황의 발발을 촉진하거나 지체시키는 요소 등등을 분명히 구별했다는 점을 모두가 인정한다. 공황이 발생하는 '환경' 은 자본주의의 '역사적 특수성' 을 가리키는데, 예컨대 대부분의 재화와 서비스가 '상품' 으로 거래되고 있다는 점, 화폐가 유통수단과 지불수단으로 사용되고 있다는 점, 상품들이 사회 전체로 볼 때 무계획적으로 그리고 경쟁적으로 생산되고 있다는 점, 생산의 목적이 주민들의 필요와 욕구를 충족시키는 것이 아니라 자본가들의 이윤 획득에 있다는 점, 자본가들은 이윤을 증가시키기 위해 노동자들의 임금을 될수록 인하하려고 한다는 점 등등이다. 공황의 발발을 촉진하는 요소는 신용제도의 갑작스런 붕괴인데, 자본가들 사이에서 어음과 수표에 의한 신용거래가 중단되면서 현금거래만 허용되는 상

32 곽노완(2006)에 따르면 『자본론』은 자본주의 체제에 대한 비판과 자본주의 이론에 대한 비판을 포함하고 있는데, 전자는 자본주의의 한계를 명확히 하는 공황론과 대안적인 사회체제의 운동법칙에 의해 완성될 수 있었을 것인데 『자본론』은 이것들을 완성하지 못했다.

황에서는 산업자본가들이나 대부자본가들은 모두 현금을 퇴장하려 할 것이고 이에 따라 현금을 구하지 못한 채무자들이 대규모로 도산하기 때문이다. 물론 이 경우 국가가 개입해 중앙은행을 통해 현금을 대규모로 공급한다면 공황의 발발은 어느 정도 지체될 수 있을 것이다. 물론 공황의 원인에 관해서는 과소소비설, 임금 상승-이윤압박설, 이윤율 저하설 등등이 있지만, 최근에는 『자본론』 제III권 제3편(이윤율 저하경향의 법칙)에 의거한 공황이론이 가장 큰 영향력을 행사하고 있다.[33]

그렇지만 『자본론』의 공황이론은 자본주의 생산양식이라는 추상수준에서 제시한 것이므로, 매우 구체적인 세계시장 공황을 설명하는 데 필요한 개념들을 지니고 있지 않다. 따라서 『자본론』의 추상적인 공황이론을 어떻게 세계시장 공황이론으로 구체화하는가가 긴급한 연구과제로 등장하고 있다. 이 과제를 해명하기 위해, 여기에서는 먼저 마르크스가 세계시장과 세계시장 공황을 어떻게 이론화하려고 생각했는가를 '정치경제학 연구계획'(이른바 플랜 Plan)을 중심으로 살펴본다. 그러나 마르크스 시대에 비해 현재는 자본의 국제화나 세계화가 크게 진전했으므로 자본주의 생산양식의 수준보다는 훨씬 더 많고 복잡한 요소들이 개념화되고 이론화되어야 세계경제를 파악할 수 있을 것이다. 더욱이 이제는 세계시장 공황이라는 개념보다는 생산과정과 유통과정과 분배과정을 모두 포괄하는 세계공황이 더욱 적합할 것인데, 이 세계공황이 어떻게 발생하게 되는가를 하나의 예를 통해 추적하려고 한다. 물론 자본의 세계화와 현실적인 세계공황은 제9장에서 구체적으로 다룰 것이다.

1) 정치경제학 연구계획의 후반부

1857~58년에 쓴 『정치경제학 비판 요강』(*Grundrisse*)에서 마르크스는 자기의 경제학체계에 관해 다음과 같이 말하고 있다.

33 박대원(2002a; 2002b)을 참조하라.

(가) 책의 순서는 분명히 다음과 같아야 한다. (1) 대체로 모든 형태의 사회에서 볼 수 있는 일반적이고 추상적인 규정들. (2) 부르주아 사회의 내부구조를 이루는 범주들로서 기본계급들의 존립조건을 가리키는 범주들. 자본 · 임노동 · 토지재산. 이들의 상호관계. 도시와 농촌. 거대한 세 사회계급들. 이들 사이의 교환. 유통. (사적) 신용제도. (3) 부르주아 사회를 총괄하는 형태로서 국가. 국가 그 자체의 고찰. '비생산적' 계급들. 조세. 국가채무. 공적 신용. 인구. 식민지. 국외이주. (4) 생산의 국제적 성격. 국제분업. 국제적 교환. 수출과 수입. 환율. (5) **"세계시장과 공황"**(Marx 1857-58a: 45. 강조는 인용자의 것).

(나) 교환가치 · 화폐 · 가격을 고찰하는 제1부에서는 상품은 항상 이미 있는 것으로 나타난다. ……그러나 상품세계는 스스로 자기 자신을 넘어서서 **생산관계들**이라고 규정되는 경제적 관계들로 나아갈 것을 지시한다. 따라서 생산의 내부구조가 제2부를 이룬다. 전체가 국가로 총괄되는 것이 제3부를, (생산의) 국제관계가 제4부를, 그리고 세계시장이 종결을 이룬다. 세계시장에서 생산은 자기의 모든 계기들을 지닌 총체로서 정립되지만, 동시에 모든 모순들이 작동한다. 이리하여 세계시장은 이제 전체의 전제이면서 전체의 담지자가 된다. 이 때 공황은 이 전제를 넘어서라는 전반적인 지시이고, 새로운 역사적 형태를 취하라는 촉구이다(Marx 1857-58a: 160. 강조는 마르크스의 것).

(다) I. (1) 자본의 일반 개념. (2) 자본의 특수성: 유동자본과 고정자본. (생활수단으로서, 원료로서, 노동도구로서 자본.) (3) 화폐로서 자본. II. (1) **자본의 양. 축적.** (2) **자기 자신으로 측정한 자본. 이윤. 이자. 자본의 가치: 즉 이자와 이윤처럼 자기 자신과 구별되는 자본.** (3) **자본들의 유통.** (가) 자본과 자본의 교환. 자본과 수입의 교환. 자본과 가격들. (나) **자본들의 경쟁.** (다) **자본들의 집중.** III. 신용으로서 자본. IV. 주식자본으로서 자본. V. **화폐시장으로서 자본.** VI. 부의 원천으로서 자본. 자본가. 자본 다음으로 토지재산을 다룰 것이다. 토지재산 다음으로는 임노동을 다룰 것이다.

이 세 가지(자본 · 토지재산 · 임노동)가 전제된 위에서, 이제 내적 총체성에서 정의된 유통으로서 가격들의 운동. 다른 한편으로 생산이 위의 세 가지 기본형태들과 유통의 전제들에 의해 정립되는 것으로서 세 개의 계급들. 다음으로 **국가.** (국가와 부르주아 사회: 조세 또는 비생산적 계급들의 존재. 국채. 인구. 대외적 국가: 식민지. 해외무역. 환율. 국제주화로서 화폐. 끝으로 세계시장. 부르주아 사회가 국가를 넘어 확대. 공황. 교환가치에 의거한 생산양식과 사회형태의 해체. 개인적 노동을 사회적 노동으로, 그리고 사회적 노동을 개인적 노동으로 실제로 정립하는 것) (Marx 1973: 264. 강조는 마르크스의 것).

그 뒤 1859년에 출판한 『정치경제학 비판을 위하여』의 '서문(Preface)'에서 마르크스는 자기의 연구계획(플랜)을 다음과 같이 매우 분명하게 말한다.

나는 부르주아 경제체제를 다음과 같은 순서로 연구한다. **자본, 토지재산, 임노동; 국가, 해외무역, 세계시장.** 근대 부르주아사회를 구성하는 3대 계급의 경제적 존립조건이 첫 세 주제에서 분석되며, 나머지 세 주제의 상호관련은 자명하다. **자본**을 다루는 첫 번째 책의 첫 부분은 다음과 같은 장들로 구성된다: 1. 상품; 2. 화폐 또는 단순한 유통; 3. 자본일반. 지금 이 책은 처음 두 장들로 구성된다(Marx 1859: 261. 강조는 마르크스의 것).

위의 플랜에 따르면, 마르크스는 1867년 『자본론』 제I권을 출판하기 이전에는 여섯 권의 책을 쓸 계획을 가지고 있었던 것처럼 보인다. 흔히들 지적하는 바와 같이, '자본, 토지재산, 임노동'이 전반부(前半部)의 세 주제이고, '국가, 해외무역, 세계시장(과 공황)'이 후반부의 세 주제다. 그런데 『자본론』에서는 자본 · 임노동 · 토지재산이라는 전반부가 '자본의 지배가 관철된다는 전제하에서'(Lebowitz 2003) 대체로 다루어졌지만,[34] 후반부는 어디에서도 제대로 연구된 적이 없다.

'국가'에 관해서, 마르크스는 한편으로는 '부르주아 사회를 총괄하는 형태' 또는 '국가와 부르주아 사회'를 이야기하고, 다른 한편으로는 '대외적 국가'를 이야기하고 있다. 따라서 엄밀하게 말하면, '국가'는 전반부를 종결하는 주제일 뿐 아니라 후반부를 개시하는 주제라는 의미를 지니게 된다. 그 이유는 다음과 같다. 첫째로 '부르주아 사회를 총괄하는 형태'로서 국가는, 부르주아 사회의 3대 계급인 자본가계급 · 토지소유자계급 · 임금노동자계급 사이의 갈등과 투쟁이 국가에 집중하고 국가를 통해 매개된다는 것을 의미하기 때문에,[35] 국가가 사실상 전반부를 종결하게 된다. 둘째로 후반부의 해외무역과 세계시장(과 세계시장 공황)은 '대외적 국가' 또는 '국민국가' 나아가서는 '국민경제'를 전제해야만 논의가 가능하기 때문에, '국가'가 후반부의 출발점이 되지 않을 수 없다.

'국가 · 해외무역 · 세계시장'이라는 후반체계는 '부르주아 사회를 총괄하는 국가'가 여러 지역(또는 공간)에서 주권(主權 sovereignty)을 가지면서 다수 존재한다는 것, 그리고 각 국가가 일정한 공간에서 3대 계급을 총괄하면서 '국민경제'를 이루고 있다는 것을 전제해야만 한다. 각각의 국민경제는 자연조건의 차이, 역사적 발전의 차이, 정치적 · 경제적 · 문화적 발전의 차이 등등으로 말미암아 노동생산성과 노동강도가 다르고 비교우위의 산업도 다르다. 여기에서 국제적 분업이 생기고 해외무역이 발생하며 세계화폐와 국제신용이 발달하고 환율과 국제수지가 문제로 등장하게 된다. 이리하여 각각의 국민경제는 세계시장의 상품거래와 금융

---

34 『자본론』의 곳곳에서 "이 문제는 우리의 지금의 연구과제를 넘어선다"는 언급을 많이 볼 수 있다. 예컨대 자본가들 사이에서 시장가격을 둘러싸고 경쟁하는 것이나 임노동자들이 조직을 구성해 자본에 대항하여 투쟁하는 것 등이다.

35 마츠이(Matsui 1970)는 마르크스의 플랜을 논의하면서 "임노동으로부터 어떻게 국가로 나아갈 수 있는가" 하는 의문을 제기하는 학자들이 있다고 지적하면서, 자본과 토지재산과 임노동으로부터 국가로 이행하는 과정의 동인(動因)은 계급투쟁이라는 역사적 조건이라고 올바르게 대답하고 있다.

거래에서 독특한 위치를 차지하면서 세계시장을 구성할 뿐 아니라 세계시장에 의해 규제받게 된다. 물론 세계시장은 각국 출신의 자본들이 경쟁하는 장소이고, 자본들은 자기 출신국의 국가에게 자기들을 유리하게 할 대외경제정책을 채택할 것을 요구한다. 이리하여 국가들 사이의 갈등, 지배와 종속이 뒤따르며, 세계시장의 특징이 드러난다. 이렇게 세계시장을 이론적으로 구성한 뒤에는, 뒤돌아와 국민경제를 세계시장 속에서 '다시금' 조명해야만 국민경제를 확실하게 파악할 수 있을 것이다.

예컨대 힐퍼딩은 『금융자본』(1911)에서 금융자본의 발생과 특징을 논의한 뒤 마지막 제5편에서 금융자본의 대외경제정책을 다루고 있다. 더욱이 제5편에서는 금융자본을 대내적으로 그리고 대외적으로 분석한 것을 종합함으로써, '금융자본과 계급', '노동협약을 둘러싼 투쟁', '프롤레타리아와 제국주의'를 논의하고 있다. 레닌도 『제국주의』(1917)에서 마찬가지의 연구방법을 따르고 있다. 즉, 먼저 선진자본주의 국내에서 진전되는 '생산의 집중과 독점', 은행의 새로운 역할, 금융자본을 논의한 뒤, '자본의 수출', '세계가 자본가연합들에 의해 분할', '세계가 열강들에 의해 분할', '자본주의의 특수한 단계로서 제국주의'를 대외적인 측면으로 분석하고, 마지막으로 대내적인 것과 대외적인 것을 종합함으로써 '자본주의의 기생성과 쇠퇴', '제국주의 비판', '제국주의의 역사상의 위치'를 다루고 있다.

그런데 여기에서 문제로 되는 것은, 국민국가와 국민경제가 어떤 한 나라의 국민 '전체'를 위해 존재한다고 말할 수 있는가이다. 자본가들과 부르주아 국가가 강조하는 '국민적 생산성'이나 '국가경쟁력'이 '과학적인' 개념으로서 성립할 수 있는가? 국민국가가 일정한 영토 안에서 주권을 행사함으로써 대외적으로 국민 전체의 이익을 내표하는 것처럼 보이지만, 국가의 대외경제정책이 국내의 다양한 이익단체와 정치집단들의 대립과 투쟁을 통해 결정되기 때문에, 국가의 대외경제정책은 국내에서 지배적인 지위를 차지하고 있는 자본가계급 분파의 이익을 대변한다고 보아야 할 것이다. 이런 관점에 입각할 때, 제국주의 전쟁은 자기 출신국의 국가를 등에 업은 대자본가들 사이의 국제적인 갈등과 투쟁으로 말미암아 일어나는 국가들 사이의 무력 충돌이라고 파악할 수 있으며, "대자본가들을 위한 대포 밥이 되지 말자"는 프롤레타리아 국제주의도 의미를 가지게 되는 것이다. 물론 각국의 대자본가들은 세계시장을 확보하기 위해 협력하거나 제휴할 수도 있고, 각국 출신의 다국적자본은 국제기구들(예: IMF, WTO)이 무역 · 외환거래 · 자본이동의 자유화를 세계 전체에 강요하도록 자국 정부에게 압력을 가할 수도 있다.

2) 세계공황의 이론적 재구성

마르크스가 국가 · 해외무역 · 세계시장(과 공황)에 관해서는 어디에서도 체계적으로 연구하지 않았지만, 그는 자본주의를 '일국자본주의' 로 생각하지 않고 항상 '세계자본주의' 로 생각했다는 점은 분명하다. 예컨대 그는 다음과 같이 말한다.

> (가) 상품유통은 자본의 출발점이다. 상품생산과 상품유통, 그리고 상품유통의 발달된 형태인 상업은 자본이 성립하기 위한 역사적 전제조건을 이룬다. 16세기에 세계무역과 세계시장이 형성된 때로부터 현대적인 자본의 역사가 시작된다(『자본론』I(상): 189).
>
> (나) 문제를 애매하게 하는 모든 부차적인 사정들을 떠나 연구대상을 순수한 형태로 고찰하기 위해서는, 상업세계 전체를 한 나라로 보며, 또 자본주의적 생산이 모든 곳에서 확립되어 모든 산업부문들을 지배하고 있다고 가정해야 한다(『자본론』I(하): 791주).

또한 마르크스는 자본주의의 공황에 관해서도 '세계시장 공황' 이라는 점을 분명히 밝히고 있다.

다음과 같은 일들이 일어난 뒤에만, 자기영속적인 반복되는 순환(순차적인 국면들이 몇 년을 포괄하며, 순환은 항상 일반적 공황에서 그 정점에 도달하는데, 일반적 공황은 하나의 순환의 종점일 뿐 아니라 다른 하나의 순환의 출발점이기도 하다)이 시작될 수 있다. 즉, 기계제 대공업이 확립되어 국내의 생산 전체에 지배적인 영향을 미치게 되었을 것, 기계제 대공업의 덕택으로 해외무역이 국내상업을 추월하기 시작했을 것, 세계시장이 신대륙 · 아시아 · 오스트레일리아의 광대한 영역을 차례차례 포섭해 버렸을 것, 그리고 끝으로 다수의 공업국들이 세계시장의 경쟁에 참가했을 것 등이다(『자본론』I(하): 864주).

『자본론』에는 세계시장 공황을 매우 구체적으로 그 당시의 상황에 의해 설명하는 부분이 몇 군데 있다.

(가) 영국의 수출상(갑)이 영국의 면사생산자로부터 면사를 사서 인도에 수출한다고 하자. 인도의 수입상(을)은 이 면사 대금으로 영국의 자기 채무자(병) 앞으로 발행한 3개월짜리 환어음을 주었다. 만약 3개월 말에 '병'이 환어음을 결제하지 않는다면, '을'은 자금을 구하려고 인도의 은행들에게 대출을 요구하게 될 것이므로 인도의 화폐시장이 경색되고, '갑'은 '병'으로부터 돈을 받지 못하기 때문에 영국의 은행들로부터 대출을 요구하지 않을 수 없다. 만약 '을'이나 '병'이 '갑'에게 대금을 상환하지 못한다면, 모두가 파산함으로써 인도와 영국에 공황이 발생한다(『자본론』II: 367-369).

(나) 일반적 공황의 시기에는 모든 나라(적어도 상업이 발달한 모든 나라)의 국제수지는 적자인데, 그러나 항상 각각의 나라가 차례차례 자기의 지불순서가 될 때—마치 일제가격(一齊射擊)과 같이—국지수지 적자에 빠지게 된다. ……그러므로 모든 나라들이 동시적으로 과잉수출(과잉생산)하고 과잉수입(과잉무역)했다는 것, 그리고 모든 나라들에서 가격이 등귀했

고 신용이 과도하게 팽창했다는 것이 명백해진다. 각국에서 동일한 붕괴가 일어난다. 금 유출현상은 각국을 차례차례 엄습하는데, 그것의 일반성 때문에 다음과 같은 것이 밝혀진다. (1) 금 유출은 공황의 단순한 현상이며 원인은 아니라는 점, (2) 금 유출이 각국을 엄습하는 순서는 다만 총결산의 시기가 언제 각국에 오게 되는가, 공황의 시기가 언제 오게 되며, 공황의 잠재적 요소들이 각국에서 언제 폭발하는가를 가리켜 줄 뿐이라는 점 (『자본론』III(하): 603).

이러한 언급은 국민경제에서 발생한 공황이 어떻게 세계시장 공황으로 발전하는가를 보여주고 있다. 국제신용 · 해외무역 · 국제수지 · 금 유출 · 환율 등등이 세계시장 공황을 설명하기 위해 새롭게 도입된 개념들이다. 그러나 지금과 같이 자본의 세계화[36]가 크게 진행하고 있는 상황에서는 자본의 수출, 세계화폐, 다국적 자본들의 전략, 각국 정부와 국제기구들의 경제정책, 세계적인 금융시장, 제국주의국들 사이의 위계관계와 상호 대립, 제국주의국과 종속국 사이의 관계 등등이 세계경제의 운동에 큰 영향을 미치고 있으며, 따라서 세계적 경제위기와 공황의 발생 · 진행 · 해소에도 큰 역할을 하고 있다고 말해야 할 것이다.

그렇다면 세계공황에 관한 이론은, 국민경제 차원이나 자본주의 생산양식 차원의 공황이론에서 출발하여 이 공황의 국제적 파급과정을 연구하는 것으로 충분한가? 아니면 세계경제 전체를 독자적인 연구대상으로 삼아야 할 것인가? 마르크스는 자본주의 생산양식 차원의 매우 추상적인

36 개념적으로 말하면, 자본의 '국제화(internationalisation)'는 국민국가들의 존재를 전제로 하지만 자본의 '세계화(globalisation)'는 국민국가들이 사라졌거나 거의 힘을 쓸 수 없는 상황을 전제한다고 말할 수는 있지만, 지금 많은 사람들이 '세계화'를 이야기하고 있기 때문에 국민국가는 거의 힘을 쓸 수 없는 지경에 이르렀다고 파악해야 한다는 주장은 현실을 머리 속에서 만들려는 속임수이다. 미국의 부시 정부가 자기 멋대로 전쟁을 일으키면서 "나의 편을 들지 않으면 적으로 간주하겠다"고 외치는 상황을 보면서도 국민국가가 사라졌다고 생각하는 것은 환상의 극치다. 이 글에서 자본의 세계화는 국제화와 동일한 의미를 가진다. 이 책의 제9장 2를 참조하라.

공황이론을 제시하고 있기 때문에, 세계경제에서 중요한 위치를 차지하는 몇 개의 나라에서 세계경제와의 연관을 통해 공황이 발생하고 이것이 세계경제 속의 상호연관을 통해 전파되면서 세계공황으로 발전한다고 말할 수 있지 않을까? 아니면 세계경제에서 큰 비중을 차지하는 몇 개의 산업이 과잉생산 상태에 빠지고, 이에 따라 이 산업들과 전후방 연쇄(backward and forward linkages)를 맺는 여러 산업들이 과잉생산에 빠짐으로써 세계공황이 발생한다고 말해야 할 것인가? 이런 여러 가지 의문이 생기게 된다.

이런 의문을 해소하기 위해, 예컨대 이윤율[잉여가치 / (불변자본 + 가변자본)]의 저하 경향의 법칙에 의거해 세계공황을 재구성해 보자. 이윤율은 자본의 가치구성(불변자본 / 가변자본)과 잉여가치율(잉여가치 / 가변자본)로 구성되는데, 자본의 가치구성의 상승률이 잉여가치율의 증가율을 초과한다면 이윤율은 저하하게 된다(이 책의 제6장 1을 참조하라). 이윤율의 저하가 특정한 국민경제의 특정한 산업에서 발생한다면, 세계공황은 어떤 경로를 거쳐 발발할 것인가? 몇 가지 경로를 생각할 수 있을 것이다.

첫째, 이윤율이 저하한 특정한 산업이 자기의 국제적 채무를 갚지 못해 도산한다면, 이 도산이 세계공황의 방아쇠를 잡아당길 수 있다. 둘째, 이윤율이 저하한 산업이 재투자에 사용할 자금이 부족하거나 재투자할 유인을 잃어버린다면, 이 산업에게 기계나 원료를 공급하는 외국의 수출산업들은 상품을 판매할 수 없게 되어 세계적인 규모의 과잉생산이 생기게 된다. 셋째, 생산부문의 이윤율이 저하하면, 유휴화폐자본은 생산부문에 투자되지 않고 유통부문에서 주식이나 증권 또는 외환의 투기거래에 종사함으로써 세계적 규모의 투기가 발생하게 된다. 그런데 투기이득의 원천은 결국 생산부문의 잉여가치이기 때문에 생산부문의 확대를 동반하지 않는 투기거래는 얼마 있지 않아 붕괴하게 마련이고, 이것이 세계공황을 야기하게 된다.

이렇게 세계공황을 이론적으로 재구성한다면, 자본주의 생산양식 차원의 공황이론과 별다른 차이가 없다. 물론 세계공황을 구체적으로 실증적으로 분석하기 위해서는 세계 전체의 산업 · 금융 · 환율 · 이윤율 · 임금의 동향, 노자관계의 변화, 각종 국내외 제도들의 개입형태 등등을 밝혀야 할 것이다. 그러나 세계공황을 연구하는 출발점은 세계경제에서 중요한 위치를 차지하는 국민경제 또는 산업에서 가치증식활동을 벌이는 자본들의 이윤율 동향이다. 이 자본들의 이윤율은 매우 추상적인 수준에서는 자본의 가치구성과 잉여가치율에 의해 영향받지만, 구체적인 수준에서는 이자율 · 환율 · 무역규제 · 자본통제 등등에 의해서도 영향받는다. 물론 각국 자본들 사이의 상품가격 인하 경쟁에 의해 이윤율이 저하할 수도 있지만(Brenner 2002), 상품가격의 인하는 노동력의 가치를 인하함으로써 상대적 잉여가치를 만들 수 있다는 점을 상기해야 할 것이다.

그런데 세계공황은 이윤율의 저하를 야기한 원인들을 일시적으로 해소하는 효과를 지닌다. 예컨대 과잉설비를 폐기 처분하게 강제함으로써 자본의 가치구성을 저하시키고 새로운 기술혁신을 도입하게 한다거나, 실업의 거대한 창출을 통해 노동에 대한 착취율을 증대시키는 것이 그것이다. 따라서 세계공황 그 자체는, 경제적인 차원에서 본다면, 자본주의 체제를 전복하는 메커니즘이 아니라 오히려 자본주의 체제를 재생시켜 유지하는 메커니즘이다. 그러나 세계공황이 야기하는 실업과 빈곤, 거대한 생산력의 파괴, 각국 정부들의 근린궁핍화 정책들, 제국주의 정부들 사이의 적대와 갈등, 제국주의국들과 종속국들 사이의 대립과 투쟁 등등이 세계의 노동자계급의 각성을 촉구함으로써 자본주의 체제의 타도에 기여할 수 있을 것이다. 더욱이 공황에서는 지배계급의 각 분파들이 손해를 덜 보기 위해 서로서로 투쟁함으로써 지배계급의 통일성이 지리멸렬하게 되기 때문에, 노동자계급은 어느 때보다 쉽게 정치적 · 경제적 · 이데올로기적 헤게모니를 잡을 수 있을 것이다.

우리가 주목해야 할 것은, 연구계획의 후반부를 총괄하는 것은 '세계시장 공황'인데, 이에 대해 마르크스는 '교환가치에 의거한 생산양식과 사회형태의 해체' 라고 해설한다는 점이다. 이런 언급은 세계공황이 '자본주의 세계경제' 의 역사적 반동성과 변혁 필요성을 폭로함으로써 세계혁명의 큰 계기가 된다는 것을 가리키고 있는 것처럼 보인다. 마르크스에 따르면, 자본주의는 처음부터 일국자본주의가 아니라 세계자본주의이기 때문에, '세계혁명' 을 통해 '세계사회주의' 를 건설해야만 자본주의 체제를 타도할 수 있는데, 세계공황이 바로 세계혁명의 큰 계기가 된다고 파악한 것 같다.

3) 브레너의 견해

브레너(Robert Brenner)는 1998년에 *New Left Review*에 매우 긴 논문 "The Economics of Global Turbulence: A Special Report on the World Economy, 1950~98"을 썼고, 위의 글에 대한 비판에 답하면서 생각을 다시 정리해 2002년 *The Boom and the Bubble: The US in the World Economy* (Verso)를 출판했다. 그는 1950년 이후의 세계경제를 1950년대와 1960년대의 장기호황, 1965~73년의 수익성 위기, 1973~93년의 상대적 정체, 1993년 이후의 미국경제의 부흥과 세계경제의 잠재적 위기로 구분하면서, 다음과 같은 세 개의 명제를 제시하고 있다.[37]

(가) 1950년대와 1960년대의 장기팽창을 중단시킨 1965~73년의 수익성 위기는 장기팽창을 일으킨 요인들에 포함되어 있다.
(나) 1973년부터 1993년까지 상대적 정체가 계속한 것은 주로 주요 선진국의 기업조직과 정부조직이 이윤율의 급격하고 일반적인 저하(1965~73년의 수익성 위기)에 대응한 방법 때문이었다.

37 아리기(Arrighi 2003)를 참조하라.

(다) 1993년 이후 미국 경제의 '부흥'은 장기하강의 기본문제들이 해결되었기 때문에 나타난 것이 아니었다. 따라서 세계경제는 1997~98년에 위기를 겪었고, '신경제(New Economy)'의 거품이 꺼진 이래 미국 경제와 세계경제는 잠재적으로 더욱 심각한 위기를 겪을 가능성이 크다.

첫째 명제에서 브레너가 가장 중요하게 강조하는 것은 '불균등 발전(uneven development)'이다. 불균등 발전은 "자본주의적 발전이 지리적 공간을 양극화 · 다양화하는 경향을 가지고 있다"는 점을 일반적으로 가리키지만, 브레너는 "자본주의적 발전에서 뒤진 나라들은 세계의 경제적 주도국이 되려고 노력하며 결국 따라잡게 된다"는 의미로 불균등 발전을 이해한다고 아리기는 지적한다. 브레너는 세계경제의 동향을 미국 · 독일 · 일본을 중심으로 고찰하고 있는데, 1960년대 초까지는 독일과 일본이 미국을 따라잡으려고 노력하는 과정이 미국의 다국적기업과 다국적은행에 이익을 주면서 세계경제에서 높은 이윤, 높은 투자, 생산성 향상 사이에 선(善)순환이 일어났다. 그러나 독일과 일본이 미국을 따라잡은 뒤에는 미국의 국내시장과 해외시장에서 경쟁이 격화함으로써 제조업자들은 상품가격을 비용가격 이하로 낮추고 임금비용의 상승을 억제하며 시설과 공장을 현대화하지 않을 수 없었다. 결국 과잉설비와 과잉생산이 나타나면서 1965~73년의 수익성 위기가 생긴 것이다.

둘째 명제는 과잉설비와 과잉생산이 고비용 기업의 도산이나 규모축소 등의 '표준적인' 방법으로 제거되지 못했기 때문에 정체가 계속되었다고 브레너는 주장하면서, 제거되지 못한 이유를 기존의 고비용 대기업들의 행동과 각국 정부의 정책에서 찾고 있다. 고비용 대기업들은 생산을 중단하거나 다른 분야로 이동하기보다는 유동비용(流動費用)을 회수할 수 있는 가격수준(고정비용은 회수할 수 없다)으로 가격을 인하하면서 경쟁을 계속했다. 그리고 특히 미국 정부는 달러의 대외가치를 절하함으로써(1985년 9월 22일의 플라자합의) 미국 기업의 국제경쟁력을 향상시켰고 또한 타국에게 '자발적인 수출규제'를 요구하고 타국의 시장을 개방할 것을 강요했다. 결국 고비용 대기업의 과잉설비가 제거되지 않은 채 미국 경제는 독일과 일본의 희생 위에서 수익성을 향상시킬 수 있었다.

셋째 명제에서는 미국 경제는 달러의 대외가치 절하를 통해 1993년까지 상당히 부흥할 수 있었지만 일본과 독일은 큰 타격을 받았으므로 1995년 4월 역(逆)플라자합의를 통해 달러를 엔이나 마르크에 비해 절상했는데, 이것을 계기로 세계의 유휴화폐자본이 뉴욕증권시장으로 쇄도해 주가가 상승하고 금융적 확장에 의해 수익성이 상승했지만, 아직도 과잉설비가 폐기된 것은 아니라고 브레너는 주장한다. 이리하여 1997~98년의 세계경제의 위기, 그리고 2000년의 '신경제' 파탄이 일어났으며, 미국 경제와 세계경제는 더욱 암울한 상황에 있다는 것이다.

브레너의 위와 같은 접근방법에 대해 여러 가지 비판이 나왔는데, 중요한 비판을 몇 개 들어보자.

첫째로 브레너는 미국 · 독일 · 일본이라는 세 개의 국민국가와 국민경제, 그리고 그들의 상호관계를 중심으로 세계경제를 분석하는데, 자기 관점의 근거로서 세 나라가 세계의 총GDP에서 큰 비중을 차지한다는 점, 세 나라가 각각의 지역블록에서 중심국이라는 점, 세 나라 사이의 상호관련이 선진자본주의권의 발전에 가장 중요했다는 점을 들고 있다. 그러나 아리기는 미국 · 독일 · 일본은 '냉전의 동맹국'이었으므로 정치적인 대립은 없었고, 따라서 세 국가 사이의 갈등이나 투쟁을 통해 1971년 8월 15일 닉슨에 의한 달러의 금태환 정지나 1979~82년 미국의 통화주의적 반(反)혁명(이른바 볼커 Volcker 혁명)을 설명할 수 없다고 주장한다. 달러의 금태환 정지와 이에 뒤이은 고정환율제의 붕괴와 달러 절하는 결국 베트남전쟁의 산물이었다고 보아야 하고, 1979~82년의 미국의 긴축정책은 이란의 호메이니혁명과 석유가격 폭등, 소련의 아프가니스탄 침공 등으로 미국의 헤게모니가 밑바닥으로 떨어져 세계화폐로서의 달러가 큰 위기를 맞았기 때문에 채택된 것이라고 주장한다. 이 비판은 세계경제를 분석할 때 어떤 모순적인 관계들에 주목해야 하는가를 잘 가르쳐 주고 있다.

둘째로 브레너는 공간적으로 일반적이고 시간적으로 장기적인 이윤압박은 노동자들로부터(밑으로부터)의 압력(이른바 수직적 압력)에 의한 것이 아니라 자본가들 사이의 경쟁(이른바 수평적 압력)에 의한 것이라고 주장한다. 이 주장의 근거는 자본가들은 노동자들의 세력이 강한 지역이나 부문으로부터 자본을 회수하여 다른 곳으로 옮기기 때문에, 수직적 압력이 이윤압박에 영향을 미칠 수 없다는 것이다. 그러나 비판자들은 세계 역사에서 자본가들 사이의 경쟁(전쟁도 포함)이 지배적인 요인이었음을 인정하면서도 1968~73년의 이윤 압박에서는 선진국 노동자들의 투쟁과 임금 폭등이 더욱 중요하게 역할했다고 지적한다(이 책의 제9장 1을 참조하라). 또한 선진국의 해외직접투자의 대부분이 노동자들의 세력은 약하지만 정치적으로 불안하고 국내시장이 협소한 후진국으로 가지 않고 다른 선진국으로 간 사실을 예로 들면서 자본이 수직적 압력을 피해 이동한다는 주장을 비판한다. 그리고 선진국의 국가가 경제위기에 부닥칠 때마다 디플레이션 전략이 아니라 인플레이션 전략을 채택하게 된 것도 자본가들 사이의 국제경쟁보다는 노자투쟁을 더욱 중시했다는 것을 가리킨다. 어쨌든 수직적 압력과 수평적 압력은 분리된 것이 아니라 상호작용한다. 예컨대 A국의 자본가들이 자본가들 사이의 국제경쟁에서 이기기 위해 국내 임금수준을 인하하려 하지만, 노동자계급이 반대한다면 A국의 자본가들은 이윤율의 저하를 겪을 것이다. 또한 거꾸로 A국의 자본가들이 국내 노동자들의 임금 인상 요구를 거부할 수 없다면, 그들은 자국 시장을 보호하면서 외국 시장을 개방하라고 요구할 수도 있다.

셋째로 브레너는 미국 · 독일 · 일본의 제조업만을 분석하고 있지만, 비판자들은 1980년대와 1990년대의 미국 경제의 부활은 제조업의 경쟁력 때문이 아니라[38] 제조업이 비금융산업의 '금융화'를 주도했기 때문이

38 이 책의 제7장 4를 참조하라.

라고 주장한다. 비판자들은 기존의 고비용 제조업자들이 상품가격을 비용가격 이하로 인하하면서도 고정자본에 더욱 투자함으로써 과잉설비를 더욱 증대시켰다는 브레너의 주장이 현실적으로 증명되지 않는다고 지적하고, 기존의 고비용 제조업자들은 수입(revenue)의 큰 부분을 고정자본에 투자하지 않고 금융부문에 투자했다고 주장한다. 1980년대 초 미국의 긴축정책(고금리정책)은 세계의 유동성을 미국으로 불러들였고 이리하여 미국이 세계 최대의 외채국이 되었지만, 이 외국자본을 토대로 벤처기업과 벤처캐피털이 급속히 확장하고 뉴욕증권시장이 활황을 유지하며 주가 상승의 부(wealth) 효과로 소비가 증가하고 투기적인 국제금융거래(예컨대 파생상품거래)가 증가함으로써 미국 경제와 세계경제가 심각한 불황으로부터 어느 정도 벗어났다는 것이다.

넷째로 2000년 뉴욕증권시장의 거품은 정보통신산업 분야의 과잉투자와 수익성 저하로 터졌는데, 그 이후 미국 경제는 첨단산업분야의 투자 감축과 (–)의 부 효과에 의한 소비 감소로 다시 정체에 빠졌고 이것은 또한 세계경제를 정체에 빠뜨렸다. 그런데 문제는 미국이 2005년에 7,258억 달러(GDP의 5.8%)의 무역수지 적자를 기록했고, 대외순부채가 2004년 말에 GDP의 22%인 2조 5,000억 달러에 달했으며, 정부재정적자는 2005년에 약 5,000억 달러를 기록했는데도 불구하고, 왜 달러의 대외가치가 폭락하지 않으며 뉴욕증권시장이 붕괴하지 않는가를 설명하는 일이다. 브레너는 위와 같은 상황 때문에 '앞으로' 미국 경제와 세계경제에 매우 심각한 불황이 일어나리라고 전망하고 있지만, 어떤 과정을 통해 이런 전망을 내어놓는지는 분명하지 않다.

그런데 아리기(Arrighi 2003)는 현재의 상황을 미국 헤게모니의 붕괴과정으로 파악할 것을 주장한다. 아리기는 수익성 위기는 더 넓은 개념인 헤게모니 위기의 한 측면이며, 수익성 위기와 헤게모니 위기가 동시에 나타날 때 이것에 대한 주된 자본주의적 반응은 경제의 금융화였다고 한다. 그러나 영국 헤게모니체제를 붕괴시킨 1930년대의 공황과 대불황이 '경제적으로는' 현재와 비슷하지만, 정치와 사회상황은 그 당시와 전혀 다르다.

첫째로 현재에는 기업들 사이의 경쟁→영토를 둘러싼 국가들 사이의 세계적 투쟁→국가들 사이의 무력 충돌로 나아가는 경향은 없다. 세계의 군사력은 미국에 더욱 더 집중되어 있고, 미국을 우두머리로 하는 집단적 제국주의가 세계시장의 통일을 공고히 하기 위해 노력하고 있다는 점이다. 둘째로 현재에는 신자유주의적 정책으로 말미암아 중심부 노동자계급의 세력이 크게 약화되었고 세계의 주변부가 중심부에 도전할 수 있는 힘도 크게 약화되었다는 점이다. 이런 정치적 · 사회적 상황에서 미국 경제는 해외로부터의 차입에 의존해 유지되고 있다.

따라서 아리기는 다음과 같은 결론을 내린다. 현재 미국 중심의 세계체제를 붕괴시킬 수 있는 믿을만한 공격적인 새로운 세력은 없다. 그리고 미국은 자기의 약화하는 헤게모니를 수탈적인 지배로 전환시킬 수 있는 능력을 가지고 있다. 예컨대 각국으로부터 공납(tribute)을 받든지 세계질서 유지비를 받아 미국 사회를 지탱할 수가 있다. 그러나 이런 행위로 언제까지 미국 중심의 세계체제가 유지될 수 있을까? 미국 정부의 대외침략과 타국에 대한 참전 강요가 제국주의국들 사이에 갈등을 야기하고 있으며 세계 전체의 반전운동과 반미운동을 촉발하고 있기 때문에, 미국 정부의 수탈적인 지배 전략은 성공하기 어려울 것이며, 앞으로 올 세계적인 대공황을 통해 미국 헤게모니체제가 크게 변화할 것이다.

제2장

사회적 생산의 무계획성과 불비례설

1
기본개념들

1) 공급과 수요

자본주의의 전형적인 경제활동은 기업가(자본가와 동일하다고 가정한다)가 노동자를 고용해 재화와 서비스를 생산하고 이것들을 상품으로서 고객들에게 팔아 이윤을 얻는 것이다.[1] 기업가는 자기의 상품이 현재와 장래에 얼마나 팔릴 것인가를 예상해 공장 규모와 생산량을 결정한다. 자동차생산업자는 매년 100만 대의 자동차가 팔릴 것으로 예상하면 그것에 맞는 규모의 공장을 건설한다. 그런데 만약 매년 100만 대가 팔리지 않고 60만 대만 팔린다면, 기업가는 공장 전체를 가동시킬 필요가 없으므로 예컨대 약 40%의 생산라인을 정지시킬 것이다.[2]

생산량 모두가 왜 팔리지 않는가? 가장 단순하게 생각하면 기업가의 예상판매량이 정확하지 않기 때문이다. 만약 중앙계획당국이 올해 주민들에게 배급하려고 하는 자동차 대수를 미리 결정하고, 각각의 자동차공장에 생산대수를 할당했더라면, 자동차의 생산량은 결코 모자라거나 남아돌지 않았을 것이다. 그러나 자본주의에서는 각각의 자동차회사가 자기의 예상판매량에 따라 생산하기 때문에, 총생산량이 총수요량보다 많

1 물론 자기 스스로 가족과 함께 일하는 소농(小農)·소상인·자영업자들도 많이 있지만 이들은 자본주의의 핵심을 형성하지 않기 때문에 이 책의 논의에서는 제외한다.

2 이 경우 이 공장의 설비가동률(設備稼動率 utilisation ratio of production facilities)은 60%이며, 이에 따라 노동자들의 일부도 해고될 것이다.

을 때도 있고 적을 때도 있다. 이것을 '생산의 무계획성 또는 무정부성(anarchy of production)' 이라고 말한다.[3]

그런데 일정한 기간에 생산되는 상품량(즉 생산량)과 시장에 공급되는 상품량(즉 공급량) 사이에도 차이가 날 수 있다. 예를 들어 가을의 쌀 수확기에는 쌀 생산량이 매우 큰데, 이 생산량이 모두 한꺼번에 시장에 공급된다면 쌀값은 폭락하게 될 것이므로, 생산자는 생산량의 일부를 재고(在庫 inventory)로 창고에 보관한 뒤 그 다음 봄에 시장에 공급할 것이다. 또한 상인은 생산량의 부족이 예상되는 상품을 한꺼번에 사 모아 창고에 보관함으로써 그 상품의 공급 부족을 일부러 더 악화시켜 폭리를 취하는 경우도 있다. 그러므로 일정한 기간의 공급량(또는 출하량)이 생산량보다 적다면 생산량의 일부가 재고로서 창고에 보관되었음을 의미하고, 공급량이 생산량보다 크다면 창고 속에 있던 재고의 일부 또는 전부가 시장에 나왔음을 의미한다. 그런데 생산자나 상인의 의도나 계획과는 전혀 관계없이 재고가 증가할 수 있다. 예컨대 상품 1,000개를 시장에 공급했는데 그 중 600개만 팔렸다면, 400개는 팔리지 않아 창고에 재고로 남게 된다. 경제위기와 공황의 시기에는 이와 같은 '비자발적인(involuntary)' 재고가 크게 증가한다.

상인과 생산자에 의한 투기(投機 speculation)가 항상 성공하는 것은 아니다. 호황이 오랫동안 계속되는 시기에는, 호황이 더욱 계속되리라 예상하여 생산자는 생산규모를 더욱 확대하고 상인은 상품재고를 더욱 증가시키게 되는데, 이런 투기 활동으로 말미암아 마침내 시장은 공급과잉 상태에 빠지고 상품의 가격은 폭락하며 생산자와 상인은 도산하게 되는 것이다. 이것이 바로 경제위기와 공황에서 나타나는 현상이다.

---

3 각각의 자동차공장에서는 기업가의 지휘하에 목표생산량을 '계획' 에 따라 정확하게 생산하고 있지만, 다수의 자동차공장들이 만든 자동차들이 모이는 시장에서는 생산량과 수요량 사이에 차이가 나타난다. 공장에서는 계획성이 지배하지만 시장에서는 무정부성이 지배한다.

이제 상품에 대한 수요(需要 demand) 측면을 살펴보자. 물론 상품에 대한 수요는 사람들의 욕망에 달려 있는 것이 아니라 사람들의 구매력에 달려 있다. 가난한 사람은 아무리 자동차를 가지고 싶다 하더라도 돈이 없기 때문에 가질 수 없다. 사람들은 그 돈을 어떻게 가지게 되었는가? 노동자들은 노동한 뒤 임금을 돈으로 받았을 것이고, 화폐대부업자는 돈을 빌려주고 이자를 받았을 것이며, 토지소유자는 땅을 빌려주고 지대를 받았을 것이고, 건물소유자는 건물을 빌려주고 임대료를 받았을 것이며, 기업가는 기업을 운영해 기업가이득(profit of enterpriser) 또는 기업이윤을 얻었을 것이다. 임금 · 이자 · 지대 · 임대료 · 기업가이득을 소득(income) 또는 수입(revenue)이라고 부르는데, 사람들은 이 소득을 가지고 상품을 구매하게 된다. 물론 사람들은 이 소득 전부를 지금 당장 상품의 구매에 지출하지 않고 소득의 일부를 저축한다.

소득의 의미를 좀더 분명히 하기 위해 상품가격의 구성요인을 살펴보자. 상품의 가격은 그 상품을 만드는 데 사용된 기계와 건물의 감가상각액, 원료비, 임금 그리고 이윤으로 구성되어 있다. 생산자는 이 이윤 항목에서 화폐차입금에 대한 이자를 지불하고 토지소유자와 건물소유자에게 지대와 임대료를 지불하며, 나머지를 기업가이득으로 가지게 된다. 그런데 노동가치설(勞動價値說)에 따르면, 임금노동자의 노동만이 모든 부가가치(value added; 즉 임금과 이윤)를 창조하며 임금은 필요노동(necessary labour)을 대표하고 이윤은 잉여노동(surplus labour)을 대표하기 때문에, 이 뒤로는 혼란을 피하기 위해 이윤을 '잉여가치(剩餘價値 surplus-value)'로 표현할 것이다.[4]

이제 상품의 가격은 감가상각액 + 원료비 + 임금 + 잉여가치가 되는데, 임금과 잉여가치는 소득이고, 감가상각액과 원료비는 물적 투입비용이다.[5] 물적 투입비용은 기업가가 상품을 팔아 회수하지만 기업가의 소득인

4 자세한 것은 김수행(2004a)을 참조하라.

5 마르크스는 기업가가 투자하는 자본 중에서 잉여가치를 창조하는 노동자의 고용에 들어

잉여가치에는 들어가지 않는다. 왜냐하면 판매액 중 물적 투입비용에 해당하는 금액은 기계와 건물의 갱신·대체를 위해 적립되거나 원료의 구매를 위해 지출되어야 하기 때문이다.

상품의 가격이 물적 투입비용과 소득으로 구성되어 있기 때문에 우리는 다음과 같은 결론을 내릴 수 있다. 첫째로 노동자의 소득인 임금은 상품가격의 '하나'의 구성분이기 때문에, 임금이 상승하더라도 물적 투입비용이 줄어들거나 잉여가치가 축소된다면 상품가격은 상승하지 않을 수 있다. 또한 노동자의 임금을 인상해야 상품에 대한 수요가 증대하고 경기가 호전된다는 주장도 완전히 옳지는 않다. 둘째로 모든 소득—즉 임금과 잉여가치—을 지출하더라도 상품의 생산량 전체를 구매할 수 있는 금액이 되지 않는다. 다시 말해 상품판매액 중 물적 투입비용의 대가로 회수한 금액을 다시 기계나 건물 및 원료의 구매에 사용해야만, 사회 전체적으로 보아 상품의 생산량 전부를 구매할 수 있는 금액이 된다.[6] 기계나 건물 및 원료 등 생산재의 구입에 자금을 지출하는 것을 흔히들 투자(投資 investment)라고 부르는데, 투자는 소비재의 구입에 소득을 지출하는 것(즉 소비)과 구별된다.[7] 따라서 케인즈의 말대로, 유효수요(effective demand)는 투자와 소비로 구성된다.

가는 자본을 '가변자본(可變資本 variable capital)'이라고 부르고, 기계와 원료 등의 구입에 들어가는 자본을 '불변자본(不變資本 constant capital)'이라고 부르므로, 상품의 가격은 불변자본(c) + 가변자본(v) + 잉여가치(s)로 구성된다고 말할 수 있다.

6 상품의 가격에는 기계와 건물의 '감가상각액'이 들어가 있는데, 이 금액은 일정한 크기로 적립된 뒤에 기계나 건물을 구입 또는 건설하기 위한 자금으로 다시 나타난다. 그렇기 때문에 일부의 자본가가 감가상각액을 적립하는 동안, 다른 일부의 자본가는 지금까지 적립한 감가상각적립금으로 기계나 건물을 구입 또는 건설해야만 사회의 연간 총생산물은 완전히 판매될 것이다. 뒤에서 다시 논의한다.

7 마르크스는 '투자'를 생산적 소비(productive consumption)라 부르고 '소비'를 개인적 소비(individual consumption)라 부른다. 재화나 서비스를 생산하기 위해 생산재를 소비하므로 생산적 소비이고, 개인의 생활을 유지하기 위해 소비재를 소비하므로 개인적 소비다.

2) 소비와 투자

사회 전체적으로 상품의 수요와 공급은 어떤 상호관련을 맺고 있으며, 수요의 두 구성요인인 소비와 투자는 어떤 역할을 하는가를 살펴보자.

설명을 단순하게 하기 위해 다음과 같이 가정한다. 첫째로 1년 동안 생산되는 사회 전체의 생산물은 생산재(기계 · 원료 등)와 소비재로 구성되어 있으며, 생산재는 자본가계급이 생산을 개시하거나 계속하기 위해 수요하고, 소비재는 자본가계급과 노동자계급이 자기 자신과 가족의 생활을 유지하기 위해 수요한다. 둘째로 기계 등 고정자본(固定資本 fixed capital)의 수명은 1년이어서 매년 대체되어야 한다. 셋째로 연간생산물은 연말에 한꺼번에 팔린다. 넷째로 생산재를 생산하는 부문(제1부문 Department 1)과 소비재를 생산하는 부문(제2부문 Department 2)은 생산재(C)와 노동력(V)을 사용해 생산재와 소비재를 생산하고 잉여가치(S)를 얻고 있다. 다섯째로 자본가는 잉여가치를 모두 소비재 구입에 사용하며 확대재생산(expanded reproduction)을 위해 생산재와 노동력을 추가로 구입하지 않는다. 다시 말해 단순재생산을 가정하며 그러므로 각 부문의 생산방법이나 기술은 변화하지 않는다. 여섯째로 각 부문의 2005년도 생산총액은 다음과 같이 구성되어 있다.

생산재부문: $6,000D_1 = 4,000C_1 + 1,000V_1 + 1,000S_1$

소비재부문: $3,000D_2 = 2,000C_2 + 500V_2 + 500S_2$

2005년 한 해 동안 생산된 6,000원의 생산재와 3,000원의 소비재는 어떻게 팔릴 것인가? 상품들의 판매과정을 하나하나 살펴보자. D_1과 D_2의 자본가계급을 각각 K_1과 K_2라고 부르고, D_1과 D_2의 노동자계급을 각각 L_1과 L_2라 부르자.

(가) K_2는 2006년에도 2005년과 마찬가지로 생산을 계속하기 위해 자기 주머니에서 2,000원을 꺼내 K_1으로부터 2,000원의 생산재를 구매한다.

K_2 —— 화폐 2,000 ——→ K_1
K_2 ←—— 생산재 2,000 —— K_1

(나) 2,000원을 받은 K_1은 2006년에도 2005년과 마찬가지로 생산을 계속하기 위해 노동자에게 1년 동안의 임금으로 1,000원(V_1)을 지불하며 노동자는 1년 동안 노동력을 제공할 것을 약속한다. 또한 L_1은 2006년 1년 동안 생활을 유지하기 위해 임금 1,000원으로 K_2로부터 소비재를 구매한다. 그리고 K_1은 나머지 1,000원으로 2006년 한 해 동안의 생활을 위해 K_2로부터 소비재를 구입한다.

K_1 —— 임금 1,000 ——→ L_1 —— 화폐 1,000 ——→ K_2
K_1 ←—— 노동력 —— L_1 ←—— 소비재 1,000 —— K_2

K_1 ——→ 화폐 1,000 ——→ K_2
K_1 ←—— 소비재 1,000 —— K_2

(다) K_2가 자기 주머니에서 500원을 꺼내 L_2에게 임금(V_2)을 주고 1년 동안의 노동력을 구매한다. L_2는 이 돈으로 K_2로부터 1년 동안의 생활에 필요한 소비재를 산다.

K_2 —— 임금 500 ——→ L_2 —— 화폐 500 ——→ K_2
K_2 ←—— 노동력 —— L_2 ←—— 소비재 500 —— K_2

(라) K_2는 자기가 1년 동안의 생활에 필요한 소비재를 구입해야 하는데,

D_2에 두 사람의 자본가들(K_2^a와 K_2^b)이 있고 각각은 상대방이 필요로 하는 소비재를 250원어치 가지고 있다고 가정하면, 다음과 같은 거래를 통해 500원의 소비재가 팔린다.

	—— 화폐 250 ——→		—— 화폐 250 ——→	
K_2^a		K_2^b		K_2^a
	←—— 소비재 250 ——		←—— 소비재 250 ——	

(마) 이제 팔리지 않고 남아 있는 생산물은 4,000원어치의 생산재(C_1)뿐인데, 이것은 K_1들끼리 (라)와 마찬가지로 사고팔면 된다. 즉, D_1에 두 자본가들(K_1^a와 K_1^b)이 있고 각각은 상대방이 필요로 하는 생산재를 2,000원어치 가지고 있다고 가정하면, 다음과 같은 거래를 통해 4,000원의 생산재가 팔린다.

	—— 화폐 2,000 ——→		—— 화폐 2,000 ——→	
K_1^a		K_1^b		K_1^a
	←—— 생산재 2,000 ——		←—— 생산재 2,000 ——	

위와 같이 연간생산물의 판매과정을 고찰하면, 연간생산물에 대한 수요는 결국 자본가계급으로부터 유래한다는 것을 알 수 있다. 생산재에 대한 수요는 전적으로 생산을 계속하려는 자본가계급으로부터 나오며, 소비재에 대한 수요는 자본가계급과 노동자계급 모두로부터 나오지만 노동자계급은 자본가계급이 생산을 계속하기 위해 임금을 지불해야만 소비재를 수요할 수 있다는 점에서 노동자계급의 소비재 수요의 원천도 결국 자본가계급이라고 말해야 한다. 여기에서 주목해야 하는 점은 연간생산물의 판매시장은 투자(생산재의 구매)와 소비(소비재의 구매)에 달려 있는데, 이것은 또한 자본가계급의 투자결정에 달려 있다는 것이다. 자본가계급이 내년에도 금년과 마찬가지로 생산하려고 결정하기 때문에 생산재와 소비재가 팔리게 되므로, 상품의 판매시장은 생산과 전혀 관계없는 어디

에 있는 것이 아니라 생산 그 자체가 판매시장을 형성한다는 점이다. 마르크스는 다음과 같이 말한다.

> 유통(시장: 인용자)은 처음에는 불변의 크기인 것처럼 보였지만 이제 그것은 생산 그 자체에 의해 확대되는 가변적인 크기로 나타난다. 이리하여 유통은 이미 생산 그 자체의 하나의 요소로 된다(Marx 1857-58a: 335).

위의 단순재생산은 다음의 조건에서 균형을 이룰 것이다.

	공급		수요
D_1:	$C_1 + V_1 + S_1$	=	$C_1 + C_2$
D_2:	$C_2 + V_2 + S_2$	=	$V_1 + V_2 + S_1 + S_2$

즉 $C_2 = V_1 + S_1$

3) 기계 등 고정자본 요소들의 판매조건

위에서 우리는 연간생산물의 판매과정을 단순하게 설명하기 위해 기계 등 고정자본 요소들의 내용연수(또는 수명)를 1년으로 제한함으로써 사실상 유동자본(流動資本 circulating capital)만이 존재하는 경제를 가정했다. 그러나 이제 단순재생산의 균형조건인 $C_2 = V_1 + S_1$가, 연간생산물에 기계를 포함하는 경우에는, 어떻게 변경될 것인가를 살펴보기로 한다.

위의 예에서 1,000V_1과 1,000S_1이 소비재부문을 위한 기계(F_1)를 200원어치 포함하고 있다면, 이 기계는 어떻게 팔릴 것인가? 이 기계는 분명히 K_2가 구매해야 할 것이다. 그런데 소비재부문의 C_2는 기계의 감가상각액(E_2)과 원료비로 구성되어 있고, E_2는 지금 당장 기계를 구매하기 위해 지출되는 것이 아니라 화폐형태로 적립하게 되어 있다. 다시 말해 E_2가 200원이라 하더라도 이 돈으로 F_1을 구매할 수가 없다. 따라서 K_2 중

누군가가 지금까지 적립한 감가상각액으로 기계를 구매하려고 해야만 F_1이 팔릴 것이다.

K_2가 새로운 기계를 구입하려고 F_2만큼 지출한다고 가정하면, $F_2 = F_1 = E_2 = 200$원인 경우에만 소비재부문을 위한 기계가 모두 팔리고 소비재 또한 모두 팔리게 된다. 즉 K_2의 일부 자본가가 지금까지 적립한 감가상각액 200원으로 200원어치의 기계(F_2)를 K_1으로부터 구매하고, K_1은 200원어치의 기계(F_1)를 판 대금으로 K_2로부터 200원어치의 소비재를 구매하면 되지만, 재생산표식에서는 F_2가 나타나는 것이 아니라 감가상각액(E_2)만 나타나기 때문에 $E_2 = F_2 = F_1$이라는 조건이 필요하게 되는 것이다. 따라서 단순재생산의 균형조건은 $C_2 = V_1 + S_1$뿐 아니라 $F_2 = F_1 = E_2$가 추가되어야 한다.

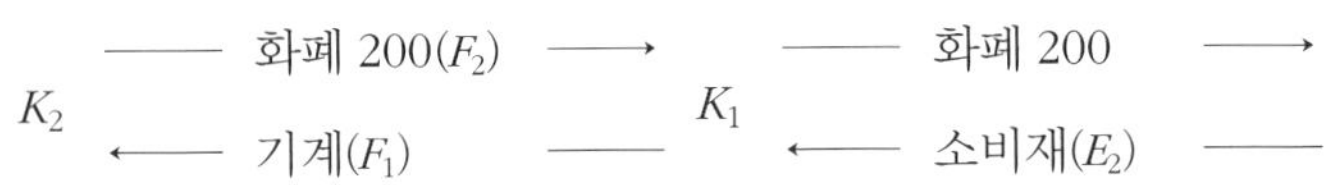

만약 $F_1 = 200$, $F_2 = 180$, $E_2 = 200$인 경우에는, 소비재부문에서 180원어치의 기계만 구매하기 때문에, 기계가 20원만큼 팔리지 않고 따라서 소비재도 20원만큼 팔리지 않는다. 만약 $F_1 = 200$, $F_2 = 220$, $E_2 = 200$인 경우에는, 소비재부문에서 220원어치의 기계를 구매하려고 하지만, 생산재부문의 기계는 200원어치뿐이기 때문에, 20원어치의 기계가 부족하지만 소비재는 200원어치 모두 팔린다.

물론 여기에서도 생산재부문이 생산하는 기계가 종류와 성능에서 소비재부문이 필요로 하는 것이어야 판매될 수 있다는 것은 당연하다. 이렇게 본다면, 단순재생산의 경우에도 연간생산물이 모두 판매될 수 있는 가능성은 매우 낮다. 특히 개별자본가가 자기의 장래 예상에 따라 시장을 상대로 무정부적으로 생산하기 때문에 더욱 그러하다. 산업부문들 사이의 불비례(不比例 disproportionality) 때문에 공황이 발생한다는 설명이 여기에서 나온다. 그러나 무정부적 생산은 자본주의의 고유한 속성이기 때문에, '주기적인' 공황을 설명할 수가 없고, 오직 공황을 발생시키는 '환경'으로 작용할 뿐이다. 마르크스는 다음과 같이 말한다.

> 자본주의적 생산에서는 개별 생산분야의 균형은 불균형으로부터 균형으로, 그리고 균형으로부터 불균형으로 끊임없는 과정으로서 나타난다. 왜냐하면 자본주의적 생산에서 생산 전체의 상호관련은 맹목적인 법칙(blind law)으로서 생산 당사자에게 강요되는 것이지, 그 상호관련이 생산 당사자들의 집단적 이성(combined reason)에 의해 이해되고 터득되어 하나의 법칙으로 되고 이 법칙에 따라 생산과정을 그들의 공동관리 아래 두는 것은 아니기 때문이다(『자본론』III(상): 308).

4) 힐퍼딩의 불비례설

힐퍼딩(1994)에 따르면, 호황시기의 가격 상승은 자본의 기술적 구성이 낮은 소비재공업 부문보다 기술적 구성이 상대적으로 높은 중화학공업 부문에서 더욱 급격하다.[8] 왜냐하면 후자에서는 기계 등 고정자본의 발주로부터 설치 및 가동에 이르기까지 시차(time lag)가 길어 수요 증가에 곧 대처할 수 없기 때문이다. 이리하여 후자의 이윤율이 전자의 이윤율을 훨씬 상회하여 자본이 중화학공업 부문으로 상대적으로 더욱 많이 유입함으로써 산업부문들 사이에 불비례가 더욱 심화할 잠재적 가능성을 내포하게 된다. 추가적인 기계 설치에 시간이 많이 걸려 중화학공업 부문이 마침내 생산물을 생산하게 되면 이미 호황은 상당히 지나간 뒤이므로 다른 부문들에서 생산재에 대한 수요가 훨씬 줄어들어 생산의 과잉이 나타나고 가격은 폭락하여 중화학공업은 도산 위기에 빠지게 되며 공황

8 자본의 기술적 구성에 관해서는 이 책의 제6장 1-1)을 참조하라.

이 일어난다.[9]

각 산업부문들에서 가격 상승의 폭이 다르고 이윤율에 차이가 생기며, 이에 따라 투자의 개시와 생산물의 공급 사이의 시차가 가장 큰 부문에 자본이 집중적으로 유입하기 때문에, 산업부문들 사이에 불비례가 생겨 공황이 일어난다는 것이다. 힐퍼딩은 이와 같은 불비례를 제거하는 제도들이 자본주의의 발달과 함께 생기고 있다고 보았다. 산업계와 금융계 각각의 독점화 경향, 산업의 독점자본과 금융의 독점자본 사이의 융합(즉 금융자본 finance capital), 산업과 금융부문에서 카르텔의 발달과 그 최고의 형태로서 총카르텔(general cartel), 나아가서 국가의 주도하에 태어나는 '조직된 자본주의(organised capitalism)' 등등이 힐퍼딩이 생각한 것이지만, 역사에서 모두가 실현되지는 못했다.

5) 경쟁과 독점과 국가개입

엥겔스(1994a; 1994b)는 자본주의의 기본모순을 '생산의 사회적 성격과 취득의 사적 성격'이라고 주장하면서, 이 모순 때문에 '부르주아지와 프롤레타리아 사이의 적대,' 그리고 '공장에서의 계획성과 사회에서의 무정부성 사이의 대립'이 생긴다고 말한다. 이리하여 그는 생산의 사회화(socialisation of production)[10] 경향이 진전하여, 독점이 형성되고 국가가 개입하게 되면 사회에서의 무정부성이 점점 약화된다고 보았다. 이런 엥겔스의 생각을 스탈린이 받아들여 자본주의의 단계적 발전을 경쟁자본주

---

9 힐퍼딩은 경기하강기에 중화학공업이 이윤율의 더 큰 하락을 저지하기 위해 독점적 조직(카르텔이나 트러스트)을 설정한다고 말한다.

10 생산의 사회화는 노동의 사회화와 자본의 사회화를 포괄하고 있다. 노동이 공장 안의 분업과 사회적 분업의 확대 · 심화로 말미암아 점점 더 개인의 노동이 아니라 사회의 노동이라는 성격을 띠게 되며(노동의 사회화), 자본이 주식회사에서 보는 바와 같이 개인의 자본이 아니라 사회 각계각층의 자본이라는 성격을 띠게 되므로(자본의 사회화), 이런 생산의 사회화 경향에 따라 자본을 사회의 것으로 전환시킬 필요가 더욱 강화된다. 토미자와 켄지(富澤賢治 1972 & 1973)를 참조하라.

의 → 독점자본주의 → 국가독점자본주의 → 사회주의라고 공식화한 것이다. 이 공식은 사회주의를 '계획경제' 라는 측면에서 바라본 것이며, 노동자의 해방이라는 측면은 전혀 무시되고 있다.

자본주의적 생산의 무정부성은 본질적으로 개별기업이 자기의 이윤을 증가시키려고 새로운 혁신을 도입하기 때문에 발생한다는 점을 명심해야 한다. 어떤 기업이 신기술을 도입해 자기 상품을 시장가격보다 싸게 생산한다면, 이 기업은 다른 기업보다 큰 이윤(즉 평균이윤 + 초과이윤)을 얻게 된다. 이때 다른 기업들은 기존의 기계설비를 내용연수가 끝나기도 전에 폐기 처분하고 신기술을 도입하든지, 아니면 도산하게 된다. 따라서 경제가 대기업들의 독점적 결합이나 정부의 개입에 의해 운용되더라도, 위와 같은 초과이윤에 대한 유혹을 없애지 않는 한 생산의 무계획성은 사라지지 않으며 수요와 공급의 불균형은 항상 생기게 마련이다. 독점적 결합이 독점가격의 유지에는 동의하지만 각 참가 기업의 생산비 절감 노력(또는 기술혁신)을 막을 수는 없을 것이며, 부르주아 정부가 개입하는 목적이 기본적으로 자본주의 체제의 유지에 있기 때문에 기업들의 초과이윤 획득 노력을 더욱 권장할 것이다.

2

독점과 '조직된 자본주의'[11]

마르크스주의 역사에서 독점에 관한 논의는 다양한 형태를 띠면서 전개되었다. 모든 마르크스주의자들은 독점이 현실의 자본주의에서 하나의 중요한 현상이라는 것을 인정했지만, 독점의 형성과정, 독점의 형태와 내용, 독점자본의 가치증식방법, 독점의 역사적 의의 등등에 대해서는 다양한 의견을 제시했다. 그런데 이런 독점에 관한 학설사에서 힐퍼딩(Rodolf Hilferding 1877~1941)의 『금융자본』은 가장 중요한 위치를 차지하고 있다. 왜냐하면 『금융자본』은 1910년에 발간되면서 독점을 가장 먼저 이론적으로 해명하려고 시도했기 때문이며, 또한 그 이후 모든 독점 논의의 핵심이 되는 문제들을 포괄하고 있기 때문이다. 다시 말해 독점에 관한 마르크스주의적 분석은 힐퍼딩의 『금융자본』을 토대로 전개되었다.

여기에서는 『금융자본』의 독점이론을 소개하면서, 그 뒤의 독점이론가들이 힐퍼딩의 분석을 어떻게 평가하고 이용했는가를 알아보려고 한다. 더욱이 이 절의 궁극적인 목적이 독점을 올바르게 이해하는 데 있기 때문에, 마르크스주의자 중 독점을 가장 올바르게 이해했다고 생각되는 레닌(Vladimir Ilyich Ulyanov Lenin 1870~1924)의 『제국주의』(1917년 출간)와 비교하면서 『금융자본』의 독점이론을 부각시키려고 한다.

---

11 김수행(1995a)을 수정한 것이다.

1) 산업과 은행의 관계

힐퍼딩은 20세기 초 독일자본주의의 기본적인 특징을 독점적인 은행이 독점적인 산업을 지배하고 있다는 점에서 찾았다. 따라서 『금융자본』은 먼저 어떻게 은행이 산업을 지배할 수 있는가 하는 문제에 초점을 맞추고 있으며, 그 다음으로 이런 지배가 경제 및 사회 전체에 어떤 영향을 미치는가를 분석하고 있다.

은행은 화폐를 거래하고 있으므로, 힐퍼딩은 '화폐와 신용'에 관한 논의로부터 은행과 산업의 관계를 설명하기 시작한다(『금융자본』 제1편). 힐퍼딩이 화폐의 기능 중 특히 주목하고 있는 것은 지불수단의 기능과 화폐자본의 기능이며, 이런 기능들을 근거로 은행의 업무를 유통신용(상업신용 또는 지불신용)의 제공, 자본신용(투자신용)의 공급, 투자은행 업무로 구분하고 있다.

'생산적인 자본가들'(힐퍼딩은 이 개념에 산업자본가와 상업자본가 모두를 포함하고 있다)이 약속어음과 환어음을 매개로 상호간에 제공하는 신용이 유통신용(流通信用)인데(『금융자본』: 104), 이 유통신용(마르크스는 이것을 '상업신용'이라고 불렀다)에서는 화폐가 어음의 결제 때 지불수단으로서 등장할 뿐이다. 그런데 은행은 생산적인 자본가들의 구좌를 개설하고 있기 때문에, 그들이 발행한 어음들을 집중시켜 차액만을 결제함으로써 현금의 유통을 크게 절약한다. 또한 은행은 어음을 매입하거나 인수함으로써 사적인 지불약속을 은행 자신의 신용으로 대체하며, 이에 따라 은행은 유통신용을 공급하게 된다. 이 경우 약속어음과 환어음에 대한 신뢰성이 높아지고 어음의 유통이 더욱 확대하며, 이에 따라 현금의 유통은 더욱 절약된다. 그러나 경기순환의 특정한 국면에서는, 특히 상품의 판매가 지체되는 경제위기 국면에서는, 현금에 대한 수요가 크게 증대한다. 왜냐하면 생산적인 자본가들이 약속어음과 환어음의 부도를 우려해 어음을 받아들이려 하지 않거나, 은행이 어음의 매입과 인수를 거부하기 때문이다.

다른 한편 은행은 사회의 유휴화폐를 예금으로 수집해 생산적인 자본가들에게 대부함으로써 자본신용(資本信用)을 제공한다. 그러나 산업의 규모가 거대해지고, 내용연수가 긴 건물이나 기계설비 등에 대한 투자 필요성이 증대하게 되면, 은행이 산업에 제공하는 자본신용(마르크스는 이것을 '은행신용'이라고 불렀다)은 거대해지고 장기로 되지 않을 수 없다. 다시 말해 은행자본(자기자본과 타인자본을 포함)이 산업에 대규모로 장기간 묶이게 된다. 이런 상황은 은행과 산업 사이의 차별성을 없애게 되고, 은행은 "화폐자본이라는 유동성 있고 즉각적으로 이용가능한 형태의 자본을 언제나 가지고"(『금융자본』: 124) 있을 수 없게 된다. 따라서 산업의 고정자본에 투자된 은행자본을 언제나 회수할 수 있는 방법, 또는 고정자본에 묶여 있는 은행자본을 유동화(流動化 mobilisation)시킬 수 있는 방법이 마련되지 않으면, 은행은 산업에게 고정자본 건설을 위한 자본신용을 제공하는 것이 어려워진다. 사실상 힐퍼딩의 독점 논의에서 '자본의 유동화'(『금융자본』: 제2편)는 가장 핵심적인 이론 부분의 하나다.

그런데 자본의 유동화는 산업이 주식회사제도를 채택함으로써 가능하게 된다. 주식회사는 주식을 발행해 자본을 조달하고, 이 자본으로 고정자본의 건설에 사용할 수 있으며, 다른 한편 주식소유자(주주)는 주식을 언제나 주식시장에서 화폐로 전환시킬 수 있기 때문이다. 이제 은행은 주식회사의 주식에 투자함으로써 주식회사의 고정자본 필요를 충족시키면서도, 주식을 팔아 언제나 화폐를 확보할 수 있게 된 것이다. 이것이 바로 은행의 투자은행 업무다.

> 은행자본이 산업자본으로 전환되면, 자본은 화폐형태로 존재하지 않게 되며, 따라서 은행자본의 적절한 구성부분이 되지 못한다. 이 모순을 해결하는 것이 자본의 유동화—즉 자본을 의제자본(擬制資本 fictitious capital, 이윤에 대한 청구권을 자본화한 수익증서)으로 전환시키는 것—이다. 이 전환과정은 수익증서 시장의 성장을 동반하며 수익증서는 언제라

도 화폐로 전환되기 때문에, 수익증서는 또다시 은행자본의 구성부분이 될 수 있다(『금융자본』: 178).

은행은 이상에서 본 바와 같이 유통신용과 자본신용의 제공, 그리고 투자은행 업무를 통해 산업과 관련을 맺게 되는데, 힐퍼딩은 특히 투자은행 업무를 중요시하고 있다. 왜냐하면 은행은 주식에 투자해 주식회사의 대주주가 됨으로써 주식회사의 이사회를 지배해 산업을 자기의 의도대로 재편할 수 있기 때문이며, 또한 뒤에서 보는 바와 같이 주식의 발행 업무를 담당함으로써 대규모의 창업자이득을 얻을 수 있기 때문이다.

2) 독점의 형성

은행이 주식회사의 주식에 투자하는 이유는 무엇인가? 은행은 주식소유를 통해 산업을 지배하지만, 그렇다고 은행이 모든 자본을 주식에 투자하고 주식을 계속 소유한다면, 은행은 산업자본가로 변신하게 될 것이다. 따라서 은행은 주식의 매매를 통해 매매 차익을 획득하려고 할 것인데, 이런 관점에서 힐퍼딩은 은행이 창업자이득(promoter' s profit)의 획득을 주된 목적으로 하고 있다고 말한다.

창업자이득은 주식의 발행가격(또는 액면가격)과 시장가격 사이의 차액을 가리키는데, 주식회사 자신이 스스로 주식을 발행하는 경우에는 주식회사가 이 창업자이득을 수취하며, 은행이 주식회사를 대신해 주식을 발행하는 경우에는 은행이 이 창업자이득을 수취하게 된다. 그런데 "주식회사는 초기에는 개개의 자본가에게 직접적으로 호소함으로써 자본을 모으지만, 개개의 자본이 이미 은행에 집적 · 집중되면, 주식회사는 은행을 매개로 화폐시장에 호소하게 된다"(『금융자본』: 166). 결국 은행은 주식의 발행 업무를 담당함으로써 창업자이득을 독차지한다.

은행은 주식 발행 총액에 해당하는 금액을 산업에 제공하고, 그 뒤 주식을 시장가격으로 고객들에게 팔아 화폐를 회수하는데, 이 때 창업자이득을 규정하는 것은 주식의 시장가격이다. 주식의 시장가격이 상승할수록 그만큼 더 큰 창업자이득을 얻는다. 그런데 주식의 시장가격은 개념적으로 보면 주식의 소유로부터 얻으리라고 예상되는 장래의 모든 수익(즉 배당)을 현재의 가격으로 환산한 것이다. 제1차, 제2차, 제3차, 그리고 제 n차연도 말에 얻으리라고 예상되는 배당을 각각 Y_1, Y_2, Y_3 그리고 Y_n이라고 하고, 제1차, 제2차, 제3차 그리고 제n차 연도의 연간이자율을 각각 i_1, i_2, i_3, i_n이라고 한다면, 주식의 시장가격은 $Y_1 / (1 + i_1) + Y_2 / (1 + i_1)(1 + i_2) + Y_3/(1 + i_1)(1 + i_2)(1 + i_3) + \ldots + Y_n / (1+i_1)(1+i_2)(1+i_3)\ldots(1 + i_n)$과 같게 될 것이다.[12] 이처럼 주식회사의 장래수익성은 주식가격을 규정하고, 주식가격은 창업자이득을 규정하게 된다. 따라서 더욱 큰 창업자이득을 노리는 은행은 주식회사의 장래수익성을 높여야 할 운명에 있다. 힐퍼딩은 은행의 이런 입장으로부터 은행이 주식회사들 사이의 경쟁을 제한하고 그들을 결합시켜 독점을 형성하도록 종용한다고 말한다. 은행은 주식의 소유, 유통신용과 자본신용의 제공을 통해 동종 산업이나 이종 산업의 여러 기업들에게 영향을 미치거나 지배할 수 있는 위치에 있기 때문에, 여러 가지 형태의 기업결합을 추진하게 된다. 이리하여 산업의 독점이 형성된다. 다시 말해 힐퍼딩의 논리에서 창업자이득은 독점의 성립에서 매우 중요한 역할을 한다.

> 첫째로 이것(창업자이득: 인용자)의 획득이 은행에 내해서는 독점화를 촉진하는 매우 중요한 동기를 준다. 둘째로 창업자이득의 일부가 반항적이지만 중요한 생산자들에게 비교적 높은 매수가격을 제의함으로써 자기들의 공장을 판매하도록 유인하기 위해 사용될 수 있으며, 따라서 카르텔

---

12 이 경우 만약 $Y_1 = Y_2 = Y_3 = \ldots = Y_n = Y$이고, $i_1 = i_2 = i_3 = \ldots = i_n = i$이라면, 주식의 시장가격은 연간수익을 연간이자율로 나눈 것, 즉 Y/i가 될 것이다. 주가는 연간수익(배당)이 크면 상승하고 연간이자율이 올라가면 하락할 것이다.

의 성립을 촉진하게 된다(『금융자본』: 320).

그런데 힐퍼딩은 독점을 형성하게 되는 또 하나의 경로를 제시하고 있다. 자본주의의 발달과 함께 이윤율의 균등화를 저지하는 장애물이 등장한다는 점을 지적한 뒤, 힐퍼딩은 평균 이하의 이윤율을 가진 산업부문에서 기업결합 또는 독점이 형성된다고 말한다.

왜 이윤율의 균등화가 저지되는가? 첫째로 고정자본의 거대한 팽창은 한 번 이루어진 투자의 생산부문 간 이동을 점점 더 곤란하게 하고, 둘째로 기업을 설립하는 데 필요한 자본의 최소규모가 점점 더 증대하므로 새로운 기업의 설립은 생산량을 지나치게 증대시킬 우려가 있다. 셋째로 주식시장의 발달은 평균 이상의 이윤율을 가진 부문으로 자본을 유입시킴으로써 이윤율의 균등화를 촉진하지만, 거액의 고정자본을 가지면서 평균 이하의 이윤율을 올리는 부문으로부터 자본이 유출하는 것은 매우 어렵다(『금융자본』: 259-268).

특히 이윤율 균등화에 대한 장애물이 가장 크게 작용하는 곳은 중공업부문이라고 힐퍼딩은 말하면서 중공업부문의 이윤율에 관해 다음과 같이 말한다.

> 이런 발전한 산업에서는 경쟁이 소기업을 매우 급속히 도태시켰거나 소기업이 처음부터 전혀 존재하지 않는다. ……대기업이 지배적일 뿐 아니라 이들 자본집약적인 대기업은 서로 점점 대등하게 된다. ……경쟁은 강자와 약자 사이의 투쟁이 아니며, 따라서 이 경쟁에서 약자가 패배함으로써 이 부문의 자본과잉이 제거되는 것이 아니라, 경쟁은 대등한 기업들 사이의 투쟁이며, 따라서 짧은 시간에 승부가 판가름 나지 않고 모든 경쟁자들에게 동등한 희생을 부과하게 된다. 대기업들은 모두 이 투쟁에서 견뎌내지 않으면 안 되는데, 그렇지 않을 경우에는 각 기업에 투자된 엄청난 자본 전체가 가치 없게 되기 때문이다. 따라서 이 산업분야에서는 자본 폐

기에 의해 사태를 완화하는 것은 매우 어렵게 되었고, 동시에 새로운 기업의 설립은 (처음부터 큰 생산능력을 갖지 않으면 안 되기 때문에) 공급에 큰 영향을 미치게 된다. 바로 이들 분야에서는 이윤율이 비교적 장기에 걸쳐 평균보다 낮은 상태가 매우 쉽게 조성되며, 이 상태는 평균이윤율이 낮으면 낮을수록 그만큼 더 위험해진다(『금융자본』: 266-267).

다시 말해 거액의 고정자본을 가진 중공업은 경쟁과 이에 따른 이윤율 저하에 의해 특히 큰 피해를 입기 때문에, 대기업들은 서로 결합해 독점을 형성한다는 것이다.

또한 힐퍼딩은 채취산업과 가공산업 사이에 경기순환의 국면에 따라 이윤율의 차이가 있다는 사실을 지적하면서, 이런 이윤율의 차이를 극복하는 방법이 채취산업과 가공산업 사이의 기업결합이라고 말한다. 호황의 끝인 벼락경기(boom)에서는 공급의 가격탄력성이 낮은 원료가 크게 부족하므로 채취산업의 이윤율이 매우 높고, 불황의 밑바닥에서는 가공산업이 쉽게 공급을 조절할 수 있으므로 이윤율의 저하가 상대적으로 낮을 수 있다(『금융자본』: 273-277). 물론 기업결합은 이윤율의 차이를 극복할 뿐 아니라 다음과 같은 이익도 준다.

첫째로 기업결합은 경기순환상의 변동을 제거해 더욱 안정적인 이윤율을 보장한다. 둘째로 기업결합은 중간상인의 개입을 없앤다. 셋째로 기업결합은 기술적 신보를 가능하세 하고 따라서 단독기업에 비해 초과이윤을 획득하도록 해준다. 넷째 기업결합은 (원료가격의 저하가 완성품가격의 저하보다 급속하지 않은) 심각한 불황기 동안 단독기업에 비해 결합기업에게 경쟁상의 우위를 강화시켜 준다(『금융자본』: 277).

위에서 보는 바와 같이 『금융자본』에는 독점이 형성되는 두 가지 경로가 나란히 묘사되고 있다. 즉 하나는 은행이 창업자이득을 얻기 위해 기업들을 결합시킨다는 것이고, 다른 하나는 중공업부문의 대기업들이 이윤율의 저하를 저지하기 위해 또는 이윤율의 상승을 도모하기 위해 경쟁을 제한하고 독점을 형성하게 된다는 것이다. 물론 이런 두 가지 경로는 기업들 사이의 경쟁을 제한함으로써 이윤율을 높이는 것이 산업자본뿐 아니라 은행자본에도 이익이 된다는 사실 때문에 은행자본과 산업자본 중 어느 것이 독점을 추진하는가는 분명하게 나타나지 않는다. 그러나 힐퍼딩의 전체 논의에서는 은행이 산업의 독점을 추진하는 동력으로 역할하고 있는 것은 부정할 수 없는데, 이것은 뒤에서 보게 될 그의 금융자본(金融資本) 개념에서 분명히 나타난다.

다른 한편 레닌은 『제국주의』에서 자유경쟁이 생산의 집적과 집중을 낳고, 이런 집적과 집중의 일정한 발전단계에서 자유경쟁이 독점으로 전환한다고 설명하는데, 이 독점화 경향은 산업뿐 아니라 은행업에서도 나타난다고 본다.

> (가) 집적과 집중 그 자체는 발전의 일정한 단계에서 독점을 야기한다. 왜냐하면 십여 개의 거대기업들은 쉽게 협정을 맺을 수 있으며, 경쟁의 제한(즉 독점화 경향)은 기업의 거대한 규모로부터 발생하기 때문이다(Lenin 1917: 17).
>
> (나) 은행업이 발달해 소수의 업체로 집적 · 집중함에 따라, 은행은 겸허한 중개자로부터 강력한 독점(모든 자본가와 소규모 기업가의 모든 화폐자본을 총괄하며, 또한 한 나라나 다수의 나라의 생산수단과 원료 공급처의 대부분을 지배하는 강력한 독점)으로 성장한다(Lenin 1917: 29-30).

결국 레닌은 독점의 형성을 설명할 때 추상적인 차원의 자유경쟁과 집적 · 집중을 토대로 삼고 있으며, 은행이 산업을 지배한다든가 중공업부문의 이윤율이 낮다는 구체적인 역사적 사실에 의거하고 있지 않다. 더욱이 레닌은 산업과 은행업 모두에서 독점화 경향이 있음을 강조함으로써 최고(最高)의 독점형태로서 독점적 산업자본과 독점적 은행자본의 융합을 개념화할 수 있게 되었다.

3) 금융자본의 개념

힐퍼딩은 『금융자본』의 '서문'에서 금융자본(finance capital)에 관해 다음과 같이 말하고 있다.

> '현대' 자본주의의 가장 큰 특징은 집적 · 집중과정인데, 이 과정은 한편에서는 카르텔(cartel)과 트러스트(trust)의 형성을 통해 '자유경쟁을 제거하고', 다른 한편에서는 은행자본과 산업자본을 더욱 밀접하게 관련시키고 있다. 뒤에서 더 자세히 설명하겠지만, 자본은 이 관련을 통해 금융자본의 형태(자본의 최고의, 그리고 가장 추상적인 현상 형태)를 취하게 된다(『금융자본』: 15).

위의 문장에서는 금융자본이 독점적인 은행자본과 독점적인 산업자본의 융합 또는 유착이라는 규정이 엿보이지 않는 것은 아니지만 매우 애매하게 규정되고 있다. 그리고 '뒤에서 더 자세히' 설명한 곳에서도 금융자본의 개념은 오히려 더욱 분명하지 않다. 많은 부분에서 힐퍼딩은 금융자본을 은행자본 또는 화폐자본과 동일시하고 있으며, 몇몇의 예외적인 부분에서만 금융자본을 은행자본과 산업자본의 융합으로 묘사하고 있다.

『금융자본』에서 금융자본에 대해 가장 자세히 설명한 제14장('자본주의적 독점과 은행자본의 금융자본으로의 전환')을 보면, 다음과 같다.

> (가) 산업의 은행에 대한 의존은 소유관계의 결과다. 산업의 자본 가운데 이것을 사용하는 산업가들의 것이 아닌 부분이 끊임없이 증대하고 있다. 산업가들은 (이 자본의 소유자들을 대표하는) 은행을 통해서만 이 자본을

> 사용할 수 있다. 다른 한편 은행은 자기가 가진 자본의 점점 더 큰 부분을 산업에 투자하지 않으면 안 되며, 이리하여 성격상 점점 더 산업자본가로 되어간다. 이런 방식으로 현실적으로 산업자본으로 전환되는 은행자본(즉 화폐형태의 자본)을 나는 금융자본이라고 부른다. 은행자본의 소유자들에게는 은행자본은 항상 화폐형태를 유지하는데, 왜냐하면 은행자본은 그들에 의해 화폐자본, 이자 낳는 자본의 형태로 투자되었고, 언제라도 화폐자본으로 회수할 수 있기 때문이다. 그러나 이처럼 은행에 투하된 자본의 대부분은 현실적으로는 산업의 생산자본(생산수단과 노동력)으로 전환되어 있으며, 생산과정에 고정되어 있다. 산업에서 사용하는 자본의 점점 더 큰 부분은 금융자본(요컨대 은행에 맡겨져 있으면서 산업자본가가 사용하는 자본)이다(『금융자본』: 322).

이 부분은 은행과 주식회사 사이의 관계를 생각하면 매우 명백해진다. 즉 은행은 주식회사가 발행하는 주식을 매입함으로써 주식회사에게 화폐자본(즉 은행자본 또는 대부자본)을 제공하고, 그 뒤 은행은 현금(화폐자본)이 필요할 때마다 주식을 고객에게 팔아 현금을 조달한다는 것이다. 물론 주식회사는 주식판매대금으로 생산수단과 노동력을 구매해 산업자본으로 기능할 것이다. 여기에서는 은행자본과 산업자본, 화폐자본과 생산자본 이외에 새로운 형태의 자본이 나타나지 않으며, 금융자본은 은행자본 또는 화폐자본을 가리킬 뿐이다.

> (나) 자본주의의 발생기에는 화폐자본이 고리대자본과 상인자본의 형태로 자본축적에서 그리고 수공업적 생산을 자본주의적 생산으로 전환시키는 데 매우 중요한 역할을 했다. 그러나 그 뒤 이자취득 자본가에 대해 '생산적인' 자본가, 즉 이윤취득 자본가(상업자본가와 산업자본가)가 반항하기 시작한다. 고리대자본은 산업자본에 종속하게 된다. ······ 자본의 유동화와 신용의 끝없는 증대는 점차로 화폐자본가의 지위를 완전히 변화시킨

다. 은행의 힘이 증대하며, 은행은 산업의 창립자로 되고 궁극적으로는 산업의 지배자로 되는데, 은행은 산업의 이윤을 금융자본의 지위에서 강탈한다. 이것은 과거에 고리대금업자가 '이자'의 형태로 농민의 생산물과 영주의 지대를 빼앗은 것과 꼭 마찬가지다. 헤겔학파가 말하는 부정(否定)의 부정(否定)에 의하면, 은행자본은 고리대자본의 부정(negation)이었고, 은행자본은 금융자본에 의해 부정된다. 금융자본은 고리대자본과 은행자본의 종합이며, 경제적 발전의 무한히 높은 단계에서 사회적 생산의 과실을 자기의 것으로 만들고 있다(『금융자본』: 323).

이 부분도 화폐자본이 역사적으로 산업과 어떤 관계를 맺고 있었던가에 따라 화폐자본을 고리대자본 · 은행자본 · 금융자본으로 구분하고 있을 뿐이다. 따라서 산업자본과 은행자본과는 질적으로 다른 의미의 금융자본이라는 개념은 나타나지 않는다.

그러나 다음과 같은 설명은 금융자본을 새로운 최고형태의 자본으로 간주할 수 있는 근거를 준다.

(다) 금융자본은 주식회사의 발달과 함께 발전하며, 산업의 독점화와 함께 정점에 도달한다. 산업의 수익은 더욱 안전하고 항상적인 성격을 획득하며, 따라서 은행자본을 산업에 투자할 수 있는 가능성은 확대된다. 그런데 은행자본에 대한 처분권을 갖는 것은 은행이며, 은행에 대한 지배권을 갖는 것은 은행주식의 과반수 소유자다. 소유의 집적 · 집중이 진전됨에 따라, 은행에 대한 지배력을 갖는 의제자본의 소유자와, 산업에 대한 지배력을 갖는 의제자본의 소유자가 점점 더 동일인으로 된다는 것은 분명하다. ……이것은 대은행이 의제자본에 대한 처분권을 점점 더 취득함에 따라 더욱 그렇게 된다. 산업이 점점 더 은행자본에 의존한다는 것은 이미 보았지만, 이것은 산업의 거물(巨物)이 또한 은행의 거물에 의존하게 된다는 것을 의미하지는 않는다. 자본 그 자체가 발전의 최고단계에서 금융자

> 본으로 되기 때문에, 자본의 거물인 금융자본가는 은행자본의 지배를 통해 국민 총자본에 대한 통제권을 점점 더 집적 · 집중시키게 된다. 여기에서도 인적 결합이 중요한 역할을 한다(『금융자본』: 322-323).

이 부분에서는 은행이 산업을 지배할 뿐 아니라 은행과 산업이 하나로 결합되는 과정이 설명되고 있다. 은행이 주식소유를 통해 산업을 지배하게 되면, 은행의 대주주는 은행과 산업을 동시에 지배하게 되므로, 은행자본과 산업자본은 유착(癒着) 또는 융합(融合)하게 된다는 것이다. 이것이 바로 금융자본의 형성사(形成史)이고 개념일 것이다. 힐퍼딩도 이러한 융합에 대해 말한 바 있다.

> (라) 금융자본으로서 최고의 자본형태에 도달한 삼위일체(三位一體) …… 왜냐하면 산업자본은 성부(聖父)이며, 이것이 상업자본 · 은행자본을 성자(聖子)로서 낳았고, 화폐자본은 성령(聖靈)인데, 이것들은 셋이면서 금융자본에서는 하나로 되기 때문이다(『금융자본』: 315).

레닌은 위의 (다)와 (라)로부터 금융자본의 개념을 다음과 같이 도출하고 있다.

> 생산의 집적과 집중, 이로부터 생기는 독점, 그리고 은행과 산업의 융합 또는 유착—이것이 금융자본의 형성사이고 내용이다(Lenin 1917: 45).

다시 말해 독점적 은행자본과 독점적 산업자본이 결합한 최고형태의 독점자본을 금융자본으로 파악한 것인데, 이러한 금융자본은 당연히 독자적인 가치증식방법(價値增殖方法)을 가지게 된다.

4) 금융자본의 가치증식방법

힐퍼딩은 금융자본의 가치증식방법으로 창업자이득을 특히 강조하고 있는데, 그는 이 창업자이득이 기업이윤(더욱 정확하게 말하면 산업이윤에서 배당을 뺀 기업가이득)을 자본화(資本化)한 것이며, 따라서 은행이 산업을 수탈하는 것이라고 말한다. 위의 (나)에 있는 문장 "은행은 산업의 이윤을 금융자본의 지위에서 강탈한다"는 것이 바로 이것을 가리킨다. 이러한 주장이 과연 타당한가?

창업자이득은 앞에서 말한 바와 같이 은행이 주식을 인수·발행하는 경우, 주식의 시장 판매가격 총액이 주식의 인수·발행가격 총액을 초과할 때 생긴다. 그런데 주식의 시장가격은 주식소유로부터 얻을 수 있는 모든 장래수익을 현재가격으로 환산한 것과 기본적으로 같으며, 주식의 발행가격은 주식회사에 불입(拂入)된 산업자본의 규모와 같다. 그러므로 창업자이득에 관한 힐퍼딩의 다음의 계산은 정당하다.

> 이제 100만 원의 자본을 가지고 있는 한 산업기업을 예로 들고, 평균이윤율은 15%이며, 현행이자율은 5%라고 가정하자. 이 기업은 15만 원의 이윤을 얻는데, 이 15만 원을 연간 수입으로 삼아 5%로 자본화하면 300만 원이 된다. 물론 5%에서는 화폐자본은 확정이자를 낳는 절대적으로 안전한 증권을 구입하려고 할지도 모른다. 그러므로 이제 예컨대 2%라는 높은 위험 프리미엄을 추가하고, 또한 이사에 대한 보수 등 관리비……를 고려하면, 처분가능한 이윤은 2만 원이 줄어 13만 원이 되고, 주주에 대해 7%가 배당된다고 가정하자. 이제 주식가격은 185만 7,143원(= 13만 원 / 7%), 사사오입하면 약 190만 원이 될 것이다. 그런데 15만 원의 이윤을 낳기 위해서는 100만 원의 자본만 필요하며, 90만 원은 자유롭다. 이 차액 90만 원은 이윤 낳는 자본을 이자 낳는(또는 배당 낳는) 자본으로 전환시킴으로써 생긴 것이다. 만약 우리가 (총이윤을 감소시키는) 주식회사의

> 높은 관리비를 고려하지 않는다면, 이 차액은 수익을 15%로 자본화한 금액(= 15만 원 / 15%)과 수익을 7%로 자본화한 금액(= 15만 원 / 7%) 사이의 차이, 즉 평균이윤율을 얻는 자본과 평균이자율을 얻는 자본 사이의 차이를 표현할 것이다. 이 차이가 '창업자이득'이 되는 것인데, 이 이득은 이윤 낳는 자본을 이자 낳는 자본으로 전환시킬 때만 발생한다(『금융자본』: 149-150).

그러나 다음과 같은 힐퍼딩의 주장은 전혀 타당하지 않다.

> 창업자이득(주식 발행에서 나오는 이득)은 엄격한 의미에서 이윤이나 이자도 아니며, 자본화한 기업가이득이다. 창업자이득은 산업자본의 의제자본으로의 전환을 전제로 한다. 주식발행 이득의 크기는 첫째로 평균이윤율에 의해, 둘째로 이자율에 의해 결정된다. 평균이윤에서 이자를 빼면 기업가이득이고, 이 기업가이득을 현행 이자율로 자본 환원하면 창업자이득이 된다(『금융자본』: 244).

힐퍼딩은 창업자이득의 원천을 설명하면서 두 개의 전혀 다른 과정을 혼합시키고 있다. 은행이 주식인수 대금으로 주식회사에 납부한 금액은 산업자본으로서 평균이윤율을 올리고 있다는 사실과, 은행이 주식을 시장가격으로 고객들에게 팔아 화폐자본을 회수하고 증식시킨다는 사실은 아무런 상호관련이 없다. 다시 말해 은행이 얻는 창업자이득은 주식의 인수가격과 시장가격 사이의 차익이며, 이 차익은 오로지 주식을 구매하는 고객의 주머니에서 나오는 것이며 산업의 기업가이득과는 아무런 상관도 없다. 레닌은 이 점에서 힐퍼딩이 비(非)마르크스주의자 홉슨(J. A. Hobson, 1902년에 *Imperialism*을 발간함)보다 금융자본의 기생성(寄生性)을 제대로 파악하지 못한다고 비판하고 있다(Lenin 1917: 92).

물론 은행이 주식회사를 지배하는 상황에서는 은행은 배당을 이자 수준으로 감축시켜 평균이윤에서 배당(또는 이자)을 뺀 기업가이득을 자기의 몫으로 획득하려고 할 것이지만, 이것은 창업자이득과는 아무런 상관이 없다.

다음으로 힐퍼딩은 금융자본의 가치증식 방법으로 독점가격(獨占價格)의 설정에 큰 관심을 쏟고 있다.

> 독점적 결합의 목적은 이윤율의 증대이며, 이것을 달성하는 주된 방법은 경쟁을 제거한 뒤 가격을 인상하는 것이다. 따라서 카르텔 가격은 어떻게 결정되는가 하는 의문이 생긴다. ……만약 독점적 결합이 경쟁을 제거한다면, 그것은 동시에 객관적인 가치법칙이 실제로 관철될 수 있는 유일한 수단까지도 제거하게 된다. 이제 가격은 객관적으로 결정되는 일정한 크기가 아니라 (가격을 마음대로 결정할 수 있는 사람들의) 회계 연습으로 되며, 결과가 아니라 전제로 되고, 객관적인 것이 아니라 주관적인 것으로 되며, 당사자의 의지와 의식과는 무관한 필연적인 것이 아니라 자의적인(arbitrary) 것으로 된다. 이리하여 독점적 결합은 한편에서는 마르크스의 집적 · 집중이론을 확인하지만 다른 한편에서는 마르크스의 가치이론을 붕괴시키는 것처럼 보인다(『금융자본』: 325-326).

힐퍼딩은 독점가격을 마르크스의 가치이론에 의해 설명하기 위해 "카르텔 가격은 카르텔화하지 않은 산업들의 가격이 생산가격 이하로 떨어진 금액만큼 생산가격보다 높다"(『금융자본』: 330)고 말하고 있는데, 이 주장은 마르크스의 다음과 같은 지적과는 아주 다르다.

> 우리가 독점가격이라고 부르는 것은 일반적으로 다음과 같은 가격—즉 생산물의 가격이 생산가격이나 가치에 의해 결정되는 것이 아니라 구매자의 구매욕과 지불능력에 의해 결정되는 것—을 가리킨다(『자본론』 III(하): 953).

다시 말해 카르텔 가격은 사회 전체의 '연간 잉여가치'를 카르텔산업과 비(非)카르텔산업 사이에 어떻게 분배할 것인가에 의해 결정되는 것이 아니라, 비카르텔산업과 일반소비자를 어느 정도 수탈(收奪)할 것인가 하는 계획에 의해 결정되는 것이다. 따라서 카르텔이 얻는 독점이윤은 금년에 생산된 연간 잉여가치 총액에 의해 제한되는 것이 아니라 비카르텔산업과 일반소비자의 재산에 의해 제한된다고 말해야 할 것이다. 또한 카르텔 가격이 반드시 그리고 언제나 높은 수준에 머무르고 있는 것도 아니다. 장기적인 관점에서 특히 새로운 진입자(進入者)를 격퇴하기 위해 카르텔은 독점가격을 의도적으로 인하시킬 수도 있다.

더욱이 카르텔은 독점가격에 의해서만 카르텔 외부의 자본가들을 수탈하는 것이 아니다. 레닌이 지적하고 있듯이, 카르텔은 외부자에게 원료의 공급을 중단하고, 노동조합과 협의해 외부자에게 노동자를 공급하지 않으며, 위탁판매 허가를 취소하고, 구매자에게 카르텔 제품만을 구매하게 하며, 새로운 진입자를 막기 위해 체계적인 가격인하를 실시하고, 신용제공을 중단하며, 불매운동(不買運動)을 벌이기도 한다(Lenin 1917: 25-26). 이리하여,

> 이제 더 이상 소기업과 대기업이, 그리고 기술적으로 발달한 기업과 낙후한 기업이 경쟁하는 것이 아니다. 독점자가 자기에게 복종하지 않는 기업을 목 졸라 죽이는 것이 있을 뿐이다. ……지배와 (이것에 결부되어 있는) 폭력이 '자본주의의 최근의 발전단계'를 특징짓는 관계다(Lenin 1917: 26-27).

끝으로, 금융자본은 산업독점과 은행독점을 내포하고 있기 때문에, 장래가 유망한 어떤 지역과 산업부문을 현재의 수익성에 상관하지 않고 대규모로 개발할 수 있다. 따라서 금융자본 또는 독점자본이 존재하는가 않는가를 이윤율의 구조적 격차에서 찾는 것은 옳지 않다. 왜냐하면 금융자

본은 자금력이 풍부하여 장기계획에 의해 가치증식을 도모하므로, 현재의 이윤율 또는 단기적인 이윤율에는 덜 민감하기 때문이다.

5) 금융자본 축적의 역사적 경향

힐퍼딩은 한 산업에서 카르텔이 형성되면 그 산업 안의 독립적인 기업들은 카르텔에 합병되는 경향이 있고, 기타의 산업에서도 카르텔화가 진전하는 경향이 있다고 말하면서, 다음과 같은 결론을 내리고 있다.

> 이 과정의 궁극적인 결과는 총카르텔(a general cartel)의 형성일 것이다. 자본주의적 생산 전체는 모든 생산부문의 생산량을 결정하는 하나의 기관(organ)에 의해 의식적으로 규제될 것이다(『금융자본』: 355).

더욱이 "총카르텔의 성립 경향과 중앙은행의 형성 경향은 서로 수렴하기" 때문에, "금융자본의 발달 그 자체가 사회적 경제의 조직화 문제를 더욱 성공적으로 해결하고" 있다고 본다(『금융자본』: 335, 336).

물론 이것은 힐퍼딩이 그 뒤 다른 곳에서 계속 강조하는 '조직된 자본주의(organised capitalism)' 의 이론 틀을 제공하며(倉田稔 외 편역 1983 참조), 금융자본의 지배는 사회주의로 이행하는 직전단계(直前段階)로 묘사된다. 그러나 총카르텔의 형성이 '순수한 추상' 또는 '생명 없는 추상' (Lenin 1917: 88)이라는 것은 힐퍼딩도 잘 알고 있었으며, 따라서 금융자본 자신의 계획성(計劃性)과 경제 전체의 무정부성(無政府性)이 공존하게 된다고 보았다.

> 부분적인 규제(바꾸어 말해 한 산업부문을 하나의 기업으로 통합하는 것)는 산업 전체의 비례관계에는 조금도 영향을 미치지 않는다. 생산의 무정부성은 개별 생산단위들의 수를 줄이면서 동시에 생산단위들의 힘과 능

률을 강화시키는 것에 의해서는 지양되지 않는다. 이 무정부성은 결코 조금씩 그리고 점차적으로 지양될 수 있는 것은 아니다. 계획적인 생산과 무정부적 생산은 양적인 대립물—다시 말해 '계획'을 조금씩 추가하면 의식적인 조직이 무정부성으로부터 탄생하는 것—이 아니다. 이런 전환은 생산 전체를 의식적인 통제에 종속시킴으로써 돌발적으로만 일어날 수 있을 뿐이다. 누가 이러한 통제력을 행사하며, 누가 생산의 소유자가 되는가는 힘의 문제다. 생산 전체를 담당하고 따라서 공황을 제거하는 총카르텔 그 자체는 경제적으로는 상상할 수 있지만, 이러한 조직은 사회적·정치적으로는 불가능한 일이다. 왜냐하면 이런 조직은 그 조직과정에서 극단적으로 강화될 이해대립이라는 암초에 좌초되지 않을 수 없기 때문이다(『금융자본』: 416).

레닌도 이 점에서는 마찬가지다. 특히 금융자본은 자기의 계획에 따라 생산량과 가격을 조절하고, 특정한 지역과 산업부문의 '불균등하고 발작적(發作的)인 발달'을 야기하기 때문에 경제 전체의 무정부성은 더욱 증대한다(Lenin 1917: 28).

자유경쟁은 자본주의와 상품생산 일반의 기본 특징인데, 독점은 자유경쟁의 정반대다. ……그런데 자유경쟁으로부터 생긴 독점은 자유경쟁을 제거하지 않으며, 자유경쟁 위에 그리고 자유경쟁과 나란히 존재하기 때문에, 수많은 매우 심각하고 강력한 모순·갈등·마찰을 야기한다(Lenin 1917: 82).

그러나 위와 같은 독점과 자유경쟁 사이의 모순 이외에, 힐퍼딩은 산업자본·상업자본·은행자본을 통합한 금융자본이 국민 대중과 적대적인 관계에 서게 된다고 말한다.

> 이제 자본은 사회의 생활과정에 대해 주권을 행사하는 단일의 권력으로 나타난다. 이 권력은 생산수단 · 자연자원 · 축적된 과거의 총노동에 대한 소유, 그리고 (소유관계의 직접적 결과로) 살아있는 노동에 대한 지배로부터 직접적으로 발생한다. 동시에, 소유는 소수의 거대한 자본가 그룹의 수중에 집적 · 집중함으로써 자본을 갖지 않은 다수 대중과 직접적으로 대립하게 된다. 이리하여……소유관계의 문제가 가장 명확하게 그리고 가장 날카롭게 등장하게 된다(『금융자본』: 336).

그런데 레닌은 금융자본에 대한 국민 대중의 적대감이 금융자본의 기생적 가치증식방법(예컨대 주식투기 · 토지투기 · 고리대) 때문에 생긴다고 보고 있다.

결국 금융자본 축적의 역사적 경향에 관해, 힐퍼딩과 레닌은 한편으로는 경제를 조직화 · 계획화할 수 있는 기반이 강화되어 모든 인적 · 물적 자원을 국민 대중의 필요와 욕구를 충족시키기 위해 계획적으로 사용할 수 있는 가능성이 생기고, 다른 한편으로는 국민 대중이 점점 더 소유로부터 분리되고 금융자본의 지배와 수탈에 점점 더 얽매이게 된다고 말한다. 따라서 금융자본이 지배하는 단계에서는 국민 대중 특히 프롤레타리아는 자유경쟁을 회복하기 위해 투쟁할 것이 아니라, "대자본가에 의한 그리고 대자본가를 위한 경제의 의식적인 통제가 아니라 사회 전체에 의한 그리고 사회 전체를 위한 경제의 의식적인 통제"(『금융자본』: 518)를 쟁취하기 위해 투쟁해야 할 것이라고 제안하고 있다.

6) 소결

위에서 우리는 힐퍼딩의 『금융자본』에 있는 독점이론을 몇 가지 항목으로 나누어 고찰하면서 레닌의 『제국주의』와 비교했다. 물론 힐퍼딩은 『금융자본』의 제5편에서 금융자본의 대외적 진출과 국가의 경제정책을 논의하고 있지만, 여기에서는 생략했다.

힐퍼딩은 19세기 말과 20세기 초의 독일자본주의를 분석하면서, 은행이 어떻게 산업을 지배하게 되었고, 카르텔과 트러스트는 어떻게 결성되었으며, 이런 독점적 결합이 자본주의를 어떻게 변모시키고 있는가를 논리적으로 그리고 실증적으로 연구했다. 이리하여 마르크스주의 경제학에서 독점과 금융자본의 연구에 획기적인 공헌을 했다.

물론 힐퍼딩은 그 당시의 독일 상황에 너무 사로잡혀 독점에 관한 일반이론을 구성하지는 못했다. 그리고 금융자본을 '최고 형태의 자본'이라고 부르면서도 그것의 내용을 정확히 묘사하지 못했다.

다른 한편 레닌은 힐퍼딩의 『금융자본』에 크게 의존하면서도 독점이 지닌 '지배'와 '폭력'을 부각시켰다. 물론 『제국주의』는 1914년의 제1차 세계대전이 왜 일어났는가를 해명하는 데 초점을 맞추고 있었기 때문에 그렇게 되었다고 볼 수도 있지만, 독점은 자본주의의 발전에 따라 자본의 가치증식방법의 하나로서 등장한 것이고, 경제의 각 분야 그리고 정치영역에서도 지배력을 행사한다.

그리하여 독점의 이 지배력을 어떻게 해석해야 하는가 하는 문제가 제기된다. 이 지배력은 한편으로는 독점이 자기의 가치증식을 위해 경제와 정치를 지배한다는 측면을 가지고, 다른 한편으로는 경제 전체를 모든 국민을 위해 계획화 · 조직화할 수 있는 조건을 만들어 낸다는 측면을 가지고 있다. 후자의 측면은 '생산의 사회화 경향'이지만, 이 측면을 일방적으로 강조하게 되면 힐퍼딩과 같이 '총카르텔'이나 '조직된 자본주의'라는 잘못된 개념이 나올 수 있다. 그러나 전자의 측면은 독점이 자기 자신을 위해 노동자를 비롯한 모든 주민들을 수탈하는 것, 산업부문들과 지역들 사이에 불균등 결합발전(uneven and combined development)을 야기하는 것, 그리고 국가 정책을 이용하는 것 등등을 내포하게 된다. 따라서 독점이 가진 이러한 이율배반적(二律背反的) 성격을 올바르게 파악하는 것이 독점단계의 자본주의를 역사적으로 규정하는 핵심이 될 것이다.

『금융자본』의 마지막 장 '프롤레타리아와 제국주의' 또는 레닌이 말하는 '사멸(死滅)하는 자본주의' 라는 관념은 이런 인식에 의거하고 있다고 보아야 할 것이다.

그런데 과연 독점적인 산업자본과 독점적인 은행자본이 금융자본으로 융합하는 것이 일반적인 경향인가? 산업자본은 거대한 고정자본으로 말미암아 장기간 특정분야에 고정되는 경향이 있지만, 은행자본은 유동성(liquidity)과 이동성(mobility)을 특징으로 그때그때의 가장 유리한 곳에 대부하거나 투기함으로써 가치를 증식시킨다. 따라서 은행자본은 특정의 산업자본에 얽매이기보다는 완전히 독립적으로 행동하는 것이 더욱 가치증식에 도움이 된다고 생각할 수 있다. 최근 크게 유행하고 있는 각종 펀드(fund)는 기업의 운영에는 전혀 관심이 없고 최고의 배당이나 주가 상승에만 관심을 가진다. 또한 한국의 재벌이 사실상 금융자본의 형태이지만 재벌 소유의 금융권은 재벌 안의 산업자본들의 뒤치다꺼리를 하느라고 거의 이익을 보지 못하고 있다. 그러므로 산업자본과 은행자본은 융합하기보다는 독립하는 경향이 더욱 일반적이고, 금융자본은 특수한 상황에서 생긴 현상이라고 보아야 할 것이다.[13] 물론 최근 경제의 금융화 현상에 따라 산업자본도 상당한 정도로 금융업에 종사하고 있지만, 이것은 산업자본과 은행자본의 융합을 가리키는 것이 아니라 산업자본이 산업활동을 통해 이윤을 얻기가 어려운 국면에서 여유자금을 금융업에 이용하고 있는 것이라고 보아야 할 것이다(이 책의 제7장 4를 참조하라). 거대한 산업자본과 거대한 은행자본이 합병하는 경우는 찾아보기 힘들다.

13 조복현(1997)을 참조하라.

제3장 과소소비설

1
소비재의 공급과 수요

과소소비설(underconsumption theory)은 경제위기와 공황의 원인을 개인적 소비(individual consumption, 자본가와 노동자가 자기 자신 및 가족을 위해 소비재를 구입하여 소비하는 것)의 부족에서 찾고 있다. 자본주의적 생산은 이윤을 목적으로 하기 때문에 노동자의 임금수준을 될수록 낮게 책정하려 하며, 또한 자본가들은 경쟁에서 살아남기 위해 기술혁신과 생산확대에 몰두하기 때문에 이윤의 더욱 큰 부분을 생산에 재투자하려고 한다. 이에 따라 개인적 소비로 향하는 자금규모는 소비재의 생산 확대에 비해 상대적으로 축소하는 경향이 있는데, 이 경향 때문에 자본주의는 경제위기와 공황을 맞이하게 된다는 것이다.

사회의 연간생산물은 생산재와 소비재로 구성되어 있는데, 소비재의 생산액에 비해 소비재의 소비액이 상대적으로 감소하기 때문에, 소비재의 판매 부진 → 소비재부문의 생산 축소 → 생산재에 대한 수요 감소 → 생산재부문의 생산 축소 → 경제 전체의 위기와 공황이라는 경로를 과소소비설은 생각하고 있다. 그리고 또 한 가지 특징적인 것은 자본의 가치증식욕이 낳는 임금 인하 경향과 이윤의 재투자 경향은 자본주의에서는 일반적이고 항상적이기 때문에, 소비재의 수요 부족에 따른 불황과 정체(停滯 stagnation)의 경향은 영구적이고 항상적이라고 주장한다. 그런데 현실적으로는 개인적 소비를 증가시키는 외부요인들(예: 정부 관리 · 지주 · 목사 등 생산에 종사하지 않고 소비만 하는 계층의 존재, 군사비의 지출,

정부에 의한 사회복지비의 지출)이 있기 때문에, 자본주의 경제는 항상 불황이나 정체에 빠져 있는 것이 아니라 호황을 나타내기도 한다는 것이다.

따라서 블리니(Michael Bleaney)가 과소소비설을 다음과 같이 정의하는 것은 옳다.

> 과소소비설은 자본주의 경제에 관한 하나의 이론으로서 다음의 두 가지 요소를 모두 포함하고 있다. 첫째로 불황상태는 산업순환의 한 국면이거나 일시적인 특수상황의 결과가 아니라, 자본주의 경제가 다른 상쇄요인(相殺要因 counteracting factor)들이 없는 한 자연적으로 향하는 상태이다. 둘째로 불황에 빠지는 경향은 자본주의 경제가 '소비재'에 대한 수요부족에 끊임없이 시달리기 때문이다(Bleaney 1976: 11).

1) 소비재의 수요와 생산재부문의 동향

과소소비설에 의하면, 모든 생산이 개인적 소비와 직접적으로 연결되어 있는 것처럼 생각하지만 이것은 매우 잘못된 생각이다. 마르크스가 "불변자본은 결코 그 자체를 위해 생산되는 것이 아니라, 개인적 소비에 들어가는 생산물을 공급하는 분야에서 더 많은 불변자본이 필요해 생산된다"고 말했지만(『자본론』III(상): 369), 이것은 '궁극적으로 보면' 그렇다는 이야기일 뿐이고, 현실적으로는 소비재부문이나 생산재부문은 이윤을 얻기 위해 생산하고 있다.

예컨대 연중에 생산된 기계 중 소비재를 만드는 기계(예: 섬유기계 · 제분기계 · 제과기계)는 개인적 소비와 직접적으로 관련을 가지지만, 선반 · 전동기 · 발전기 · 화학제품 · 철강제품 등등은 개인적 소비와는 아무런 직접적 관련이 없을 수 있다. 더욱이 경제가 발전함에 따라 기계와 원료가 매우 다양해지고 기계공업 · 금속공업 · 화학공업 등 중화학공업의 비중이 점점 더 증가하고 있으므로, 연간 총생산액 중에서 노동수단과 노동대상이 소비재보다 더욱 큰 비중을 차지하고 있다. 따라서 과소소비설의 가정(즉 모든 생산은 직접적으로 소비재의 생산과 관련을 맺고 있다)은 전혀 잘못된 것이다.

다음으로 소비재부문에 기계와 원료를 공급하는 생산재부문에서조차, 소비재에 대한 수요 상황이 직접적으로 그 부문의 생산을 일방적으로 규정할 수가 없다는 점이다. 왜냐하면 자본주의에서는 계획경제와 달리 각 산업의 각 분야의 생산은 개별자본가들의 장래 예상에 맡겨져 있으므로, 소비재부문의 과잉생산 → 생산재부문의 과잉생산 → 경제 전체의 과잉생산의 순서로 전개될 필연성이 전혀 없기 때문이다. 오히려 생산재부문의 자본가들이 생산재에 대한 장래 수요를 지나치게 높게 잡아, 생산재의 과잉생산 → 생산재의 가격 폭락 → 생산재부문 기업들의 도산 → 대량실업 발생 → 소비재에 대한 수요 감소 → 소비재부문의 생산 축소 → 경제위기와 공황이라는 경로를 밟을 수가 있다.

"위기가 처음 분명히 나타나는 것은 소비자 수요(개인적 소비를 위한 수요)의 직접적 감축이 아니라 자본과 자본 사이의 교환의 감퇴, 즉 자본의 재생산과정의 축소이다"(『자본론』II: 88)는 마르크스의 지적은 노동자와 자본가의 개인적 소비는 상당히 안정적이라는 사실에 의거하고 있다. 따라서 경제 전체를 파악할 때 개인적 소비 → 소비재산업 → 생산재산업이라는 연쇄효과(linkage effect)에만 집착하는 것은 큰 잘못이다.

2) 노동자는 항상 과잉생산자다.

과소소비설의 밑바탕에는 노동자 대중의 낮은 소득 때문에 수요 부족과 공황이 발생한다는 사고방식이 깔려 있다. 또한 노동자들에게 높은 임금을 준다면 수요 부족이 해소되어 경제는 계속 호황을 누릴 수 있다는 생각도 깔려 있다.

그런데 이런 주장은 마르크스의 이론과는 상당히 다르다. 『자본론』 제II

권 제3편(사회적 총자본의 재생산과 유통)에서 마르크스는 "노동자는 항상 과잉생산자(overproducer)"라는 사실을 지적한다. 왜 그런가? 생산재와 소비재의 가격을 다음과 같이 분해해 보자(SK는 잉여가치 중 자본가가 개인적 소비에 지출하는 부분이고, SC는 잉여가치 중 물적 투입비용에 추가하는 부분이며, SV는 잉여가치 중 임금에 추가하는 부분이다).

생산재의 가격(D_1) = 물적 투입비용(C_1) + 임금(V_1) + 잉여가치($S_1 = SK_1 + SC_1 + SV_1$)

소비재의 가격(D_2) = 물적 투입비용(C_2) + 임금(V_2) + 잉여가치($S_2 = SK_2 + SC_2 + SV_2$)

단순재생산의 균형조건: $C_2 = V_1 + S_1$.[1]

확대재생산의 균형조건: $C_2 + SC_2 = V_1 + SV_1 + SK_1$.[2]

연간생산물 전체로 볼 때, 노동자의 임금총액($V_1 + V_2$)은 총생산물의 가격($D_1 + D_2$)보다 훨씬 적기 때문에 노동자는 항상 과잉생산자인 것이다. 또한 노동자와 자본가가 임금($V_1 + V_2$)과 잉여가치($S_1 + S_2$)를 모두 소비재를 구매하는 데 지출한다면, 소비재 모두를 살 수도 있을 것이다. 그러나 이 경우에는 잉여가치가 모두 소비에 사용되므로 단순재생산이 이루어질 수밖에 없는데, 이것은 예외적인 경우이다. 자본가들은 잉여가치의 일부를 소비하지 않고 투자함으로써 자본의 축적 또는 확대재생산을 달성하는데, 이 투자는 생산재를 추가로 구매하는 것(SC)과 노동자를 추가로 고용하는 것(SV)을 의미하기 때문에, 생산재 수요의 직접적인 증가

1 이것은 다음과 같이 도출된다. 생산재의 공급($C_1 + V_1 + S_1$) = 생산재의 수요($C_1 + C_2$). 소비재의 공급($C_2 + V_2 + S_2$) = 소비재의 수요($V_1 + V_2 + S_1 + S_2$).

2 이것은 다음과 같이 도출된다. 생산재의 공급($C_1 + V_1 + SK_1 + SC_1 + SV_1$) = 생산재의 수요($C_1 + SC_1 + C_2 + SC_2$). 소비재의 공급($C_2 + V_2 + SK_2 + SC_2 + SV_2$) = 소비재의 수요($V_1 + SV_1 + V_2 + SV_2 + SK_1 + SK_2$).

와 소비재 수요의 간접적인 증가(노동자가 임금을 받아 소비재를 구매한다)를 수반하게 된다. 따라서 위에서 말한 확대재생산의 균형조건이 충족된다면, 생산재와 소비재의 판매(또는 가치의 실현)는 순조롭게 진행될 것이다.

그러므로 특히 노동자들의 개인적 소비가 소비재 생산액에 비해 상대적으로 줄어들기 때문에 경제위기가 온다는 주장을 마르크스는 다음과 같이 비판한다.

> 경제위기가 지불능력 있는 소비의 부족이나 지불능력 있는 소비자의 부족으로 인하여 일어난다고 말하는 것은 순전히 동어반복에 지나지 않는다. ……상품이 팔리지 않는 것은 상품에 대한 지불능력 있는 구매자, 따라서 소비자(상품을 사는 것이 결국 생산적 소비를 위한 것이든 개인적 소비를 위한 것이든)를 찾아내지 못하는 것을 의미할 따름이다. 그런데 그 누군가가 노동자계급은 자기들 자신의 생산물 중 너무나 작은 부분을 받고 있으므로, 만약 그들이 그 생산물 중 더 큰 몫을 받고 이에 따라 그들의 임금이 올라가면 이 해악(경제위기: 인용자)이 제거될 것이라고 밀함으로써 이 동어반복에 더 깊은 근거가 있는 듯한 외관을 주려고 한다면, 그러한 사람에게는 다음과 같은 사실을 지적하기만 하면 된다. 즉, 경제위기는 임금이 전반적으로 오르고 노동자계급이 연간생산물 중 소비로 향하게 되어 있는 부분의 더 큰 몫을 실제로 받는 바로 그 시기에 의해 항상 준비된다고(『자본론』II: 496).

3) 개인적 소비의 상대적 감소와 생산재산업의 발달

자본가들의 가치증식욕 때문에, 임금수준은 상대적으로 또는 절대적으로 억압되고 이윤 중 소비로 향하는 부분이 상대적으로 감소하는 경향은 논리적으로 증명할 수 있다. 그러나 이런 경향 때문에 생산물의 판로가 좁아진다는 것은 논리의 비약이다. 임금을 억압하여 이윤을 증가시키고 이 이윤의 더욱 큰 부분을 투자로 돌린다면 생산물의 판로는 결코 좁아지지 않을 것이기 때문이다. 왜냐하면 투자는 생산재(노동수단과 노동대상)를 구입하는 것과 노동자를 고용하는 것을 의미하므로, 생산재 수요의 직접적인 증가와 소비재 수요의 간접적인 증가를 수반하기 때문이다.

그리고 개별노동자의 임금수준이 억압되는 경향과 경제 전체의 임금총액이 증가하는 경향은 공존할 수 있다. 왜냐하면 기술혁신의 진행에 따라 숙련과 기능(技能)이 점점 더 중요성을 잃게 되어 부녀자 · 청소년 등 미숙련노동자들이 대규모로 고용되는 경향이 있기 때문이다. 이리하여 각종의 소비재산업이 개발된 것이다. 물론 투자한 자본의 규모가 일정한 크기를 넘어서자 자본가계급은 축적욕과 사치욕을 동시에 충족시킬 수 있게 되어 사치재산업이 크게 발달하고 있다.

가령 연간 총생산액에서 소비재 생산액이 차지하는 비중이 감소하더라도, 이 사실 자체만으로 경제가 혼란에 빠지는 것은 결코 아니다. 이 사실은 생산요소가 개인의 의식주생활과 문화생활에 필요한 소비재를 생산하는 산업으로부터 점차로 다른 산업으로 이동하는 것을 가리킬 뿐이기 때문이다. 물론 생산요소의 이동은 어디까지나 산업 사이의 이윤율의 차이에 의거하지만, 소비재산업의 후퇴와 생산재산업의 전진은 결코 경제 전체의 혼란을 가져오지는 않는다. 오히려 개인적 소비와 소비재산업의 상대적 비중 저하가 오늘날과 같은 거대한 생산재산업을 건설한 것이고 사회적 생산력을 놀랄만큼 증대시킨 것이다.

그러나 생산된 상품들이 모두 자동적으로 판매되는 것은 아니다. 그 이유는 다음과 같다. 첫째로 중앙계획 당국이 주민들의 욕구와 사회 전체의 필요를 계산하여 소비재와 생산재의 종류와 생산량을 결정한 것이 아니기 때문이다. 따라서 어떤 상품은 공급이 부족하고 또 어떤 상품은 팔리지 않아 재고로 남는다. 둘째로 주민의 대다수를 차지하는 노동자들의 임금총액이 노동절약적인 기술 혁신 때문에 점점 더 감소한다면, 증가하는 소비재 생산량을 판매할 수 있는 국내시장과 해외시장은 점점 더 확대되어야만 한다. 또한 증가하는 생산재 생산량을 모두 팔기 위해서도 국내시장과 해외시장이 끊임없이 확대되어야만 한다. 결국 자본주의에서는 상품의 생산량이 증가하면 할수록 시장 확대의 필요성이 더욱 더 긴급한 과제로 등장한다(제6장의 5-1)을 참조하라).

2
과소소비의 제거방법

과소소비설에 따르면, 소비재의 수요를 증가시키는 어떤 요인도 자본주의 경제의 안정과 성장에 기여하게 된다. 따라서 어떤 학자는 생산에는 종사하지 않으면서 소비하는 계급(예: 지주 · 관리 · 군인 · 목사)을 크게 찬양했고, 어떤 학자는 군수산업은 생산물(예: 탱크)을 시장에 내보내지 않으면서 소득만 창출한다고 하여 그 중요성을 높이 평가했으며, 또 다른 학자는 빈민구제 · 실업수당 · 무료교육 · 무료병원 등을 내용으로 하는 복지국가(welfare state)를 건설하지 않을 수 없었던 것은 자본주의의 항상적인 불황 경향 때문이었다고 주장했다.

1) '비생산적' 계층의 소비

"어떤 사람들이 비생산적인가?" 이 질문에 대해서는 여러 가지 견해들이 있다.

> (가) 애덤 스미스의 『국부론』(1776)에 따르면, 재화(goods)를 만드는 계층은 생산적이고 서비스(용역)를 제공하는 계층은 비생산적이다. 전자는 노동의 결과가 손으로 만질 수 있는 형태를 띠기 때문이고, 후자는 노동의 유용성이 순간적이기 때문이다. 제조업자 · 노동자 · 농민은 생산적이고, 가수 · 댄서 · 목사 · 군인 · 교수는 비생산적이다.

(나) 생산에 직접적으로 참가하지 않고 소비하는 계층은 비생산적이다. 지주 · 관리 · 군인 · 목사 등은 비생산적이다. 목사인 맬더스(Thomas Malthus 1766~1834)는 『정치경제학원리』(1820)에서 비생산적 계층의 경제적 역할을 높이 평가했는데, 케인즈는 자기의 '유효수요이론'의 영감을 맬더스로부터 받았다고 한다(Keynes 1972: 71-108).

(다) 자본가가 잉여가치를 얻는 데 '직접적'으로 공헌하는 계층은 생산적이고 그렇지 않는 계층은 비생산적이다. 공장노동자나 사립학교의 교사는 생산적이고, 공무원이나 무료병원의 의사와 간호사는 비생산적이다. 마르크스가 『자본론』(1867)에서 말한 것이다.

(라) 보수를 받는 계층은 생산적이고 보수를 받지 않는 계층은 비생산적이다. 회사의 여비서는 생산적인데, 가정주부는 비생산적이다. 케인즈가 『화폐 · 이자 · 고용에 관한 일반이론』(1936)에서 "사장이 여비서와 결혼함으로써 국민소득이 줄어들었다"고 말했을 때의 분류방식이다.

(마) 사회의 유지 · 발전에 기여하는 재화와 서비스를 생산하는 계층은 생산적이고, 그렇지 않은 직종에 종사하는 계층은 비생산적이다. 무료병원과 무료학교에 근무하는 의사와 교사는 생산적이고, 퇴폐산업에 종사하는 계층은 비생산적이다. 보통 사람들의 분류방식이다.

마르크스에 따르면, '생산적'이라는 개념은 "이윤을 낳는다"는 것과 직접적으로 연결되는데, 중상주의(重商主義 mercantilism)는 무역이 국부(國富)의 원천이라고 생각했으므로 무역에 종사하는 노동만을 생산적이라고 주장했고, 중농주의(重農主義 physiocracy)는 농업이 국부의 원천이라고 생각했으므로 농업에 종사하는 노동만을 생산적이라고 주장했다. 그러나 자본주의에서는 자본가계급이 잉여가치를 얻기 위해 경제활동에 종사하는 것이 지배적이므로, 자본가계급을 위해 직접적으로 잉여가치를 창조해 주는 노동만이 생산적이라고 마르크스는 말했다. 이렇게 분류하면, 자본가계급을 위해 재화를 생산하든 서비스를 생산하든 전혀 문제가 되지 않기 때문에 (가)의 분류방식은 옳지 않으며, (나)의 분류방식은 직접적으로 생산에 참가해야 한다는 점에서는 마르크스의 분류와 일치하는 점이 있고, (라)의 방식은 화폐를 받고 노동을 해야 한다는 점에서 마르크스의 분류와 일치하며, (마)의 분류는 이윤추구가 생산의 목적이 아닌 '새로운 사회'에서나 타당할 것이다.

어쨌든 영국 국교(Church of England)의 목사인 맬더스에 따르면, 노동자들의 임금으로는 사회의 총생산물을 모두 구매할 수 없어 과잉생산의 폐해가 생기는데, '비생산적 계층'의 소비가 과잉생산을 제거함으로써 경제의 유지와 발전에 크게 공헌한다는 것이다. 이 주장에 대해 몇 가지 비판이 있다.

첫째로 이 주장은 비생산적 계층의 소득이 어디에서 어떻게 발생하는가를 깊이 연구하지 않는다는 비판을 받았다. 비생산적 계층은 결국 생산과정에서 창조된 본원적 소득 또는 부가가치(value added)—즉 임금과 잉여가치—를 각각의 위치에서 재분배받기 때문에 소득을 가지게 된다. 신도들이 자기의 소득 중 일부를 교회에 헌금해야만 목사의 소득이 발생하며, 납세자들이 소득의 일부를 세금으로 국가에 납부해야만 관리들의 소득이 생기고, 토지를 이용한 자본가들이 잉여가치의 일부를 지주에게 지대로 주어야만 지주의 소득이 발생한다는 것이다. 다시 말해 비생산적 계층의 소득은 본원적 소득이 아니라 파생소득(派生所得 derived income)이며, 따라서 당연히 본원적 소득의 일부를 구성할 수밖에 없다. 그런데 사회의 총생산물의 가격은 물적 투입비용 + 본원적 소득(즉 임금 + 잉여가치)으로 구성되어 있기 때문에, 비생산적 계층의 지출은 총생산물을 구매하는 추가적인 항목이 될 수 없다. 매우 정확한 비판이라고 생각된다.

둘째의 비판은 비생산적 계층의 소득은 시간상의 '선후관계(先後關係)'에서 볼 때 상품이 팔려 그 가격이 실현된 뒤에 비로소 발생하기 때문에, 비생산적 계층의 지출은 '상품의 판매'에는 공헌하지 않는다는 것이다. 예컨대 상품의 생산자들은 상품을 팔아 화폐를 얻은 뒤에, 교회에

헌금하고, 화폐대부자에게는 이자를, 지주에게는 지대를, 그리고 정부에는 세금을 내기 때문이다. 그렇지만 이 비판은 설득력이 거의 없다. 왜냐하면 상품의 생산자는 일정한 기간이 지난 뒤에는 상품이 팔렸는가 팔리지 않았는가에 관계없이 이자 · 지대 · 세금 등을 내야 하기 때문이고,[3] 목사 · 화폐대부자 · 지주 · 관리 등은 앞으로 받을 소득 규모를 예상해 지출하기 때문이다. 그러므로 이 경우 비생산적 계층의 지출은 상품의 판매에 공헌할 수 있다.

결국 맬더스의 주장은 비생산적 계층의 소득이 파생소득이 아니라 본원적 소득이라고 보았기 때문에 잘못을 저지른 것이다. 그들의 소득이 상품가격의 구성부분인 부가가치(또는 본원적 소득, 즉 임금과 잉여가치)에서 파생된 것이기 때문에, 그들의 지출은 사회의 총생산물이 임금과 잉여가치의 합계보다 크다는 문제점을 해결할 수 없는 것이다.

2) 복지국가의 지출[4]

선진국의 국가는 보건과 교육, 실업수당과 노후연금, 저소득층에 대한 각종 보조 등 사회보장(social security)을 위해 사회복지비를 많이 지출하고 있기 때문에 복지국가(welfare state)라고 불린다. 병원과 학교를 모든 국민에게 무료로 개방하며, 실업자에게 실업수당을 그리고 노인에게는 노후연금을 제공하고, 저소득층을 위해 임대료가 낮은 공공주택을 공급하며, 노인 · 장애자 · 신생아 등을 방문하여 간호하는 사회봉사자들(social workers)을 관리하는 것 등등이 복지국가의 주요 내용이다.

사회보장제도는 노동자계급을 포함한 서민들의 오랫동안에 걸친 투쟁의 산물임에는 틀림없다. 특히 노동자계급이 하나의 정치세력으로 등장함에 따라 사회보장제도는 개선되고 확대되었다. 그러나 사회보장제도에

3 지대 · 이자 · 세금을 일정한 기한에 내지 못하는 생산자는 파산할 수밖에 없다.
4 군사비의 지출은 제4장 4에서 논의한다.

의해 자본가계급도 이익을 얻을 수 있었기 때문에 이 제도가 개선되고 확대되었다는 점을 또한 잊어서는 안 된다. 예컨대 사회보장제도는 자본가계급측에서 본다면 노동력의 질을 향상시키고 노동력의 양을 증가시키는 제도로서 노동인력이 부족한 고도성장기에는 절대적으로 필요한 제도였는데, 보건과 교육 등을 개별자본가들이 담당할 수 없기 때문에 자본가계급 전체를 위해 국가가 담당하게 된 것이다.

사회복지비의 지출이 자본주의의 과소소비 경향을 완화하거나 제거하여 장기적인 호황을 유도했다는 과소소비론자의 주장을 어떻게 평가할 것인가?

사회복지비 지출은 국가가 그 사회의 투자와 소비를 증가시키는 역할을 한다. 국가가 병원 · 학교 · 공공임대아파트 · 양로원 등의 건설에 투자하고, 의사 · 간호사 · 교사 · 공익요원 등의 직장을 증가시켜 소비를 증가시키며, 또한 연금 지급과 소득 보조 등으로 소비를 증가시키기 때문이다. 그러나 사회복지비 지출도 세금이나 국채의 발행, 중앙은행으로부터의 차입에 의해 조달되는데, 노동자들은 노동력의 가치에 해당하는 임금을 받기 때문에 세금을 낼 수 있는 여력이 없다는 『자본론』의 기본가정에 따른다면, 정부가 자본가계급의 잉여가치의 일부를 세금으로 거두어들여 사회복지비로 지출한다고 보아야 한다. 따라서 사회복지비 지출이 자본가계급 전체에게 그것에 상당하는 잉여가치를 되돌려주는 데 공헌하지 못한다면, 자본가계급은 사회복지비 지출을 삭감하라고 요구할 것이며 이에 따라 사회보장제도는 축소되고 복지국가는 사라지게 될 것이다. 1974~75년의 세계적 대공황으로부터 시작된 장기불황에서 복지국가를 해체하는 작업이 선진국에서 대규모로 진행되고 있는 것을 보면, 복지국가의 지출이 과소소비 경향을 저지하기 때문에 중요하다는 견해가 잘못이었음을 알 수 있다.

복지국가를 해체시키면서 신자유주의가 내세운 이유는 다음과 같았다. 첫째로 고소득층에 대한 세금을 삭감함으로써 고소득층의 근로의욕과 투자의욕을 자극한다는 것이다. 이런 주장은 사실상 세금의 원천이 자본가계급의 잉여가치인데, 사회복지비 지출은 자본가계급에게 그 지출에 상당하는 잉여가치를 제공하지 못했다는 주장과 거의 일치한다. 둘째로 사회복지비 지출로 실업자가 실업수당을 받거나 소득보조를 받기 때문에, 취업노동자들이 자본가의 지휘와 명령에 복종하지 않게 되었다는 것이다. 다시 말해 노동자들이 사회보장제도 때문에 임금과 노동조건의 협상에서 상대적으로 강력한 발언권을 가지게 되어 자본가들이 임금 인하나 노동시간의 연장이나 노동강도의 강화 등을 통해 잉여가치를 증가시키지 못하게 되었다는 것이다. 셋째로 사회복지비 지출은 노동생산성의 향상이나 국제경쟁력의 강화, 기업의 수익성 개선에는 직접적으로 도움을 주지 않는다는 것이다. 넷째로 사회보장제도의 개선과 확장으로 학교 · 병원 · 법률상담소 · 양로원 · 탁아소 등등이 점점 더 비영리 공공기관으로 전환되었기 때문에, 민간자본의 영리활동 분야—다시 말해 투자기회 또는 투자처—가 축소되었다는 것이다. 공공부문 또는 공기업의 민영화(privatisation)를 요구하는 이유도 여기에 있다.

결국 정부의 사회복지비 지출은 사회의 구매력을 증가시킬지는 모르지만 자본가들의 가치증식에는 많은 애로를 만들어 내었다. 이에 따라 자본가계급은 복지국가의 해체를 요구하게 되었고, 노동자계급의 세력과 단결력이 약화된 불황 아래에서 복지국가의 해체가 진행된 것이다.

3
마르크스는 과소소비론자인가?

마르크스를 과소소비론자로 취급할 때 그 근거로서 흔히 다음의 문장을 인용한다.

> 언제나 모든 현실적 공황의 궁극적인 원인은, 생산력을 발달시키려는 자본주의적 생산의 충동(마치 사회의 절대적(absolute) 소비능력만이 생산력 발달의 한계를 설정하고 있는 것처럼 생산력을 발달시키려고 한다)에 대비한 대중(masses)의 궁핍과 제한된 소비에 있다(『자본론』III(하): 597).

그러나 이 문장은 앞뒤의 문맥에 따라 정확히 해석될 필요가 있다. 이 문장의 바로 앞 단락에서 마르크스는 경제위기에서는 신용의 극심한 부족과 생산자본(productive capital, 생산수단과 노동력의 현물형태를 취해 생산과정에 묶여 있는 자본)의 과잉이 공존한다는 것을 지적하면서, 공황이 생산자본의 부족 때문에 일어난다는 주장만큼 잘못된 주장은 없다고 말한다. 그리고 위에서 인용한 문장의 바로 다음 단락에서 마르크스는, "적어도 자본주의적으로 발달한 나라들에서 생산자본의 진정한 부족을 이야기할 수 있는 유일한 경우는 식량이나 주요 공업원료에 영향을 미치는 일반적인 흉작의 경우뿐이다"(『자본론』III(하): 597)고 말한다.

이렇게 볼 때, 맨 먼저 인용한 문장은 생산과 대중의 소비 사이의 차이 때문에 공황이 발생한다는 것을 지적하는 것이 아니라, 오히려 자본주의의 독특한 특징—즉 자본주의적 생산은 대중의 필요와 욕구를 충족시키기 위한 것이 아니라는 것과, 공황은 상품과잉과 생산요소들의 과잉이라는 형태를 띠고 나타난다는 것—을 묘사하고 있다고 말해야 할 것이다.

위의 인용문에 있는 주요한 용어들의 의미를 마르크스 저작의 다른 곳에서 찾아보자.

먼저 '절대적 소비능력'은 '사회적으로 개발된 인간들의 필요'를 가리키는데, 이것은 "사회의 대다수 민중의 소비를 최저수준으로 인하하여 다소 좁은 범위 안에서만 변동할 수 있게 하는 적대적인 분배관계에 근거한 소비능력"(『자본론』III(상): 298)과 반대되는 개념이다. '절대적' 이란 용어는 '절대적 과잉인구' 또는 '절대적 과잉생산' 등에서도 보인다. '절대적 과잉인구'는 맬더스가 주장한 것처럼 식품(food)에 비해 인구수가 많은 경우를 가리키지만, 자본주의에서는 자본의 가치증식욕에 비해 노동인구수가 너무 많은 '상대적 과잉인구'—즉 실업자—가 문제이다(『자본론』I(하): 712, 864). 또한 생활수단과 생산수단의 '절대적' 과잉생산에 대비시켜 '상대적' 과잉생산을 마르크스는 다음과 같이 설명한다.

> 현재의 인구에 비해 너무나 많은 생활수단이 생산되는 것은 아니다. 그 반대이다. 총인구의 필요를 충분히 그리고 인간답게 충족시키기에는 생산된 것이 너무나 적다. 잠재적 노동인구를 고용하는 데 필요한 것보다 많은 생산수단이 생산되는 것도 아니다. 그 반대이다. ……그러나 노동자의 착취수단으로서 어느 일정한 이윤율로 기능하기에는 너무나 많은 노동수단과 생활수단이 주기적으로 생산된다. 상품의 가치와 그 속에 포함되어 있는 잉여가치가 자본주의적 생산에 특유한 분배조건과 소비관계 아래에서 실현되어 새로운 자본으로 전환되기에는 너무나 많은 상품들이 생산된다. 즉 이 과정을 반복되는 폭발 없이 완수하기에는 너무나 많은 상품들이 생산된다. 너무나 많은 부(富)가 생산되는 것이 아니라 자본주

의적인 적대적인 형태의 부가 주기적으로 너무나 많이 생산된다(『자본론』 III(상): 309-310).

다음으로, "마치 사회의 절대적 소비능력만이 생산력 발달의 한계를 설정하고 있는 것처럼 생산력을 발달시키려고 한다"는 이야기는 자본이 특히 '상대적' 잉여가치를 얻기 위해 온갖 혁신(innovation, 상품 · 생산방법 · 기술 · 원료 · 시장 · 노동조직 · 기업조직을 바꾸어 새롭게 하는 것)을 개발하고 도입하는 것을 가리키는데, 자본들이 '초과이윤'(또는 특별잉여가치)을 얻으려고 벌이는 무한경쟁을 생각하면 쉽게 이해할 수 있다. 자본은 각종 상품들을 개발함으로써 인간의 욕망을 새롭게 창조해 풍부하게 하고 그것을 충족시킨다. 또한 자본은 세계시장을 개척함으로써 모든 나라의 생산과 소비에 범세계적인 성격을 준다. 그렇지만 자본주의적 생산의 목적은 사회적인 인간의 필요와 욕망을 충족시키는 것이 목적이 아니라 이윤 획득에 있기 때문에 경제위기와 공황이 생기지 않을 수 없다. 다시 말해 자본주의적 생산이 이윤 획득을 목적으로 하지 않는다면 공황이 발생하지 않는다는 말인데, 이 이야기는 공황의 '원인'에 관한 것이 아니라 공황이 일어나는 '환경'에 관한 것이다. 맨 처음 인용한 문장과 거의 같은 의미를 가지는 다음 문장을 보아도 곧 알 수 있다.

자본주의적 생산의 **진정한 장벽**(real barrier)은 **자본 그것**이다. 즉 자본과 자본의 가치증식이 생산의 출발점이자 종점, 동기이자 목적으로 나타난다는 점, 생산은 오직 **자본**을 위한 생산에 불과하며, 따라서 생산수단이 생산자들의 **사회를 위해** 생활과정을 끊임없이 확대하기 위한 수단이 아니라는 점에 자본주의적 생산의 진정한 장벽이 있다. 생산자 대중의 수탈과 빈곤화에 의거하는 자본가치의 유지와 증식은 이러한 장벽들 안에서만 운동할 수 있으며, 이러한 장벽들은 자본이 자기의 목적을 위하여 사용하지 않을 수 없는 생산방법들—생산의 무제한적인 증가, 생산을 위한 생산, 노동의 사회적 생산력의 무조건적인 발달로 향하여 돌진하는 생산방법—과 끊임없이 모순된다. 수단(사회적 생산력들의 무조건적 발달)이 제한된 목적(기존 자본의 가치증식)과 끊임없이 충돌하는 것이다. 그러므로 자본주의 생산양식이 물질적 생산력을 발달시키고 이 생산력에 적합한 세계시장을 창조하기 위한 역사적 수단이라고 한다면, 자본주의 생산양식은 또한 자기의 역사적 과업과 자기의 사회적 생산관계 사이의 끊임없는 충돌이라고도 말할 수 있다(『자본론』III(상): 300. 강조는 마르크스의 것).

마지막으로 '모든 현실적 공황의 궁극적인 원인' 이라는 용어는 다음 문장에서 나오는 '공황의 가장 깊고 가장 숨겨진 원인' 과 거의 동일한 의미를 가진다고 볼 수 있다.

자본주의적 생산은, 한편으로는 자기 자신의 내재적인 법칙에 강요되어 생산력을, 마치 생산이 좁은 제한된 사회적 토대 위에서 행해지지 않는 것처럼, 발전시키게 되며, 다른 한편으로는 이런 좁은 한계들 안에서만 생산력을 발전시킬 수 있다는 사실이 공황의 가장 깊고 가장 숨겨진 원인이며, 또한 이 사실이 자본주의적 생산의 극심한 모순들—이것들은 얼핏 보더라도 자본주의적 생산이 오직 일시적이고 역사적인 형태라는 것을 폭로하고 있다—의 가장 깊고 가장 숨겨진 원인이다(Marx 1861-63c: 274).

이 문장에서 언급되는 '좁은 제한된 사회적 토대' 나 '이런 좁은 한계들' 에 대해 마르크스는 여러 가지를 지적하고 있다. 자본의 가치증식욕 때문에 노동자의 임금수준을 낮추고, 기계를 도입하여 노동자들을 해고하는 경향이 '대중의 궁핍과 제한된 소비' 를 야기하는 것; 생산물이 화폐로 전환되어야 하는데 이 전환이 보증되어 있지 않는 것; 무정부적 생산으로 산업부문들 사이에 균형이 이루어지지 않는 것; 이윤율이 어느 수준까지 저하하면 생산이 중단되는 것 등등이다. 그런데 이 중 어느 것이 생산력의 발전과 결합하여 과잉생산 공황을 야기하는가는 분명히 밝히지 않고 있다.

'공황의 궁극적인 원인' 이나 '공황의 가장 깊고 가장 숨겨진 원인' 은, 만약 자본주의적 생산이 대중의 필요와 욕망을 충족시키는 것을 목적으로 한다면, 과잉생산 공황이 발생할 수 없다는 점을 분명히 지적하고 있다고 보아야 할 것이다. 또한 마르크스는 '재생산표식' 의 분석에서 "노동자들은 항상 과잉생산자 또는 과소소비자"임을 지적하면서도 어떻게 확대재생산 또는 자본축적이 '순조롭게' 이루어질 수 있는가를 설명한 바 있기 때문에, 마르크스는 결코 과소소비론자가 아니다.

또한 마르크스가 노동자계급의 임금수준을 올려주면 경제위기가 사라진다는 주장을 비판하면서, "경제위기는 임금이 전반적으로 오르고 노동자계급이 연간생산물 중 소비로 향하게 되어 있는 부분의 더 큰 몫을 실제로 받는 바로 그 시기에 의해 준비된다"(『자본론』II: 496)고 말한 것을 기억해야 할 것이다. 다시 말해 임금수준의 상승은 경제위기의 전조(harbinger)라는 것이다.

4
룩셈부르크의 과소소비설

룩셈부르크(Rosa Luxemburg 1870~1919)는 20세기 초 자본주의 열강들의 제국주의적 침략과 충돌을 보면서 이런 현상들이 자본주의의 고유한 성격으로부터 나온다는 것을 증명하려고 했다. 그는 『자본축적』(1913)에서 자본주의의 과소소비 경향을 해명하려고 했으며, 그것을 근거로 비(非)자본주의적 영역들에 대한 침략, 보호관세, 국제대부, 군국주의 등을 설명하려고 했다. 그리고 『자본축적』에 대한 각종 비판에 대답하기 위해 쓴 『자본축적: 하나의 반비판』(1915)에서도 자기의 견해를 옹호했다.

1) 룩셈부르크가 제기한 문제

그는 자본이 축적되려면 다음과 같은 네 개의 조건이 충족되어야 한다고 본다. 첫째로 생산에서 잉여가치가 생산되어야 한다. 둘째로 잉여가치가 화폐로 전환되어야 한다. 셋째로 이 실현된 잉여가치(즉 화폐형태)가 새로운 자본을 형성하기 위해서는 충분한 양의 생산수단 · 생활수단 · 노동력이 있어야만 한다. 끝으로,

> 넷째의 조건이 추가되어야 한다. 새로운 자본과 이것에 의해 생산되는 잉여가치를 대표하게 될 추가적인 상품량이 팔릴 수 있어야만 한다. 즉 화폐로 재전환될 수 있어야만 한다. 이 재전환이 성공적으로 달성되었을 때

에만 자본주의적 확대재생산이 현실적으로 일어났다고 말할 수 있을 것이다(Luxemburg 1913: 45).

룩셈부르크는 이 넷째의 조건을 '절대적으로 필수적인 조건' 이라고 강조한다. 그 이유는 무엇인가? 그는 다음과 같이 설명한다. 만약 새로운 자본이 생산하는 상품들이 시장을 찾지 못한다면, 그 상품들에 대상화되어 있는 "새로운 자본과 이것의 잉여가치를 전부 또는 부분적으로 잃게 될 것이며, 그리하여 축적은 일어나지 않은 것으로 될 것"(Luxemburg 1913: 44)이기 때문이다.

그런데 둘째의 조건과 넷째의 조건은 무엇이 다른가? 넷째의 조건을 좀더 자세히 살펴보자. 잉여가치 중 자본으로 전환될 부분은 이미 둘째 조건에 의해 화폐로 전환되었고, 이 화폐는 셋째의 조건에 의해 생산자본(생산요소들의 실물형태로 생산과정에 묶여 있는 자본)으로 전환되었다. 그 다음으로 이 새로운 생산자본에 의해 생산되는 상품들이 팔릴 것인가 아닌가가 넷째의 조건으로 등장하고 있다. 만약 이 상품들이 팔리지 않는다면 자본축적이 일어났다고 말할 수 없다는 것이다. 얼핏 보기에는 둘째의 조건과 넷째의 조건은 상품의 판매가능성에 관한 한 동일한 것처럼 보인다. 그러나 룩셈부르크는 이 두 개의 조건을 계속 구별하고 있다. 둘째의 조건은 잉여가치를 품은 상품들이 판매되는가에 관한 것이고, 넷째의 조건은 실현된(즉 화폐로 전환된) 잉여가치가 생산자본으로 전환되기 위해서는 새로 생산될 상품의 판로가 확보되어 있어야 한다는 것이다. 이러한 구별은 다음과 같은 언급에서도 분명히 나타난다.

잉여가치의 일부는 자본가계급 자신에 의해 소비재의 형태로 소비된다. ……그러나 잉여가치의 다른 부분 즉 자본으로 전환될 부분을 대표하는 생산물은 누구에 의해 구매될 수 있는가? 재생산표식(마르크스의 확대재생산표식: 인용자)에 따르면, 부분적으로는 생산을 확대하기 위해 새로

> 운 생산수단을 필요로 하는 자본가들 자신에 의해, 그리고 부분적으로는 이런 새로운 생산수단을 움직이는 데 필요한 새로운 노동자들에 의해 구매된다고 한다. 그러나 이런 구매는 생산을 확대시키는 자본주의적 자극(刺戟)이 미리 있다는 것을 전제하고 있다. 만약 새로운 노동자들이 새로운 생산수단을 움직이기 시작했다면, 생산될 생산물에 대한 새로운 수요가 나타났음에 틀림없다(Luxemburg 1913: 133).

여기에서 룩셈부르크는 잉여가치(또는 잉여생산물) 전체의 실현을 문제삼지 않고, 잉여가치 중 자본으로 전환될 부분만을 문제로 삼는다. 이리하여 잉여가치 중 자본으로 전환될 부분은 시장의 확대가 전제되지 않는 한 판매되지 않는다고 말한다. 그리고 시장의 확대는 실현된 잉여가치의 자본화(자본가가 생산을 확대하기 위해 생산수단과 노동력을 구매하는 것)와는 독립적이며 그것에 선행하여야 한다는 것이다. 물론 이런 사고방식은 자본축적 그 자체가 시장을 확대한다[5]는 것을 파악하지 못하기 때문에 형성된 것이라고 비판할 수 있으며, 따라서 룩셈부르크가 비자본주의적 시장의 존재가 자본축적에 필수불가결한 조건이라고 주장한 것도 위와 같은 잘못된 사고방식 때문이라고 비판할 수도 있다.

그런데 룩셈부르크가 말한 "자본주의적 자극이 미리 있는 것"의 의미에 대해 여러 가지의 해석이 있다. 로빈슨(Joan Robinson 1903~83)은 다음과 같이 말한다.

> 자본가들은 자기의 자본이 생산하는 상품들에 대한 시장이 끊임없이 확대한다고 확신할 때에만, 투자를 행하며 자본의 축적이 끊임없이 진행될 수 있다. ……그런데 새로운 자본이 생산하고 증가시키는 상품들에 대

5 자본축적은 잉여가치(지금은 화폐형태)를 자본으로 전환시키는 것인데, 이것은 잉여가치를 지출하여 생산수단을 사고 노동자를 고용하는 것을 의미한다. 그런데 노동자는 임금으로 소비재를 살 것이므로, 자본축적은 생산재와 소비재에 대한 수요를 만들어 낸다.

한 수요가 있다는 것, 따라서 그들의 잉여(잉여가치: 인용자)를 수익성 있게 '자본화' 할 수 있다는 것을 어떻게 알 수 있는가?(Robinson 1971: 20-21)

로빈슨에 의하면, "자본주의적 자극이 미리 있는 것"은 자기의 상품에 대한 수요가 증대하리라는 사전적(事前的 ex ante) 예상이라는 것이다. 이런 해석은 블리니(Bleaney 1976: 191)에 의해 다음과 같이 부연되었다. 즉 룩셈부르크의 말은 '개별' 자본가가 필요로 하는 시장확대를 가리키는데, "여타의 자본가들이 축적할 것이며 그리하여 개별자본가 자신의 추가적인 생산물을 수요하리라는 예상"이라는 것이다. 블리니는 더욱이 룩셈부르크가 "자본주의적 자극이 미리 있는 것"이라는 조건을 확대재생산의 경우에만 제기한 것은 잘못이라고 주장한다. 왜냐하면 개별자본가의 예상은 단순재생산에서도 작용하며, 개별자본가의 '엉터리 예측'은 사회적 총자본의 확대재생산뿐 아니라 단순재생산이나 축소재생산에서도 문제를 야기할 수 있기 때문이라는 것이다.

로빈슨과 블리니에 따르면, 룩셈부르크가 말하는 시장확대의 필요성은 개별자본가의 입장 그리고 더구나 개별자본가의 변덕스러운 예상의 입장에서 제기된 것이라는 것이다. 이런 해석은 자본축적이 시장확대에 미치는 영향을 룩셈부르크가 인정하지 않는 이유를 설명하는 데 어느 정도 도움을 줄 수가 있다. 왜냐하면 개별자본의 축적은 자기 자신의 생산물에 대한 시장을 창출하지는 않기 때문이다.

그런데 룩셈부르크가 사회적 총자본의 축적을 개별자본의 입장에서 취급했다는 비판은 이미 부하린(Nikolai Ivanovich Bukharin 1888~1938)에 의해 제기된 바 있다. 부하린은 다음과 같이 말한다.

룩셈부르크의 근본적인 오류는 그가 사회적 총자본을 개별자본으로 간주하고 있는 데 있다. ……이것 때문에 그는 실현과정이 점차적으로 진행된다는 것을 이해할 수 없게 된 것이다. ……모든 자본가들이 한꺼번에 자기들의 잉여가치를 실현해야만 한다면, 그들은 제3자를 필요로 하게 된다(Bukharin 1924: 201-202).

이렇게 비판하면, 룩셈부르크가 시장의 확대를 강조한 것은 사회적 총자본(total social capital, 상호관련을 맺고 있는 개별자본들의 총체)의 입장에서인가 개별자본의 입장에서인가 하는 문제가 생기고, 나아가서 그가 사회적 총자본과 개별자본 사이의 차이를 알았는가 몰랐는가 하는 문제가 생긴다. 결국 이런 비판은 룩셈부르크가 마르크스의 재생산표식(再生産表式 reproduction schema)을 제대로 이해했는가 하는 문제를 제기하는 것이다.

사실상 룩셈부르크는 마르크스의 재생산표식을 누구보다도 잘 이해하고 있었다. 그의 다음과 같은 지적이 그것을 단적으로 증명하고 있다.

> 사회적 재생산과정에 관한 마르크스의 연구는 애덤 스미스를 분석하는 것으로부터 시작한다. 그런데 이 분석은 여러 가지의 이유들 중에서도 모든 상품의 가격은 $V + S$로 구성되어 있다는 스미스의 그릇된 도그마(dogma)에 부닥쳐 곤란을 받게 되었다.[6] 이 도그마에 대한 비판이 재생산과정에 관한 마르크스의 분석 전체를 지배했다(Luxemburg 1913: 169).

룩셈부르크의 지적은 매우 올바르며, 스미스의 도그마를 비판한 뒤 나타난 C 부분의 판매문제에 몰두한 나머지 마르크스는 사회적 총자본의 재생산을 분석할 때 잉여가치 생산의 여러 가지 경향들(예: 자본의 유기적

6 스미스의 도그마(Smith' s dogma)는 소득(즉 임금V과 잉여가치S)의 합계로 생산물 전체를 구매할 수 있다는 주장이다. 그런데 마르크스는 총생산물에는 그것을 만드는 데 필요한 물적 투입비용(C 즉 기계와 원료비)이 들어가 있기 때문에 소득의 합계로 생산물 전체를 구매할 수 없다는 점을 지적했다. 이렇게 되니 물적 투입비용에 해당하는 생산물은 누가 구매하는가 하는 어려운 문제에 부닥친 것이다. 그리하여 제1부문과 제2부문을 구분하여 상품가격의 각 부분들이 어떻게 팔리는가를 재생산표식을 통해 연구하게 된 것이다.

구성의 고도화, 잉여가치율의 상승)을 고려하지 않은 것이다. 물론 룩셈부르크는 마르크스가 생략한 위의 경향들을 재생산표식에 도입하여 자기 자신의 재생산표식을 만들게 된다. 그리고 룩셈부르크가 개별자본과 사회적 총자본을 혼돈했다는 비판은 전혀 타당하지 않다. 룩셈부르크의 다음 말을 보라.

> 개별자본의 재생산은 사회적 총자본의 재생산의 하나의 요소이며, 전자는 여타의 요소들의 운동과는 반대로 독립적인 과정을 따른다. 그러므로 사회적 총자본의 운동을 이해하기 위해서는 개별자본들의 개별적인 운동들을 단순히 합계하는 것에 의해서는 불가능하다. 왜냐하면 전자는 후자와 본질적으로 다르기 때문이다(Luxemburg 1913: 349).

그러면서 그는 다음과 같은 예를 들고 있다. 개별자본가는 자기의 상품(예: 소비재)을 노동자에게 판매함으로써 자기의 잉여가치를 실현할 수도 있지만, 자본가계급 전체는 총생산물을 노동자들에게 판매할 수가 없다. 왜냐하면 노동자들의 수요는 총생산물 중 임금에 해당하는 부분에 국한되기 때문이다. 이처럼 룩셈부르크는 개별자본과 사회적 총자본을 올바르게 구별하고 있기 때문에, "자본주의적 자극이 미리 있는 것"은 개별자본이 품고 있는 시장에 대한 예상이 아니라 사회적 총자본에 대한 시장의 사전적 확대를 가리킨다고 보아야 한다.

또한 부하린의 비판—즉 룩셈부르크는 "모든 자본가들이 한꺼번에 자기들의 잉여가치를 실현해야 한다"고 생각했다는 비판—도 정당화될 수 없다. 왜냐하면 룩셈부르크는 비자본주의적 시장의 필요성을 논증하기 위해 마르크스의 재생산표식을 재구성할 때 분명히 판매자로서의 자본가와 구매자로서의 자본가 사이의 상호교환거래를 도입하고 있기 때문이다. 또한 룩셈부르크가 부하린이 제시한 오류를 범했다면, 룩셈부르크가 제기한 실현문제는 사회적 총생산물의 실현과 관련된 것이어야 하며 잉여생산물 중 자본으로 전환될 부분의 실현에만 관련될 수는 없었을 것이다. 그러므로 룩셈부르크의 문제제기는 새로운 각도에서 해명되어야 한다.

스위지(Paul Sweezy 1910~2004)는 룩셈부르크의 문제제기가 다음과 같은 오류를 품고 있다고 지적한다.

> 확대재생산을 논의하면서 룩셈부르크는 묵시적으로 단순재생산의 가정들을 유지하고 있다. 노동자의 소비는 결코 잉여가치를 실현할 수 없다는 그의 독단(獨斷 dogma)은 가변자본(따라서 노동자의 소비)의 총액이 단순재생산에서처럼 항상 고정되어 있고 불변이라고 가정하는 것이다. ……이처럼 소비가 불변이라고 가정한다면, 생산수단을 끊임없이 추가하는 것은 참으로 '부질없는 짓'이 될 것이다(Sweezy 1942: 204).

스위지에 따르면, 룩셈부르크가 '순수자본주의 사회'[7] 안에서는 자본축적이 불가능하다고 말했을 때 그는 노동자의 소비가 불변이라고 '묵시적으로' 가정했으며, 이에 따라 생산재부문(제1부문)의 확대도 무의미한 것으로 되어 버렸다는 것이다. 그러나 스위지의 지적은 타당하지 않다. 왜냐하면 룩셈부르크는 『자본축적』의 제25장(확대재생산표식 안에 있는 모순들)에서 마르크스의 원래의 표식에 유기적 구성의 고도화를 삽입하면서 노동자들의 소비 증대를 도입하지만, 결론은 여전히 동일했기 때문이다.

결국 룩셈부르크의 문제제기는 마르크스의 재생산표식에 관한 이해가 부족했기 때문에 생긴 것이 아니라, 오히려 마르크스의 재생산표식을 좀 더 현실적인 것으로 만들기 위해 자본주의 경제의 각종 경향들을 도입했기 때문에 생긴 것이다.

---

7 '순수자본주의 사회'는 오직 자본가계급과 노동자계급으로 구성된 사회이다. 자본주의 사회의 핵심을 파악하기 위한 추상(抽象)이다. 제1장 2-1)을 참조하라.

2) 룩셈부르크 자신의 재생산표식

룩셈부르크가 제기한 문제는 사실상 마르크스의 재생산표식의 가정들을 수정해 자신이 재구성한 재생산표식에 근거를 두고 있다. 마르크스의 재생산표식은 C/V의 불변,[8] 상품가치의 불변, S/V의 불변, 제1부문과 제2부문의 균등발전, 생산과 소비 사이의 균형 등등을 가정하고 있는데, 룩셈부르크에 따르면 이런 가정들은 『자본론』의 다른 부분들에 있는 '마르크스의 이론'과 일치하지 않는다는 것이다(Luxemburg 1913: 335-347). 다시 말해 마르크스는 자본축적과정에서 자본의 기술적 · 유기적 구성이 상승하고 잉여가치율(또는 착취율)이 상승한다고 말했다. 이에 따라 룩셈부르크는 마르크스의 가정들을 수정하여 로자가 자신의 확대재생산표식을 작성하게 된다. 특히 뒤에서 보는 바와 같이 C/V의 상승과 S/V의 상승을 명시적으로 도입한다.

이것에 의거해 그는 다음과 같은 세 개의 명제(命題 proposition)를 결론으로 제시하는데, 이것이 바로 그의 과소소비론의 핵심이다.

(가) 마르크스의 확대재생산표식에 C/V의 상승과 S/V의 상승을 도입하게 되면, 균형(제1부문과 제2부문 사이의 균형)이 파괴된다.

(나) C/V와 S/V가 상승하면서도 균형을 이루기 위해서는, 제1부문이 제2부문보다 상대적으로 빨리 성장해야 하며, 그리고 제2부문의 자본가들은 잉여생산물 중 점점 더 큰 부분을 개인적으로 소비해야 한다. 그러나 제2부문 자본가들의 목적은 개인적 소비를 증대시키는 것이 아니라 자본의 축적에 있다.

(다) 제2부문의 자본가들은 잉여생산물(소비재 형태)의 더욱 큰 부분을 자

8 마르크스는 재생산표식에 나오는 C/V를 '자본의 유기적 구성'이라고 부른 적이 없다. 왜냐하면 C에는 기계 등 고정자본 총액이 들어가 있는 것이 아니라 오직 그것들의 일년간 감가상각액이 들어가 있기 때문이며, V도 자본가가 '투자한' 임금총액이 아니라 일년 동안 '회전한' 임금총액이기 때문이다. 자본의 구성에 관해서는 제6장 1-1)을 참조하라.

본으로 전환시키려고 하지만, 자본으로 전환시켜야 할 '추가적인' 잉여생산물은 자본주의 안에서는 팔릴 수가 없다. 따라서 비자본주의적 환경에서 독자적으로 소득을 얻고 있는 구매자를 찾아야만 자본주의 경제가 유지될 수 있다.

이 세 개의 명제를 그의 재생산표식으로부터 도출하여 보자.

그는 표 3-1과 같은 마르크스의 확대재생산표식으로부터 출발한다. 여기에서는 제1부문과 제2부문 모두에서 매년 C/V, S/V, 자본축적률 $[(SC+SV)/S]$이 동일하다.[9] 룩셈부르크는 이 표식에서 연간생산물의 규모와 자본축적률(50%)을 받아들이면서 C/V와 S/V를 수정한다. 즉, SC/SV를 제1차연도의 6 / 1에서 7 / 1, 8 / 1, 9 / 1로 점점 더 높여 C/V를 고도화시키고, S/V도 점점 더 높인다. 이렇게 하여 작성한 룩셈부르크의 재생산표식이 표 3-2이다. 표 3-1과는 달리 C/V와 S/V가 상승하고 있다.

표 3-2에서는 제1부문이나 제2부문 모두 수요와 공급이 일치하지 않는다. 표 3-3에서 보는 바와 같이 제1부문에서는 공급 부족이 점점 더 확대하고 있으며, 제2부문에서는 공급 과잉이 점점 더 확대하고 있다. 이것으로부터 룩셈부르크의 명제 (가)가 나온 것이다. 즉, 마르크스의 재생산표식에 C/V와 S/V의 상승을 도입하면 생산재와 소비재의 수급 불균형이 필연적으로 생긴다는 것이다. 그러나 이 명제는 명제 (나)로 이끌기 위한 연결고리 이상의 의미를 가지지 않는다. 왜냐하면 마르크스로부터 받은 연간 총생산물과 각 부문별 구성을 그대로 두면서 C/V와 S/V를 상승시키면 당연히 불균형이 생기게 되어 있기 때문이다. 사실상 표 3-2는 확대재생산의 균형조건—$\text{I}v + \text{I}sv + \text{I}sk = \text{II}c + \text{II}sc$—을 처음부터 충족시키

9 표 3-1에 의하면, 제2부문의 자본축적률, 자본증식률$[(SC+SV)/(C+V)]$, 생산액비율$(\text{II}w/\text{I}w)$의 제1차연도의 숫자가 그 다음 연도들의 숫자와 차이가 난다. 이런 차이는 아무런 문제를 낳지 않지만, 제1차연도의 숫자를 다음 연도들의 숫자와 동일하게 하려면 제1차연도의 생산물을 다음과 같이 고치면 된다. $1461C + 292V + 292S = 2045$: $122SC$, $24SV$, $146SK$. S. H. Kim(1982: 130-134)를 참조하라.

표 3-1 마르크스의 확대재생산표식

		C	V	S	W	SC	SV	SK
제1차연도	I	5,000	+ 1,000	+ 1,000	= 7,000:	417	83	500
	II	1,430	+ 285	+ 285	= 2,000:	153	31	101
제2차연도	I	5,417	+ 1,083	+ 1,083	= 7,583:	452	90	541
	II	1,583	+ 316	+ 316	= 2,215:	132	27	157
제3차연도	I	5,869	+ 1,173	+ 1,173	= 8,215:	489	98	586
	II	1,715	+ 342	+ 342	= 2,399:	143	29	170
제4차연도	I	6,358	+ 1,271	+ 1,271	= 8,900:	530	105	636
	II	1,858	+ 371	+ 371	= 2,600:	155	30	186

	$\frac{C}{V}$		$\frac{S}{V}$		$\frac{SC+SV}{S}$ (%)		$\frac{SC+SV}{C+V}$ (%)		$\frac{II\,W}{I\,W}$ (%)
	I	II	I	II	I	II	I	II	
제1차연도	5	5	1	1	50	65	8	11	28.6
제2차연도	5	5	1	1	50	50	8	8	29
제3차연도	5	5	1	1	50	50	8	8	29
제4차연도	5	5	1	1	50	50	8	8	29

표 3-2 룩셈부르크의 재생산표식

		C	V	S	W	SC	SV	SK
제1차연도	I	5,000	+ 1,000	+ 1,000	= 7,000:	429	71	500
	II	1,430	+ 285	+ 285	= 2,000:	158	26	101
제2차연도	I	5,429	+ 1,071	+ 1,083	= 7,583:	474	68	541
	II	1,588	+ 311	+ 316	= 2,215:	138	20	158
제3차연도	I	5,903	+ 1,139	+ 1,173	= 8,215:	522	65	586
	II	1,726	+ 331	+ 342	= 2,399:	152	19	171
제4차연도	I	6,425	+ 1,204	+ 1,271	= 8,900:	572	64	635
	II	1,878	+ 350	+ 372	= 2,600:	168	19	185

	$\frac{C}{V}$		$\frac{S}{V}$		$\frac{SC+SV}{S}$ (%)		$\frac{SC+SV}{C+V}$ (%)		$\frac{II\,W}{I\,W}$ (%)
	I	II	I	II	I	II	I	II	
제1차연도	5.00	5.02	1.00	1.00	50	65	8	11	28.6
제2차연도	5.07	5.11	1.01	1.01	50	50	8	8	29
제3차연도	5.18	5.11	1.03	1.03	50	50	8	8	29
제4차연도	5.34	5.37	1.06	1.06	50	50	8	8	29

표 3-3 수요와 공급의 불균형

	전년의 공급	전년의 수요	공급 부족(−) 또는 과잉(+)
제2차연도	I 7,000 II 2,000	7,017(= 5,429 + 1,588) 1,983(= 1,071 + 311 + 500 + 101)	−17 +17
제3차연도	I 7,583 II 2,215	7,629(= 5,903 + 1,726) 2,169(= 1,139 + 331 + 541 + 158)	−46 +46
제4차연도	I 8,215 II 2,399	8,303(= 6,425 + 1,878) 2,311(= 1,204 + 350 + 586 + 171)	−88 +88

지 못하고 있다. 따라서 룩셈부르크는 곧 이어서 제1부문의 공급 부족과 제2부문의 공급 과잉을 해결하는 방법을 제시하고 있다.

> 제1부문의 자본가들이 그들의 소비를 상대적으로 제한한다면, 제2부문의 자본가들은 그들의 개인적 소비를 상대적으로 증가시켜야 할 것이다. 다시 말해 제1부문의 축적률이 가속화한다는 가정은 제2부문의 축적이 쇠퇴한다는 가정에 의해 보완되어야 할 것이고, 제1부문의 기술적 진보는 제2부문의 기술적 퇴보에 의해 보완되어야 할 것이다(Luxemburg 1913: 338-339).

결국 제1부문의 공급 부족을 해결하게 되면 제1부문은 가속적으로 축적하게 되고 제2부문의 축적은 퇴보한다는 것이다. 그의 이 주장은 표 3-2를 균형조건에 맞게 수정하면 곧 알 수 있다. 표 3-4는 제1부문이 선도적(先導的 leading) 역할을 한다는 룩셈부르크의 견해(뒤에서 논의한다)에 의거하여 표 3-2의 제1부문의 숫자를 그대로 유지하면서 균형조건에 맞게 제2부문의 숫자를 조정한 것이다.

표 3-4에 의하면, 제2부문의 축적률, 즉 $(SC + SV) / S$는 점점 더 감소하고 있다. 다시 말해 제2부문의 자본가들이 잉여가치의 점점 더 큰 부분을 개인적 소비에 지출해야만 자본주의 경제는 균형을 이루면서 성장할

표 3-4 룩셈부르크의 균형적인 확대재생산 표식

		C		V		S		W	SC	SV	SK
제1차연도	I	5,000	+	1,000	+	1,000	=	7,000:	429	71	500
	II	1,430	+	285	+	285	=	2,000:	141	24	120
제2차연도	I	5,429	+	1,071	+	1,083	=	7,583:	474	68	541
	II	1,571	+	309	+	316	=	2,196:	109	16	191
제3차연도	I	5,903	+	1,139	+	1,173	=	8,215:	522	65	586
	II	1,680	+	325	+	342	=	2,347:	110	14	218
제4차연도	I	6,425	+	1,204	+	1,271	=	8,900:	572	64	635
	II	1,790	+	339	+	371	=	2,500:	113	13	245

	$\frac{C}{V}$		$\frac{S}{V}$		$\frac{SC+SV}{S}$(%)		$\frac{SC+SV}{C+V}$(%)		$\frac{IIW}{IW}$(%)
	I	II	I	II	I	II	I	II	
제1차연도	5.00	5.02	1.00	1.00	50	58	8.3	9.6	28.6
제2차연도	5.07	5.08	1.01	1.02	50	40	8.3	6.6	29.0
제3차 연도	5.18	5.17	1.03	1.05	50	36	8.3	6.2	28.6
제4차 연도	5.34	5.28	1.06	1.09	50	34	8.3	5.9	28.1

수 있는 것이다. 그런데 제2부문의 자본가들은 그렇게 할 수가 없다. 왜냐하면 그들의 목적은 개인적 소비를 증가시키는 것이 아니라 잉여가치를 자본으로 축적하여 자본을 증식시키는 것이기 때문이다. 여기에서 룩셈부르크는 자본주의 경제의 '근본 모순'을 발견한 것이고, 이것이 그의 명제 (다)다.

만약 제2부문의 자본가들이 제3차연도 말에 잉여생산물(소비재 형태)의 36%를 자본으로 전환시키기를 거부하고 지난 해와 마찬가지로 40%를 자본으로 전환시키려고 한다면, 그들은 이 '추가적인' 4% 포인트의 잉여생산물(소비재)을 누구에게 팔 수 있는가? '순수자본주의 사회'에서는 구매자를 찾을 수 없다고 룩셈부르크는 생각한다. 왜냐하면 자본가들은 축적에 정신이 팔려 이 추가적인 소비재를 구매하지 않을 것이기 때문이고, 노동자들은 임금 이외에는 어떤 구매력도 가지지 않기 때문이며, 그리고 관리 · 목사 · 금리생활자 · 교수 등등 '식객(食客 hangers-on)'의 소득은 '추

가적인' 잉여생산물이 팔린 뒤에 생기는 파생소득이기 때문이다. 이런 분석에 의거하여, 룩셈부르크는 제2부문의 자본가들은 '자본주의 사회의 외부에 있는 구매자들'—즉 비자본주의적 환경에서 독립적으로 구매력을 얻고 있는 제3자들—을 발견해야 한다고 결론짓는다. 이것이 그의 명제 (다)인데, 이 명제에 의거해 그는 제국주의적 대외팽창을 설명할 뿐 아니라 자본주의의 '자동붕괴'도 예측하고 있다. 다시 말해 자본주의 경제는 소비재를 과소소비하는 경향이 있기 때문에, 소비재를 팔기 위해 비자본주의적 영역을 침범하게 되며, 만약 세계 전체가 자본주의로 전환한다면 이 체제는 소비재의 판로 부족에 부닥쳐 스스로 붕괴할 수밖에 없다는 것이다.

> (자본주의는: 인용자) 스스로 생존할 수 없는 최초의 경제형태이며, 생존조건으로서 기타의 경제형태들을 필요로 한다. 자본주의는 보편적인 것으로 되려고 노력하지만 보편적인 것으로 되면 붕괴할 수밖에 없다. 왜냐하면 자본주의는 내재적으로 생산의 보편적 형태가 될 수 없기 때문이다. 자본주의의 살아있는 역사에서 볼 때 자본주의는 모순덩어리며, 그것의 축적운동은 그 모순을 해소함과 동시에 더욱 악화시킨다. 일정한 발전단계에 도달하면, 사회주의 원리의 적용 이외에는 어떤 탈출구도 없게 될 것이다(Luxemburg 1913: 467).

룩셈부르크가 제시한 세 가지 명제가 결국 "순수자본주의 사회에서는 자본축적이 불가능하다"는 주장의 토대다. 시장 확대의 필요성 또는 비자본주의적 시장의 필요성은 결코 개별자본가의 입장에서 제기된 것이 아니라 사회적 총자본의 입장에서 제기된 것이다. 따라서 로빈슨(Robinson 1971), 블리니(Bleaney 1976), 부하린(Bukharin 1924)의 룩셈부르크 해석은 옳지 않다. 그리고 표 3-4에서 보는 바와 같이 노동자들의 소비는 매년 증가하고 있으므로 룩셈부르크가 노동자들의 소비는 고정불변이라고 가정했다는 스위지(Sweezy 1942)의 주장도 근거가 없다.

그런데 블리니는 룩셈부르크를 과소소비론자로 구분하기를 거부하고 있다. 그에 따르면, 룩셈부르크는 『자본축적』에서 소비재의 수출문제뿐 아니라 생산재의 수출문제도 다루고 있기 때문에 룩셈부르크가 제기한 상품의 실현문제는 소비재에만 국한된 것이 아니라는 것이다. 그러나 해외시장의 필요성이 룩셈부르크의 경우 제2부문에서 처음 제기되었기 때문에, 블리니의 주장은 옳지 못하다. 물론 제2부문에서 최초로 외부시장의 필요성이 긴급한 과제로 등장하게 된 것은, 룩셈부르크가 '제1부문의 선도적 역할'에 따라 제1부문의 축적률은 그대로 둔 채 균형성장에 필요한 모든 조정을 제2부문에 맡겼기 때문이다. 만약 제2부문의 축적률을 그대로 둔 채 제1부문의 숫자를 조정했더라면 표 3-5와 같게 된다. 이 표에서 보는 바와 같이, 제1부문의 자본가들은 제2부문의 자본가들이 이전에 직면한 문제—잉여가치를 '추가적으로' 축적에 사용하기 위해서는

표 3-5 제2부문의 선도적 역할에 따른 재생산표식

		C		V		S		W	SC	SV	SK
제1차연도	I	5,000	+	1,000	+	1,000	=	7,000:	429	71	500
	II	1,430	+	285	+	285	=	2,000:	141	24	120
제2차연도	I	5,429	+	1,071	+	1,083	=	7,583:	423	60	600
	II	1,571	+	309	+	316	=	2,196:	160	23	133
제3차연도	I	5,852	+	1,131	+	1,165	=	8,148:	385	48	732
	II	1,731	+	332	+	349	=	2,412:	180	22	147
제4차연도	I	6,237	+	1,179	+	1,250	=	8,666:	316	35	899
	II	1,911	+	354	+	386	=	2,651:	202	22	162

	$\frac{C}{V}$		$\frac{S}{V}$		$\frac{SC+SV}{S}$ (%)		$\frac{SC+SV}{C+V}$ (%)		$\frac{\text{II}W}{\text{I}W}$ (%)
	I	II	I	II	I	II	I	II	
제1차연도	5.00	5.02	1.00	1.00	50	58	8.3	9.6	28.6
제2차연도	5.07	5.08	1.01	1.02	45	58	7.4	9.7	29.0
제3차 연도	5.17	5.21	1.03	1.05	37	58	6.2	9.8	29.6
제4차 연도	5.29	5.40	1.06	1.09	28	58	4.7	9.9	30.6

'추가적인' 생산재를 누구에게 판매해야 하는가?—를 그대로 직면하고 있는데, 룩셈부르크는 이런 분석을 행하지 않았다. 왜냐하면 그는 '제1부문의 선도적 역할'을 자본주의 경제의 특성이라고 잘못 생각했기 때문이다.

3) 평가

룩셈부르크의 명제 (나)는 '제1부문의 상대적으로 급속한 성장' 명제로 마르크스주의에 남아 있다. 이 명제를 투간-바라노브스키(Tugan-Baranovski 1894), 레닌(Lenin 1893), 아글리에타(Aglietta 1979) 등은 옳다고 받아들인다. 스위지(Sweezy 1942)는 이 명제를 거부하면서 생산수단의 생산량과 소비수단의 생산량 사이에는 통계적으로 볼 때 안정적인 관계를 유지했다는 것이다.[10] 그런데 로스돌스키(Rosdolsky 1969)는 제1부문의 상대적으로 급속한 성장은 "공업화의 초기 단계에서만 타당하며 자본주의의 일반적 발전법칙으로 간주될 수는 없다"(476-477)고 말한다. 물론 스위지와 로스돌스키의 주장은 자본주의의 현실적인 역사적 발전에 의거한 것이지 이론적으로 뒷받침되고 있는 것은 아니다.

그런데 데사이(Desai 1974)는 이 명제를 이론적으로 올바르게 비판하고 있다. 즉 C/V의 상승을 도입한 확대재생산표식을 만드는 과정에서 취한 절차와 가정 때문에 제1부문이 상대적으로 급속한 성장은 불가피했다는 것이다. 제1부문의 축적률이 주어져 있고, 제1부문과 제2부문의 C/V가 상승하며, 그리고 균형조건을 만족시키도록 제2부문의 축적률이 조정되기 때문에, 제2부문의 축적률은 계속 저하할 수밖에 없다는 것이다. 왜냐하면 생산재의 생산량 중 제2부문과 교환될 수 있는 부분이 점점 더 적어지기 때문이다.

사실상 자본의 유기적 구성의 고도화는 재생산표식에 표현되기 어려운

10 이 주장은 소비재 수요의 부족이 생산재부문의 생산 축소를 야기한다는 것을 품고 있다.

개념이다. 먼저 이 개념은 생산자본의 구성을 표현하는 것이지 생산물의 가치구성을 표현하는 것이 아니기 때문이다. 그러므로 표식상의 *C* / *V*는 자본의 유기적 구성이라 부를 수 없다. 그리고 유기적 구성의 고도화는 필연적으로 상품가치의 저하를 수반해야 하는데, 재생산표식에 상품가치의 저하를 도입할 수가 없기 때문이다. 따라서 마르크스는 재생산표식에 의거하여 사회적 총생산물의 유통과정만 분석한 것이다(김수행 2004a: 193).

제1부문의 상대적으로 급속한 성장은 현실적으로는 제1부문의 이윤율이 제2부문보다 높을 때 가능하다. 이윤율이 높을 때 제1부문으로 자본이 모여들어 생산을 확대하기 때문이다. 그런데 제1부문이 항상 제2부문보다 이윤율이 높다는 것을 가정할 수가 없다. 또한 재생산표식에서는 총투하자본이 표현되지 않기 때문에 표식상의 *S* / (*C* + *V*)는 결코 이윤율이라고 말할 수 없다. 그러므로 제1부문의 상대적으로 급속한 성장은 이론적으로 증명되지 않는다.

룩셈부르크의 명제 (다)—제2부문의 잉여생산물 중 자본으로 전환될 부분의 실현 불가능성—는 제국주의이론의 주요한 요소의 하나이다. 홉슨(Hobson 1902)은 과소소비론에 의거해 영국의 후진국 침략을 분석함으로써, 영국이 사회보장제도를 개선하고 확대하면 식민지와 종속국을 거느릴 필요가 없다는 것을 증명하려고 했다. 물론 다른 제국주의론자들은 다른 이유들을 들지만, 상품판매시장, 화폐자본의 투자시장, 원료보급지로서 식민지를 확보하려고 했다는 점에서는 일치하는 것 같다.

그러나 룩셈부르크의 명제 (다)는 두 개의 오류를 품고 있다. 하나는 제1부문의 선도적 역할에 관한 것인데, 이것 때문에 그는 실현문제를 소비재에 국한시키게 된 것이다. 다른 하나는 생산과 개인적 소비 사이의 동태적인 상호작용에 관한 것인데, 그는 생산을 위한 투자가 바로 개인적 소비를 확대한다는 점을 이해하지 못했다.

제1부문의 선도적 역할에 관해, 룩셈부르크는 다음과 같이 말한다.

> (자본주의적 생산양식에서는: 인용자) 제1부문이 선도적 역할을 하여 자본축적 전체를 적극적으로 추진하며, 제2부문은 단순히 수동적인 부수물에 불과하다는 것은 명약관화하다(Luxemburg 1913: 127).

로빈슨, 로스돌스키, 블리니는 제1부문의 선도적 역할을 비판하면서 마르크스의 재생산표식의 숫자들은 두 부문에 대해 완전히 중립적이라는 점을 강조한다. 그러나 그들은 왜 룩셈부르크가 마르크스와는 달리 제1부문의 선도성을 주장하고 있는가를 해명하지 못하고 있다. 룩셈부르크는 제1부문의 선도적 역할을 자본주의의 특수성—즉, 인간의 필요를 충족시키기 위해 소비재생산을 끊임없이 증대시키는 것은 자본주의적 생산의 목적이 아니다—에서 도출하고 있다. 그는 다음과 같이 말한다.

> 계획되는 사회(사회주의 사회: 인용자)의 입장에서는 우리는 당연히 제1부문으로부터 시작해서는 안 되고 제2부문으로부터 시작해야 할 것이다(Luxemburg 1913: 130).

그러나 이런 식의 추론은 전혀 룩셈부르크답지가 않다. 자본주의 생산이 인간의 필요와 욕구의 충족을 목적으로 하지 않는다는 이야기는 자본주의 생산이 소비재의 생산에 부차적인 관심을 가지고 있다는 이야기가 아니라, 자본가들은 가치증식만을 목적으로 상품—소비재이든 생산재이든—을 생산한다는 이야기다. 따라서 자본주의와 사회주의 사이의 차이는 생산의 추진 동기가 이윤 획득인가 필요 충족인가에 있는 것이지, 제1부문이 선도적인가 제2부문이 선도적인가에 있지 않다. 자본주의에서 제2부문의 이윤율이 제1부문보다 높으면 제2부문이 선도적 역할을 할 수도 있다. 제1부문의 선도적 역할이라는 오류 때문에 룩셈부르크는 먼저 소비재의 판매문제에 주목하게 되었고, 그 뒤 제2부문의 낮은 성장이 제1

부문의 성장을 제한한다고 보았기에 생산재의 판매문제에도 관심을 가지게 된 것이다.

끝으로, 생산의 확대가 제1부문과 제2부문의 잉여생산물을 실현하는 가장 중요한 내부요인이라는 것을 룩셈부르크는 제대로 이해하지 못했기 때문에, 비자본주의적 외부시장의 절대적인 필요불가결성을 강조하게 된 것이다. 마르크스에 따르면, 잉여가치에 대한 자본의 끊임없는 추구는 잉여가치의 생산과 실현 사이의 보완적이고 상호의존적이며 조화로운 관계를 파괴하면서 또한 동시에 자본주의 시장을 더 넓게 확장하고 더 높게 고급화함으로써 생산과 실현의 통일을 새로운 차원에서 다시 확립하는 경향이 있다고 본다. 자본은 잉여가치를 이용하여, 새로운 기술을 개발함으로써 상품들을 값싸게 하여 시장을 확대하고, 새로운 산업과 상품을 개발함으로써 새로운 욕망을 창조하여 새로운 시장을 만들어 내며, 생산규모를 확대함으로써 물적 투입요소들과 인적 요소들에 대한 수요를 증대시키고 이에 따라 생산재시장과 소비재시장을 확대시킨다. 마르크스는 다음과 같이 말한다.

> 유통(시장: 인용자)은 처음에는 불변의 크기인 것처럼 보였지만 이제 그것은 생산 그 자체에 의해 확대되는 가변적인 크기로 나타난다. 이리하여 유통은 이미 생산 그 자체의 하나의 요소로 된다. 자본은 점점 더 큰 잉여노동(잉여가치: 인용자)을 창조하는 경향을 가지고 있는 것과 마찬가지로, 자본은 더욱 많은 교환지점(交換地點)을 창조하며……자본에 의거한 생산을 전파하는 보완적인 경향을 가지고 있다. ……**세계시장**을 창조하는 경향은 자본의 개념 그 자체에 직접적으로 내재한다(Marx 1857-58a: 335).

제4장 케인즈의 유효수요이론과 장기정체설

1
케인즈의 유효수요이론

1) 자본주의 사회의 구성원들과 그들의 행동양식

케인즈는 자본주의 사회의 구성원을 소비자 · 투기꾼 · 기업가로 구분하는데,[1] 이것은 그의 유효수요(effective demand, 소비수요와 투자수요)이론에 봉사한다. 이들은 모두 치부욕(致富慾)과 개인주의에 사로잡혀 있으며, 장래의 불확실성(uncertainty)과 장래에 대한 무지(無知)에 자기 나름대로 대처해 나가고 있다. 예컨대 소비자는 소득이 오름에 따라 저축성향을 높이며, 투기꾼은 단기적인 투기이익을 노려 자기의 금융자산을 유가증권(주식이나 채권)에 투기할까 아니면 현금형태로 보유할까를 결정하고, 기업가는 이자율과 장래의 예상투자수익률(투자의 한계효율 marginal efficiency of investment)을 비교해 투자를 결정한다고 케인즈는 본다. 한계소비성향(限界消費性向 marginal propensity to consume), 유동성선호(流動性選好 liquidity preference)와 투자의 한계효율(限界效率)은 사회구성원들이 불확실한 장래에 대처하는 심리적 행동양식을 파악하는 개념이

1 케인즈는 "투기(speculation)는 시상의 심리를 예측하는 활동이고, 기업(enterprise)은 자산의 장래 수익을 그 자산의 생애 전체에 걸쳐 예측하는 활동"(Keynes 1936: 158)이라고 구분하고, "모든 금융거래에 상당한 크기의 이전세(transfer tax)를 부과하는 것이 미국에서 투기가 기업보다 훨씬 더 지배적인 상황을 개선하는 가장 훌륭한 개혁이 될 것이다"(Keynes 1936: 160)고 말한다. 증권거래에 대한 이전세는 외환거래에 대한 토빈세(Tobin tax)의 원조(元祖)다. 김수행(2006a)을 참조하라.

라고 말할 수 있으며, 이 개념들은 유효수요이론의 기초를 이루고 있다.

사실상 케인즈는 자본주의의 '뚜렷한 결점(the outstanding faults)' 인 실업과 소득분배의 불평등(Keynes 1936: 372)이 장래의 불확실성과 그것에 대한 사회구성원들의 대응방식 때문에 발생한다고 본다.

> 이 시대의 주요한 경제적 폐해의 다수는 위험성과 불확실성 및 무지의 소산이다. 상황이나 능력에서 유리한 위치를 차지하는 특정의 개인이 불확실성과 무지를 이용할 수 있기 때문에, 재산의 심한 불평등 분배가 나타난다. 이것은 또한 대기업들이 때때로 투기의 대상이 되기 때문에 나타나기도 한다. 더욱이 불확실성과 무지에 대한 개인들의 이기적 반응 때문에, 유망한 기업들이 실패하여 실업을 발생시키고 능률과 생산을 저해하고 있다(Keynes 1926).

여기에서 케인즈는 자본주의 사회의 구성원들을 '노름꾼들(gamblers)' (Shackle 1974: 67)로 간주하고, 노름꾼들의 요행에 따라 재산의 불평등이 일어나고, 노름꾼들이 판돈을 거두어들일 때 실업과 유휴설비가 발생한다고 보는데, 이것은 자기의 주식투자 경험에서 나온 것일지라도 자본주의의 기본적인 속성을 제대로 보지 못한 것이다. 마르크스가 말한 것처럼 노동자계급은 노동력을 팔지 않으면 먹고 살 수 없는 무산대중(無産大衆)이라는 것을 지적해야만, 자본주의는 처음부터 재산이 불평등하게 분배되어 있다는 것과, 실업이 소득분배의 불평등을 심화시킨다는 것을 곧 알 수 있는 것이다.

2) 심리적 성향의 자의성

케인즈의 유효수요이론에 따르면, 소비자와 투기꾼과 기업가의 개인주의에 맡겨두면 소비와 투자가 완전고용을 달성하는 규모에 도달하지 않기 때문에, 비자발적 실업이 생기고 물적 자원이 유휴상태에 빠진다. 따라서 사회구성원이 아닌 '제3자'로서 국가가 개입해 국가지출을 통해 정부소비와 정부투자를 증대시켜야만 실업이 제거된다는 것이다. 그런데 이런 결론을 이끌어 내는 과정에서 케인즈는 한계소비성향과 유동성선호 및 투자의 한계효율에 관해 '자기 마음대로' 가정했다(Schumpeter 1954: 1177)는 의혹을 사기에 충분하다.

예컨대 소비자의 한계소비성향이 1보다 작다는 주장은 여러 가지 가능성 중의 하나에 불과하다. 소득이 증가하면 장래의 소득을 선취(先取)하여 소비함으로써 한계소비성향이 1을 넘을 수도 있다. 요사이 말하는 부의 효과(wealth effect)가 바로 그것일 것이다. 다음으로 투기꾼의 유동성선호(현금을 지니려는 성향)로 이자율이 '소망스러운' 수준까지 저하하지 않아[2] 기업가의 투자가 완전고용을 달성하는 규모까지 증가하지 않는다는 주장은, 투자의 결정에서 투자의 장래수익률에 대한 기업가의 기대가 가지고 있는 '지배적인 역할'에 비하면 전혀 무의미할 뿐 아니라, 유동성선호의 급증은 케인즈 자신도 인정하듯이(Keynes 1936: 316) 투자의 한계효율이 폭락한 '뒤'에 나타나기 때문에(다시 말해 투자를 해야 큰 수익을 얻을 수 없다고 예상해 현금을 지니려고 하기 때문에), 유동성선호와 투자의 부족(나아가서 비자발적 실업 또는 불황의 발생)을 인과관계로 연결하기가 쉽지 않다. 따라서 결국 기업가의 장래예상(즉 투자의 한계효율)만 남게 되는데, 이것은 '설명할 수 없는' 심리의 작용이기 때문에 케인즈가 '마음대로' 지금의 상태를 가정할 수 있는 것이다.

이렇게 볼 때, 케인즈에 따르면 불황의 발생과 회복에서 '가장 중요한 요인'으로 작용하는 것은 기업가의 장래예상이고, 이것은 전혀 '통제할 수 없는 기업가의 심리' 또는 '혈기(血氣, animal spirits)'에 의존한다. 따

2 투기꾼은 이자율이 어느 정도까지 저하하면 그 이하로는 내려가지 않고 곧 상승하리라 믿어, 유가증권을 버리고(왜냐하면 유가증권의 가격이 곧 하락할 것이므로), 현금을 보유하기 때문에, 이자율이 사실상 그 이하로 내려가지 않는다.

라서 이자율을 현실적으로 가능한 최저수준까지 인하하더라도, 기업가의 장래예상이 너무나 비관적이어서 투자가 촉진되지 않는 경우가 많다고 케인즈는 말한다(Keynes 1936: 316-317). 쉽게 말하면, 자본주의의 불황은 기업가의 장래예상이 낙관에서 비관으로 교체하기 때문에 발생하며, 비관론이 낙관론으로 전환되지 않는 한, 불황은 계속된다고 케인즈는 생각한 것이다.[3] 어느 경제학자는 케인즈의 불황이론과 태양흑점설(sun-spot theory)을 다음과 같이 비교한다.

> 물론 그 인과관계가 주관적이냐 객관적이냐에 차이가 나지만, 방법론으로는 똑같다. 즉, 경기순환을 자본주의 경제의 내부작용으로 설명하는 것이 아니라 외부요인에 의해 설명하기 때문이다. 케인즈의 경우는 개별 자본가의 기분에서 찾고, 태양흑점설은 태양흑점의 크기에서 찾는다. 그러나 자본가의 기분이 태양흑점의 크기에 따라 변화한다고 하여도 케인즈의 이론에는 전혀 상관이 없다(Sutcliffe 1977).

요약하자면, 케인즈는 자본주의 사회의 구성원을 기본적으로 소비자 · 투기꾼 · 기업가로 구분하고, 장래의 불확실성에 직면한 이들의 자율적인 심리와 행동의 변화에서 경제의 역동성(dynamics)과 경기변동을 설명하려고 했다.

3) 마르크스주의적 비판

케인즈의 연구방법과 유효수요이론은 마르크스와는 크게 다르다.

첫째로 마르크스는 자본주의가 기본적으로 자본가계급과 노동자계급으로 나누어져 있으며, 이 계급들의 심리와 행동의 자율성은 자본의 이윤

3 이런 의미에서 케인즈의 이론에는 장기정체설(secular stagnation theory)이나 과소소비설(underconsumption theory)은 처음부터 없었다고 말해야 할 것이다.

추구욕이나 가치증식욕(valorisation drive)에 의해 제약받고 있다고 본다. 다시 말해 자본가는 하나의 인간으로서 동정(同情) · 인류애 · 사치욕 등등을 가지지만 노동자를 착취하여 자본의 가치를 증식시키지 않는다면 자본가라고 부를 수 없다. 또한 노동자는 자기의 노동력(labour power)을 자본가계급에게 팔아 자본가계급의 지휘하에서 잉여노동(surplus labour)을 해야만 먹고 살 수 있기 때문에 항상 자본가계급과 대립하고 투쟁한다. 마르크스는 경제학상의 '개인' 에 대해 다음과 같이 말한다.

> 여기서 개인들이 문제로 되는 것은 오직 그들이 경제적 범주의 인격화(personification of economic categories), 일정한 계급관계와 이해관계의 담지자(擔持者 bearer)들인 한에서다. 경제적 사회구성(체)의 발전을 자연사적 과정으로 보는 나의 입장에서는, 다른 입장과는 달리, 개인이 이런 관계들에 대해 책임이 있다고 생각하지 않는다. 개인은 주관적으로 아무리 이런 관계들을 초월하고 있다고 생각하더라도 사회적으로는 여전히 그것들의 산물이다(『자본론』I(상): 6).

둘째로 케인즈에 따르면 기업가는 장래의 전망이 비관적이면 투자를 중단한다고 말한다. 그러나 마르크스에 의하면 이윤추구욕과 경쟁 때문에 기업가는 '끊임없이' 투자에 몰두하지 않을 수 없다고 본다. 기업가는 경쟁에서 이겨 초과이윤을 얻고 시장점유율을 올리기 위해 끊임없이 혁신과 생산 확대에 박차를 가한다. 불황기에 기업들은 낮은 임금수준으로 수많은 노동자들을 고용할 수 있는데도 불구하고 노동절약적인 신기술을 착실히 도입한다. 이것은 상품의 단위가격을 인하하여 '무한경쟁' 하에서 시장점유율을 높이기 위한 것이므로, 마르크스의 기업가이론이 더욱 정확하다고 말해야 할 것이다.

따라서 마르크스의 경기변동론에는 투자하려는 기업가의 '의지(will)' 보다는 투자할 수 있는 '능력(ability)' 과 그 능력의 '한계(limit)' 에 관한 연구가 진행된다. 이윤율[$S / (C + V)$]은 자본의 최대 증식률(자본가가 이윤을 모두 재투자하는 경우)과 같은 크기이기 때문에, 이윤율 저하 경향(Tendency of the Rate of Profit to Fall; TRPF)의 법칙이 경제위기와 공황에 관한 이론의 핵심위치를 차지하고 있다(이 책의 제6장을 참조하라). 물론 TRPF법칙은 이윤율이 장기에 걸쳐 현실적으로 저하한다는 것을 예측하는 법칙이 아니라, 자본축적과정에서 노동절약적 기술의 도입은 자본의 '기술적 구성'을 상승시켜 이윤율을 저하시키는 경향이 있지만, 그 반면에 노동절약적 기술의 도입은 기계 · 원료 · 생활재료 등을 값싸게 함으로써 자본투자 필요액을 줄이고 잉여가치율(또는 착취율)을 높이기 때문에 이윤율을 상승시키는 경향도 있다는 사실을 함께 파악하는 법칙이다. 따라서 현실적으로 이윤율이 저하하는가는 위의 두 경향의 현실적인 크기에 달려 있으며, 현실적으로 이윤율이 저하하는 경우에는 투자 '능력'이 감소하기 때문에 경제위기가 생길 수 있다. 물론 이윤율이 현실적으로 저하하지 않더라도 기술혁신이 진행되는 과정에서 경쟁력이 약한 기업들이 대규모로 도산하거나, 산업부문들 사이의 불균등발전으로 일부의 중요한 산업에서 과잉생산이 발생하거나, 실업이 대규모로 발생하여 소비재에 대한 수요가 감소하면서 소비재산업과 나아가서 생산재산업의 시장이 축소하는 경우에도 경제위기가 일어날 수 있다.

셋째로 투기꾼의 유동성선호 또는 화폐의 퇴장(hoarding)이 일으키는 악영향을 케인즈와 마르크스 모두가 인정한다. 화폐가 시장에서 사라지거나 부족하게 되면, 이자율이 올라가고 채무자는 화폐를 구할 수 없어 도산한다. 그러나 케인즈는 이것이 투기꾼의 '투기적 동기' 때문이라고 생각하는 데 반하여, 마르크스는 화폐가 가진 일반적 등가(general equivalent)로서의 성질(화폐는 항상 어떤 상품이라도 구매할 수 있다) 때문이라고 본다. 물론 케인즈가 화폐의 일반적 등가로서의 성질을 인식하지 못했다는 것이 아니라, 투기적 '동기'를 유동성선호에 결부시킴으로써 유동성선호의 객관적 의미(즉 화폐는 모든 상품들을 항상 구매할 수 있기 때문에 보유하려고 한다는 것)를 충분히 개발할 수 없었다는 뜻이다(de Brunhoff 1976: 41).

사실상 마르크스는 화폐가 지불수단으로 기능하기 때문에 신용공황 · 주식공황 · 화폐공황 · 은행공황 등등이 발생하는 과정을 자세히 설명했다(김수행 2004a: 60-62; 255-269). 호황에서는 어음과 수표 등에 의한 상업신용(commercial credit)이 은행신용(bank credit, 은행이 화폐를 대부하는 것)보다 더욱 크게 증가한다. 그런데 상품의 판매가 순조롭지 못해 자금의 회수가 제대로 되지 못하면 어음과 수표를 기한 안에 지불하는 것이 어려워지는데, 이런 상황에서는 상업신용은 대폭 축소하면서 화폐(일반적 등가)에 의한 지불을 요구하게 된다. 신용경색이 강화되면서 신용위기가 발생하기 때문에 채무자들은 은행으로부터 대출을 받으려고 노력하게 되는데, 은행은 이자율을 올리면서 대출 심사를 강화하게 된다. 이에 따라 주식이나 채권(債券 bond)을 가진 채무자들은 그것들을 팔아 채무를 갚으려고 하기 때문에, 증권시장에서는 대규모의 투매(投賣 fire sale) 현상이 나타나고 주식과 채권의 가격은 폭락하게 된다. 이것이 주식공황이다. 그 뒤 은행의 예금자들은 은행에 몰려 예금을 인출하기 시작하는데, 현금이 부족한 은행들은 예금을 지불할 수 없어 도산하게 된다. 이것이 은행공황이다. 이렇게 되면 처음에 시작된 상공업의 위기(industrial and commercial crisis)가 이제 상공업의 공황(crash)으로 전환하게 되는 것이다. 이처럼 마르크스는 투기꾼의 심리 즉 '투기적 동기'를 도입하지 않고서도 유동성선호가 야기하는 악영향을 충분히 설명하고 있다.[4]

넷째로 금리생활자(rentier)에 대한 인식에서도 케인즈와 마르크스는 그 입장을 달리한다. 금리생활자는 coupon-clipper라고도 표현되고 있으므로, 화폐대부자와 증권투자자 모두를 가리킨다고 보아야 할 것이다. 케인즈는 금리생활자의 죄목으로, 아무런 생산적인 활동을 하지 않으면서 이자(와 배당)를 취득함으로써 소득분배의 불균등을 야기하고, 화폐를

4 포스트 케인즈주의자인 민스키(Minsky 1986)는 불확실성으로부터 금융불안정이론을 정립했다.

투기적인 동기로 보유함으로써 이자율이 완전고용을 이룩할 규모의 투자를 유인할 수 있을 수준으로 저하하는 것을 막는다는 것이다. 그러므로 케인즈는 '금리생활자의 안락사(euthanasia of the rentier)' 따라서 '자본의 희소가치를 악용하는 자본가의 점증하는 억압권력의 안락사(euthanasia of the cumulative oppressive power of the capitalist to exploit the scarcity-value of capital)'를 원했으며, 국가의 금융정책과 이자율정책에 의해 그렇게 될 수 있다고 믿었다(Keynes 1936: 375-378).[5]

그러나 마르크스는 자본축적이 더욱 발전함에 따라 신용의 자금원천이 더욱 증가하고 따라서 금리생활자들이 더욱 증가하리라고 보았다. 예컨대 점점 더 거대한 산업자본이 순환하는 과정에서 고정자본의 감가상각액, 자본으로 재투자되기 위해 화폐로 적립되고 있는 잉여가치, 긴급한 사태와 채무지불에 대비하기 위해 가지고 있는 준비금 등등의 형태로 유휴화폐자본(idle money capital)이 대규모로 발생하여 대부와 증권투자의 자금원천으로 되고 있다. 그밖에도 기업가가 생산활동을 중단하고 자기의 화폐자본을 대부나 증권투자에 사용하는 경우, 자본가와 노동자가 소득을 점차로 지출하기 때문에 소득의 일부를 은행에 예금하는 경우 등도 있다. 또한 기업의 대규모화에 따라 산업자본으로 기능할 수 있는 자본의 최소단위가 상승하면, 이 최소단위에 미달하는 자본은 신용제도(은행과 증권시장)를 통해 기업이나 투기에 사용될 것이다. 그리고 마르크스는 신용제도의 역할을 높이 평가한다. 사회의 각계각층이 가지고 있는 유휴화폐자본을 수집하여 기업이 이용할 수 있게 함으로써, 개인자본으로서는 불가능한 철도 등 대규모의 사업들(투자의 회임기간 gestation period이 긴 사업들)이 가능하게 되어 생산력의 발전을 가져왔다는 것이다.

물론 마르크스는 잉여가치가 이자와 기업가이득(profit of enterpriser, 기업이윤이라고도 한다)으로 분할되는 과정에서 산업자본가와 화폐자본가

5 케인즈는 기생적인 금리생활자(금융적 자본가)에 대항하는 산업자본가와 노동자의 연합을 생각하고 있었다.

가 대립하는 것을 결코 무시하지는 않는다. 경기순환의 국면마다 이자율(또는 대부자본)과 이윤율(또는 산업자본) 사이의 관계가 어떻게 변하는가를 고찰하면서, 공황이 발생하기 직전의 경제위기 국면에서는 최고의 이자율과 최저의 이윤율이 공존하는데, 이것은 화폐소유자 또는 대부자본가가 산업자본가와 상업자본가를 희생시키면서 자기들의 이익을 증대시키는 것이라고 지적한다(제7장 2를 참조하라). 이 경제위기에서 만약 정부 또는 중앙은행이 화폐공급을 증가시키면, 산업자본가와 상업자본가는 화폐를 구하기 위해 상품들을 투매할 필요가 없게 되며 공황의 격렬성과 심각성은 약화될 것이다. 사실상 케인즈가 주창한 관리통화제도(또는 불환지폐제도)는 바로 이것을 겨냥한 것이었다. 1945년 이래 불황에서도 상품들의 가격이 하락하지 않은 것은 기본적으로 관리통화제도하에서 정부가 화폐를 많이 방출했기 때문이다(김수행 2004a: 263-265).

더욱이 마르크스는 금리생활자들을 "가장 가치 없고 비열하다"고 비난하기도 한다.

> 최초의 혁신적인 기업가들은 대체로 파산하고, 건물 · 기계 등을 값싸게 매수하는 나중의 기업가들이 비로소 번창하게 된다. 따라서 인간정신의 보편적 노동(이것은 온갖 과학적 노동, 온갖 발견과 발명을 가리킨다: 인용자)의 모든 새로운 전개들과 결합노동에 의한 이것들의 사회적 적용으로부터 가장 큰 이익을 얻는 사람은 대체로 가장 가치 없고 비열한 화폐자본가들이다(『자본론』 III(상): 120).

2
케인즈의 국가관

케인즈는 실업과 소득분배의 불평등을 해소하는 것이 국가의 '당연한' 의무라고 생각했다. 이런 생각의 밑바탕에는 국가의 능력과 국가정책의 추진세력에 관한 그의 사상이 깔려 있을 뿐 아니라, 그 당시의 사회적 위기에 대한 인식이 깔려 있다고 보아야 한다.

케인즈에 따르면, 국가는 사회구성원들의 심리와 행동 및 이해관계에 얽매이지 않고 독립적으로 정책을 수행할 수 있다. 예를 들면, 국가는 '개인들 사이의 소득이전에 불과한 투기적 이익'을 추구하지 않으며(Keynes 1936: 158), 투자의 예상수익률을 계산할 때도 '장기적 안목과 사회 전체의 이익'을 고려할 수 있는 위치에 있다(Keynes 1936: 164). 따라서 국가는 완전고용을 달성하는 수준까지 투자 규모를 증가시킬 수 있다는 것이다.

그런데 그 당시의 주류경제학(신고전학파)은 모든 것을 개인에게 맡기라고 주장하기 때문에, 케인즈는 개인주의의 기초원리를 비판하지 않을 수 없었다.[6]

개개인이 그들의 경제활동에서 법적인 '자연적 자유(natural liberty)'

6 1944년 하이에크(Hayek 1889~1992)가 *The Road to Serfdom*을 발간하자마자, 케인즈는 하이에크에게 편지를 보내, "자유방임과 중앙계획 사이 어디에 경계선을 그어야만 하는데, 당신은 아무런 지침도 주지 않는다"고 불평했다(Skidelsky 2004: 722-723).

> 를 가지고 있다는 것은 사실이 아니다. 소유주나 취득자에게 영구적인 (eternal) 권리를 부여하는 '협약'은 없다. 개인적 이익과 사회적 이익이 항상 일치하도록 이 세계가 하나님에 의해 다스려지는 것은 아니다. 또한 현실적으로도 개인적 이익과 사회적 이익은 일치하지 않는다. 계명된 (enlightened) 이기심이 항상 공공의 이익을 위해 작용한다는 것은 경제학원리로부터의 올바른 추론이 아니다. 이기심이 일반적으로 계명되었다는 것도 사실이 아닐 뿐 아니라, 자기 자신의 목표를 각자가 추구하는 경우 그 개인들은 너무나 무식하거나 연약하여 자기 자신의 목표까지도 성취하지 못하는 경우가 많다(Keyens 1926).

결국 케인즈는 개인은 개인적 이익을 추구하지만 국가는 사회적 이익 또는 공공의 이익을 추구한다고 생각한다. 그런데 그 당시의 국가가 사회적 이익—실업과 소득분배의 불평등을 해결하는 것—을 추구하기 위해 노력하지 않은 이유는 무엇인가?

케인즈에 따르면, 국가의 여러 가지 기구들(정부의 각 부처, 의회, 중앙은행 등)은 '기존 권익(vested interests)'보다는 그 기구의 구성원들이 가지고 있는 '사상(ideas)'에 의해 더욱 큰 영향을 받는다. 따라서 국가의 경제정책이 실업을 해소하는 방향으로 나아가지 못한 것은, '낡은 사상'에 사로잡힌 정치가와 관료들 때문이지, 결코 어떤 권이집단이 실업을 부차적인 문제로 생각하고 있었기 때문은 아니라는 것이다. 그러므로 케인즈는 "무식한 유권자들에 의해 선출된 의회나 정부의 위에 지식인들이 서서" 한 나라의 경제문제들을 해결해야 하며(Keynes 1925), 이를 위해 지식인들이 장악하는 '반자율적인 기구들(semi-autonomous bodies)'을 설치하여 국가의 임무를 이 기구들에게 맡길 것을 권고한다(Keynes 1925; 1926). 국가의 기구들이 자본가계급의 당파적 이익을 옹호한다고 보지 않기 때문에, 공평무사한 '지식귀족'이 국가기구를 장악하는 것이 당연하다는 사상은 케인즈의 '고정관념(second nature)'이었다(Harrod 1972:

226). 어떻게 지식인들이 국가권력을 장악할 수 있는지에 대한 분석은 전혀 없다. 케인즈는 그 당시의 정부가 경제문제의 해결에 속수무책인 것에 크게 실망했고 정부가 사회적 이익(즉 실업과 소득분배의 불평등의 해소)의 추구에 실패하는 것을 보았기 때문에, 지식인들의 정치 개입을 주창한 것으로 보인다.

왜 실업과 소득분배의 불평등의 해소가 사회적 이익이 된다고 케인즈는 생각했는가? 두 번의 세계대전 사이(1919~39)의 영국 사회는 '마르크스주의적 공산주의에 대한 현실적 대체물'을 만들어 내야 할 단계에 있다고 케인즈는 보았다(Keynes 1925). 영국 경제의 침체와 대량실업과는 대조적인 사회주의 러시아의 급속한 성장, 케임브리지 지식인들의 좌경화, 노동운동의 격화[7] 등등을 목격한 케인즈는 실업의 해소와 소득분배의 균등화를 통해 '사회정의'와 '사회안정'을 도모함으로써 자본주의 사회체제를 유지 · 보존하려고 한 것이다.

> 소비성향과 투자유인을 조절하는 업무와 관련하여 국가의 기능이 확대하는 것은, 19세기의 시사평론가나 금일의 미국 금융인의 눈에는 개인주의에 대한 거대한 침해로 보일지 모른다. 그러나 나는 국가 기능의 확대가 지금의 경제형태의 전면적 파멸을 회피하는 유일한 현실적인 방법이며, 또한 개인의 독창력을 성공적으로 발휘하게 하는 조건이 된다는 점에서, 국가 기능의 확대를 옹호하는 바이다(Keynes 1936: 380).

케인즈의 국가관과 경제정책은 사회민주주의(social democracy)의 발달을 크게 도왔다(Lambert 1963; Grahl 1983). 왜냐하면 그의 사상은 평등주의의 팽창에 크게 기여했기 때문이다. 케인즈 이전의 평등주의자들은 소득분배의 균등화가 모든 점에서 옳은 일이지만 저축의 감소를 가져와

7 1926년에 영국에서는 최초의 총파업이 있었다(Pollard 1969: Ch.5).

경제성장을 저해한다는 한 가지 점 때문에 그것을 강력히 주장할 수 없었다. 그런데 케인즈가 나타나서 소비를 늘리고 저축을 줄여야 실업을 해소하고 경제성장을 촉진할 수 있다고 했기 때문에 평등주의가 크게 팽창할 수 있었던 것이다(Schumpeter 1954: 1171). 또한 케인즈의 경제정책은 국가 개입의 확대, 정부 지출의 증가, 노동자들의 임금 인상 등을 포함하고 있었으므로 진보적인 관료와 기업가 및 노동조합을 연합시킬 수 있었기 때문에 사회민주주의가 발달한 것이다.

그러나 케인즈는 국가가 사회구성원들과는 완전히 분리 · 독립된 '선의(善意)의 제3자' 라고 생각한다. 이런 사고방식은 그가 맬더스(T. R. Malthus)를 가장 훌륭한 경제학자로 숭배하는 것과 관련이 있다. 맬더스에 따르면, 노동자들의 임금으로는 사회의 총생산물을 구매할 수가 없어 과잉생산이 생기므로, '제3자' 인 비생산적 계층(생산에 직접 참가하지 않고 소득을 얻는 계층으로 예컨대 자기와 같은 목사와 정부 관리 · 지주 등을 가리킨다)의 소비가 경제의 유지 · 발전에 크게 공헌하고 있다는 것이다.[8] 물론 맬더스의 '제3자' 와 케인즈의 국가는 유효수요를 창출한다는 의미에서는 상당히 다른 '능력' 을 가진다. 목사나 관리나 지주는 노동자나 기업가가 얻은 수입(收入) 중 일부를 재분배받는 것이기 때문에 '제3자' 의 지출은 일정한 한계를 가지지만, 정부는 각종 세입(歲入) 이외에 국채를 발행하여 얻은 자금도 지출할 수 있기 때문이다.[9]

케인즈의 국가관은 마르크스의 견해와 매우 다르다. 마르크스는 국가는 자본가계급으로부터 '상대적 자율성(relative autonomy)' 을 가지고 있기는 하지만 기본적으로 자본가계급의 이익에 봉사하는 '지배계급의 도구' 라고 본다. 다시 말해 국가 엘리트(대통령, 국무총리, 국회의원, 대법원장, 경찰국장, 국정원장 등등)가 국가기구를 통해 국가권력을 행사하는 것

8 맬더스가 제시하는 과소소비(underconsumption)의 제거방법이 가진 문제점에 관해서는 이 책의 제3장 2-1)을 참조하라.

9 정부의 지출이 가진 이율배반적 성격에 관해서는 이 책의 제3장 2-2)와 제4장 4-3)을 참조하라.

은 외형적으로는 국가 엘리트가 누구의 편도 들지 않는 것처럼 보이지만, 사실상 기득권자인 자본가계급의 이익에 봉사한다는 것이다. 물론 노동자계급과 이들을 지지하는 정치적 · 문화적 · 사회적 세력이 자본가세력과 대립 · 충돌해 경제적 · 정치적 · 사회적 혼란이 계속된다면, 국가는 자본주의 사회를 유지 · 옹호한다는 입장에서 자본가계급으로 하여금 노동자계급에게 일정한 양보를 하도록 개입할 수 있다. 예컨대 국가가 근로기준법을 제정해 노동일의 제한과 근로조건의 개선을 자본가계급에게 명령하고, 노동조합의 결성권 · 단체협약권 · 단체행동권을 법률로 보호하며, 각종의 사회보장제도를 실시하는 것은, 국가가 제3자의 중립적 입장을 취하기 때문이 아니라 자본주의 사회를 유지해야 한다는 자본가적 입장에서 자본가계급의 직접적 · 단기적 이익을 물리치고 자율적으로 행동한다는 것을 가리킨다.

그러므로 케인즈처럼 국가는 항상 자본주의의 '뚜렷한 결점'인 실업과 소득분배의 불평등을 해소하려고 노력한다고 보아서는 안 된다. 왜냐하면 우리는 1970년대 중반 이래 지금까지 계속되는 세계적 대불황 중에서 신자유주의적 국가가 실행한 여러 가지의 조치들을 알고 있기 때문이다. 국가는 사회보장제도를 축소하고 소득세의 누진율을 인하함으로써 소득분배의 불평등을 강화했다. 국가는 실업의 해소보다는 인플레이션의 억제를 정책의 최대 목표로 삼아 재정금융의 긴축정책을 실시해 수많은 기업들을 도산시키고 실업을 대규모로 창출했다. 국가는 노동의 유연성을 높이기 위해 노동조합의 활동을 규제하고 비정규직의 규모를 대폭 증가시켰다. 이런 조치들의 모두는 '낡은 사상'에 사로잡힌 정치가나 관료의 무식 때문이 아니라, 무한경쟁의 세계경제에서 자국 출신의 자본을 지원 · 옹호하려는 계급국가의 의도된 정책이라고 보아야 할 것이다. 따라서 국가는 기본적으로 자본가계급의 이익을 옹호하는데, 자본의 가치증식 조건(정치적 · 경제적 · 이데올로기적 · 국제적 조건)에 따라 어느 시기에는 파시즘으로 변형하고 다른 시기에는 사회민주주의로 또 다른 시기에는 신자유주의로 변형한다고 보아야 할 것이다(김수행 2005a: 85, 352).

독일 히틀러의 국가사회주의(state socialism)에 대한 케인즈의 생각 때문에 하이에크와 미제스(Ludwig von Mises 1881~1973)를 숭배하는 극단적인 자유주의자들은 "케인즈는 자유주의자가 아니다"고 주장한다(Raico 2002). 그 증거 중 하나는 마틴(Martin 1971)과 쉐폴트(Schefold 1980)가 찾아낸 『일반이론』의 독일어 초판의 서문이다. 케인즈는 영어 초판의 서문을 1935년 12월 13일에 썼고 독일어 초판의 서문을 1936년 9월 7일에 썼다. 그런데 독일어 초판에는 있었지만 제2판 이후 사라져 버린 문장들이 문제가 되었다. 아래의 인용문 중 [ ]가 제2판 이후 사라져 버린 문장들이다.[10]

> 산출량 전체에 관한 이론—이것을 이 책이 제공하려고 한다—은 주어진 산출량의 생산과 분배를 자유경쟁과 자유방임의 조건에서 다루는 이론보다는 전체주의 국가(totalitarian State)의 조건에 훨씬 더 쉽게 적용된다. [이것이 나의 이론을 **일반**이론이라고 부르는 것을 정당화하는 이유 중의 하나이다. 나의 이론은 정통파 이론보다 더 적은 가정들에 의거하고 있기 때문에, 조건이 다른 더 넓은 영역에 훨씬 쉽게 적용될 수 있다. 나는 자유방임이 아직도 상당한 정도로 지배하고 있는 앵글로-색슨 나라들을 대상으로 나의 이론을 개발했지만, 나의 이론은 국가에 의한 경제운영이 더욱 현저한 상황에도 적용될 수 있다.](Schefold 1980. 강조는 케인즈의 것).

실제로 케인즈가 실업해소와 불황극복의 관점에서 히틀러의 국가사회주의(즉 나치즘)를 찬양하는 문장은 『일반이론』의 본문에도 있다.

> 국가는, 부분적으로는 조세정책을 통해, 부분적으로는 이자율의 결정

10 케인즈의 전기를 쓴 해로드(Harrod 1972)나 스키델스키(Skidelsky 1983; 1992; 2000; 2004)는 이것에 관해 전혀 언급하지 않고 있다.

을 통해 그리고 아마도 다른 방법들을 통해, 소비성향에 대해 지도적인 영향력을 행사해야 할 것이다. 더욱이 이자율에 대한 은행정책이 그 자체로서 최적의 투자율을 확보하기에 충분할 것 같지는 않다. 그러므로 나는 투자의 상당히 광범한 사회화(a somewhat comprehensive socialisation of investment)가 완전고용에 가까운 상태를 확보하는 유일한 수단이 되리라고 생각한다. 물론 이것은 정부당국이 민간의 제안(initiative)을 받아들이기 위해 제시하는 온갖 타협안들을 배제할 필요는 없다. 그러나 이상의 점 이외에는 국가사회주의 체제—이 체제는 공동체의 거의 대부분의 경제생활을 장악할 것이다—를 옹호할 것이 없다. 국가가 떠맡아야 할 주요한 것은 생산수단의 소유가 아니다. 생산수단을 증가시키는 데 필요한 총투자액과 그 투자액을 소유한 사람들에 대한 보수의 기본수준을 국가가 결정할 수 있다면, 국가는 필요한 모든 것을 다 한 것과 마찬가지다. 더욱이 사회화의 필요한 조치들은 사회의 일반적인 전통들을 파괴하지 않고 점진적으로 도입될 수 있다(Keynes 1936: 378).

내가 강조하고 싶은 것은, 케인즈가 자유방임 시장주의를 배척하는 과정에서 상당한 정도로 국가물신주의(State fetishism)에 빠졌다는 점이고, 케인즈주의자들이 대체로 민중에 대한 관심이 없는 채로 국가의 개입을 주창하기 때문에 파시즘의 경제정책을 높이 평가한다는 점이다.[11] '투자의 사회화' 가 무엇을 가리키는지는 분명하지 않지만, 히틀러의 국가사회주의와 마찬가지로 국가가 조세나 국채 발행을 통해 자금을 조달하고 그 자금을 산업정책(industrial policy)에 따라 전략산업분야에 투자하는 것을

11 두 개의 예를 들어보자. 첫 번째 예는 대불황기였던 1929~30년에 영국 재무부의 차관으로 있던 모슬리(Sir Oswald Mosley. 케인즈의 친구였다)는 케인즈적인 불황대책을 정부에 건의했지만 정부가 이를 받아들이지 않자 영국파시스트당(British Union of Fascists)을 만들었다(Skidelsky 2004: 511). 두 번째 예는 1997년 12월 한국에서 공황이 폭발하자, 공황의 원인을 둘러싸고 아시아모델 때문에 공황이 발생했다는 측(IMF와 신고전파)과 아시아모델의 해체 때문에 공황이 발생했다는 측으로 크게 갈라졌는데, 후자의 대부분은 케인즈주의자들이었으며 이들은 박정희체제를 크게 찬양하고 있었다(Kim & Cho 1999).

가리키는 것 같다.[12] 특히 케인즈는 1920년대의 대량실업을 해소하기 위해 공공사업(public works)을 대규모로 실시할 것을 요구하고 있었기 때문에(Skidelsky 2004: 407-408), 이런 사업을 정부가 집행하기 위해 투자의 사회화를 주장한 것 같다. 조순은 투자의 사회화가 야기할 장기적인 효과에 관해 다음과 같이 말한다.

> 『일반이론』의 가장 핵심적인 결론 중의 하나는 '투자의 사회화', 즉 자본주의 경제에 있어서 투자를 개인에게 맡겨두면 항상 유효수요가 부족하게 될 것이므로 이것을 공공기관에게 위임하여야 한다는 것이다. 이것은 필연적으로 장기(長期)의 문제를 수반하지 않을 수 없다. ……투자가 사회화되면 자본주의 자체가 변질한다. 예를 들어 투자가 사회화되는 과정에서 정부부문이 민간부문에 비하여 상대적으로 비대해진다. 공공투자가 증대하면 그 효율이 저하되지 않을 수 없다. 유효수요의 창출이라는 단기적인 견지로 보면 민간투자와 공공투자는 동일시될 수 있을지 모르나, 경제의 효율, 실질소득의 분배에 미치는 영향, 그리고 그밖의 장기적인 견지로 보면 양자는 엄청나게 다르다. 다시 말해서 '투자의 사회화'는 단기적인 해결방안이 아니라 장기적인 해결방안인데, 케인즈는 이와 같은 장기적인 효과를 가져오는 정책을 단기이론으로부터 도출해 놓고도 그 효과의 의의가 무엇인지에 대하여는 거의 아무런 이론을 제시하지 않고 있는 것이다(조순 1983).

케인즈는 히틀러의 경제정책 중 유효수요에 관한 정책을 자유방임보다는 훨씬 높게 평가했지만, '넉넉한 생활(good life)'과 자유를 강조하는 그는 현실적으로 존재하는 러시아의 공산주의나 독일 히틀러의 국가사회주의가 '능률과 자유를 희생'시킨다고 강하게 비판했다.

---

12 Pollin(1997)을 참조하라. 최근에는 스웨덴의 임노동자기금을 투자의 사회화의 한 유형으로 보는 연구가 제출되었다(Whyman 2006).

3
정치적 경기변동설

정부의 능력에 대한 믿음이 강화되는 상황에서, 경기변동은 정부의 경제정책의 변경에 따라 일어나며 경제정책은 정치적 고려 때문에 변경된다는 주장이 나왔다. 예를 들면 호황이 오랫동안 계속되면 노동자들의 노동규율이 느슨하게 되어 자본가들의 권위가 확립되지 않기 때문에, 정부는 금융 · 재정에서 긴축정책을 실시하여 인위적으로 불황을 만들어 내고 실업을 증가시키지 않을 수 없다는 것이다. 또한 집권여당은 주기적으로 찾아오는 선거에서 이기기 위해 선거가 다가오면 경기부양정책을 실시하므로 호황이 나타나고, 선거가 끝나면 물가를 잡기 위해 경기진정정책을 실시하므로 불황이 온다는 것이다(Boddy & Crotty 1975). 이런 정책적 전환을 영국에서는 stop-and-go policy라고 부른다.

1) 호황과 노동규율

자본가들은 호황의 계속을 바라지만 호황의 계속은 실업자 수의 감소와 고용기회의 증가로 노동자들의 노동규율을 느슨하게 한다. 출퇴근시간을 제대로 지키지 않으며, 아무 허락이나 연락 없이 결근하고, 자본가의 지휘와 명령에 순종하지 않으며, 작업할 때도 성의를 다하지 않는다. 이에 따라 자본가들은 필요한 노동인력을 제대로 확보할 수가 없고, 생산계획을 제대로 달성할 수도 없으며, 노동규율을 준수하라고 요구하는 과정에서 노동조합과 자주 대립하게 되어 파업이 자주 일어나게 된다.

이런 상황에 직면하여 자본가들은 어쩔 수 없이 정부로 하여금 실업을 일부러 만들어 내는 정책을 채택해 줄 것을 요청하게 되고, 이에 따라 호황이 불황으로 전환하게 된다는 것이다. 금융·재정분야에서 자금방출의 규모를 축소하면 기업의 도산과 실업이 발생하기 때문에, 노동자들은 실업의 위협을 느낄 뿐 아니라 적은 일자리를 둘러싸고 서로 경쟁하게 된다. 이제 자본가들은 노동조직을 재편하여 노동규율을 강화하고 공장 안에서 권위를 되찾게 되어 생산의 확대를 추진함으로써, 호황이 다시 찾아온다는 주장이다.

2) 득표공작과 호황

집권여당은 선거일이 다가오면 경기확장정책을 실시하여 기업의 자금 사정을 넉넉하게 함으로써 생산의 확대와 판매의 촉진을 추진하며 실업을 줄이고 임금의 인상을 허용한다. 이에 따라 경기가 호황국면으로 들어가며 이 국면에서 선거를 맞게 된다. 선거가 지나면 새로운 집권세력은 그 이전의 확장정책이 만들어 내는 후유증과 싸우지 않으면 안 된다. 특히 대부 증가와 임금 인상에서 오는 물가 상승을 억제하지 못하면 국제경쟁력이 약화되고 국제수지가 적자로 바뀌면서 환율 불안이 일어나기 때문이다. 새로운 집권세력은 아직 임기가 상당히 남아 있는 집권 초기에 인기 없는 긴축정책을 실시하게 되고 이에 따라 경기는 불황으로 빠지게 된다는 것이다.

3) 비판

한마디로 말하여 정치적 경기변동설은 정부의 경제정책이 경기변동을 일으킨다고 보고 있다. 그러나 정부가 경제에 깊이 개입하기 훨씬 이전인

1820년대부터 주기적인 경기변동이 발생했다는 사실과, 정부가 경제에 깊이 개입한 1945년 이후에도 경기변동이 4~5년의 선거주기와 밀접한 상호관련이 없다는 사실은 이 학설의 의의를 크게 감소시킨다.

첫째로 호황이 노동규율을 느슨하게 하는 것은 사실이지만, 호황의 계속을 바라는 각계각층의 요구를 물리치면서 정부가 긴축정책을 강행하기란 쉽지 않다.

둘째로 정부의 긴축정책이 곧바로 불황을 일으키지는 못한다. 예컨대 금리를 올리고 금융기관의 대출을 억제하며 재정지출을 축소하면 시중의 자금 사정이 나빠지는 것은 사실이지만, 경기가 나쁘지 않은 상황에서는 기업들은 서로서로 상업신용(수표와 어음에 의한 외상거래)을 활용할 수 있으므로 정부의 긴축정책은 큰 효과를 나타내지 못할 것이다. 또한 긴축정책으로 시중의 자금 사정이 나빠지는 경우에도, 이것으로 말미암아 비능률적인 기업들이 도산하면서 생산과 고용이 능률적인 기업들로 집중된다면 경제는 더욱 건실한 기반 위에서 호황을 유지할 수도 있다.

셋째로 정부의 금융재정정책은 생산영역보다는 유통영역에 직접적으로 영향을 미치기 때문에 금융재정 확장정책이 호황을 일으키지 못하는 경우가 많다. 예컨대 기존의 상품에 대한 수요가 이미 포화상태에 달하고 있는데도 불구하고 새로운 상품이 출현하지 않고 있는 경우, 또는 기존의 생산방법으로써는 더 이상 노동생산성과 노동강도를 상승시킬 수 없는데도 불구하고 기술혁신이 도입되지 않고 있는 경우, 또는 현재의 각종 제도들(각종 규제들, 자본통제, 환율제도, 사회보장제도, 교육제도 등등)이 자본의 수익성을 저해하고 있는 경우—이런 경우 정부의 경기부양정책은 자금을 생산영역으로 유인할 수가 없고 오직 유통영역에서 투기를 강화할 뿐이다. 이런 현상은 1972~73년의 세계적인 투기적 활황(boom)에서 분명히 나타났다. 선진국의 정부들이 1970~71년의 경기후퇴를 극복하기 위해 금융재정 확장정책을 채택했지만, 생산부문의 수익률은 매우 낮은 수준이었기 때문에 자금방출액의 대부분이 원자재 · 토지 · 건물 · 주식 · 귀금속 · 골동품 등등의 투기적 거래에 사용되어 이들 상품들의 가격이 폭등했다. 이 투기적 거래가 1973년 10월의 석유가격 폭등에 따른 혼란 중에 파탄에 빠졌기 때문에 1974~75년의 세계적 대공황이 발생하게 된 것이다(제9장 1을 참조하라).

넷째로 국가의 경제정책이 자본주의 경제의 운동법칙을 변경시키지 못한다는 점이다. 힐퍼딩이 말한 바와 같이, "계획적인 생산과 무정부적 생산은 양적(量的)인 대립물 — 다시 말해 '계획'을 조금씩 추가하면 의식적인 조직이 무정부성으로부터 탄생하는 것 — 이 아니다. 이런 전환은 생산 전체를 의식적인 통제에 종속시킴으로써 돌발적으로만 일어날 수 있을 뿐이다"(『금융자본』: 416). 결국 국가가 개입하더라도 자본주의 경제는 다음과 같은 특성을 드러낼 수밖에 없다. 그렇기 때문에 국가의 거대한 개입에도 불구하고 공황은 주기적으로 일어나는 것이다.

> 자본주의적 생산에서 생산 전체의 상호관련은 맹목적인 법칙으로서 생산 당사자에게 강요되는 것이지, 그 상호관련이 생산당사자들의 집단적인 이성에 의해 이해되고 터득되어 하나의 법칙이 되고 이 법칙에 따라 생산과정을 그들의 공동 관리 아래 두는 것은 아니다(『자본론』III(상): 308).

4
장기정체설

1) 스위지와 바란: '경제잉여가 증가하는 법칙'

케인즈주의자인 한센(Hansen 1938)은 자본주의 경제의 현실적 분석을 통해, 한편으로는 소비성향이 증가하지 않아 소비수요가 상대적으로 안정적이기 때문에, 다른 한편으로는 인구증가율이 저하하고 새로운 산업이 등장하지 않으며 기술혁신율이 감소하고 새로운 프론티어(frontier)가 나타나지 않으므로, 투자기회가 감소하기 때문에, 자본주의 경제는 유효수요 부족으로 장기적인 정체 경향을 나타내고 있다고 주장했다. 이런 한센의 장기정체설(secular stagnation theory)은 하버드대학의 동료인 스위지(Paul Sweezy 1910~2004)에게 영향을 미쳤는데, 스위지와 바란(Paul Baran 1909~64)은 『독점자본』에서 한센이 다루지 않은 독점을 추가로 도입함으로써 장기정체설을 더욱 정교하게 만들었다(Howard & King 1992: 101, 112).

스위지와 바란(1984)은 먼저 '독점' 자본주의에서는 경제잉여가 증가하는 경향(Tendency of the Economic Surplus to Rise; TESR)이 있다고 주장하면서, 이 경향은 마르크스가 '경쟁' 자본주의에서 정립한 '이윤율의 저하 경향(TRPF)'에 대립하는 것이라고 말한다(스위지와 바란, 『독점자본』: 제3장).

경제잉여는 바란(Baran 1957)이 만든 개념인데, 원래는 후진국이 경제개발을 위해 동원할 수 있는 자원의 크기를 측정하는 지표(指標)였다. 여기에는 현실적인 경제잉여(actual economic surplus), 잠재적인 경제잉여(potential economic surplus) 및 계획된 경제잉여(planned economic surplus)가 있다.

현실적인 경제잉여 = 현재의 생산액 − 현재의 소비액.

잠재적인 경제잉여 = 현실적인 경제잉여 + 부유층의 과도한 소비 액 + 새로운 경제잉여를 창조하지 않는 '비생산적인' 지출[예: 광고비, 정부의 지출, 비생산적인 취업자들(군수산업에 종사하는 노동자들, 정부관리, 군인, 법률가와 탈세전문가, 광고대리인, 상인, 투기꾼 등)의 소득].

계획된 경제잉여 = 잠재적인 경제잉여 + 자본주의 체제의 낭비들(예: 경쟁이나 생산의 무계획성에서 나오는 손실, 불황에 따른 인적 · 물적 자원의 낭비). (Baran 1957: 18).

TESR에서 말하는 경제잉여는 당연히 '잠재적 경제잉여'를 가리킨다.[13]

왜 독점자본주의에서는 잠재적 경제잉여가 증가하는가? 상호간에 다소간 대체적인 상품들을 생산하는 몇몇의 거대기업들은 상호파멸적인 가격경쟁을 피하려 하며, 암묵적인 담합(implicit collusion)의 가장 발달한 형태인 가격선도제(price leadership)를 통해 독점가격을 유지한다(『독점자본』: 61). 그러나 가격경쟁을 포기한다고 해서 모든 경쟁이 사라지는 것은 아니다. 거대기업들은 높은 독과점가격을 유지하면서 생산비를 절감

13 『독점자본』(329-347)에서는 잠재적 경제잉여를 다음과 같이 추계하고 있다. 잠재적 경제잉여 = 재산소득총액 + 유통분야의 낭비(예: 광고비, 시장조사비, 접대비, 판매원의 소득) + 판매촉진을 위한 모델 변경과 제품차별화에 드는 비용 + 비생산적 월급쟁이(금융업 · 보험업 · 부동산업에서 일하는 월급쟁이, 법률사무소에서 일하는 월급쟁이)의 보수 + 정부의 지출. 재산소득총액 = 기업이윤총액 + 개인임대소득 + 순이자 + 기업 임원에 대한 보수 중 이윤 요소. 기업이윤총액 = 납세 뒤 법인이윤 + 비법인 이윤 + (공식적인 감가상각액 − 진정한 감가상각액). 이런 추계방식은, "상업과 금융업에 지출하는 인적 · 물적 비용이 순수유통비용으로서 비생산적 비용이라 하더라도 자본주의 경제의 재생산을 위해서는 불가결한 비용이기 때문에, 이 비용의 보충은 자본가계급 전체의 잉여가치로부터 나와야 한다"는 마르크스의 지적에 근거하고 있다(김수행 2004a: 249-250).

하는 경쟁에 몰두하기 때문에, "독점자본주의 체제가 발달할수록 총이윤(또는 경제잉여)은 절대적으로 증가할 뿐 아니라 국민총생산의 몫에서도 상대적으로 증가하는 경향이 있다. 이 법칙은 고전적 마르크스주의의 '이윤율 저하 경향의 법칙'과 상이한데, 그 이유는 이윤율 저하 경향의 법칙이 경쟁체제를 가정하고 있기 때문이다"(『독점자본』: 70).

그런데 스위지와 바란의 경제잉여는 마르크스의 잉여가치(surplus-value)와는 차원이 다르다. 마르크스에 따르면, 생산영역에서 노동자들의 잉여노동이 잉여가치를 창조하고, 이 잉여가치가 유통영역에서 화폐로 전환된 뒤, 이자 · 상업이윤 · 지대 · 세금 · 기업가이득 등으로 분배된다. 투자한 자본가치를 최고의 수준으로 증식시키려는 산업자본가들은 어쩔 수 없이 노동자들을 착취함으로써 노동자들과 대립 · 투쟁하게 되며, 잉여가치의 크기는 연간의 잉여노동에 의해 제한된다. 다른 한편 스위지와 바란이 노동과정을 분석하지 않은 채 제시한 경제잉여에는 독점기업이 독점가격을 통해 유통과정에서 취득한 이윤이 포함되어 있기 때문에, 경제잉여의 크기는 연간의 잉여노동량에 의해 제한되지 않으며, 독점기업이 소비자(소비재의 소비자든 생산재의 소비자든)의 주머니를 얼마나 터는가에 따라 경제잉여의 크기가 달라진다.

이렇게 본다면, 마르크스는 잉여가치의 개념을 통해 자본가계급과 노동자계급 사이의 대립과 투쟁을 부각시키려 했고, 스위지와 바란은 경제잉여의 개념을 통해 독점자본이 동원할 수 있는 가용자원의 규모를 파악하면서 독점자본가와 소비자 사이의 대립과 투쟁을 강조했다고 말할 수 있을 것이다. 그러나 사회 전체적으로 볼 때 가치와 잉여가치가 생산영역에서 계속 창조되지 않는다면, 소비재 소비자의 소득과 생산재 소비자의 이윤이 줄어들기 때문에 독점이윤도 한계에 부닥치지 않을 수 없을 것이다. 따라서 스위지와 바란은 TESR법칙이 독점자본주의에 적용되는 법칙이라고 말하지만, 사실상 이 법칙은 독점이윤의 진정한 원천인 잉여가치에 의거하고 있지 않기 때문에 독점자본주의에 적용되기에도 부족한 점이 많다. 이런 사실은 경제위기에서 독과점적 대기업들이 '경제잉여 증가의 법칙' 에도 불구하고 이윤율이 낮아 도산하는 경우를 보면 쉽게 알 수 있다.

그리고 스위지와 바란은 마르크스의 TRPF법칙이 '경쟁자본주의' 에 적용된다고 주장하지만, TRPF법칙은 잉여가치를 낳는 '가변자본' 과 잉여가치를 낳지 않는 '불변자본' 의 구별, 잉여가치율, 자본의 회전시간 등에 의거하고 있으므로, 자본주의의 어느 단계에서나 적용될 수 있는 '일반적인' 법칙이라고 말해야 할 것이다(제6장을 참조하라).

2) 경제잉여를 흡수 · 이용하는 방법

잠재적 경제잉여가 증가한다는 것은 독점기업이 생산하는 상품들(재화든 서비스든)의 총량 중 경제잉여를 대표하는 상품량(즉 잉여생산물)이 증가하는 것을 의미하기 때문에, 이 잉여생산물이 팔리지 않는다면 독점자본주의는 장기침체에 빠질 수밖에 없다. 이리하여 스위지와 바란은 경제잉여를 흡수 · 이용하는 방법 또는 잉여생산물의 판로를 연구하게 된다.

(가) 자본가의 소비: 주식회사의 경영자는 잉여가 증가하는데도 불구하고 주주에 대한 배당률을 증가시키지 않으며 잉여를 사내에 유보한다. 따라서 자본가계급의 소비는 절대적으로는 증가하지만 상대적으로는 증가하지 않는다.

(나) 자본가의 투자: 내생투자(endogenous investment)는 거대기업들이 독점가격을 유지하기 위해 생산설비를 확장하지 않기 때문에 경제잉여를 흡수할 만큼 크지 않다. 외생투자(exogenous investment)는 인구 증가와 혁신 도입에 따른 투자 그리고 해외투자 등을 가리키는데, 인구 증가 → 주택 수요 증가 → 투자 증가의 메커니즘은 현재에는 인구 증가 → 실업 증가 → 생활수준 하락과 구매력 하락 → 투자 감소로 전환되

었고, 최초의 혁신 도입자의 초과이윤 → 다수 자본가가 이것을 모방 → 설비투자 증가의 메커니즘은 독점자본가들이 기존의 거대한 설비를 폐기하는 데서 오는 손실을 피하기 위해 혁신이나 발명을 도입하기를 꺼려하거나 혁신이나 발명을 매수해 사장(死藏)하기 때문에 작동하지 않는다. 마지막으로 해외투자는 경제잉여를 해외로 수출하기보다는 오히려 해외의 경제잉여를 원금과 이자의 형태로 국내로 가져오기 때문에 경제잉여의 흡수문제를 더욱 악화시킨다.

(다) 상품의 판매 노력: 상품자본을 화폐자본으로 전환시키는 데 필요한 비용(예: 매매계약을 성립시키는 데 필요한 상업노동자의 인건비와 상점운영비)[14]은 직접적으로 잉여가치를 창조하지 않는 '비생산적' 비용이므로 잉여가치로부터 충당되어야 한다. 다시 말해 '비생산적' 비용은 경제잉여를 흡수하는 데 기여한다. 또한 판매촉진방법으로 가격경쟁이 후퇴하고, 광고, 제품의 외관과 포장의 변경, 그리고 모델 변경 등 '계획적인 진부화(planned obsolescence)' 등이 심해지는데, 이 새로운 판매촉진방법은 결국 낭비이고 경제잉여를 흡수하는 데 기여한다.[15] 그리고 상품의 판매 노력과 마찬가지로 금융 · 보험 · 부동산에 투입되는 인적 · 물적 자원도 직접적으로 잉여가치를 생산하지 않기 때문에 비생산적 지출이고 경제잉여를 흡수하는 데 기여한다.

(라) 시민정부: 군사비 지출에 의해 경제잉여를 대규모로 흡수한 것이 제2차 세계대전 이후 미국의 경제적 번영과 완전고용의 열쇠였다. "군사비 지출을 축소하면서 조세를 인하한다면, 민간의 지출이 군사비 지출의 축소를 메울 만큼 증가할 것이다"는 반대 의견은 독점자본주의에서는 소비가 상대적으로 증가하지 않으며 투자대상이 부족하므로 민간 지출이 증가할 수 없기 때문에 틀렸다. 또한 "군사비 지출을 축소하면서 사회복지

14 마르크스는 이것을 순수유통비용(pure cost of circulation)이라고 부르며, 상품의 판매를 촉진함으로써 '간접적으로' 생산규모의 확대나 잉여가치의 증대에 기여한다고 본다.

15 『독점자본』(124)에는 자동차의 모델 변경에 따른 낭비에 관해 자세하게 설명하고 있다.

비 지출을 증가시키면 불황이 오지 않을 것이다"는 반대 의견은 자본주의에서는 사회복지비 지출을 증가시키기가 어렵다는 사실을 무시하고 있다. 사회복지비는 미국에서는 주 정부와 지방정부의 재산세에 의해 충당되어야 하는데, 유산자(有産者) 계급은 조세 증가에 저항했으며, 또한 공공주택의 건설이나 보건위생비의 증가나 교육재정의 확대는 일정한 수준을 넘어서면 사적 자본가들의 투자 기회를 잠식하기 때문에 큰 반대에 부닥쳤다. 오직 고속도로에 대한 지출은 자동차산업, 석유산업, 자동차수리업, 휴양지 개발사업, 부동산업, 숙박업 등의 이익을 증가시켰으므로 별다른 반대가 없었다.

(마) 군국주의와 제국주의: 세계의 위계적 질서를 유지하는 데 군사비 지출이 필요하며, 또한 군사비 지출이 독점자본주의의 장기정체 경향을 해소하기 때문에 자본가나 노동자 모두가 군사비 지출에 반대하지 않는다(『독점자본』: 77-186).

독점자본주의에서는 경제잉여가 증가하는데도 불구하고 이 경제잉여를 흡수하거나 이용할 수 있는 방법이 부족하다. 다시 말해 경제잉여를 품고 있는 잉여생산물을 판매하기가 매우 어렵다. 예컨대 노동자들의 소비는 자본의 가치증식욕 때문에 최저수준으로 제한되어 있으며, 자본가들의 투자는 자기들의 독점적 지위를 위협하지 않는 범위에서 이루어질 뿐이고, 인구 증가에 따른 필요를 충족시키기 위한 투자는 인구증가율이 저하하기 때문에 제한되어 있으며, 현재의 상품과 생산방법이 높은 이윤을 낳기 때문에 혁신(innovation)을 위해 투자할 필요가 없고, 해외투자는 곧 더 많은 이윤을 국내로 가져오기 때문에 이 이윤을 어디에 투자하는가의 문제를 다시 일으킨다. 이처럼 잉여생산물의 판로가 매우 좁기 때문에, 독점자본은 잉여생산물을 스스로 선전 · 광고와 판매 촉진으로 '낭비' 하든지, 정부에게 팔아 정부로 하여금 전쟁 준비나 전쟁에서 낭비하도록 한다는 것이다.[16]

정부가 이 잉여생산물을 세금으로 구매해서, 사회보장제도를 확대·개선해 교육과 의료를 무상으로 한다든지 공공임대주택을 지어 서민들에게 적은 임대료를 받을 수도 있지만, 그렇게 되면 독점자본가들은 교육·의료·주택 등등에서 독점이윤을 얻을 기회를 놓치게 되므로 반대하게 된다는 것이다. 결국 증가하는 경제잉여를 흡수하여 경제의 호황을 유지하는 방법으로 가장 중요한 것이 선전·광고와 전쟁 준비이기 때문에 독점자본주의는 '비합리적인(irrational)' 체제라고 스위지와 바란은 비난한다.[17]

마르크스도 인정하는 바와 같이 잉여가치의 생산은 잉여가치가 실현되지 않으면 아무 소용이 없다. 다시 말해 상품을 생산해도 그 상품이 팔리지 않으면 자본가는 헛짓을 한 것이다. 특히 생산력이 거대하게 발전한 독점자본주의에서는 시장문제가 심각하게 대두된다. 자본수출(상품자본이나 생산자본이나 화폐자본의 수출), 식민지와 종속국의 획득, 나아가서 전쟁이 마르크스주의에서 큰 분석대상으로 등장한 것도 이 때문이다. 지금도 세계화를 외치면서 자본주의 최강국인 미국이 아프가니스탄과 이라크에서 전쟁을 수행하고 있는데, 이 전쟁은 석유자원의 지배, 중동지역에 대한 영향력 확보 등이 목적이라는 것은 누구나 다 알고 있다.

3) 경제의 군사화

스위지와 바란이 주장하는 것처럼 경제의 군사화(militarisation of economy, 경제가 군사비 지출에 크게 의존하는 상황) 또는 영구군비경제(永久軍備經濟 permanent arms economy)가 장기정체경향을 해소하는 가장 중요한 수단이 될 수 있을까?

케인즈는 전쟁이나 전쟁 준비가 완전고용의 달성에 기여한다고 생각한

16 정부가 독점자본가들로부터 세금을 거두어 그 세금으로 독점자본가들의 잉여생산물을 구매한다고 가정하면 좋다.

17 『독점자본』의 부제(副題)인 '미국의 경제와 사회 질서'가 가리키는 바와 같이, 이 책에는 미국 경제와 사회의 '비합리적인' 측면이 상당히 많이 폭로되고 있다.

바가 없다. 제1차 세계대전이 끝난 1920년대의 영국에서는 1930년대의 세계적 대공황보다 더 많은 실업자가 있었다. 세계경제의 중심지가 런던에서 뉴욕으로 옮겨가고 있었고, 영국의 주요 산업들(섬유 · 선박 · 석탄 등)은 국제경쟁력을 잃었으며, 제1차 세계대전의 군인으로 또는 전시 군수산업의 노동자로 동원된 인원들이 모두 민간인으로 되돌아왔기 때문이다. 케인즈가 제안한 것은 정부가 도로 · 항만 · 학교 · 병원 · 주택 등 '공공사업(public works)' 을 대규모로 추진해야 한다는 것이었다. 이 공공사업으로 고용이 늘면 소득이 늘어 정부의 조세수입이 증가하게 됨으로써 적자재정이 큰 문제가 되지 않는다는 것이었다. 또한 1939년 영국이 독일에게 전쟁을 선포한 뒤, 케인즈는 영국 경제의 활황을 예상한 것이 아니라 어떻게 전쟁 비용을 조달하는가에 몰두했다. 전쟁 물자를 외국으로부터 수입해야 하고, 수많은 노동인구가 전쟁에 동원되면서 소득이 증가하면 물가가 상승하면서 수입(imports)이 더욱 증가할 것인데, 정부가 이것을 어떻게 해결해야 하는가? 케인즈는 소득세의 누진율을 높이고, 일정한 최소 소득 이상의 소득은 강제저축으로 흡수하여 전쟁 이후에 지급하는 제도를 제안했다(Skidelsky 2004: 586-589). 따라서 경제의 군사화가 자본주의를 지탱한다는 아이디어는 케인즈주의자들의 장기정체설을 토대로 마르크스주의자들이 자본주의를 비판하기 위해 만들어 낸 것이다(Howard & King 1992: Ch.8 참조).

군수산업은 전쟁에 필요한 군수품 — 무기와 탄약으로 국한하자 — 을 생산하는 산업이고[18] 군수품은 전적으로 정부의 구매품목이라고 가정하면,[19] 군수산업의 생산물(즉 군수품)에 대한 수요는 전적으로 정부의 조세수입이나 적자재정에 의해 이루어질 것이다.

18 정부의 예산에 있는 '국방비' 에는 군수품의 구매비, 군수품의 연구개발비, 군인과 군관계 인원의 인건비, 재향군인의 연금 등이 포함되어 있다.

19 물론 무기와 탄약은 해외에 수출하는 품목이라는 점에서는 비군수품과 전혀 차이가 없다. 세계 최대의 군수품 수출국인 미국은 정부가 앞장서서 민간군수산업의 이익을 위해 값비싼 무기류를 '동맹국들' 에 강매하고 있다.

군수품은 사람들의 의식주생활이나 문화생활에 필요한 소비재도 아니고, 재화나 서비스를 생산하는 데 필요한 기계나 원료도 아니고, 오로지 인류의 문화와 생명 및 재산을 파괴하기 때문에, 군수품의 생산과 연구개발에 묶여 있는 인적 · 물적 자원은 낭비되고 있다고 말해야 할 것이다.[20] 그러나 자본가들은 이런 낭비적인 성질에도 불구하고 군수품의 생산과 판매가 이윤을 낳기 때문에 그것에 종사하는 것이다. 군수산업에 종사하는 노동자들은 자본가를 위해 직접적으로 잉여가치를 생산하며, 군수산업에 투자된 자본은 사회적 평균이윤율의 형성에 참가한다. 군수산업의 이윤율이 높으면 높을수록 군수산업으로 자본이 이동할 것이며 사회적 평균이윤율은 상승할 것이다.[21]

군수품의 가격(D_3)은 군수품을 만드는 데 필요한 기계와 원료의 가격(C_3) + 임금(V_3) + 잉여가치(S_3)인데, 정부가 군수품을 구매한다면 군수품 가격 전체에 해당하는 화폐가 시중의 구매력으로 나타난다. 군수산업은 C_3를 비군수산업으로부터 구매해야 하며, 노동자에게 V_3를 지급하는데 이것은 소비재를 구매할 것이고, S_3 중 일부는 자본가의 개인적 소비를 위해, 다른 일부는 확대재생산을 위해 결국 비군수산업의 생산물을 구매할 것이다. 다른 한편으로 군수품은 정부가 전쟁에 대비하기 위해 구매하여 군사시설에 보관하기 때문에 시장에 나타나서 다른 상품들의 시장

20 물론 군수품을 개발하는 과정에서 얻은 기술이 비군수산업을 위해 이용될 수도 있다. 그러나 이런 간접적이고 우회적인 경로를 택함으로써 매우 큰 자원이 낭비되는 것을 부인할 수는 없다.

21 보르트키비츠(Bortkiewicz 1907), 스라파(Sraffa 1960), 키드론(Kidron 1970), 하먼(Harman 1984) 등은 군수품이 소비재도 아니고 생산재도 아니기 때문에, 군수산업은 사회적 평균이윤율의 형성에 참가하지 않는다고 주장하지만, 군수산업은 무기와 탄약의 제조에 필요한 생산재를 수요할 뿐만 아니라 취업노동자들에 대한 임금지급을 통해 소비재를 수요하는 전후방연쇄효과(forward and backward linkage effects)를 가진 산업이며, 군수산업의 노동자는 잉여가치를 생산하기 때문에, 당연히 사회적인 평균이윤율의 형성에 참가한다. 그러므로 키드론과 하먼처럼 자본의 유기적 구성이 매우 높은 군수산업이 평균이윤율의 형성에 참가하지 않는 것이 이윤율의 저하를 방지하는 가장 강력한 상쇄요인이며, 따라서 영구적인 군비경제가 자본주의의 발전을 유지하는 메커니즘이라고 주장하는 것은 전혀 옳지 않다.

을 빼앗지도 않는다. 이에 따라 군수산업은 시장에 상품을 공급하지 않은 채 수요만 증대시키기 때문에 유효수요의 부족을 완화하고 제거하는 데 큰 역할을 한다고 스위지와 바란이 주장하고 있다.

물론 스위지와 바란도 군사비 지출이 호황에 미치는 영향의 한계를 지적하고 있다. 첫째로 과학기술의 발달로 군수산업은 점점 더 적은 노동자들을 고용하게 되고(제8장 3에는 무기개발이 혁신에 미친 영향을 분석하고 있다), 군사기술의 부수적인 효과(spill-over effect)로 개발되는 민간산업에서도 고용규모는 점점 더 적어진다는 점이고, 둘째로 군비경쟁은 국가안전을 오히려 약화시키기 때문에 자살행위와 같다는 점이다(『독점자본』: 186).

그러나 군사비 지출에는 몇 가지 더욱 주목해야 할 문제점이 있다.

첫째로 정부가 군수품의 구매자금을 어떻게 조달하는가에 따라 사회의 총수요의 크기가 달라진다는 점이다. 만약 정부가 그 구매자금을 세금으로 조달한다면, 납세자들의 구매력이 정부로 이전된 것에 불과하므로 사회의 총구매력의 증대는 크게 기대할 수 없다.[22] 비군수품의 구입에 지출될 납세자들의 구매력을 정부가 세금으로 흡수해 군수품의 구입에 지출하는 경우, 비군수품에 대한 수요는 감소하고 비군수산업은 정체할 수도 있다. 이런 상황은 정부가 군수품의 구매자금을 국채(國債)의 발행을 통해 공개시장에서 조달하는 경우에도 나타날 수 있다. 그러나 만약 정부가 국채를 중앙은행에 인수시키고 자금을 차입한다면, 그 차입액은 사회의 구매력을 증가시킬 것이다.

둘째로 정부 지출의 원천이 되는 세금이나 국가채무를 정부가 무한정 증가시킬 수 있는가는 큰 의문이 아닐 수 없다. 노동자들이 자기의 노동력(labour power)의 가치에 해당하는 임금—즉 자기와 자기 가족의 물질적 · 문화적 생활을 충족시키는 데 필요한 수준의 임금—을 받는다면 노

22 물론 납세자들이 저축한 것을 세금으로 거두었다면 사회의 총구매력은 더욱 증가할 것이다.

동자들은 세금을 낼 수 있는 능력이 없기 때문에, 모든 세금(과 국채의 원리금 상환액)은 결국 자본가계급이 얻는 잉여가치로부터 나와야 한다. 다시 말해 정부는 군수산업의 자본가들과 비군수산업의 자본가들이 얻는 잉여가치의 일부를 세금으로 거두어들여야 한다(군수산업의 자본가들이 내는 세금을 A라 부르고 비군수산업의 자본가들이 내는 세금을 B라 부르자). 정부는 이 세금으로 군수품을 구매함으로써, '직접적으로는 군수산업의 자본가가 얻는 잉여가치'(이것을 A′라고 부르자)를 증가시키고 '간접적으로는 비군수산업의 자본가가 얻는 잉여가치'(이것을 B′라고 부르자)를 증가시킨다고 말할 수 있다. 만약 자본가들이 내는 세금(A+B)이 자기들이 얻는 잉여가치(A′+B′)보다 크다면 자본가들은 세금 납부에 저항할 것이므로 군수산업은 오래 유지될 수가 없다.[23] 그러나 이 경우에도 A보다 A′이 크다면 정부는 군수산업을 유지하려고 할 수도 있다. 왜냐하면 군수산업의 자본가들이 정치적·경제적으로 비군수산업의 자본가들보다 더욱 강력할지도 모르기 때문이다. 결국 경제적으로 볼 때 군수산업의 유지와 확장에는 일정한 한계가 있으며, 따라서 장기정체 경향을 약화하거나 제거하는 방법으로도 일정한 한계가 있다.

셋째로 군대와 산업 및 무기과학이 한 통속이 된 군산학복합체(軍産學複合體 military-industrial-academic complex)는 "항구적인 평화가 유지되는 상황에서는 자기들의 이익은 사라진다"는 것을 잘 알기 때문에 냉전과 열전을 야기하고 있다는 비판을 받고 있다(제8장 3을 참조하라). 석유생산이 집중되어 있는 중동(中東)에서 전쟁이 끊임없이 일어나는 것은 세계적인 석유자본과 군수자본이 반동적인 미국 정부와 야합(野合)하기 때문이라는 것은 널리 알려진 사실이다.[24] 이에 따라 경제의 군사화는 대규모

23 국채의 만기일이 오면 새로운 만기일을 가진 국채를 발행함으로써 옛날의 국채를 상환할 수 있기 때문에 국채의 상환기한은 크게 연장될 수 있다. 그리고 국채의 원리금 상환액(상당한 기간에 걸친 분할상환)은 국채발행 총액 그 자체보다는 매우 작기 때문에 상당한 기간에 걸쳐 (A+B)보다 (A′+B′)이 클 수가 있다.

24 중동에서 전쟁이 일어나는 원인에 관해서는 김수행(2005a: 204-205)을 참조하라.

의 반전운동(anti-war movement)에 부닥치고 있다. 또한 군수품의 제조 과정은 '대외비(對外秘)'로 타인에게 공개되어서는 안 된다는 구실 아래 군수품의 가격은 '제조비용 + 일정한 이윤'으로 책정되기 때문에, 무기와 탄약의 가격이 정부와 군수산업 사이의 연줄(crony)에 의해 터무니없이 높아지고 군수산업은 '높은 이윤과 낮은 능률'을 동시에 지니고 있다는 비판을 받고 있다. 군수산업에 대한 추문(醜聞 scandal)이 끊임없이 폭로되고 있기 때문에, 군수산업에 대한 정부의 지원에도 한계가 있다.

넷째로 군수산업의 확대가 비군수산업에 필요한 인적 · 물적 자원을 빼앗아간다면, 비군수산업이 정체할 뿐만 아니라 일국 경제의 국제경쟁력도 저하한다는 비판이 있다. 이 비판은 한편으로는 군수품은 사회적 낭비에 불과하다는 사실에 의거하고 있으며, 다른 한편으로는 군사비의 부담이 적은 서독과 일본이 1950년대에 급속히 회복하면서 국제경쟁력을 높인 사실에 의거하고 있다.[25] 그런데 실업자와 유휴설비가 있는 불황에서는 경제의 군사화가 인적 · 물적 자원을 완전히 이용함으로써 생산과 소득을 최고수준으로 올릴 수 있다고 말할 수도 있다. (그러나 전쟁이 일어나지 않은 상황에서 정부가 군수품을 창고에 계속 보관하는 것에도 한계가 있을 것이다.) 역사적으로도 제2차 세계대전 중의 전시통제경제(戰時統制經濟)에서 1930년대의 대불황이 끝났을 뿐 아니라 고용과 생산과 소득은 최고수준을 기록했다. 그런데 실제로 군사비 지출의 증가와 경제성장률 사이의 상관관계를 실증분석한 지만스키(Szymanski 1973)와 스미스(Ron Smith 1977)의 연구에 의하면 대다수의 나라에서 (-)의 상관관계가 있었다(Howard & King 1992: Ch.8).

스톡홀름국제평화연구소(Stockholm International Peace Research Institute; www.sipri.org)가 발간한 2005년도 연보(*SIPRI YEARBOOK*

25 정성진(2005)은 서독과 일본이 미국 경제의 군사화로부터 큰 이익을 얻었다는 점을 들어 세계경제적 관점에서 볼 때 서독과 일본의 1950년대의 경제발전도 경제의 군사화와 큰 관련이 있다고 주장한다.

2005: Armaments, Disarmament and International Security, 2005)에 따르면, 1995~2004년의 10년 동안 세계 군사비 지출의 연평균 실질증가율은 2.4%였는데, 1998년에 최저수준에 달했다가 그 뒤 증가해 2002~2004년의 3년 동안 연간 실질증가율이 6%를 초과했다. 미국의 군사비 지출이 2004년에 세계 총액의 47%를 차지하는데, 테러와의 전쟁(특히 아프가니스탄과 이라크 전쟁)으로 말미암아 2002~2004년에 크게 증가했다. 미국에서는 미국의 군사활동이 재정적자와 경제성장에 미치는 영향에 대한 논쟁이 일고 있으며, 군사비 지출이 비군사비 지출을 몰아내는 효과(crowding-out effects)와 이라크 군사작전의 장래에 대한 불확실성에 관한 논쟁이 일어나고 있다고 보고했다.

바임과 스티글리치(Bilmes & Stiglitz 2006)는 이라크의 전쟁비용이 이라크를 침략할 때 부시 정부가 밝힌 500~600억 달러보다는 엄청나게 많은 1~2조 달러가 되리라고 예측했다. 이미 2005년 12월 30일까지 이라크의 전투작전과 지원작전을 위한 총지출액이 2,510억 달러에 달했다. 물론 1~2조 달러에는 부상자에 대한 의료비용과 장애자수당, 전쟁에서 써 버린 군사장비의 보충비용, 군인 신규모집 비용 등이 포함되며, 또한 동원된 인적 자원들의 사회적 비용(예: 동원된 군인들이 민간기업에서 받을 수 있었을 봉급)이 계산되고, 그리고 전쟁으로 말미암아 경제 전체에 미치는 영향(예: 석유가격의 상승, 더욱 불안전한 사회 환경, 이자율의 상승 등등에 따른 손실)이 포함되어 있다.

4) 정부 지출이 지닌 이윤배반적 성격

실업을 해소하기 위해 그리고 경제의 안정적 성장을 위해 정부의 지출을 증가시켜야 한다고 주장할 때, 케인즈주의자든 마르크스주의자든 정부의 지출이 유효수요를 구성한다는 측면만을 강조하지 그것이 '비생산적' 지출이라는 사실에 주목하지 않는다. 정부가 도로 · 철도 · 항만 · 학교 등 사회간접자본 설비를 만들든, 수익성을 추구하지 않는 국영기업이나 공익사업에 투자하든, 사회보장제도의 개선과 확대에 투입하든, 공무원에게 봉급을 주든, 정부의 지출은 '직접적으로는' 잉여가치를 생산하지 않는다. 신고전파와 케인즈주의자들은 시장에서 보수를 받는 노동은 모두 '생산적(productive)'이라고 간주하지만, 마르크스는 '자본가를 위해 직접적으로 잉여가치를 창조하는 노동'만을 생산적이라고 보았다.[26]

그러므로 정부의 지출은 위에서 본 군사비 지출과 마찬가지의 문제점을 가지게 된다. 세금이나 국채 등 어떤 방법으로 정부가 자금을 조달하든, 이 자금은 자본가계급의 잉여가치로부터 나온 것이다. 그런데 이 자금을 정부는 잉여가치를 생산하지 않는 방식으로 지출하는 것이다. 따라서 정부의 지출(소비지출과 투자지출) 덕택으로 산업자본가들이 얻는 잉여가치가 자기들이 정부에 바친 세금보다 크지 않다면, 정부의 지출은 자본축적을 저해한다고 주장하게 될 것이다. 물론 정부의 지출이 경제 전체에 미치는 효과는 그 당시의 경제 상황에 따라 다를 것이다. 예컨대 불황이 심한 상황에서는 정부의 지출에 의해 지금까지 사용되지 않던 공장들이 가동된다면 생산 · 고용 · 임금 · 이윤 등이 모두 증가할 수 있다.

어쨌든 정부의 지출은 비생산적이고 따라서 그 규모에는 일정한 한계가 있다. 만약 산업자본가들이 정부에 바친 잉여가치보다 더 큰 잉여가치를 정부의 지출을 통해 얻지 못한다면, 산업자본가들은 정부에 지출 축소를 요구하거나 사회보장제도의 해체를 요구하거나 노동자들에게 더 낮은 임금을 주거나 자본축적 규모를 축소할 수밖에 없게 된다. 사실상 1970년대 이래의 대불황에서 자본가들과 그들의 이론적 대변인들이 신자유주의를 주창하고 있는 이유의 하나도 바로 여기에 있다.

---

26 『자본론』 제III권에서는 상업과 금융에 종사하는 노동을 비생산적 노동으로 분류하며, 상업과 금융에 투자한 자본은 직접적으로는 잉여가치를 낳지 않지만 산업자본의 가치증식에 '간접적으로' 기여하기 때문에, 산업자본에 고용된 생산적 노동자들이 창조한 사회의 잉여가치 전체를 산업자본과 함께 '사회적 평균이윤율'에 따라 나누어 가진다(김수행 2004a: 130, 250-253). 이 책의 제3장 2-1)을 참조하라.

제 5 장

임금 상승에 따른 이윤압박설

1
기본개념들

1) 이윤압박설

이윤압박설(profit-squeeze theory)에 따르면, 이윤율(rate of profit)이 저하하는 것은 임금수준(임금률 rate of wages)이 상승하기 때문인데, 임금률이 상승하는 것은 호황기에 노동인력이 부족하기 때문이거나 노동조합의 세력이 증가하기 때문이다. 일본의 우노(宇野)학파와 유럽의 신리카도학파(neo-Ricardians)가 임금 상승에 따른 이윤압박설을 주장하고 있다.

신리카도학파는 영국 케임브리지대학의 스라파(Piero Sraffa 1898~1983)가 1960년에 *Production of Commodities by Means of Commodities*를 발간한 이후 생긴 학파인데, 주류경제학과 마르크스경제학에 대한 비판을 강화하고 있다. 주류경제학에 대해서는 '자본논쟁(capital controvercy)' 을 통해 분배이론을 비판했고, 마르크스경제학에 대해서는 생산가격 결정모델을 통해 노동가치설을 비판했다.

2) 임금과 이윤의 반비례관계

흔히 기업과 정부는 임금수준이 오르기 때문에 이윤율이 저하한다는 주장을 자주 발표하는데, 이에 대해 노동조합과 비주류경제학자도 묵시적으로 수긍하는 것 같다. 그러나 이 주장은 많은 가정 위에서만 타당하다는 것을 아래에서 보일 것이다.

자본가가 A라는 상품을 Q_a만큼 생산하는 데, 투입원자재로 B라는 상품을 Q_b만큼, C라는 상품을 Q_c만큼 필요로 하고, 노동자의 노동시간을 L_a만큼 필요로 한다고 가정하자. 그리고 각 상품의 단위당 가격을 P_a, P_b, P_c라고 하고, 시간당 임금을 w라 하며, 평균이윤율을 r이라고 하자. 또한 자본가는 물적 투입비용에 해당하는 금액만 투자하고, 생산물을 판매한 뒤 얻는 부가가치(value added) 총액 중에서 노동자들에게 임금을 지급한다고 가정하자. 이제 A상품 생산량 전체의 가격방정식은 다음과 같을 것이다.

$$P_aQ_a = (P_bQ_b + P_cQ_c)(1 + r) + wL_a \tag{5-1}$$

생산물의 총판매액에서 물적 투입비용 총액을 빼면 순생산액(또는 부가가치 총액)이 나오며, 이것은 이윤과 임금으로 분배된다.

$$P_aQ_a - (P_bQ_b + P_cQ_c) = r(P_bQ_b + P_cQ_c) + w L_a \tag{5-2}$$

(5-1)식은 A상품 생산량 전체에 관한 것인데, 이것을 A상품 1단위의 것으로 바꾸면 식 (5-3)이 나온다.

$$P_a = [P_b(Q_b / Q_a) + P_c(Q_c / Q_a)](1 + r) + w(L_a / Q_a) \tag{5-3}$$

(Q_b / Q_a)와 (Q_c / Q_a)는 A상품 1단위를 생산하는 데 필요한 원자재 B와 C의 양을 가리키고, (L_a / Q_a)는 A상품 1단위를 생산하는 데 필요한 노동시간을 가리키는데, 이것들은 분명히 생산방법이나 생산기술의 수준을 알려준다. (5-3)식에서 알 수 있는 것은, 만약 생산방법이 불변이라면, 즉 (Q_b / Q_a), (Q_c / Q_a), (L_a / Q_a)가 불변이라면, P_a는 투입원자재의 가격 (P_b, P_c)과 이윤율(r) 및 임금률(w)에 따라 변화한다는 것이다.

(5-3)식을 변형하여 A상품 1단위가 품고 있는 부가가치를 찾아보면 식 (5-4)가 된다.

$$P_a - [P_b(Q_b / Q_a) + P_c(Q_c / Q_a)] = \\ r[P_b(Q_b / Q_a) + P_c(Q_c / Q_a)] + w(L_a / Q_a) \qquad (5\text{-}4)$$

이 식에서 생산방법이 불변이고 상품들의 가격이 불변이라면, (5-4)식의 왼쪽에 있는 부가가치가 일정해지며, 이것이 이윤과 임금으로 분배되는 것이다. 따라서 이윤몫이 커지면 임금몫이 작아지고, 이윤몫이 작아지면 임금몫이 커진다. 이것이 이윤몫과 임금몫 사이의 반비례관계이다. 그런데 이제 변수는 이윤율(r)과 임금률(w)뿐이므로, w가 상승하면 r이 저하하고, w가 저하하면 r이 상승한다는 이윤율과 임금률 사이의 반비례관계가 성립하게 된다. 다시 말해 임금률과 이윤율 사이의 반비례관계는 생산방법과 모든 상품들의 가격이 고정되어 있는 상태에서만 성립한다는 것이다.

(5-4)식에서 보는 바와 같이, 모든 상품들의 가격이 불변인 채로 A상품을 만드는 생산방법이 개선되어 A상품 1단위의 생산에 필요한 물적 투입물인 (Q_b / Q_a)와 (Q_c / Q_a), 그리고 1단위의 생산에 드는 노동시간 (L_a / Q_a)이 감소한다면, 왼쪽인 부가가치가 증가하기 때문에, 임금률과 이윤율이 동시에 상승할 수도 있고, 임금률은 불변이면서 이윤율만 상승할 수도 있으며, 이윤율은 불변이면서 임금률만 상승할 수도 있고, 임금률은 저하하는데 이윤율만 상승할 수도 있을 것이다. 또한 원자재 B와 C의 가격이 불변이고 생산방법이 불변인 상황에서는 임금률의 상승률보다 A상품 가격의 상승률이 높으면 이윤율은 상승하게 된다.

결국 임금률 또는 임금수준이 상승하면 이윤율이 저하한다는 주장은 매우 엄격한 가정 아래에서만 성립한다. 지금처럼 생산방법과 상품들의 가격이 항상 변동하고 있는 상황에서는 임금률과 이윤율 사이의 반비례관계를 이야기하기가 매우 어렵다. 더욱이 이윤율이 저하하는 것을 노동자들의 임금수준의 상승이라고 자본가들이 주장하는 경우, 노동자들은 자본가들이 생산기술이나 경영기술을 혁신하지 않기 때문에 이윤율이 저하하는 것이라고 충분히 반격할 수 있다.

(5-4)식에 의거하여 신리카도학파는 다음과 같이 노동조합의 세력 증대가 이윤율을 저하시키는 것을 이론화하고 있다. 노동조합은 기본적으로 기술혁신에 따른 해고를 반대한다. 따라서 노동조합의 세력이 강할 때는 기업은 기술혁신을 도입할 수 없기 때문에, (Q_b / Q_a), (Q_c / Q_a)와 (L_a / Q_a)를 감축할 수가 없다. 결국 부가가치를 증가시킬 수 없게 된다. 그런데 노동조합은 강력한 전투성을 기반으로 임금수준(w)의 대폭 인상을 쟁취하기 때문에, 이윤율(r)은 대폭 저하하지 않을 수 없다. 이런 상황에서 기업이 이윤율을 상승시킬 수 있는 유일한 길은 상품 가격(P_a)을 인상하는 것인데, 국내시장과 국제시장에서 무한경쟁이 일어나고 있는 시기에는 상품 가격의 인상은 전혀 불가능하므로, 기업은 낮은 이윤율과 낮은 자본축적률에 허덕이게 된다.

2
일본 우노학파의 공황이론

1) 공황의 이론적 필연성

우노학파에 의하면, 자본주의 생산양식의 특수성은 생산이 상품들의 교환관계를 통해 조직되고 있다는 점에 있다. 생산에 필요한 물적 요소들(기계와 원료)과 인적 요소(노동력)를 시장에서 구입하며, 또한 생산물(자본의 생산물)을 시장에서 판매함으로써 생산이 이루어진다는 점이다.[1] 이처럼 생산이 상품교환관계에 의해 조직되기 때문에, 생산의 중단은 먼저 상품교환관계의 혼란에서 그 원인을 찾아야 한다고 본다. 그런데 자본의 생산물(보통의 상품 전체)에 대한 수요와 공급의 불균형은 상품가격의 변화를 통해, 그리고 산업간의 자본이동을 통해 해소되기 때문에, "자본의 생산물—즉 노동력을 제외한 모든 상품들—의 전반적 과잉생산은 이론상 불가능하다"고 주장한다(Uno 1980: 121).

이리하여 우노학파는, 생산에는 절대적으로 필요한 요소이면서도 그 공급과 수요 사이의 불균형이 가격 변화에 의해 조절될 수 없는 '특수한' 상품인 노동력(labour power)에 주의를 집중한다. 노동력은 노동자의 정신적 · 육체적 능력이기 때문에, 자본이 자기 마음대로 생산할 수 없으며,

1 봉건사회에서는 신분적인 위계제도(位階制度 hierarchy)에 의해, 그리고 사회주의 사회에서는 중앙당국의 계획에 의해 생산이 이루어진다는 점에서 자본주의 생산과 다르다고 한다.

임금률이 상승하더라도 그 공급은 일정한 한도 이상으로는 증가하지 않는다. 자본의 축적과정이 노동자를 모두 고용하게 되면 자본축적은 더 이상 진행할 수 없게 되어 생산의 마비 즉 공황이 생기지 않을 수 없다고 생각한다. 또한 이 공황을 통해 산업예비군(실업자)이 다시 만들어지면서 자본축적이 다시 시작될 수 있으므로, 공황은 자본주의 경제를 유지하는 기본적인 메커니즘이라고 우노학파는 생각한다.

우노학파는 노동력의 이런 '특수성'에 의거해 하나의 일관된 공황이론을 개발했는데, 그것은 다음과 같은 기본골격을 가지고 있다.

(가) 현재의 산업예비군(産業豫備軍 industrial reserve army) 즉 실업자가 모두 생산에 다시 고용되는 과정에 관한 설명이 있는데, 이것은 "자본축적이 유기적 구성의 변화 없이 진행된다"는 이론에 의거하고 있다.

(나) 완전고용 아래에서 왜 노동인력 부족과 임금 인상의 악순환이 '자본의 절대적 과잉생산'을 야기할 정도로까지 진행되는가에 대한 설명이 있는데, 이것은 자본간의 경쟁, 특히 이윤율의 저하를 이윤량의 확대로 보상하려는 생산확대 경쟁에 의거하고 있다.

(다) 이윤율의 저하와 이윤량의 감소—이것은 자본의 절대적 과잉생산의 한 표현이다—가 어떻게 사회적 총자본의 재생산과정을 급격히 전면적으로 마비시키게 되는가에 관한 설명이 있는데, 이것은 "저하하는 이윤율과 상승하는 이자율 사이의 충돌"에 의해 신용제도가 파괴된다는 이론에 의거하고 있다.

2) 유기적 구성이 불변인 채 자본축적

우노학파는 자본축적과정이 현재의 유휴 노동인력을 모두 고용하게 되는 것을 보이기 위해, 자본축적은 유기적 구성의 변화 없이, 즉 기술혁신 없이 진행한다고 주장한다(자본의 기술적 구성, 유기적 구성과 가치구성에 관해서는 제6장 1-1)을 참조하라). 왜냐하면 기존의 고정자본(기계와 설비)을 폐기하고 새로운 생산방법을 도입하는 데 비용이 들기 때문이라는 것이다. 다시 말해 유기적 구성의 고도화는 신기술을 품은 새로운 고정자본의 도입에 의해 이루어지는데, 기존의 고정자본이 있기 때문에 새로운 고정자본의 도입과 사용이 어렵다는 것이다. 그렇다고 해서 우노학파가 자본의 축적과정이 항상 기술혁신 없이 진행된다고 주장하는 것은 아니다. 우노는 말한다.

> 자본축적이 계속 생산방법을 개선하는 것도 아니며, 또한 유기적 구성을 계속 상승시켜 상대적 과잉인구를 항상 창조하는 것도 아니다. 고정자본은 일단 설치되면 몇 년 동안 사용되어야 하기 때문에, 새로운 생산방법이 쉽사리 낡은 생산방법을 대체할 수 없다. 자본이 현재의 상대적 과잉인구를 가지고 축적을 계속할 수 있는 한, 혁신의 도입을 자극할 요인이 없다. 새로운 생산방법의 광범한 채택은 원칙적으로 불황기에 나타나는 치열한 경쟁이 자본들을 강제하기 때문에 일어난다(Uno 1980: 53).

이 인용문에서 보는 바와 같이, 우노학파가 말하는 '기존의 고정자본의 제약'은 사실상 신기술의 도입에 따르는 '비용 그 자체'가 아니다. 기존의 고정자본이 이윤 획득에서 '경제적으로 기능하는 한' 자본축적은 주어진 유기적 구성을 변경시키지 않은 채 진행된다는 것을 의미하고 있으며, 유기적 구성의 변화 없이 자본축적이 진행되는 것이 호황기의 특징이라고 그들은 생각한다.

> 경기순환의 호황기에는 상당한 이유을 항상 얻기 때문에 자본은 기존 고정자본의 미(未)상각가치를 희생하면서까지 신기술을 도입하려고 하지 않고, 기존의 고정자본으로 생산을 확대하려고 한다(Uno 1980: 89).

이처럼 우노학파는 공황의 설명에서 이론화되지 않은 경기순환(즉 호황국면)을 외부로부터 미리 도입하지 않을 수 없었다. 기존의 고정자본의 제약 → 유기적 구성이 불변인 채 자본축적 → 산업예비군의 고갈 → 임금 상승과 이윤 하락 → 공황이라는 논리는, 일반적인 자본축적과정에 적용될 수 있는 것이 아니라 경기순환의 특수국면 즉 호황기에만 적용될 수 있기 때문이다. 다시 말해 우노학파는 공황(경기순환의 한 국면)의 원인을 호황(이것도 경기순환의 한 국면이다)의 특수성에서 도출하고 있으면서도 경기순환 그 자체가 왜 그리고 어떻게 발생하는가를 설명하지 않기 때문이다.

이런 우노학파의 방법은 마르크스의 방법과는 전혀 다르다. 마르크스는 이론화되지 않은 경기순환의 존재를 미리 상정하지 않고 자본축적의 일반법칙으로부터 어떻게 경제위기와 공황이 생기는가를 연구하기 때문이다. 따라서 마르크스의 공황이론에서는 자본축적은 유기적 구성의 고도화를 수반하면서 진행된다. 그런데 우노학파는 호황기에 왜 신기술의 도입이 불가능한가를 이론적으로 분명하게 설명하지도 못하고 있다. "기존의 고정자본이 경제적으로 기능하는 한 새로운 기술은 도입되지 않는다"는 설명은 동어반복에 지나지 않는다. 왜냐하면 "경제적으로 기능한다"는 말은 기존의 고정자본에 의해 생산된 상품이 시장에서 경쟁할 수 있으며 따라서 이윤을 획득하는 데 아무런 곤란을 야기하지 않는 것을 의미하기 때문이다. 이처럼 이론적으로 설명할 수가 없었기 때문에, 우노학파는 구체적 역사자료를 통해 실증하려 했으나, 호황기에도 신기술의 일반화, 기존 기계의 조기대체(早期代替), 새로운 생산방법의 도입이 진행되고 있음을 보게 된 것이다.

따라서 자본축적은 호황기에는 기술의 혁신 없이 즉 유기적 구성의 변화 없이 진행된다는 우노학파의 주장은 이론적으로도 현실적으로도 그 타당성이 증명되지 않았다고 말할 수 있다. 사실상 마르크스도 호황기에는 불황기에 비해 사회 전체적으로 자본의 유기적 구성이 느리게 상승하는 것을 인정하고 있지만, 그 이유는 전혀 다르다. 마르크스에 따르면, 호황기에도 기술혁신은 이루어지지만 상품에 대한 높은 수준의 수요 때문에 생산성이 낮은 자본(즉 유기적 구성이 낮은 자본)도 경제적으로 계속 기능할 수 있으므로 사회적 총자본의 유기적 구성이 느리게 상승한다는 것이다. 또한 유기적 구성이 낮은 자본이 성공적으로 성장할 수 있는 것도 일부의 자본이 신기술의 도입으로 창조해 내는 실업자들을 싼 값으로 고용할 수 있기 때문이라는 것이다. 결국 마르크스에 의하면, 상대적 과잉인구가 고갈되는 것은 자본의 유기적 구성이 불변이기 때문이 아니라 유기적 구성의 고도화 속도를 능가하는 생산규모의 확대율 때문이라고 본다.

3) 자본과잉론

우노학파는 『자본론』에는 두 개의 상이한 공황론, 즉 상품과잉론과 자본과잉론이 함께 있다고 주장한다. 그러나 상품의 과잉이나 자본의 과잉은 그 용어 자체로는 특별히 다른 내용을 가지고 있지 않다. 왜냐하면 산업자본의 순환과정이 중단되면, '화폐자본'은 퇴장(退藏 hoarding)되고 '생산자본'(생산과정에 묶여 있는 기계설비와 노동인력)은 유휴상태에 빠지며 '상품자본'은 팔리지 않은 채 재고로 쌓여 있을 것인데, 이 퇴장된 화폐, 유휴상태의 거계설비와 실업자, 과잉의 상품 등은 모두 자본과잉의 현상형태(forms of appearance)이기 때문이다. 따라서 상품과잉론과 자본과잉론은 그 자체로서는 공황이 어떻게 발생하는가에 대한 상이한 이론을 전혀 표현하고 있지 않다.

우노학파가 옹호하는 '자본과잉론'은 과연 무엇인가?[2] 우노학파에 따르면, 호황기에는 자본축적이 유기적 구성의 변화 없이 진행되기 때문에, 『자본론』으로부터 논리일관한 공황이론을 구성하는 길은 마르크스의 '자

2 우노학파는 '상품과잉론'을 '과소소비설'에 관련시킨다.

본의 절대적 과잉생산(absolute overproduction of capital, 이하에서는 AOC로 약칭함)' 의 개념을 개발하는 방법밖에 없다고 말한다.

마르크스의 AOC 개념은 다음과 같다.

> 자본주의적 생산을 위해 투하되는 추가자본이 0이 될 때 자본의 절대적 과잉생산이 있게 될 것이다. 자본주의적 생산의 목적은 자본의 가치증식—즉 잉여노동의 취득, 잉여가치(이윤)의 생산—이다. 그러므로 자본이 노동인구에 비해 너무나 크게 증가하여 이 노동인구가 공급하는 절대적 노동시간이나 상대적 잉여노동시간이 증가할 수 없다면(상대적 잉여노동시간은 노동에 대한 수요가 너무 강하여 임금의 등귀 경향이 있는 경우에는 어쨌든 증가될 수 없다), 따라서 증가한 자본에 의해 생산되는 잉여가치량이 증가 이전과 동일하거나 심하게는 더 적다면, 자본의 절대적 과잉생산이 발생할 것이다. ……어느 경우에나 일반적 이윤율의 격심하고 갑작스런 저하가 일어날 것인데, 이 저하는 이번에는 자본구성의 변동—생산성의 발달에 기인한 것이 아니라 가변자본의 화폐가치의 증대(임금 상승 때문임)에 기인한 것이다—과 그것에 대응하는 필요노동에 대한 잉여노동의 비율 감소 때문에 일어난다(『자본론』III(상): 302).

사실상 마르크스는 자본의 절대적 과잉생산은 '가장 극단적인 가정'(『자본론』III(상): 306)이라고 말하고 있다. "개별상품들의 과잉생산이 아닌 자본의 과잉생산—이것도 항상 상품의 과잉생산을 포함하지만—은 자본의 과잉축적 이외에 아무것도 의미하지 않는다. 이 과잉축적이 무엇인가를 이해하기 위해서는…… 그것을 절대적인 것으로 가정하면 좋다"(『자본론』III(상): 301). 그런데 우노학파는 마르크스의 이런 견해가 '잘못된 가정들' (예: 자본의 유기적 구성의 끊임없는 상승, 상대적 과잉인구의 끊임없는 창출)에 의거하고 있다고 비판하면서 AOC의 개념을 그들의 공황이론의 중심에 두고 있다.

결국 우노학파의 '자본과잉론'은 『자본론』 제I권 제25장 제1절('자본의 구성이 불변이면, 축적에 따라 노동력에 대한 수요가 증가한다')과 『자본론』 제III권 제15장 제3절의 '자본의 절대적 과잉생산'을 그 이론적 기반으로 삼고 있다.

자본의 절대적 과잉생산에 관한 논의는 뒤로 미루고, AOC의 내용이 마르크스의 '이윤율 저하 경향(TRPF)의 법칙'과 두 가지 점에서 다르다는 것을 지적하여 두자(제6장을 참조하라).

먼저 AOC에서는 이윤율과 이윤량이 임금의 상승 때문에 '분명히' 저하하고 감소한다. 그러나 TRPF법칙에서는 실제로 이윤율이 저하하거나 이윤량이 감소하는 것을 '분명히' 이야기하지 않을 뿐 아니라, 임금이 노동력의 가치 이상으로 급상승하기 때문에 이윤율 또는 이윤량이 저하하거나 감소한다고 이야기하지도 않는다.

둘째로 AOC에서는 임금수준의 상승 때문에 자본의 가치구성(즉 C/V)은 오히려 저하하지만 자본의 기술적 구성이나 유기적 구성은 변하지 않는다. 그런데 TRPF법칙에서는 노동절약적인 기술의 도입으로 노동인력이 생산과정에서 축출되기 때문에 자본의 기술적 · 유기적 구성은 상승하지만, 기술적 구성의 고도화에 따라 일어나는 생산재와 소비재의 상대적인 가치변동을 알 수 없기 때문에 자본의 가치구성의 변화는 예측할 수 없다(제6장 1-1)을 참조하라).

우노학파는 이런 차이점에 대해서는 주의를 기울이지 않는다. 왜냐하면 그들에게는 '노동인력의 절대적 부족'만이 재생산과정의 중단 즉 공황을 일으킬 수 있기 때문이다. 따라서 우노학파는 자본의 구성(기술적 · 유기적 · 가치적 구성), 잉여가치율, TRPF 등을 연구할 필요를 느끼지 않는다. 더욱이 우노학파는 새로운 기술이 불황기에만 도입되며 이에 따라 불황기에만 자본의 유기적 구성이 상승한다고 보기 때문에, TRPF법칙은 공황과는 아무런 상관이 없다고 말한다.

자본의 절대적 과잉생산, 즉 노동인력의 절대적 부족은 상품교환경제에서는 임금률을 인상시키지 않을 수 없고 이에 따른 이윤율의 저하와 이윤량의 감소 때문에 공황이 생긴다고 보는 우노학파는 『자본론』의 몇 구절을 인용하면서 자기들의 주장을 정당화하고 있다. 예를 들면 『자본론』 제I권 제7편 제25장 제1절에는 다음과 같은 단락이 있다.

> 만약 (노동자계급이 제공하고 자본가계급이 축적하는) 불불노동(unpaid labour)의 양이 급속히 증가해 그것이 자본으로 전환되기 위해서는 지불노동의 비상한 추가가 필요한 경우, 임금은 등귀하고, 그리고 기타 조건이 같다면, 불불노동은 그에 비례해 감소한다. 그러나 이 감소는 자본을 길러내는 잉여노동이 더 이상 정상적인 양으로 제공되지 않는 점에 도달하자마자, 반작용이 시작된다. 즉 수입(자본가가 상품의 판매에 의해 거두어들이는 자본가치와 잉여가치의 합계를 가리킨다: 인용자) 중 더 작은 부분이 자본화되고, 축적은 쇠퇴하고, 임금의 등귀운동은 장애에 부닥친다. 그리하여 임금의 등귀는 자본주의 체제의 토대를 침해하지 않을 뿐 아니라 점점 더 확대되는 규모의 재생산을 보장하는 한계 안에 머문다(『자본론』I(하): 848).

이 단락에서 마르크스는 노동인력의 부족과 임금 상승이 공황을 야기하는 것처럼 묘사하고 있다. 왜냐하면 자본의 축적과 노동인력의 공급 사이의 불균형에서 생기는 임금 상승이 자본축적률(잉여가치 중 자본으로 재투자되는 비율)의 감소를 통해 극복되고 있기 때문이다. 그러나 축적률의 감소를 통해 노동인력의 부족을 극복하는 방법은 『자본론』 제I권 제25장 제1절의 테두리—즉 자본의 기술적 구성이 불변인 상황—안에서 생각할 수 있는 방법에 불과하다. 제2절('축적과 그에 수반하는 집적의 진행과정에서 가변자본부분의 상대적 감소가 발생한다')에 가면 노동인력의 부족을 극복하는 방법으로 기술혁신이 나타나며, 이제 노동인력의 부족은 전혀 언급되지 않고 상대적 과잉인구 즉 산업예비군이 오히려 문제가 된다.

이렇게 본다면, 노동인력의 부족과 임금 인상을 축적률의 감소로 극복하는 방법은 이론적으로나 역사적으로 덜 발달된 단계에 속한다는 것을 곧 알 수 있다. 다시 말해 제25장 제1절에서는 유기적 구성이 불변인 채로 자본축적이 진행되면 자본축적은 결국 노동인구의 자연적 성장이라는 장애에 부닥치게 된다는 점을 지적하고 있다. 그런데 제2절에서는 이런 장애를 자본가적으로 극복하는 방법이 유기적 구성의 고도화라는 점을 지적하고, 이것은 노동생산성의 향상(상대적 잉여가치의 생산방법이다)의 조건임과 동시에 결과임을 강조하고 있다. 더욱이 제3절('상대적 과잉인구 또는 산업예비군의 누진적 생산')과 제4절('상대적 과잉인구의 상이한 존재형태. 자본주의적 축적의 일반법칙')에서 마르크스는 자본축적과정 그 자체가 노동인구의 자연성장률이라는 제약을 극복하며, 항상 이용할 수 있는 산업예비군을 형성하게 된다는 점을 강조하고 있다.

결론적으로 말해, 우노학파의 자본과잉론은 '자본의 절대적 과잉생산'에 기초를 두고 있으며, 자본축적이 이런 단계에 도달하는 것을 논리적으로 설명하기 위해 '유기적 구성이 불변인 채 자본축적'을 매개항으로 삽입한 것이라고 말할 수 있다.

4) 경쟁과 신용

자본축적의 진행이 산업예비군을 모두 흡수해 새로운 생산수단이 새로운 자본으로 전환하는 데 필요한 노동인력이 없어진다면, 자본의 절대적 과잉생산(AOC)이 발생하고 이에 따라 '일반적 이윤율'(또는 사회적 평균이윤율)은 저하하게 된다. 그러나 일반적 이윤율의 저하 그 자체는 사회적 총자본의 재생산과정을 급격하게 중단시킬 수는 없다고 우노학파는 주장하면서 경쟁과 신용을 공황이론에 도입하고 있다.

우노학파에 따르면, 일반적 이윤율의 저하는 개별자본들이 경쟁하는 일반적 환경의 악화를 의미한다. 개별자본은 자기가 필요로 하는 노동자를 얻기 위해 다른 자본에 이미 고용되어 있는 노동자에게 더 높은 임금을 제시하지 않을 수 없고, 이에 따라 노동자 부족현상의 심화, 임금수준의 계속적 상승, 일반적 이윤율의 계속적 저하가 일어난다.

이처럼 경쟁이 노동자의 부족을 악화시킨다는 우노학파의 주장은 경쟁과 무정부적 생산 그 자체가 공황의 원인이라고 보는 견해보다는 훨씬 우수하다. 그러나 우노학파는 경쟁의 역할을 AOC의 상황에서만 인정하며, 또한 경쟁이 노동자의 부족을 심화시키는 점만을 강조하고 있는 데 문제점이 있다. 만약 경쟁이 개별자본으로 하여금 새로운 생산방법의 도입을 강제한다고 올바르게 보았다면, 실업자들이 생겼을 것이므로 노동자의 부족과 임금의 상승은 지금처럼 큰 역할을 할 수 없었을 것이고, AOC는 공황이론의 핵심이 되지 못했을 것이다.

우노학파의 경쟁 개념은 신리카도학파의 경쟁 개념과도 다르다. 신리카도학파에 의하면, 경쟁은 개별자본들로 하여금 비용가격(cost price, 물적 투입비용과 임금)을 절감하도록 하는데, 임금률이 일정한 수준 이상으로 상승하면 개별자본은 기존의 생산방법을 버리고 노동절약적인 신기술을 도입하게 된다는 것이다. 그러나 우노학파나 신리카도학파의 경쟁 개념은 마르크스의 그것과는 상당히 다르다. 마르크스는 경쟁을 '자본주의 경제의 필수불가결한 추진력' 이라고 간주하며, 경쟁은 임금의 사전적인 인상 없이도 개별자본에게 신기술의 도입을 강제하며, 자본축적과 생산확대에 대한 자극제로 역할한다고 본다. 또한 마르크스는 "경쟁은 자본주의 생산양식의 내재적 법칙을 외적 강제법칙으로 각 개별자본가에게 강요한다"(『자본론』I(하): 807)고도 말한다. 다시 말해 자본의 목적은 자기의 가치를 최대한으로 증식시키는 것이기 때문에, 개별자본은 무엇보다도 먼저 새로운 생산방법을 도입하여 자기의 생산물의 가치(또는 가격)를 그 상품의 시장가치(또는 시장가격) 이하로 저하시켜 그 차액을 '특별잉여가치(또는 초과이윤)' 로 획득하고자 한다는 것이다.

결국 우노학파의 공황이론에서는 경쟁은 신기술의 도입을 자극하지 않으며 주어진 기술 아래에서 생산규모만을 확대하도록 강제하고 있다. 이에 따라 경쟁 때문에 임금수준의 급속한 상승과 이윤율의 급격한 저하가 발생하지 않을 수 없다. 사회적 총자본의 축적과정이 자본의 절대적 과잉생산의 단계에 도달할 때, 자본 사이의 경쟁은 한편으로는 일반적 이윤율을 저하시키고, 다른 한편으로는 생산규모를 확대하기 위해 대부자본에 대한 수요를 급증시켜 이자율을 상승시키게 된다고 본다. 이윤율의 하락과 이자율의 상승은 일부의 자본을 도산시키며, 이것의 연쇄반응으로 신용제도 전체가 혼란에 빠지고 그 결과로 전반적 과잉생산(이른바 상품의 과잉)이 폭발한다고 우노학파는 주장한다(이 책의 제7장 '신용과 공황'을 참조하라).

3
우노학파 공황이론의 평가

1) 노동력의 특수성

우노학파는 노동력이 자본에 의해 직접적으로 생산될 수 없으며 노동력의 공급이 임금률의 상승에 의해 증가할 수 없다는 점에서 노동력의 특수성을 파악한다. 그런데 일본의 정통파 마르크스주의자들은 우노학파가 노동력의 '수량적' 제한성에만 주의를 집중함으로써 자본과 노동 사이의 대립과 갈등을 은폐하고 있다고 비판하면서, 노동력의 특수성을 잉여가치를 창조하는 특성에서 구하고 있다. 잉여가치를 창조하는 것은 노동력의 가치결정 과정과 노동력의 소비 과정을 거쳐야 하는데, 이 두 과정에서 자본과 노동 사이의 대립과 투쟁은 피할 수 없다. 노동력의 가치는 노동자와 그 가족의 생활(의식주 생활과 문화생활을 포함)에 필요한 상품들의 가치와 같고, 이 필요상품들의 목록은 역사적 · 사회적 상황에 따라 변동할 수 있기 때문에 노동력의 가치를 표현하는 임금수준은 노동자와 자본가 사이의 투쟁에 의해 결정되는 것이다. 또한 상품의 생산과정에서 자본가가 임금에 해당하는 노동시간보다 더 긴 시간 동안 노동력을 소비해야만 잉여가치를 얻을 수 있기 때문에, 노동시간의 연장, 노동강도의 강화, 혁신을 통한 노동생산성의 향상 등을 도모하는데, 여기에도 노동자와 자본가 사이에 대립과 갈등과 투쟁이 있게 마련이다. 이에 따라 정통파에 의하면, 노동력이란 상품의 특수성은 그것의 가치결정과 소비에 내재하는 계급간 대립과 투쟁에 있으며, 이 대립과 투쟁이 또한 자본주의 생산양식의 기본모순이라고 주장한다. 사실상 우노학파는 노동력의 특수성을 '수량적' 제한성에서 찾기 때문에 자본과 노동 사이의 대립에는 전혀 주목하지 않는다. 따라서 우노학파의 공황이론은 케인즈학파의 완전고용천정이론(full-employment ceiling theory)과 거의 다를 바가 없다.

우노학파의 이런 견해의 밑바탕에는 자본주의에 대한 '잘못된' 인식이 있다고 정통파는 주장한다. 우노학파는 노동 · 생산과정의 목적(또는 본질)은 모든 사회에서 동일하지만 그것의 조직형태만이 서로 다르다고 본다. 자본주의에서도 생산의 목적은 사회의 필요를 충족시키는 것임에는 다름 없지만, 생산요소들이 상품으로 전환되어 생산과정이 상품들의 교환과정을 통해 조직되고 있다는 점에서 다른 사회와 다르다고 본다. 따라서 우노학파는 공황의 원인을 잉여가치의 생산 · 실현과정에서 나타나는 이윤율의 저하나 생산과 소비 사이의 모순에서 찾으려 하지 않고, '상품으로 될 수 없는' 생산요소인 노동력이 상품으로 되었다는 사실에서 공황의 원인을 찾으려고 한다. 다시 말해 노동력은 인위적으로 증감시킬 수 없다는 '비역사적 성격'을 가지고 있는데, 이것을 자본주의에서 상품으로 전환시켰기 때문에, 노동력이 부족하면 생산이 축소 · 중단되지 않을 수 없다는 것이다. 그러므로 우노는 다음과 같이 이야기한다.

> 자본은 생산규모를 확대하여 생산재와 소비재를 언제나 증가시킬 수 있기 때문에, 노동력이 풍부하다면 자본축적을 제한할 내재적인 요인은 전혀 없다(Uno 1980 : 88).

실업이 대규모로 있으면서도 생산활동이 정체되고 있는 1980년대 이후의 장기불황을 우노학파는 전혀 이해할 수도 없고 설명할 수도 없게 되는 것이다. 자본의 목적이 가치증식에 있다는 것을 무시하기 때문이다.

우노학파가 말하는 노동력의 특수성, 즉 그것의 공급이 가격변화에 비탄력적(inelastic)인 성격은 다른 생산요소들에서도 볼 수 있다. 예컨대 1973년 10~12월에 오펙(OPEC, 석유수출국기구)이 석유가격을 4배(배럴당 3달러에서 12달러로 인상)로 인상했을 때 세계경제가 부닥친 혼란을 생각하면, 석유도 노동력과 같은 가격비탄력성을 가지고 있다고 말할 수 있다.

2) 자본의 구성과 산업예비군

우노학파는 산업예비군에 관한 마르크스의 견해를 비판한다. 마르크스는 산업예비군의 존재는 '자본주의적 축적을 위한 하나의 조건' 일 뿐 아니라 '자본주의적 축적의 절대적 일반법칙' 이라고 강조하면서, 산업예비군이 항상 있다고 주장하는데, 우노학파는 이것은 19세기 중엽의 영국 현실에서 유추한 것이며 결코 자본축적과정에 관한 연구에서 논리적으로 도출한 것은 아니라고 비판한다. 그러나 이런 비판은 마르크스의 방법론을 제대로 파악하지 않았기 때문에 나온 것처럼 보인다.

마르크스는 자본은 노동생산성의 향상을 통해 상대적 잉여가치를 생산하기 위해 생산방법을 혁신하는 경향을 가지고 있다고 본다. 이에 따라 자본의 기술적 · 유기적 구성이 높아진다. 노동생산성의 향상과 자본의 유기적 구성의 고도화는 한편으로는 노동자들을 생산과정에서 축출해 산업예비군을 형성하는 경향을 가지고, 다른 한편으로는 소비재의 가치 저하→노동력의 가치 저하를 통해 잉여가치율(또는 착취율)을 상승시키는 경향을 가지고 있다. 그런데 이 두 가지 상반되는 경향은 사실상 서로 다른 추상수준(抽象水準 level of abstraction)에서 파악한 것이다. 취업노동자 수의 감소는 노동생산성의 향상과 자본의 유기적 구성의 고도화가 생산부문에 미치는 직접적인 효과이지만, 잉여가치율의 상승은 노동생산성의 향상이 시장에서 소비재의 가치를 저하시키고 분배투쟁에서 노동력의 가치(임금수준)까지도 저하시킨 뒤의 효과이므로, 잉여가치율의 상승은 노동생산성의 향상이 생산부문 · 유통부문 · 분배부문에 미친 효과들을 합계한 것이라고 볼 수 있다(제6장 4-5)를 참조하라).

그러므로 단순한 개념으로부터 복잡한 개념으로 상향(上向)하는 서술 방법과, 생산 · 유통 · 분배 중 생산을 지배적인 부문이라고 간주하는 생산우위론(生産優位論)을 채택하는 마르크스의 방법론을 고려한다면, 취업 노동자의 감소(즉 산업예비군의 형성)를 '자본주의적 축적의 절대적 일반 법칙'이라고 부르면서 "이 법칙은 다른 모든 법칙과 마찬가지로 그 작용에서는 여러 가지 사정에 의해 수정된다"(『자본론』I(하): 879)고 말한 것은 당연하다고 생각된다. 왜냐하면 산업예비군의 형성은 노동생산성의 향상이 생산부문에 미친 가장 직접적이고 단순한 효과이기 때문이다.

따라서 마르크스는 자본축적과정이 산업예비군을 계속 창출하는 과정이라고 주장한 것은 아니다. 임금재의 가치 하락으로 노동력의 가치가 저하하면 동일한 금액의 가변자본으로 더 많은 노동자들을 고용할 수도 있고, 잉여가치량이 더욱 증가해 자본축적량이 증가한다면 생산규모의 확대를 통해 더욱 많은 노동자를 고용할 수도 있을 것이다. 다시 말해 자본축적과정은 산업예비군을 창출하고 흡수하는 상반되는 경향을 품고 있다고 본 것이다. 그러나 우노학파와는 달리 마르크스는 공황이 산업예비군의 고갈 이후에만 일어난다고 보지는 않았다.

3) 자본의 절대적 과잉생산

우노학파의 공황이론은 본질적으로 자본의 절대적 과잉생산(AOC)이라는 마르크스의 개념에 의거하고 있다. 일본의 정통파 마르크스주의자들은 AOC가 자본의 과잉생산이 무엇인가를 설명하기 위해 만들어 낸 '가장 극단적인 가정'이기 때문에, AOC는 마르크스 공황이론의 기초가 될 수 없다고 주장한다. 그 대신 그들은 '자본의 상대적 과잉생산(relative overproduction of capital, 이하에서는 ROC로 줄임)'이란 개념을 만들어 이것이 마르크스 공황이론의 기초가 된다고 제시하고 있다(松尾純 1979).

AOC에 관해 마르크스는 다음과 같은 점들을 지적했다.

(가) AOC는 자본의 과잉생산 또는 과잉축적의 '가장 극단적인 가정' 이다.

(나) AOC는 생산의 '모든' 부문에서 일어나는 과잉생산이다.

(다) AOC는 자본축적이 모든 노동인구를 흡수했기 때문에 생긴다.

(라) AOC는 이윤율의 저하와 이윤량의 감소를 함께 지닌다.

(마) 위의 이윤율의 저하는 임금 상승이 자본구성의 변화(가변자본의 화폐 금액의 증가 때문에 C/V가 '저하' 한다)와 잉여가치율의 저하를 일으키기 때문에 나타난 것이다.[3]

(바) AOC에서는 추가적 투자가 없어진다. 왜냐하면 모든 산업부문에서 이윤량이 이전과 동일하거나 오히려 줄어들기 때문이다.

일본의 정통파는 위의 AOC의 내용이 사실상 리카도의 견해를 마르크스가 재구성한 것임을 모르고 있는 것 같다. 다시 말해 마르크스가 AOC 개념을 창조한 이유는, 자본의 과잉이 무엇인가를 보이기 위한 것, 그리고 AOC에서도 공황에 관한 리카도의 견해는 타당하지 않다는 것을 폭로하기 위한 것이었다고 생각된다. 일본의 정통파가 정립한 ROC의 내용을 AOC와 비교하고, AOC가 리카도의 견해였음을 밝힐 것이다.

(나)′ ROC는 생산의 모든 분야에서 나타나지 않고 몇 개의 주요 분야에서만 나타나는 자본의 과잉이다. 리카도는 부분적 과잉생산은 있을 수 있지만 전반적 과잉생산은 발생할 수 없다고 보았기 때문에, 마르크스는 리카도의 공황이론을 재구성하기 위해 전반적 과잉생산 즉 AOC를 가정한 것이다. 사실상 마르크스는 공황 또는 과잉생산이 전반적인 것으로 발전하

3 C/V의 저하는 이윤율을 상승시키는 경향을 가지지만 S/V의 저하가 더욱 크기 때문에 이윤율이 저하한다. 제6장 1-1)에 있는 이윤율의 공식을 참조하라.

는 데는 주요 상품의 과잉생산만으로 충분하다고 말했다.

(다)′ ROC는 산업예비군이 있더라도 일어날 수 있다. 과잉자본과 과잉인구가 공존하는 것은 "전혀 모순이 아니다"고 마르크스가 지적하고 있기 때문이다. 그런데 AOC는 리카도의 '잘못된 가정'—즉 이윤율과 잉여가치율은 동일하다는 가정—을 정당화하는 데 필요하다. AOC에서는 잉여가치를 증가시킬 가능성이 전혀 없으므로, 임금과 이윤의 반비례관계가 그대로 적용되어, 임금의 상승은 잉여가치율(S / V)을 저하시킬 뿐 아니라 이윤율(이윤 / 총투하자본)도 저하시키기 때문이다.

(라)′ ROC는 이윤량의 감소와는 관련이 없고 이윤율이 '정상수준 이하로' 저하하는 것과 관련이 있다. 이윤율이 정상수준 이하로 저하하면, 개별자본은 이윤율의 저하를 이윤량의 확대로 보상하기 위해 생산규모를 확대하게 되며, 이리하여 공급이 시장수요를 초과하여 과잉생산 공황이 발생한다는 것이다. 물론 마르크스는 이윤율이 현실적으로 저하하지 않더라도 이윤율 저하 경향의 법칙에 내재하는 여러 가지 모순들(예: 일부 자본의 기술혁신 도입에 의한 초과이윤 획득과 다른 자본들의 도산) 때문에 공황이 발생할 수 있다고 말한다(제6장 5 참조).

이렇게 볼 때 AOC는 자본과잉의 가장 극단적인 경우일 뿐 아니라 공황에 관한 리카도의 견해를 품고 있는 개념이다. 마르크스는 뒤이어 비현실적인 AOC에서도 리카도의 주장은 타당하지 않다고 말한다. 리카도는 임금률의 상승에 따른 이윤율의 저하 때문에 자본축적이 머지않아 중단되어 불황상태가 '계속될' 것을 우려했지만, 마르크스는 AOC에서도 그 뒤에 나타나는 불황이 실업을 창출하고 신기술의 도입을 촉구하기 때문에 자본주의 경제는 순환을 다시 시작한다고 비판한다.

또한 "전반적 과잉생산은 인간의 무한한 욕망 때문에 불가능하다"는 리카도의 주장을 비판할 때도 마르크스는 AOC의 개념을 다음과 같이 사용하고 있다.

> 자본의 절대적 과잉생산은 절대적 과잉생산 일반이 아니며 생산수단의 절대적 과잉생산도 아니다. ……현재의 인구에 비해 너무나 많은 생활수단이 생산되는 것은 아니다. 그 반대이다. 총인구의 필요를 충분히 그리고 인간답게 충족시키기에는 생산된 것이 너무나 적다. 잠재적 노동인구를 고용하는 데 필요한 것보다 많은 생산수단이 생산되는 것도 아니다. 그 반대이다. ……그러나 노동자의 착취수단으로서 어느 일정한 이윤율로 기능하기에는 너무나 많은 노동수단과 생활수단이 주기적으로 생산된다(『자본론』III(상): 306, 309, 310).

자본의 절대적 과잉생산이라는 개념은 공황에 관한 리카도의 견해를 대표한다고 말할 수 있다. 따라서 우노학파의 공황이론도 마르크스에 입각한 것이라기보다는 리카도에 입각한 것이라고 말할 수 있다. 사실상 뒤에서 보는 바와 같이 우노학파의 공황이론은 신리카도학파의 공황이론과 매우 비슷하다.

4) 공황이론과 현실적 공황의 해석

우노학파의 공황이론은 다음과 같은 세 가지 명제로 구성되어 있다.

(가) 호황기의 자본축적은 기술혁신 없이 진행한다.

(나) 자본축적은 산업예비군을 모두 고용할 때까지 진행하며, 이리하여 임금수준의 급격한 상승이 일어나고, 이것은 이윤율을 급격히 저하시키고 이윤량을 격감시킨다.

(다) 이윤율의 저하는 이자율의 상승과 충돌하게 되며, 일부의 개별자본이 채무를 상환할 수 없어 도산할 때 신용제도가 붕괴하여 전반적 공황이 폭발한다.

그런데 이 세 가지 명제는 우노학파가 현실적 공황을 해명하는 지침으로서 크게 사용하지 않고 있다. 명제 (가)는 독점자본주의 단계의 공황을 설명하는 과정에서 우노 자신에 의해 폐기되었다. 우노에 따르면, 독점자본주의 단계에서는 신용제도가 발달하고 화폐자본의 조달이 쉽기 때문에 생산방법의 '끊임없는' 개선이 가능하여 새로운 고정자본의 설치가 불황기보다는 호황기에 집중하는 경향이 있다고 한다. 이렇게 되면 산업예비군이 호황기에도 계속 창출되기 때문에, 우노는 독점자본주의에서는 자기의 공황이론이 타당하지 않다는 것을 인정하지 않을 수 없었다. 이리하여 우노는 독점자본주의에서 일어나는 공황의 원인을 다음과 같이 다른 곳에서 찾는다.

(가) 대규모 고정자본에 대한 투자와 가동(稼動) 사이의 시차 때문에, 호황기에 설치하기로 결정한 고정자본이 호황이 지난 뒤에야 가동되어 과잉생산을 일으키게 된다. 이리하여 임금 상승 → 이윤율 저하라는 순서가 독점자본주의에서는 상품의 과잉생산 → 이윤율 저하라는 순서로 대체된다(宇野 1954: 150-153).

(나) 신기술의 도입이 주식시장의 동향에 의존하고 있으며, 주식시장은 투기에 지배되고 있으므로, 주식시장의 투기적 성격 때문에 공황이 생길 수 있다(宇野 1954: 149).

공황이론이 현실적 공황을 설명하는 데 전혀 이용되지 않는다면 무엇 때문에 공황이론이 필요한가? 우노학파는 자본주의 경제를 이해하기 위해 마르크스 정치경제학을 원리론, 단계론 및 현상분석론으로 분할해야 한다고 주장하면서도, 원리론과 단계론 및 현상분석론을 하나로 통일하는 기본 개념이나 범주를 제시하지 못했다는 것에 가장 큰 약점이 있는 것처럼 보인다.[4]

우노학파는 공황이론의 둘째 명제—산업예비군의 고갈과 임금 상승—

를 현실적 공황을 설명하는 데 많이 사용하고 있지만, 노동인구 이외에 공급의 가격탄력성이 낮은 광산물과 농산물의 공급 부족도 공황의 원인으로 자주 언급하고 있다. 예컨대 자유방임단계에서는 노동인구와 공업원료 · 식량에 비교한 자본의 과잉축적이 임금 상승과 농산물의 가격 상승을 통해 공황을 일으켰고, 1970년대 중반의 공황도 노동인구와 석유 등 광산물 및 곡물 등 농산물에 비교한 자본의 과잉축적 때문에 일어났다고 본다.

우노학파는 이론에서나 현실에서나 자본축적이 호황기에는 기술적 구성과 유기적 구성의 변화 없이 진행한다는 것을 증명하지 못했을 뿐 아니라, 자본축적이 자본의 절대적 과잉생산의 상황까지 진행한다는 것도 증명하지 못했다.

4 이 책의 제1장 2를 참조하라.

4
우노학파와 신리카도학파의 유사성

1) 마르크스의 이윤율 저하 경향의 법칙에 관한 견해

우노학파와 신리카도학파는 모두 이윤율의 저하를 그들의 공황이론의 중심에 두면서도 마르크스의 이윤율 저하 경향(TRPF)의 법칙를 무시하거나 비판하고 있다. 우노학파는 TRPF법칙이 이윤율의 '현실적 저하'를 예측할 수 있다고 생각하면서도 자본의 유기적 구성이 불황기에만 상승한다고 보기 때문에, TRPF법칙은 공황의 설명에는 아무런 역할을 하지 못하게 된다. 또한 신리카도학파는 TRPF법칙이 현실적 이윤율의 저하를 예측할 수 없다는 이유로 무시하고 있다. 이들의 견해는 이 책의 제6장 4-2)와 4-3)에서 자세히 설명할 것이다.

2) 임금과 이윤의 반비례관계의 근거

우노학파는 자본의 절대적 과잉생산이라는 특수상황에서 임금과 이윤의 반비례관계를 제시하지만, 신리카도학파는 기술적 조건이 일정하다는 가정에서 반비례관계를 제시한다. 사실상 AOC나 일정한 기술적 조건이라는 가정은 리카도의 가정—즉 총노동시간이 외연적으로나 내포적으로 고정되어 있다—의 변형에 불과하다. 왜냐하면 임금과 이윤의 합계가 고정되어 있는 상황에서 반비례관계를 연구하기 때문이다.

신리카도학파는 스라파의 생산가격모델 $P = PA(1 + r) + wL$[5]에 의거하여 상품의 가격(P)과 생산의 기술적 조건(원료와 노동의 투입계수 A와 L)이 일정하다면 이윤율 r과 임금률 w는 반비례의 관계를 가진다는 것이다. 그러나 이 반비례관계는 상품의 가격과 기술적 조건의 '불변성'에 대한 이론적 정당화가 없다면 동어반복에 불과하다. 따라서 신리카도학파는 다음과 같은 설명을 덧붙인다.

> 기술조건과 상품가격이 일정한 상황에서는 임금수준과 이윤율 사이에는 유일한 반비례관계가 성립한다. 만약 임금수준의 상승이 이윤율을 어느 특정수준 이하로 저하시키면 자본가들은 그 임금수준에서 더욱 유리한 생산방법을 채택하게 된다(Steedman 1977).

생산의 기술적 조건의 변화 자체도 임금수준(과 이윤율)의 변동에 달려 있다는 것이다. 다시 말해 임금수준의 변동이 독립변수로서 외부에서 주어지고(예컨대 노동조합의 전투성 강화 등에 의해), 이에 대응해 자본가들이 새로운 생산기술(A와 L)을 도입함으로써 r이 결정되며, 끝으로 상품가격이 연립방정식처럼 동시에 결정된다는 것이다.

결국 신리카도학파는 임금의 사전적인 상승으로부터 생산방법의 개선, 평균이윤율과 상품가격의 변화를 도출하고 있는데, 그들은 임금수준이 어떤 이유로 상승한다고 보는가? 신리카도학파는 그 이유로 노동자계급의 전투성(militancy) 강화를 들고 있다. 그러므로 그들은 임금 상승을 자본주의의 내부 운동법칙으로부터 설명하지 못하고 있다. 이에 따라 그들은 대규모 실업으로 노동자계급의 전투성이 약화되고 임금수준도 낮은 불황기에, 혁신이 광범하게 도입되고 있는 현실을 이론적으로 설명할 수 없게 된 것이다.

---

5 기호의 의미는 다음과 같다. P: 상품가격의 벡터; A: 투입물의 매트릭스; w: 시간당 임금률; L: 총노동시간의 벡터; r: 평균이윤율.

그런데 마르크스는 자본들의 경쟁으로부터 임금 상승의 가능성을 이론화한다. 혁신의 '경쟁적' 도입은 노동인력을 생산과정으로부터 축출하는 경향을 가지며, 생산규모의 '경쟁적' 확대는 노동인력을 생산과정에 흡수하는 경향을 가지는데, 이 두 개의 상반하는 경향에 의해 임금수준이 결정된다는 것이다. 이것은 결국 "축적률이 독립변수이고 임금률은 종속변수이다"(『자본론』I(하): 847)는 것을 가리킨다. 마르크스의 관점은, 신리카도학파가 임금수준의 변화를 독립변수로 보고, 이것을 자본가계급과 노동자계급 사이의 분배상의 투쟁과 연결시키는 것과는 전혀 다르다.

신리카도학파의 이런 특수성은, 리카도와 마찬가지로 자본주의 경제의 총과정을 분배상의 투쟁이라는 관점에서 파악하려고 하기 때문에 생긴 것이다. 그런데 마르크스에 의하면 경제는 생산 · 유통 · 분배 · 소비의 통일체이며 이 통일체 안에서 생산이 지배적인 위치를 차지한다. 자본 상호간, 그리고 자본과 노동 사이의 교환과 분배는 자본 일반과 노동 일반 사이의 생산관계를 파악하지 않고서는 제대로 파악할 수가 없다. 사실상 신리카도학파는 가치(價値)의 범주(예: 잉여가치, 잉여가치율, 가변자본, 자본의 유기적 구성)를 거부하고 가격의 범주(예: 생산가격이나 가격으로 표시한 평균이윤과 평균이윤율)에 집착하기 때문에 생산부문을 유통부문과 분배부문으로부터 독립시켜 연구할 수가 없었다. 물론 가격의 범주는 계량화할 수 있고 실증적 검증을 가능하게 한다는 이점(利點)을 가지고 있지만, 경제를 항상 생산 · 유통 · 분배의 통일체로서만 파악하기 때문에, 생산부문만을 독립적으로 연구할 때 분명히 나타나는 자본과 노동 사이의 적대관계를 부각시킬 수가 없었다. 신리카도학파의 생산가격모델에서는 자본가와 노동자는 각각 물적 자원의 소유자와 인적 자원의 소유자로 나타나며, 그들은 '공동'으로 생산한 부가가치의 분배를 둘러싸고 대립하는 점만이 강조될 뿐이다.

더욱이 신리카도학파는 가격의 범주에 집착함으로써 자본은 끊임없이 기술혁신의 경향을 가지고 있음을 파악할 수가 없었다. 그들의 모델에서는 물질적 생산수단과 노동력이 동등한 자격으로 이윤을 창출하기 때문에, 필요노동을 축소시켜 잉여노동을 증대시키려는 자본의 경향, 즉 기술혁신을 논리적으로 설명할 수 없다.

끝으로, 신리카도학파와 우노학파는 이윤을 잉여가치—즉 잉여노동이 대상화되어 화폐로 실현된 것—로부터 단절시켜 상품의 가격과 그것의 비용가격 사이의 차이라고 이해한다. 따라서 그들은 "화폐임금수준이 상품가격보다 더욱 빨리 상승하는 것"을 증명해야만 임금수준의 상승이 이윤율을 저하시키는 것을 정당화할 수 있게 된다. 이 과제에 관해 우노학파와 신리카도학파는 서로 다른 접근방법을 채택하고 있다.

우노학파에 의하면 AOC가 실질임금 상승의 가장 중요한 이유이다. 그러나 AOC는 노동인력의 부족이 임금수준에 미치는 영향만을 고려하고 있으며, 다른 상품들의 가격에 미치는 영향은 고려하고 있지 않다. 따라서 AOC는 화폐임금수준이 다른 상품들의 가격보다 더욱 빨리 상승한다는 것의 이론적 근거로 역할할 수가 없다. 또한 우노학파가 노동력의 특수성으로 들고 있는 공급의 극단적인 가격비탄력성은 노동력에만 해당되는 것이 아니라 토지와 광산물 및 농산물에도 해당될 수 있기 때문에, 임금수준의 상승만이 이윤율 저하의 원인이라고 말할 수 없게 된다.

신리카도학파는 화폐임금수준이 다른 상품들의 가격보다 더욱 빨리 상승한다는 것을 뒷받침하기 위해 자본 간의 경쟁 격화가 개별자본으로 하여금 상품가격의 인상을 어렵게 한다는 점을 지적하고 있는데, 그들은 왜 경쟁이 격화되는지에 대해서는 분명히 설명하지 않는다. 마르크스처럼 이윤율의 저하 때문에 자본 간의 경쟁이 격화된다면, 그들의 논리, 즉 자본 간의 경쟁 격화 → 상품 가격의 인상 불가능 → 임금수준의 상승률이 상품가격의 상승률을 초과 → 이윤율의 하락은 전혀 의미를 잃어버린다. 왜냐하면 자본 간의 경쟁 격화가 이윤율의 하락을 야기하는 것이 아니라 거꾸로 이윤율의 저하가 자본 간의 경쟁 격화를 야기하기 때문이다.

결론적으로 말해, 우노학파와 신리카도학파의 임금과 이윤의 반비례 관계는 부가가치(노동력이 창조한 새로운 가치)의 생산문제를 전혀 고려하지 않고 '일정한' 부가가치의 분배문제만을 다루고 있다. 또한 그들은 부가가치를 오직 가격의 범주(예: 부가가치 = 상품의 가격 − 비용가격)에서 파악하고 있다. 그렇기 때문에 그들은 "왜 부가가치가 일정한가"를 설명해야 할 뿐 아니라 "왜 임금수준이 상품가격보다 더욱 빨리 상승하는가"를 설명하지 않을 수 없었는데, 그들은 이 문제들에 충분한 대답을 제시하지 못하고 있다.

3) 계급투쟁과 경제위기

신리카도학파는 임금 인상을 둘러싼 계급투쟁 때문에 이윤율이 저하하여 경제위기가 나타난다고 주장한다. 1945년 이래 영국 경제가 점점 쇠퇴하고 있는 이유에 관해 신리카도학파는 다음과 같이 말한다.

> 노동조합의 세력이 너무나 강력해, 임금수준이 다른 나라들보다 더 빨리 상승하고 기술혁신을 제대로 도입할 수 없어 노동생산성이 더 느리게 상승한 것, 그리고 세계시장의 무한경쟁으로 말미암아 상품가격을 인상할 수가 없었던 것으로 말미암아 이윤율이 저하했기 때문이다(Glyn & Sutcliffe 1972).[6]

그런데 우노학파는 그들의 경제학체계에 계급투쟁의 역할을 전혀 도입하지 않으며 임금 상승도 노동인력의 부족 때문이라고 본다. 계급대립과 투쟁이라는 개념을 마르크스경제학에서 추방했기 때문에 우노학파가 일본의 지식인들로부터 인기를 얻었는지도 모른다. 일본의 지식인들은 경

6 이것에 대한 비판은 Yaffe(1973a)를 참조하라.

제문제를 계급 사이의 문제라고 보기보다는 국가 사이의 문제라고 보는 경향이 강하다. 그들은 일본이 미국과 유럽의 선진국들과 대등한 위치를 차지하기 위해 경쟁하고 있으며, 일본 자본이 제국주의국들의 강력한 자본들과 경쟁하고 있다는 점을 강조하고 있다. 이런 지적 분위기는 일본 자본주의의 역사적 발전과정에서 형성된 것이라고 파악할 수 있다. 예를 들면 선진국들이 이미 제국주의적 팽창을 추구하고 있던 1870년대에 비로소 일본은 공업화를 시작했다는 사실, 제2차 세계대전의 패배와 미국에 의한 점령, 미국과의 협조 덕택으로 한국전쟁과 베트남전쟁에서 얻은 이익, 석유 등 원자재의 가격 폭등으로 입은 큰 타격 등등의 역사적 배경 때문에 계급투쟁의 개념이 제대로 개발될 수 없었고 오히려 국가이익이라는 개념이 지배하게 된 것이다.

더욱이 일본에서는 노동인구의 존재형태가 노동과 자본의 대립을 분명하게 부각시키지 않는다. 농촌의 가족농업은 산업예비군의 집합지로 기능하여 산업예비군의 부양 부담을 자본가들에게 지우지 않는다. 또한 노동인구가 대기업과 중소기업 특히 하청계열기업(下請系列企業)으로 분할되고 있으며 대기업의 노동자들은 일종의 노동귀족의 지위를 차지하고 있다. 그리고 대기업은 경기변동을 고려하여 정규직 노동자를 대규모로 고용하기보다는 경제위기에서 쉽게 해고할 수 있는 비정규직 노동자에 크게 의존하고 있다(일본의 노자관계에 관해서는 제8장 5-2)를 참조하라). 따라서 일본에서는 전반적으로 노동자계급의 단결력이 약한데, 여기에 더하여 종신고용제(終身雇傭制)와 연공서열제(年功序列制)가 자본에 대한 충성을 유인하고 있기 때문에, 일본에서는 전투적인 마르크스주의가 인기를 얻을 수 없었다. 우노학파가 자본과 노동 사이의 계급대립과 투쟁을 배제하면서 노동력의 양적 제약성을 강조하게 된 것은 사실상 일본의 특수 사정에 깊은 뿌리를 두고 있다고 보아야 할 것이다.

제 6 장

이윤율 저하 경향의 법칙과 경제위기 · 공황

마르크스는 엥겔스가 편집해 1894년에 발간한 현재의 『자본론』 제III권 제3편에서 '이윤율 저하 경향(Tendency of the Rate of Profit to Fall; TRPF)의 법칙'을 제시하고 있는데, 이 편은 제13장 '법칙 그 자체,' 제14장 '상쇄요인들(counteracting influences),' 그리고 제15장 '법칙의 내적 모순들의 전개'로 이루어져 있다. 그런데 엥겔스가 편집할 때 사용한 '제1초고'(1865년에 쓴 것)에는 제3편의 제목이 '사회의 발전에 따른 이윤율의 저하 경향'으로 되어 있고 장(章)과 절(節)의 구별이 전혀 없었으며(佐藤金三郎 1971), 내용에서는 현재의 제3편과 차이가 거의 없었다(松尾純 1993). 따라서 현재의 제3편이 엥겔스에 의해 그 내용이 왜곡되었다고 주장할 수는 없을 것이다. 그리고 엥겔스도 제III권 '서문'에서 다음과 같이 말하고 있기 때문이다.

> 제III권의 편집작업은 제II권의 편집작업과는 매우 달랐다. 제III권을 위해서는 오직 하나의 매우 불완전한 초고(이것을 엥겔스는 '주요원고(major manuscript)'라고 부르고 있는데, Progress Publishers는 이 원고를 '제1초고'라고 부르고 있다: 인용자)가 있었을 뿐이다. ……그 다음의 세 개의 편들(제2편, 제3편, 제4편: 인용자)에 대해서는 문장상의 편집 이외에는 거의 완전히 주요원고에 의존할 수 있었다(『자본론』III(상): 4, 7).

1
기초 지식

여기에서는 제Ⅲ권 제3편을 자세히 살펴보는데, 그 이유는 마르크스가 경제위기와 공황에 관한 자기의 단편적인 이야기를 제3편에 가장 많이 남기고 있기 때문이다. 다시 말해 마르크스의 경제위기와 공황에 관한 이론을 완전한 형태로 재구성하기 위해서는 제3편을 엄밀히 파악해야 할 필요가 있다.

1) 이윤율의 공식

먼저 마르크스는 이윤율이 자본주의 경제에서 가지는 중요성을 지적한다. “자본의 가치증식이 자본주의적 생산의 유일한 목적이므로, 총자본의 가치증식률(즉 이윤율)은 자본주의적 생산에 대한 박차(拍車)”(『자본론』Ⅲ(상): 290)이다. “이윤율은 자본주의적 생산의 자극제이며 축적의 조건이고 추진력이다”(『자본론』Ⅲ(상): 311). 여기에서 이윤율, 축적률, 자본증식률 사이의 관계를 잠시 살펴보자. 축적은 잉여가치를 다시 자본으로 추가하는 것이므로 축적률은 $(sc + sv) / s$이다(sc와 sv는 잉여가치 중에서 각각 불변자본과 가변자본에 추가되는 것을 가리킨다). 만약 잉여가치 모두가 자본으로 축적된다면, 축적률은 100%이고, 이윤율[$= s / (c + v)$]은 자본증식률[$(sc + sv) / (c + v)$]과 같게 된다. 다시 말해 이윤율은 자본증식률의 최대값이다.

이제 이윤율이 어떤 요인들로 구성되는가를 살펴보자. 여기에서 말하는 이윤율은 사회적 평균이윤율 또는 일반적 이윤율인데, 이것은 총자본이 노동자 전체로부터 일년 동안 착취해 실현한 잉여노동(= 잉여가치)을 자본투하총액으로 나누면 얻을 수 있는 연간이윤율과 같다. 그런데 잉여가치는 상업이윤 · 이자 · 기업가이득 · 지대 등등으로 분할되기 이전의 '원천'을 가리킨다(『자본론』III(상): 291). 기호를 다음과 같이 정의한다.

c: 불변자본 투자액

v: 가변자본 투자액

T: 고정자본의 연간회전수

t: 유동자본의 연간회전수

s: 유동자본의 1회전시간에 생산되어 실현된 잉여가치

r: 연간이윤율

$$r = \frac{st}{c+v} = \frac{t\,(s/v)}{(c/v)+1} = \frac{T\,(t/T)\,(s/v)}{(c/v)+1} \qquad (6\text{-}1)$$

연간이윤율은 실질잉여가치율(= s/v), 자본의 가치구성(c/v), 유동자본과 고정자본의 연간회전수(t, T, t/T)에 달려 있다. 각각의 변수가 이윤율에 미치는 영향을 살펴보면, 실질잉여가치율(하루의 노동시간이 잉여노동시간과 필요노동시간으로 분할되는 비율)이 상승하면 이윤율이 상승하고, 자본의 가치구성이 상승하면 이윤율이 저하하며, 고정자본이나 유동자본의 연간회전수가 증가하면 이윤율은 상승하고, 유동자본의 연간회전수가 고정자본의 연간회전수에 비해 상대적으로 증가하면 이윤율은 상승한다.

혼란을 피하기 위해 마르크스가 구분한 자본의 가치구성, 유기적 구성 그리고 기술적 구성을 좀더 자세히 정의할 필요가 있다. 마르크스는 다음과 같이 말한다.

자본의 구성은 두 측면에서 고찰할 수 있다. 가치(價値)의 측면에서 고찰하면, 이 구성은 자본이 불변자본(즉 생산수단의 가치)과 가변자본(즉 노동력의 가치 또는 임금총액)으로 분할되는 비율에 의해 결정된다. 생산과정에서 기능하는 소재(素材)의 측면에서 고찰하면, 어떤 자본이든 생산수단과 살아 있는 노동력으로 분할되는데, 이 구성은 사용되는 생산수단의 양과 이 생산수단의 활용에 필요한 노동량 사이의 관계에 의해 결정된다. 나는 전자를 자본의 가치구성(value composition)이라고 부르고, 후자를 자본의 기술적 구성(technical composition)이라고 부른다. 양자 사이에는 긴밀한 상호관계가 있다. 이 상호관계를 표현하기 위해 나는 자본의 가치구성이 자본의 기술적 구성에 의해 결정되고 또 기술적 구성의 변화를 그대로 반영하는 경우, 그것을 자본의 유기적 구성(organic composition)이라고 부른다(『자본론』I(하) : 836-837).

기술적 구성은 생산과정에서 기능하는 생산수단의 양과 노동자 수 사이의 비율이다. 그런데 노동생산성을 향상시키기 위해 혁신을 도입함으로써 이 기술적 구성을 고도화하면 생산수단과 생활수단(따라서 노동력)의 가치는 균등하거나 불균등하게 저하할 것인데, 이런 가치 변화를 고려한 것이 가치구성이고 이런 가치 변화를 고려하지 않은 것이 유기적 구성이다. 이것을 기호로서 표시하면 다음과 같이 될 것이다.

P_c: 불변자본 요소들의 단위당 가치

$\underline{P_c}$: 기술적 구성의 변화에 의해 영향을 받기 이전의 불변자본의 가치

P_v: 노동자 한 사람에 대한 임금수준

$\underline{P_v}$: 기술적 구성의 변화에 의해 영향을 받기 이전의 임금수준

Q_c: 불변자본 요소들의 수량

Q_v: 노동자의 수

$$자본의\ 가치구성 = \frac{c}{v} = \frac{P_c}{P_v}\ \frac{Q_c}{Q_v} \qquad (6\text{-}2)$$

$$자본의\ 유기적\ 구성 = \frac{P_c}{P_v}\ \frac{Q_c}{Q_v} \qquad (6\text{-}3)$$

$$자본의\ 기술적\ 구성 = \frac{Q_c}{Q_v} \qquad (6\text{-}4)$$

이제 (6-1)식에 (6-2)식을 대입한다면, 연간이윤율은 다음과 같이 표현할 수 있다.

$$r = \frac{T\ \frac{t}{T}\ \frac{s}{v}}{\frac{P_c}{P_v}\ \frac{Q_c}{Q_v} + 1} \qquad (6\text{-}5)$$

자본축적과정에서 자본은 상대적 잉여가치를 얻기 위해 노동생산성의 상승을 도모하는데, 이것은 노동자 한 사람이 다루는 기계나 원료의 양이 증가한다는 것을 의미하기 때문에 자본의 기술적 구성(Q_c / Q_v)이 상승하기 마련이다.[1] 이 상승하는 기술적 구성은, 불변자본 요소들의 가치와 노동자의 임금수준이 변하지 않는다면, 자본의 가치구성을 상승시킬 것인데, 이 경우의 가치구성을 자본의 유기적 구성이라고 불러야 할 것이다. 그런데 노동생산성이 향상되면 기계나 원료 및 노동자의 생활수단의 가

1 마르크스는 "노동생산성의 상승이라는 말은 노동과정에 변화가 일어나 상품의 생산에 사회적으로 필요한 노동시간이 단축되며, 그리하여 주어진 양의 노동이 더 많은 양의 사용가치를 생산할 수 있게 되는 것을 의미한다"(『자본론』I(상): 426)고 정의하기 때문에, 노동생산성의 지표는 생산량(Q)과 이것을 생산하는 데 사용된 과거노동(c)과 현재노동($v + s$)의 합계 사이의 비율이다. $Q / (c + v + s)$. 이래야만 노동생산성의 상승이 반드시 상품 단

치가 저하하기 마련이므로(비록 불균등하게 저하한다 하더라도), 기술적 구성의 상승이 가치구성을 어떻게 변동시킬지는 P_c/P_v와 Q_c/Q_v의 상대적 크기에 달려 있을 것이다.

이처럼 자본의 기술적 구성, 유기적 구성 및 가치구성을 깨끗하게 정리한 것은 파인과 해리스(1985)의 공헌이다. 이 세 개의 개념들은 조사(inquiry)의 과정에서는 가치구성 → 유기적 구성 → 기술적 구성의 순서로 나아가며, 서술이나 발표(presentation)의 과정에서는 기술적 구성 → 유기적 구성 → 가치구성의 순서로 나아간다.

섬유공장의 예를 통해 자본의 구성을 계산해 보자. 표 6-1에서 보는 바와 같이 2000년에는 섬유공장을 건설 · 운영하는 데 평균 100억 원의 자본이 필요했는데, 이 중 20억 원은 건물이나 기계 · 원료 등 불변자본 요소들의 구입에 투자했고 80억 원은 노동자들의 고용에 투자했다. 그런데 2008년에는 투하자본의 평균 규모가 140억 원으로 증가했을 뿐 아니라, 불변자본 요소들의 구입에 100억 원을 그리고 노동자들의 고용에 40억 원을 투자해야 했다.

자본의 '가치구성'은 2000년의 20/80=1/4에서 2008년에는 100/40 = 10/4로 10배 상승했다. 다시 말해 2000~2008년에 가변자본에 대한 불변자본의 비율이 10배 증가했다. 그러나 그 사이에 기계 · 원료 등 불변자본 요소들과 노동력의 가치가 변했을 것이므로, 취업노동자 수에 대한

위당 가치를 저하시키게 된다. 그런데 이 정의에 따르면 기계화가 반드시 상품의 단위당 가치를 저하시키지는 않는다.

$$\frac{(c+v+s)}{Q} = \frac{\frac{c}{v+s}+1}{\frac{Q}{v+s}}$$

기계화에 의해 현재노동$(v+s)$이 더 많은 상품량을 생산한다 하더라도, 다시 말해 $Q/(v+s)$가 상승한다 하더라도, 현재노동에 비해 과거노동이 더욱 크게 증가한다면, 즉 $c/(v+s)$가 더욱 크게 증가한다면, 상품의 단위당 가치는 저하하지 않을 수 있다(김수행 2004a: 105-106).

표 6-1 자본의 구성

	2000년	2008년	증가율
(경상가치)	100억 원	140억 원	1.4배
불변자본	20억 원	100억 원	5배
가변자본	80억 원	40억 원	0.5배
(가치변화)			
불변자본지수	1	1/5	
가변자본지수	1	1/2	
(2000년 불변가치)			
불변자본	20억 원	500억 원	25배
가변자본	80억 원	80억 원	1배
(가치구성)	20/80 = 1/4	100/40 = 10/4	10배
(유기적 구성)	20/80 = 1/4	500/80 = 25/4	25배
(기술적 구성)	1/4	25/4	25배

생산수단의 규모(즉 Q_c / Q_v)가 10배 증가했다고 말할 수는 없다. 만약 2008년의 가치를 2000년의 가치로 환산해 c / v를 구한다면(이 경우의 c / v가 바로 자본의 '유기적 구성'이다), 2000~2008년에 불변자본의 양이 취업노동자의 수보다 상대적으로 얼마나 증가했는가(즉 '기술적 구성'의 변화)를 알 수 있을 것이다. 자본의 유기적 구성(그리고 기술적 구성)은 2000~2008년에 25배 상승했는데, 이것은 취업노동자 수에 비해 기계나 원료의 규모가 크게 증가한 것, 거꾸로 말하면 생산규모에 비해 노동자의 고용 필요성이 크게 감축한 것을 가리킨다.

2) 『자본론』 이전의 저작들에 있는 TRPF법칙

『자본론』 제III권은 마르크스가 원고를 완성해 출판사에 보낸 것이 아니기 때문에, 내용이 분명하지 않는 부분도 있다. 따라서 『자본론』의 TRPF법칙을 완성한 형태로 재구성하기 위해서는 다른 저작에서는 마르크스가

TRPF법칙을 어떻게 구상했는가를 살펴보는 것이 매우 중요하다.

(1) *Grundrisse*

마르크스가 『자본론』의 초고로 쓴 1857~58년의 원고는 *Grundrisse*(『정치경제학비판 요강』)라는 이름으로 1973년 Penguin Books에 의해 영역 · 출판되었는데, 그 뒤 모스크바의 Progress Publishers가 1986년과 1987년에 Marx & Engels, *Collected Works*의 Volume 28과 29로 다시 영역 · 출판했다.

*Grundrisse*는 Ⅲ. Chapter on Capital의 Section Three: Capital as Bearing Fruit에서 이윤율 저하 경향의 법칙을 다루고 있다. 여기에서 마르크스는 노동생산성 향상의 원인이자 결과인 자본의 기술적 · 유기적 구성의 상승이 자본의 가치구성과 잉여가치율을 동시에 상승시킨다고 주장하면서도 이 두 개의 대립적인 경향(자본의 가치구성의 상승은 이윤율을 저하시키고, 잉여가치율의 상승은 이윤율을 상승시킨다) 중 어느 것이 우세한가를 연구하지 않은 채 자본의 가치구성의 상승으로부터 이윤율의 저하를 도출하고 있다. 더욱이 여기에서는 자본의 기술적 구성의 상승이 당연히 가치구성을 상승시킨다고 전제하고 있는데, 이것은 (6-2)식에서 보듯이 잘못이다.

그리고 애덤 스미스나 데이비드 리카도 등이 이윤율의 현실적인 저하를 보면서 이것을 이론적으로 설명할 수 없었다고 지적하고 있다. 따라서 TRPF법칙은 이윤율의 현실적인 저하를 이론적으로 설명하는 것에 목적의 하나를 두고 있었던 것으로 보이며, '상쇄요인들'을 고려하지 않은 채 자본의 기술적 구성의 고도화로부터 이윤율의 저하를 도출하려고 한 것 같다.[2] 이것은 『자본론』 제Ⅲ권 제3편의 제13장과 같은 태도다.

2 김수행(2005c)을 참조하라.

(2) 1861~63년의 초고 「제3장 자본과 이윤」

1861~63년의 초고 중 『잉여가치학설사』보다 먼저 쓴 것으로 보이는 「제3장 자본과 이윤」에는 제7절이 '자본주의적 생산의 진전에 따른 이윤율 저하의 일반법칙' 이고 그 뒤의 잡록(雜錄 miscellanea)에는 '이윤율의 감소' 와 '이윤율의 저하' 라는 항목들이 있다(Marx 1861-63e).

여기에서 마르크스는 노동생산성의 향상이 한편으로는 자본의 기술적 · 유기적 구성을 상승시켜 이윤율을 저하시키고 다른 한편으로는 잉여가치율을 증가시켜 이윤율을 상승시킨다고 말하면서, 이윤율의 저하가 이윤율의 상승을 압도하여 이윤율은 점차로 저하하게 된다는 것을 증명하려고 시도한다. 이 증명의 방법은 두 가지인데, 하나는 취업노동자 수의 감소를 잉여가치율의 증가로 보상하는 데는 일정한 한도가 있다는 것이고, 다른 하나는 농업의 노동생산성 향상이 사회평균적인 노동생산성 향상보다 낮아 노동자의 주요 생활수단인 농산물의 가치가 상품 일반의 가치만큼 저하하지 않음으로써 잉여가치율의 증가가 자본의 가치구성의 고도화를 능가하지 않기 때문에 이윤율이 저하하게 된다는 것이다.

첫째의 증명 방법은, 잉여가치총량(또는 이윤총액) = (노동자 1인당 잉여노동량 × 취업노동자의 수)인데, 노동자 1인당 잉여노동량은 하루 24시간을 넘을 수가 없기 때문에 취업노동자 수를 줄이면서 잉여가치총량을 증가시키는 데는 '일정한 한계' 가 있다는 것이다(이 장의 4-4)에 자세한 설명이 있다). 그러나 이 증명방법에서는 이 '일정한 한계' 에 도달하기 전에는 잉여가치율의 상승이 이윤율의 저하를 저지하기 때문에, 그리하여 이윤율의 저하 경향은 '궁극적으로' 나타날 경향이기 때문에, 이윤율의 저하 경향은 현실적인 의미를 전혀 가지지 않을 수도 있을 것이다.

둘째의 증명방법은 '생산성의 불균등 발전' 논리라고 부르는데,[3] 이 논리는 농업의 노동생산성이 기타 산업의 노동생산성에 비해 항상 낮다는

3 松尾純(1984a; 1984b; 1993)을 참조하라.

잘못된 전제, 그리고 노동생산성의 사회적 평균상승률이 자본의 가치구성의 상승률과 동일하다는 불확정적인 전제—동일하다는 것을 보이기 위해서는 Q_C / Q_V의 상승률뿐 아니라 P_C / P_V의 변동률까지도 고려해야 하는데, 이론의 차원에서는 이런 변수들의 크기를 알 수 없다—에 의거하고 있기 때문에 옳지 못하다. 또한 농산물의 가치가 상대적으로 덜 저하하기 때문에 노동력의 가치가 상대적으로 덜 저하한다면, 자본의 가치구성(c / v)도 당연히 이것의 영향을 받아야 할 것이다.

여기에서 말하는 '생산성의 불균등 발전'은 『자본론』 제Ⅲ권 제3편에도 언급되고 있지만(『자본론』Ⅲ(상): 312), 이것에 의거해 잉여가치율의 증가율이 자본의 가치구성의 상승률에 미치지 못한다는 주장과 이리하여 이윤율이 저하한다는 주장은 없다.

(3) 『잉여가치학설사』

『잉여가치학설사』의 영역판은 모스크바의 Progress Publishers에 의해 세 권(I 1963; II 1968; III 1971)으로 출판되었는데, Marx & Engels, *Collected Works*에서는 마르크스의 1861~63년의 경제학 초고로 Volume 30~33에 실려 있다.

이 초고에서 TRPF법칙은 리카도의 이윤율 저하 법칙을 비판하는 곳(Volume 32), 호지스킨(T. Hodgskin)의 자본축적론을 찬양하는 곳(Volume 32), 그리고 세르뷸리에(A. Cherbuliez)의 자본구성을 비판하는 곳(Volume 33)에서 전개되고 있다.

리카도는 이윤과 임금을 논의할 때 자본가의 모든 자본이 임금에만 투자되었다고 가정했으며, 그리고 노동일이 일정하다고 가정했기 때문에, 이윤율[$s / (c + v)$]은 잉여가치율(s / v)과 동일할 수밖에 없었고 잉여가치는 '상대적 잉여가치'가 될 수밖에 없었던 것이다(Marx 1861-63c: 73-74). 이런 가정 위에서 리카도는 이윤율—사실은 잉여가치율—의 저하를 다음과 같이 설명한 것이다. 즉 사회의 진보와 자본의 축적에 따라 농산물에 대한 수요가 증가하고, 이리하여 우등지로부터 열등지(劣等地)로 경작이 확대되는데, 수확체감의 법칙(농업생산성의 끊임없는 감소)에 따라 우등지에서는 지대가 끊임없이 증가하고 또한 식품의 가치가 끊임없이 상승함으로써 임금수준도 끊임없이 상승하게 된다. 결국 잉여가치율이 저하하는데, 이것을 리카도는 이윤율의 저하라고 본 것이다.

마르크스는『잉여가치학설사』에서 리카도의 지대이론을 다음과 같이 비판했다.

(가) 차액지대가 증가하기 위해서는 반드시 우등지로부터 열등지로 경작이 확대될 필요가 없고, 열등지로부터 우등지로 경작이 확대되어도 좋다. 따라서 농산물의 가치가 저하하더라도 차액지대는 증가할 수 있다.
(나) 차액지대는 농산물의 시장가격을 반드시 인상시키는 요인은 아니다.
(다) 리카도가 고찰하지 않은 절대지대는 농산물의 시장가격을 가치 이상으로 인상시키는 요인이다(Marx 1861-63b: 457-578).

이처럼 식품의 가치가 끊임없이 상승한다는 주장을 반박함으로써, 마르크스는 리카도의 이윤율 저하이론의 주춧돌 하나를 빼버렸다. 그리고 마르크스는 리카도를 비판하면서 "잉여가치율이 불변이거나 상승하는데도 불구하고 이윤율이 저하하는 것은 노동생산력의 발달에 따라 기변자본이 불변자본에 비해 감소하기 때문이다"(Marx 1861-63c: 73-74)고 주장한다. 그러나 이 주장을 어떻게 증명하고 있는가는 분명하지 않다. 다만 리카도가 농업과 공업 사이의 불균등발전이라는 '역사적 현상'으로부터 농업생산성의 상대적 저하 → 농산물의 가치 상승 → 임금의 상승 → 잉여가치율의 저하 = 이윤율의 저하라고 추론하는 것을 다음과 같이 비판한다.

농업의 생산성 발달에 의해 생활수단의 주요 구성분인 식품의 가치가 저하하고, 이것이 임금을 인하시켜 잉여가치율을 상승시키는데, 농업의 생산성 발달이 역사적으로 보아 제조업의 그것에 미치지 않기 때문에, 잉여가치율의 상승 정도는 제조업의 생산성 발달 정도나 이것에 비례하여 진행하는 불변자본에 대한 가변자본의 비율 감소 정도보다는 작다(Marx 1861-63b: 254).

이것은 이윤율 공식에서 (s / v)의 상승률이 (c / v)의 상승률보다 작기 때문에 이윤율이 저하한다는 주장이다. 이 주장은 이미 1861~63년의 초고 '제3장 자본과 이윤'에서 나왔지만 여기에서 더욱 분명하게 제기되고 있다. 그러나 $(c / v) = (P_c Q_c) / (P_v Q_v) = (P_c / P_v)(Q_c / Q_v)$인데, (P_c / P_v)는 감소하고 (Q_c / Q_v)는 증가하는 마당에서 (c / v)가 증가할지 감소할지는 이론적으로는 알 수가 없다. 그렇기 때문에 『자본론』 제III권 제3편에서는 잉여가치율 상승률과 자본의 가치구성 상승률을 서로 비교하여 이윤율의 저하를 설명하려고 하지 않는다.

다음으로 호지스킨의 자본축적론에 대한 마르크스의 논평을 들어보자. 호지스킨은 자본이 축적됨에 노동자 한 사람에게 할당되는 자본의 규모가 예컨대 50원에서 100원으로 증가하는데 이 경우 자본이 이전과 동일한 이윤율을 얻으려면 노동자 한 사람은 두 배의 잉여노동을 하지 않으면 안 된다는 점,[4] 그러나 노동자 한 사람이 제공할 수 있는 잉여노동의 크기는 일정한 '한계'를 가진다는 점, 따라서 이윤율은 저하할 수밖에 없다는 점을 지적했다. 이리하여 마르크스는 호지스킨이 "스미스나 리카도보다 이윤율의 저하 경향을 설명하는 데 더욱 접근했다"[5]고 평가한다. 마르크스는 호지스킨이 노동자의 노동시간의 연장이나 노동강도의 강화에는 일정한 육체적 그리고 사회적 한계가 있다는 점을 지적한 것을 높이 평가하면서, 이윤율의 저하와 관련해 "노동자의 수의 감소를 잉여가치율

4 호지스킨은 이것을 "자본은 복리(compound interest)로 축적되면서 노동자에게 복리의 이윤을 낳을 것을 요구한다"고 묘사하고 있다(Marx 1861-63c: 431-445).

5 Marx 1861-63c: 445.

의 상승으로 상쇄할 수 없다"는 점과 "잉여가치율의 상승은 자본의 가치구성의 고도화를 초과할 수 없다"는 점을 다시 한번 강조한다.[6]

끝으로 세르뷸리에에 관한 논평(Marx 1861-63d: 287-288)에서 마르크스는 세르뷸리에가 이윤율을 결정하는 주요한 변수인 자본의 가치구성 [$(c/v) = (P_c/P_v)(Q_c/Q_v)$]을 제대로 이론화하지 않았다는 것을 지적하면서, 자본의 가치구성이 변화하면 이윤율이 어떻게 변화하는가를 자세하게 설명한다. 첫째로 생산방식의 변화에 따라 자본의 기술적 구성(Q_c/Q_v)이 상승하거나 저하함에 따라 이윤율은 저하하거나 상승한다. 이것은 잉여가치를 낳는 살아 있는 노동이 죽은 노동에 비해 상대적으로 감소하기 때문이다. 여기에서 마르크스는 자본축적에 따라 자본의 기술적 구성이 상승하며 따라서 이윤율이 저하하고 있음을 지적한다. 둘째로 자본의 기술적 구성은 변하지 않은 채 불변자본 요소들의 가치가 오르거나 내리는 경우, 노동력의 가치가 내리거나 오르는 경우, 불변자본 요소들과 노동력의 가치가 균등하거나 불균등하게 변하는 경우, 이윤율은 어떻게 되는가를 연구한다. 그러나 여기에서는 자본축적에 따른 이윤율의 변화 경향은 제시되지 않고 있다. 셋째로 자본의 회전시간이 변화하면 투하자본의 규모, 투하자본의 구성, 연간의 이윤이 달라지기 때문에 연간이윤율이 달라진다는 점을 강조하고 있다. 특히 지금까지 거의 언급하지 않았던 자본의 회전시간이 여기에서 등장하고 있다. 마르크스는 말한다.

이윤율은 단순히 잉여가치를 투하자본으로 나눈 것이 아니다. 이 때의 잉여가치는 일정한 시간 안에, 일정한 회전시간에 실현된 잉여가치량이다. 고정자본과 유동자본 사이의 차이가 특정의 자본이 일정한 시간 안에 낳는 잉여가치량에 영향을 미친다면, 이윤율이 변하게 된다. 다음의 두 가지 측면이 고려되어야 한다. 첫째로 (실현된 잉여가치에 대비한) 자본투

6 Marx 1861-63c: 432-434.

자액의 차이; 둘째로 자본투자액이 이윤과 더불어 되돌아올 때까지 걸리는 시간의 차이(Marx 1861-63d: 312).

자본의 회전시간이 이윤율에 미치는 영향은 식 (6-1)을 보면 잘 알 수 있는데, 마르크스는 이 영향을 『자본론』 제III권에서는 거의 다루지 않았다. 제1편 제4장의 제목은 '회전이 이윤율에 미치는 영향' 이지만 엥겔스가 쓴 것이고, 제3편 제14장('상쇄요인들')에서도 전혀 언급하지 않았다.[7] 그리고 세르뷸리에에 관한 논평에서도 자본축적에 따라 자본의 회전시간이 어떻게 변화할 것인가, 그리고 이것이 이윤율의 변화 경향을 어떻게 규정할 것인가에 관해서는 아무런 이야기가 없다.

(4) 소결

마르크스는 『자본론』 이전의 저작들에서 정치경제학의 주요 과제인 '이윤율 저하 경향의 법칙' 을 이론화하려고 노력했다. 자본가들이 상대적 잉여가치를 얻기 위해 노동생산성을 향상시키는데, 노동생산성 향상의 원인이자 결과인 자본의 기술적 구성의 고도화는 한편으로는 잉여가치를 창조하는 노동력을 불변자본 요소들로 대체함으로써 이윤율을 저하시키는 경향을 낳고, 다른 한편으로는 상품들의 가치를 저하시켜 잉여가치율을 높이고 투하자본 총액을 절약하게 하며 자본의 회전시간을 단축함으로써 이윤율을 상승시키는 경향을 낳는다. 이 두 개의 대립하는 경향 중 어느 것이 우세하냐를 판단해 이윤율이 분명히 이론적으로 저하하는 것을 증명하려고 노력한 흔적이 「제3장 자본과 이윤」 그리고 『잉여가치학설사』 등에 보인다.

그러나 『자본론』 제III권의 제1초고를 쓰기 이전에 자본의 기술적 구성,

7 물론 『자본론』 제II권 제2편('자본의 회전') 제15장('회전시간이 투하자본의 크기에 미치는 영향')과 제16장('가변자본의 회전')에서는 자본의 회전시간이 이윤율에 미치는 영향이 잘 분석되고 있다.

유기적 구성 그리고 가치구성을 명확하게 구별할 수 있었기 때문에, 마르크스는 두 대립하는 경향들의 단순한 '합계'를 통해 이윤율의 현실적 저하를 논리적으로 설명할 수 없다는 것을 발견한 것 같다. 이리하여『자본론』에서는 자본축적이 이윤율에 미치는 영향을 이윤율의 저하(제III권 제3편 제13장)와 이윤율의 상승(제3편 제14장)으로 확실히 나누어 버림으로써 이론적으로는 이 두 개의 경향들을 단순히 합계할 수 없다는 점을 분명히 밝혔다. 그 뒤 이 대립하는 경향들의 상호작용이 자본축적과정에 어떤 영향을 미치는가를 제3편 제15장을 중심으로 설명하게 된 것이다.[8]

3)『자본론』 제III권 제3편의 경제학설사적 의의

제3편은 마르크스가 공황을 주로 다루고 있는 것은 사실이지만, 그 이외에도 몇 가지의 이론적 과제를 품고 있으며, 이 과제들을 명확히 이해하는 것이 또한 TRPF법칙의 성격을 파악하는 데 큰 도움을 줄 것이다. 그 이론적 과제는 다음과 같이 분류할 수 있다.

첫째로 제3편은 자본과 자본축적에 관한 부르주아적 의식을 비판하는 내용을 지니고 있다. 제III권 제1편에서는 잉여가치가 가변자본으로부터 창조되는 것이 아니라 투하자본 전체로부터 나오는 것처럼 보이기 때문에, 잉여가치가 '이유'으로 전환되고 잉여가치율이 이윤율로 전환되는 것을 마르크스는 증명했다. 그리고 제2편에서는 이윤이 자본가들 사이의 경쟁—혁신을 도입하는 경쟁과 이윤율이 더욱 높은 부문으로 자본을 이동하는 경쟁—에 의해 '평균이윤'으로 전환됨에 따라, 자본은 원래부터 자동적으로 평균이윤을 낳는 '신비한' 힘을 가지고 있으며 따라서 평균이윤은 자본의 '기회비용(opportunity cost)'이라는 부르주아적 사고가 형

8 이렇게 본다면 파인과 해리스(1985)가 마르크스의 이윤율 저하 경향의 법칙(제III권 제3편)을 마르크스의 방법론에 따라 가장 논리적으로 설명했다고 말할 수 있다. 이 장의 4-5)를 참조하라.

성되고, 나아가서 자본은 은행에 맡긴 예금처럼 노동자를 착취하지 않더라도 기하급수적으로 증식될 수 있다는 부르주아적 환상이 생겨나게 된다는 것을 마르크스는 강조했다. 이런 부르주아적 의식과 환상을 깨는 것이 제3편의 목적 중 하나라는 것을 마르크스는 다음과 같이 말한다.

자본의 축적과정은 이윤(잉여가치) 중 자본으로 재전환되는 부분……을 이자(利子)라고 부를 수 있는 한에서만 복리(複利)의 축적으로 간주될 수 있을 것이다. 그러나……제Ⅲ권 제3편에서 논증한 바와 같이, 이윤율은 자본축적의 증대와 이것에 대응하는 사회적 노동생산성의 증대—이것은 불변자본 부분에 대한 가변자본 부분의 상대적 감소의 진전에 분명히 표현되고 있다—에 따라 저하한다. 그러므로 동일한 이윤율을 낳기 위해서는, 1명의 노동자에 의해 처리되는 불변자본이 10배가 된다면 잉여노동시간도 10배가 되어야 할 것이다. 이리하여 얼마 안 가서는 노동시간 전체—심하게는 하루 24시간 전체—가 자본에 의해 취득되더라도 동일한 이윤율의 유지가 불가능해질 것이다. 이윤율은 저하하지 않는다는 관념이 프라이스 박사(Dr. Price)의 기하급수적 성장의 바탕을 이루고 있으며, "복리에 의해 모든 것을 삼켜 버리는 자본"이라는 일반적인 사고의 바탕을 이루고 있다. 잉여가치와 잉여노동이 동일하다는 사실은 자본축적에 하나의 질적인 한계를 설정하고 있다. 그 한계는 총노동일, 동시에 착취할 수 있는 노동일 수를 제한하는 생산력과 인구의 그때그때의 발전수준이다. 이와는 반대로 잉여가치가 이자라는 무개념적인 형태로 파악된다면, 그 한계는 오직 양적인 것이며 모든 망상이 가능하게 된다(『자본론』 Ⅲ(상): 487-488).

이처럼 모든 자본이 자동적으로 평균이윤을 얻어 복리로 증식할 수 있다는 사고방식을 비판하는 것이 제3편의 목적의 하나이기 때문에, 마르크스는 제3편에서 생산부문에 관한 독립된 분석과 가치분석을 강조하고 있다. 왜냐하면 서로 다른 산업분야들의 다수자본들(many capitals)이 생산 · 유통 · 분배의 통일체에서 경쟁하고 있는 것을 분석하기 위해서는 평균이윤과 생산가격의 개념만이 유효하며 이에 따라 자본이 자동적으로 평균이윤을 낳는다는 의식이 생겨나지 않을 수 없기 때문이다.[9] 제3편의 첫 장 '법칙 그 자체'가 생산부문만을 독립적으로 다루고 있는 이유가 여기에 있다.

둘째로 제3편은 고전파 경제학자들(예: 스미스, 리카도)이 '일반적으로 믿고 있었던' 이윤율의 현실적 저하 경향에 대한 그들의 설명력 부족을 비판하고 있다. 스미스(Adam Smith 1723~90)는 자본량이 증가하면 노동에 대한 수요가 증가하여 임금수준이 상승하므로 이윤율이 저하한다고 주장하거나, 아니면 특정한 산업분야에서 활동하는 자본이 증가하면 자본 사이의 경쟁이 강화되어 이윤율이 저하하며, 마찬가지로 사회의 모든 분야에서 자본이 증가하면 그 사회의 이윤율은 저하한다고 설명했다(『국부론』(상): 제9장). 다른 한편, 리카도(David Ricardo 1772~1823)는 인구증가에 따라 비옥도가 낮은 토지가 경작되어 식량의 가격이 상승하고 이에 따라 임금수준이 상승함으로써 이윤율이 저하한다고 보았다(『정치경제학 및 조세의 원리』: 제6장).

마르크스는 이런 설명의 부족함을 지적하면서 제13장에서 이윤율의 저하 '현상'을 어떻게 이론화할 수 있는가를 보인 것이다. (물론 그는 "법칙 그 자체"의 이윤율 저하가 그대로 현실적인 이윤율 저하로 실현된다고는 보지 않았다. 왜냐하면 이윤율의 저하를 '상쇄하는 요인들'이 또한 작용하고 있다고 보았기 때문이다.) 마르크스는 고전파 경제학자들의 설명력 부족을 다음과 같이 지적한다.

> 이 법칙(TRPF: 인용자)은 매우 단순하게 보이지만……이전의 경제학자

9 파인과 해리스(1985) 제2장을 참조하라.

> 는 아무도 이 법칙을 발견하지 못하였다. 그들은 이 현상(이윤율의 점진적 저하: 번역자)을 보고 그것을 해명하려고 온갖 모순적인 시도를 하면서 고민하였다. 그런데 이 법칙은 자본주의적 생산에 대하여 큰 중요성을 가지고 있으므로, 애덤 스미스 이래의 정치경제학 전체는 이 수수께끼의 해결을 둘러싸고 돌고 있다고 말할 수 있을 것이며, 애덤 스미스 이래의 각종 학파들 사이의 차이는 이것의 해결을 위한 시도의 다름에 있다고 말할 수 있을 것이다. 그런데 종래의 정치경제학은 불변자본과 가변자본을 구별하기 위하여 어설픈 노력을 하였지만 그 구별을 분명히 하지 못하였으며, 종래의 정치경제학은 잉여가치를 이윤과 구별되는 어떤 것으로 제시하지를 못하였고, 또한 이윤의 각종 구성부분들(이것들은 산업이윤 · 상업이윤 · 이자 · 지대의 형태로 서로 자율적인 지위를 차지하고 있었다)과는 구별되는 순수형태의 이윤일반(profit in general)을 제시하지도 못하였으며, 종래의 정치경제학은 자본의 유기적 구성의 차이를 실질적으로 분석해 본 적도 없으며, 따라서 일반적 이윤율의 형성을 분석하지도 못했다. 만약 이런 사실들을 고려한다면 지금까지 이 수수께끼(이윤율의 저하: 번역자)를 해결할 수 없었던 것은 전혀 이상할 것이 없다(『자본론』III(상): 255-256).

다시 말해 마르크스는 고전파 경제학자들이 이윤율의 저하 현상을 설명하지 못한 이유로서, 이윤의 각종 구성부분들을 보면서도 이들의 원천인 잉여가치(잉여노동)를 보지 못한 점과, 불변자본과 가변자본, 자본의 유기적 구성을 정확하게 파악하지 못한 점을 들고 있다. 사실상 제13장은 자본축적의 진행과 노동생산성의 향상이 낳는 여러 가지 효과들 중에서 자본의 기술적 구성과 유기적 구성의 상승만을 분리하고 이것이 이윤율에 미치는 영향을 분석한 것이다. 그런데 자본의 유기적 구성의 상승의 원인이자 결과인 노동생산성의 상승은 상품들(생산재와 소비재)의 가치와 자본의 회전시간을 변경시키지 않을 수 없기 때문에, "법칙 그 자체"의 효과를 상쇄시키는 요인들을 제14장에서 나열하고 있는 것이다.

이처럼 고전파 경제학자들이 이윤율의 저하 현상을 설명하지 못한 것을 비판하는 것이 마르크스의 TRPF법칙의 하나의 목적이라고 본다면, "법칙 그 자체"가 왜 이윤율의 '분명한' 저하에 관해 언급하고 있는가를 쉽게 이해할 수 있을 것이다.

셋째로 제III권 제3편은 제I권 제7편(자본의 축적과정)과 제I권 제32장('자본주의적 축적의 역사적 경향')의 내용을 새로운 차원에서 다시 전개하고 있다고 말할 수 있다. 제I권 제7편에서 다룬 자본의 축적과정은 '직접적 생산과정의 단순한 하나의 계기'였거나 '축적과정의 단순한 기본형태'였다(『자본론』I(하): 767). 거기에서 마르크스가 다룬 것은 노동력과 노동조건의 분리의 영속화, 자본에 대한 노동의 실질적 종속화, 사회적 부의 축적에 따른 노동자계급의 궁핍화 등이었다. 다시 말해 제I권 제7편의 과제는 기본적으로 자본주의적 축적 그 자체가 어떻게 자본-노동의 계급관계를 영속화시키는가를 연구하는 것이었다.[10]

그러나 제III권 제3편은 이미 확립된 노자관계를 전제하고 있으며, 이 전제 위에서 '현존하는' 자본의 축적과정을 설명하고 있다. 따라서 제3편에서는 현존하는 자본이 자기의 자본가치를 어떤 방법으로 최고수준까지 증식시키고 있는가, 무엇이 이런 증식을 제한하는가, 무엇이 이런 자본의 가치증식과정을 혼란에 빠뜨리는가 등이 연구되고 있다. 다시 말해 제III권 제3편은 제I권 제7편과는 달리 자본축적이 노동에 미치는 효과(예: 산업예비군의 창출과 흡수)보다는 오히려 자본의 가치증식에 미치는 효과를 더욱 자세히 연구하고 있다. 예를 들면 취업노동자 수의 절대적 증가와 생산수단의 증가에 대비한 상대적 감소는 제I권 제7편에서는 '사회적 부의 축적에 대응하는 빈곤의 축적'으로 파악하지만, 제III권 제3편에서는 '이윤율의 저하와 이윤량의 증가'로 파악하고 있다.

10 마르크스는 다음과 같이 말했다. "자본주의적 생산과정은, 하나의 연결된 전체 과정(즉 재생산과정)이라는 측면에서 본다면, 상품이나 잉여가치를 생산할 뿐 아니라 자본관계(capital-relation) 자체를, 즉 한편으로는 자본가를, 다른 한편으로는 임금노동자를 생산하고 재생산한다"(『자본론』I(하): 786-787).

또한 제I권 제32장의 주요 내용이 제III권 제3편에서는 더욱 세련된 형태로 다시 나타난다. 예컨대 제I권 제32장에서 언급한 '자본의 집적과 집중의 경향'을 제III권 제3편에서 마르크스는 이윤율의 저하 경향을 이윤량의 증대로서 보상하려는 개별자본들의 경쟁의 측면에서 파악하고 있다.

> 이윤율이 저하하더라도 이윤량은 투하자본의 크기가 증대함에 따라 증가한다. 그러나 이것이 가능하기 위해서는 자본의 집적(concentration)이 동시에 진행되어야 한다. ……그리고 또한 자본의 집중(centralisation)—대자본가가 소자본가를 집어삼켜 소자본가의 자본을 수탈하는 것—이 진행되어야 한다. ……사실상 노동조건과 생산자 사이의 분리가 자본의 개념을 형성하는데, 이 분리는 시초축적(始初蓄積 primitive accumulation)과 함께 시작하여, 그 다음으로는 자본의 축적과 집적에서 끊임없는 과정으로 나타나며, 지금 여기에서 마지막으로 소수인의 수중으로 기존 자본의 집중과 다수인의 자본 상실로 표현되고 있다. 이 과정은, 만약 이러한 구심력(求心力)과 나란히 상쇄요인들(자본의 분열, 새로운 독립자본의 탄생 등등: 번역자)이 집중을 배제하는 방향으로 끊임없이 작용하지 않는다면, 자본주의적 생산을 곧 붕괴시킬 것이다(『자본론』III(상): 295-296).

마르크스는 자본의 집적과 집중을 TRPF법칙에 내재하는 '모순들의 전개'의 하나의 구체적 예로 설명하고 있다. 또한 제I권 제32장에서 언급한 '생산력과 생산관계의 모순'을 더욱 구체적으로 제III권 제3편에서 설명하고 있다.

> (가) 생산의 확장 또는 축소를 결정하는 것은, 생산과 사회적 필요(사회적으로 발달한 인간의 욕구) 사이의 비율이 아니라, 이윤의 취득과 어떤 일정한 이윤율이다. 다시 말해 생산은 사회적 필요가 충족되는 수준에서 중단되는 것이 아니라 이윤의 생산과 실현이 명령하는 수준에서 중단된다

(『자본론』Ⅲ(상): 310).

(나) 노동자들에게 하루 8시간 이상을 노동시킬 필요가 없을 정도로 생산력을 발달시키면, 실업자가 대량으로 발생하여 혁명이 일어나기 때문에 자본주의에서는 그 정도의 생산력 발달은 저지된다. 또는 모든 노동능력 있는 사람들에게 하루 2시간씩 노동하게 하고 여가시간을 많이 줄 수 있도록 생산력을 발달시키는 것은 자본가계급의 이익을 해치는 것이다(『자본론』Ⅲ(상): 316-317).

(다) 자본은 집적과 집중을 통해 점점 더 큰 사회적 세력으로 나타난다. 자본이 일반적 사회세력으로 발달해 가는 것과, 사회적 생산조건들을 지배하는 개별 자본가들의 사적 세력(private power)이 증대하여 가는 것 사이의 모순은 점점 더 심하게 전개되지만, 그 반면에 이런 전개는 이 모순의 해소를 또한 포함하고 있다. 왜냐하면 이런 전개는 동시에 생산조건들을 일반적 · 공동체적 · 사회적 조건들로 전환시키는 것을 포함하고 있기 때문이다(『자본론』Ⅲ(상): 317).

(라) 첫째로 몇몇 사람의 손 안에 생산수단이 집적된다. 따라서 생산수단은 직접적 노동자의 소유로서 나타나지 않게 되며, 그 반대로 사회적 생산능력으로 전환된다. 자본가는 부르주아 사회의 수탁자(受託者 trustee)인데도 불구하고 이 수탁의 모든 과실을 혼자 취득한다. 둘째로 노동 그것은 사회적 노동으로 조직된다. 협업 · 분업, 노동과 자연과학의 결합에 의해. 위의 두 측면에서 볼 때, 자본주의적 생산양식은 사적 소유와 사적 노동 모두를 철폐한다(『자본론』Ⅲ(상): 319-320).

다시 말해 주기적 공황은 자본주의적 생산관계가 생산력의 발달을 수용하지 못해 생산력을 낭비하는 형태라고 마르크스는 생각하는 것이며, 따라서 자본주의적 소유관계는 공황이 주기적으로 폭발한 1825년 이래 이미 생산력의 발달을 추진하지 못하고 저지하는 형태로 전환했으며, 이제 타도의 대상이라는 것이다(김수행 2006b를 참조하라).

2
『자본론』 제III권 제3편 제13장 "법칙 그 자체"

마르크스는 자본은 가치증식을 목적으로 하기 때문에 상대적 잉여가치를 얻기 위해 항상 노동생산성의 상승에 노력한다고 말한다. 경쟁하고 있는 개별자본가는 초과이윤(또는 특별잉여가치)을 얻기 위해 자기 상품의 개별가치를 그 상품의 시장가치보다 낮게 하려고 기술혁신에 매진한다. 자본은 새로운 능률적인 기계를 도입하며 이리하여 노동자 한 사람이 다루는 기계의 수와 원료의 양이 점점 더 증가하게 된다. 이른바 자본의 기술적 구성(Q_C / Q_V)이 상승하게 되는데, 이것은 개념상 당연히 자본의 유기적 구성을 높이게 된다[식 (6-3)과 (6-4) 참조].

자본의 기술적 구성과 유기적 구성이 상승하는 것은, 잉여가치를 낳는 노동인력보다는 잉여가치를 낳지 않는 불변자본 요소들이 상대적으로 더욱 많아지는 것을 가리키기 때문에, 이윤율을 저하시키는 요인으로 작용한다. 식 (6-5)에서 보는 바와 같이, Q_C / Q_V의 증가는, **다른 요인들의 변동이 어떻든**, 그 자체로서는 r 을 저하시키게 된다. 마르크스는 이 사실을 표현할 때, 자본의 유기적 구성의 상승은, **잉여가치율**(s / v)**이 불변이거나 심하게는 증대하는 경우에도**, 일반적 이윤율을 저하시키게 된다고 말한다. 그러나 이런 표현은 아직 제14장의 "상쇄하는 요인들"을 고려하지 않은 것이므로 '현실적인 이윤율'이 저하하는 것을 예측했다고 말할 수가 없다.

(가) 자본주의적 생산양식의 발달과 더불어 불변자본에 비하여, 따라서 또 운동되는 총자본에 비하여 가변자본이 상대적으로 감소한다는 것은…… 자본주의적 생산양식의 하나의 법칙이다. 이것은 단순히 다음을 의미할 뿐이다. 즉 일정한 가치의 가변자본이 고용하는 동일한 수의 노동자 또는 동일한 양의 노동력이, 자본주의적 생산의 내부에서 발달하는 독특한 생산방법의 결과로, 동일한 기간에 점점 증대하는 양의 노동수단(기계와 각종의 고정자본)과 원료 · 보조재료를 운동시키고 가공하고 생산적으로 소비한다는 것이다. 다시 말해 동일한 수의 노동자들이 점점 증대하는 규모의 불변자본을 처리한다는 것이다(『자본론』III(상): 254).

(나) 자본주의적 생산은 불변자본에 비해 가변자본을 점점 더 감소시킴과 함께 총자본의 유기적 구성을 점점 더 고도화시키는데, 이것의 직접적인 결과로, 잉여가치율이나 노동의 착취도가 불변이거나 심하게는 증대하는 경우에도, 일반적 이윤율은 계속 하락한다. (이 하락이 왜 이와 같은 절대적인 형태로 나타나지 않고 오히려 점진적인 하락의 경향으로 나타나는가에 대해서는 뒤에서(제14장에서: 번역자) 설명할 것이다(『자본론』III(상): 255).

다음으로 이윤율은 저하하지만 이윤량은 증대할 수 있다. 예컨대 자본의 규모가 1억 원에서 3억 원으로 증가하면서 새로운 기술을 도입한 결과로 이윤율이 10%에서 5%로 저하했다면, 이윤량은 1천만 원에서 1,500만 원으로 증가한다.[11] 자본축적은 잉여가치를 자본으로 재투자하는 것이므로 투하자본의 규모는 계속 증가하며, 노동인력의 규모가 불변자본 요소들의 규모보다 상대적으로 감소한다 할지라도 절대적으로는 증가하는 것이 보통이다. 이리하여 이윤율의 저하와 이윤량의 증대가 동시에 생기는 것을 마르크스는 '이율배반적(double-edged)' 법칙(『자본론』III(상): 263)이

11 마르크스는 다음과 같이 설명한다. "일반적으로, 이윤율이 저하하더라도 이윤량이 불변이기 위해서는, 총자본의 증가비율이 이윤율의 감소비율의 역수(逆數)와 같아야만 한다. 예컨대 이윤율이 40%에서 20%로 저하한다면 이윤량이 같아지기 위해서는 총자본은 40 : 20의 비율로 증가하여야 한다"(『자본론』III(상): 266).

라고 부른다. 마르크스는 이것을 다음과 같이 설명하고 있다.

> 자본주의적 생산과 축적이 발달함에 따라 점점 더 큰 규모의 노동과정이 요구되며 각 개별사업에 점점 더 큰 규모의 자본투하가 요구된다. 이리하여 개별자본가들이 점점 더 큰 노동자집단을 지휘하게 되며(가변자본이 불변자본에 비해 상대적으로 아무리 감소하더라도), 그들이 취득하는 잉여가치량(따라서 또 이윤량)은 이윤율의 저하와 함께 그리고 그 저하에도 불구하고 증대한다(『자본론』III(상): 262-263).

물론 여기에서는 아직 노동생산성의 향상에 의한 잉여가치율의 증가를 고려하지 않고 있다. 가변자본의 양이 감소하더라도 잉여가치율이 더욱 증가한다면 잉여가치량 또는 이윤량은 더욱 증가할 수도 있을 것이지만, 이것은 제14장의 몫이다. 그러나 마르크스가 리차드 존스(Richard Jones 1833)를 높이 평가하면서 말한 다음의 문장은 미리 기억할 필요가 있을 것이다.

> 존스는 정당하게도 이윤율의 저하에도 불구하고 '축적의 유인(inducements)과 능력' 이 증가한다는 점을 강조하고 있다. 그것이 증가하는 이유는, 첫째로 상대적 과잉인구가 증대하기 때문이며, 둘째로 노동생산성의 증가에 따라 동일한 교환가치에 의해 대표되는 사용가치—즉 자본의 소재적(素材的) 요소—의 양이 증대하기 때문이며, 셋째로 생산분야의 다양성이 증대하기 때문이며, 넷째로 신용제도 · 주식회사 등의 발달과, 이로 말미암아 화폐소유자가 산업자본가로 되지 않고서도 그 화폐를 자본으로 전환시키는 것이 쉬워지기 때문이며, 다섯째로 욕망과 치부욕이 증대하기 때문이며, 여섯째로 고정자본의 투하량이 증가하기 때문이다(『자본론』III(상): 319).

3

제14장 "상쇄요인들"[12]

제13장 "법칙 그 자체"에서 자본의 기술적 · 유기적 구성이 상승하기 때문에 이윤율이 저하한다고 말했지만, 아직 기술적 구성의 상승이 일으키는 다른 효과들—특히 이윤율을 상승시키는 효과들—을 고려하지 않았다. 따라서 제14장에서 자본의 기술적 · 유기적 구성의 고도화가 어떤 경로를 통해 이윤율을 상승시키는가를 보이고 있다. 마르크스는 '가장 일반적인' 상쇄요인들로 다음과 같은 것들을 들고 있는데, 이윤율의 공식 (6-5)를 생각하면 곧 이해될 것이다.

1) '제1절 노동착취도(또는 잉여가치율)의 증대'

(가) 근대산업이 발견인 노동일의 연장: 노동인력의 고용량과 이것에 의해 운동되는 불변자본 사이의 비율을 근본적으로 변경시키지 않으면서 잉여노동의 취득량을 증가시킨다.

(나) 노동강도의 강화: 한 노동자가 더 많은 수의 기계를 돌보는 경우는 기술적 구성의 상승으로 이윤율을 저하시킨다. 그러나 기계의 속도가 증가

12 존 스튜어트 밀(J.S. Mill 1848)의 『정치경제학원리』(*Principles of Political Economy*) 제4편 제4장('이윤이 최소로 저하하는 경향')의 제1~4절에는 이윤율이 최저이윤율로 저하하는 이유들을 설명하며, 제5~8절에는 이윤율이 최저이윤율로 저하하는 것을 상쇄하는 요인들(상업공황, 생산 개선, 값싼 생활수단과 도구의 수입, 자본의 해외이전)을 설명하고 있다. 형식에서는 『자본론』과 비슷하지만 내용은 전혀 다르다.

하면 동일한 시간에 더 많은 원료가 소비되지만, 고정자본에 관한 한, 기계가 더 빨리 마멸된다는 사실은 c / v의 비율을 전혀 변경시키지 않는다.

(다) 여성노동과 아동노동의 대규모 채용: 일가족 전체가 받는 임금총액이 증가하지만 일가족 전체가 자본에게 제공하는 잉여노동의 양은 더욱 증가한다.

(라) 자본의 기술적 구성을 상승시키지 않으면서 생산량이 증가하는 경우: 생산방식이나 노동방식의 단순한 개량(농업에서처럼); 영업의 규제나 자의적인 제한들이나 각종의 일반적인 구속들을 해제하는 것.

(마) 위의 모든 경우에서 개별자본가들이 얻는 '일시적이지만 끊임없이 반복되는' 초과이윤도 포함된다.

(가)에 관해서는 『자본론』 제I권 제15장(기계와 대공업)에 잘 설명되고 있다. 기계의 도입으로 노동일을 연장시킬 수 있는 '새로운 조건들'(『자본론』I(하): 541)과 연장시켜야 하는 '새로운 동기들'(『자본론』I(하): 543-548)이 생긴다고 마르크스는 지적한다.

(나)의 노동강도의 강화에 관해서는 마르크스는 두 가지 경우를 구분하여 말한다. 첫째는 개별자본들에 고용된 노동자들의 노동강도가 서로 다른 경우이고(『자본론』I(하): 549-550), 둘째는 자본가들이 '모든 산업부문에서 동시에 그리고 동일한 정도로' 노동강도를 강화하는 경우이다(『자본론』I(하): 705-707). 둘째의 경우에는 높아진 새로운 강도가 사회적 평균강도 또는 표준강도가 되기 때문에, 강화된 노동 한 시간은 이전의 한 시간보다 더 큰 가치를 창조할 수 없다. 그러나 생산량이 두 배로 증가할 것이므로 모든 상품의 단위당 가치는 1 / 2로 저하한다고 가정할 수 있다. 이 경우 노동력의 가치(= 생활수단의 가치 × 생활수단의 양)는 어떻게 될까? 한편으로는 노동력의 지출이 두 배로 증가했으므로 생활수단의 소비량도 두 배로 증가해야 하기 때문에, 다른 한편으로는 생활수단의 가치가 1 / 2로 저하하기 때문에, 노동력의 가치에는 아무 변화가 없고 따라서 상대적

잉여가치는 발생하지 않게 된다. 그렇다면 노동강도가 사회 전체적으로 강화되는 경우, 자본 전체 또는 자본 일반(capital in general)은 아무런 이익을 얻을 수 없다는 말인가? 전혀 그렇지 않다. 노동강도의 강화는 고정자본의 마멸을 촉진하면서 투자한 자본의 회수에 걸리는 시간(자본의 회전시간 turnover time)을 단축하기 때문이다.[13]

자본의 회전시간이 단축되는 것의 효과를 예를 들어 살펴보자. 자본가가 1,000원의 임금을 투자해 임금 1,000원을 회수하면서 잉여가치 1,000원을 얻는 데 걸리는 시간(이것을 가변자본의 회전시간이라고 부른다)이 노동강도의 강화로 4개월에서 2개월로 단축된다면, 이전에는 1,000원의 임금을 투자해 1년 동안 3,000원의 잉여가치를 얻었지만 이제는 1년 동안 6,000원을 얻게 될 것이다. 이것은 연간이윤율을 상승시키는 데 큰 역할을 하게 된다. 식 (6-1)에서 연간이윤율(r)은 자본의 가치구성(c/v)에 반비례하고 잉여가치율(s/v)과 유동자본의 연간회전수(t)에 정비례하는데, 위의 예에서 잉여가치율(s/v)은 100%로 변하지 않으면서 t는 3회에서 6회로 증가하기 때문이다. 여기에서 (s/v)를 '실질잉여가치율(real rate of surplus-value)'이라고 부르고, [$t(s/v)$]를 '연간잉여가치율(annual rate of surplus-value)'이라고 부른다(『자본론』II: 363). 결국, 노동강도의 강화는 유동자본의 회전시간을 단축해 유동자본의 연간회전수를 증가시킴으로써 연간잉여가치율을 상승시키고 연간이윤율을 상승시키는 효과를 가지고 있다.

(마)는 개별자본들이 얻는 '초과이윤'이 잉여가치율을 상승시킨다는 것이다. 위에서 말한 노동일의 연장이나 노동강도의 강화나 아동과 부녀자의 초과착취나 노동법규의 개정의 경우, 일부의 자본가들은 상당한 기간에 걸쳐 다른 자본가들보다 더욱 큰 잉여가치(즉 평균이윤 + 초과이윤)를

13 자본의 회전시간은 자본이 생산요소들의 형태로 생산과정에 묶여 있는 시간(즉 생산시간 production time)과 자본이 상품의 형태로 유통과정에 묶여 있는 시간(즉 유통시간 circulation time)으로 구성되는데, 노동강도의 강화는 자본의 생산시간을 단축시켜 자본의 회전시간을 단축시킨다.

얻게 되는데, 경쟁을 통해 모든 자본가들이 동일한 조건에서 생산하게 될 때에 비로소 이 초과이윤은 사라지면서 자본 일반은 '상대적 잉여가치'를 얻게 되는 것이다. 그런데 생활수단을 생산하지 않는 생산부문은 상대적 잉여가치의 생산에 '직접적으로' 기여하지 못하며, 또한 초과이윤이 사라지는 것은 경쟁이 자본들 사이의 모든 차이를 '궁극적으로' 해소한다고 전제해야 하므로, 초과이윤을 잉여가치율의 계산에 넣는 것이 오히려 더욱 현실적일 것이다.[14]

위에서 말한 것처럼 마르크스는 자본의 가치증식욕에서 나오는 기술적 구성의 고도화가 잉여가치율을 증가시킨다고 말하면서 이것이 이윤율에 미치는 효과를 다음과 같이 지적한다.

> 잉여가치율의 증대는……잉여가치량을 결정하고 따라서 또 이윤율을 결정하는 데 공헌하는 하나의 요인이다. 그렇지만 이 요인은 일반법칙(이윤율의 저하: 번역자)을 폐기하지는 못하며, 그 법칙을 하나의 경향으로서, 즉 그것의 절대적인 관철이 상쇄요인들에 의하여 저지되고 지연되며 약화되는 법칙으로서 작용하게 만든다(『자본론』III(상): 280).

2) '제2절 노동력의 가치 이하로 임금이 저하'

이것은 "이윤율의 저하 경향을 저지하는 가장 중요한 요인들 중의 하나"이지만, "자본의 일반적 분석과는 관련이 없으며 경쟁의 서술에 속하기 때문에" 여기에서는 "경험적 사실로서만 지적하여 둔다"고 마르크스는 말하고 있다(『자본론』III(상): 281). 다시 말해 모든 상품은 그것의 가치에

14 자본 일반과 자본들 사이의 경쟁에 관해 마르크스는 다음과 같이 생각한다. '자본 일반'의 차원에서 자본은 노동자의 생활수단의 가치를 저하시켜 잉여가치를 증가시킨다는 자본의 내재적 법칙은, 개별자본가들에게는 경쟁에서 초과이윤을 얻기 위해 끊임없이 자기의 생산물의 가치를 저하시키려 노력한다는 형태로 드러나고 있다(『자본론』I(하): 428, 431-432).

따라 매매된다는 『자본론』 전체의 가정을 되뇌고 있는 것이다. 왜 노동자가 노동력의 가치에 해당하는 임금을 받고 있다고 가정하는가? 이에 대해 나는 다음과 같이 말한 바 있다.

(가) 노동력의 구매와 판매는 교환행위이고, 교환과정에서는 잉여가치가 창조되지 않으므로, 잉여가치의 발생을 설명하기 위해서는 등가교환(等價交換)을 전제해야 할 필요가 있기 때문이다.
(나) 자본가는 임금수준을 노동력의 가치 이하로 인하함으로써 잉여가치를 얻을 수 있지만, 이 방법으로는 곧 한계에 부닥친다. 왜냐하면 노동자가 이런 수준의 임금을 장기간 받는다면 노동력을 정상적으로 재생산할 수 없게 될 것이기 때문이다. 물론 노동자의 생활수준은 매우 탄력적이어서 임금수준을 크게 인하하더라도 노동자가 노동력을 재생산하는 데 큰 애로를 느끼지 않을 수도 있다.
(다) 자본주의는 임금수준을 노동자의 생활급 이하로 인하하지 않더라도 잉여가치를 획득하면서 발달할 수 있는 매우 역동적인 체제라는 것을 밝히려 하고 있기 때문이다.
(라) 임금 인상 투쟁의 한계를 분명히 하려고 하기 때문이다. 임금을 아무리 인상하더라도 그것만으로는 노동자계급은 자본의 지배로부터 자신을 해방시킬 수 없다는 것을 『자본론』은 논리적으로 설명하려고 한다. 물론 '당면과제'로서 임금 인상은 중요한 의미를 가지지만, 이 당면과제는 항상 '최종목표'와 유기적 연관을 가져야만 수정주의에 빠지지 않으며, 노동해방과 인간해방을 달성할 수 있을 것이다(김수행 2004a: 80-81).

3) '제3절 불변자본 요소들의 저렴화'

노동생산성의 상승은 기계와 설비 및 원료 등 불변자본 요소들의 가치를 저하시키므로, 자본의 기술적 구성의 상승에 따라 불변자본 요소들의 양

(Q_C)이 증가하더라도 불변자본 투하액$(P_C\ Q_C = c)$은 감소할 수 있다. 이 경우 연간이윤율$[r = st / (c + v)]$은 상승하게 된다. 이와 관련하여 마르크스는 "자본주의적 생산이 발달하고 그에 따라 사회적 노동의 생산성이 발달하며 생산분야와 생산물이 다양하게 됨에 따라, 동일한 가치량이 대표하는 사용가치의 양과 욕구 충족의 양이 점차로 증대한다"고 지적한다(『자본론』III(상): 262).

또한 기술혁신에 따라 기존의 기계 등 불변자본 요소들이 감가(減價)하거나 폐기되는 경우, c가 줄어들기 때문에 이윤율은 상승할 수 있다. 물론 기존의 기계들을 대규모로 폐기해야 하는 기업은 큰 손실을 보아 도산할 수 있다. 예를 들면 A기업이 10억 원짜리(내용연수 10년)의 기계를 도입해 매년 1억 원의 감가상각액을 제품에 이전시키고 있을 때, B기업이 동일한 기능을 가진 새로운 기계를 1억 원(내용연수 10년)에 구입해 매년 1천만 원의 감가상각액을 제품에 이전시킨다면, A기업도 매년 1억 원이 아니라 1천만 원을 감가상각해야만 B기업과 경쟁할 수 있으므로 A기업의 기계 값은 10억 원이 아니라 1억 원으로 감가된다. 아니면 A기업은 10억 원짜리 기계를 폐기하고 1억 원짜리 새 기계를 구입해야만 한다. 어느 경우에도 A기업의 기계투자액은 1억 원으로 계산되기 때문에, 영업을 중단하지 않는 한, 이윤율은 상승할 것이지만, 큰 손실을 피할 수가 없다.

4) '제4절 상대적 과잉인구'

마르크스는 『자본론』 제I권 제25장('자본주의적 축적의 일반법칙') 제3절('상대적 과잉인구 또는 산업예비군의 누진적 생산')에서 자본이 가치증식을 위해 기술혁신을 도입한다는 사실로부터 실업자의 누적을 자본주의적 축적의 '하나'의 경향으로 추론하고 있다.[15] 실업자가 많은 상황에서는 어

15 물론 역사적으로 볼 때 기계의 도입과 기계제조공업의 발달은 사회 전체적으로 고용을 증가시켰는데, 그 이유는 대외관계를 사상한다면 대체로 다음과 같다(김수행 2004a:

떤 산업분야들은 기계화를 추진하지 않고 값싼 노동자들을 고용하여 착취율을 높임으로써 더욱 큰 잉여가치량을 얻고 더욱 높은 이윤율을 누린다. 일반적 이윤율을 낮추는 기술혁신이 실업자를 대규모로 생산하여 일부 산업분야들의 개별 이윤율을 높이게 되는 것이다. 이리하여 "일반적 이윤율은 각종 특수한 생산분야들의 이윤율의 균등화에 의하여 형성되므로, 여기에서도 또 이윤율의 경향적 저하를 낳는 바로 그 원인들이 또한 그 경향의 실현을 다소 마비시키는 상쇄요인을 만들어 내고 있다"(『자본론』III(상): 283).

5) '제5절 대외무역'

왜 대외무역을 상쇄요인으로 거론하게 되었는가에 대해서는 알려진 것이 없다. 그러나 대외무역이 자본축적의 진행에서 매우 중요하다는 점에서 그렇게 했을 것이라는 추측은 가능하다.[16] 마르크스는 다음과 같이 말하고 있다.

> 대외무역의 확대는 자본주의적 생산양식의 유년기(幼年期)에는 이 생산양식의 기초였지만, 이 생산양식이 발달함에 따라 이 생산양식의 내적 필연성과 점점 확대되는 시장에 대한 요구에 의해 이 생산양식 자체의 결과로 되었다(『자본론』III(상): 284).

---

123). i) 기계의 도입으로 원료 소비량이 격증함으로써 원료생산부문에서 고용이 증가했다. ii) 기계를 생산하는 부문에서 고용이 증가했다. iii) 기계로 생산한 원료를 가공하는 부문에서 고용이 증가했다. 왜냐하면 원료가 매우 싸고 풍부해졌기 때문이다. iv) 기계의 도입으로 잉여가치가 증대함에 따라 상류층의 소득이 증가해 사치재산업이 발달했기 때문이다.

16 파인과 해리스(1985)는 '대외무역'을 두 개의 자본주의적 생산양식 사이의 교환관계로 파악할 수 있다는 이유를 들어 그것이 상쇄요인에 포함된 것을 긍정적으로 평가하고 있다. 그러나 국민국가가 고찰되지 않은 분석수준에서 '대외무역'은 하나의 자본주의적 생산양식 안에서 개별자본들 사이의 교환거래로 환원될 수 있으며, 대외무역과 관련된 '불균등발전'도 개별자본들에게 그대로 적용될 수 있다.

대외무역이 생산수단(기계와 원료)과 생활수단을 값싸게 하는 한, 대외무역은 불변자본 투하필요액과 가변자본 투하필요액을 감축하기 때문에, 그리고 잉여가치율을 높이기 때문에, 이윤율을 올리는 데 기여한다. 또한 대외무역은 수출을 통해 생산규모를 확장하여 규모의 경제를 이루게 하므로 잉여가치량을 증대시키고 이윤율을 올리는 데 기여한다. 물론 대외무역이 이윤율을 올림으로써 자본축적률과 자본증식률을 증가시키는 것에 비례하여, 이윤율을 저하시키는 경향을 또한 강화하게 될 것이다.

특히 식민지의 일정한 산업분야에 투하된 자본은 국내에 투하된 자본보다 더 높은 이윤율을 얻는데, 그 이유는 식민지에서는 발전수준이 낮아 자본의 기술적 구성이 낮고 노예와 쿨리(coolie 하층노동자)를 고용하므로 노동착취도가 높기 때문이다. 국내의 자본이 식민지 산업에 투자하는 것이 자유롭다면 일반적 이윤율은 상승하게 될 것이다.

6) '제6절 주식자본의 증가'

주식자본의 증가가 어떻게 일반적 이윤율의 저하를 저지하는 요인의 하나가 되는가에 대해서는 논쟁이 있다. 이에 관한 마르크스의 지적은 『자본론』 제Ⅲ권의 두 곳에서 발견되는데, 하나는 물론 제14장('상쇄요인들')에 있고 다른 하나는 제28장('자본주의에서 신용의 역할')에 있다. 두 곳의 요점을 인용하면 다음과 같다.

> (가) 자본주의적 생산의 발달에 따라, 자본(사회적 총자본: 번역자)의 일부는 이자 낳는 자본(interest-bearing capital)으로만 간주되고 또 그러한 것으로만 투하된다. ……사회적 총자본의 일부는, 비록 그것이 대규모의 생산적 사업에 투하되어 있다 할지라도, 모든 비용을 공제한 뒤 '배당(dividend)' 이라고 불리는 이자—크든 작든—만을 낳는다는 것이다. 예컨대 철도에 투하된 자본이 그렇다. 이러한 자본은 평균보다 낮은 이윤율에

> 도 만족하고 있으므로 일반적 이윤율의 균등화에 참가하지 않는다. …… 이론적으로는 이러한 자본도 (평균이윤율의 계산에: 번역자) 넣을 수 있겠지만, 그 때에는 자본가의 행동을 현실적으로 규정하는 외관상의 이윤율보다 더 낮은 이윤율이 도출될 것이다. 왜냐하면 바로 이러한 사업에서는 가변자본에 대한 불변자본의 비율이 최대의 수준에 이르고 있기 때문이다(『자본론』III(상): 287-288).
>
> (나) 이윤이 여기(주식회사: 인용자)에서는 오직 이자의 형태를 취하므로, 이자만을 낳는 기업들도 존속할 수 있다는 점이다. 그리하여 이것은 일반적 이윤율의 저하를 저지하는 원인의 하나이다. 왜냐하면 불변자본이 가변자본에 비해 거대한 비율을 이루고 있는 이러한 주식회사들은 일반적 이윤율의 균등화에 반드시 참가하는 것은 아니기 때문이다(『자본론』III(상): 542-543).

위와 같은 마르크스의 지적에 대해 여러 가지의 설명이나 해석이 나왔다.

첫째로 이토(伊藤誠 1971)는 다음과 같이 설명한다. 주식회사는 대규모의 고정자본을 필요로 하는 산업분야에 설립되는데, 이 기업들이 평균 이하의 이윤율을 낳는다 하더라도, 대규모의 고정자본을 가지고 있으므로 높은 이윤율을 낳는 다른 산업으로 자본을 이동하기가 어렵다. 따라서 유기적 구성이 높은 주식회사에 투하된 자본은 일반적 이윤율의 형성에 참가할 수 없으며, 그 결과로 사회적 총자본 중 주식자본의 증가는 이윤율의 저하를 상쇄하게 된다는 것이다.

이토는 이윤율의 저하가 유기적 구성의 고도화로부터 생긴다는 것과, 이윤율의 균등화가 산업분야 사이에 자본이 끊임없이 이동함으로써 달성된다는 점을 정확히 파악하고 있다. 그러나 그는 주식회사가 자본의 유기적 구성이 높기 때문에 반드시 평균 이하의 이윤율을 낳을 수밖에 없다고 가정하고 있는데, 이것은 사실이 아니다. 주식회사는 주식 발행을 통해 거대한 잠재적 화폐자본을 쉽게 조달할 수 있기 때문에, 비(非)주식회사보다 더욱 쉽게 생산방법을 혁신할 수 있으며, 이에 따라 주식회사는 초과이윤을 얻어 비주식회사보다 더 높은 이윤율을 얻을 수도 있다. 또한 이토는 거대한 고정자본이 있기 때문에 자본 이동이 곤란하다고 말하지만, 이윤율을 균등화시키는 자본 이동은 이미 설치된 고정자본을 이윤율이 높은 다른 산업으로 옮겨 가는 것이 아니라, 이윤율이 높은 부문이 사회의 유휴화폐자본을 더욱 많이 조달한다면 가능한 것이다. 마르크스가 주식자본은 일반적 이윤율의 형성에 참가하지 않는다고 말한 것은, 비록 주식회사가 비주식회사보다 낮은 이윤율을 얻고 있다 하더라도 주식회사는 여전히 필요한 화폐자본을 이전과 마찬가지로 조달할 수 있다는 사실을 지적한 것이라고 이해해야 할 것이다. 왜 이렇게 되는가에 대한 해답을 이토는 주지 못하고 있다.

둘째로 와카바야시(若林洋夫 1973)에 따르면, 마르크스의 명제는 그 당시 전형적인 주식회사 형태였던 철도산업에 관한 것이며 철도산업은 사실상 그 당시 평균 이하의 이윤율을 얻고 있었다고 한다. 다시 말해 그 당시 철도산업은 평균 이하의 이윤율을 낳고 있었는데도 불구하고 도산하지 않았다는 역사적 사실을 마르크스의 명제가 단순히 지적하고 있다는 것이다. 그런데 철도산업이 도산하지 않고 살아남을 수 있었던 것은 주식회사의 '형태'와는 아무런 관계가 없으며 오로지 정부 보조금의 덕택이었다고 그는 주장한다. 그의 주장이 그 당시의 철도산업의 사정을 얼마나 잘 드러내고 있는지는 알 수 없지만 마르크스가 이야기하는 주식자본의 성격을 해명하는 데는 전혀 도움을 주지 않는다.

셋째로 다구치(田口芳明 1964)는 마르크스의 명제를 가장 잘 설명하고 있다. 그의 논의를 요약하면 다음과 같다. 모든 기업들이 주식회사 형태를 취하고 있다면, 주식회사의 자본은 일반적 이윤율의 형성에 참가한다. 그러나 주식회사와 비주식회사가 공존할 때, 주식자본은 이자 낳는 자본이라는 성격 때문에 일반적 이윤율의 형성에 참가하지 않는다. 주식회사가 반드시 평균 이하의 이윤율을 얻는 것은 아니므로, 주식자본의 증가가 이윤율 저하를 상쇄할 수 있는 것은 주식회사가 평균 이하의 이윤율을 낳는 특수국면에서이다. 하나씩 그의 논의를 검토해 보자.

모든 기업들이 주식회사 형태를 취한다면, 그들의 이윤율 격차는 그들의 주식가격에 반영될 것이므로, 높은 이윤율을 올리는 기업은 신주(新株) 발행을 통해 더욱 큰 화폐자본을 조달할 수 있고 반면에 낮은 이윤율을 올리는 기업은 추가자본을 조달하기가 어려울 것이다. 이런 잠재적 화폐자본의 불균등한 배분은 주식회사들 사이에 그리고 산업분야들 사이에 이윤율을 균등하게 하는 데 기여한다. 사실 마르크스도 "자본주의적 생산 전체의 기초를 이루는 이윤율의 균등화 또는 이 균등화의 운동을 매개하기 위해 신용제도가 필연적으로 형성된다"(『자본론』III(상): 540)고 말한다.

그런데 주식회사가 비주식회사와 나란히 발달하면 주식자본이 이자 낳는 자본이라는 성격 때문에 주식회사와 비주식회사 사이의 자본 이동이 저해된다. 이자 낳는 자본은 대부를 통해 이자를 얻거나 주식을 소유해 배당을 얻음으로써 가치증식하기 때문에, 이자 낳는 자본은 대부를 통해 얻을 수 있는 크기의 이자에 상당하는 배당을 얻는다면, 주식회사의 이윤율에는 전혀 관심을 가지지 않는다. 더욱이 이자 낳는 자본은 대부할 것인가 아니면 주식에 투자할 것인가에 열중하고 있으므로, 대부로 얻는 이자와 주식 소유로 얻는 배당은 균등화하는 경향이 있기 때문에(즉 배당 = 주식자본[17] × 연간이자율 = 대부 × 연간이자율 = 이자), 주식회사의 이윤율이 비주식회사의 이윤율보다 낮다 하더라도 이자 낳는 자본은 주식 소유로부터 비주식회사에 대한 대부로 전환하지 않는다.

이런 다구치의 설명은 매우 명쾌하다. 그러나 주식자본의 증가가 이윤율 저하를 상쇄하는 것은 주식회사가 평균 이하의 이윤율을 얻는 경우에

17 주식자본(share capital)은 주식의 액면가격을 가리키는 것이 아니라, 주식의 시세(時勢)이며 주식의 구입에 투하한 자본이다.

만 타당하다는 다구치의 주장은 TRPF법칙을 제대로 이해하지 못하기 때문에 나온 것 같다. 지금 우리가 계속 논의하고 있는 것처럼, 주식회사는 자본의 기술적 · 유기적 구성의 고도화를 통해 일반적 이윤율을 저하시키지만, 주식자본은 주식회사와 비주식회사의 이윤율 차이에 무감각하여 일반적 이윤율의 형성에 참가하지 않기 때문에, 기술적 구성이 높은 주식회사가 야기했을 이윤율의 저하가 실제로는 나타나지 않는다고 말해야 옳았을 것이다. 이렇게 말하면 주식회사의 이윤율이 실제로 어떤 수준이든 주식자본의 증가는 이윤율의 저하를 저지하는 요인이 되는 것이다.

마르크스가 왜 주식자본의 증대를 이윤율 저하의 상쇄요인으로 주목했는가에 대해서는 알려진 바가 없다. 마르크스의 시대에는 주식회사가 아직 드문 회사 형태였으므로 힐퍼딩(1994)처럼 구체적으로 분석하지는 않았다. 그러나 『자본론』 제Ⅲ권 제27장('자본주의적 생산에서 신용의 역할')에서 마르크스는 주식회사 형태를 자본주의가 다른 경제체제로 이행하는 과정에 나타나는 것으로 매우 중요하게 취급하고 있는데, 이런 중요성 때문에 주식자본의 증가를 상쇄요인으로 거론한 것 같다. 그가 묘사한 주식회사의 네 가지 특징을 들어보자.

(가) 자본은 이제 사적 자본에 대립하는 사회적 자본(직접적으로 결합한 개인들의 자본)의 형태를 직접적으로 취하며, 이러한 자본의 기업은 사적 기업에 대립하는 사회적 기업으로서 등장한다. 이것은 자본주의 생산양식 그것의 한계 안에서 사적 소유로서의 자본을 철폐하는 것이다(『자본론』 Ⅲ(상): 541).

(나) 주식회사에서는 "현실의 기능자본가(functioning capitalist)가 타인의 자본을 관리하는 단순한 경영자로 전환하며, 자본소유자는 단순한 소유자—단순한 화폐자본가—로 전환한다." 이에 따라 주식회사는 "자본을 생산자들의 소유—그러나 이제는 개별생산자들의 사적 소유로서가 아니라, 연합된 생산자들(associated producers)의 소유 또는 직접적으로 사회

적인 소유—로 재전환시키기 위한 필연적인 통과점이다”(『자본론』III(상): 542).

(다) “주식회사는 일정한 분야에서 독점을 낳고 이리하여 국가의 개입을 불러일으킨다”(『자본론』III(상): 544). 대자본가는 주식 소유를 통해 다수의 주식회사를 지배할 수 있기 때문에 독점이 형성되며, 독점은 생산량과 가격의 자의적인 결정을 통해 경제 전체의 운동에 큰 영향력을 미치기 때문에 국가의 감독을 받지 않을 수 없다는 것이다.[18]

(라) “주식회사는 새로운 금융귀족을 재생산하고, 회사발기인 · 투기꾼 · 명목뿐인 임원의 형태로 새로운 종류의 기생층을 재생산하며 회사창립 · 주식 발행 · 주식거래와 관련된 투기 · 사기의 전체를 재생산한다. 결국 주식회사는 사적 소유에 의해 통제되지 않는 사적 생산이다”(『자본론』III(상): 544). 주식회사와 관련된 투기와 사기는 한국의 유가증권 거래소시장과 코스닥시장을 보면 분명해지며, 주주자본주의(shareholder capitalism)에서는 주가를 상승시키기 위해 단기적인 수익 획득에 몰두하며 회계를 조작해야 할 유혹이 더욱 커질 수밖에 없다. 더욱이 주식회사가 아무리 소유와 경영이 분리되더라도 여전히 가치증식을 최고의 목표로 삼는 자본주의 기업이라는 점은 분명하다. 그러므로 사회가 생산수단을 소유하게 되는 것이다.

18 이런 생산의 사회화 과정에 의거하여 엥겔스(1994b)는 자본주의가 경쟁자본주의 → 독점자본주의 → 국가독점자본주의 → 사회주의로 진행하는 것을 제시했는데, 스탈린은 이 도식을 더욱 강화하여 사회주의의 가장 큰 특징은 노동해방이 아니라 계획경제라고 주장했다.

4
마르크스의 TRPF법칙에 대한 여러 가지 해석

1) 로빈슨, 스위지, 보르트키비치, 로스돌스키

로빈슨(Robinson 1945), 스위지(Sweezy 1942), 보르트키비치(Bortkiewicz 1907)는 노동생산성의 상승은 c/v와 s/v 모두에 동시적으로 영향을 미치는데도 불구하고 마르크스는 자의적으로 두 개의 효과를 분리시켜 하나의 효과를 '법칙 그 자체'로, 다른 하나의 효과를 '상쇄요인들'로 구분했다고 비판했다. 이 비판에 대답하기 위해 로스돌스키는 제13장('법칙 그 자체')은 노동생산성의 상승이 c/v와 s/v 모두에 미치는 '동시적' 효과를 고려한 것이고, 제14장('상쇄요인들')은 "c/v와 s/v 중 어느 하나에만 영향을 미치고 다른 항목에는 직접적으로 영향을 미치지 않는 여러 가지 요인들"(Rosdolsky 1969: 403)을 지적한 것이라고 주장한다.

그런데 앞에서 자세히 본 바와 같이, 제13장에는 자본의 가치증식을 위한 노동생산성의 상승이 자본의 기술적 · 유기적 구성을 상승시켜 이윤율을 저하시키는 것을 밝혔고, 제14장에는 노동생산성의 향상이 생산수단과 생활수단의 가치를 낮추거나 자본의 회전시간을 단축하거나 실업자를 만들어 이윤율을 상승시키는 것, 그리고 대외무역이 이윤율을 증가시키거나 주식자본의 증가가 이윤율의 저하를 저지하는 것 등을 밝히고 있다. 물론 상쇄요인들은 '가장 일반적인 것'이라고 마르크스가 이야기하긴 했지만 체계적이거나 일관성이 있다고 말하기는 어렵다. 그런데 로스돌스키나 그의 상대방들은 "노동생산성의 향상이 c/v와 s/v를 동시에 상승시킨다"고 이야기하면서, 생산수단이 노동력을 대체하는 것은 c/v를 상승시키고, 임금재의 가치하락은 s/v를 상승시킨다고 말한다. 그렇지만 $c/v = (P_c/P_v)(Q_c/Q_v)$이므로, 기술적 구성인 Q_c/Q_v가 오르더라도 P_c/P_v의 크기에 따라 c/v가 증감한다. 이들은 아직 기술적 구성, 유기적 구성, 가치구성을 정확하게 구별하지 못하고 있기 때문에 마르크스의 법칙을 오해하고 있다고 말해야 할 것이다.

또한 이들은 제13장의 '이윤율의 저하'와 제14장의 '이윤율 저하의 상쇄요인' 들이 종합되면 이윤율이 현실적으로 저하할 것인가 상승할 것인가에 관심을 가진다. 그런데 마르크스는 이윤율 저하 경향의 법칙은 두 개의 대립하는 계기(契機)들—즉 이윤율의 저하와 이윤율 저하의 상쇄요인들—의 통일이므로 두 대립물들의 크기를 비교해 이윤율의 현실적인 저하나 상승을 예측하는 것은 이론적으로 불가능할 뿐 아니라 의미가 없다고 보았으며, 이 법칙의 내부 모순들의 전개를 통해 자본주의적 축적의 특수성(예: 공황, 자본의 집적과 집중)을 해명하려고 노력한 것이다.

2) 신리카도학파

신리카도학파(neo-Ricardians)는 다음과 같이 주장한다.

> 이윤율의 공식은 $r = s/(c+v)$이다. 만약 노동자가 임금을 조금도 받지 않는다면, $r = (s+v)/c$가 될 것이고 이것은 사실상 '최고이윤율'이다. 그런데 마르크스는 "살아있는 노동의 사용량이 이것에 의해 운동되는 대상화된 노동량—즉 생산적으로 소비되는 생산수단의 양—에 비하여 점점 감소"(『자본론』III(상): 255)한다고 '가정'했기 때문에, '최고' 이윤율은 저하한다고 말할 수 있을 것이다. 그러나 최고이윤율이 저하한다고 해서 반드시 현실적인 이윤율[$s/(c+v)$]이 저하하는 것은 아니다. 다시 말해

$[s / (c + v)] < [(s + v) / c]$이지만, 그렇다고 후자가 저하하더라도 전자가 상승하지 못할 이유는 없다. 최고이윤율이 저하하는 상황에서도 그 아래에 있는 현실적인 이윤율은 일정한 한계 안에서는 계속 상승할 수도 있다.[19]

이리하여 신리카도학파는 마르크스의 이윤율 저하 경향의 법칙은 기껏해야 최고이윤율의 저하 경향을 예측할 뿐이고 현실적인 이윤율의 동향에 관해서는 어떤 예측도 할 수 없기 때문에 무용지물이라고 주장한다.

신리카도학파의 주장에서 가장 큰 문제는 "살아있는 노동의 사용량과 이것에 의해 운동되는 대상화된 노동량"을 이해하는 방식이다. 그들은 이것이 생산의 기술적 조건을 표현하기 때문에, 자본의 유기적 구성은 $c / (v + s)$로 표시해야 한다고 말한다. 그리고 마르크스는 자본축적과정에서 자본의 기술적 구성과 유기적 구성이 점차적으로 상승한다고 말했기 때문에, 유기적 구성의 역수(逆數)인 최고이윤율$[(v + s) / c]$은 점차적으로 저하하지 않을 수 없다고 주장한다.

몇 가지 중요한 오류가 여기에 있다.

첫째로 살아있는 노동은 필요노동과 잉여노동을 모두 포괄하며 이것의 소요량은 생산의 기술적 조건에 의해 결정되는 것은 사실이지만, 자본가는 이 소요되는 살아있는 노동량을 $(v + s)$를 주고 구매하는 것이 아니라 v만을 주고 구매한다는 점이다. 여기에서도 리카도가 노동(勞動)과 노동력(勞動力)을 구별하지 못함으로써 잉여가치의 원천을 제대로 파악할 수 없었던 오류가 되풀이되고 있다. 그리고 마르크스가 상승 경향이 있다고 말한 자본의 유기적 구성은 투자된 생산자본(生産資本 productive capital)에 관한 것이다. 그런데 신리카도학파가 자본의 유기적 구성을 $c / (v + s)$로 표시하는 것은 자기들의 생산가격(生産價格 price of production) 방정식 때문이다. $P = (PA + wL)(1 + r)$.[20] 이 방정식에서 자본투하총액은

19 Hodgson(1974); Himmelweit(1974); Steedman(1977).

$(PA + wL)$이고, 자본의 구성은 PA / wL일 수밖에 없는데, 여기로부터 $c / (v + s)$로 가는 것은 매우 쉽다. 왜냐하면 이 방정식에서는 모든 노동시간(L = 필요노동 + 잉여노동)이 보상을 받으면서도 아직도 자본가들에 분배될 이윤이 있다고 가정하고 있기 때문이다. 자본가가 노동력의 가치에 해당하는 임금을 주고 노동자로 하여금 임금에 해당하는 노동을 넘어서는 노동(잉여노동)을 시켜 이윤을 얻는다는 마르크스의 착취이론은 여기에서 찾을 수 없다.

둘째로 자본의 기술적 구성과 유기적 구성이 상승한다고 현실의 이윤율이 저하하는 것은 아니라는 점이다. 노동생산성이 향상되면 모든 상품들(노동력도 포함)의 가치가 (균등하거나 불균등하게) 저하하기 때문에 이윤율을 구성하는 잉여가치율(s / v)과 자본의 가치구성이 변동하므로 이윤율이 저하할 것인가, 상승할 것인가, 또는 변하지 않을 것인가는 이론적으로 확정할 수가 없다.

결국, 마르크스가 $C / (V + S)$의 역사적 상승 경향을 가정했다는 신리카도학파의 주장은 잘못이며, 이에 따라 TRPF법칙이 '최고이윤율'의 저하 경향을 예측하는 것이라는 주장도 잘못된 것이라 말하지 않을 수 없다.

3) 우노학파

우노코조(宇野弘臧)는 마르크스의 이윤율 저하 경향의 법칙을 다음과 같이 설명한다.

> 기본적으로 생산력을 증진시키는 생산방법의 발전은 이윤율을 저하시

20 P: 상품가격의 벡터; A: 투입물의 매트릭스; w: 시간당 임금률; L: 총노동시간의 벡터; r: 평균이윤율. 임금이 후불(後拂)된다고 가정하면 이 방정식은 $P = PA(1 + r) + wL$로 변한다.

키게 된다. 왜냐하면 마르크스가 말하는 자본의 기술적 구성이 상승하기 때문이다. ……그러나 생산력의 증진은 생산수단과 생활수단의 가치를 저하시키기 때문에……자본의 유기적 구성은 기술적 구성보다 작은 비율로 상승한다. 자본의 유기적 구성의 상승까지도 잉여가치율의 동시적 상승에 의해 상쇄되기 때문에, 생산력의 증진에 의해 시발된 이윤율의 저하는 완화된다. 이런 상쇄요인들 때문에 마르크스가 부른 바와 같이 이윤율의 저하 '경향의 법칙'이라고 부르는 것이 타당하다(Uno 1980: 87).[21]

우노는 『자본론』 제Ⅲ권 제3편이 자본의 기술적 구성의 고도화에 따라 '동시에' 생기는 이윤율의 저하와 이윤율의 상승을 각각 제13장과 제14장에서 다루고 있다는 점을 올바르게 인정하면서도, 이윤율의 저하가 이윤율의 상승보다 수량에서 '크기' 때문에 이윤율은 경향적으로 저하한다고 말한다. 그러나 우노학파는 이윤율의 저하와 상승의 크기를 이론적으로 비교해 저하가 우세하다는 것을 증명한 적이 없다.[22] 다만 우노학파는 마르크스가 제14장 첫 머리에서 밝힌 다음 문장을 인용할 뿐이다.

지난 30년(1835~65: 번역자) 동안 사회적 노동의 생산성이 이전의 모든 시대에 비해 뚜렷하게 발달한 것을 고려한다면, 그리고 특히 사회적 생산과정 전체에 참가하는 고정자본—진정한 의미의 기계 이외에도—의 거대한 규모를 고려한다면, 이전의 경제학자들을 사로잡았던 문제—즉 이윤율의 저하를 설명하는 문제—대신에 그 반대의 문제(즉 왜 이 저하가 더 큰 규모이거나 더 급속하지 않는가를 설명하는 문제)에 직면하게 된다. 상

21 자본의 가치구성인 $C / V = (P_C / P_V)(Q_C / Q_V)$에서 Q_C / Q_V가 기술적 구성이고, $\underline{(P_C / P_V)}(Q_C / Q_V)$가 유기적 구성이다. 따라서 인용문에서 우노가 "자본의 유기적 구성은 기술적 구성보다 작은 비율로 상승한다"고 말한 것은 틀린 말이다. 왜냐하면 유기적 구성은 기술적 구성과 같은 비율로 상승하기 때문이다. 만약 "자본의 가치구성이 기술적 구성보다 작은 비율로 상승한다"고 말하더라도, 생산수단과 생활수단의 '상대적인' 가치 변동에 따라 이 말이 옳을 수도 있고 틀릴 수도 있다.

22 마르크스도 『자본론』 제Ⅲ권 제3편에서 이런 작업을 하지 않았다.

쇄요인들이 작용하여 그 일반법칙의 효과를 억제하고 취소하여 그 법칙에 하나의 경향(tendency)일 뿐이라는 성격을 부여하고 있음에 틀림없는데, 그렇기 때문에 우리는 일반적 이윤율의 저하를 경향적 저하(tendential fall)라고 묘사한 것이다(『자본론』III(상): 277).

이 인용문은 현실의 이윤율이 대폭 저하한 것이 아니라 점차적으로 저하한 사실을 설명하기 위해서는 상쇄요인들을 고려할 필요가 있다는 것을 가리킬 뿐이고, 이윤율의 저하와 이윤율의 상승(즉 상쇄요인들)을 비교하면 전자가 후자를 항상 압도한다는 이론을 발표한 것은 분명히 아니다.

4) 근본주의자들

근본주의자들(fundamentalists)에 따르면, 자본은 상대적 잉여가치를 획득하기 위해 끊임없이 노동절약적 기술혁신을 도입하기 때문에 자본의 기술적 구성(Q_c / Q_v)은 점점 더 고도화되며, 취업노동자의 상대적 · 절대적 감소는 잉여가치 생산에 극복할 수 없는 한계(limit)를 만들어 낸다. 결국 잉여가치율이 상승하더라도 이윤율은 저하하지 않을 수 없게 된다(Rosdolsky 1969; Yaffe 1973b; Cogoy 1973; Shaikh 1978; 富塚良三 1960).

이 주장은 다음과 같이 쉽게 설명할 수 있다. 연간이윤율은 식 (6-1)과 같은데, 유동자본의 1회전시간에 생산되고 실현된 잉여가치(s)는 취업노동자 한 사람이 제공하는 잉여노동(k)에 취업노동자의 수(n)를 곱한 것과 같다. $s = kn$. 그런데 n의 감소를 k의 증가로 보상하는 데에는 일정한 한계가 있다. 왜냐하면 노동자 한 사람으로부터 착취할 수 있는 최대한의 잉여노동은 어떤 수단을 사용하더라도 하루에 24시간을 초과할 수 없기 때문이다. 따라서 자본투하총액($c + v$)은 증가하는데도 s는 일정한 한계를 가지고 있기 때문에 이윤율은 '장기적으로 또는 궁극적으로' 저하하지 않을 수 없다는 것이다. 이 주장은 마르크스가 『자본론』 제I권 제11장(과 제III권 제15장)에서 다음과 같이 말한 것에 의거하고 있다.

> 노동자의 수(또는 투하한 가변자본의 크기)의 감소를 잉여가치율의 증대(또는 노동일의 연장)에 의해 보상(補償)하는 데에는 넘을 수 없는 한계가 있다. 노동력의 가치가 어떻든(즉 노동자의 생활유지에 필요한 노동시간이 2시간이든 10시간이든), 한 노동자가 매일 생산할 수 있는 총가치는 24노동시간이 대상화되는 가치보다 항상 적을 것이다. 만약 대상화된 24노동시간의 화폐적 표현이 12원이라고 한다면, 총가치는 항상 12원보다 적을 것이다. 노동력 자체를 재생산하기 위해(또는 노동력을 구매하는 데 투하한 자본가치를 대체하기 위해) 매일 6노동시간(3원: 인용자)이 필요하다는…… 가정에 따르면, 100%의 잉여가치율(즉 12시간 노동일)로 500명의 노동자를 고용하는 1,500원의 가변자본은 매일 1,500원(또는 6시간 × 500명)의 잉여가치를 생산한다. 그런데 매일 200%의 잉여가치율(즉 18시간 노동일)로 100명의 노동자를 고용하는 300원의 자본은 겨우 600원(또는 12시간 × 100명)의 잉여가치량을 생산할 뿐이다. 그리고 이 자본의 총가치생산물(總價値生産物, 즉 투하한 가변자본 더하기 잉여가치)은 결코 매일 1,200원(또는 24시간 × 100명)에 달할 수 없다. 평균노동일의 절대적 한계—이것은 본래 24시간보다 항상 짧다—는 가변자본의 감소를 잉여가치율의 증대에 의해 보상하는 것의 절대적 한계, 또는 착취되는 노동자 수의 감소를 노동력의 착취도 제고에 의해 보상하는 것의 절대적 한계를 이루고 있다(『자본론』I(상): 410-411).[23]

'평균노동일의 절대적 한계' 로부터 자본의 기술적 · 유기적 구성의 고도화가 결국 이윤율을 저하시키게 된다는 주장은 이윤율의 '장기적이고

---

23 동일한 이야기가 제III권 제15장(『자본론』III(상): 297)에도 나온다.

궁극적인 저하'를 예측하는 것에는 도움을 줄 수 있지만, 자본의 현실적인 이윤율의 변화와 이것에 대한 자본의 대응을 연구하는 것에는 도움을 주지 못한다. 다시 말해 현실의 이윤율은 상당한 시간에 걸쳐 '장기적이고 궁극적인 저하'에 부닥치지 않을 수도 있다는 점이다.

그리고 자본 일반(capital in general)의 차원에서는 24시간보다 작은 평균노동일이 잉여가치의 최대량을 제한하지만, 다수자본(many capitals)의 차원에서는 그렇지 않다. 왜냐하면 각각의 자본이 노동생산성과 노동강도의 측면에서 차이가 나고 또한 이 차이가 변동한다면, '사회적으로 평균적인 생산성과 강도를 가진 노동'(이것이 가치의 실체를 이루는 노동이다)의 기준이 달라지며, 따라서 주어진 노동시간이 창조하는 가치량과 잉여가치량이 달라지기 때문이다.

> 노동일의 길이가 불변인 경우, 강도(强度)가 높아진 하루의 노동은 증대된 가치로, 그리고 (화폐가치가 불변인 경우에는) 더욱 많은 화폐로 나타날 것이다. 1노동일에 창조되는 가치는 그 강도가 사회적 표준강도로부터 이탈하는 정도에 따라 변동한다. 그리하여 주어진 노동일은 이제는 더 이상 불변의 가치를 창조하는 것이 아니라 가변(可變)의 가치를 창조하게 된다. 예컨대 보통 강도의 12시간 노동일에 창조되는 가치는 6원이지만, 강도가 더 높아지면 같은 12시간 노동일에 창조되는 가치가 7원, 8원, 또는 그 이상으로 된다(『자본론』I(하): 706).

또한 가변자본의 연간회전수(t)를 고려하게 되면, 연간에 생산되고 실현되는 잉여가치는 st가 되며, $st = knt = kN$이다. N은 연간취업자 수가 되며, 이것은 현재의 실질적인 취업자 수(n)와 가변자본의 연간회전수(t)를 곱한 것과 같게 된다. 만약 자본의 가치증식에 가장 적합한 기술이 n을 감소시켜 가변자본 투자액을 축소하면서 t를 증가시킴으로써[24] 연간취업자 수(N)와 st를 증가시키는 것이라면,[25] 근본주의자들의 주장—n의 절대적 감소와 k에 대한 절대적 한계가 st를 감소시킨다—은 반드시 옳은 것은 아니다.

5) 파인과 해리스

이들은 『자본론』 제Ⅲ권 제3편을 가장 논리일관하게 해석하고 있는데, 그것을 요약하면 다음과 같다.

(가) 제13장(‘법칙 그 자체’)과 제14장(‘상쇄요인들’)은 모두 자본축적에 따른 자본의 기술적 구성의 상승이 만들어 내는 효과들(effects)이다.
(나) “법칙 그 자체”는 자본의 기술적 · 유기적 구성의 고도화가 일으키는 생산영역의 ‘직접적’ 효과(예: 잉여가치를 창조하는 취업노동자의 상대적 · 절대적 감소)에 의거하고 있다. 식 (6-5)에서 (Q_c / Q_v)의 상승이 r을 저하시키는 요인이라는 것이다. 결국 제13장은 이윤율의 저하를 설명한다.
(다) “상쇄요인들”은 자본의 기술적 구성의 상승이 만들어 내는 ‘간접적’ 효과들이다. 기술적 구성의 상승에 따라 노동생산성이 향상됨으로써, 상품(생산수단과 생활수단)이 시장에서 저하한 가치로 거래되고 노동력의 가치가 노자투쟁을 통해 저하하는 것 등이 이윤율에 미치는 효과들이다. 예컨대 불변자본 요소들의 저렴화, 노동착취도(잉여가치율)의 증대, 유동자본의 연간회전수의 증가 등이 그러하다. 결국 제14장은 자본의 기술적 구성의 상승이 교환영역과 분배영역에도 영향을 미쳐 자본투하총액$(c + v)$을 감소시키고, s / v를 증대시키며, t를 증가시킬 뿐 아니라 t / T도 증가시킴으로써 r을 상승시킨다는 것을 설명한다.
(라) “법칙 그 자체”와 “상쇄요인들”의 구분은 단순한 범주(simple

24 t가 증가하는 것은, 노동생산성의 향상과 노동강도의 강화가 자본의 생산시간(자본이 생산영역에 묶여 있는 시간)을 단축시키고, 통신과 수송의 개선이 자본의 유통시간(자본이 유통과정에 묶여 있는 시간)을 단축시키기 때문이다.

25 Kay(1976; 1979).

> category)로부터 복잡한(complex) 범주로 상향(上向)하는 발표(發表)의 논리적 순서에 따른 것이다. 그리고 "법칙 그 자체"를 교환과 분배를 사상(捨象)한 생산영역에서 도출한 이유는, 노동과 자본 사이의 적대적 관계에 의거한 잉여가치의 생산이 생산 · 교환 · 분배의 통합수준에서 논의되는 잉여가치율과 이윤율에 전제되고 있다는 것을 강조하기 위한 것이다.
>
> (마) 이윤율 저하 경향의 법칙은 이윤율의 저하와 이윤율의 상승이라는 두 개의 상이한 추상수준(抽象水準)의 대립물(對立物)의 통일이라고 말할 수 있다.[26] 따라서 이윤율 저하 경향의 법칙은 이윤율의 현실적인 저하를 예측하는 법칙이 아니며, 이 법칙은 두 대립물 사이의 복잡한 모순들을 통해 그 효과를 나타낼 수 있을 뿐이다. 이 효과 중 하나가 공황인데, 공황은 모순들이 격렬하게 폭발하는 형태이면서 그 모순들을 일시적으로 해소하는 형태이다(파인과 해리스 1985: 73-79).

파인과 해리스의 해석은 『자본론』 제III권 제3편을 전혀 새로운 각도에서 논리일관하게 고찰할 수 있게 하며, 제15장('법칙의 내적 모순들의 전개')의 무게를 한층 더 높였다. 이런 해석은 『자본론』 이전의 저작들에서 마르크스가 시도한 것을 고찰하더라도 정당하다고 말할 수 있을 것이다.

---

26 그렇다면 왜 마르크스는 이윤율의 상승(즉 '상쇄요인들')을 '법칙 그 자체'로 하면서 제3편을 '이윤율 상승 경향의 법칙'이라고 명명하지 않았느냐고 Hodgson(1974)이 빈정거렸는데, 이에 대해 파인과 해리스(1985)는 '이윤율 저하 경향의 법칙'이라는 명명이 마르크스의 경제학 방법론—마르크스는 발표의 순서에서 단순한 범주로부터 복잡한 범주로 상향하며, 경제를 구성하는 생산 · 교환 · 분배에서 생산영역이 결정적으로 중요하다고 본다—과 일치한다고 지적했다.

5

『자본론』 제III권 제3편 제15장 "법칙의 내적 모순들의 전개"

1) '제1절 개관'

여기에서 마르크스는 TRPF법칙의 내적 모순으로 두 개의 예를 들고 있다. 첫째는 잉여가치의 생산과 실현(實現 realisation, 화폐로 전환시키는 것) 사이의 모순이고, 둘째는 자본의 집적 · 집중과 새로운 독립자본의 형성 사이의 모순이다.

첫째의 모순에 관해 마르크스는 다음과 같이 말한다.

(가) 직접적 착취의 조건들과 이 착취의 실현의 조건들은 동일하지 않다. 두 조건들은 시간과 공간에서 일치하지 않을 뿐 아니라 개념에서도 일치하지 않는다. 전자는 사회의 생산력에 의해서만 제한되며, 후자는 여러 생산분야들 사이의 비례관계(比例關係 proportionality)와 사회의 소비능력에 의해 제한되고 있다. 그런데 사회의 소비능력은 절대적인 생산능력이나 절대적인 소비능력에 의해 결정되는 것이 아니라, 적대적인 분배관계—이것은 사회의 대다수 민중의 소비를 최저수준으로 인하하여 다소 좁은 범위 안에서만 변동할 수 있게 한다—에 근거한 소비능력에 의해 결정된다. 또한 사회의 소비능력은 축적충동—자본을 확대하여 더욱 큰 규모로 잉여가치를 생산하려는 욕구—에 의해 더욱 제한되고 있다. ……그러므로 시장은 끊임없이 확대되어야만 한다. ……자본주의……생산의 내

> 적 모순은 생산의 외부영역을 확대함으로써 해결을 구한다. 그러나 생산력이 발달하면 할수록, 생산력은 소비관계가 입각하고 있는 좁은 기초와 더욱 더 충돌하게 된다(『자본론』III(상): 293-294).

사실상 TRPF법칙은 노동자로부터 착취한 잉여가치가 그대로 화폐로 전환된다는 것을 전제로 잉여가치의 '생산'에 관심을 집중했다. 그러나 잉여가치를 품은 상품들이 생산되더라도, 이 상품들이 "판매되지 않든가 오직 일부만 판매되든가 생산가격(生産價格 price of production, 비용가격에 평균이윤을 첨가한 가격)보다 낮은 가격으로만 판매된다면, 노동자는 분명히 착취당했지만 이 착취는 자본가를 위하여 그대로 실현되지는 않으며, 착취된 잉여가치가 전혀 실현되지 않든가 부분적으로만 실현되며, 심하게는 자본가의 자본이 부분적으로 또는 전부 상실될 수도 있다"(『자본론』III(상): 293). 따라서 이제 마르크스는 생산된 잉여가치가 실현되지 않을 가능성을 제기하면서, 노동생산성의 상승과 생산규모의 확대에 의해 생산된 잉여가치량이 증가하면 할수록 잉여가치의 실현문제가 더욱 심각해지고 시장의 확대 필요성이 더욱 긴급하게 된다는 사실을 지적한다. 그리하여 시장을 공간적으로 확대하거나, 다양하고 값싼 상품들을 생산해 내부시장을 확대하지만, 잉여가치의 생산과 실현의 모순은 결국 생산의 목적이 주민들의 필요와 욕구를 충족시키는 것으로 전환되지 않는 한 해결할 수 없다고 마르크스는 말한다.

둘째의 모순은 자본의 대규모화와 새로운 독립자본의 형성 사이의 모순이다. 마르크스는 다음과 같이 말한다.

> (나) 이윤율이 저하하더라도 이윤량은 투하자본의 크기가 증대함에 따라 증가한다. 그러나 이것이 가능하기 위해서는 자본의 집적과 집중이 동시에 진행되어야 한다. 이 과정은, 만약 이러한 구심력과 나란히 상쇄요인들(자본의 분열, 새로운 독립자본의 탄생 등등: 번역자)이 집중을 배제하는

방향으로 끊임없이 작용하지 않는다면, 자본주의적 생산을 곧 붕괴시킬 것이다(『자본론』III(상): 295-296). 이윤율은 독립적인 지위를 차지하려는 신생자본분파에게는 특별히 중요하다. 그리고 이윤량의 증대로 이윤율의 저하를 보상하는 소수의 기존 대자본의 수중에서만 자본 형성이 행해진다면, 생산의 활력은 사라져 버리고 말 것이다(『자본론』III(상): 311).

자본의 기술적 · 유기적 구성이 고도화한다는 것은 자본의 규모가 자본의 집적(集積, 잉여가치를 자본으로 추가하는 것)이나 집중(集中, 다른 자본들을 흡수 · 합병하는 것)을 통해 거대하게 되고 있다는 것을 의미하며, 기술적 구성의 고도화와 자본의 대규모화는 서로서로 촉진하는 관계이다. 그런데 이렇게 되면 산업자본으로 기능할 수 있는 자본의 최소규모가 매우 증가하기 때문에, 새로운 독립적인 자본이 형성되기가 어려워진다. 새로운 독립적인 자본은 규모가 작기 때문에 이윤율이 높아야 살아남을 수 있으므로, '새로운 발견과 발명 그리고 산업적 개량일반'(『자본론』I(하): 857)을 추구해 잉여가치율의 상승, 자본의 회전시간의 단축, 다양한 생산수단과 생활수단의 개발 등등에 기여함으로써 산업 전체에 활력을 주게 된다. 그런데 자본의 가치증식을 위한 기술적 구성의 고도화가 자본의 대규모화를 일으키면서 자본의 가치증식을 오히려 저해하는 모순을 낳게 된다는 것이다.

2) '제2절 생산 확대와 가치증식 사이의 충돌'

여기에서도 마르크스는 몇 개의 모순들을 지적하고 있다.

(다) 노동생산성을 향상시키기 위해 노동자를 기계로 대체하면서 잉여가치율을 높이지만, "취업노동자 수의 감소를 노동착취도의 증대에 의해 보상하는 것에는 넘을 수 없는 일정한 한계가 있다"(『자본론』III(상): 297).

(라) 자본은 기존 자본의 가치를 최대한으로 증식하고자 하지만, 노동생산

성을 향상시키는 기술혁신은 기존 자본을 감가하거나 폐기한다. 그런데 노동생산성의 향상이 기존 자본의 가치량을 증가시킬 수 있는 것은, '직접적으로는' 노동생산성의 향상이 이윤율을 상승시킴으로써 연간생산물의 가치 중 자본으로 재전환되는 부분을 증가시키는 경우이고, '간접적으로는' 노동생산성의 향상으로 말미암아 동일한 교환가치(동일한 금액의 화폐)가 다양하고 더욱 많은 생산수단과 생활수단을 구매할 수 있는 경우이다(『자본론』III(상): 297-298).

(마) 노동생산성의 향상에 따라다니는 기존 자본의 주기적인 가치 감소는……어떤 국면에서는 자본의 유통과정과 재생산과정이 진행되는 주어진 조건들을 교란시키며, 따라서 생산과정의 갑작스러운 중단과 공황을 수반한다(『자본론』III(상): 299). 예컨대 어떤 자본이 초과이윤을 얻기 위해 기술혁신을 단행한다면, 다른 자본들은 상품들을 팔지 못해 도산함으로써 사회적 총자본의 유통과정과 재생산과정을 중단시키게 된다.

그리고 이런 내적 모순들과 공황의 상호관련에 관해서는 다음과 같이 말한다. 자본축적에 포함되어 있는 각종의 서로 반대되는 요인들은 "때로는 공간적으로 서로 나란히 작용하며 때로는 시간적으로 서로 뒤를 이어 작용한다. 그런데 어떤 특정한 지점에서는 서로 반대되는 요인들의 충돌은 공황에서 출구를 찾는다. 공황은 항상 기존의 모순들의 일시적 · 폭력적 해결에 지나지 않으며, 교란된 균형을 일시적으로 회복시키는 강력한 폭발에 지나지 않는다"(『자본론』III(상): 299).

또한 마르크스는 공황을 일으키는 '가장 일반적인' 모순을 다음과 같이 표현한다.

(바) 자본주의적 생산양식은, 가치와 이것에 포함되어 있는 잉여가치에 상관하지 않고 그리고 심하게는 자본주의적 생산이 진행되는 사회적 관계에도 상관하지 않고, 생산력을 절대적으로 발달시키는 경향을 품고 있는데,

> 다른 한편으로는 기존의 자본가치의 유지와 그것의 가능한 최고도의 증식……을 목적으로 하고 있다. 여기에서 특징적인 것은, 기존의 자본가치를 수단으로 이용하여 그 가치를 가능한 최고도로 증식시키려고 한다는 점과, 이 목적을 달성하는 방법들이 이윤율의 저하, 기존 자본의 가치 감소, 그리고 이미 생산된 생산력을 희생으로 하는 노동생산력의 발달을 내포하고 있다는 점이다. ……수단(사회적 생산력의 무조건적 발달)이 제한된 목적(기존 자본의 가치증식)과 끊임없이 충돌하는 것이다(『자본론』III(상): 299-300).

이 '가장 일반적인 모순'은 사실상 위에서 나열한 (가)~(마)의 모순을 모두 품고 있는 것이며, 따라서 경제위기와 공황은 자본주의 체제 그 자체에 내재한다고 말하지 않을 수 없게 된다.

> 자본주의적 생산의 **진정한 장벽**은 **자본 그것**이다. 즉 자본과 자본의 가치증식이 생산의 출발점이자 종점, 동기이자 목적으로 나타난다는 점, 생산은 오직 **자본**을 위한 생산에 불과하며, 따라서 생산수단이 생산자들의 **사회를 위해** 생활과정을 끊임없이 확대하기 위한 수단이 아니라는 점에 자본주의적 생산의 진정한 장벽이 있다(『자본론』III(상): 300).

결국 이것은 생산력과 생산관계 사이의 모순이며, 자본주의를 변혁시키는 모순이 아닐 수 없다.

3) '제3절 과잉인구와 나란히 존재하는 과잉자본'

여기에서 마르크스는 공황으로 전환하기 직전인 '경제위기' 국면을 설명하고 있다.

> (가) 자본의 기술적 구성의 상승은 산업자본으로 기능할 수 있는 자본의

최소규모를 증대시킨다. 자본의 최소규모에 미치지 못하는 자본은 과잉자본—자본의 과다(過多)—으로 나타난다. “자본의 과다(plethora of capital)는 언제나 기본적으로 이윤율의 저하를 이윤량에 의해 보상하지 못하는 자본의 과다를 가리키거나, 스스로 행동할 능력이 없어 신용의 형태로 대기업의 지도자들에게 그 처분이 위임되는 자본의 과다를 가리킨다”(『자본론』III(상): 301). 이 과잉자본은 투기 · 신용사기 · 주식사기 등 모험적인 길을 통해 어떤 종류의 특별이윤을 얻으려고 한다

(나) 자본의 과잉생산은 상품의 과잉생산을 항상 포함하며 자본의 과잉축적에 지나지 않는다. 이윤율이 저하하기 때문에 경쟁전이 치열하게 되어,[27] 자본의 일부는 완전히 유휴(idle)하든지 부분적으로 유휴할 것이고, 다른 일부는 파괴될 것이며, 또 다른 일부는 유휴 또는 반(半)유휴 자본의 압력 때문에 더 낮은 이윤율로 증식할 것이다(『자본론』III(상): 302).

(다) 과잉생산된 상품들의 가격, 그리고 잉여가치와 이윤에 대한 장래의 청구권인 유가증권들(예: 주식)의 가격은 폭락하게 된다. “일정한 가격관계가 재생산과정에 가정되어 있고 재생산과정을 규정하기 때문에, 일반적인 가격 하락은 재생산과정을 정체와 혼란에 빠뜨린다. 특정한 지불기일이 붙어 있는 지불의무의 연쇄(chain)는 여러 곳에서 끊어지는데, 이것은 신용제도의 동시적 붕괴에 의해 더욱 격화된다. 이 모든 것들이 격렬하고 첨예한 공황, 갑작스럽고 강력한 가치 감소, 재생산과정의 현실적인 정체와 교란, 따라서 또 재생산의 현실적 축소를 일으킨다(『자본론』III(상): 305).

27 자본가들 사이의 경쟁을 마르크스는 다음과 같이 묘사한다. “만사가 순조롭게 진행되는 동안에는, 일반적 이윤율의 균등화에서 본 것과 같이, 경쟁은 자본가계급의 우애(友愛)의 실천으로 작용하여 자본가들은 각자가 투입한 몫에 따라 공동의 노획물을 나누어 가진다. 그러나 문제가 이제 이윤의 분배가 아니라 손실의 분배로 되면, 각자는 될 수 있는 대로 이 손실의 자기 몫을 줄이고 그것을 타인에게 전가시키려고 한다. 손실은 계급 전체로서는 피할 수 없다. 그러나 각자가 얼마를 부담하여야 하는가—각자가 분담해야 할 크기—는 이제 힘과 술책의 문제로 되며, 경쟁은 이제 반목하는 형제들 사이의 투쟁으로 된다. 각 개별자본가의 이해(利害)와 자본가계급 전체의 이해 사이의 대립이, 이전에는 이러한 이해의 동일성(identity)이 경쟁에 의해 실천적으로 관철되었던 것처럼, 표면에 뚜렷이 나타난다”(『자본론』III(상): 304).

(라) 이윤율의 저하는 필연적으로 경쟁전을 일으킨다. 이윤율의 저하를 이윤량의 증대로 보상하는 것은 사회적 총자본과 이미 기반을 확립한 대자본가에게만 가능하다. 독립적으로 활동하는 새로운 추가자본은 이러한 보상조건을 지니고 있지 못하므로 이 보상조건을 전취(戰取)해야만 한다. 더욱이 이 경쟁전은 임금의 일시적 상승을 수반하며, 이로 말미암아 이윤율의 더 큰 일시적 저하를 수반하게 된다. 이리하여 상품의 과잉생산과 시장의 과잉공급이 생긴다(『자본론』III(상): 307-308).

(마) 이윤율이 저하하면, 한편에서는 개별자본가들이 더 나은 방법을 사용함으로써 자기 상품의 개별가치를 사회적 평균가치 이하로 인하하여 주어진 시장가격에서 초과이윤(surplus profit)을 얻으려고 노력하게 되며, 다른 한편에서는 어떤 종류의 특별이윤이라도 얻기 위해 새로운 생산방법, 새로운 투자 및 새로운 모험 등을 앞뒤 가리지 않고 시도하기 때문에 투기와 투기의 일반적 촉진이 나타난다(『자본론』III(상): 310-311).

이런 경제위기 국면을 통해 공황이 폭발하며, 그 뒤의 불황 국면에서 회복을 위한 조건들이 마련된다.

(가) 어떤 사정 아래에서도 균형은 자본의 유휴와 심하게는 파멸에 의해 회복될 것이다.

(나) 생산의 정체는 노동자계급의 일부를 해고시키며, 이리하여 취업노동자로 하여금 임금의 인하, 심하게는 평균수준 이하로의 인하를 감수하지 않을 수 없게 한다.

(다) 가격의 저하와 경쟁전은 각각의 자본가로 하여금 새로운 기계, 새로운 개선된 노동방법, 그리고 혁신을 채택하여 자기의 생산물의 개별가치를 그것의 시장가치 이하로 감축시키도록 강요한다.

(라) 불변자본 요소들의 가치도 저하한다(『자본론』III(상): 304-306).

"이리하여 순환 전체가 또 다시 새로 시작된다. 생산조건의 확대, 시장의 확대, 그리고 생산성의 증대를 기초로 동일한 결함 많은 순환이 또 다시 시작된다"(『자본론』III(상): 306).

4) 토미즈카와 카키자키의 공헌

TRPF법칙의 이해나 공황이론의 재구성에서 『자본론』 제III권 제3편 제15장은 별로 큰 주의를 받지 못했다. 왜냐하면 TRPF법칙을 현실적인 이윤율의 저하를 예측하는 법칙으로 파악하여 이윤율의 저하와 상쇄요인들의 '상대적 크기'에만 관심을 두었기 때문이며, 또한 마르크스의 공황이론을 TRPF법칙 이외의 방향에서 재구성하려고 노력했기 때문이다. 그러나 일부의 마르크스주의자들은 제15장을 기초로 하여 TRPF법칙의 내적 모순들을 열거하며, 이 모순들의 전개과정에서 공황의 발생을 설명하려고 시도했다. 예를 들면 토미즈카(富塚良三 1960)와 카키자키(柿崎繁 1981)는 TRPF법칙에 포함되어 있는 모순적 경향들을 다음의 네 쌍으로 종합하고 있다. 자본가치의 감소와 증대, 살아있는 노동의 축출과 흡수, 이윤율의 저하와 이윤량의 증대, 그리고 자본의 집중과 잠재적 화폐자본의 과잉이 그것이다.

기존의 자본가치를 최대한으로 증가시키는 수단인 노동생산성의 향상과 자본의 기술적 · 유기적 구성의 고도화는, 기존 자본의 가치 감소 또는 폐기를 수반하면서도, 생산수단과 생활수단의 가치 저하를 통해 동일한 화폐금액이 구입할 수 있는 생산요소들의 양을 확대함으로써 자본축적을 강화하게 된다. 그러나 이처럼 이윤율의 저하와 상쇄요인들의 대립성을 축적의 가속화를 통해 해결하려는 것은 그 대립성을 소멸시키는 것이 아니라 오히려 강화시키게 된다. 왜냐하면 축적의 가속화는 자본의 기술적 · 유기적 구성을 더욱 상승시키는 새로운 생산방법의 도입을 가능하게 하기 때문이다. 따라서 자본은 이윤율의 저하와 상쇄요인들의 대립성을 해결하기 위해 끊임없이 축적하지 않으면 안 되는데, 이것은 결국 이윤율의 저하를 이윤량의 증대로 보상한다는 원리와 동일하다.

토미즈카와 카키자키는 이윤율의 저하와 이윤량의 증대라는 모순적인 경향이 경쟁 중의 다수자본의 차원에서 어떤 구체적인 형태를 취하게 되는가에 주목하고 있는데, 그들은 그 구체적 형태 중의 하나로 자본의 집중과 잠재적 화폐자본의 과잉을 특히 강조하고 있다. 새로운 기술을 도입하며 기존 자본의 가치 감소를 감당할 수 있는 개별자본의 능력은 개별자본이 취득하는 이윤량에 달려 있으며, 이 이윤량은 또한 자본의 규모와 생산규모에 달려 있기 때문에 개별자본은 집적과 집중을 통해 생산규모를 확대하려고 노력하게 된다. 비록 자본의 집적과 집중이 이윤율의 저하를 이윤량의 증대로 보상하는 것에 공헌하기는 하지만, 이것은 또한 이윤율의 저하를 더욱 강화한다. 왜냐하면 자본의 집적과 집중을 통해 자본은 더욱 과학적인 생산과정을 도입하거나 살아있는 노동을 절약할 수 있기 때문이다. 이처럼 강화된 이윤율의 저하는 자본의 집적과 집중을 더욱 요구하게 되며, 이에 따라 산업자본으로 역할할 수 있는 자본의 최소규모가 증대하게 된다.

이제 이 최소규모에 미달하는 화폐자본은 유휴하지 않을 수 없으며, 이 잠재적 화폐자본은 신용제도를 통해 자본의 집중을 더욱 촉진한다. 이리하여 자본의 집중→산업자본의 최소규모의 증대→잠재적 화폐자본의 과잉→자본의 집중이라는 연쇄작용이 진행된다. 그런데 이 잠재적 화폐자본의 과잉—마르크스는 이것을 '자본의 과다'로 표현했다—은 산업자본으로 전환하지 못하는 화폐자본의 증가를 가리키며 따라서 산업자본의 과잉축적의 한 형태이기도 하다.

결국 토미즈카와 카키자키에 따르면, 이윤율의 저하와 이윤량의 증대라는 모순적인 경향은 경쟁하는 다수자본의 차원에서는 자본의 집중과 잠재적 화폐자본의 과잉이라는 모순적 경향으로 나타난다. 그런데 이 모순적 경향은 경쟁과 신용의 요소들을 품고 있기 때문에 TRPF법칙이 내포하고 있는 모순들 중에서 '가장 발달한 형태'라고 부르고 있다.[28]

6
마르크스의 공황이론

1) 공황의 가능성과 제III권 제3편

1861~63년에 쓴 『자본론』의 초고(『잉여가치학설사』로 출판된 바 있다)에 있는 '리카도의 축적이론'에서 마르크스는 '잠재적 공황' 또는 '공황의 일반적 가능성'은 상품과 화폐의 유통에 있다고 설명한다. 왜냐하면 거기에는 판매와 구매가 분리되어 있으며 화폐가 지불수단으로 기능하기 때문이다. 그리고 그는 잠재적 공황이 '현실적' 공황으로 전환하는 것과 관련하여 다음과 같은 『자본론』의 계획을 서술하고 있다.

> 현실적 공황은 자본주의적 생산과 경쟁 및 신용의 현실적인 운동으로부터만 도출할 수 있다. ……
>
> 자본을 다루는 첫째 부분—직접적 생산과정(『자본론』 제I권: 인용자)—은 공황의 새로운 요소를 전혀 제공하지 않는다. 물론 생산과정은 잉여가치의 취득과 생산을 의미하기 때문에 새로운 요소를 포함하지만, 생산과정 그 자체를 다룰 때는 이 사실을 밝힐 수가 없다. 왜냐하면 생산과정 그

28 그러나 여기에서 말하는 신용은 매우 제한적인 범위에서 역할하고 있다. 즉 자본의 최소 규모에 미달하는 화폐자본이 신용제도를 통해 자본의 집중에 기여한다는 의미뿐이다. 『자본론』 제III권 제5편에서는 '이미 발달한 신용제도'의 존재를 전제로 신용과 산업순환의 관계를 논의하고 있지만, 제3편에서는 신용제도의 존재를 전제하지 않고서도 공황이론이 성립할 수 있다는 것을 보이려고 한다.

> 자체는 재생산된 가치 또는 잉여가치의 **실현**을 문제로 삼지 않기 때문이다. 그 자체가 **재생산과정**이기도 하는 유통과정(『자본론』 제II권: 인용자)에서만 공황의 새로운 요소가 나타날 수 있다. 더욱이 기존의 자본을 다루기 **이전에**—자본과 이윤(『자본론』 제III권: 인용자)을 다루기 **이전에**—유통과정 또는 재생산과정을 서술하는 것이 필요하다. 왜냐하면 우리는 자본이 어떻게 생산하는가 뿐 아니라 자본이 어떻게 생산되는가를 설명해야 하기 때문이다. 그러나 현실적인 운동은 기존의 자본으로부터 시작한다. 즉 현실적인 운동은 발달한 자본주의적 생산을 함축하고 있다. ……따라서 재생산과정과 거기에서 더욱 발달하는 공황 경향은 유통과정에서는 오직 부분적으로만 서술되며, '**자본**과 **이윤**'에 관한 장(『자본론』 제III권: 인용자)에서 더욱 자세히 논의될 것이다(Marx 1861-63c: 143. 강조는 마르크스의 것).

『자본론』에서 공황을 어떻게 다룰 것인가에 관한 위의 언급이 비록 1862년 1월에서 1863년 7월 사이에 쓴 원고(Marx 1861-63a: 475) 속에 있긴 하지만, 현재의 『자본론』 세 권에 있는 마르크스의 공황 논의는 위의 언급을 대체로 따르고 있는 것 같다. 위의 언급에서 주목하고 싶은 것은, 하나는 재생산과정에서 '더욱 발달하는 공황 경향'이 『자본론』 제III권에서 '더욱 자세히 논의될 것'이라는 지적이고, 다른 하나는 "현실적 공황은 자본주의적 생산과 경쟁 및 신용의 현실적 운동으로부터만 도출할 수 있다"는 지적이다. 이 지적들을 하나하나 살펴보자.

『자본론』 제II권 특히 제3편('사회적 총자본의 재생산과 유통')에서 마르크스는 사회적 총자본의 정상적인 재생산은 서로 다른 생산부문들 사이에 그리고 생산과 소비(개인적 소비와 생산적 소비 포함) 사이에 가치와 사용가치의 측면에서 다수의 특수한 비례관계를 요구하고 있다는 것을 설명하고 있으며, 이런 복잡한 상호관련성 때문에 공황의 가능성이 더욱 발달한다고 지적하고 있다. 따라서 『자본론』 제III권에서 더욱 자세히 논의되어야 하는 것은, '기존' 자본의 '현실적' 운동이 어떻게 필연적으로 사회적 총자본의 재생산을 위한 균형조건을 파괴하게 되는가를 분석하는 것이라고 말할 수 있을 것이다.

만약 우리가 위에서 말한 『자본론』의 연구계획과 이윤율 저하 경향의 법칙을 비교한다면, 공황의 더욱 발달한 가능성이 현실성으로 전환하는 것을 연구하는 데 TRPF법칙이 차지하는 중요성을 곧 알 수 있을 것이다. 왜냐하면 TRPF법칙은 '기존' 자본의 결정적인 동기—즉 생산방법의 끊임없는 혁신을 통해 기존의 자본가치를 최대한으로 증식시키는 것—에 의거하고 있을 뿐 아니라, 이 법칙은 또한 공황을 일으키는 다수의 모순적 경향들을 지적하고 있기 때문이다.

다음으로 "현실적 공황은 자본주의적 생산과 경쟁 및 신용의 현실적 운동으로부터만 도출할 수 있다"는 마르크스의 지적을 어떻게 해석해야 할 것인가? 먼저 앞의 제6장 5에서 설명한 모순적인 경향들은 경쟁과 신용의 요소들을 매우 '제한적으로' 포함하고 있다는 사실을 확인할 필요가 있다. 이윤율의 저하와 상쇄요인들의 설명에 가치분석(價値分析)을 적용할 수 있게 하기 위해, 다시 말해 생산과 유통 및 분배 부문 모두에서 가치분석이 적용될 수 있도록 하기 위해, 자본들 사이의 경쟁은 '동일 산업 안으로' 제한했다. 왜냐하면 서로 다른 산업들 사이의 경쟁에서는 가치범주보다는 생산가격 범주가 중심을 차지할 수밖에 없으며, 이윤(특히 개별이윤)과 잉여노동이 동일시될 수 없기 때문이다. 이 '동일산업 안의 경쟁'이 모순적인 경향들(예: 자본가치의 감소와 증대, 이윤율의 저하와 이윤량의 증대, 자본의 집중과 잠재적 화폐자본의 과잉)을 창조할 뿐 아니라 그 속에서 작용하고 있는 것이다. 또한 TRPF법칙과 그것에 관련된 모순적인 경향들은 '이미 확립된 신용제도'를 전제하지 않으며, 신용은 TRPF법칙이 만들어 낸 효과들 중의 하나로 등장하고 있다는 점이다. 다시 말해 자본의 집적과 집중이 진행하고 이에 따라 자본의 최소규모가 증대하기 때문에, 일부의 개별산업자본들이 생산업무를 계속할 수 없게 되어, 또는 산업자본으로 전환하려던 화폐자본이 산업자본으로 전환할 수가 없어, 신용제도의 자금 원천이 되었다는 이야기다. 이 잠재적 화폐자본의 과잉은 자본의 집중을 더욱 촉진하고, 자본의 집중은 또 다시 잠재적 화폐자본의 과잉을 더욱 촉진하게 되는 식으로 모순이 더욱 악화된다.

이처럼 TRPF법칙과 이것에 관련된 모순적인 경향들은 완전히 발달한 경쟁—생산가격과 시장가격 수준의 경쟁—과 완전히 발달한 신용제도에 의거한 것이 아니므로, 이것들로부터 도출되는 공황이론은 '불완전'하다고 말할 수 있을 것이다. 특히 이 불완전성은 마르크스가 '세계시장 공황'에 관한 연구를 자기의 정치경제학 연구의 최종 과제로 삼으면서, 자본주의 생산양식의 내부구조에 관한 연구, 국가에 관한 연구, 그리고 '세계시장에서 신용제도와 경쟁을 포함하는 국제적 생산과 교환의 관계'에 관한 연구를 마친 뒤에 비로소 시작하려고 한 것에 비추어 보면 더욱 그러하다. 그러나 더욱 구체적인 형태의 공황은 자본주의적 축적의 더욱 추상적이고 일반적인 모순들 그리고 자본과 노동 사이의 기본모순을 토대로 형성된 공황이론이 정립된 뒤에라야 비로소 포괄적으로 해명될 수 있을 것이다.

2) TRPF법칙의 모순들과 공황의 폭발

(1) 이윤율의 현실적 저하와 공황

근본주의자들은 TRPF법칙이 이윤율의 저하와 상쇄요인들을 통해 이윤율의 현실적인 저하를 예측하고 있다고 말하면서, 현실적인 이윤율의 저하가 어떻게 사회적 총자본의 재생산과정을 갑자기 격렬하게 중단시키게 되는가를 연구했다. 그들은 다음과 같은 네 가지의 설명을 제시했다.

첫째는 야페(Yaffe 1973b)의 설명인데, "축적의 증가가 잉여가치 또는 이윤의 양을 증가시키지 못할 때, 자본의 절대적 과잉생산이 일어나고 자본축적과정은 중단된다"고 말한다. 다시 말해 이윤율과 이윤량이 동시에 감소해야 공황이 폭발한다는 것이다. 그러나 그는 이윤량의 감소가 어느 수준에 도달해야만 축적과정의 점진적인 축소가 아니라 갑작스러운 중단을 야기하게 되는가를 설명하지 못하고 있다.[29]

둘째는 야페와 블록(Yaffe & Bullock 1975)의 설명인데, 이윤율의 저하가 이윤량을 '충분히' 증가시키지 못할 때 공황이 생긴다고 한다. 그러나 '충분히' 라는 단어가 무엇을 가리키는가는 분명하지 않다. 그들은 말한다.

> 생산의 확장이 그것의 수익성을 초과할 때, 기존의 착취조건이 수익성 있는 자본 확장을 불가능하게 할 때, 또는 똑같은 의미이지만, 축적의 증가가 잉여가치 또는 이윤의 양을 **충분히** 증가시키지 못할 때, 축적과정의 중단 또는 정체(停滯)가 나타날 것이다. 이 중단 또는 정체는 자본주의적 공황을 이룬다. 공황은 착취의 정도에 대비한 자본의 과잉생산을 나타내는 것이다. 이 국면의 수익성에 비추어 볼 때, 기존의 자본은 너무 많거나 동시에 너무 적다. 기존의 잉여가치에 비해서는 너무 많고, 잉여가치의 부족을 극복할 만큼 크지는 않다. 자본은 수익성에 비해서만 과잉생산된다(강조는 인용자).

위의 인용문에 있는 '충분히' 라는 단어가, 이윤율의 저하가 새로운 독립적인 자본 또는 추가적인 자본을 형성하기에 충분한 만큼의 잉여가치를 낳지 않는다는 것을 의미한다면, 그들의 주장은 이윤율의 현실적 저하와 공황의 발생 사이의 이론적 연관으로 생각될 수 있다. 그러나 사실상 야페와 블록은 이윤율의 저하가 어떻게 공황을 일으키는가를 해명하기보

29 만약 이윤량이 자본으로 전환될 수 있는 최소규모에 미달하는 경우에는 축적과정은 갑작스럽게 중단될 것이다. 우노학파는 이런 약점을 잘 이해하고 있기 때문에, 이윤량의 감소가 이자 지급액의 증가를 충당하지 못할 때 채무를 상환하지 못하는 일부 자본의 도산 때문에 사회적 총자본의 재생산과정이 갑자기 중단된다고 말한다. 그리고 '자본의 절대적 과잉생산' 에 관해서는 제5장 3-3)을 참조하라.

다는 오히려 자본주의적 공황의 기본성격을 강조하는 데 열중했기 때문에 '충분히' 라는 애매한 단어를 쓴 것 같다.

셋째는 로손(Rowthorn 1977)의 설명인데, 이윤율이 "자본가들이 축적을 거부하는 수준"까지 저하하면 공황이 발생한다는 것이다. 이 주장에 대해서는 파인과 해리스가 다음과 같이 올바르게 비판했다.

> 이 견해가 틀린 것은 마르크스가 잉여가치량(이윤량과 동일함)을 이윤율보다 훨씬 더 중요하게 생각했다는 사실에서 알 수 있다. 즉 축적능력은 축적에 대한 자극—이윤율—을 지배한다는 것이다. 사실상 이윤율의 저하가 공황을 일으키는 데 미치는 영향은 잉여가치량 또는 이윤량의 중요성을 인식하지 않고서는 이해할 수 없다. 만약 이윤율이 자극제로서 축적과 (+)의 상관관계를 가지고 있다면, 이윤율의 점진적 하락은 축적의 갑작스런 중단이 아니라 점진적 감퇴를 가져와야 할 것이기 때문이다. 그러나 잉여가치량이 축적의 능력을 결정하는 데 미치는 영향은 불가피하게 불연속성(不連續性)을 띤다. 그 이유는 축적의 능력이 오직 잉여가치량에만 달려 있는 것이 아니라 자본화할 수 있는 최소규모의 잉여가치량에도 달려 있기 때문이다. 고정자본의 중요성과 각 생산과정에서 고정자본의 규모가 확대되는 경향을 고려할 때, 축적이 진행되려면 일정량 이상의 잉여가치가 필요하게 된다. 이윤율이 떨어져도 잉여가치량이 충분히 크다면 축적은 진행될 수 있다. 그러나 잉여가치량이 증가 추세를 유지하면서도 결정적인 크기 이하로 떨어지면, 축적은 갑자기 중단할 수밖에 없다(파인과 해리스 1985: 96-97).

여기에서 파인과 해리스는 이윤율의 저하보다는 잉여가치량의 크기가 중요하다는 마르크스의 지적을 매우 명확하게 설명하고 있다.

넷째는 마츠오(松尾純 1979)의 설명인데, 현실적 이윤율이 어떤 '정상적인' '건전한' 수준 이하로 내려가면, 자본가들은 이윤율의 저하를 이윤량의 증대로 보상하기 위해 생산을 확대하는 경쟁을 하게 되며, 이것이 생산과 소비(생산적 소비와 개인적 소비 모두를 포함) 사이의 모순을 격화시켜 과잉생산 공황을 일으킨다는 것이다. 그러나 이 설명은, 격심한 경쟁은 덜 생산적인 자본을 제거하여 자본의 집중을 촉진함으로써 이윤율의 저하를 반전(反轉)시킬 수 있다는 주장을 부정할 수가 없다. 다시 말해 마츠오의 설명은 현실적 이윤율이 정상적인 수준 이하로 저하한다는 점에 의거하고 있지만, 격심한 경쟁과 이것에 뒤따르는 자본의 집중이 이윤율의 저하를 반전시켜 버린다면, 마츠오의 설명은 다음과 같은 매우 간단한 그러나 틀린 결론을 내리게 된다. 즉 과잉생산 공황은 독특한 사용가치를 가진 상품들에 대한 수요와 소비가 그 독특한 사용가치의 성격에 의해 제한되기 때문에 발생한다는 것이다. 예컨대 일정한 수량보다 많은 곡물은 소비될 수 없기 때문에 곡물의 과잉생산이 생긴다는 것이다. 그러나 과잉생산은 일정한 이윤율을 얻을 수 없을 만큼 상품이 많이 생산되었다는 의미이지, 무료로 소비자들에게 나누어 주더라도 남을 만큼 상품이 많이 생산되었다는 의미는 아니다.

결론적으로 말하여, TRPF법칙을 이윤율의 현실적 저하를 증명하는 법칙으로 잘못 해석하는 경우, 공황의 발생을 가장 잘 해명할 수 있는 길은 이윤율의 저하가 이윤량을 산업자본으로 전환될 수 있는 최소규모 이하로 감소시키는 상황일 것이다.

(2) TRPF법칙의 내부모순들이 충돌하는 특수상황으로서 공황

우리가 만약 TRPF법칙은 다수의 모순적 경향들을 품고 있으며 이 모순적 경향들의 충돌이 공황을 일으킨다고 파악한다면, 우리는 공황을 야기하는 여러 가지의 특수상황을 발견할 수 있을 것이다.

첫째의 상황은 히로다(廣田純 1970)가 제시하고 있다. 그는 『자본론』 제Ⅲ권 제3편 제15장에 있는 마르크스의 언급, 즉 "축적과정에 포함되어 있는 이러한 두 개의 측면들은 조용히 병존하고 있는 것으로 고찰해서는 안 된다. ……이러한 각종의 영향들은 때로는 공간적으로 서로 나란히 작용하며 때로는 시간적으로 서로 뒤를 이어 작용한다. 그런데 어떤 특정한 지점에서는 서로 반대되는 요인들의 충돌은 공황에서 출구를 찾는다"(『자본론』III(상): 298-299)를 새롭게 해석한다. 히로다는 '이러한 두 개의 측면들'을 다음과 같은 두 개의 경향으로 해석한다. 하나의 경향은 생산요소들(생산수단과 노동력)의 저렴화에 힘입어 이윤율의 저하를 이윤량의 증대로 보상함으로써 축적이 촉진되는 경향이다. 다른 하나의 경향은 이윤율의 저하가 기존의 자본요소들의 가치 감소와 무용화(無用化, 폐기)를 야기함으로써 축적이 감퇴되는 경향이다. 그 다음으로 히로다에 의하면, 이 두 경향들이 '나란히 그리고 동시적으로' 작용할 때는, 한편에서는 대자본에 의한 집적과 집중이 진행되고 다른 한편에서는 소자본들의 마비와 파괴가 나타난다. 그러나 이 두 경향들이 '잇달아 차례차례' 작용할 때는, 공황이 주기적으로 발생한다. 왜냐하면 자본요소들의 저렴화로 말미암아 이윤율의 저하에도 불구하고 이윤량이 증가하는 국면은 호황국면이고, 반대로 기존의 자본요소들의 폐기가 지배하는 국면은 공황국면이기 때문이다.

히로다는 자본주의적 축적과정이 두 개(또는 그 이상)의 대립적인 경향들의 통일이라고 매우 올바르게 지적하고 있지만, 공황의 발생에 관한 그의 설명은 만족스럽지 않다. 그는 단순히 두 개의 경향 중 하나가 지배적으로 될 때 공황이 일어난다고 말할 뿐이며, 지배적인 경향의 교체(交替)가 왜 그리고 어떻게 일어나는가를 설명하고 있지 않기 때문이다.

마르크스가 말한 "어떤 특정한 지점에서는 서로 반대되는 요인들의 충돌은 공황에서 출구를 찾는다"는 문장은 다음과 같은 몇 개의 의미를 지니고 있는 것처럼 보인다. i) 자본주의적 축적과정에 내포된 경향들은 축적에 대해 대립적이면서도 상호보완적인 효과를 미친다. ii) 자본의 끊임없는 가치증식운동은 이 경향들을 강화하면서 변형시킨다. iii) 모순적인 경향들은 형성 · 전개 · 해소(解消)의 과정에서 충돌을 내포한다. iv) 이 충돌이 공황으로 표출된다 등등. 다시 말해 모순적인 경향들은 축적과정에서 비(非)적대적 · 적대적 · 폭발적 형태들을 취하는데, 공황이론은 모순적 경향들이 왜 폭발적으로 되어 사회적 총자본의 재생산과정을 중단시키게 되는가를 설명해야 하는 것이다. 문제는 TRPF법칙이 품고 있는 모순적 경향들이 어떻게 그리고 언제 축적과정을 중단시키게 되는가를 명확히 하는 것이다.

둘째로 파인과 해리스는 공황이 일어나는 몇 개의 특수상황을 다음과 같이 지적하고 있다.

> 이윤율의 저하와 이윤량의 감소는 이윤율의 저하와 상쇄요인들 사이의 모순이 만들어 내는 특수상황의 전부는 아니다. 이윤율의 저하와 상쇄요인들 자체의 형성과정에 포함되어 있는 긴장으로부터도 특수상황이 발생할 수 있다. 예컨대 축적이 진행되고 있을 때라도 기술적 · 유기적 구성의 고도화(이것은 이윤율을 저하시키는 요인이다)는 순조롭게만 진행되는 것은 아니다. 낡은 기술의 폐기와 신기술의 도입은 점진적 경향을 띠는 것이 아니라 급격한 변화를 가져온다. 이와 비슷하게, 상쇄요인들로 순조롭게만 작용하는 것은 아니다. 예컨대 대외무역은 순조롭게 점진적으로 성장하는 것이 아니라 대외무역이 일으키는 국제적 분업은 산업 전체의 흥망성쇠를 결정할 수 있다. 더우 중요하게도 불변자본 요소들의 가치하락—좀더 일반적으로 말하면 자본의 가치구성의 변화—은 격변을 일으킨다. 왜냐하면 가치구성의 변화는 유기적 구성의 기초가 되는 생산기술상의 변화뿐 아니라 교환관계의 변화까지도 내포하기 때문이다. 마르크스가 지적하듯이, 이런 가치변화는 화폐자본이 순환과정에 재투입될 때[즉 *M′—C*(*MP*, *LP*)에서],[30] 자본가들은 종전의 관계가 변했다는 것[즉 이전의 *C′—M′*에 비해 *C*(*MP*, *LP*)의 상대적 가치가 변했다는 것]을 깨닫게 된

30 상품을 팔아 얻은 화폐(*M′*)로 다시 생산수단(means of production)과 노동력(labour power)을 구매하는 것을 가리킨다.

> 다는 것을 의미한다. 따라서 자본의 재생산은 종전의 순환의 재생산을 요구하는 것이 아니라 근본적으로 새로운 순환으로의 비약을 요구하게 된다. 다시 말해 기존 순환의 중단, 즉 공황을 필요로 하는 것이다(파인과 해리스 1985: 99).

여기에서 파인과 해리스가 특히 강조하고 있는 것은 TRPF법칙의 내부 모순들의 하나인 기존 자본의 가치증식과 가치 감소라고 말할 수 있을 것이다. 이 모순적 경향의 충돌은 자본들의 경쟁과 지불수단으로서의 화폐를 도입한다면 덜 추상적으로 설명할 수 있다.

먼저 경쟁을 도입해 보자. 약간의 개별자본들이 매우 생산적인 신기술을 도입하여 상품을 시장가치 이하로 생산하여 시장가치 이하로 판매함으로써 시장을 지배하게 되었다고 가정하자. 그러면 그 상품의 시장가치는 낮아지고, 신기술을 도입하지 못한 개별자본들은 자기들의 상품을 개별가치 이하로 팔지 않을 수 없으며, 따라서 자기들이 투자한 비용가격과 노동자로부터 착취한 잉여가치를 완전히 실현할 수 없을 뿐 아니라 심하게는 자기의 자본 일부까지도 잃게 된다. 이처럼 개별자본 중 일부는 자기의 자본가치를 증식시키지만, 다른 일부는 자기의 자본가치를 감소시키게 되는데, 이 상반되는 경향이 공황을 일으킬 수 있는 것이다. 개별자본들의 가치증식분의 합계가 가치감소분의 합계보다 적기 때문에 공황이 발생하는 것이 아니라, 가치증식과 가치감소의 모순적 경향이 개별자본들 사이의 기존의 교환관계—사회적 총자본의 재생산과 유통에서는 『자본론』 제II권 제3편에서 보는 바와 같이 개별자본들은 가치와 사용가치면에서 독특한 비례성을 유지해야 한다—를 혼란시키기 때문에 재생산과정의 갑작스런 중단 즉 공황이 일어나는 것이다.

다음으로 지불수단으로서 화폐를 도입하여 보자. 약간의 개별자본들이, 더욱 효율적인 개별자본들에 의한 시장가치의 인하 때문에, 자기들의 상품의 완전한 가치를 실현하지 못한다면, 특정 만기일의 채무를 상환하지 못하게 되며, 이에 따라 채권과 채무의 고리 전체가 파괴될 위험이 생겨 지불수단으로서의 화폐를 구하기 위해 모두가 노력하게 된다. 이런 화폐기근(monetary famine)은 상품의 투매(投賣 fire sale)와 상품가격의 폭락을 야기하며, 나아가서 사회적 총자본의 재생산과정을 마비시키게 된다.

사실상 기존 자본의 가치증식과 가치감소라는 모순적 경향에 의거한 공황 발생의 특수상황은 "자본의 본성 그 자체가 공황을 일으킨다"는 것을 잘 설명하고 있다. 왜냐하면 새로운 생산방법의 도입에 의해 가치증식을 끊임없이 도모하는 자본의 속성이 자본들 사이의 기존의 교환관계를 파괴함으로써 사회적 총자본의 재생산과정을 갑자기 중단시켜 공황을 낳기 때문이다.

셋째로 토미즈카와 카키자키는 자본의 집중과 잠재적 화폐자본의 과잉이라는 모순적 경향의 충돌에서 공황이 일어나는 특수상황을 개발하고 있다. 그들은 이 모순적 경향으로부터 생산과 소비(개인적 소비와 생산적 소비 모두를 포함) 사이의 모순이 격화되어 상품의 과잉생산이 폭발한다고 주장한다. 생산과 소비 사이의 모순이 격화되는 경로로서 두 개를 제시하는데, 하나는 자본의 집중은 자본의 기술적 구성을 상승시켜 노동인력에 대한 수요를 줄이기 때문에, 그리고 잠재적 화폐자본의 과잉은 이전에 산업자본으로 역할한 자본 중 일부가 생산활동을 중단함으로써 노동인력을 축출한 것을 함축하고 있기 때문에, 개인적 소비가 감소한다는 것이다.

그러나 더욱 중요하게 그들이 강조하는 경로는 이 모순적 경향이 자본의 최소규모를 증대시켜 새로운 독립적인 자본의 형성을 어렵게 하기 때문에 생산과 소비의 모순이 격화한다는 것이다. 신생독립자본은 새로운 사회적 욕망과 새로운 사용가치를 창조함으로써 시장을 더욱 넓고 높은 수준으로 확대시키는 수단으로 역할하기 때문이다. 전문화와 분입화의 경향 아래 동일산업 안에서 기존 자본들의 집중과 생산력의 발달은 그 산업이 만족시키기로 되어 있는 특정의 사회적 필요의 규모라는 한계에 부닥치지 않을 수 없다. 따라서 끊임없이 확대되는 그리고 더욱 포괄적인 각종 생산부문들의 체계(system)를 개발하여 생산과 소비의 모순을 해결해야 되는데, 이를 위해서는 신생독립자본의 형성이 절대로 필요하다고 그들은 주장하면서, 마르크스가 *Grundrisse*에서 말한 것을 인용한다.

> 예컨대 생산력이 두 배로 향상되어, 지금의 50원의 자본이 옛날 100원의 자본이 하던 일을 할 수 있어서 50원의 자본과 이것에 상응하는 노동인력이 해방된다면, 이 해방된 자본과 노동인력을 위해 새로운 질적으로 다른 생산분야(새로운 필요를 충동하며 만족시키는 분야)가 창설되지 않으면 안 된다(Marx 1857-58a: 335-336).

그들은 자본의 집중에 의한 생산 확대가 그것의 사용가치에 대한 사회적 수요에 의해 제한되고, 시장을 개척하는 신생독립자본의 형성이 지지부진하다는 것을 지적한 뒤, 이윤량의 증대로 이윤율의 저하를 보상하려는 자본가들의 경쟁 때문에 자본들이 다른 생산분야로 자발적으로 이동하지 않으며, 이에 따라 자본의 집중과정이 더욱 크게 추진되어 상품의 생산이 그 상품에 대한 사회적 수요를 초과하는 지점까지 도달하게 된다고 주장한다. 결국 과잉생산된 상품은 가격이 폭락하고 그 생산분야의 과잉자본은 파괴되든지 다른 분야로 쫓겨나게 된다는 것이다. 이것이 이른바 공황이다.

토미즈카와 카키자키가 구성한 공황 발생의 특수상황은 TRPF법칙과 생산－소비의 모순을 결합함으로써 마르크스의 공황이론을 풍부하게 하였으며, "공황은 부르주아 경제의 모든 모순들의 발현이다"는 것을 해명하는 데 도움을 주고 있다. 그들의 공황이론의 가장 중요한 부분은 자본의 집중과 잠재적 화폐자본의 과잉이라는 모순이 신생독립자본의 형성과 새로운 시장의 창조를 저지한다는 주장이다. 또한 그들은 자본가적 경쟁과 자본집중의 진행이 다른 생산분야로의 자발적인 자본이동을 어렵게 한다는 점과, 한 산업분야 안에서 생산력의 발달은 그 산업분야의 생산물이 가진 사용가치에 의해 제한되고 있다는 점[31]을 올바르게 지적했다.

그러나 이 모순적 경향에 관한 그들의 해석은 생산 – 소비의 모순 격화에 한정되어 있기 때문에, 마르크스가 지적한 다음과 같은 명제들을 해명하지 못하고 있다.

(가) 잠재적 화폐자본의 과잉은 다수의 새로운 생산분야를 개시할 수 있게 하는데, 특히 투자의 회임기간(懷妊期間 gestation period)이 길고 유기적 구성이 높은 생산분야가 개발된다.
(나) 신생독립자본의 형성이 곤란해지면 새로운 생산방법의 도입이 저지되어 '생산의 활력'이 사라진다.
(다) 잠재적 화폐자본의 과잉은 투기를 크게 일으킨다.

위의 명제 (가)는 한 생산분야 안에서 격화된 생산과 소비의 모순을 당분간 해소하는 하나의 방법을 제시하고 있는데, 토미즈카와 카키자키는 이것의 가능성을 무시하고 있다. 만약 자본 간의 경쟁이 더욱 큰 이윤을 얻으려는 경쟁이라면 자본이 더욱 높은 이윤율을 올리고 있는 다른 산업분야로 이동하지 않을 이유가 없다. 더욱이 산업분야 간의 자본 이동은 기존의 생산설비를 철폐하거나 이것을 다른 상품의 생산에 사용하는 것이 아니라, 잠재적 화폐자본이 새로운 산업분야로 더욱 많이 투자됨으로써 쉽게 이루어지는 것이다.[32] 그리고 투자의 회임기간이 긴 새로운 사업들의 개시가 공황을 유발하는 과정에 대해서도 마르크스는 언급하고 있지만 그것은 제7장(신용과 공황)에서 다룰 것이다.

31 사용가치에 대한 강조는 마르크스의 가치법칙에 상응하는 것이다. 상품의 "사용가치는 그것의 교환가치 그리고 그것의 가치의 전제조건이다"(『자본론』III(하): 783)고 마르크스는 말한다. 만약 사회적 총자본이 특정의 사용가치에 대한 사회적 수요에 비례해 각각의 생산분야로 분배되지 않으면, 상품의 수요 – 공급의 불균형으로 말미암아 상품의 가치와 잉여가치가 완전히 실현될 수가 없다.

32 "기존의 고정자본의 존재 때문에 자본의 이동이 쉽게 이루어지지 않으며, 따라서 사회적으로 평균이윤율의 형성이 어렵게 된다"는 주장은 비판받아야 한다.

명제 (나)는 신생독립자본의 역할을 시장의 확대와 다양화의 측면보다는 잉여가치율을 높이고 생산요소들을 값싸게 하는 신기술의 도입과 전파의 측면에서 파악하고 있음을 나타낸다. 특히 신생독립자본은 그 자본규모가 작기 때문에 높은 이윤율을 낳는 신기술의 채택이 생존의 필수조건이다. 축적의 능력은 이윤량에 달려 있는데, 소규모의 자본이 이윤량을 증가시킬 수 있는 유일한 방법은 이윤율을 상승시키는 길밖에 없기 때문이다.[33] 더욱이 산업자본의 최소규모의 증대와 자본 집중의 진전으로 말미암아 신생독립자본의 형성이 지체된다면, 대자본들은 이윤율의 향상보다는 이윤량의 증대를 더욱 강조하게 된다. 다시 말해 새로운 생산방법의 도입보다는 규모의 확대를 강조하게 된다. 이 결과로, 사회적 총자본은 생산요소들의 저렴화의 지체, 잉여가치율 상승의 지체, 산업예비군의 감소와 임금수준의 상승, 새로운 시장 확대의 지체로 곤란을 받게 되는데, 이것들이 사실상 경제위기를 구성한다. "이윤량의 증대로 이윤율의 저하를 보상하는 소수의 기존 대자본의 수중에서만 자본 형성이 행해진다면, 생산의 활력은 사라져 버리고 말 것이다"(『자본론』III(상): 311).

명제 (다)는 제7장(신용과 공황)에서 다룬다.

(3) 소결

이상에서 나는 몇몇 학자들에 의거하면서 TRPF법칙에 내재하는 모순들을 기초로 공황 발생의 특수상황들을 구성해 보았다. 내가 해명하려고 노력한 것은 축적과정을 중단시키는 이런 상황들이 불가피하게 생긴다는 점이다. 그러나 다수의 모순적인 경향들이 TRPF법칙에 내포되어 있기 때문에 어떤 특수한 모순적 경향 하나를 공황의 원인이라고 지적할 수는 없었다.

TRPF법칙은 이윤율의 저하와 상쇄요인들이라는 두 개의 대립물의 통일이다. 이 법칙은 노동과 자본의 계급적 적대관계—잉여가치의 생산—를 이

33 불황기에 새로운 생산방법이 더욱 많이 도입되는 이유는, 수요의 격감으로 말미암아 이윤량을 증대시키려면 이윤율을 상승시키는 방법밖에 없기 때문이다.

통일 안에서 지배적인 요소라고 인정하면서도 자본주의 경제의 모든 영역—생산과 유통 및 분배—을 포괄하고 있다. 기존의 자본가치를 증식시키는 유일한 수단인 노동생산성의 향상이 TRPF법칙의 기초이다. 경쟁 중의 개별자본들은 이윤율에 관련된 모순적 경향들을 이윤량의 증대로 해결하려고 노력하며, 이 과정에서 이윤율의 저하와 상쇄요인들이라는 모순적 경향은 이윤율의 저하와 이윤량의 증대라는 모순적 경향으로, 더 나아가 자본의 집중과 잠재적 화폐자본의 과잉이라는 모순적 경향으로 변형되어 간다.

자본의 집중과 잠재적 화폐자본의 과잉이라는 모순적 경향은 경쟁과 신용을 도입하고 있다는 점에서 TRPF법칙의 내적 모순들 중 '가장 발달한' 형태라고 말할 수 있다. 그러나 이 가장 발달한 형태는 덜 발달한 모순들(예: 산업예비군의 창조와 흡수, 자본가치의 감소와 증가, 이윤율의 저하와 상쇄요인들)을 지양(止揚)할 수 없으며, 후자는 전자 속에 '잔존(殘存 survival)' 하게 된다.[34] 내가 잔존을 강조하는 이유는, 만약 우리가 자본의 집중과 잠재적 화폐자본의 과잉이라는 모순적 경향을 그 자체로서만 고찰한다면, 토미즈카와 카키자키가 제시한 바와 같은 생산과 소비의 모순에서 발생하는 공황만을 생각할 수밖에 없을 것이기 때문이다. 그러나 위와 같은 잔존을 인정하게 되면, 여러 가지의 공황 발생의 특수상황을 발견할 수 있게 된다. 예를 들면, 자본의 집중은 생산의 확대와 신기술의 도입을 가능하게 하는 능력을 증대시키기 때문에, 산업예비군의 대규모 흡수 또는 축출이 일어날 수 있고, 기존 자본이 격렬하게 감가하든지 폐기될 수도 있으며, 낡은 산업분야의 폐쇄와 새로운 산업분야의 개설이 갑자기 진행될 수도 있게 된다. 이런 과정에서 기존의 생산분야와 교환관계가 혼란에 빠져 사회적 총자본의 재생산과정이 일시적으로 마비될 수 있는 것이다. TRPF법칙에 내재하는 모순들을 자본이 해결하는 과정에서 자본의 집중과 잠재적 화폐자본의 과잉이라는 모순적인 경향이 나타나게 되

34 '잔존' 의 의미에 관해서는 Althusser(1977: 114-116)를 참조하라.

었다면, 이 해결이라는 것이 사실은 기존의 모순들을 철폐하는 것이 아니라 오히려 강화하면서 변형시킨다고 말하지 않을 수 없다. 따라서 TRPF 법칙에 내재하는 어느 하나의 모순에 의거하여 마르크스의 공황이론을 재구성하는 것은 '잔존' 의 의미를 살리지 못할 우려가 있다.

제 7 장

신용과 공황

『자본론』 제Ⅲ권 제3편 제14장('상쇄요인들')의 제6절('주식자본의 증가')에서 우리는 잠깐 신용제도에 관해 언급한 바 있지만, 마르크스의 공황이론은 기본적으로 산업자본의 축적과정이 품고 있는 모순적 경향들에 근거하고 있다. 다시 말해 자본이 순조롭게 자기의 가치를 증식하는 과정에서 온갖 모순들이 생기면서 사회의 총자본이 함께 축적을 중단하지 않을 수 없는 특수상황에 빠진다는 것이다. 물론 자본의 집중과 잠재적 화폐자본의 과잉 사이의 모순으로부터 공황 발생의 특수상황을 도출할 때 신용의 역할이 언급된 바 있다. 산업자본의 최소규모에 미달하는 화폐자본이 신용의 화폐적 원천을 형성하며, 이 신용은 자본의 집중과 잠재적 화폐자본의 과잉 사이의 모순에 의해 확대될 뿐 아니라 이 모순을 더욱 심화시켜 공황을 폭발시킨다는 것이다. 이처럼 "신용이 공황의 폭발을 촉진한다"는 마르크스의 주장은 '이미 발달한 신용제도'에 의거한 것은 아니지만, 완전히 발달한 신용제도가 이미 확립되어 있다고 전제하는 『자본론』 제Ⅲ권 제5편에서도 마르크스는 마찬가지로 주장한다. 마르크스에 따르면, 이자율의 상승은 공황의 원인이 아니라 경제위기의 전조이고, 벼락경기 또는 활황의 국면에서 잠재적 화폐자본이 거대한 규모로 형성되며 이 자본이 '과잉생산과 과잉투기의 지렛대'로 기능한다.

1
『자본론』의 신용이론의 특징

1) 제III권 제5편의 구성

제5편('이윤이 이자와 기업가이득으로 분할')은 마르크스 자신이 완성한 초고에 의거해 편집될 수 없었다는 이유만으로도 읽기가 매우 힘들다. 엥겔스는 제5편을 편집할 때의 어려움을 다음과 같이 표현하고 있다.

> 가장 큰 어려움을 준 것은 제5편이었는데, 이 편은 또한 제III권 중에서 가장 중요한 주제를 다루고 있었다. 마르크스는 바로 이 편을 서술하는 과정에서 위에서 말한 질병에 의해 한 차례 엄습을 받은 것이다. 그러므로 여기에는 완성된 초고도 없었고 살을 붙일 수 있는 개요도 없었으며, 다만 서술을 위한 준비—한 무더기의 무질서한 메모 · 코멘트 · 발췌—가 있을 뿐이었다(『자본론』III(상): 7).

그러나 일본의 마르크스주의자들은 제5편을 『자본론』의 가장 중요한 부분의 하나로 간주하고 있다. 왜냐하면 이 편이 경제의 현실적 동향과 상대적으로 더욱 밀접히 관련된 개념과 관계(예: 이자율 · 은행대부 · 주식가격 · 파산)를 다루고 있기 때문이다. 일본의 마르크스주의자들이 제5편의 해명에 크게 공헌했으며, 서방의 마르크스주의자들과 케인즈주의자들도 점점 더 마르크스의 화폐 · 신용이론에 관심을 기울이고 있다.

제5편의 내용에 관한 일본의 우노학파와 정통파 사이의 논쟁(김수행 1988b: 228-234)이 확인하고 있는 바에 의하면, 제5편은 전반부(21~24장)와 후반부(25~36장)라는 상호보완적인 부분들로 구성되어 있다. 전반부에서는 자본의 단순한 두 계기(moments)—즉 소유와 기능(function)[1]—로부터 이자, 이자 낳는 자본, 가공(架空)자본 또는 의제(擬制)자본(fictitious capital)의 개념을 창조하고 있을 뿐 아니라, 이자와 기업가이득이 자본-임노동관계와는 무관하다는 환상—즉 이자는 자본에 내재하는 자기증식의 신비한 힘에서 자연적으로 나오며, 기업가이득은 기업가의 노동의 열매라는 환상—이 어떻게 생기는가를 분석하고 있다. 다음으로 후반부에서 마르크스는 신용과 자본주의적 축적과정 사이의 역동적(dynamic) 관계로부터 이자율과 이윤율, 이자 낳은 자본과 산업자본의 상호관련을 해명하고 있고, 상업신용·은행신용·주식자본을 신용의 발달형태로 고찰하며, 산업순환에서 신용의 역할을 구명하고 있다.

2) 화폐와 화폐자본

해리스(Laurence Harris)는 마르크스의 이자·신용이론을 케인즈의 유동성선호설(流動性選好說 liquidity preference theory)과 로버트슨(Robertson)의 대부자금설(貸付資金說 loanable fund theory)과 비교하면

1 자본의 소유와 기능의 대립은 화폐자본가와 기능자본가(functioning capitalist) 사이의 구별과 관련된다. 소유와 기능의 분할은 주식회사에 특히 적용되는 소유와 통제(control)의 분할과 혼동해서는 안 된다. 드 브루이(de Vroey 1980)가 해명하고 있는 바와 같이, 소유와 통제의 분할은 이중(二重)의 차원—즉 소유와 경영의 분리, 법률적 소유와 경제적 소유의 분리—을 포함하고 있다. 소유와 기능의 분할은 자본의 소유를 생산과정에서 그것을 사용하는 것과 구별하는 것이고, 소유와 통제의 분할은 주주를 다수의 소주주와 소수의 대주주(대주주는 생산수단과 노동력을 특수한 목적에 배정하거나 생산의 결과를 처분하는 힘을 가지고 있다)로 분할하는 것을 가리킨다. 그런데 드 브루이는 소유와 경영의 분리를 자본의 소유와 기능에 관한 마르크스의 분할과 동일시하고 있는데, 이것은 다음과 같은 이유 때문에 완전히 타당하지는 않다. 소유와 경영의 분리에서는 소유는 이윤을 얻고 경영은 임금을 얻지만, 소유와 기능의 분리에는 소유는 이자를 얻고 기능은 기업가이득(profit of enterpriser)을 얻기 때문이다.

서 그 차이점을 다음과 같이 지적하고 있다.

> 마르크스는 신용제도와 이자율의 분석에 적합한 것은 '자본의 화폐형태'(자본가들 사이에 '자본의 이전을 촉진하는' 화폐)라고 본다. ……마르크스는 (제III권: 인용자) 제28장에서 산업순환에 따른 신용의 축소와 확장 그리고 이자율의 변동이, 미분화된 개인들의 집단에 의한 화폐 또는 대부자금에 대한 수요에 의해서가 아니라, 자본의 필요에 의해 전적으로 결정된다고 본다. 이렇게 분석하는 것은 자본의 개념을 구성하려는 사적 유물론(史的唯物論)의 입장이다. ……마르크스가 이자 낳는 자본을 대부자금이나 화폐로서가 아니라 자본으로서 분석할 것을 주장하는 것은, 자본에 관한 자연이자율과 같은 개념으로부터 나오는 것이 아니라 이자의 원천과 그 일반적 한계는 생산자본의 기능에 의해 창조된 잉여가치라는 것을 증명할 필요로부터 유래하는 것이다(Harris 1976).

현실적으로 은행이 일반 소비자에게 자금을 대부하고 있지만 마르크스는 먼저 은행은 산업자본가(와 상업자본가)에게만 잠재적 화폐자본을 대부한다고 가정한다. 이렇게 해야만 산업자본가가 은행에 지불하는 이자가, 산업자본이 노동자로부터 착취한 잉여노동 또는 잉여가치의 일부라는 것이 분명해지기 때문이다. 그러므로 마르크스는 산업자본으로 기능할 화폐, 즉 화폐자본에 연구를 집중시킨 것이다. 화폐와 화폐자본은 어떻게 다른가?

> 화폐자본으로서 화폐는 사실상 단순히 화폐—상품(생산요소)의 구매수단—로 작용할 뿐이다. 이 화폐가 동시에 화폐자본(자본의 한 형태)으로 되는 것은 구매 행위—화폐자본이 화폐로서 수행하는 현실적 기능—때문이 아니라, 이 구매 행위가 자본의 총운동과 관련을 맺고 있기 때문이다. 왜냐하면 화폐자본이 화폐로서 수행하는 이 행위는 자본주의적 생산과정

을 개시하는 것이기 때문이다(『자본론』Ⅲ(상): 417).

결국 화폐는 산업자본의 순환($M—C\cdots P\cdots C'—M'$)에 진입함으로써 화폐자본이 되는 것이며, 산업자본의 순환에서 화폐자본은 단순히 화폐로서 기능한다. 따라서 자본주의에서 모든 화폐는 '잠재적' 화폐자본이라고 말할 수 있으며, 화폐가 산업자본의 순환에 진입할 때 그 화폐는 산업자본가에게는 화폐자본이 되고, 화폐소유자 또는 대부자본가에게는 이자 낳는 자본이 된다.

더욱이 '대부될 잠재적인 화폐자본'—흔히들 '대부자본'이라고 부른다—의 수요와 공급이 이자율을 결정한다고 말할 때, 대부자본은 산업자본의 순환에 이미 투자되어 있는 현실적 화폐자본을 가리키는 것이 아니라 당분간 산업자본의 순환 외부에 있다. 다시 말해 화폐가 화폐자본으로 전환하기 위해서는 두 단계의 전환—즉 화폐로부터 대부자본으로 전환하는 것과 대부자본으로부터 현실적 화폐자본으로 전환하는 것—을 모두 거쳐야 한다. 이런 이중(二重)의 전환은 은행의 기능을 고찰할 때 더욱 분명해진다. 은행은 사회의 각종 유휴화폐(또는 여유자금)를 예금으로 모아 그 예금의 몇 배나 되는 대부자본을 창조할 수 있는데(이것이 이른바 신용창조다), 이 대부자본이 현실적 화폐자본으로 전환하는 것은 전적으로 산업자본가 측의 수요에 달려 있다.

그런데 마르크스는 어음할인과 담보대부가 산업자본가에게 '추가적인 자본'을 제공하지 않는다는 사실에 의거하여 이것들은 화폐에 대한 수요이지 화폐 '자본'에 대한 수요가 아니라고 주장하고 있는데(『자본론』Ⅲ(상): 526, 531-532; 『자본론』Ⅲ(하): 635-636), 이렇게 되면 어음할인과 담보대부는 이자율에 영향을 미치지 않는다고 말해야 할 것이지만 사실은 그렇지 않다는 데 문제가 있다. 이 주장은 앞에서 본 마르크스의 '올바른' 주장—"화폐는 산업자본의 순환에 진입함으로써 화폐자본이 된다"—과 다르다. 왜냐하면 어음의 할인과 담보대부로 얻은 화폐도 산업자본의 순환에 들어와서 기존의 순환을 유지하는 데 역할하든지 아니면 기존의 순환을 확대하는 데 기여할 것이기 때문이다. 마르크스의 '올바른' 주장은 『잉여가치학설사』에서도 볼 수 있다.

> 화폐가 어음의 할인에 사용되거나 일시적으로 판매되지 않는 상품을 담보로 한 대부에 사용된다면, 그 화폐는 자본의 유통과정(상품자본의 화폐자본으로의 전환의 필요성)과 결합될 수 있다. 이 전환과정의 가속화—이런 가속화는 신용의 일반적 특징이다—가 재생산(따라서 잉여가치의 생산)을 촉진하는 한 그 대부된 화폐는 자본이다(Marx 1861-63c: 487).

결론적으로 말해, 구매수단으로서 또는 지불수단으로서 산업자본의 형태전환(또는 회전)을 촉진하는 화폐는 화폐 '자본'이다. 화폐자본은 산업자본의 순환의 총과정을 개시할 뿐 아니라 그 순환의 원활한 흐름과 확대를 촉진하기도 한다. 또한 대부화폐자본의 축소와 확대 그리고 이자율의 변동은 산업자본의 축적과정에 영향을 미칠 뿐 아니라, 산업자본의 축적과정이 거꾸로 대부화폐자본의 크기와 이자율의 변동에 영향을 미치게 된다.

3) 이자율과 이윤율

이윤이 이자와 기업가이득으로 분할되는 것과 관련하여 마르크스는 이자율의 두 가지 특징을 지적한다. 하나는 이자율은 '자연이자율(natural rate of interest)'과 같은 중심(重心, centre of gravity)을 가지지 않는다는 점이고, 다른 하나는 이자율은 항상 '일반적 이자율(general rate of interest)'로 결정된다는 점이다.

변동하는 시장이자율이 한 곳으로 수렴하는 무게중심이 없다는 사실에 관해 마르크스는 "모든 것을 결정하는 것이 경쟁 그 자체인 경우에는 그 결정은 본래 우연적이며 순전히 경험적일 수밖에 없다"(『자본론』III(상): 443)고 말한다. 그러나 이자율의 이런 특성은 이자율의 변동을 일반화할 수 없다는 것을 가리키는 것은 아니다. 오히려 "이자율은 모든 상품의 가격과 마찬가지로 수요와 공급의 상황에 의해 결정되지만, 다른 상품들과는 달리 이자율은 가치법칙이 결정적 또는 중심적 경향으로 작용하지 않은 채 결정된다"(Harris 1976)는 것을 의미한다. 예컨대 노동생산물인 상품들의 시장가격은 그것들의 가치—그것들의 생산에 사회적으로 필요한 노동량—를 중심으로 변동하는 데 반하여, 이자율은 오직 대부자본의 공급과 그것에 대한 수요에 따라 변동한다는 것이다. 또한 이윤율도 자본의 가치구성과 잉여가치율 그리고 자본의 회전시간에 의해 결정되기 때문에 이자율과는 다르다.

다음으로 마르크스는 '일반적' 이자율과 '일반적' 이윤율은 그 형성과정이 다르다는 점을 지적하고 있다. 이자율은 항상 일반적 이자율로 결정되어 개별자본가에게 '주어진 고정된' 이자율로 나타나는 데 반해, 일반적 이윤율 또는 평균이윤율은 '직접적으로 주어진 사실'로서 나타나는 것이 아니라 개별자본들의 서로 다른 이윤율들이 경쟁을 통해 균등화되는 과정의 최종적 산물로서만 개념화할 수 있을 뿐이다. 마르크스는 이자율의 이런 특성을 다음과 같이 해명한다.

(가) 화폐시장에서는 모든 대부가능한 자본이 항상 총량으로서 기능자본과 대립하고 있으며, 따라서 한편에서는 대부자본의 공급과 다른 한편에서는 대부자본에 대한 수요 사이의 관계가 어느 주어진 시간의 시장이자율을 결정하기 때문이다. ……일반적 이윤율의 경우에는 각각의 다른 분야들에 대한 자본의 진입과 철수가 끊임없이 변동할 뿐이지, 이자율의 결정에서와 같은 자본총량의 동시적인 작용은 결코 일어나지 않는다(『자본론』III(상): 447).

(나) 화폐시장에서는 대부자와 차입자가 서로 상대할 뿐이다. 상품은 화폐

> 라는 동일한 형태를 가지고 있다. ……이윤율은 동일한 분야 안에서도, 상품의 시장가격이 동일하더라도 개별자본들이 동일한 상품을 생산하는 조건들이 다름에 따라 변동할 수 있다. 왜냐하면 개별자본의 이윤율은 상품의 시장가격에 의해 결정되는 것이 아니라, 시장가격과 비용가격 사이의 차액에 의해 결정되기 때문이다. 그리고 이런 서로 다른 이윤율들은 처음에는 동일한 분야 안에서, 그 다음에는 다른 분야들 사이에서 끊임없는 변동을 통해서만 균등화될 수 있다(『자본론』III(상): 449-450).

따라서 "이자와 이자율의 최대값은 이윤과 이윤율이다"고 말하는 것은 특수한 가정 아래에서만 정당화될 수 있다. 하나의 가정은 모든 산업자본가들이 자본을 소유하지 않는 기능자본가들이라는 가정이고, 다른 하나의 가정은 이윤율이 일반이윤율로 주어져 있다는 가정이다. 그러나 개별자본들이 서로 경쟁하며 일반적 이윤율은 항상 형성과정에 있는 현실의 자본축적과정에서는 개별자본의 개별이윤율과 일반적 이자율이 대립하는 것이지, 일반적 이윤율과 일반적 이자율이 대립하는 것은 아니다. 어떤 개별자본가의 이윤율은 3%인데, 시장이자율은 10%인 경우도 있을 수 있다. 우노학파는 '이윤율의 저하와 이자율의 상승 사이의 충돌'을 이론화할 때 이 점을 정확히 이해하고 있다. 그리하여 이윤율의 저하를 시장가격의 수준에서 파악하며, 그리고 그 충돌을 약간의 개별자본가들이 은행 부채를 상환할 수 없게 된다는 점에서 파악하고 있는 것이다.[2]

2 이 장의 3-3)에서 다시 논의한다.

2
경제위기의 형성에서 신용의 역할

1) 이자율의 상승과 경제위기

마르크스는 산업순환에 걸친 이자율의 변동에 관해, 이자율은 불황에서 최저수준이고 경제위기에서 최고수준이라고 말한다.

> 근대적 산업이 통과하고 있는 회전순환(回轉循環 turnover cycle)—불황 · 회복 · 번영 · 과잉생산 · 공황(crash) · 정체 · 불황 등등의 순환으로서 이것들에 관한 상세한 분석은 우리의 연구 범위를 벗어난다—을 고찰하면, 낮은 수준의 이자는 일반적으로 번영기나 특별히 이윤이 높은 시기에 대응하고, 이자의 상승은 번영과 그것의 붕괴 사이에 나타나며, 이자가 극단적인 고리대(高利貸)의 수준까지 최고한도에 도달하는 것은 경제위기(crisis)의 시기에 대응한다(『자본론』III(상): 440).

또한 회복과 호황의 두 국면에서만 대부자본의 풍족과 산업자본의 확장이 공존할 뿐이고, 경제위기에서는 대부자본에 대한 과도한 수요(즉 대부자본의 부족)가 산업자본의 과잉과 공존한다고 말한다.

> 이자율에 표현되는 대부자본의 운동은 대체로 산업자본의 운동과는 반대의 방향으로 나아간다. 최저수준 이상이지만 아직은 낮은 수준의 이자

율이 공황 뒤의 '호전(improvement)'과 신뢰의 증대와 함께 나타나는 국면(회복기: 번역자), 그리고 특히 이자율이 평균수준—최저수준과 최고수준 사이의 중간수준—에 도달하는 국면(번영기: 번역자), 오직 이 두 개의 국면이 풍부한 대부자본과 산업자본의 큰 팽창이 공존하는 국면이다. 산업순환의 최초국면(불황: 번역자)에서는 낮은 이자율과 산업자본의 수축이 함께 나타나며, 산업순환의 최종국면(공황 이전의 위기: 번역자)에서는 높은 이자율과 산업자본의 과잉이 함께 나타난다. '호전(회복: 번역자)' 국면의 낮은 이자율은 상업신용이 아직까지 자기 스스로 감당할 수 있어 소액의 은행신용만을 필요로 한다는 사실을 표현한다(『자본론』III(하): 603).

마르크스의 위와 같은 명제를 해석하면서, 해리스는 이자율의 순환운동은 유동성(流動性 liquidity)과 추가적 투자재원에 대한 산업자본가들의 필요에 의해 결정된다고 말한다.

이 두 요소들은 반대 방향으로 이자율의 변동에 영향을 미친다. 유동성에 대한 필요는 이윤율이 낮을 때—즉 경제위기에서—이자율을 상승시키며, 추가적 투자재원에 대한 필요는 이윤율이 높을 때 이자율을 상승시키는 역할을 한다. 그런데 산업순환에서 지배적인 영향력을 행사하는 것은 유동성에 대한 필요로 보이며, 따라서 일반적으로 산업순환에 걸친 이자율의 변동은 이윤율의 변동과 역(逆)의 관계를 나타내게 된다(Harris 1976).

유동성에 대한 필요는 사실상 채무상환을 위한 것으로 지불수단으로서의 화폐에 대한 수요인데, 이 수요는 경제위기에서 도산을 피하기 위해 대폭 증가한다. 그런데 화폐자본가 측에서도 경제위기에서는 대부되는 화폐자본을 회수하지 못할지도 모른다는 우려 때문에 대부자본의 공급을 감축하게 된다. 대부자본에 대한 수요 격증과 공급 축소가 경제위기에서 이자율을 최고수준으로 상승시킨다. 그리고 이자율의 결정에서 추가적 투자재원에 대한 필요보다 유동성에 대한 필요가 지배적인 위치를 차지한다는 해리스의 주장은 추가적 투자재원에 대한 필요가 증대하는 호황기에는 신용이 풍부해 이자율이 낮다는 마르크스의 설명과 일치한다.

> 재생산과정의 과도한 긴장(over-exertion) 상태 이전의 번영기에 도달하면 상업신용(商業信用 commercial credit, 자본가들 사이에 어음과 수표를 통해 상품을 외상거래하는 것)은 매우 크게 팽창한다. ……사실상 이 시기는 낮은 이자율, 따라서 대부자본의 상대적 풍부함이 산업자본의 현실적인 확대와 일치하는 **유일한** 시점이다. 환류(還流 returns)의 쉬움과 규칙성이 상업신용의 확대와 결합하여, 대부자본의 공급을 그 수요 증가에도 불구하고 보장하며 이자율의 상승을 저지한다(『자본론』III(하): 602. 강조는 마르크스의 것).

기업의 확장을 위한 추가적 화폐자본에 대한 수요가 호황기에 증가하지만, 상품이 잘 팔려 화폐자본이 제때에 정확하게 회수되기 때문에 산업자본가들 사이에 그리고 산업자본가들과 상업자본가들 사이에 어음과 수표를 통한 외상거래가 크게 팽창함으로써, 은행으로부터 화폐형태의 대부(즉 은행신용 bank credit)를 받을 필요성이 상대적으로 줄어들어 이자율의 상승이 저지된다는 것이다.

더욱이 마르크스는 이자율은 반드시 대부자본에 대한 수요가 증가하기 때문에 상승하는 것이 아니라, 그 증가한 수요를 충족시키는 것의 어려움 때문에 상승한다는 점을 강조하고 있다. 예컨대 지불수단으로서의 화폐에 대한 수요가 증가할 때 모든 자본가들은 화폐를 퇴장(退藏 hoard)하려고 노력하기 때문에, 대부자본에 대한 증가한 수요가 충족될 수 없고 이자율이 급격히 상승하게 되는 것이다.

경기후퇴기를 번영기로부터 구분하는 것은……대부에 대한 강한 수요가 결코 아니며, 그보다는 이 수요의 충족이 번영기에는 쉽고 경기후퇴기에는 어렵다는 점이다. 사실상 번영기에는 신용제도가 거대하게 발달한다는 것, 그리고 대부자본에 대한 수요가 격증하며 이 수요가 공급에 의해 쉽게 충족된다는 것—이러한 것들이 경기후퇴기의 신용 핍박을 일으킨다. 그러므로 두 시기를 구분하는 것은 대부에 대한 수요의 크고 작음이 아니다(『자본론』III(상): 558).

2) 투기와 경제위기

마르크스는 호황이 경제위기로 전환하는 과정을 설명하면서, 호황기에 형성된 거대한 잠재적 화폐자본이 신용제도 그 자체와 사회적 총자본의 재생산과정에 미치는 영향에 주목하고 있다. 대부화폐자본의 축적과 산업자본의 축적 사이의 불일치성과 모순을 다루고 있는 『자본론』 제III권 제30~32장에서 마르크스는 다음과 같이 말한다.

대부자본의 축적은 진정한 축적(산업자본의 축적: 인용자)과는 매우 다른 요소들을 표현할 수 있다. 진정한 축적이 끊임없이 확대되는 경우, 화폐자본의 축적 증대는 부분적으로는 진정한 축적의 확대의 결과일 수 있고 부분적으로는 진정한 축적의 확대에 수반하지만 그것과는 전혀 다른 요소들의 결과일 수 있으며(예: 신용제도의 발달: 번역자), 그리고 또 부분적으로는 진정한 축적의 정체의 결과일 수도 있다. 대부자본의 축적이 진정한 축적과는 무관한 요소들—비록 이 요소들이 진정한 축적과 함께 나타난다 하더라도—에 의해 증대된다는 사실을 보더라도, 산업순환의 일정 국면에서는 화폐자본의 과잉이 규칙적으로 발생할 수밖에 없다는 것과 신용제도의 발달에 따라 이 과잉이 증대할 수밖에 없다는 것을 알 수 있다. 이러한 화폐자본의 과잉과 더불어 생산과정을 그 자본주의적 장벽을 넘어 확대시킬 필연성—과잉거래 · 과잉생산 · 과잉신용—이 전개되지 않을 수 없고, 이것은 언제나 반작용을 야기하는 형태로 전개되게 마련이다(『자본론』III(하): 626).

마르크스의 위와 같은 언급은 공황이론에 신용을 도입하는 방법을 지시하고 있는 셈이다. 즉 산업순환의 어느 국면에서 잠재적 화폐자본의 과잉이 생기고 이 과잉은 산업자본과 이자 낳는 자본을 동시에 붕괴시킨다는 것이다. 우리는 이미 잠재적 화폐자본의 과잉이 생기는 특수상황을 분석했으므로(제6장 5-4)를 참조), 여기에서는 그 과잉이 신용제도와 산업 · 상업에 미치는 영향을 고찰해 보자.

잠재적 화폐자본(또는 대부자본)의 과잉이 신용제도에 미치는 영향에 관해, 마르크스는 어음 · 채권 · 주식에 대한 투기와 사기(詐欺)의 발전을 강조하며, "전체의 유기체(有機體 organism)를 지나치게 민감하게 만드는" 것에 특히 주목하고 있다. 과잉의 화폐자본은 유가증권시장에서 투기활동을 강화하여 유가증권의 시장가격을 크게 상승시켰으므로, 이자율 상승의 예상만으로도 시장가격은 폭락하게 되어 있다. 이자율이 상승하리라는 예상이나 풍문은 유가증권을 대량으로 팔아치우는 것을 촉발하여 유가증권 가격을 폭락시킨다. 유가증권을 대규모로 팔아치운다는 것은 화폐를 보유하겠다는 의미이므로, 화폐자본가들은 화폐를 퇴장하고 산업자본가와 상업자본가들 사이에는 신용거래 또는 외상거래가 크게 줄어든다. 산업자본가와 상업자본가는 지불수단을 얻기 위해 대부자본에 대한 수요를 증가시키지 않을 수 없고, 이에 따라 이자율은 최고의 수준으로 급격히 상승하면서도 지불수단을 얻을 수가 없다. 사회 전체의 채권-채무의 고리는 파괴되고 사회적 총자본의 재생산과정은 중단된다. 결국 잠재적 화폐자본의 과잉은 유가증권에 대한 투기를 강화하고, 이 투기는 이자율과 일반적 경제 사정의 장래 전망에 지나치게 민감하게 반응하기 때문에, 투기는 스스로 붕괴될 요소를 많이 지니고 있다. 투기의 몰락과 함께 경제위기 그리고 공황이 나타난다.

다음으로 대부자본의 과잉이 산업에 미치는 영향에 관해, 마르크스는 두 개의 상호연관된 현상들을 지적하고 있다. 하나는 성격상 매우 탄력적인 산업자본의 재생산과정이 '극단적인 한계'까지 확대된다는 점이고, 다른 하나는 투자의 회임기간(懷妊期間 gestation period, 투자의 시작으로부터 생산물이 나올 때까지의 시간)이 긴 사업들이 개시된다는 점이다. '극단적인 한계'는 자본주의적 축적과정이 품고 있는 모순들이 크게 강화된다는 것을 의미하며, 이것에 관해서는 이미 제6장에서 논의한 바 있다. 그런데 여기에서 새로운 것은 "이 시기는 준비자본을 가지지 않거나 심하게는 자본을 전혀 가지지 않고 화폐신용에만 의존하여 사업하는 모험자들이 대규모로 등장하는 최초의 시기이다"(『자본론』III(하): 602)는 마르크스의 언급이다. 대부자본의 과잉이 어떻게 모험적이고 투기적인 산업활동과 상업활동의 거대한 팽창을 일으키는가에 대한 하나의 설명이다.

투자의 회임기간이 긴 사업들(예: 철도)의 개시가 경제위기를 유발하는 과정에 관해 마르크스는 다음과 같이 말한다.

> (투자의 회임기간이 긴 사업들은: 번역자) 화폐시장을 압박하게 되는데, 거꾸로 화폐시장의 풍성함은 그러한 사업들을 대량으로 일으(킨다: 인용자). ……화폐시장을 압박하게 되는 것은 장기간에 걸쳐 대규모의 화폐자본의 투하가 이런 사업들에서는 항상 필요하기 때문이다. ……다른 한편으로는 사회의 이용가능한 생산자본을 압박하게 된다. 생산자본의 요소들은 계속 시장으로부터 끌려나오며 그 대신 화폐등가만이 시장에 투입되므로, 유효수요가 그 자체로부터는 어떤 공급요소도 제공함이 없이 증가한다. 이 때문에 생활수단과 생산재료의 가격이 등귀한다. ……식료품에 관하여 말한다면, 이 과정에서 농업도 강한 자극을 받는 것은 물론이다. 그러나 이 식료품은 1년 안에 갑자기 증가될 수 없기 때문에 그것의 수입이 증가하며, 그리고 기호품 일반(커피 · 사탕 · 포도주 등)과 사치품의

> 수입이 증가한다. 그 결과 수입업의 이 부분에서 과잉수입과 투기가 생긴다. 이와는 반대로 생산을 급속히 증가시킬 수 있는 산업부문들(진정한 제조업 · 광업 등)에서는 가격의 등귀로 인해 돌연한 확대가 일어나며 이에 뒤이어 곧 붕괴가 닥친다. 동일한 효과는 노동시장에서도 생겨, 대량의 잠재적인 상대적 과잉인구와 심하게는 취업노동자들까지도 새로운 사업부문에 흡수된다. ……임금이 일반적으로 등귀하며, 심하게는 이제까지 취업조건이 좋았던 노동시장부분에서까지도 그러하다. 이러한 것은, 불가피한 공황으로 말미암아 노동자 예비군이 다시 형성되고 임금이 다시 최저한으로 또는 그 이하로 인하될 때까지 지속된다(『자본론』II: 375-376).

여기에서도 경제위기를 촉발하는 가장 중요한 요인은 대부자본의 과잉이 일으키는 거래와 생산의 투기적 확장이다.

마지막으로 대부자본의 과잉이 상업에 미치는 영향이다. 상업자본은 생산과 소비(개인적 소비와 생산적 소비)를 매개하기 때문에, 상업자본의 회전은 생산과 소비의 속도와 규모에 달려 있으며 소비는 호황기에 최대의 수준으로 증가한다. 소비의 속도와 규모의 증가에 의거하여 상업자본은 구매한 상품들이 모두 팔리기도 전에 또다시 구매하는 것을 반복함으로써 생산과정을 더욱 확장시키는 데 기여한다. 이 투기적(또는 가공적 또는 예상적) 수요는 대규모의 상품을 창고에 재고로 유지하며, 대부자본의 과잉이 이것에 화폐자본을 공급한다. 그러나 생산적 소비와 개인적 소비가 상인들이 예상했던 것처럼 확대되지 않을 때, 그리고 그들의 자금 회수가 "너무 느리고 소규모여서 은행이 대출의 상환을 촉구하자마자, 또는 구매한 상품은 아직 판매되지 않았는데 그 상품을 근거로 발행된 어음은 지불만기가 되자마자, 경제위기가 발생한다. 이 때 투매가 시작되고 채무상환을 위한 판매가 시작된다. 이제 공황이 오며, 이것은 외관적인 번영을 갑자기 중단시켜 버린다(『자본론』III(상): 369).

그런데 마르크스는 두 대립물 사이의 상호관계는 비적대적 · 적대적 그리고 폭발적 관계로 발달한다고 생각하면서, 산업자본과 상인자본 사이의 관계를 처음에는 상호보완적이고 상호의존적이라고 본다. 그러나 축적과정이 소비의 속도와 규모를 증가시키고 대부자본의 과잉을 일으킴에 따라, 상업자본은 투기적 활동을 통해 그 자신과 산업자본 사이의 상호보완성과 상호의존성을 파괴하게 된다. 따라서 경제위기와 공황은 파괴된 상호의존성의 현상형태일 뿐 아니라 파괴된 상호의존성을 복구하는 과정이기도 하다고 볼 수 있다. 마르크스는 다음과 같이 말한다.

> 상업자본의 운동은 자립화에도 불구하고 유통영역 안에서 산업자본의 운동일 따름이다. 그러나 이 자립화 때문에 상업자본은 일정한 범위 안에서는 재생산과정의 장벽들과 독립하여 운동하고, 이리하여 또 이 재생산과정을 그 장벽들을 넘어서까지 추진시킨다. 내적인 의존성과 외적인 자립성은 상업자본을 그 내적 관련이 공황에 의해 폭력적으로 회복되는 지점까지 몰고 간다(『자본론』III(상): 368).[3]

결국 경제위기와 공황의 형성에서 신용의 역할을 분석할 때, 마르크스는 어떻게 잠재적 화폐자본의 과잉이 생기는가 하는 문제와, 어떻게 그 과잉이 신용제도 그리고 산업과 상업에 영향을 미치는가 하는 문제에 집중했다고 말할 수 있다(Crotty 1985). 그리고 그는 그 과잉의 영향을 투기를 중심으로 고찰한 것이다. 드 브루노프(de Brunhoff)는 신용을 마르크스의 공황이론에 첨가하는 작업에서 투기의 중요성을 정확하게 파악하고 있다.

> 자본시장의 활동과 상품시장의 활동은 산업순환의 어느 시점에서 서로 교차하게 된다. 왜냐하면 양자는 '투기'에 의해 지배되기 때문인데, 투기

3 '판매와 구매'에 관해서도 이런 생각을 표현한 바 있다. "이 두 과정은 서로 보완하는 것이기 때문에 내적으로 독립되어 있지 않다. 따라서 이 두 과정의 외적 독립화가 일정한 점에 도달하면 그 내적 통일은 공황이라는 형태를 통해 폭력적으로 관철된다"(『자본론』I(상): 146).

는 산업과 상업의 확장에 근거를 두어 신용을 통해 발전하고 드디어는 특수하게 금융적인 투기활동과 합류하게 된다(de Brunhoff 1976: 11).

사실상 드 브루노프는 이자 낳은 자본의 운동이 산업자본의 운동으로부터 상대적 자율성(relative autonomy)을 가지고 있다는 점을 강조하고 있으며, 투기를 통해 산업공황과 금융공황이 융합하여 일반적 공황을 창조한다고 한다. 이자 낳는 자본의 상대적 자율성은 이미 두 가지 형태로 살펴보았다. 하나는 예금→대부자본→현실적인 화폐자본으로 전환하는 과정에서 대부자본은 예금보다 훨씬 큰 규모로 창조될 수 있다는 점에서, 다른 하나는 대부자본의 축적과 산업자본의 축적 사이에 그리고 이자율과 이윤율의 변동 사이에 불일치성이 있다는 점에서 우리는 이자 낳는 자본의 상대적 자율성을 보았다. 그런데 드 브루노프는 이 상대적 자율성을 논의하면서 산업자본의 운동이 이자 낳는 자본의 운동을 기본적으로 지배한다는 점을 강조하지 않는다.

산업자본과 이자 낳는 자본의 통일적 운동에서 산업자본이 지배적인 위치를 차지한다는 점은 두 자본 사이의 적대관계에 관한 해리스(Harris 1976)와 파인과 해리스(1985)의 설명에서 잘 나타나고 있다. 그들에 의하면, 이 적대관계는 산업의 '위기'가 개시된 뒤에 전개되며, 그 현상형태는 화폐자본가에 의한 화폐퇴장(이것은 화폐기근을 일으키고 신용제도를 붕괴시킬 수 있다)과 최고수준의 이자율(이것은 산업자본가를 희생시켜 화폐자본가를 부유하게 만든다)이다. 그렇지만 산업자본과 이자 낳는 자본의 적대관계는 공황의 원인이기보다는 현실적 공황의 전개과정에서 주요한 요소로서 작용한다고 본다. 다시 말해 호황기의 조화로운 비적대적 관계가 경제위기 시기의 적대적 관계로 전환하게 되는 것은 산업자본 그 자체의 운동에 의해 일어난 것이고, 신용제도의 붕괴는 위기를 모든 자본들에게 전파하는 데 적극적인 역할을 하며, 이자율의 상승에 의한 기업가이득의 축소는 기존의 생산규모를 유지할 능력을 감축시키게 된다는 것이다.

3
이윤율의 저하와 이자율의 상승 사이의 충돌: 우노학파

우노학파의 공황이론에서는 자본주의적 축적과정은 '자본의 절대적 과잉생산'의 상태에까지 도달하여 경제위기가 발생하게 된다. 자본의 절대적 과잉생산은 노동인력으로부터 절대적 잉여가치와 상대적 잉여가치를 더 이상 착취할 수 없을 정도로 자본이 과잉축적된 상태다. 이런 상황에서는 투자의 증대는 임금의 인상만을 일으켜 이윤율과 이윤량을 동시에 축소시킨다. 그러나 경쟁에 휩싸인 개별자본가들은 이윤율의 저하를 이윤량의 증대로 보상하기 위해 대부자본을 차입해 생산을 확대하지 않을 수 없다. 그러나 이용 가능한 대부자본이 고갈됨에 따라 어느 한계 이상의 생산 확대는 이자율의 급격한 상승과 이윤율의 급격한 하락을 일으키게 된다. 이자율과 이윤율의 이런 반대 운동 때문에 약간의 개별자본들은 이자지불의 채무를 이행할 수 없어 도산함으로써 신용거래의 사슬들이 붕괴되어 사회적 총자본의 재생산과정이 갑자기 중단하게 된다.

이것이 우노학파의 공황이론의 줄거리인데, 이윤율의 저하와 이자율의 상승 사이의 충돌이 도입되는 이유는 왜 공황이 재생산과정의 '갑작스러운 중단'이라는 형태를 취하게 되는가를 설명하기 위한 것이라고 한다. 그들에 따르면, 자본의 절대적 과잉생산에서 나타나는 이윤율과 이윤량의 동시적 감소도 반드시 갑작스러운 중단을 일으키지 않고 재생산과정을 낮은 비율로 팽창시킬 수 있다고 생각한다. 우노는 다음과 같이 이자율의 상승과 이윤율의 저하 사이의 충돌을 묘사하고 있다.

이윤량이 감소함에 따라 유휴자금의 형성이 감소한다. 만약 대부자본에 대한 수요가 여전히 증가한다면 모든 은행의 할인율은 반드시 상승하게 된다. 따라서 은행권의 발행이 가장 격렬하게 요구되는 시점에서 중앙은행은 그 발행을 축소시키지 않을 수 없게 된다. 이리하여 약간의 개별자본들은 지불 불능에 빠지고 그들의 재생산을 더 이상 확대할 수 없거나 그들의 현재 규모를 유지할 수 없게 된다. 사회적 재생산과정의 혼란은 연쇄반응을 일으키며 그 결과로 경제 전체가 산업공황으로 폭발한다. 이 시점에서 개별자본들은 현금지불을 요구하며 과대하게 확대된 생산을 서로 마비시키게 되며 이미 생산된 상품들까지도 판매되지 않게 된다(Uno 1980: 112).

그런데 우노의 추종자들은 위와 같은 우노의 언급이 몇 개의 미해결 문제를 포함하고 있다고 주장한다.

첫째로 오우치(大內力 1978)는 우노가 은행에 의한 발권(發券)의 한계를 이론화하지 않고 은행의 독립적 결정을 신용의 순수이론에 도입하고 있다고 비판한다. "은행은 그 준비금(準備金)[4]의 장래 증가를 예상하는 범위까지는 은행권의 발행을 증가시킬 수 있다"(宇野 1953: 84)는 우노의 주장에 대해, 오우치는 다음과 같이 논박한다. 만약 은행이 대부의 순조로운 상환을 예상하는 한 은행권을 발행할 수 있다면, 이윤율과 이윤량의 현실적 감소는, 은행이 이 현실적 감소를 일시적인 현상이라고 간주하는 한, 반드시 은행으로 하여금 은행권의 발행을 축소하도록 강제할 수 없을 것이라고. 따라서 은행권 발행에 관한 우노의 견해를 정확하게 적용한다면, 호황의 최종 국면의 진정한 문제는 신용의 부족이 아니라 은행권의 과잉발행이 된다고 오우치는 주장한다. 왜냐하면 순조로운 재생산과정의 계속을 예상하여 발행된 은행권은 은행준비금의 현실적 증가에 의해 지탱

4 『자본론』은 금본위제도를 가정하고 있으며 은행은 금준비량(金準備量)에 의거해 은행권을 발행한다고 가정한다.

되지 못하기 때문이다.

둘째로 이토(Itoh 1975; 伊藤誠 1976)는 우노가 왜 약간의 개별자본들의 도산이 필연적으로 재생산과정 전체의 격렬한 전반적 붕괴를 야기하게 되는가를 해명하지 않았다고 주장한다. 이리하여 이토는 투기의 필연적 발생을 이론화함으로써 이 부족을 메우려고 노력한다. 이토의 논의는 다음과 같다. 호황기의 임금 상승은 상품들의 상대가격을 변화시키기 때문에(이 점은 뒤에서 자세히 설명한다), 가격의 상승이 예상되는 상품들을 산업자본가와 상업자본가는 재고 투기의 대상으로 삼게 된다. 이 거대한 재고 투기는 대부자본에 대한 거대한 수요를 야기하여 이자율을 상승시킨다. 이런 투기적인 산업자본가와 상업자본가가 증가하는 채무부담을 상환하지 못할 때 신용제도는 붕괴하고 일반적 공황이 폭발하게 된다는 것이다.

결국 우노학파는 자본의 절대적 과잉생산과 신용제도를 결합함으로써 격렬한 일반적 공황의 이론적 필연성을 정립하려고 노력하고 있다고 말할 수 있다. 오우치는 은행권의 금으로의 태환 요구에 근거하여 화폐공황과 신용공황을 이론화하고 있으며, 따라서 그는 사실상 상승하는 이자율과 하락하는 이윤율 사이의 충돌에 관한 우노의 주장을 지지하지 않고 있다. 다른 한편에서 이토는 이자율과 이윤율 사이의 충돌을 악화시키는 요인으로서 투기를 도입하고 있다. 이하에서는 각각의 논의를 고찰한다.

1) 신용창조의 한계

은행에 의한 신용창조에는 일정한 한계가 있다는 것을 이론화할 때, 오우치는 은행은 산업자본가와 상업자본가에 의해 제시된 모든 어음을 수동적(受動的)으로 할인할 뿐이라고 가정한다. 이 가정은 은행권의 발행과 이자율의 조정(adjustment)에서 은행의 독립적인 결정을 제거하기 위한 것이며, 또한 신용은 자본가들 사이에 자기 자신들의 일시적인 유휴자금을

상호 금융하는 것이라는 우노학파의 주장을 강화하기 위한 것이다.[5]

은행권이 어음의 할인을 통해 발행되면, 그 은행권은, 할인된 어음이 장래의 만기일에 결제될 것인가 아닌가에 관계없이, 금본위제도 아래에서는 가치(또는 금)의 종이상징(paper symbol)(『자본론』I(상): 163)이 된다. 따라서 은행권 발행의 한계는 준비금 또는 예금의 장래 증가에 대한 은행의 예상에 있는 것이 아니라고 주장하면서, 오우치는 그 한계를 마르크스가 말한 '유통수단의 필요량' 으로부터 도출하고 있다. 마르크스는 말한다.

> 일정한 기간에 유통하는 화폐의 총액을 보면, 유통수단과 지불수단의 회전속도가 일정한 경우, 그 총액은 실현되어야 할 상품가격의 총액에 만기가 된 지불총액을 더한 다음, 상쇄되는 지불들을 빼고, 끝으로 동일한 화폐조각이 번갈아 유통수단과 지불수단으로 기능하는 회수에 해당하는 만큼의 금액을 뺀 것과 같다(『자본론』I(상): 177).

이것은 짧게는 "유통수단의 양은 유통상품의 가격 총액과 화폐유통의 평균속도에 의해 규정된다는 법칙"(『자본론』I(상): 157)과 같으며, 마르크스는 "동일한 법칙이 은행권 유통의 경우에도 지배한다"(『자본론』III(하): 644)고 말한다. 오우치는 유통수단의 필요액이 은행권 발행에 한계를 부과한다는 입장을 취하면서, 발행된 은행권이 이 필요액을 초과한다면 어떤 결과가 생기는가를 고찰한다. 그는 "은행권 유통량은 거래상의 필요에 순응하며 불필요한 은행권은 모두 곧 그 발행자에게로 되돌아온다"(『자본론』III(하): 646)는 마르크스의 언급을 다음과 같이 해명한다.

> 과잉의 은행권은 금을 포함한 모든 상품의 가격을 상승시키며 이에 따라 가치의 상징인 은행권이 대표하는 금량을 감소시킨다. 즉 은행권이 금

5 우노학파의 '순수자본주의' 에서는 자본가계급과 노동자계급 및 지주계급만 있기 때문에, 산업자본가계급과 이해관계를 달리하는 화폐자본가계급이 없다. 제1장 2-1)을 참조하라.

에 대해 감가하게 된다. 이리하여 은행권을 금으로 태환하려는 요구가 일어나게 되는데, 이것이 바로 과잉의 은행권이 은행으로 복귀한다는 것을 가리킨다. 태환성이 국가에 의해 보증되는 한, 태환 요구가 일어나지 않을 것이라고 주장한다면, 이 주장은 금은 화폐로서 유용할 뿐 아니라 귀금속으로서도 유용하다는 사실을 망각하고 있는 셈이다(大內力 1978).

오우치에 따르면, 발행된 은행권의 금액이 유통필요액을 초과하면 상품의 가격 특히 금의 가격이 상승하게 되어, 은행권의 금 구매력이 그것의 액면가치(금본위제에서는 은행권을 가진 사람은 은행으로부터 일정한 무게의 금을 요구할 수 있다) 아래로 내려가므로 은행권을 금으로 전환시키려는 집단행동(이것을 골드 러시 gold rush라고 부른다)이 생긴다. 따라서 은행권은 지불수단으로서 기능할 수 없게 되고 또한 교환수단으로서도 사용할 수 없게 되어, 금만을 화폐로 인정하기 때문에 모든 상품은 수량이 적은 금에 대해 급격히 감가하게 된다. 신용제도의 붕괴는 사회적 총자본의 재생산과정의 격렬한 중단과 동시에 발생한다.

그러면 왜 은행권이 유통수단의 필요액을 초과해 발행되는가에 대해 오우치는 다음과 같이 말한다. 순조로운 재생산과정이 임금률(임금수준)의 상승과 이윤율의 저하에 의해 방해받으며 상품의 판매가 점점 곤란해지는 경제위기 국면에서는, 은행에서 할인받는 어음들은 점점 더 이미 생산된 상품들을 근거로 여러 차례 발행된 것들이고 더욱 긴 만기일을 지니게 된다. 이에 따라 이런 어음들의 할인에 의해 발행된 은행권은 기존의 상품을 유통시키기에 필요한 금액을 초과하게 되는데, 이 과잉은 상품가격의 상승으로 표출된다고 한다.

이상이 오우치에 의한 화폐위기와 신용위기의 이론화인데, 그의 논의에는 다수의 오류가 있다고 생각된다.

첫째로 유통수단의 필요량을 초과한 화폐의 과잉 발행은 상품의 가격(금의 가격 포함)을 상승시키게 된다는 그의 주장은 사실상 마르크스가

'불환지폐'에 관해 말한 것(Marx 1859: 353; 『자본론』I(상): 163)을 그대로 옮겨놓았다고 말할 수 있다. 그곳에서 마르크스가 지적한 것을 쉬운 예로 설명하면 다음과 같다. 금본위제도에서는 은행권 1만 원은 예컨대 금 1그램과 태환될 수 있으며 따라서 1만 원권(券)은 금 1그램의 가치를 대표한다. 이 경우 상품의 가격이 3만 원이라는 것은 그 상품의 가치가 금 3그램의 가치와 동일하다는 것을 가리킨다. 만약 한 달 동안 유통되는 상품들의 '가치' 총액이 금 100그램의 '가치'와 같고, 은행권의 유통 횟수가 한 달에 5회라면, 이 상품들을 유통시키기 위해 필요한 은행권의 총금액은 금 20그램의 가치에 해당하는 20만 원이 될 것이다. 그런데 이 경우 국가가 40만 원의 불환은행권(금과 태환되지 않음)을 발행하여 유통영역에 투입한다면, 이전에 금 20그램(또는 태환은행권 20만 원)이 유통영역에서 수행하던 역할을 지금은 불환은행권 40만 원이 수행하게 되므로, 상품의 '가치'는 변하지 않은 채 상품과 은행권의 교환비율—즉 상품의 가격—은 두 배로 상승하게 된다는 것이다.

그런데 주의해야 할 점은, 마르크스가 불환지폐를 논의할 때 "상품거래에 필요한 양을 초과하는 불환지폐는 유통영역에 남아 있지 않고 개인이나 은행의 금고로 들어간다"는 사실을 무시했다는 것이다. 아마도 불환지폐는 그 자체가 가치를 가지지 않으므로 가치 저장을 위해 퇴장되지 않는다고 생각한 것 같다. 그러나 현재의 불환지폐인 한국은행권은 여러 가지 형태로 예금되고 있는데, 이것은 상품거래에 필요한 금액을 초과하는 한국은행권이 시장에 남아 있지 않고 예금의 형태로 퇴장된다는 것을 가리킨다. 결국 오우치는 "불필요한 은행권은 발행자에게로 되돌아온다"는 마르크스의 언급이 단순하게 "화폐는 퇴장된다"는 것을 가리키는 것임을 이해하지 못했다.

둘째로 상품의 가격이 유통영역에서 화폐유통량의 다소에 따라 변화한다는 오우치의 주장은 마르크스의 생각과 전혀 다르다. "많은 또는 적은 화폐가 유통영역에 있기 때문에 상품의 가격이 높거나 낮은 것이 아니라,

상품의 가격이 높거나 낮기 때문에 유통영역에 많은 또는 적은 화폐가 있게 된다"(Marx 1859: 341)고 마르크스는 말하고 있기 때문이다. 이 점을 로스돌스키는 다음과 같이 해설한다.

> 유통영역에서 상품은 실제로 화폐로 전환하며 진정한 화폐와 교환될 뿐 아니라 가격으로서 실현되기도 한다. 따라서 가격의 설정은 상품유통 전제조건이며 그 결과가 아니다. 화폐는 특정한 가격을 가진 상품들을 유통시킬 뿐이라는 사실로부터, 유통에 필요한 금과 은의 수량은 실현되어야 할 상품가격의 총계에 의해 첫째로 결정된다는 것이 당연히 뒤따른다(Rosdolsky 1969: 144).

금본위제도에서는 상품의 가격은 일반적으로 금의 가치에 대비한 상품가치의 변화 때문에 변동하게 된다는 것이다. 따라서 화폐유통량의 변동이 상품의 가격을 변동시킨다는 오우치의 주장은, 상품의 가치와 금의 가치가 생산조건에 의존한다는 사실, 상품의 가격은 무엇보다도 상품의 가치를 금량으로 표현한 것이라는 사실, 상품이 유통과정에 들어갈 때 이미 가격을 가지고 있다는 사실, 화폐는 특정한 가격을 가진 상품들을 유통시킬 뿐이라는 사실을 잊고 있다고 비판할 수 있다.

물론 마르크스도 산업순환에서 금과 상품의 가치 변화와는 독립적으로 상품의 시장가격이 변동하는 것을 인정하고 있다. 그러나 중요한 점은 화폐(금)의 교환가치가 호황기(또는 경제위기)에 다른 모든 상품들에 대해 감소(또는 증가)하는 것이지, 은행권이 대표하는 금량이 변동하는 것은 아니라는 사실이다. 금본위제도에서는 은행권의 금량은 법적인 태환비율에 의해 고정되어 있으므로, 금 가격의 상승이 은행권을 금으로 태환하는 것을 촉발한다는 오우치의 주장은 옳지 않다.

셋째로 태환 요구가 화폐의 유통수단으로서의 기능으로부터 나온다는 오우치의 주장은 완전한 오류다. 어음의 할인에 의해 발행되는 은행권은 기본적으로 은행의 준비금 보유와 상대적으로 독립하여 자본의 형태변화를 촉진하기 위한 신용화폐다. 개념적으로 신용화폐의 수량은 언제나 금준비를 초과한다. 그러나 할인된 어음이 만기에 결제되는 정상적인 시기에는 신용화폐와 금준비의 수량적 불일치는 전혀 문제를 일으키지 않는다. 다만 할인된 어음이 만기일에 결제되지 않을 때, 또는 같은 이야기이지만, "기대된 사적인 환류(private returns)의 사전적인 사회적 인정"(de Brunhoff 1978)이 현실적인 환류에 의해 정당화되지 않을 때, 신용화폐와 금준비의 수량적 불일치는 혼란을 일으킬 수 있다. 신용화폐를 과잉 발행한 은행이 대출 회수의 지연과 불가능 때문에 예금자의 예금인출을 감당하지 못할 때, 신용화폐(즉 은행권)와 금과의 동일성에 대한 신뢰가 동요되어 은행권을 금으로 태환하려는 요구가 크게 일어날 것이다. 이런 금태환 요구는 은행권의 유통수단으로서의 기능과는 아무런 관련이 없으며, 은행권이 사회적 부의 상징인 금을 현실적으로 대표하는가에 대한 우려가 금태환 요구를 일으키게 된다.

사실상 마르크스의 화폐위기(화폐기근)와 신용위기(신용경색)는 화폐의 유통수단의 기능에 의거하는 것이 아니라 화폐의 지불수단의 기능에 의거하고 있으며, 더욱이 은행권의 금으로의 태환 요구는 화폐위기나 신용위기의 필수적 요소도 아니다.[6] 마르크스의 다음과 같은 언급은 오우치의 주장 전체를 부정하고 있다.

> (가) 지불수단으로서의 화폐의 기능에는 하나의 내재적인 모순이 있다. 여러 지불이 상쇄되는 한, 지불수단으로서의 화폐는 계산화폐 또는 가치척도로서 오직 관념적으로 기능할 뿐이다. 그러나 현실적인 지불이 이루어지지 않으면 안 되는 한, 화폐는 유통수단으로 나타나는 것이 아니라, 사

6 물론 은행이 예금자들의 태환 요구를 감당하지 못하면 은행은 도산하기 때문에, 태환 요구는 은행위기(banking crisis)의 한 요소다. 그러나 역사적으로 볼 때 영국에서는 이런 상황이 벌어질 때 정부는 중앙은행에게 금태환의 일시적 정지(모라토리엄 moratorium)를 명령했다.

회적 노동의 개별적 화신(化身 incarnation), 교환가치의 독립적 존재형태, 일반적 상품으로 등장하는 것이다. 이 모순은 산업 · 상업의 위기 중 화폐위기로 알려진 국면에서 폭발한다. 이 화폐위기는 지불들의 연쇄와 지불결제의 인위적 조직이 충분히 발전한 경우에만 일어난다. ……경제위기에서는 상품과 그 가치형태인 화폐 사이의 대립은 절대적 모순으로까지 격화된다. 그러므로 여기에서는 화폐의 현상형태가 어떠하든 상관이 없는데, 지불을 금으로 하든 은행권과 같은 신용화폐로 하든 화폐기근은 여전히 완화되지 않는다(『자본론』I(상): 175-176).

(나) 위기가 발발하면 이제는 지불수단만이 문제로 된다. 그런데 지불수단의 입수에서 각자는 타인에 의존하며 그 타인이 만기일에 지불할 수 있을지 없을지를 알 수 없기 때문에, 시장에 있는 지불수단, 즉 은행권을 구하기 위한 장애물경주가 시작된다. 각자는 입수할 수 있는 대로 많은 은행권을 퇴장하며, 따라서 은행권은 그것이 가장 필요한 바로 그날에 유통으로부터 사라진다(『자본론』III(하): 651).

(다) 신용이 수축하거나 완전히 고갈하는 핍박기에는 화폐는 갑자기 유일한 지불수단 및 가치의 진정한 존재형태로서 모든 상품과 절대적으로 대립하게 된다. 이로 말미암아 상품의 일반적인 감가(減價 devaluation)가 일어나며 상품을 화폐—즉 상품 자신의 순전히 환상적인 형태—로 전환시키는 것이 곤란해지거나 심하게는 불가능하게 된다(『자본론』III(하): 636-637).

(라) 은행에 대한 공신력이 동요되지 않는 한, 은행은 이러한 경우(화폐위기에: 인용자) 자기의 신용화폐를 증가시킴으로써 화폐위기를 완화시킬 수 있고, 신용화폐를 회수함으로써 화폐위기를 격화시킬 수 있다(『자본론』III(하): 637).

화폐의 지불수단으로서의 기능에 의거해 전개된 지불의 순차적 연쇄가 파괴될 때 화폐기근이 생기는데, 이 경우 지불을 어떤 형태의 화폐—은행권이나 금—로 하는가에 상관없이 화폐기근은 완화되지 않는다. 만약 은행이 도산(이것은 태환 요구로부터 생길 수 있다)을 피하기 위해 은행권의 발행을 제한한다면, 화폐기근과 신용위기는 더욱 강화될 것이다.

넷째로 은행권의 발행에서 은행이 완전히 수동적인 태도를 취한다는 오우치의 가정은 매우 비현실적이다. 이 가정에 의하면 산업자본가와 화폐자본가 사이의 이해대립은 전혀 없다는 것이다. 물론 순수자본주의 사회에서는 독립적인 화폐자본가가 없기 때문에 여유자금을 가진 산업자본가가 화폐자본가의 역할을 한다고 보아야 할 것이다. 산업자본가는 어음의 할인에 의해 은행으로부터 필요한 은행권을 항상 얻을 수 있기 때문에, 산업자본가는 상품을 화폐로 전환시키는 것, 즉 판매에 대해 전혀 걱정할 필요가 없다. 또한 산업자본가들은 이자율의 상승에 의해서도 불이익을 받지 않는다. 왜냐하면 신용은 기본적으로 산업자본가들 사이의 상호금융이라고 정의되고 있으므로, 하나의 산업자본가가 지불하는 이자를 다른 산업자본가가 수취할 것이기 때문이다. 결국 오우치가 독립적인 화폐자본가의 존재와 이들의 특수한 이해관계를 인정하지 않음으로써, 신용과 이자 낳는 자본이 경제위기에서 수행하는 역할을 충분히 해명할 수 없었다.

2) 투기의 필연성

이토는 우노의 다음과 같은 주장들—자본의 축적과정은 자본의 절대적 과잉생산까지 진전하며, 이윤율의 저하와 이자율의 상승은 공황의 폭발을 촉진한다—에 대해서는 의문을 나타내지 않는다. 그러나 약간의 개별자본들의 도산이 일반적 또는 전반적 공황을 일으키는 메커니즘을 보충하기 위해 이토는 투기의 필연적 발생을 이론화하여 투기적 자본의 몰락이 공황을 개시한다고 주장한다.

왜 호황 말기에 투기적 활동이 강화되는가를 설명하면서, 이토는 임금 상승이 특정 상품들의 가격을 인상시키고 이 특정 상품들이 투기의 대상이 된다고 다음과 같이 말한다.

> 자본의 과잉생산에 의해 임금이 상승하면, 이것은 일반적 이윤율을 압박할 뿐 아니라, 상품의 시장가격에 대해 다음과 같은 두 가지 영향을 미치게 된다. 첫째로 유기적 구성이 상대적으로 낮은 산업들(즉 더욱 노동집약적인 산업들)이 생산하는 상품들의 가격은 이윤율의 균등화에 따라 상승하게 된다. 이것은 『자본론』 제Ⅲ권의 제11장에서 지적되고 있다. 둘째로 임금 상승에 따른 소비재의 수요 증가는 소비재와 이것을 만드는 데 사용되는 생산재의 가격을 상승시킨다(Itoh 1975).

임금의 상승(또는 하락)이 자본의 유기적 구성이 사회적 평균 이하인 산업(예: 농업)의 생산물의 가격을 상승(또는 하락)시킨다는 주장은 원래 리카도에 의해 제기되었고(리카도 1991: 38-43), 이것을 마르크스가 『자본론』 제Ⅲ권 제11장('임금의 일반적 변동이 생산가격에 미치는 영향')에서 더욱 전개했다. 그러나 마르크스는 이 주장의 가정을 다음과 같이 지적했다.

> 임금의 상승과 하락의 경우 모두에서, 노동일과 모든 필요생활수단의 가격이 불변이라고 가정되고 있다. 따라서 여기에서 임금의 하락이 가능한 것은, 임금이 이전에는 노동(노동력: 번역자)의 정상가격 이상이었든지, 아니면 임금을 지금 정상가격 이하로 인하하든지, 둘 중의 한 경우뿐이다(『자본론』Ⅲ(상): 240).

다시 말해 제11장은 리카도의 논의와 마찬가지로, 다른 모든 사정이 불변일 때, 임금과 이윤 사이의 분배상의 변화가 어떻게 상품의 생산가격(price of production)을 변동시키는가만을 고찰한 것이다. 따라서 마르크스의 논의를 호황 말기의 가격상승을 설명하는 데 직접적으로 적용할 수 없다는 것은 분명하다. 그러나 이토는 자본의 절대적 과잉생산을 가정하기 때문에 이런 곤란을 피할 수 있었다. 왜냐하면 자본의 절대적 과잉생산에서는 추가자본은 어떤 잉여가치(또는 이윤)도 추가할 수 없으므로, 이것은 결국 노동일이 외연적으로나 내포적으로 고정되어 있다는 가정과 동일하며, 또한 이윤은 단순히 임금 상승에 의해서만 감소한다는 가정과 동일하기 때문이다. 그러나 이 논의는 경쟁의 최종 결과로서만 상상할 수 있는 평균이윤율(과 생산가격)이 항상 이미 형성되어 있다는 것을 전제하고 있기 때문에, 자본들 사이의 경쟁을 통해 평균이윤율(과 생산가격)이 형성되는 과정에서 생기는 가격 변화를 파악할 수는 없다.

특히 상품가격의 상승을 자본가와 노동자 사이의 분배상의 투쟁(또는 이윤과 임금 사이의 분배상의 변화)에만 돌리는 것은 산업순환에서 나타나는 가격 변동을 설명할 수가 없다. 오히려 가격의 상승은 자본축적과정에서 화폐자본이 수행하는 역할을 기초로 설명하는 것이 더욱 타당할 것이다. 파인과 해리스는 다음과 같은 논의를 전개하고 있다.

자본의 순환에서 화폐의 역할이 갖는 의미는 무엇인가? 그것은 본질적으로, 자본은 순환의 한 국면에서 필연적으로 화폐(화폐자본)의 형태를 취한다는 것, 그리고 순환이 계속되고 갱신되려면 이 화폐자본은 그것과 교환되는 생산자본(생산수단과 노동력: 인용자)과 같은 규모(금액: 인용자)이어야 한다는 것이다. 따라서 자본의 순환이 축소하면 순환의 통일성을 유지하기 위해 순환과정의 화폐자본 요소도 축소되어야 한다. 마르크스는 화폐퇴장의 역할을 이런 측면에서 파악했다. 화폐퇴장은 화폐자본이 순환으로부터 철수하는 것을 의미한다. 퇴장화폐의 증가는 자본으로서 기능하는 화폐의 양을 감소시키나, 자본의 순환이 축소되는 경우에는 화폐자본이 그에 따라 감소하는 것을 보증한다. 화폐퇴장과는 별도로 또는 그것과 결합하여 인플레이션도 유사한 방식으로 작용한다. 왜냐하면 인플레이션도 역시 일정한 화폐자본의 '가치'를 감소시키기 때문이다. 그러므로 이런 관점에서 볼 때 인플레이션의 크기는 자본축적률에 대비한 화폐 퇴장률(또는 퇴장해제율)과 화폐자본의 팽창률에 따라 결정된다(파인과 해리스 1985: 149).

가격 상승의 원인을 임금 상승에서 발견하는 이토와는 달리, 파인과 해리스는 산업자본의 순환에 투입되는 화폐자본의 증가가 자본축적률(잉여가치 중 자본으로 추가되는 비율)에 의해 사후적으로 정당화되지 않기 때문에 가격이 상승한다고 주장한다. 이 주장은 이윤율 저하 경향의 법칙의 내적 모순들과 결합할 때 더욱 구체성을 띨 수 있다. 이윤율의 저하와 이윤량의 증대라는 모순적 경향은 개별자본들로 하여금 생산을 확대할 것을 강제하므로, 개별자본들은 신용제도를 통해 화폐자본을 확대하게 되지만, 이 확대된 화폐자본은 그에 상응하는 잉여가치의 증가와 자본축적률의 확대를 가져오지 않을 수도 있다. 이 경우 인플레이션이 생긴다. 또한 자본의 집중과 잠재적 화폐자본의 과잉이라는 모순적 경향은 새로운 독립적인 자본의 형성과 새로운 기술의 도입을 제한하는 경향을 가지므로, 자본의 집중과정이 전체 생산분야의 축소를 야기할 수도 있으며 이에 따라 경제 전체로서 화폐자본의 확대율과 자본축적률 사이에 괴리가 생겨 인플레이션을 일으킬 수도 있다. 결국 호황 말기의 가격 상승은 이토와 같이 임금 상승의 단순한 효과라고 간주해서는 안 되며, 신용과 자본축적 사이의 복합적인 상호관련의 효과로 파악해야만 한다.

투기와 투기의 효과를 이토는 다음과 같이 설명한다.

(가) 가격이 상승하는 상품들은 투기적 생산과 재고비축(在庫備蓄 stockpiling)의 대상이 된다.

(나) 투기는 화폐시장을 핍박하게 만들며 이자율을 인상한다.

(다) 대규모 투기의 붕괴가 호황을 격렬한 공황으로 전환시키는 '가장 구체적인 계기'가 된다.

이토는 재고비축이 이자율 상승의 가장 중요한 요인이라고 생각하고 있는데, 그 이유는 재고비축이 대부자본을 장기간 묶어 놓기 때문이라고 한다. 그러나 이런 설명은 납득하기 어렵다. 왜냐하면 재고비축을 위해 차입한 화폐는 재고상품과 함께 창고에 보관되어 있는 것이 아니라 이미 재고상품의 판매자 또는 생산자의 수중으로 이전되어 버렸기 때문이다. 따라서 재고투기꾼에 대한 장기대출의 증가가 다른 자본가에 의한 예금의 증가로 상쇄되는 한, 이자율은 반드시 상승하지는 않는다. 경제위기에서 이자율이 급격히 상승하는 것은 사회적 재생산과정의 혼란으로 말미암아 자본가들이 지불수단으로서의 화폐를 강력하게 필요로 하기 때문이라고 말해야 할 것이다.

3) 경제위기에서 이자율과 이윤율의 충돌: 영국의 경우

다쿠미(侘美光彦 1970; 1976; 1978)에 따르면, 우노학파가 가정하는 순수 자본주의에서는 이윤율의 저하와 이자율의 상승 사이의 충돌이 설명되지 않는다고 한다. 왜냐하면 임금보다 상품의 가격이 더욱 상승한다면 이윤율은 저하하지 않을 것이고 이에 따라 은행의 예금도 감소하지 않을 것이며 따라서 이자율은 상승하지 않을 것이기 때문이다. 따라서 다쿠미는 19세기 중엽의 영국 자본주의의 역사적 경험—영국 자본주의는 해외의 전(前)자본주의적 나라들과 긴밀한 경제적 교류를 맺고 있었다—에 의거하여 이윤율과 이자율의 충돌을 설명해야 한다고 주장한다. 그의 주장을 요약하면 다음과 같다.

호황기에는 모든 상품들의 가격이 상승하지만 농산물(특히 식료품과 공업원료)은 임금과 공산품에 비해 훨씬 큰 가격 상승을 나타낸다. 왜냐하면 농업생산물은 단기간에 증가할 수 없으며 자연조건에 의해 큰 영향을 받기 때문이다. 만약 자본주의가 해외의 전(前)자본주의로부터 농산물을 대규모로 수입한다면, 자본주의는 대량의 금을 해외로 이전하지 않으면 안 된다. 이런 금 유출 때문에 은행은 태환조건을 유지하기 위해 대출을 회수하고 이자율을 인상하게 된다. 다른 한편으로 자본주의의 자본가들은 이중의 곤란을 겪게 된다. 노동인력의 부족과 식료품의 가격 상승은 임금수준을 상승시키지만, 그들의 공산품의 가격은 탄력적인 생산조건에 의한 경쟁적인 생산 확대 때문에 임금과 농업원자재의 가격만큼 상승하지 않는다. 결국 산업자본가는 이자율의 상승과 이윤율의 저하를 동시에 직면하게 된다. 수입되는 원자재(농산물 · 광산물)를 가장 많이 사용하는 산업들이 이자율과 이윤율의 충돌에 의해 가장 먼저 타격을 받게 된다고 다쿠미는 결론을 내린다.

다쿠미의 논의는 구체적인 영국 자본주의의 역사적 경험에 의거하고 있기 때문에 그의 논의를 이론적으로 평가하기는 어렵다. 다만 그가 주장하듯이 우노학파는 상품가격의 상승률이 임금수준의 상승률보다 클 때에는 이윤율이 저하하지 않는다는 것, 이윤율의 저하와 이자율의 상승 사이의 충돌을 영국의 역사적 경험에 의해 정당화하려면 역사적 사실로 증명할 필요가 있다는 것을 지적하고자 한다. 그런데 현실적 경제위기를 설명할 때 국민경제 사이의 이윤의 이전(移轉 transfer)이라는 문제 틀이 등장했다는 점을 상기시키고 싶다. 글린과 수트크리프(Glyn & Sutcliffe 1972), 그리고 글린과 해리슨(Glyn & Harrison 1980)에 따르면, 영국 자본의 이윤율 저하는 격렬한 국제경쟁 때문에 세계시장에서 영국 제품의 가격을 인상시킬 수 없었다는 점에 일부의 원인이 있다고 한다. 또한 로손(Rowthorn 1977; 1980)은 1974~75년의 공황기의 인플레이션을 설명하면서, 선진국의 산업자본가들이 산유국으로 들어간 거대한 부(또는 이윤)의 일부를 회수하거나 보상하기 위해 생산재(산유국이 경제개발을 위해 수요하는 것)와 소비재(노동자들이 수요하는 것)의 가격을 대폭 인상했기 때문에 인플레이션이 일어났다고 말한다.

4

1980년대 이후 미국 경제의 금융화[7]

1980년대 이후 "금융적 자본(financial capital)이 산업자본을 지배하게 되었다"는 주장이 널리 퍼지고 있다. 금융적 자본은 현금 · 예금 등 화폐자산과 주식 · 채권 등 금융자산에 투자하는 이자 낳는 자본인데, 힐퍼딩이 창조한 금융자본(finance capital, 독점적 은행자본과 독점적 산업자본이 융합한 최고형태의 독점자본)과는 전혀 다르다.

크리프너(Krippner 2004)는 금융적 자본이 지배한다는 주장이 다음과 같은 견해와 연결되어 있다고 본다.

(가) 기업경영에서 '주주가치(shareholder value)'가 최고의 목표로 되었다(Froud *et al.* 2000; Lazonick & O'Sullivan 2000; Williams 2000).

(나) 주식시장 중심의 금융제도가 은행 중심의 금융제도를 추월하게 되었다(Phillips 2002).

(다) 금리생활자계급의 정치력과 경제력이 증가했다(Duménil & Lévy 2002; Epstein & Jayadev 2004; Greider 1997).

(라) 새로운 금융수단의 확산에 따라 금융거래가 폭발적으로 증가했다(Phillips 1996).

---

7 『마르크스주의연구』 제2권 제1호(2005)에 실은 글을 수정한 것이다.

1) 금융화의 지표

금융화를 통계숫자로 표현하려고 시도한 학자들의 연구를 소개한다.

(1) 크리프너(Krippner 2003; 2004)

그는 먼저 미국 경제에서 지난 50여 년(1950~2001) 동안 세 부문(제조업, 금융 · 보험 · 부동산업, 서비스부문에서 금융 · 보험 · 부동산업을 뺀 기타 서비스)의 상대적 크기가 어떻게 변화했는가를 고찰하면서 다음과 같이 주장한다.

(가) 전체의 고용 중에서 각 부문이 차지하는 비중은 제조업이 37%에서 17%로 급락하면서 기타 서비스가 15%에서 36%로 급증했지만, 금융 · 보험 · 부동산업은 4%에서 7%로 거의 변화하지 않았을 뿐 아니라 상대적으로 큰 비중을 차지하지도 않았다. 따라서 고용 측면에서 경제의 금융화를 증명할 수는 없다.

(나) 국내총생산(GDP 경상가격 기준)의 구성에서는 제조업이 32%에서 16%로 격감하는 반면, 금융 · 보험 · 부동산업이 12%에서 24%로, 그리고 기타 서비스가 10%에서 25%로 격증하고 있다. 이 점에서는 경제의 금융화 또는 서비스화(탈산업화)를 말할 수 있을 것이다.

(다) 법인기업 전체의 이윤(세금을 납부하기 전 그리고 배당이 지급되기 전) 중 각 부문이 차지하는 비율은 매우 심하게 변동하지만, 추세적으로는 제조업이 49%에서 10%로 격감하고, 금융 · 보험 · 부동산업이 11%에서 45%로 격증하며, 기타 서비스는 2%에서 2%로 전혀 변하지 않고 있다. 여기에서는 경제의 금융화를 분명히 볼 수 있다.

이런 통계를 바탕으로 크리프너는 금융과 금융화를 다음과 같이 정의한다. 즉 금융은 "장래의 이자 · 배당 · 자본이득을 기대해 유동성자본

(liquid capital)을 공급(또는 이전)하는 것과 관련된 활동"이며, 경제의 금융화는 "이윤을 상업과 상품생산을 통해서가 아니라 주로 금융적 통로를 통해 얻는 축적형태"이다. 따라서 그는 비금융법인(non-financial corporations)의 수입 중 생산활동에 의한 수입보다 '금융소득(portfolio income)'(이자 · 배당 · 자본이득으로부터 나오는 수입)의 비중이 증가하는 것과, 법인 전체의 이윤 중 금융법인의 비중이 비금융법인의 비중보다 더욱 증가하는 것을 가리켜 금융화가 진전한다고 말한다.

그는 금융화의 진전을 다음과 같은 수량적 지표로 증명한다. 첫째로 비금융법인이 생산활동에서 얻는 수입(기업현금흐름 corporate cash flow)을 이윤(조세와 배당을 지불하기 이전의 것인데, 여기에는 이자소득 · 배당소득 · 자본이득은 제외된다)과 감가상각충당금의 합계로 간주하고,[8] 금융소득/기업현금흐름의 비율을 금융화의 하나의 지표로 제시한다. 이 비율은 1950년대와 1960년대에는 8~9% 수준에서 매우 안정적이었는데 1970년대에 상승하기 시작하고 1980년대에 급격하게 상승해 1989년에는 45% 수준에 달했다. 그 뒤 1990년대 전반부에는 조금 감소했다가 후반부에 다시 증가했다. 그리고 이 비율은 불황기에 격증했는데, 특히 제조업에서 그러했다. 제조업은 1970년대에 노동조합의 전투성(militancy), 국제경쟁의 격화, 이윤율의 저하 등에 부닥쳐 생산활동 이외의 금융활동에서 수입을 얻으려고 노력했고, 그 뒤에도 경기순환의 피해를 줄이기 위해 섬섬 더 금융소득에 의존하게 되었다. 그런데 비금융법인들의 금융소득을 항목별로 나누어 볼 때, 이자의 비중이 1950년의 23%에서 2001년에는 70%로 크게 증가했고 배당의 비중은 48%에서 2%로 격감했으며 자본이득의 비중은 29%에서 28%로 거의 변동이 없었다. 따라서 미국 경제의 금융화를 주식시장의 발달 때문이라고 수상하는 것은 설득력이 없다고

8 감가상각충당금은 법률에 의해 이윤 중 비과세항목으로 적립되는 것인데, 감가상각률이 너무 자주 변경되었으므로 감가상각충당금을 기업현금흐름에 포함시키게 되었다고 설명한다.

크리프너는 말한다.

둘째로 그는 금융법인의 이윤 / 비금융법인의 이윤의 비율과 금융법인의 현금흐름 / 비금융법인의 현금흐름의 비율을 금융화의 또 다른 지표로 제시하면서, 두 비율 모두 추세적으로 상승하는 것을 실증한다. 두 비율 모두 1950년대와 1960년대에서는 상대적으로 안정적이었으나 1970년대에 점차 상승하기 시작하고 1980년대에는 크게 상승했으며 1990년대 전반기에는 조금 머뭇거리다가 후반기에는 더욱 상승했다.

그는 금융화의 진전을 '증명'하는 위의 통계들이 법인 활동의 단순한 재편 또는 구조조정을 반영하는 것이 아니냐는 질문에 다음과 같이 대답한다. 예컨대 비금융법인이 옛날에는 할부판매업무를 스스로 담당했는데 지금은 그 업무를 외부의 금융회사에 맡긴 경우, 비금융법인의 금융소득은 줄면서 금융법인의 이윤(또는 현금흐름)은 증가할 것이 아닌가? 크리프너는 이것은 사실이라고 하면서도, 실제의 통계에서는 비금융법인의 금융소득 / 현금흐름의 비율뿐 아니라 금융법인의 이윤(또는 현금흐름) / 비금융법인의 이윤(또는 현금흐름)의 비율도 증가했기 때문에, 위와 같은 외주(outsourcing)가 금융화의 진전을 반박할 수 없다고 말한다. 그리고 비금융법인이 기업 안의 부서를 자회사(subsidiary)로 독립시켜 주식을 보유하게 되면 모기업(parent company)의 배당수입이 증가하는 것이 아닌가? 크리프너에 따르면 이런 기업 분할은 경제의 금융화를 설명하는 요인이 될 수 없다. 그 이유는 비금융법인의 자회사는 1980년대 말과 1990년대 초에 급격하게 형성되었지만 비금융법인의 금융소득은 1980년대 전반기에 급격하게 증가했기 때문이고, 금융소득 중 배당소득의 비중은 점점 더 낮아졌기 때문이며, 그리고 금융법인과 비금융법인의 이윤과 현금흐름의 비교는 기업단위가 아니라 사업체단위이기 때문이다.

(2) 뒤메닐과 레비(Duménil & Lévy 2004a; 2004b)

이들은 미국에서 금융화의 진전을 다음과 같은 지표로 설명한다. 첫째로 진정한 금융법인과 기금(뮤추얼펀드와 연금기금)을 분리해 고찰하면, 진정한 금융법인의 순자산(net worth, 자산총액 – 부채총액) / 비금융법인의 순자산의 비율은 1968년의 17%에서 1982년에는 12%로 감소했다가 1999년에는 23%로 증가했고, 기금 총액 / 비금융법인의 순자산의 비율은 1952년의 10%에서 1999년에는 170%로 급격히 증가했다(2004a: 110-112). 둘째로 비금융법인의 경우, 금융자산 / 실물자산의 비율[9]은 1960년의 40%에서 2000년에는 90%로 증가함으로써 비금융법인과 금융법인 사이의 경계를 모호하게 만들고 있다(2004a: 116-118). 셋째로 비금융법인을 조사하면, 금융자산 / 유형자산의 비율[10]은 1950년대의 37%에서 1975년의 55%까지 점차로 증가하다가 1970년대 후반기와 1980년대 초에는 다소 안정적이었고, 그 뒤 계속 증가해 2000년에는 거의 84%에 달하였다. 또한 금융부채 / 유형자산의 비율도 1950년대의 45%에서 시작해 2000년에는 80%에 달하였다. 이런 통계는 비금융법인이 점점 더 대규모의 금융거래를 하게 된 것을 가리킨다(2004b). 넷째로 비금융법인의 실질금융소득(이자수입 + 배당수입 + 자본이득 + 해외투자기업의 유보이윤 – 인플레이션에 의한 가치 감소) / 이윤(순생산물 – 노동보수)의 비율을 보면, 1952~73년에는 9% 이하에 머물다가 인플레이션의 영향으로 1975년에는 –9%로 폭락하고 그 뒤 6%로 회복하다가 1981년에는 다시 –5%로 폭락했는데, 그 뒤 '볼커의 쿠데타(Paul Volcker's coup)' 에 의한 이자율의 급격한 인상, 인플레이션의 종식, 금융활동과 증권시장의 활성화로 1985년 이래 거의 20%라는 높은 비율을 나타내고 있다(2004b). 다섯째로 금융 · 보험 · 부동산부문 중 정부부문, 뮤추얼펀드 · 연금기금, 부동산을 뺀 협의의 금융부문의 순자산은 비금융법인 순자산의 20~25% 수준이고, 이윤율에서는 1952~61년에는 금융부문이 비금융법인보다 높았고

9 여기에서 말하는 금융자산에는 현금 · 예금 등 화폐자산(monetary assets)과 주식 · 채권 등 금융자산(financial assets)이 모두 포함되어 있다. 실물자산은 기계 · 공장 · 재고(inventories)를 가리킨다.

10 유형자산(tangible assets)은 고정자본과 재고를 가리킨다.

1961~86년에는 그 반대였으며 1986~2000년에는 금융부문의 이윤율이 크게 상승하면서 비금융법인의 이윤율을 훨씬 앞질렀다(2004b).

(3) 소결

경제의 금융화를 나타내는 다양한 수량적 지표가 크리프너와 뒤메닐 · 레비에 의해 제시됐다. 그 핵심은 비금융부문의 자산과 이윤에 비해 금융부문의 자산과 이윤이 상대적으로 더 빠르게 증가한다는 사실과, 비금융부문의 이윤 중 금융활동에서 나오는 비중이 점점 더 증가한다는 사실이다. 그리고 세 학자 모두 이 금융화가 미국에서는 1980년대 이래 크게 진전된 것을 통계적으로 보여주고 있다. 이런 발견은 최근의 신자유주의적 자본주의 발전을 연구하는 사람들이 공통적으로 느낀 것을 통계적으로 확실하게 증명했다는 데서 중요한 의의를 갖는다고 말할 수 있다.

2) 금융화의 계기와 의미

금융화의 지표가 1980년대에 크게 진전되었지만, 어떤 계기 또는 원인에 의해 그렇게 되었는지, 그리고 이 금융화의 진전을 어떻게 해석해야 할 것인지에 대해 몇 사람의 주장을 들어보자.

(1) 뒤메닐과 레비(Duménil & Lévy 2004a)

이들은 금융화의 진전을 금융권이 경제에서 헤게모니를 잡는 것으로 파악하며, 역사적으로는 19세기 말부터 1929년 세계대공황의 발발까지의 시기에도 볼 수 있었다고 한다(2004a: 156). 1980년대 이래 금융이 헤게모니를 잡게 된 것은 케인즈주의 정책의 실패와 급격한 인플레이션을 구실로 삼아 금융권이 노동자들의 투쟁에 대항하면서 자기의 법칙(이자율의 대폭 인상, 금융긴축)을 강요할 수 있었기 때문이므로(2004a: 67), 그것은 "정치적인 성격의 사건이고 계급투쟁의 직접적인 표현이다"(2004a: 68).

물론 1930년대의 대공황과 제2차 세계대전을 겪은 뒤 금융의 헤게모니는 사실상 후퇴했다. 미국 정부는 '금융적 억압(financial repression)' 이라고 부를 정도로 금융에 개입해 예금 지급준비제도를 강화하고 이자율을 제한했으며, IMF는 고정환율이 위기에 부닥칠 때마다 정부로 하여금 자본이동을 통제할 수 있게 했다. "그러나 이것의 의미를 과장해서는 안 된다. 자본주의적 논리(특히 이윤율의 극대화)는 분명히 유지되었고 금융도 여전히 강력했다"(2004a: 161).

이들은 금융화가 진전할 수 있었던 계기를 몇 가지 든다. 첫째로 1950년대 말에 태어난 유러달러시장의 확대로 미국의 금융권은 예금에 대한 준비금 적립 의무, 이자율 제한, 자본이동 제한에 관한 미국 정부의 규제를 벗어남으로써 헤게모니를 회복하는 계기를 맞았다. 둘째로 1971년 8월 15일에 미국이 일방적으로 선언한 달러의 금태환 정지나 그 뒤 달러의 평가절하나 변동환율제의 도입은 브레튼우즈(Bretton Woods) 체제를 해체하고 환율과 자본이동에 대한 정부의 통제를 폐지했다. 셋째로 석유가격 폭등을 계기로 폭발한 1974~75년의 공황을 겪으면서 통화주의자들은 인플레이션을 '공공의 적(public enemy)' 제1호로 지목함으로써 금융권의 이익을 보호하기 시작했는데, 폴 볼커가 미국의 연방준비제도이사회(FRB) 의장이 되면서 물가와 달러 가치를 안정시키기 위해 1979년 10월 이후 금리를 대폭 인상한 것(1979~82년의 쿠데타)(2004a: 165)[11]이 1980년대 이래의 경제의 금융화와 신자유주의의 시작이다.

(2) 모란(Moran 1991)

모란은 1980년대에 일어난 미국의 금융서비스혁명이 국내적으로 그리고 국제적으로 경제의 금융화에 크게 기여했다고 수상하면서 이 혁명의 특징을 다음과 같은 다섯 가지로 들고 있다.

---

11 연방준비은행의 기준금리(base rate)는 1978년의 평균 8%에서 1981년 초에는 19% 이상으로 상승했으며 1984년 이후까지 10% 이하로 내려가지 않았다.

(가) 금융분야에서 가격경쟁 · 시장진입에 관한 장벽들을 제거함으로써 경쟁을 강화했다.

(나) 새로운 기술과 인간의 창의력을 바탕으로 새로운 유형의 거래(예: 파생금융상품 financial derivatives, 유로커런시마켓 Eurocurrency market)를 개발함으로써 혁신을 강화했다.

(다) 다국적 거대 금융기관이 시장을 지배함으로써 소유구조가 바뀌었다.

(라) 대규모 금융시장들이 국제적으로 통합됨으로써 서로 경쟁하는 소수의 금융중심지에 의해 지배되는 지구적 거래체계가 발달했다.

(마) 금융규제를 제거하기보다는 개혁했다(Moran 1991: 9-13).

모란에 따르면, 세계적 대공황을 경험한 뒤인 1930년대 금융서비스혁명의 핵심은 금융부문에서 경쟁을 제한하는 것(이자율이나 수수료를 규제하고 투자은행과 상업은행을 분리하는 것 등)과, 금융권에게 경제적 특권과 규제 의무를 동시에 주는 것이었는데, 이것을 그는 '중간적 조합주의(meso-corporatism)' 라고 부른다(1991: 36). 그런데 1960년대와 1970년대에 다국적 대기업이 해외로 더욱 진출함에 따라 금융기관도 국제화하기 시작함으로써 국제시장에서 국내규제를 벗어나 자유롭게 경쟁하게 되었고, 인터넷 등 기술혁신과 더불어 새로운 금융상품이 대량 개발되어 경쟁이 치열하게 되었다. 또한 증권거래소에서도 개인투자자를 대신하여 대규모의 기관투자자들이 나타나 거래소 회원의 권한이 위협받게 되었다. 그리고 대형 금융스캔들이 꼬리를 물고 폭로되기 시작했다. 1930년대에는 금융계의 사람들만이 금융을 잘 알았기 때문에 자율규제를 포함하는 중간적 조합주의가 내부거래나 금융비리를 은폐할 수 있었지만, 1970년대에 오면 전문가들이 너무나 많아 자율규제 속의 스캔들을 폭로하기 시작했다. 1970년대 워터게이트(Watergate) 사건에서 기업의 자금이 부정하게 사용된 것이 폭로되면서 회계부정(會計不正)이 큰 정치적 · 사회적 문제로 되었고, 1970년대와 1980년대에 대규모 인수 · 합병(M&A)이 일어나면서 내부거래로 거액을 챙기는 정치 · 경제 엘리트가 많이 구속되기도 했다.

이리하여 1975년에 뉴욕증권거래소에서는 거래소 회원인 브로커의 중매수수료(brokerage commission)를 자유화하여 종전의 고정된 최저수수료제도를 폐지했고, 1980년대에는 이자율에 관한 규제와 금융시장을 분할하는 글라스-스티걸법(Glass-Steagall Act)이 폐지되었으며 증권법도 개정되었고, 1984년에는 내부거래금지법(Insider Trading Sanctions Act)이 의회를 통과했다. 그러나 이런 조치들은 규제의 폐지(deregulation)가 아니라 규제의 개혁이다.

결국 1980년대의 금융서비스혁명에서는 미국 정부의 개입이 더욱 정교해지고 더욱 제도화되며 더욱 법제화되면서 경쟁과 혁신이 강화되었는데,[12] 미국이 정치적 · 경제적 · 군사적으로 세계의 최강국이고 뉴욕금융시장이 국제금융시장의 중심이므로, 위의 금융서비스혁명이 세계로 확산되면서 세계금융시장의 미국화가 일어났다. 선진국 · 후진국 할것없이 모두가 금융의 자유화 · 개방화를 추진했으며, 이것이 이른바 경제의 금융화를 일으킨 배경이었다.

(3) 패니치와 긴딘(Panitch & Gindin 2004)

이들은 제2차 세계대전 이후의 자본주의를 1945~79년과 1980~2004년으로 양분하는 것을 거부한다. 흔히들 전자에서는 산업을 위해 금융을 억압함으로써 자본주의의 황금기와 복지국가가 유지되었고, 후자에서는 금융이 자유화되어 산업을 지배함으로써 신자유주의가 등장하고 자본주의의 역동성(力動性 dynamics)이 약화되었다고 주장하지만, 전혀 그렇지 않다는 것이다(2004: 67). 이들에 따르면, 1945년 이래 줄곧 미국 정부와 국제금융기구가 무역 · 외환 · 자본이동의 자유화를 주창했기 때문에 1980

12 이것을 흔히들 빅뱅(big bang)이라고 부른다.

년대 이래의 금융화는 결코 새로운 경향이 아니며 과거 경향의 연속이고 확장이다.

또한 이들은 1979~82년의 볼커 충격(Volcker shock)이 인플레이션을 억제하기 위한 것이었을 뿐 아니라 노동자계급의 세력을 약화시키려는 의도를 가지고 있었다고 본다. 왜냐하면 인플레이션 기대 심리를 제거하기 위해서는 노동자계급의 야심과 그 야심을 달성할 수 있는 그들의 집단적 능력을 파괴해야 한다고 보았기 때문이다(2004: 63-64). 다시 말해 볼커는 통화량의 증가를 제한해 이자율의 무제한 상승을 허용함으로써 비능률적인 기업이나 현금이 부족한 기업을 도산시키고, 이를 통해 실업자를 대량으로 만들어 내어 인플레이션을 억제하고 노동자계급의 세력을 약화시키려고 했던 것이다.[13] 이리하여 볼커는 1980년 클라이슬러 자동차에 구제금융을 제공하면서 미국의 최대 노동조합인 자동차노동조합(UAW)으로부터 임금삭감과 외주(outsourcing)라는 양보를 받아 내었으며, 레이건 대통령(재임기간 1981~88)은 1981년 항공교통관제사들(Air Traffic Controllers)의 파업을 무자비하게 분쇄했던 것이다.

더욱이 패니치와 긴딘은 금융적 자본이 크게 증가한 것은 경제관계의 세계화 과정에서 환율과 금리의 공간적 · 시간적 차이가 예측할 수 없게 발생함으로써 여기에 관련된 위험(risk)을 경감하는 금융상품(예: 파생상품)이 경쟁적으로 크게 등장한 것이 하나의 중요한 원인이라고 본다.[14]

(4) 크리프너(Krippner 2004)

그는 미국 경제의 금융화가 다음과 같은 의미를 가진다고 말한다. 첫째로 비금융법인들이 점점 더 금융소득에 의존한다는 사실은 비금융법인들도 점점 더 금융법인들을 닮아간다는 것을 의미하며, 또한 산업자본과 금융

13 대처(Thatcher)의 통화주의적 정책도 마찬가지의 목적을 가지고 있었다. 이 책의 제10장 1을 참조하라.

14 루드(Rude 2004)는 이 점을 더욱 자세하게 설명하고 있으며, 파생상품의 거래로 손실을 본 금융기관과 손실액은 티컬(Tickell 1999)에 나와 있다.

적 자본이 하나로 융합되고 통일되어 간다는 것을 의미한다. 이런 의미에서 힐퍼딩의 『금융자본』과 레닌의 『제국주의』를 경청할 필요가 있다. 둘째로 금융화는 비금융법인들이 생산활동에 의존하는 것을 감소시키고 따라서 노동자들에 대한 의존을 감소시키기 때문에, 자본과 노동 사이의 '사회적 합의'에 의거하는 복지국가는 축소되지 않을 수 없다.

(5) 소결

금융화의 계기를 자본의 세계화의 진전과 관련시키면서 금융부문의 경쟁 강화와 혁신에 주목하는 것은 올바른 방법이라고 생각한다. 그러나 생산분야에서 수익성 있는 투자처를 찾지 못한 화폐자본이 금융적 · 투기적 활동에서 이득을 보려고 한 결과가 금융화의 진전으로 나타났다고 해석할 수도 있을 것이다. 산업자본으로 기능할 수 있는 자본의 최소 규모가 점점 더 증가하고 있는 상황에서 그리고 산업자본의 이윤율이 저하하고 있는 상황에서는 소규모의 자본은 점점 더 신용기관이나 투기펀드로 모여 위험한 금융적 투기에 종사하게 된다. 이런 의미에서 1970년대 후반에 비금융법인의 이윤율이 폭락한 것과 그 이후에도 낮은 수준을 벗어나지 못하고 있는 것(Duménil & Lévy 2004a : 134)이 금융화의 진전에 크게 공헌한 하나의 요인이라고 말할 수 있다.[15]

다음으로 금융적 자본이 산업자본 또는 생산적 자본을 지배한다는 주장과 금융적 자본이 산업자본과 융합한다는 주장을 좀더 자세히 고찰해 보자. 먼저 용어부터 분명하게 구별할 필요가 있다. 산업자본은 $M—C(MP, LP)\cdots P\cdots C'—M'$의 순환을 계속하는 자본이고,[16] 금융적 자본은 $M\cdots M'$의 순환을 계속하는 자본이다.[17] 마르크스는 후자를 이자 낳는 자

15 카르체디(Carchedi 2001)도 같은 의견을 제시하고 있다.

16 M: 화폐, C: 상품, MP: 생산수단, LP: 노동력, P: 생산과정, C': 잉여가치를 품은 상품, M': 잉여가치에 의해 증식된 화폐.

17 힐퍼딩(1994)이 창조한 '금융자본(finance capital)'이라는 용어는 독점적인 산업자본과 독점적인 은행자본이 '융합'한 최고형태의 독점자본을 가리키므로, 금융적 자본과 개념

본이라고 부르고 대부자본과 주식자본을 여기에 포함시켰다.[18] 그러므로 산업자본은 화폐자본의 형태, 생산자본의 형태(재화와 서비스를 생산하는 과정에 묶여 있는 생산수단과 노동력), 그리고 상품자본의 형태를 번갈아 취하면서 운동하고 있는데, 산업자본은 어느 한 시점에서 관찰하면 화폐자본 · 생산자본 · 상품자본으로 구성되어 있다. 이것은 산업자본을 운영하는 예컨대 자동차조립공장의 2005년 12월 31일의 대차대조표를 보면 금방 알 수 있다. 다른 한편 금융적 자본은 금융업무(예금 · 대부업무, 주식 · 증권의 발행업무와 매매업무, 파생상품 거래업무 등)를 수행하는 금융기관에 투자된 실물자본과 화폐자본, 그리고 대부 · 주식 · 증권 등 이른바 금융자산에 투자된 자본을 가리킨다.

금융적 자본은 수수료 · 이자 · 배당 · 자본이득 등을 얻어 가치증식하고 있는데, 이런 항목들은 사실상 다른 경제주체들의 수입으로부터 파생한 것들이다. 우리가 금융적 자본과 산업자본 사이의 관계에만 주의를 기울인다면, 금융적 자본은 산업자본의 현금출납업무를 담당하고 예금계정을 관리하며 산업자본에게 대부하거나 산업자본의 주식이나 증권을 매매한다. 그러므로 금융적 자본이 얻는 수입은 기본적으로 산업자본이 생산한 잉여가치로부터 유래한다고 말할 수밖에 없으며, 따라서 금융적 자본은 '직접적으로는' 잉여가치를 생산하지 않는 비생산적인(unproductive) 자본이다. 그러나 금융적 자본은 다수의 산업자본가들이 스스로 현금출납업무와 예금계정관리업무를 담당할 때보다는 훨씬 적은 비생산적 비용으로 그것을 담당하기 때문에 사회적 평균이윤율의 향상에 기여하며, 또한 사회적 유휴화폐자본을 산업자본가에게 공급함으로써 잉여가치의 생산을 확대하는 데 기여한다. 다시 말해 금융적 자본은 잉여가치의 생산에 '간접적으로' 기여한다. 이런 의미에서 금융적 자본과 산업자본은 서로 의존하면서 협조하는 관계에 있다고 말할 수 있다.

이 다르다. 이 책의 제2장 2-3)을 참조하라.

18 김수행(2004a: 258, 265-267)을 참조하라.

그러나 생산물이 잘 팔리지 않아 경제가 위기(crisis) 국면에 빠지면 산업자본가들 사이에 신용거래가 점점 더 줄어들고 은행은 어음과 수표 등 신용화폐를 할인하지 않으려고 하기 때문에 신용위기(credit crisis)가 생긴다. 이제는 현금거래가 지배적이 되는데, 금융적 자본가는 산업자본가들이 대부를 만기일에 상환할 수 없을지도 모른다는 걱정 때문에 대부를 확대하지 않을 뿐 아니라 대부의 상환을 재촉하며 이자율을 인상시킨다. 이것이 바로 화폐경색 또는 화폐위기(monetary crisis)인데, 투기에 종사한 상공업자본가들이나 경영이 부실한 상공업자본가들 또는 현금이 부족한 상공업자본가들은 파산하기 시작하고, 이와 동시에 부실대출이 크게 증가한 은행이나 투기에 실패한 금융적 자본가도 파산하게 된다. 이것이 일반적인 공황(crash)의 발생경로인데, 여기에서는 산업자본과 금융적 자본 사이의 적대관계가 분명히 나타난다. 그러나 이런 적대관계를 금융적 자본에 의한 산업자본의 지배라고 보는 것은 옳지 않은 것 같다. 왜냐하면 공황에서는 두 형태의 자본이 함께 몰락하면서 새로운 경제적 부활이 모색되기 때문이다. 이 모색과정에서 과잉의 금융적 자본은 다양한 벤처산업을 지원하고 산업자본이 노동자계급을 더욱 착취할 수 있도록 산업자본의 구조조정을 촉진하게 된다.

끝으로 산업자본과 금융적 자본 사이의 융합이나 결합을 검토해 보자. 이 문제를 가장 먼저 제기한 사람은 힐퍼딩(Rudolf Hilferding 1877~1941)이었는데, 그에 따르면 소수의 독점적 은행들과 소수의 산업독점체들이 주식소유관계를 통해 하나의 최고의 독점체를 형성하는 것을 금융자본이라고 불렀다. 구체적으로는 제2차 세계대전 이전의 일본의 재벌이나 현재의 한국의 재벌이 금융자본의 형태라고 말할 수 있을 것이다. 왜냐하면 재벌은 독점적인 산업기업체뿐 아니라 독점적인 금융기관들을 소유하고 있기 때문이다. 이런 산업자본과 금융적 자본의 융합형태인 금융자본이 지배적인 자본형태가 될 것인가에 대해서는 부정적인 견해가 상당히 컸는데,[19] 이 견해의 핵심은 유동성(liquidity)과 이동성(mobility)을 무기로 가치증식하는 금융적 자본이 '하나의' 산업자본과 결합하는 것은 두 자본 전체를 위해 전혀 도움이 되지 않는다는 것이다.

그리고 크리프너(Krippner 2004)가 지적한 것, 즉 비금융법인의 금융활동이 추세적으로 더욱 확대되었다는 사실이 앞으로도 계속될 것인가는 전혀 알 수 없다. 사실상 프라우드 외(Froud *et al.* 2002)는 세계 최대의 자동차조립기업 12개의 1990년대 경영실적을 분석해 자동차금융이 결코 기업의 경영성과를 개선하지 못했다는 결론을 내렸다. 자동차금융을 위해서는 자동차기업이 2~4년 만기의 채권(bond)을 발행하거나 은행으로부터 차입해야 하기 때문에 추가적인 위험에 직면하게 된다는 것이다. 예컨대 이 부채는 장기부채이므로 기업의 자본수익률(return on capital employed; ROCE, 이자와 세금 지급 뒤의 이윤을 주식자본과 장기부채의 합계로 나눈 것)을 감소시켜 기업의 신용등급을 낮춤으로써 더 이상의 자금조달을 어렵게 한다는 것이다. 또한 할부판매 대신 도입한 임대사업(leasing)은 임대기간 뒤에 돌아오는 차량의 재판매 문제로 큰 손실을 일으키고 있다는 것이다. 이런 이유들 때문에 수익의 상당한 부분을 자동차금융으로부터 얻고 있는 Ford와 GM의 경영성과가 자동차금융을 거의 하지 않는 Honda와 Toyota에 비해 훨씬 뒤떨어진다. 1989~2000년 평균으로 세금 납부 전의 자본수익률은 Honda와 Toyota가 각각 12.8%와 8.8%였는데, Ford와 GM은 각각 5.5%와 4.3%였고, 세금 납부 뒤의 자본수익률에서도 전자의 6.5%와 4.3%에 대해 후자는 3.5%와 2.5%에 지나지 않았다.[20]

---

19 조복현(1997: 제4장)이 이것을 훌륭하게 정리하고 있다.

20 물론 미국의 증권시장이 기업들에게 12~15%의 세금 납부 뒤 자본수익률을 요구하고 있는 실정에 비추어 보면 12개의 자동차조립기업 모두가 평균 이하의 경영성과를 올리고 있는 셈이다.

3) 슘페터가 본 금융혁신

레더스와 레인즈(Leathers & Raines 2004)는 미국의 '신경제(New Economy)'의 시작과 끝을 슘페터(Schumpeter 1934)의 경기순환이론(그중 특히 신용이론)에 의해 잘 설명하고 있다. 슘페터는 순환의 첫 국면(회복 국면)과 둘째 국면(호황 국면)에서 신용부문이 다르게 기능하는 점을 강조했다. 첫 국면에서는 실물경제에서 급속한 성장이 일어나는데, 그 이유는 은행이 혁신[21]을 도입하는 기업가적 사업에 자금을 공급하기 위해 신용을 창조하기 때문이다. 둘째 국면은 기업가적 사업을 건설하고 운영하기 위해 기업가가 자금을 지출하는 것에 의해 유발되며, 그 뒤에는 경제 전체에 신용이 손쉽게 제공됨으로써 투기적 지출이 생겨 지속된다. 순환이 위기로 끝날 때, 경기하강은 둘째 국면의 지나친 투기로 말미암은 거대한 도산 때문에 심화된다.

'신경제'는 슘페터가 말한 일반적 경로를 따른 것처럼 보인다고 레더스와 레인즈는 주장한다. 1990년대 초에는 정보통신기술에 혁신을 일으킨 자본투자가 첫째 국면의 급속한 성장을 야기했다. 1990년대 말이 되면 둘째 국면이 두드러지게 나타났는데, '무모한(reckless)' 자금공급과 과도한 투기의 특징적인 현상들이 지배하게 되었다. 2001년 순환을 종결한 경제위기에서는, 과잉설비에 의한 디플레이션, 자본투자 지출의 격감, 신용의 과도한 긴축, 주가 폭락, 다수의 신경제 기업들(Enron과 Global Crossing과 같은 대기업을 포함)의 도산 등이 나타났다.

슘페터는 기업가와 은행가를 분명히 구분한다. 기업가의 혁신은 수익성 있는 새로운 기업을 위한 조건을 창조하며, 은행가는 그 새로운 기업의 건설에 자금을 공급하기 위해 신용을 창조한다. 그런데 금융적 혁신(예: 금융의 자유화, 파생금융상품)은 신경제에서 기술이 이끈 첫째 국면의

21 슘페터가 말하는 혁신(innovation)과 창조적 파괴(creative destruction)에 관해서는 제8장 3을 참조하라.

급속한 성장을 일으킨 요인은 아니었다. 오히려 금융적 혁신은 신경제 경기순환의 둘째 국면인 무모한 자금 공급과 과도한 투기에 기여했다. 레더스와 레인즈는 제도주의자들과 포스트 케인즈주의자들처럼 상업은행과 투자은행을 분리해야 하고 금융적 혁신을 규제해야 한다고 주장한다.

4) 금융화와 자본축적

이제 금융화의 진전이 자본주의 경제 전체의 성장이나 역동성에 어떤 영향을 미쳤는가를 알아보자.

(1) 뒤메닐과 레비(Duménil & Lévy 2004a; 2004b)

이들은 미국에서 경제의 금융화는 결코 자본축적과 경제성장에 기여하지 못했다고 주장하면서 표 7-1과 같은 자료를 제시한다(2004a).

이들에 따르면, 경제의 금융화는 기업의 이윤을 이자와 배당으로 더욱 더 분배함으로써 자본축적의 원천인 사내유보이윤(retained profit)을 감소시켜 투자의 증대에 기여하지 못했다.[22] 미국에서 기업 전체의 이윤율은 1965년의 25%로부터 1982년의 13%로 계속 저하하다가 그 뒤 회복하여 2000년에는 19%에 달했는데, 자본축적률(고정자본 순스톡의 증가율)은 1980년대와 1990년대에도 3% 수준을 회복하지 못하고 있다(2004a: 24-25).

또한 이들은 자본집약도가 매우 높은 산업(예: 석유 · 가스 채굴업, 석유 · 석탄업, 철도수송업, 전기 · 가스업)을 제외한 비금융법인의 이윤율을 금융거래(실질금융소득 – 실질금융비용)를 포함한 것과 포함하지 않은 것으로 나누어 비교할 때, 1952~82년까지는 전자가 후자를 상당히 능가했

22 미국의 비금융법인의 경우 총투자의 자금조달은 1952~2001년에 거의 90% 이상을 사내유보이윤에 의거했으며 차입의 순증가나 주식의 순증가는 10% 미만이거나 오히려 음(–)이었다(Duménil & Lévy 2004a: 124).

표 7-1 미국 경제의 주요 통계

	1965~74	1975~84
이윤율	20.6	15.4
노동생산성 상승률	2.1	0.9
자본축적률	3.8	3.0
실업률	4.6	7.7
노동비용 증가율	2.4	1.1

출처: Duménil & Lévy(2004a: 28, 30, 45)[23]

지만 1983년 이후에는 전자와 후자가 거의 동일한 수준을 나타냈다고 말한다(2004b). 결국 1982년 이전에는 비금융법인은 실질이자율이 낮아 이익을 보았지만, 그 이후에는 금융자산과 금융부채의 규모가 동시에 크게 증가했음에도 불구하고 실질이자율이 높아 거의 이익을 보지 못했다는 것이다.[24]

이들은 또한 금융화가 기술진보에 기여했는가를 조사한다. 기술진보는 '생산기술의 진보'(즉 재화의 생산이나 서비스의 제공에서 인적 · 물적 자원을 절약하는 능력)로 이해해야 하는데(2004a: 32), 기술진보가 반드시 이윤율(= 이윤몫 × 자본생산성)을 상승시키는 것은 아니다. 왜냐하면 기술진보가 노동생산성을 향상시켜 이윤 몫을 증가시키지만, 고정자본의 규모가 지나치게 증대한다면 자본생산성이 더욱 크게 저하할 수 있기 때문이다(2004a: 36). 미국에서 기업 전체의 자본생산성은 1960년대 후반에 급격히 저하하기 시작해 1983년에는 1966년 수준의 70%까지 저하했고 그 뒤

23 이 표에 있는 용어의 정의는 다음과 같다.
이윤율 = 이윤 / 고정자본 = (이윤 / 순생산액) × (순생산액 / 고정자본) = 이윤 분배몫 × 자본생산성.
이윤 몫 = 1 − (실질임금수준 / 노동생산성).
노동생산성 = 순생산액 / 총노동시간
자본축적률은 고정자본 순스톡의 증가율이고, 이윤은 순생산액에서 노동비용을 뺀 것으로 아직 조세 · 이자 · 배당을 포함하고 있다(Duménil & Lévy 2004a: 23).

24 미국의 장기 실질이자율은 1960~73년에는 1~3%를 유지하다가 1974~75년에는 −2%까지 내려갔고 1976~78년에 회복한 뒤 폭등하여 1984년에는 9%에 달하였으며 그 뒤 추세적으로 하락하면서 2001년까지 4~6%의 높은 수준을 유지하고 있다(Duménil & Lévy 2004a: 70).

점차 회복했으나 2001년에도 1966년 수준의 90%에 이르지 못하고 있다. 또한 기업 전체의 이윤 몫은 1960년대 후반 급격히 저하해 1983년에는 1966년 수준의 80%까지 저하했고 그 뒤 천천히 회복했으나 2001년에도 1966년 수준의 85%에 이르지 못하고 있다. 그런데 1998년 이후 이윤 몫의 하락은 노동비용 증가율이 상승했기 때문이다. 물론 생산직노동자의 실질주급(實質週給)은 1990년대에는 1950년대 말의 수준으로 추락했으며 2002년에도 최고 수준이었던 1972년보다 12%나 낮다. 그러나 노동비용에는 기업이 납부해야 할 사회보장기여금이 포함되어 있기 때문에, 직접 임금의 상승률이 작더라도 사회보장기여금이 감소되지 않는 한 노동비용은 증가하기 마련이다. 결국 1980년대 이후 노동생산성의 향상 속도는 이전보다 훨씬 낮아졌고 자본생산성은 빠른 속도로 상승하고 있으나 아직 이전 수준을 회복하지 못하고 있으며, 따라서 이윤율도 빠른 속도로 회복하고 있으나 아직 과거의 수준에 달하지 못하고 있다.

또한 이들에 따르면, 경제의 금융화는 이자율의 상승, 배당의 증가, 주가의 상승[25]을 동반함으로써 금융부문의 이윤율이 증가하고 최고 부자들로 자산이 집중했다(2004a). 다른 한편 1979~82년의 볼커 쿠데타는 비금융부문의 기업 도산, 가계들의 부채 격증, 후진국의 외채위기를 일으켰다(2004a: 133). 미국에서 1%의 최고 부자 가구(家口)가 자산(부동산과 내구소비재 등 실물자산, 현금과 예금 등 화폐자산, 주식과 증권 등 금융자산의 합계에서 부채를 뺀 것)의 소유에서 차지하는 비율은, 1950년대, 1960년대 및 1973년까지는 30~35%였고, 1974~75년의 공황기에는 22%까지 하락했으나 그 뒤 회복하기 시작해 1986년에는 35%에 이르고 계속 증가하는 추세다(2004a: 138).[26]

25 미국의 실질주가(인플레이션 감안)는 1965~73년에는 동일한 수준을 유지하다가 1974~75년의 공황기에 1 / 2로 폭락하고 1980년대 초부터 회복하기 시작해 1980년대 후반기에 1965~73년 수준에 달하고 그 뒤 계속 상승하다가 1990년대 중반기에 폭등해 2000년 최고수준(1965~70년 수준의 3배 이상)에 달하고 그 뒤 저하하기 시작했다(2004a: 135).

(2) 패니치와 긴딘(Panitch & Gindin 2004)

이들은 1970년대 말의 미국 경제를 다음과 같이 묘사한다.

> 변동환율제, 석유달러의 환류(recycling), 확대하는 금융시장, 계속되는 노동자들의 전투성, 케인즈주의적 금융팽창정책의 와중에서 미국 정부는 두 자리 수의 인플레이션, 저하하는 달러 가치, 그리고 특히 자본의 대량 유출을 저지하려고 필사적으로 노력하고 있었다. 온건한 국제결제은행(BIS)까지도 '진정한 달러 위기'라고 말할 정도였고 월가(Wall Street)에는 '후버 대통령의 임기 마지막 며칠[27] 이후 아직까지 보지 못한' 정도의 불만이 쌓여 있었다. 볼커는 1970년대 말 연방준비제도 이사회의 의장으로 취임한 것을 회고하면서, "경제변수들 사이의 안정적이고 예측가능한 관계들을 이론화하고 실증분석하는 것이……미국뿐 아니라 다른 나라들에서도 불가능하게 되어 버린" 10년의 세월이 흘렀으므로 "모두가 망설이고 불안해하며 확신을 갖지 못하고 일을 시작하자마자 실수를 범하기 일쑤였다"고 말했다(2004: 59-60).

이런 상황에서 1979~82년의 볼커 충격은 급진적 화폐긴축정책으로 인플레이션을 억제하고 달러 가치를 안정시키며 자본 유출을 막음으로써 국내외 금융시장의 신뢰를 얻게 되었고, 이리하여 케인즈주의적 경제정책은 완전히 밀려나게 되었다고 이들은 본다. 또한 이들은 금융기관의 역할과 세력이 상대적으로 증가한 것이 산업자본의 축적을 위축시킨다는 주장을 전혀 인정하지 않는다. 이 주장은,

> 자본시장의 심화와, 자본시장이 만들어 내는 경쟁의 압력과 이동성(mobility)이 자본생산성과 이윤율을 상승시키는 것을 과소평가하고 있다.

26 이것은 뒤메닐과 레비가 다음과 같은 문헌으로부터 인용한 것이다. Wolff(1996; 1997), Henwood(1998).

27 대공황에 빠져 있던 1933년을 가리킨다.

> 자본시장은 기업과 정부에 대한 규율적(disciplinary) 충격을 통해서뿐 아니라 기업들과 생산부문들에 자본을 재배분하고 기술전파를 지원하는 것에 의해 자본생산성과 이윤율을 상승시키는 것이다(예컨대 상대적으로 비능률적인 기업을 더욱 빨리 퇴출시키고, 위험하지만 혁신적인 신규 사업을 지원하며, 오래된 산업부문에 새로운 기술을 전파하는 것.)(2004: 67).

또한 패니치와 긴딘은 금융기관이 새로운 금융상품을 만들어 내고 새로운 금융서비스를 창조함으로써 새로운 산업분야로 등장했다는 사실, 그리고 금융기관이 컴퓨터와 소프트웨어의 큰 시장이 되었을 뿐 아니라 자기 스스로 정보기술과 정보체계를 개발함으로써 정보혁명에서 주요한 역할을 하고 있다는 사실도 지적하고 있다.

그리고 미국에서 금융적 자본가와 산업자본가 사이에 헤게모니 쟁탈전도 실제로는 존재하지 않았다고 이들은 말한다. 왜냐하면 1970년대 말에 이르면 비금융부문도 일반적으로 인플레이션 억제에 우선순위를 둘 필요성을 인정했으며, 금융적 자본을 강화하는 것이 또한 자기들에게도 이익이 된다는 것을 받아들였기 때문이다. 따라서 산업의 지도자들은 금융권의 지도적 역할에 대항하기보다는 금융권이 추진하는 국내적 · 국제적 재편성 또는 구조조정에 드는 비용을 분담하게 되었다고 말한다.

(3) 소결

"자본은……흡혈귀처럼 오직 살아있는 노동을 흡수함으로써만 활기를 띠며, 그리고 그것을 많이 흡수하면 할수록 점점 더 활기를 띤다"(『자본론』I(상): 307)는 마르크스의 지적을 회상하면, 민중들의 삶을 짓밟는 실업률의 상승, 빈부격차의 증대, 비정규직의 증대, 실질임금의 하락 등은 오히려 자본의 역동성을 보여주는 지표라고 말할 수도 있을 것이다. 따라서 미국에서 1980년대에 들어와서 자본생산성과 이윤율이 증가하면서 그 증가율이 가속화하는 것(Duménil & Lévy 2004a: 24, 34)은 미국 경제가

1974~75년 이후의 대불황을 벗어나고 있다는 증거로 제시되기도 했다.

미국 경제는 1995년 이후 달러 가치가 상승해 수출경쟁력이 저하하고 대폭의 무역수지 적자를 보고 있는데도 불구하고 2000년 상반기까지 다른 선진국에 비해 상대적으로 높은 성장률과 낮은 실업률 · 인플레이션이라는 '신경제'를 달성했다고 주장하기도 했다. 그리고 신경제를 창조한 요소로서 디지털혁명이라는 기술혁신, 이 기술혁명에 자금을 공급한 벤처자본, 그리고 벤처자본에게 대박을 얻을 수 있게 한 흥청거리는 뉴욕증권시장을 들었고, 그 중에서도 세계의 유휴자금이 거대한 규모로 뉴욕증권시장에 모여 주식가격을 계속 상승시켰다는 점이 가장 중요한 요인으로 지적되었다. 주식가격이 상승함으로써 주식소유자는 장래의 재산이 증가하리라고 생각해 미리 은행으로부터 자금을 차입해 소비를 증가시켰고, 벤처기업은 주식을 발행해 자금을 쉽게 조달할 수 있었으므로 투자를 증가시켰다. 이리하여 소비와 투자가 증가해 경제 전체가 과열현상까지 보였다. 또한 세계의 달러 자금이 뉴욕에 집결하기 때문에 달러의 대외가치는 거대한 무역수지 적자에도 불구하고 하락하지 않았다.

그러나 이 과정에서 첨단산업부문에서 과잉투자가 발생해 기업의 수익성은 악화하기 시작했으며, 2000년 봄부터 주가 상승이 머뭇거리다가 하락하기 시작했고, 경제성장률이 둔화하면서 실업률도 다시 증가함으로써 신경제는 막을 내렸다. 그 뒤 2001년 9월 11일 미국 심장부에 대한 테러공격에 대항하여 2002년의 아프가니스탄 침략, 2003년의 이라크 침략 등으로 미국 경제는 군사화의 길을 걸었다. 이제 미국 경제는 큰 곤란에 직면했다. 무역수지 적자는 2005년에 7,258억 달러(GDP의 5.8%)를 기록했고, 대외순부채는 2004년 말에 GDP의 22%인 2조 5,000억 달러에 달했으며, 정부재정 적자는 2005년에 약 5,000억 달러를 기록했기 때문이다. 이런 상황에도 불구하고 달러의 대외가치가 유지되고 뉴욕증권시장이 붕괴하지 않는 것은, 경제의 금융화가 세계적인 차원에서 진행되면서 미국 제국(American Empire)이 기타의 제국주의국들과 종속국들로부터 일종의 공납(tribute)을 받고 있는 것처럼 보인다(한미 FTA협상을 보라!).

물론 경제의 금융화는 기업에게 주주가치(shareholder value)의 향상을 강요했으며 수익성의 증대와 효율성의 개선을 필수적인 것으로 요구했다(Seccombe 1999; Froud *et al.* 2000). 프라우드 외(Froud *et al.* 2002)에 따르면, 12개의 세계적 자동차조립기업들은 1990년대에 주주들에 대한 배당액을 증가시켰지만, 이것은 증권시장이나 투자자들의 압력에 의한 것이 아니라 각 기업들이 자본시장에 좋은 인상을 주어 주식가격을 유지하거나 인상하려고 노력했기 때문이다. 왜냐하면 1990년대의 증권시장 활황에서 주주들의 수입의 80%는 주식가격 상승에서 오고 나머지 20%만 배당으로부터 왔기 때문이다. 그러나 어느 기업도 1989~2000년에 판매액이나 이윤 중 배당의 비율을 증가시키지 않았으며 세금 납부 뒤 이윤의 1/3 이상을 배당하지도 않았다.

5) 금융화와 제국주의

미국은 제1차 세계대전을 겪으면서 세계에서 경제적 · 군사적으로 가장 강력한 나라로 등장했다. 또한 제2차 세계대전 이후의 세계질서에서 가장 강력한 국제기구들, 예컨대 국제연합(UN), 국제통화기금(IMF), 국제부흥개발은행(IBRD, 또는 세계은행 World Bank), 관세와 무역에 관한 일반협정(GATT, 지금의 세계무역기구 WTO의 전신), 북대서양조약기구(NATO) 등에서 핵심적인 권력을 가지게 되었으며, 이 권력을 지금도 유지하고 있다. 따라서 미국의 국내통화 달러가 세계화폐로서 통용되는 것은 당연한 일이기도 하다. 또한 미국의 국채(國債)인 재무부증권(Treasury Bill)은 세계에서 가장 낮은 신용위험도를 가지고 현금화가 가장 쉬운 유가증권으로 자리를 확고히 해, 세계 대부분의 국가들이 자기들의 외환보유고의 상당한 부분을 미국 재무부증권에 투자하고 있다.[28] 이런 의미에서 "미국의 은행제도와 금융제도는 제국주의적 사슬의 맨 꼭대기에 앉아 있다"(Rude

2004)고 말할 수 있다.

카르체디(Carchedi 2001)는 경제적 의미에서 제국주의는 국제적 가치의 체계적인 수탈이라고 말하면서, 제국주의국의 자본주의적 기업이 피지배국의 기업들(그리고 '독립적인' 생산자들)로부터 가치를 수탈하는 형태로, (가) 해외직접투자에 대한 이윤,[29] (나) 해외대부에 대한 이자, (다) 국제무역에 의한 부등가교환, (라) 제국주의국의 화폐를 국제통화로 사용하는 것에서 생기는 화폐주조차익(貨幣鑄造差益 seigniorage)을 들고 있다.

카르체디는 미국이 얻는 화폐주조차익을 다음과 같이 설명한다.

> (가) 1달러의 인쇄비는 3센트이므로 미국 정부는 1달러로 상품을 구매함으로써 97센트의 시뇨리지(화폐주조차익)를 얻고 있는 셈이다.
> (나) 국제무역에서 미국 사람이 달러를 지출해 해외의 상품과 서비스를 구매하고 외국사람이 그 달러로 미국의 상품과 서비스를 구매하지 않는다면, 그만큼 미국은 화폐주조차익을 얻는다.[30]
> (다) 미국은 세계 최대의 채무국인데, 달러의 가치가 내려간다면 달러와 달러표시증권의 소유자는 손해를 보게 되고 이것이 또한 화폐주조차익을 이룬다(Carchedi 2001).

그러나 이런 형태의 달러의 화폐주조차익은 외국인의 달러 예금에 대한 이자 지불, 외국인이 보유한 달러표시증권에 대한 배당이나 이자의 지불, 달러의 대외가치를 유지하기 위해 미국 정부가 수립·집행해야 하는 각종 정책에 따른 비용 등에 의해 상쇄되지 않을 수 없다. 특히 2004년 하반기 이후 달러의 대외가치가 하락하면서 각국 정부가 외환보유고의 일

---

28 따라서 미국 정부는 외환보유고를 가질 필요가 없으며 재무부증권을 발행하기만 하면 된다(Panitch and Gindin 2004).

29 뒤메닐과 레비(Duménil & Lévy 2004b)에 따르면, 미국의 해외직접투자의 이윤(배당·자본이득·해외유보이윤)은 미국 비금융법인의 총이윤 중 거의 25%라는 높은 비중을 차지하며, 해외직접투자의 이윤율은 국내 활동의 이윤율보다 훨씬 높다.

30 "미국 달러의 약 55~70%는 해외에서 유통되고 있으며 매년의 새로운 달러발행액의 약 75%가 해외에서 유통되고 있다"(Carchedi 2001: 160).

부를 유로(Euro)화로 전환하는 사태가 일어나는 것에 대해 미국 정부가 우려를 나타내면서 수습책을 세우는 것(예: FRB는 연방기금금리를 2004년 6월의 1%로부터 2006년 6월의 5.25%까지 계속 인상했다)을 보면 달러를 세계화폐로 유지하는 것이 반드시 순전한 이익만은 아니라는 것은 분명하다.

다음으로 끊임없이 폭발하는 세계적인 금융공황을 검토해 보자. 자본의 세계화와 더불어 금융시장의 자유화와 개방화가 이루어지고 세계적 축적과정에서 위험과 불확실성이 크게 증가했다. 물론 미국의 금융서비스혁명 방식이 주요국의 금융시장에도 보급됨으로써 세계금융시장의 미국화가 진행된 것은 사실이지만, 세계금융시장은 "자기 혼자에게 맡겨둔다면 붕괴할 수 있는 무질서한 제도이다. 그러므로 자본주의 국가 그리고 특히 이 제도의 중앙에 있는 제국주의적 미국 국가가 금융활동들을 집중하고 조직하며 강제하지 않을 수 없다"(Rude 2004)는 점도 지적해야 한다. 이리하여 IMF나 G-7이 자본주의 열강들의 의견을 종합하면서 세계적인 금융공황에 대처하고 있다.

1979년의 볼커 충격 이후 세계적인 규모의 금융공황이 끊임없이 일어났다. 1983년의 멕시코 외채위기를 비롯해 다수의 후진국의 외채위기, 1987년 10월의 미국과 세계의 증권시장 공황,[31] 1980년대 말 미국 저축대부조합(Savings & Loans Association)의 대규모 파산, 1990년대 초 일본 금융제도와 경제의 붕괴, 1992년과 1993년의 유럽통화제도의 위기, 1994~95년의 멕시코 페소 위기, 1997년 아시아 전역의 외환·금융 공황, 1998년 8월 러시아 정부의 지불 정지, 1998년 9월 미국 헤지펀드 LTCM(Long Term Capital Management)의 부도 위기, 2002년 아르헨티나의 금융위기 등등. 그런데 주목해야 할 것은 이런 금융위기를 IMF 등 국제금융기구와 제국주의국 정부들은 종속국들을 규율하는 기회로 삼아 자본주의적 세계체제를 강화했다는 점이다.[32] 이리하여 금융공황의 부담은

31 김수행(1991: 169-173)과 Leathers & Raines(1994)를 참조하라.

32 루드(Rude 2004)는 1997년의 아시아 공황과 1998년의 LTCM 부도 위기에 대한 미국 정

제국주의국의 금융적 자본이 손실을 입거나 도산하는 형태로 짊어지는 것이 아니라 주변부의 피지배계급이 실업 · 빈곤 · 불평등의 확대로 짊어질 수밖에 없었다는 점이다. 나는 1997년 말의 한국 공황을 설명하면서 다음과 같이 말한 바 있다.

> 사실상 외국은행들도 한국의 금융기관과 기업에게 과잉 대출한 책임을 져야만 했다. 한국 경제의 기적이 계속되리라고 예상하여 거대한 금액을 대출했기 때문에, 이 잘못된 결정에 대해 책임을 지고 손실을 감수해야만 했다. 또한 IMF, IBRD뿐 아니라 국제신용조사기관인 스탠다드 앤 푸어스(S&P)도 은행을 포함한 외국투자자들에게 옳지 않은 정보를 제공한 책임을 져야만 했다. 그런데 IMF와 미국 정부가 외국은행들에게는 책임을 묻지 않고 모든 책임을 한국 정부에 지운 것이다. 이렇게 본다면, 1997년 12월의 공황은 한국의 금융기관이나 대기업의 도덕적 해이 때문에 발생했다고 주장하기보다는 오히려 외국은행들의 도덕적 해이 때문에 발생했다고 주장해야 할 것이다. 왜냐하면 외국은행들은 IMF와 미국 정부가 대신 받아 주리라 믿고 한국의 금융기관과 기업에게 '무모한' 대규모 대출을 했기 때문이다(김수행 2001: 377-378).

경제의 금융화는 미국 제국을 유지하는 데 큰 역할을 하고 있다. 거대한 재정수지 적자와 무역적자, 가계부채와 대외부채의 증가, 비생산적인 군사비 지출의 확대와 끊임없는 전쟁에도 불구하고, 외국의 정부와 기업과 개인들이 달러와 달러표시증권을 대규모로 구매하고 있기 때문에, 미국 경제와 미국 사회가 유지되고 있는 것이다.

부의 서로 다른 태도(double standard)를 자세히 설명하고 있다.

제8장

장기파동과 구조적 위기

1
콘드라티예프

1970년대 이래 세계적인 규모의 장기불황이 계속되고 있기 때문에 콘드라티예프(Nikolai Kondratiev 1892~1931?)가 1920년대에 내세운 장기파동(long wave)에 많은 관심이 다시 쏟아지고 장기파동설을 재개발하려는 시도가 있었다.

소련의 경제학자인 콘드라티예프(Kondratiev 1922; 1926; 1984)는 1922년에 발간된 책과 그 이후의 논문들에서 자본주의 경제는 40~50년의 주기를 가진 장기순환(long cycle)을 겪으면서 발달하고 있다고 주장했다. 이 주장은 그 당시 소련 지도층에서 유행하던 견해—제1차 세계대전 직후인 1920~21년의 공황으로 자본주의 체제는 붕괴할 것이다—를 비판하기 위한 것이었다. 그는 주요 자본주의국(영국 · 미국 · 프랑스)의 경제지표들(도매물가 · 대외무역 · 생산지수)의 시계열(time series)을 분석하여, 경제가 다음과 같은 장기순환을 경험했다고 주장했다.

제1차 장기순환
    상승국면 1790년에서 1810~17년까지
    하강국면 1810~17년에서 1844~51년까지
제2차 장기순환
    상승국면 1844~51년에서 1870~75년까지
    하강국면 1870~75년에서 1890~96년까지

제3차 장기순환

상승국면 1890~96년에서 1914~20년까지

하강국면 1914~20년에서 ?[1]

콘드라티예프는 1920~21년의 경제위기가 비록 제3차 장기순환의 하강국면을 개시하는 것이지만, 자본주의 경제는 이전과 마찬가지로 또다시 상승국면으로 전환할 것이라고 전망했다. 그의 전망이 어쨌든 맞아떨어져 자본주의 경제는 붕괴하지 않았다. 그러나 그의 전망은 소련에서 이단으로 몰렸고 그는 1930년 스탈린에 의해 강제수용소로 추방되고 거기에서 죽었다.

오늘에 와서 그의 장기파동설이 각광을 받고 있지만, 장기파동을 일으키는 원인이 무엇인가에 대해서는 그는 밝히지 못했는데, 그 뒤 여러 가지 견해가 나왔다.

1 고든(Ian Gordon)은 이것을 연장하여 제3차 장기순환의 하강국면은 1930~49년까지였고, 제4차 장기순환의 상승국면은 1949~66년에서 1966~81년까지이며, 하강국면은 1982~2000년에서 2000~20년까지로 예상하고 있다. www.thelongwaveanalyst.ca를 참조하라.

2
이윤율의 장기파동: 만델

만델(Ernest Mandel 1975: 130-132)은 자본주의의 장기파동을 다음과 같이 제시한다.

제1차 파동: 상승 1793~1825년 하강 1826~47년
제2차 파동: 상승 1848~73년 하강 1874~93년
제3차 파동: 상승 1894~1913년 하강 1914~39년
제4차 파동: 상승 1940 / 45~66년 하강 1967~?

장기호황이 시작하기 위해서는 이윤율을 상승시킬 수 있는 사회적 · 정치적 환경의 변화와 세계시장의 확대가 '외부'로부터 주어져야 한다고 주장한다. 그에 따르면, 1848~73년의 장기호황은 1848년의 부르주아 혁명으로 서방에서 공업화와 철도건설의 확장이 진행되었고 이에 따라 세계시장이 현저히 확대되었기 때문에 기능했다. 또한 1894~1913년의 장기호황은 식민지에 대한 자본투자, 제국주의적 침략, 독점의 일반화 등으로 이윤율이 상승하고 아시아 · 아프리카 · 오세아니아 등 세계시장이 급격히 확대한 결과였다. 더욱이 1940 / 45~66년의 장기호황은 파시즘, 제2차 세계대전, 동서냉전에 의해 노동자계급의 세력이 크게 약화되어 잉여가치율(또는 착취도)이 크게 상승했으며, 또한 비록 세계시장이 블록경제, 세계대전, 사회주의권의 확대로 축소되긴 했지만, 선진제국주의국들

사이의 국제분업의 확대와 반(半)식민지 · 종속국의 공업화의 시작으로 말미암아 세계시장도 크게 확대했기 때문에 가능했다고 한다.

만델의 설명에 따르면, 장기호황은 결국 다수의 독립적인 요인들 사이의 상호작용에 의해 이윤율이 갑작스럽게 상승하고 세계시장이 또한 갑작스럽게 확대할 때에만 비로소 시작될 수 있다. 이렇게 되면 40~60년의 주기는 전혀 무의미한 것이 되어 버리고, 장기호황은 전혀 우연적인 사건으로 간주될 수밖에 없다는 비판을 면하기 어렵다. 다시 말해 장기파동설은 역사의 기술(記述)이나 자료의 정리에 공헌할 뿐이며 역사의 장래 진행 방향을 전혀 예측할 수 없다는 비판을 받을 수밖에 없을 것이다.

다음으로 장기호황은 어떻게 장기불황으로 전환하게 되는가? 이 전환은 경제 '내부적인' 요인들에 의해 이루어진다고 만델은 주장한다. 이 전환을 일으키는 요인은, 자본의 유기적 구성이 장기적으로 상승하고, 잉여가치율이 자본의 유기적 구성의 고도화와 동일한 비율로 상승할 수 없어 이윤율이 저하하기 때문이라고 설명한다.[2] 생산기술이 노동절약적인 편향(bias)을 가지게 되는 것은, 생산비를 절감한다는 의미뿐 아니라 산업예비군(실업자)의 형성으로 노동자계급의 세력을 약화시킨다는 의미를 가지고 있으므로, 자본주의 경제에서는 자본의 유기적 구성이 장기적으로 상승하는 추세를 나타내는 것은 피할 수 없다고 본다. 다른 한편으로 호황이 계속되는 동안 노동인력에 대한 수요가 증가하는데, 이 증가에 비례하여 노동인력의 공급이 증가하지 않기 때문에 임금수준의 상승은 불가피하다. 노동인력의 공급 증가를 저해하는 하나의 요인은 노동시장이 나라별로 형성되어 있어 노동인력의 국제적 이동이 제약되기 때문이라고 본다.

결국 장기호황을 장기불황으로 전환하게 하는 것은 이윤율의 저하인데, 이것은 노동절약적인 기술의 채택에 따라 자본의 유기적 구성이 고도

2 이윤율의 공식과 자본의 유기적 구성, 잉여가치율 등에 관해서는 제6장 1-1)을 참조하라.

화하고, 노동인력의 상대적 공급 부족에 따른 임금수준의 상승으로 말미암아 잉여가치율의 상승률이 유기적 구성의 상승률을 초과하지 못하기 때문이다.

그러나 만델은 이윤율이 자본의 가치구성과 잉여가치율 및 자본의 회전시간에 달려 있다는 것을 명확히 인식하지 못함으로써, 자본의 유기적 구성이 상승하더라도 가치구성은 반드시 상승하는 것은 아니라는 사실을 무시하고 있으며, 자본의 가치구성의 상승률이 잉여가치율의 상승률을 초과한다는 것을 이론적으로나 실증적으로 증명하지 못하고 있고, 자본의 회전시간이 가진 중요성을 고려하지 않고 있다는 점에서 비판받아야 할 것이다(제6장 4를 참조하라).

만델에 따르면, 1967년 이래 장기불황이 시작되었는데, 그 이유는 산업예비군이 자동기계화(automation)의 진행에도 불구하고 점차 고갈되었고, 노동자들의 세력 증대로 이윤율이 압박을 받았으며, 국제경쟁의 격화와 국제통화 위기가 세계시장의 확대를 지지부진하게 만들었기 때문이라고 한다. 그리고 현재와 같은 세계적 장기불황이 장기호황으로 전환될 수 있는 계기로서, 만델은 첫째로 노동운동과 민족해방운동이 패배하는 것, 둘째로 노동자들이 스스로 전혀 힘없는 존재로 전락하는 것, 셋째로 대량의 자본과 인간이 독재와 전쟁에 의해 파괴되는 것, 넷째로 제4차 기술혁명(로봇 사용, 태양열 이용, 전기자동차, 컴퓨터 기술)이 광범하게 적용되는 것을 들고 있다.

이렇게 본다면, 장기불황을 장기호황으로 전환시키는 요인들도 전혀 우연한 사상(事象 event)은 아니다. 자본은 이전의 장기호황기에 생긴 애로와 장벽을 장기불황기에 계급투쟁을 통해 해소하는데, 이 해소과정이 결국 장기호황의 개시를 위한 사회적 · 정치적 · 경제적 환경을 만드는 과정이며, 이 계급투쟁에서 노동자계급이 이긴다면 자본주의가 아닌 새로운 사회가 등장하게 될 것이다.

물론 역사의 진행과정을 설명하거나 예측하는 경우, 경제적 결정론(또는 경제주의), 목적론 · 종말론 등은 전혀 도움을 주지 않지만, 자본주의적 생산의 목적이 자본의 가치증식이고 이것은 노동자의 착취를 당연히 포함하고 있기 때문에, 장기호황의 토대를 놓는다는 것은 노동자계급의 세력을 약화시킴으로써 자본의 가치증식에 적합한 국내외 환경을 만들어 내는 것을 의미할 것이다. 따라서 장기호황은 경제 외부에서 주어지는 전혀 우연한 사건들에 의해 만들어지는 것은 아니다. 그렇지만 노동자를 착취하여 잉여가치를 생산한 뒤에 이 잉여가치를 실현할 수 없다면 자본가는 헛일을 한 것이 된다. 만델이 강조하듯이 세계시장이 확대되어야만 하는데, 이 필수조건은 경제 내부적인 요인들에 의해 충족될 수가 없다. 다시 말해 만델의 장기파동설은 어쩔 수 없이 우연적인 경제외적인 요인들에 의거하지 않을 수 없다.

만델(Mandel 1992)은 자본주의 발전의 장기파동에 관한 여러 가지 연구들을 섭렵하면서 장기호황과 장기불황을 촉발하는 계기들을 이론적으로 재구성하려고 노력하고 있다.

3
혁신의 장기순환: 슘페터

슘페터(Schumpeter 1939)는 혁신(innovation)이 경제발전의 추진력이라고 말하는데, 혁신은 '생산요소들의 새로운 결합'을 가리키며, 이것은 다음과 같은 다섯 경우를 포괄한다.

> (1) 소비자들이 아직 잘 모르는 새로운 상품의 도입이나 상품의 새로운 질(quality)의 도입. (2) 제조업의 해당분야에서 아직 실제로 테스트받지 않은 새로운 생산방법의 도입. 이 새로운 생산방법은 과학적으로 새로운 발견에 반드시 의거할 필요는 없으며, 그리고 상품을 상업적으로 처분하는 새로운 방법도 포함한다. (3) 새로운 시장의 개척. 새로운 시장은 어느 나라의 특정한 제조업 분야가 이전에 침투하지 않았던 시장인데, 그 시장이 이전에 있었는지 없었는지는 문제가 되지 않는다. (4) 원료 또는 반제품의 새로운 공급원(source of supply)의 정복. 이 공급원이 이전부터 있었는가 또는 처음 발견되었는가는 문제가 되지 않는다. (5) 산업의 조직상의 재편. 예컨대 트러스트의 형성을 통해 독점적 지위를 창조하는 것이나, 독점적 지위를 분쇄하는 것 등이다(Schumpeter 1934: 66).

또한 슘페터는 혁신을 통한 '창조적 파괴(creative destruction)'가 자본주의의 특징이라고 말한다.

> 경제구조를 내부로부터 끊임없이 혁명하며, 낡은 구조를 끊임없이 파괴하고, 새로운 구조를 끊임없이 창조한다. 이 창조적 파괴(creative destruction)의 과정이 자본주의의 필수불가결한 사실이다(Schumpeter 1943: 83).

따라서 슘페터(Schumpeter 1939)는 한 무더기의 혁신이 40~60년의 간격을 두고 탄생하기 때문에 장기순환이 생긴다고 주장한다. 기술혁신이 무더기로 일정한 시차(時差)를 두면서 나타나는 이유에 대해 그는 상품의 수명주기(壽命週期 life cycle)를 강조한다. 즉 어떤 혁신으로 새로운 주도산업이 나타나면 그 산업의 제품에 대한 수요가 증가하기 시작한다. 그러나 일정한 시간이 지나면 그 제품에 대한 수요는 포화상태에 빠져 더 이상의 수요 확대는 불가능하게 되며, 그 주도산업은 사양화(斜陽化)의 길을 걷게 되고 경제 전체는 불황에 빠진다. 이 불황상태에서 기업가들은 새로운 수익성 있는 투자 기회를 찾으려고 노력하게 되는데, 여기에서 한 무더기의 혁신이 다시 나타나며 경제는 장기호황의 국면으로 진입하게 된다는 것이다.

슘페터(1939)에 따르면, 1825년, 1886년, 1935년에 각각 한 무더기의 혁신이 일어났으며 전혀 새로운 산업부문이 탄생했다. 철도, 전기, 자동차가 바로 그것이다. 광대한 신시장이 새로운 산업의 급속한 성장, 제품의 개량, 생산과정의 개선을 가능하게 했으며, 경쟁 · 합리화 · 집적이 새로운 산업의 생산능력을 확대했다. 일정한 시점에 이르자 이 생산능력은 국내시장의 규모를 초과하게 되어 수출시장이 결정적으로 중요하게 되었다. 다른 공업국들도 동일한 과정을 따르기 때문에, 세계시장에서 소수 대기업들 사이의 경쟁은 격화한다. 새로 나타났던 제품에 대한 수요가 포화상태에 가까이 다가감에 따라 대기업들은 이 산업부문에 대한 투자를 축소하고 국제화폐시장이나 자본시장에 투자하게 된다. 독점기업들은 후진국들로 하여금 국제금융시장에서 자금을 빌려 자기들의 과잉상품을 구입하게 한다. 그러나 후진국들은 곧 자금의 차입한도에 부닥치므로 수요는 더 이상 확대되지 않는다. 이에 따라 경제는 불황에 빠지게 된다는 것이다.

결론적으로 말해, 혁신의 장기순환설에 의하면 불황에 빠지는 기본적인 문제는 혁신이 이루어지지 않는다는 것과, 주도산업의 제품에 대한 수요가 포화상태에 빠진다는 것이다. 이 관점에서 보면 1970년 중반 이래의 장기불황은 혁신의 교착상태(膠着狀態) 때문이라는 것이다. 그러나 1970년대 중반 이래 우리는 포드주의를 벗어던지려는 포스트 포드주의(post-Fordism)를 보았으며, 정보통신(IT)산업의 눈부신 발달, 비정규직 노동자의 거대한 팽창, 무역 · 외환 · 자본거래의 자유화, 자본주의적 경제활동의 세계화 등등 엄청난 규모와 범위의 혁신을 보았지만, 경기가 장기호황으로 전환될 기미를 조금도 볼 수가 없다. 점점 더 빈부격차가 심화되고 실업률은 저하하지 않으며 국내총생산도 더 낮은 성장률을 기록하고 있다. 혁신이 장기호황을 일으킨다는 주장이나 혁신이 일정한 주기를 가지면서 일어난다는 주장에는 문제가 있는 것처럼 보인다.

드 메데이로스(de Medeiros 2003)는 시장의 강제(기업간 경쟁, 고객들의 새로운 상품에 대한 욕구)가 끊임없는 혁신을 강요하기 때문에 새로운 기술적 패러다임이 생긴다는 교과서적 가설은 1945년 이후의 미국 상황을 전혀 설명할 수 없다고 주장한다. 또한 그의 증거에 따르면, 혁신이 일정한 시차를 가지면서 계속 일어난다는 슘페터의 이론도 타당하지 않다.

드 메데이로스에 따르면, 미국 정부의 국방부와 군수산업체(Lockheed, General Electric, Boeing, General Dynamics, AT&T 등)와 대학연구기관(MIT, Caltech, Stanford, Harvard, Columbia 등)으로 구성되는 군산학복합체(military-industrial-academic complex)[3]가 소련과의 냉전에서 이기기 위해, 과학의 프론티어를 넓히기 위해, 그리고 세계에서 미국의 헤게모니를 공고히 하기 위해, 과학이 이끄는 혁신과정을 창조했다는 것이다. 미

3 레슬리(Leslie 1993)에 따르면, 군산복합체는 아이젠하워 대통령이 만든 용어이고, 군산학복합체는 상원의원 풀브라이트(W. Fullbright)가 만든 것이라고 한다. 제4장 4-3)을 참조하라.

국의 국방부가 우수한 무기를 제조하기 위해, 대학연구기관과 군수산업체를 지원해 과학적 발명(invention)을 이룩하고, 이 발명을 실용화하는 혁신(innovation)을 달성해 새로운 무기를 만들어 낸다. 그 뒤 산업체의 연구소들이 자기들이 축적한 기술적 능력으로 그 혁신을 상업적으로 개발했다는 것이다. 극소전자(ME)혁명, 정보통신(IT)혁명, 생명공학(Bio)혁명 등 모든 산업혁신의 시기와 기술적 궤도(trajectory)는 국방부의 국방관련프로젝트[4]에 의해 결정되었다고 그는 주장한다.

더욱이 국방부가 비용을 고려하지 않고 자금을 지원하고 구매를 약속하기 때문에, 발명과 혁신에 따르는 불확실성과 상업적 위험이 사라짐으로써 발명과 혁신 과정의 생명주기가 단축되었으며, 따라서 미국의 기술진보 속도는 군비경쟁의 강도에 의해 결정되었다고 한다. 그런데 국방부의 연구개발(R&D)투자는 1960년대부터 감소하기 시작해 1975년에 최저수준에 달했다. 왜냐하면 베트남전쟁과 워터게이트사건의 영향으로 거대한 군사프로젝트에 대한 정치적 지지가 줄어들고 군사프로젝트에 과학자들이 참가하는 것에 대한 비판도 일어났기 때문이다. 그러나 소련과의 군비경쟁을 선언한 레이건 대통령 시기에 국방부의 연구개발투자는 증가해 1985년에 최대수준에 달했다.

미국 전체의 연구개발투자에서 정부와 기업이 차지하는 비율은 1987년에 역전되어 정부가 46.4%인데 기업은 49.6%가 되었고(대학은 1.8%), 1998년에 이르러서는 기업의 비중(65.9%)이 정부의 비중(29.5%)을 크게 앞섰다(대학의 비중은 2.2%). 이리하여 이제는 기업연구소가 스스로 혁신과정을 주도하고 있으며, 기업의 연구개발 노력으로부터 군사적 연구개발로 파급효과(spin-off)가 역전되었다고 한다. 이것이 혁신에서 미국이 일본이나 독일에 비해 크게 앞서지 못하는 이유의 하나가 되고 있다.

4 예컨대 원자탄프로젝트, 대륙간 탄도미사일프로젝트, 아폴로 달 정복프로젝트, 스타워즈프로젝트 등이 그것이며, 2001년 9.11 테러 공격 이후에는 대량살상무기(weapons of mass destruction)를 가진 소수 집단을 처리하는 프로젝트가 크게 주목받고 있다고 한다.

4
조절이론과 사회적 축적구조이론

마르크스주의에서는 토대와 상부구조의 상호관계에 대한 논쟁이 끊임없이 일어났는데, 조절이론(Regulation Theory)과 미국판 조절이론인 사회적 축적구조이론(Social Structure of Accumulation Theory)도[5] 이 논쟁과 관련이 있다. 알튀세르(L. Althusser)는 정통 좌파가 주장한 경제결정론(또는 경제주의)을 비판하면서 경제 · 정치 · 이데올로기의 상대적 자율성과 최종심급에서 경제에 의한 결정을 주장했는데, 조절이론은 알튀세르의 '주체 없는 구조'를 비판하면서 자본주의의 동학을 자본축적과 계급투쟁에 의해 설명하려고 한 것이다. 특히 조절이론은 어떻게 자본주의가 파국에 이르지 않고 장기호황을 유지했는가에 주목하여, 계급투쟁에 의해 만들어진 여러 가지 제도형태들이 자본축적에 안정적으로 지속적으로 기여했다는 점을 강조한다. 이 논의를 연장하면 장기불황은 기존의 제도형태들이 이제 자본축적에 기여하지 못하기 때문에 생기며, 따라서 자본축적을 촉진하는 새로운 제도형태들이 태어나야만 장기불황이 극복된다고 주장하게 된다.

조절이론에 따르면, 축적체제(예: 외연적 축적체제, 내포적 축적체제)가 있고 이 축적체제의 안정성과 지속성을 보장하는 제도들의 집합으로 조절양식이 있다. 이 조절양식은 미국에서 사회적 축적구조로 좀더 구체화

5 사회적 축적구조이론이 조절이론의 한 종류라고 말한 사람은 제솝(Bob Jessop 1990)인데, 코츠(David Kotz 1990)는 "조절이론은 축적과정에 미치는 계급과 다른 갈등의 독자적 효과를 충분히 주목하지 않는 데 반해, 사회적 축적구조이론은 구조적 강제에 충분한 비중을 두지 않는다"고 구별하기도 한다.

되었는데, 고든(David Gordon)은 다음과 같이 사회적 축적구조를 정의한다.

(가) 사회적 축적구조는 자본주의적 축적과정이 조직되는 특수한 제도적 환경을 의미한다. 자본주의적 축적은 구체적인 역사적 구조(즉 요소시장에서 투입요소를 구입하여 재화와 서비스를 생산하며 상품시장에서 생산물을 판매하는 기업) 안에서 이루어진다. 그리고 이 구조는 자본주의적 축적과정에 영향을 주는 다른 구조, 즉 화폐와 신용제도, 국가의 경제개입 양식, 계급갈등의 성격 등으로 둘러싸여 있다. 우리는 이런 제도들의 집합을 사회적 축적구조라고 명명한다. 우리가 장기진동(long swing)을 중시하는 것은 자본주의 경제의 장기진동이 각각 독특한 사회적 축적구조와 결합되어 있다는 가설에 부분적으로 의거한다. 이런 사회적 축적구조들은 계기적인 자본주의 발전단계들을 규정한다(고든 외 1998: 26).

(나) 우리는 자본축적과정에 대한 이런 분석에 의거하여 사회적 축적구조가 자본축적 속도를 어느 때는 촉진하고 어느 때는 억제한다고 주장한다. 사회적 축적구조를 구성하는 제도들이 안정되고 도전을 받지 않고 유연하게 작동하고 있다면, 자본가들은 생산능력을 확대하려는 투자가 안전하다고 느낄 것이다. 그러나 사회적 축적구조가 흔들리기 시작한다면, 즉 계급갈등이나 과거의 자본축적이 그 제도들을 한계에 이르기까지 압박하거나 그 제도들이 정당성을 잃기 시작한다면, 자본가들은 자금을 직접투자보다는 금융투자에 더 투입할 것이다(고든 외 1998: 47).

결국 조절이론이나 사회적 축적구조이론에 따르면, 사회적 축적구조(또는 조절양식)를 이루는 제도형태들이 자본축적에 순기능하는 동안은 장기호황이 오고 제도형태들이 자본축적에 역기능하는 동안은 장기불황이 지배한다. 장기불황으로부터 벗어나기 위해서는 새로운 사회적 축적구조를 구축해야 한다. 이런 의미에서 장기진동(long swing)은 비재생적

표 8-1 한국 경제의 사회적 축적구조

권력관계	1961~87년	1987~97년
국제정치	미국의 반공 요새	탈냉전
자본-노동	병영적 노사관계	대립적 노사관계
국가-자본	국가에 의한 자본의 규율과 육성	재벌의 자율성 증대
국가-시민	권위주의적 군부독재	민주화
국제경제	한 · 미 · 일 삼각무역	대일 · 대미 무역수지의 적자

순환(nonreproductive cycle)이다. 왜냐하면 이윤의 생산과 자본의 축적이 불황 중에 스스로 회복되지 않기 때문이다(Gordon *et al.* 1983).

정성진(2005: 제4장)은 1948~90년의 미국 경제를 사회적 축적구조이론에 의해 분석한 보울즈 외(Bowles *et al.* 1990: 47-79)를 인용하면서 이 이론을 1961~97년의 한국 경제에 적용하고 있다. 보울즈 외는 사회적 축적구조를 네 개의 권력관계(국제정치, 자본-노동, 자본-시민, 국제경제)에서 확립된 제도들로 규정하면서, 장기호황기(1948~68년)에는 이 제도들(국제정치에서는 팍스 아메리카나, 자본-노동에서는 포드주의적 단체협약, 자본-시민에서는 자본이 사회보장을 위해 세금을 많이 내고 시민이 자본주의를 지지한 것, 국제경제에서는 미국의 경제적 우위에 의해 국제경쟁이 제한된 것)이 자본축적에 순기능을 했는데, 1968년 이후에는 위의 사회적 축적구조가 붕괴하면서(다시 말해 팍스 아메리카나가 쇠퇴하고, 자본-노동 간 그리고 자본-시민 간 대결이 강화되고, 국내외 시장에서 일본과 독일을 상대로 국제경쟁이 격화된 것) 미국 경제에 구조적 위기가 생기고 미국 경제가 장기불황에 빠지게 되었다고 주장한다.

그런데 정성진은 한국 경제의 경우에는 1961~87년의 장기호황기에는 표 8-1과 같은 다섯 차원의 제도형태들이 안정적이고 지속적인 자본축적을 가능하게 했는데, 1987년 이후에는 이런 사회적 축적구조가 붕괴함으로써 장기불황에 빠졌다고 한다. 그러면 왜 장기호황을 지탱한 사회적 축적구조가 붕괴하게 되었는가? 정성진은 다음과 같이 말한다.

> 1980년대 말 국가자본주의적 사회적 축적구조의 붕괴는 외부로부터의 충격이 아니라 기존의 사회적 축적구조 그 자체의 모순의 심화로부터 비롯했다. 병영적 노사관계와 국가의 자본 규율 및 육성, 반민주적 정치체제를 골간으로 하는 사회적 축적구조는 1960년대 이후 약 30년 동안 기술차입과 생산요소 투입의 증대에 기초한 고도성장을 촉진하는 사회적 환경으로 작용했다. 그러나 1980년대 말이 되면 그 결과 이뤄진 생산력 발전과 자본주의적 사회관계의 발전이 기존의 사회적 축적구조와 충돌하는 징후들이 나타났다. 급속한 자본주의 발전에 따라 자본주의 사회의 양대 계급인 자본가계급과 노동자계급이 성장하고 이들 간의 대립 투쟁이 격화됐으며, 자본과 국가 간의 갈등도 증대했다. 기술 차입과 생산요소 투입에 기초한 생산력 발전 단계에서는 순기능적으로 작용하던 구래의 사회적 축적구조가 이제는 생산력의 더 이상의 발전(장기호황의 지속 및 기술혁신과 생산성의 향상에 기초한 생산력 발전구조의 고도화)을 저해하는 질곡으로 전화했다. 1987년 6월 항쟁과 7 · 8 · 9월 노동자 대투쟁은 이와 같은 국가자본주의적인 사회적 축적구조와 생산력 발전 간의 모순의 폭발인 동시에, 기존의 사회적 축적구조의 해체를 결정적인 것으로 만든 계기였다(정성진 2005: 136).

계급투쟁이나 자본의 축적과정이 기존의 사회적 축적구조를 더 이상 기능하지 못하게 하기 때문에, 새로운 사회적 축적구조가 만들어질 때까지 불황이 계속된다는 것이다. 정성진은 신자유주의는 새로운 축적구조로서 기능하지 못할 것이라고 단언하면서, 사회민주주의적 사회적 합의가 아니라 '변혁적 대안'을 선택해야 한다고 주장한다. 그러나 이런 논의는 사회적 축적구조이론이나 조절이론이 품고 있는 근본과제—어떻게 자본주의가 파국에 빠지지 않고 계속 유지되어 왔는가를 해명하는 것—를 뛰어넘는 것처럼 보인다.

5
포드주의와 그 이후

1970년대 이후의 장기불황을 설명하면서, 조절이론과 사회적 축적구조 이론은 1945년 이래의 포드주의(Fordism)를 대체하는 새로운 축적체제가 생기지 않았다는 점을 가장 중요한 이유로 내세우고 있다. 그들의 주장을 살펴보자.

1) 포드주의의 성장과 위기

(1) 포드주의의 성장

1945년 이후 자본주의 경제의 고도성장은 포드주의라는 축적체제를 확립하여 생산과 소비의 선순환(善循環 virtuous circle)을 이루어 냄으로써 가능했다고 한다.

포드주의적 생산과정은 테일러주의적 노동편성 원리와 컨베이어 벨트(conveyor belt)에 의한 일관조립공정을 도입해 생산성을 비약적으로 향상시키고 표준화된 상품을 대량생산했다. 노동에 대한 과학적 관리(scientific management)를 내세우는 테일러(Frederick Winslow Taylor 1856~1915)는 노동자의 숙련이 생산과정을 지배하지 못하도록 할 것, 실행을 구상(構想 conception)으로부터 분리할 것, 관리자가 생산과정에 대한 지식을 독점하여 노동과정의 각 단계 및 그 실행방식을 통제할 것을 제안했다. 이것은 노동자의 숙련 · 지식 · 기술을 쇠퇴시켜[6] 노동자를 단순노동인력으로 전락시킴으로써, 단순한 일을 넓은 범위에 걸쳐 행할 수 있도록 하는 것이었다. 또한 관리자가 노동과정에 관한 지식과 과학을 독점함으로써 노동과정에 대한 노동자의 통제를 배제하는 것이었다.

노동자들이 생산과정에서 구상과 실행의 완전한 분리, 노동강도의 강화를 받아들이는 대가로, 노사 쌍방은 단체교섭에 의해 실질임금의 상승을 노동생산성의 향상에 연동시키는 '포드주의적 노사타협'을 이루어 냈다. 한편 정부는 복지국가를 건설하기 위해 거액의 사회복지비를 지출했는데, 이것은 노동자들에게는 간접임금(indirect wages)을 구성했다. 이리하여 실질임금의 상승과 간접임금의 증대는 대량생산된 재화를 구입할 수 있는 유효수요를 형성했다. 그리고 포드주의적으로 생산된 표준화한 상품들이 각 가정을 침투함으로써, 시민들의 소비양식이 규격화되어 대량 소비시장이 형성되었다. 이처럼 포드주의는 생산성 향상→실질임금의 상승→노동자들의 소비수요 증가→생산과 투자의 증가→생산성 향상이라는 축적의 선순환을 그리면서 1945년 이후 1970년까지 자본주의의 황금기를 만들어 내었다.

(2) 포드주의의 위기

포드주의는 1970년대 접어들면서 생산성이 향상되지 않아 수익성 위기를 겪게 되었다. 생산성이 향상되지 않은 이유를 살펴보자.

포드주의에서는 구상과 실행이 분리되어, 소수의 엔지니어나 기능직이 생산성과 품질 향상의 과제를 담당하고 대다수의 노동자는 미숙련노동자로서 단순한 작업을 반복할 뿐이었다. 소수의 기능직 노동자는 복잡하지만 상대적으로 값이 싼 기계를 선호했고 생산직 노동자가 지닌 암묵적 지식(생산활동에서 스스로 얻은 지식)을 동원하지 않았다. 다시 말해 포드주의는 모든 노동자들로 하여금 생산과정에 의식적으로 참여하는 것을

---

6 이것을 deskilling이라고 부른다.

막은 것이다. 또한 단순하고 반복적인 흥미없는 노동, 컨베이어 벨트의 속도에 따라가야 하는 노동강도의 강화, 노동자집단의 위계질서 등은 노동의욕을 저하시키고 무단결근 · 태업 · 파업을 자극했으며 품질을 저하시키고 감독직을 증가시켰다. 더욱이 획일적이고 표준화된 제품의 대량생산은 소비자의 기호(taste) 변동에 빠르게 대응할 수 없었고, 생산물의 다양화는 부품생산과 최종조립 사이의 균형을 이루기 어려워 부품의 과잉이나 부족이 일어났고 부품과 최종생산물을 보관하는 비용도 크게 증가했다.

다음으로 수익성 위기를 살펴보자. 사회보장제도의 확충과 개선은 1945년 이후의 사회적 합의에 따른 것이었으므로 정부가 쉽게 축소할 수 없었고, 이리하여 기업은 높은 조세부담에 허덕이게 되었다. 또한 단체교섭에 의한 임금결정제도가 그대로 유지되면서 실질임금은 인상되었다. 그리고 포드주의의 대량생산은 거대한 수출시장을 요구했는데, 세계시장에서는 경쟁이 치열하여 국내에서처럼 생산비용의 증가를 독점가격의 마크업(mark-up)으로 전가시킬 수 없었다.

2) 포스트 포드주의

(1) 노동의 유연화

경직적인 포드주의에 노동의 유연성(flexibility)을 도입함으로써 생산성을 향상시키려는 전략이 대두했다. 이 노동유연화 전략은 노동시장의 유연화와 노동과정의 유연화라는 두 가지가 있었다.

노동시장의 유연화는 자본주의의 황금기에 노동자들이 단체교섭에 의해 확보한 고용과 임금의 안정성을 제거하는 것이며, 노동시장에 이른바 순수한 시장메커니즘을 적용하려는 것이다. 노동시장에 대한 규제 완화를 통해 정리 · 해고 절차를 더욱 쉽게 하고, 상용(full-time) 정규고용을 줄이는 대신 해고하기 쉬운 단기계약직 · 임시직 · 시간제노동 · 일일고용

등 비정규고용을 확대한다. 또한 매일매일의 노동시간을 고용주가 자유롭게 조정하는 '변형노동시간제', 휴가와 공휴일을 융통성 있게 사용하는 '변형노동일제도', 다양한 형태의 교대근무제, 야간 노동, 여성노동자의 생리휴가의 폐지나 축소 등등도 있다. 그리고 외주 · 하청, 공장 안에 또 다른 작은 공장을 만들어 하청을 주는 '소사장제', 용역회사로부터 파견노동자를 사용하는 것 등도 경제상황과 시장수요의 변동에 따라 고용량을 조정하는 방법이다. 다음으로 임금분야에서는 단체교섭에 의해 결정되던 임금구조가 개인 또는 집단의 능력과 성과에 따른 임금구조로 전환되었고, 임금 인상을 물가상승에 연계시키는 '물가연동제'가 폐지되거나 축소되었다.

다른 한편 노동과정의 유연화는 대량생산방식과 테일러주의적 노동편성방식을 지양하고, 소비자의 기호 변화와 수요량 변화에 대처하기 위해 다품종 소량생산 방식을 채택하며, 직무순환이나 팀작업을 통해 노동자를 다능공(多能工)으로 육성했다.

노동의 유연화 전략은 각 나라마다 그 강조점이 달랐는데, 미국 · 스웨덴 · 일본이 세 가지 유형의 전략을 대표하는 것으로 보인다.

(2) 미국 모델: 신테일러주의(neo-Taylorism)

미국은 GDP에 대한 상품수출의 비율이 10%도 되지 않을 정도로 대규모의 국내시장을 가지고 있으므로, 포드주의적 대량생산체제의 비인간적인 컨베이어 벨트 작업방식을 혁신할 유인이 상대적으로 적었다. 또한 전통적으로 노사관계의 적대적 성격이 상대적으로 강하여, 노동자들은 대부분 세분화된 직무분류하에서 한정된 직무만을 행하는 단능공(單能工)이고 노동자의 배치전환도 거의 일어나지 않았다. 이런 경제 상황과 전통에서는 노동과정의 유연화는 이루어질 수 없었다. 노동과정의 유연화를 위한 정보기술과 극소전자기술은 구상과 실행의 분리를 더욱 철저히 하고 작업현장의 감시를 강화함으로써 '컴퓨터지원 테일러주의(computer-aided

Taylorism)' 의 기술적 토대가 되었다.

미국에서는 노동과정의 유연화는 불가능했으므로 노동시장의 유연화를 통해 수익성 위기를 탈출하려고 시도했다. 레이건(Ronald Reagan, 대통령 재임기간: 1981~88년)이 집권한 1981년에는 심각한 인플레이션과 실업이 동시에 나타났는데, 실업의 구제보다는 인플레이션의 진정에 정책의 우선순위를 두고 긴축적인 통화정책을 실시했다. 이리하여 1982년 12월에는 실업률이 1930년대의 대불황 이후 최고수준인 10.7%에 달해 2,650만 명의 실업자가 생겼다. 이런 상황에서 노동시장의 유연화 전략이 추구되었다.

임금의 유연화에서는 최저임금수준이 인하되었다. 1985년의 최저임금은 그 구매력에서는 1950년대 중반 이래 가장 낮은 수준이었고, 평균임금에 대한 상대적 크기도 1950~60년대의 50%, 1970년대의 45%에서 이제 39%로 떨어졌다. 그리고 실업증대에 따른 노동조합의 교섭력 저하로 노동조합은 임금 인상보다는 노조원의 해고 저지에 주력하게 되었고, 이리하여 임금과 보너스의 동결과 삭감, 작업규칙의 변경을 받아들이는 경우가 크게 증가했다. 또한 고용주들은 산업별 노조가 추구해 온 산업 안 임금의 표준화에 따른 임금의 경직성을 타파하고 임금수준을 각 기업의 사정에 따라 신축적으로 조정하기 위해 교섭구조를 분권화하고 각종의 유연한 임금제도를 도입했다. 예컨대 신입노동자에게는 기존의 노동자보다 낮은 임금체계를 적용하는 이중임금제를 도입하거나, 임금을 이윤이나 기술획득 등 성과에 연계시키는 성과연동제, 기본임금률은 동결하고 일정한 보너스를 1회에 한해 지불하는 정액지불제 등이 확산되었다. 레이건 정부는 실업수당의 삭감을 단행했다. 실업수당에 대한 과세를 높이고 연장급여를 제한한 결과, 1945년 이후의 어느 경기침체기보다 실업수당을 받은 사람이 상대적으로 적었다. 그리고 수입(輸入) 증대로 말미암아 발생한 국내 해당산업의 실업자들에게 지불되던 직업조정보조(trade adjustment assistance; TAA)도 레이건 정부에 의해 자격조건이 제한되고 보조의 크기와 기간이 축소되었다.

고용의 유연화에서는 고용주에 의한 해고의 자유와 노동시간의 변형이 크게 확대되었고, 비자발적인 시간제고용이 크게 증가했으며, 정규직에게 긴 시간외 노동을 강요했다.

미국의 기업가들이 경제위기를 극복하기 위해 노동과정의 경직성과 노동시장의 유연성을 결합한 신테일러주의를 채택한 이유는 무엇인가? 과거의 타성에 의해 작업장 혁신이 어려웠던 점도 있지만, 미국의 노동조합이 취해 온 '실리적 조합주의(business unionism)' 의 한계 때문이었다. 실리적 조합주의는 노동자들의 경영 참여나 생산과정의 민주적 통제보다는 노조가 결성된 부문에서 임금과 관련된 단기적 실리를 추구하는 분배투쟁에 치중해 왔다. 경제가 호황국면에 있고 노동인력이 부족했던 자본주의 황금기에는 노조의 분배투쟁이 파업을 무기로 상당한 실리를 얻을 수 있었다. 그러나 1970년대 이후의 장기불황에서 자본의 수익성 저하와 노동인력의 과잉공급 상태 때문에 실리적 조합주의는 더 이상 힘을 발휘할 수 없었고 노동운동은 거의 마비되었던 것이다.

(3) 스웨덴 모델: 볼보주의

스웨덴의 사회민주당(사민당)은 1932년 이래 1976~82년과 1991~94년을 빼고는 2006년 현재까지 계속 집권하고 있는데, 이처럼 장기간 집권할 수 있었던 것은 노동자계급(블루칼라와 화이트칼라 모두)이 노동조합으로 조직되어 사민당과 연대를 맺었고 사민당이 노동조합의 요구를 정책에 반영했기 때문이다. 스웨덴 사민당 정부는 경제성장을 위해 대기업 편향적인 산업정책과 케인즈주의적 경기안정화정책을 채택하면서, 경제성장의 과실을 조세를 통해 국가로 흡수해 사회보장제도(교육과 의료의 무료, 국민연금, 공공탁아제도, 공공주택 등)를 확대 · 개선했다. 또한 경영자총연맹(SAF)과 생산직 노동조합총연맹(LO) 사이의 중앙단체교섭에 의거한 협력적 노사관계는 순조로운 경제성장을 뒷받침했다. 이리하여 노동시장은 임금과 고용에서 매우 높은 안정성을 가지게 되었다. 따라서 고용주들은 노동과정의 유연화를 통해 생산성 위기와 수익성 위기를 극복하려고 했다(제12장 2를 참조하라).

볼보자동차회사의 칼마(Kalmar)공장에서는 컨베이어 벨트를 폐지하고 개별적으로 통제할 수 있는 자동운반차를 이용해 기계의 리듬에 노동자가 종속되지 않도록 하는 획기적인 기술혁신을 단행했다. 또한 반(半)자율적인 작업팀을 조직하여 직무순환을 실시함으로써 기계고장을 현장에서 수리하고 품질 개선에 성과를 거두었다. 그리고 임금체계도 개별적 직무급 위에 팀 단위의 성과급을 제공해 팀 단위의 연대책임성을 강화했다. 그러나 1977년 볼보회사는 수익성 저하를 이유로 칼마공장의 작업방식을 철회했는데, 작업팀들 사이의 완충재고를 제거하고 일본식 적기생산(just-in-time)시스템을 도입했고, 항만식 조립방식을 폐지하고 작업팀에게 주었던 작업량 · 작업방법 · 작업시간에 관한 일정한 자율권도 빼앗았다. 그 뒤 우데발라(Uddevalla)공장에서는 작업팀에게 최대의 자율권을 주고 모든 노동자들에게 조립에 관한 모든 지식을 배우게 하는 '장인적' 조립생산을 지향했다. 이리하여 이직률이 크게 줄어들었고 생산성과 품질에서도 큰 성과를 거두었다.

그러나 볼보회사의 이런 노동과정의 유연화 전략도 자본의 세계화와 세계시장의 무한경쟁에서 수익성 위기를 극복하지 못했다. 포드자동차회사는 1999년 3월 8일 볼보회사를 인수했다. 결국 일국적 개혁주의 모델이 지니는 한계를 드러낸 것이다. 이리하여 스웨덴에서도 고용주들은 노동시장의 유연성을 저해하는 중앙단체협약(SAF와 LO 사이의)과 연대임금정책(동일 노동에 대한 동일 임금 지불)을 폐지하려고 노력하여 성공을 거두었다.[7]

7 김수행(2005a: 267-273)을 참조하라.

(4) 일본 모델: 도요타주의

1980년대에 들어 일본의 노동과정과 노동시장의 특징들이 일본 기업의 높은 국제경쟁력의 원천으로 인식되면서 서양에서 일본화(Japanisation) 운동이 일어났다. 물론 1990년대 이래의 장기불황은 일본 경제와 사회를 새롭게 평가하는 계기가 되었지만.

일본 기업은 이른바 종신고용제와 연공임금제 등 고용과 임금의 경직성에도 불구하고 어떻게 국제경쟁력을 향상시킬 수 있었을까? 그런데 실증연구에 따르면, 고용의 유연성은 유럽보다 훨씬 높고, 임금의 유연성은 미국보다 훨씬 높은 것으로 밝혀졌다.

고용에서 보면, 종신고용의 관행을 가진 것은 대체로 대기업에 한정되어 있고 중소기업은 해고의 방법을 사용하는데, 일본의 산업 전체에서 중소기업이 회사 수나 고용량에서 압도적으로 큰 비중을 차지한다. 그리고 대기업은 정상적인 생산에 필요한 노동자 수보다 적은 정규노동자(종신고용의 대상)를 고용하며, 따라서 정규노동자는 항상 시간외 노동을 하게 마련이고 일시적인 호황에서는 임시노동자와 파견노동자를 사용한다. 그러므로 종신고용은 일본 노동자의 매우 작은 부분이 누리는 특권이다.

임금에서 보면, 근속연수(年數)에 따라 임금이 올라가는 연공임금제는 1970년대 중반 이후 크게 해체되었다. 나이나 근속연수가 아니라 직무수행능력에 따라 임금을 지급하는 직능급제가 확산되어 임금의 유연성이 증가했다. 더욱이 임시직, 파견직, 시간제 노동, 중소기업의 노동자들이 매우 많기 때문에 임금의 유연성은 사실상 미국보다 높은 것이다.

이처럼 노동시장의 유연성이 서양에 비해 높기 때문에 일본의 국제경쟁력이 서양보다 높은 것은 당연한 일이지만, 도요타주의는 노동과정의 유연성까지 향상시키기 때문에 일본의 국제경쟁력은 더욱 높을 수밖에 없다. 도요타주의의 적기생산(just-in-time)은 '필요한 제품을, 필요한 때에, 필요한 만큼만' 생산함으로써 급격한 수요 변화에 빠르게 대응하는 '다품종 주문형 소량생산' 방식이다. 따라서 당장에 필요하지 않는 부품의 재고를 제거하고[8] 판매되는 속도에 맞춰 제품을 만들어 낸다. 또한 도요타주의에서는 기계고장이나 불량품 발생시에 현장노동자가 직접 라인을 세우고 문제점을 스스로 조사하고 해결하게 한다.

이런 도요타 생산방식은 교육 · 훈련과 직무순환, 소집단활동 등을 통해 육성된 다능공이 있었기 때문에 성공했다. 그러나 다능공화는 엄격한 의미에서 숙련의 상승이 아니라, 불황기의 감량 경영을 위해 더 적은 노동인력에게 몇 개의 직무를 수행하게 함으로써 노동인력의 축소를 노동강도의 강화로 보상하는 방법이었다. 이 결과가 과로사(過勞死)의 빈발로 나타났다.

3) 소결

포드주의가 지닌 노동시장과 노동과정의 경직성을 1970년대 이래의 장기불황의 원인으로 파악하는 조절이론과 사회적 축적구조이론은 아직 새로운 축적체제가 확립되지 않았다고 주장한다. 따라서 지금의 장기불황은 순환적 위기가 아니라 구조적 위기이다. 스웨덴의 볼보주의는 '노동의 인간화'를 추구했다고 판단되지만 실패했고, 미국 · 일본 모델은 노동자계급의 세력이 약할 시기에만 적용될 수 있다는 약점을 지니고 있다. 특히 한국 · 중국 · 인도 등의 후발공업국들이 세계시장에서 경쟁을 격화시키기 때문에, 안정적인 축적체제를 구축하는 것도 쉽지가 않다. 여기에 더 큰 잉여가치를 창조해 수익성을 향상시켜야 하는 선진국 생산부문의 곤경이 있다.

8 도요타자동차회사에 부품을 공급하는 중소기업들은 항상 긴장상태에서 대기하고 있지 않을 수 없다. 중소기업을 지배하고 수탈하는 체제가 성립되어 있지 않으면 이런 관행은 유지될 수 없다.

제9장 세계경제의 위기와 자본의 세계화

1
1974~75년의 세계적 규모의 경제위기와 공황

1970~71년에 선진국들은 경기후퇴를 경험했다가 1972~73년에 대규모의 투기적 호황을 맞았다. 그러나 1973년 10월~1974년 1월 사이에 석유가격이 4배(배럴당 3달러에서 12달러로)나 인상됨으로써, 투기적 호황은 공황으로 급변했으며 1974~75년에는 1929~30년 이후 최대의 세계공황이 나타났다. 다수의 기업과 은행이 도산했고, 산업생산은 절대적으로도 축소했으며, 대규모의 노동자들이 해고되어 실업자의 수가 격증했다. 그 뒤 약간 회복되었다가 1978년 12월~1980년 5월에 석유가격이 다시 2.4배(배럴당 13달러에서 31달러로) 인상됨에 따라 세계경제는 또다시 위기와 불황에 빠지게 되었다.

1) 이윤율의 저하

1974~75년의 공황이 석유가격 폭등 때문이었다고 말하고 있지만, 사실상 유가 폭등은 방아쇠(trigger)의 역할만 했다. 방아쇠를 당기지 않으면 총알이 폭발하지 않지만, 총알을 넣지 않고 아무리 방아쇠를 당겨 봐도 폭발은 일어나지 않는다. 따라서 유가 폭등 이전에 이미 세계경제를 위기에 빠뜨릴 조건들이 성숙하고 있었으며, 유가 폭등으로 방아쇠를 당기자 공황이 폭발한 것이다.

세계 주요 선진국에서는 1973년에 이르기까지 이윤율이 크게 저하했다

표 9-1 이윤율의 추이(1960~73)

(단위: %)

구분	선진국	미국	유럽	일본
산업 전체				
꼭대기[1]	19.4	19.9	20.5	34.8
1973	15.4	13.2	16.0	21.6
1973/꼭대기	0.79	0.66	0.78	0.62
제조업				
꼭대기	29.1	36.4	21.5	52.7
1973	21.9	22.0	15.4	38.8
1973/ 꼭대기	0.75	0.60	0.72	0.74

주 : 1) '꼭대기'란 수익성의 지속적 하락이 발생하기 이전 연도다. 선진국 전체와 미국에서는 1965년이며, 유럽은 1960년이고, 일본은 1970년이다.

출처: 암스트롱 외(1993: 272)

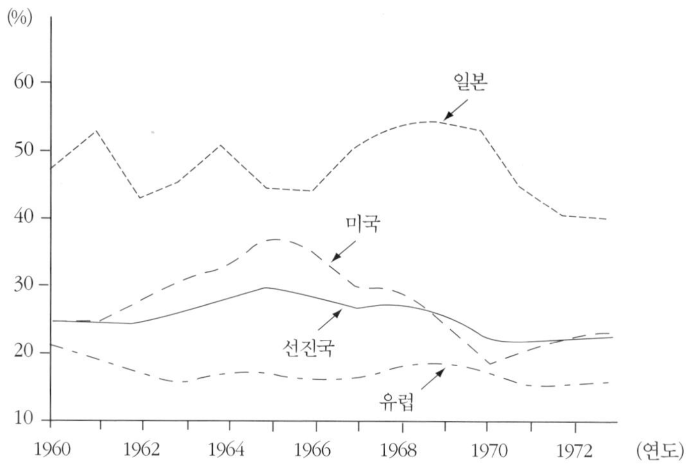

그림 9-1 제조업의 이윤율 (1960~73)

출처: 암스트롱 외(1993: 272)

(표 9-1과 그림 9-1 참조). 미국의 제조업은 1965년에 최고 수준의 이윤율(연간 36.4%)을 나타내었으나 1973년에는 22.0%를 기록함으로써, 그 사이에 이윤율이 40%나 저하했고, 유럽의 경우는 1960~73년에 제조업의 이윤율은 28%나 저하했다.

이런 이윤율의 저하는 여러 가지 요인 때문에 생긴 것이다. 주요산업

(예: 철강 · 자동차 · 조선 · 내구소비재 · 섬유)에서 기술혁신과 신제품개발이 지지부진했기 때문에, 노동생산성의 향상이 정체되고 수요가 포화상태에 빠져 산업설비가 완전히 가동될 수 없었으므로 이윤율이 저하했다. 또한 노동조합의 세력이 강력해져서 임금 인상을 요구할 뿐 아니라 새로운 설비의 도입과 노동방식의 개편에 큰 발언권을 가지게 되었으며, 기업은 노동생산성의 향상과 노동강도의 강화 및 노동자의 해고를 통해 임금 인상을 보상할 수 없었기 때문에, 이윤율은 저하하게 되었다. 더욱이 후진국의 공업화에 따라 세계시장에서 경쟁이 격화됨에 따라, 선진국의 기업들은 임금 인상이나 원자재 가격의 인상을 제품 가격에 전가할 수 없었기 때문에, 이윤율은 저하하게 되었다.

먼저 석유위기 이전에 나타난 주요산업의 문제점을 살펴보자.

선진국의 섬유산업은 1950년 이래 위기를 맞이했는데도 불구하고 보호무역 덕택으로 그 명맥을 유지하고 있었다. 미국과 유럽은 1962년 GATT에서 일본과 후진국으로부터 오는 면제품에 대해 수입수량을 할당한다는 국제면제품 장기협약(Long Term Arrangement)을 체결했고, 1974년에는 면제품뿐 아니라 합섬섬유제품도 포함하는 섬유제품 전체에 대해 수입수량의 할당과 수출국의 자율규제를 요구하는 다자간섬유협약(Multilateral Fibres Arrangement)을 체결했다. 결국 미국과 유럽은 대외경쟁력이 약한 섬유산업을 보호무역과 정부 지원에 의해 유지하려고 했기 때문에, 섬유산업의 이윤율은 낮은 수준에 머물지 않을 수 없었고 섬유산업에 잠겨 있는 자본과 노동이 다른 산업으로 이동할 수 없었던 것이다.

미국과 유럽의 자동차산업도 성장률이 저하하고 있었다. 자동차의 보급률이 점차 높아짐에 따라 시장확대율이 감소했을 뿐 아니라, 배기가스에 의한 대기오염을 제거해야 하고 안전도를 향상시켜야 하며 에너지를 절약해야 할 필요성에 직면했기 때문이다. 더욱이 일본의 자동차산업이 자동차관련산업(예: 철강업 · 기계공업 · 화학공업 · 전자산업)의 발달과 계열화(系列化) 및 일본식 노사관계에 힘입어 수출시장을 급속히 확대함에 따라 미국과 유럽의 자동차산업은 큰 타격을 입지 않을 수 없었다.

조선공업에서도 일본이 세계 전체 진수량(進水量)의 거의 50%(1970년)를 차지함에 따라 미국과 유럽의 조선공업은 큰 타격을 받았다. 또한 어느 정도의 자본과 기술을 가진 후진국들도 노동집약적인 조선공업에 진출할 수 있었기 때문에, 선진국의 조선공업은 후진국의 경쟁에도 부닥쳤다. 그리고 석유위기 이전에는 미국의 베트남전쟁 수행에 필요했던 해상수송이 휴전협상의 진행으로 감축함에 따라 해운업이 축소하지 않을 수 없었고, 석유위기로 석유수송이 감축하자 유조선(tanker)의 큰 부분이 유휴상태에 빠지게 되었다.

석유화학공업은 합성수지(플라스틱) · 합성섬유 · 합성고무 등의 신제품을 개발함으로써 큰 발전을 이룩했으나, 신제품개발이 정체되고 옛날의 소재(素材)를 대체하는 과정이 거의 끝나감에 따라, 석유화학공업의 성장도 둔화되고 있었다. 특히 환경오염(대기오염과 수질오염)을 방지하고 제품의 안전도를 향상시키기 위해, 거대한 설비투자를 해야 했으므로 이윤율은 저하할 수밖에 없었다.

철강산업에서도 기술혁신은 지지부진했다. 호황이 계속되는 동안에는 기존의 생산설비도 일정한 이윤을 올릴 수 있었기 때문에, 그리고 새로운 생산방법의 도입은 대량의 해고 문제를 야기할 수밖에 없었기 때문에, 철강산업은 기존의 생산방법을 고수하게 된 것이다. 이리하여 철강산업은 원자재 사용량이나 에너지 소비량을 크게 절약할 수 없었다. 따라서 최신의 생산방법을 도입하는 새로운 기업이 나타나면 기존의 철강업체는 경쟁에서 살아남을 수 없었다. 가전(家電) 내구소비재(예: 냉장고 · 텔레비전 · 라디오 · 전축 · 전열기 · 세탁기 · 녹음기)에 대한 수요는 그 제품 자체들이 너무나 대중화되어 신제품이 개발되지 않는 한 제품의 수요는 포화상태에 이를 지경이었다.

더욱이 주요산업의 생산설비 가동률도 매우 낮아 생산설비의 과잉을 분명히 나타냈다. 표 9-2에 의하면, 미국 제조업의 생산설비 가동률(조업

표 9-2 미국 제조업의 조업도

(단위: %)

연도	조업률
1966	92 (호황)
1967	78 (불황)
1968	87.7 (호황)
1969	86.5 (호황)
1970	78 (불황)
1971	75 (불황)
1972	78.5 (호황)
1973	83 (호황)
1974	78 (불황)
1975. 3.	65 (불황)
1975. 6.	68.5 (불황)
1975. 12.	73.5 (회복)

출처: Mandel(1978: 26)

도)은 1970~72년에 80%에 미치지 못했으며, 특히 1972~73년의 투기적 활황에서도 79~83%에 머물고 있었다. 이런 생산설비의 과잉상태는 일본의 경우에도 분명히 나타났다.

위와 같이 볼 때, 선진국의 주요 산업은 석유위기 이전에 이미 기본적인 혁신이 필요했던 것이다. 저생산성 · 과잉설비 · 수요감퇴 · 경쟁격화에 부닥쳐 있었기 때문에, 이윤율은 상승할 수 없었고, 따라서 경제 전체는 침체로 빠질 운명에 있었던 것이다. 1970~71년의 경기 후퇴는 이것을 나타낸 것이라고 말할 수 있다.

2) 노동운동의 격화

노동운동이 기업의 이윤 획득에 치명적인 영향을 미치는 것은 사실이다. 파업이 발생하면 공장 전체가 멈추기 때문에, 생산의 중단에서 오는 손실, 설비를 놀리는 것에서 오는 손실, 파업하지 않은 사무직 · 기술직 · 경영직에 대한 보수 지불, 작업이 재개할 때를 대비해 공장을 유지하는 비용 등등 막대한 손실을 기업이 입게 된다. 따라서 상품에 대한 수요가 크고 파업노동자를 대체할 수 있는 실업자가 존재하지 않는 호황기에는, 기업은 대체로 노동조합의 요구를 잘 받아들인다. 그러나 호황기가 지나가 버린 국면에서도 노동조합이 과거의 호황기에 쌓아 올린 투쟁력을 바탕으로 임금인상과 신기술의 도입 지연을 요구하게 되면, 기업의 이윤율은 낮아질 수밖에 없는데, 현실적으로 이런 상황이 1960년대 말과 1970년대 초에 발생한 것이다.

표 9-3에서 보는 바와 같이, 유럽의 선진국들은 1970년을 전후하여 대규모의 파업과 매우 높은 임금상승률을 경험했다. 서독의 경우 1966~67년의 경기 후퇴 이후 정부가 강력한 경기확대정책을 실시했는데, 노동인력의 부족으로 화폐임금과 실질임금(물가상승을 고려한 임금)이 1969~70년에 크게 상승했다. 영국에서는 1969년 겨울 공공부문 노동자들이 파업

표 9-3 유럽의 임금 폭발(1965~70)

구분	파업[1]	화폐임금[2]	실질임금[2]
프랑스			
1965~67	2,569	5.8	2.9
1968~69	76,000[3]	11.0	5.4
독일			
1966~68	147	5.6	3.3
1969~70	171	12.0	9.2
이탈리아			
1966~68	10,761	6.9	4.3
1969~70	29,356	11.3	7.3
영국			
1967~69	4,774	6.9	2.4
1970~71	12,265	12.0	3.9

주: 1) 연간 평균 파업일수(단위: 1000일)
2) 연간 평균 상승률
3) Kendall(1975: 365)의 추계
출처: 암스트롱 외(1993: 284)

을 통해 임금 인상에 성공함으로써 임금수준이 일반적으로 상승했으며, 프랑스에서는 1968년 5월 학생과 노동자들이 학교와 공장을 점거한 이래 임금수준이 대폭 인상되었다. 또한 이탈리아에서는 1969년 가을부터 북부공업지대에서 주변노동자들(이탈리아의 중부와 남부로부터 온 노동자들)이 평등임금을 요구함에 따라 일반적인 임금수준이 인상되었다.

노동운동은 공장 안에서 임금투쟁만을 지도하는 것이 아니라, 사회 전체적으로 사회복지제도의 개선과 확대도 요구했다. 사회복지제도는 소득보조 · 보건 · 교육으로 구별할 수 있는데, 소득보조에는 실업자에 대한 실업수당, 퇴직자 · 고령자에 대한 노후연금, 저소득층에 대한 각종 보조가 포함되어 있다.

표 9-4에서 보는 바와 같이, 정부의 사회복지비 지출이 1970년대 초에 GDP의 20% 정도에 이른 것은, 그 당시 국방비 지출이 GDP의 5~8%에 불과했다는 사실에 비추어 볼 때, 매우 높은 수준이었다. 특히 1960년대 초부터 1970년대 초까지 각국은 사회복지비 지출을 국내총생산의 성장률보다 크게 증가시켰는데, 이것은 그 당시의 정치적 · 사회적 상황 때문이었다. 미국의 존슨(Lyndon Johnson) 대통령(재임기간: 1963~69)은 민권운동과 베트남전 반대운동을 무마하기 위해 '위대한 사회(The Great

표 9-4 정부의 사회복지비 지출

(단위: %)

구분	미국	서독	영국	프랑스	일본
소득보조(A)/GDP	8.0	12.4	7.7	12.4	2.8
A증가율/GDP증가율	1.64	1.09	1.68	1.09	1.42
보건(B)/GDP	3.1	5.5	4.9	5.5	3.5
B증가율/GDP증가율	2.54	2.09	1.42	1.72	1.86
교육(C)/GDP	6.0	4.2	5.6	4.5	3,6
C증가율/GDP증가율	1.30	1.23	1.27	1.02	0.99
합계/GDP	17.1	22.1	18.2	22.4	9.9

주: 1) GDP에 대한 각종 지출의 비율은 1970년대 초의 것임.
2) GDP 증가율에 대한 각종 지출증가율의 비율은 1960년대 초~1970년대 초의 것임.
출처: Ian Gough(1979)

Society)'의 건설을 표방함으로써 복지비 지출을 증가시키지 않을 수 없었고, 다른 선진국들도 체제에 대한 비판이 강화됨에 따라 복지비 지출을 증가시키게 된 것이다. 그러나 일본에서는 계급적 대립보다는 국민적 단결을 강조하는 이데올로기가 지배하고 있었기 때문에, 복지비 지출은 미국과 유럽에 비해 매우 낮았다.

사회복지비 지출의 증가는 여러 가지 측면에서 기업에게 불리하게 작용했다. 첫째로 사회복지비는 세금에 의해 충당되기 때문에, 기업은 많은 세금을 내야 하며, 따라서 확대재생산을 위한 자금이 줄어들었다. 둘째로 보건과 교육에 대한 지출은 사실상 그 대부분이 인건비(의사 · 간호사 · 교사 · 사회복지사에 대한 봉급)이기 때문에, 사회복지비 지출의 증대는 수많은 노동자들을 공공부문에 취업시키는 것을 의미했다. 다시 말해 기업들이 고용할 수 있는 노동인력이 대규모로 공공부문으로 이전함으로써, 기업은 노동인력의 부족과 이에 따른 노동자들의 세력 증대에 시달리게 된 것이다. 셋째로 사회복지제도의 개선과 확충은 노동자에게 일정한 수준의 삶을 보장하기 때문에, 노동자들은 해고의 위협을 크게 느끼지 않아 기업가의 규율에 복종하지 않았다.

물론 정부는 노동운동의 격화에 따른 기업 수익성의 하락을 방지하기 위해 여러 가지 대응책을 강구했다. 영국의 예를 들어 설명해 보자. 1970~74년에 영국의 보수당 정부(수상은 히스 Heath)는 소득정책(incomes policy)을 실시해 임금인상폭을 규제하려 했으며, 노사관계법을 제정해 노동조합의 활동을 규제하려 했고, 재정금융의 긴축정책을 통해 실업을 오히려 창출하려고 했다. 소득정책에서 정부는 1970년에 공공부문(국영기업 포함)의 취업자에게 1969년의 임금상승률보다 1%포인트 낮은 인상률을 강요했는데, 지방자치단체의 공무원 노동조합과 국영 광산의 광부 노동조합의 파업에 의해 이것을 관철시킬 수 없었다.

정부는 노사관계법(Industrial Relations Act)을 제정해 노동조합의 활동을 크게 규제하려고 했다. 클로즈드 숍(closed shop, 노동조합원이 아니면 그 직장에 다닐 수 없다)을 불법화하고, 동정파업을 금지하며, 노동조합이 파업을 결의할 때 정부는 60일간의 냉각기간을 명령할 수 있고, 작업반장(shop steward)의 권리와 의무를 명시해 그 범위를 넘는 행위로 말미암아 기업이 입는 손실을 노동조합이 배상하도록 했다. 노동조합은 이 노사관계법을 처음부터 거부했으며 이것의 폐지를 위해 파업을 일으켰는데, 이 법은 제대로 집행되지 못한 채, 1974년에 집권한 노동당 정부에 의해 폐기되었다.

정부는 제대로 소득정책을 실시하거나 노사관계법을 집행할 수 없었기 때문에, 1971~72년에 긴축정책을 강력히 실시하여 비능률적인 기업들을 도산시키고 실업을 창출함으로써 노동조합의 세력을 약화시키려 했다. 이 긴축정책에 따라 기업들은 합리화 조치를 채택하지 않을 수 없었고, 이리하여 해고가 크게 증가하고 노동생산성이 상당히 향상되었다. 1970~72년에 제조업의 취업자는 6.8% 감소했지만 생산액은 오히려 2% 증가한 것이다. 그러나 정부의 긴축정책에 대해, 노동자는 해고의 발생 때문에 반대했고, 기업들은 상품 판매의 어려움 때문에 반대했는데, 거대기업(예: 롤스 로이스 자동차회사)의 파산상태를 구제하기 위해 정부가 자금을 지원하지 않을 수 없었기 때문에, 정부는 긴축정책을 중단하고 1972년부터 확장정책을 채택하게 되었다.

3) 국제통화제도의 붕괴

1944년에 설립된 국제통화기금(IMF)은 달러의 금 태환성과 고정환율제를 유지함으로써 세계경제의 안정적 성장에 크게 기여했다. 달러의 금 태환성은 미국 화폐인 달러가 세계통화로 역할하는 것을 도왔으며, 고정환율제는 각국 간의 평가절하 경쟁을 막고 각국 정부의 경제운용을 규율했다. 미국 경제가 강력하고 안정적이었기 때문에, 어느 나라가 지나친 경기확장정책을 취한다면 그 나라 통화의 대외가치(달러에 대한 환율)는 기준(고정)환율보다 하락할 것이므로, IMF는 그 나라에게 기준환율에 복귀하도록 명령함으로써 그 나라의 경기확장정책을 수정하게 했다.

그러나 IMF체제는 처음부터 문제점을 안고 있었다. 금의 생산이 국제거래의 증대에 비례해 증가할 수 없었기 때문에, 미국의 달러가 사실상 세계통화로 역할했다. 그런데 미국 경제가 국제경쟁력이 높아 상품과 서비스의 거래에서 계속 흑자를 유지한다면, 세계 각국은 세계통화의 부족을 느끼게 되고, 그 반대로 미국 경제가 국제경쟁력을 잃어 상품과 서비스의 거래에서 계속 적자를 나타낸다면, 세계경제는 세계통화인 달러의 과잉으로 인플레이션을 경험할 뿐 아니라 달러의 가치 하락 때문에 달러를 보유하려고 하지 않을 것이다. 다시 말해 세계통화(달러)의 공급을 증가시키면 세계통화에 대한 신뢰도가 저하하고, 반대로 세계통화에 대한 신뢰도를 유지하면 세계통화가 부족하게 되는 딜레마를 IMF체제는 처음부터 가지고 있었다. 역사적으로 보면, 1945년 이후 1950년대까지는 세계 각국은 달러 부족에 허덕이었고, 1960년대 말부터는 달러 과잉과 달러 가치의 하락으로 피해를 입었던 것이다.

표 9-5에서 보는 것처럼, 미국은 1968~74년 사이에 569억 달러를 해외로 유출시켰다. 좀더 쉽게 이야기하면, 미국은 569억 달러를 조폐기로 찍어 내어 외국에 주고 그만큼의 외국재산(상품 · 주식 · 회사채 · 공장)을 소유하게 된 것이다. 이것은 미국 달러가 세계통화로 역할하기 때문에 얻을 수 있는 막대한 이익이지만, 미국의 국제수지 적자는 달러에 대한 신뢰도를 떨어뜨리고 달러와 달러표시 유가증권을 배척하는 사태가 벌어졌다.

569억 달러의 적자를 항목별로 살펴보자.

상품의 수출과 수입에서 1968~74년 사이에 수입이 수출보다 93억 달러나 더 많았다. 미국산 상품이 타국 상품에 비해 품질과 가격 면에서 우세하지 못했기 때문이다. 상품의 종류에 따라 국제경쟁력이 다를 수 있지만, 미국 기업의 기술적 우위성은 서독과 일본의 기업으로부터 큰 도전을 받았다. 왜냐하면 서독과 일본은 1945년 이후의 부흥과정에서 새로운 기

표 9-5 미국의 국제수지 (1968~74)

(단위: 억 달러)

상품거래	-93
서비스거래	-102
군사거래	-198
정부원조	-167
이자 · 배당 수입	614
경상계정	54
해외직접투자	-422
주식 · 채권 투자	108
정부대출	-111
장기자본계정	-425
경상 · 장기자본 계정	-371
해외 민간달러보유액 증가(단기자본계정 포함)	-225
달러해외유출액	-596

출처: Armstrong *et al.*(1984: 298)

술과 설비를 대량으로 도입했고, 기업의 국제경쟁력을 향상시키는 데 아무런 도움을 주지 않는 군사비의 지출이 상대적으로 적었으며, 패전국이라는 사실이 불러일으키는 국민주의적 경쟁의식이 노동자들에게 유순성과 협동성을 크게 심어 주었기 때문이다.

미국은 서비스 거래에서도 102억 달러의 적자를 나타내었는데, 이것은 관광 · 보험 · 운임 등으로 해외에 더 많이 지급한 것을 가리킨다. 군사거래는 해외에 대한 군사원조가 그 대부분인데, 군사거래의 적자규모가 198억 달러에 달한 것은 주로 베트남전의 수행과 관련이 있었다. 미국이 '세계의 경찰'로서 역할하는 과정에서 막대한 미국 달러가 해외로 유출한 것이다. 정부원조가 167억 달러의 적자를 나타낸 것은 후진국에 대한 경제원조와 군사원조 때문이었다.

경상계정 중 이자 · 배당 수입이 614억 달러에 달한 것은 특기할 만하다. 미국의 개인과 기업이 해외에서 기업을 설치 · 운영하거나 해외기업의 주식을 구매해 배당을 미국에 가져왔든지, 해외에 돈을 빌려주고 이자를 받은 것을 나타내는데, 이렇게 큰 수입을 얻은 것은 미국계 다국적기업과 다국적은행이 유럽을 비롯해 세계 전체에서 활발하게 활동했다는 사실을 반영한다. 그러나 다른 한편에서 보면, 이것은 미국의 개인 · 기업 · 정부가 해외에 장기투자 · 장기대부를 행한 것을 의미하는데, 장기자본계정이 425억 달러의 적자를 나타낸 것과 관련이 있다.

해외직접투자에서는 외국인이 미국에 투자한 것보다 미국인이 해외에 투자한 것이 422억 달러만큼 더욱 커서 그만큼의 달러가 해외로 유출되었고,[1] 주식 · 채권 투자에서는 오히려 외국인이 미국에서 발행된 주식과 채권을 108억 달러만큼 더욱 구매함으로써 그만큼의 달러가 미국으로 유입되었으며, 미국 정부가 국제기구 · 외국정부 · 외국기업에 장기대출한 금액은 111억 달러에 달했다.

이제 경상계정과 장기자본계정을 합계하면 371억 달러의 적자(달러의 유출)가 되는데, 만약 단기자본계정(단기대출 등)의 적자까지 합한다면, 1968~74년 사이에 596억 달러가 해외로 유출된 셈이다. 이런 달러 유출은 달러의 금 태환성을 위협했고, 세계통화로서의 달러에 대한 신뢰도를 저하시켰으며, 이리하여 국제통화제도가 불안정하게 된 것이다.

1971년 8월 15일 닉슨 대통령은 달러를 금으로 바꾸는 집단행동(즉 gold rush)을 종식시키기 위해 달러의 금 태환을 철폐하고, 무역수지를 개선하기 위해 모든 수입품에 대해 10%의 수입관세를 추가로 부과한다고 선언했다. 국제통화제도와 국제무역에 중대한 영향을 미치는 조치였다.

달러의 금 태환성은 외국의 달러 보유자로 하여금 미국 정부에 대해 달러 대신 금을 요구할 수 있게 한 제도인데, 이것은 한 나라의 통화인 달러를 세계통화로 받아들이게 하기 위한 수단이었고, 또한 미국 정부가 달러를 마음대로 찍어 내어 해외자산을 획득하는 것을 막기 위한 수단이었다.

---

1 그러나 그 이후 사정은 달라졌다. 1995~98년의 연평균 해외직접투자액을 대내유입액과 대외유출액으로 구분하면, 미국은 전자가 1,095억 달러, 후자가 1,024억 달러로 후진국과 마찬가지로 유입초과였다. 물론 2002년 말의 해외직접투자 잔액은 미국이 1조 5,725억 달러로 서유럽(2조 7,798억 달러) 다음으로 컸다.

그런데 달러의 금 태환을 공식적으로 철폐한 것(이미 개인에게는 금 태환이 철폐되어 있었고, 이번에는 외국의 중앙은행에게도 금 태환을 철폐했다)은 미국 정부가 아무런 제한 없이 달러를 발행하겠다는 의지를 밝힌 것이기 때문에, 세계통화로서의 달러의 지위는 크게 약화되지 않을 수 없었고, 이에 따라 고정환율제는 사실상 유지될 수 없었다. 마침내 1973년 3월 모든 나라는 변동환율제를 채택하게 되었다.

변동환율제에서는 환율의 변동을 예상한 외환투기가 성행하기 쉽고, 따라서 국제경제 질서가 혼란에 빠지고 국제거래가 안정적으로 증가할 수 없게 된다. 더욱이 변동환율제에서는 정부가 자국 기업의 국제경쟁력을 향상시키기 위해 환율을 정책적으로 조절할 가능성이 생긴다. 예컨대 수출을 증가시키기 위해, 미국 정부는 \$1 = ¥150을 \$1 = ¥100으로 달러의 평가절하(또는 엔의 평가절상)를 도모할 수 있다. 이렇게 되면 일본 상품의 달러 가격이 상승되어 미국인들은 일본 상품을 사지 않으려 할 것이고, 미국 상품의 엔 가격이 저하함으로써 일본인들은 미국 상품을 더욱 구매하려고 할 것이기 때문이다. 이처럼 변동환율제에서는 각국 사이의 환율 마찰이 더욱 크게 될 가능성이 있다.

다른 한편 닉슨 대통령이 추가로 부과한 10%의 수입관세로 말미암아, 각국의 미국에 대한 수출은 큰 타격을 받았다. 각국 대표들은 1971년 12월 워싱턴에 모여 10%의 추가수입관세를 철폐하면서 달러의 가치를 9% 절하시키는 것(즉 금 1온스 = \$35를 \$38로 변경시키는 것)에 합의했다. 그러나 한 번의 달러 평가절하로 미국 제품의 국제경쟁력이 향상될 수 없었기 때문에, 각국 통화 사이의 환율은 안정적일 수 없었고, 결국에는 변동환율제로 이행했던 것이다.

달러의 금 태환성이 붕괴되고, 고정환율제가 변동환율제로 이행함으로써, IMF는 달러가 세계적으로 과잉 유통하는 것과 이에 따른 세계적인 인플레이션을 막을 수 없었고, 각국의 경제정책을 환율의 안정이라는 관점에서 조절할 수 없었다. 이런 환경에서 1973년 10월의 석유위기가 발생해 세계경제가 인플레이션적 경기침체(stagflation)에 빠진 것이다.

4) 1972~73년의 투기적 활황

1970~71년의 경기후퇴를 경험한 각국은 재정금융 확대정책을 실시했다. 더욱이 1972년은 미국의 대통령 선거 연도이어서 재선을 바라는 닉슨 대통령은 경기확장정책을 채택할 수밖에 없었는데, 이에 따른 국제수지 적자를 줄이기 위해 서독과 일본 정부에 대해 마르크와 엔의 평가절상을 요구했다. 서독과 일본 정부는 평가절상에 따른 국제경쟁력의 약화를 피하기 위해, 보유외환(무역흑자에 의해, 그리고 환차익을 노려 들어온 핫머니에 의해, 외환보유고가 크게 증가했다)을 대규모로 빨리 지출하려고 했다. 일본의 경우, 대내적으로는 공공사업의 조기 집행, 금리의 계속적인 인하, 환경 개선을 위한 투자의 증대를 도모했으며, 대외적으로는 해외투자를 적극 장려하고 원자재의 비축을 독려했다.

그런데 생산분야에서는 기술혁신의 부진과 노동조합의 세력 증대로 말미암아 수익성이 낮은 상황에서 재정금융의 팽창정책이 추진되었기 때문에, 이 자금은 생산부문에 투자되지 않고 유통부문에서 투기적 이익을 추구하게 된 것이다. 이자율이 낮고 대출을 손쉽게 얻을 수 있었기 때문에, 가격이 상승하리라고 예상되는 상품(예: 원자재 · 토지 · 건물 · 주식)을 매점함으로써 큰 이익을 얻으려고 했다. 사실상 1972년에 국제유동성이 크게 증가하자, 구리 · 면화 등 공업원료와 밀 · 커피 등 식료품에 대한 매점현상이 발생하고, 이것이 투기를 자극했다. 일본의 경우, 1972년 7월~1973년 3월 사이에 목재 가격은 2.24배 상승했고, 콩은 4.76배, 모사(wool)는 2.08배, 생사(raw silk)는 1.94배, 면사는 1.90배의 가격 상승을 보였다. 도쿄증권시장의 주가지수도 1971년 1월의 148.05에서 1973년 1월에는 422.48까지 폭등했고, 토지가격도 1970년 3월~1973년 3월 사이에 64%나 상승했다.

왜 1차산품(광산물과 농산물)의 가격이 특히 이 시기에 폭등했는가를 공급측과 수요측의 사정을 고려하면서 설명해 보자.

공급측의 사정으로는, 공업원료와 식료품의 생산에 대한 투자가 오랫동안 정체되었다는 사실을 지적할 수 있다. 주요 선진국에서 공업원료의 생산이 정체 또는 감소했는데, 이것은 환경규제의 강화로 설비 확장이 어렵게 되었다는 점, 임금코스트(임금지수를 생산성지수로 나눈 것)의 상승과 인플레이션으로 말미암아 대외경쟁력이 약화되었다는 점, 자원의 품질이 점점 나빠져 채산성이 떨어졌다는 점 때문이었다. 이리하여 주요 선진국의 자원자급률은 표 9-6에서 보는 바와 같이 저하했다. 다른 한편으로 오스트레일리아, 캐나다 및 후진국의 생산도 공업원료와 공업완제품 사이의 교역조건 악화로 확장되지 못했으며, 후진국에 대한 외국투자는 후진국의 정치적 불안정 때문에 확대될 수 없었다.

식료품, 특히 곡물의 생산에서는 세계 최대의 곡물수출국인 미국(미국이 세계의 곡물수출에서 차지하는 비중은 1971년 37.7%, 1973년 47.8%였다)의 사정을 살펴보면 될 것이다. 미국은 다른 밀 생산 · 수출국(캐나다 · 오스트레일리아 · 아르헨티나)과 마찬가지로 경작면적 중 휴경면적을 늘려 생산량을 축소하려고 노력하고 있었다. 왜냐하면 과잉생산으로 밀의 시장가격이 폭락하면, 정부는 밀의 정부공식가격과 시장가격 사이의 차이

표 9-6 주요 선진국과 미국의 자원자급률

(단위: %)

구분	1965년	1970년	1973년
보크사이트	23.4(12.3)	21.1(15.2)	14.0(9.5)
철광석	59.3(69.9)	45.6(72.8)	38.7(64.0)
석탄	114.6(111.5)	99.2(116.9)	97.5(106.3)
동광석	43.7(66.4)	48.2(84.2)	44.5(71.3)
아연광석	75.0(45.1)	81.3(45.0)	65.4(31.8)
석유	48.0(79.8)	41.9(78.8)	38.3(63.5)

주: 1) 자급률은 국내생산량/국내소비량이다.
2) 주요 선진국은 미국 · 영국 · 서독 · 프랑스 · 이탈리아 · 일본 · 캐나다를 가리킨다.
3) ( ) 안의 숫자는 미국의 것이다.

를 보상해야 하기 때문이었다. 이와 같은 상황에서 1972년 세계적인 곡물 흉작이 발생함으로써 곡물가격이 폭등하게 된 것이다.

공업원료와 식료품에 대한 수요측 사정으로는, 세계 각국이 1972~73년에 재정금융 팽창정책을 거의 동시적으로 채택했다는 점을 강조해야 할 것이다. 그런데 1차산품 특히 농산물의 공급은 시간이 걸리기 때문에, 수요의 급격한 증가는 가격을 폭등시킬 수밖에 없었다. 또한 공업원료의 사용자들은 원자재의 재고관리 기술의 발달과 원자재 가격의 저하 경향에 의거해, 원자재의 재고량을 매우 낮은 수준에서 유지하고 있었기 때문에, 원자재 가격이 상승하기 시작하자마자 가격이 더욱 상승하기 전에 원자재를 비축하려고 노력한 것이다. 이런 원자재의 비축 증대와 세계적인 투기에 큰 자극을 준 것은 일본 정부의 보유 달러 감축 계획이었다. 일본 정부는 보유 달러를 감소시켜 평가절상 압력을 회피하기 위해 기업들에게 원자재 구입을 종용한 것이다. 표 9-7에서 보는 바와 같이, 일본은 원

표 9-7 일본의 원자재 수입의존도

(단위: %)

구분	수입량 / 국내소비량	일본수입량 / 선진국 전체 수입량
원유	99.7	15.9
석탄	58.4	41.0
철광석	99.3	42.3
망간광석	84.4	32.3
동광석	94.2	77.1
아연광석	78.5	31.2
납광석	100.0	26.4
보크사이트	100.0	12.3
원모	100.0	22.6
원면	100.0	35.5
밀	94.7	미상
보리	85.4	미상
콩	96.4	미상
설탕	53.9	미상

주: 원유에서 원면까지는 1971년도의 숫자이며, 그 이후는 1972년도의 숫자이다.
출처: Patrick & Rosovsky, eds.(1976: 386)

자재 수입의존도(수입량 / 국내소비량)가 매우 높을 뿐 아니라 세계 최대의 원자재 수입국이기 때문에, 일본 정부의 정책은 원자재 가격을 폭등시키고 원자재에 대한 투기를 강화했다.

위에서 본 것처럼, 1차산품의 공급측과 수요측의 사정에 의해 1차산품에 대한 투기적 수요가 1972~73년에 발생하고 1차산품의 가격이 폭등하게 되었다. 그런데 1차산품의 사용자인 독과점기업들은 이런 가격 폭등을 제품가격에 전가시켰으므로, 전반적인 물가상승 즉 인플레이션이 발생한 것이다. 그러나 재정금융 팽창정책에 의해 신용이 계속 공급되었기 때문에, 투기가 투기를 낳으면서 경기는 투기적 활황을 나타내었다.

5) 유가 폭등의 영향

1973년 10월 이스라엘과 아랍국들 사이에 전쟁이 일어나자, 오펙(OPEC, 석유를 생산 · 수출하는 후진국들의 카르텔)은 이스라엘에 대한 국제적 지원을 감소시키기 위해 석유 수출의 삭감과 특정 나라에 대한 수출 금지(예: 미국에 대한 수출 금지)를 결정했으며, 석유가격을 1973년 10월~1974년 1월 사이에 4배나 인상했다. 이런 석유가격 인상은 세계경제에 어떤 영향을 미쳤는가?

유가 인상이 1974~75년 공황의 근본원인이라고 주장하는 사람들은, 유가 인상에 의해 선진국의 구매력이 오펙으로 이전함으로써 선진국에서는 유효수요의 부족이 발생했고, 이것 때문에 생산이 격감하고 실업이 격증했다고 말한다. 그러나 이 주장은 사실과 매우 다르다.

물론 오펙은 유가 인상에 의해 선진국과 후진국으로부터 대규모의 달러를 흡수했다. 그러나 이 석유달러를 오펙이 자기의 금고 속에 넣어둔 것은 아니다. 야심적인 국내 개발계획을 세워 선진국으로부터 막대한 생산재와 소비재를 수입하는 데 사용했고, 선진국의 주식이나 채권을 매입하는 데 지출했으며, 나머지 잉여외화는 주로 선진국의 은행에 예금한 것이다(표 9-8 참조). 선진국의 은행은 예금으로 받아들인 석유달러를 외환 부족국에 대출하는 업무(즉 석유달러의 환류 recycling)를 담당했다. 후진국이 외채를 대규모로 증가시킬 수 있었던 것은, 선진국의 은행들이 석유달러를 매우 효과적으로 순환시켰기 때문이다.

이렇게 본다면, 유가 인상→구매력이 오펙으로 집중→선진국에 구매력 부족→생산 격감(1974~75년의 공황)이라는 논리는 정확하지 않다. 만약 이 논리가 정확하다면, 선진국에서는 디플레이션(즉 물가 하락)과 생산 격감이 동시에 발생해야 했을 것이다. 그런데 선진국의 금융기관은 유가 인상에 따라 기업의 자금 수요가 증가하자 기업에게 새로운 신용을 제공했던 것이다. 이리하여 선진국에는 인플레이션이 발생하면서 생산이 격감한 것이다. 즉 스태그플레이션(stagflation)이 발생한 것이다.

따라서 유가 인상은 다른 경로를 통해 세계경제에 영향을 미쳤다고 보아야 한다. 첫째로 유가 인상은 석유를 에너지 또는 원료로 사용하는 산업(예: 석유화학공업 · 자동차공업 · 금속제련공업)의 수익성을 악화시킴으로써, 그 산업을 도산시키든지 축소재생산을 강요했다. 또한 유가 인상은 석유절약형 산업을 중심으로 산업 전체가 재편성될 것을 강요했는데, 이 재편과정은 정부의 적극적인 산업정책(industrial policy)이 없는 상황에서는 장기적인 혼란을 수반하지 않을 수 없었다.

둘째로 유가 인상은 석유를 생산하지 않는 나라들의 외환 사정을 크게 악화시킴으로써 세계시장의 규모를 축소시켰다. 그러나 후진국의 수요 감퇴는 1974~75년의 경제위기에는 크게 작용하지 않은 것 같다. 왜냐하

표 9-8 오펙의 잉여외화[1]와 그 처분

(단위: 10억 달러)

구분	1974년	1975년	1976년	1977년	1978년	1979년	1980년
잉여외화	58	38	42	41	23	61	87
처분: 은행예금	30	11	14	13	5	40	41

주: 1) 잉여외화는 수입대금의 지급 · 외채상환 · 기타의 자본거래를 모두 행한 뒤 남은 외화를 말한다.

출처: Johnston(1983: 26)

면 석유 달러의 환류를 선진국 은행들이 잘 조직해 은행단에 의한 차관(syndicated loan)을 신흥공업국(예: 브라질 · 멕시코 · 아르헨티나 · 한국)에 대규모로 제공했기 때문이며, 석유 이외의 1차산품의 가격도 상승해 1차산품을 생산하는 후진국의 외환 사정은 오히려 호전되었기 때문이다.

셋째로 유가 인상에 따른 기업의 자금 수요 증대를 신용 팽창에 의해 지원했기 때문에 인플레이션이 격화하지 않을 수 없었고, 이 인플레이션을 억제하기 위해 각국 정부는 1974년 봄 긴축정책을 채택하게 되었는데, 이 긴축정책으로 말미암아 투기가 몰락하면서 공황이 폭발한 것이다. 공업원료 · 식료품 · 토지 · 건물 · 주식 등에 대한 투기는 산업의 생산 축소와 더불어 실패하지 않을 수 없었는데, 이에 더하여 금융긴축에 의해 자금 조달의 길이 막히자 투기는 대규모로 몰락하게 된 것이다. 투기의 파탄은 상인의 파산뿐 아니라, 상인과 거래를 맺고 있던 은행과 산업의 파산을 동시에 초래했다.

위와 같은 경로를 통해 유가 인상은 산업활동에 혼란을 야기하고 투기를 파탄에 빠뜨림으로써 1974~75년의 공황을 일으킨 것이다.

6) 1974~75년의 공황

1974~75년의 공황은 상업 · 부동산업 · 건설업의 파탄으로부터 시작했다. 또한 석유가격의 급등에 따른 자동차의 수요 격감으로 자동차공업이 타격을 받았으며, 이어서 섬유 · 전기기기 · 건축자재 · 석유화학공업이 타격을 받게 되었다. 철강 · 가구공업은 1974년 여름까지도 공급 부족 상태였으나 곧 공급 과잉이 나타났으며, 석탄 · 석유 · 곡물의 분야는 상당한 기간 공급 부족 상태였다.

1974~75년의 공황에서 각국의 공업생산 저하율은 다음과 같다. 미국의 공업생산은 1973년 11월~75년 4월의 17개월 간 13.8% 저하했고, 서독은 1973년 2월~75년 4월의 26개월 간 12.3%가 저하했으며, 영국은

1973년 10월~75년 5월의 19개월 간 11.0%, 프랑스는 1974년 8월~75년 7월의 11개월 간 14.7%, 그리고 일본은 1973년 12월~75년 2월의 14개월 간 21.4%가 저하했다.[2]

이러한 공업생산 저하율은 1945년 이후 가장 큰 것이었는데, 물가는 여전히 상승하고 있었다는 점에서 그 유례가 없었다. 그러나 자세히 관찰해 보면, 물가가 호황과 불황을 불구하고 상승하는 경향은 이미 1960년대부터 시작했던 것이다. 만약 실업률이 상승하면서도 도매물가가 연간 2% 이상 상승하는 것을 스태그플레이션의 하나의 지표라고 생각한다면, 이러한 스태그플레이션은 영국과 프랑스에서는 1962년부터, 이탈리아에서는 1964년부터, 일본에서는 1966년부터, 미국에서는 1970년부터, 그리고 서독에서는 1971년부터 그 모습을 드러냈던 것이다(長島誠一 1984). 다시 말해 자본의 과잉(이것은 이윤율의 저하와 생산설비 가동률의 저하로 드러난다)과 노동자의 과잉(이것은 실업의 존재와 증가라는 형태를 띤다)이 발생하고 있는 상황에서 물가가 계속 상승하는 스태그플레이션은 1974~75년 경제위기 이전에 이미 있었다. 다만 이번에는 생산저하율 · 생산저하기간 · 인플레이션의 진행속도 등에서 더욱 악화된 형태를 취했다는 점이 다를 뿐이다.

스태그플레이션의 악화를 일으킨 원인은 무엇인가? 경제위기에서도 물가가 상승하는 것은 관리통화제도 아래에서만 가능하다. 경제위기가 닥쳤을 때 정부가 재정금융의 확대정책을 실시한다면, 기업은 상품의 투매나 상품가격의 인하를 통해 자금을 조달해야 할 궁지에 몰리지 않기 때문이다.

스태그플레이션이 악화한 이유를 생산 측면과 인플레이션 측면으로 나누어 고찰해 보자. 생산 측면에서는, 정부의 계속적인 경기부양정책이 기업으로 하여금 생산에 혁신을 도입하는 것을 방해함으로써, 기업의 생산

2 Mandel(1978); 長島誠一(1984) 참조.

효율성이 크게 약화되었다는 점을 지적할 수 있을 것이다. 정부의 지속적인 경기부양정책으로 말미암아 기업은 상품 판매에 큰 어려움을 느끼지 않기 때문에, 비능률적인 생산방법을 폐기하지 않고 노동조직의 개선을 도모하지 않은 것이다. 이리하여 노동생산성은 저하하고 이에 따라 이윤율이 저하하게 되었고, 생산영역의 효율성은 크게 떨어졌다. 이 때문에 1974~74년의 공황에서 생산분야가 크게 붕괴한 것이다.

인플레이션 측면에서 살펴보면, 1974년 봄의 긴축정책으로 다수의 기업이 도산하고 금융기관도 파산위기에 빠지게 되자 정부는 구제금융을 제공하지 않을 수 없었는데, 이것이 인플레이션을 지속시킨 것이다. 또한 석유와 원자재의 가격 상승을 독과점기업들은 제품가격에 전가시킬 수 있었다는 점, 그리고 노동조합은 실질임금의 유지와 인상을 위해 화폐임금의 인상을 관철시킬 수 있었다는 점 등도 인플레이션을 지속시킨 요인이었다.

요약하면, 생산방법을 전반적으로 혁신해야 할 필요가 있었던 시점에서 공황이 폭발했기 때문에 생산은 격감했고, 이런 생산 격감 중에도 산업조직상의 독과점과 노동조합 세력의 강력함 그리고 정부의 구제금융이 상호작용하면서 인플레이션이 진행한 것이다. 그러나 인플레이션은 불황의 계속, 실업의 증대, 그리고 신보수주의의 득세(예: 재정금융 긴축정책의 실시)에 의해 1980년대에는 크게 약화되어 버린다.

1974~75년의 공황이 미친 영향을 각 항목별로 살펴보자.

먼저 실업이 격증했다. 1969~71년의 경기후퇴기에도 선진국 전체로 1,000만 명의 실업자가 있었는데, 1975/76년의 겨울에는 1,700만 명으로 급증했고, 실업자는 좀처럼 감소하지 않았다. 그 이유는 무엇이었던가? 첫째로 기업이 불황을 이겨내려고 새로운 생산방법을 도입해 노동생산성을 향상시키기 때문에 실업은 오히려 증가했다. 예컨대 불황으로 생산규모가 5% 감소하면서 노동생산성이 4% 증가한다면, 취업노동자는 9% 정도 감소하지 않을 수 없다. 둘째로 장기호황 중 노동인력의 부족을 부녀자 · 청소년 · 외국노동자 · 유색인종 등으로 메웠는데, 이들은 노동조합을 결성하지 못하거나 투쟁력이 약해 해고에 대항하지 못하고 대량해고되었기 때문에, 실업자가 급증했다. 셋째로 선진국에서는 섬유 · 신발 · 조선 등의 산업이 후진국의 강력한 경쟁에 부닥쳐 점점 사라지고 있었기 때문에 실업자가 격증한 것이다. 선진국에서는 이런 산업이 정부에 대해 수입규제 등 보호무역정책을 실시하라고 요구했다. 넷째로 정부가 재정위기를 해결하기 위해 복지제도를 축소했기 때문에, 학교 · 병원 · 사회복지부문 등에 고용되어 있던 공공부문 취업자들이 직장을 잃게 되어 실업자가 증가했다.

물론 공식적인 실업통계는 현실의 실업을 과소평가하는 경향이 있다. 선진국의 실업통계는 실업수당을 받는 사람의 숫자다. 따라서 실업수당을 받지 못하는 실업자는 실업통계에 잡히지 않는다. 또한 외국노동자의 본국 송환도 실업통계에 잡히지 않는다. 더욱이 불황에서는 시간제 취업이 증가하고, 학생들의 수학연도가 연장되며, 청소년을 위한 직업훈련이 확대되기 때문에, 불완전취업과 실망실업자가 증가하지만 이것도 실업통계에 포착되지 않는다.

어쨌든 1974~75년의 경제위기는 실업자들을 격증시켰는데, 그 중에서도 부녀자 · 청소년 · 소수인종 등이 가장 큰 타격을 받았으며, 지역적으로는 국제경쟁력이 낮은 산업에 의존하던 지역이 상대적으로 더욱 큰 타격을 받았다.

1974~75년의 경제위기는 세계무역을 축소시켰다. 표 9-9에서 보는 바와 같이, 선진국 전체의 재화와 서비스의 수출은 1975년에는 전년에 비해 실질적으로 1.6%나 감소했다. 세계적으로 국내생산이 축소되고 실업이 증가했으므로 상품 수입이 감소할 수밖에 없었기 때문이며, 석유 이외의 원자재 가격이 공황으로 말미암아 폭락해 원자재 생산국의 수입이 감소했기 때문이고, 각국이 자기 나라의 산업과 일자리를 보호하기 위해 보호무역 조치를 취했기 때문이다.

그러나 이러한 세계무역 규모의 감소는 1930년대의 대불황과 비교하면 매우 작은 것이었다. 그 당시에는 각국이 금본위제로부터 이탈하기 시작했고, 종주국이 식민지와 종속국을 묶어 자급자족적인 경제 블록(bloc)을 형성했으며, 관세 인상 · 평가절하 · 무역통제를 경쟁적으로 실시했기 때문에, 세계무역은 1929년 1월~1933년 6월에 33%나 축소했던 것이다. 이처럼 세계경제의 통일성이 블록화로 해체되었기 때문에, 1929~32년의 세계공황이 사상 최대의 규모에 달한 것이었다.

그런데 1974~75년의 경제위기는 세계경제의 블록화를 야기하지는 않았다. 그 이유의 첫째는 선진국들은 사회주의와 대항해야 할 필요성을 느끼고 있었으므로 상호간의 경쟁이나 갈등의 수준을 조절할 수밖에 없었기 때문이다. 둘째로 세계경제를 지배하는 대기업들은 여러 나라에서 활동하는 다국적기업(multinational corporation)이었으므로, 각국 정부의 보호무역정책이나 각국 정부 사이의 투쟁보다는 선진국들이 타협과 협조로 국제경제 질서를 유지할 것을 강력히 요구했기 때문이다.

표 9-9 재화와 서비스의 수출: 실질증가율

(단위: %)

구분	미국	서독	영국	프랑스	일본
1970	10.5	9.5	5.9	5.2	16.8
1971	5.1	0.9	6.0	7.1	16.8
1972	8.4	9.4	7.0	1.2	16.8
1973	13.8	19.5	10.6	11.6	7.2
1974	9.7	8.9	12.2	7.1	22.7
1975	−1.6	−1.3	−6.1	−3.3	4.0
1976	8.9	3.9	10.7	9.0	19.2
1977	5.2	2.0	4.0	6.5	12.3
1978	6.4	9.4	3.4	1.9	0.0
1979	6.6	8.7	4.7	3.8	4.1
1980	6.8	10.1	5.4	−0.1	18.6
1981	3.6	−1.5	8.1	−1.8	14.7
1982	−2.3	−8.8	3.5	0.9	3.1

출처: IMF, *International Financial Statistics*.

7) 1981~82년의 경제위기

1974~75년의 공황 이후 선진국에서는 1976~78년 사이에 공업생산이 점차 증가하고 물가상승률도 한 자리 숫자로 내려갔다. 그러나 실업률은 매우 높은 수준에 머물고 있었다.

이처럼 경기가 어느 정도 회복 상태로 전환된 이유로는 다음과 같은 요인을 들 수 있을 것이다. 첫째로 오펙 회원국 중 가장 큰 석유생산국인 사우디 아라비아가 석유가격의 인상에 따른 서방경제의 혼란이 일으킬 정치적 결과(예: 선진국에서 좌파 세력의 성장)를 두려워하여 유가 인상에 소극적이었으므로, 석유가격은 1974~78년 사이에 실질적으로 10% 하락했으며, 따라서 1973~74년의 유가 인상이 준 타격들이 다소 완화되었기 때문이다. 둘째로 선진국 은행들이 석유달러를 무역적자국으로 환류시키는 데 성공하여 세계 전체의 구매력을 다소 유지할 수 있었기 때문이다. 셋째로 실업과 도산의 증가를 완화하기 위해 정부가 재정지출을 확대함으로써 생산물의 판로가 어느 정도 확대되었기 때문이다. 넷째로 임금 인상과 물가 인상의 악순환을 단절하기 위해 정부가 노동조합과 경영자총연맹과 협의해 소득정책을 실시하는 경우가 많아졌기 때문이다.

그러나 여전히 생산부문에서는 혁신과 합리화가 대규모로 행해지지 않고 있었다. 정부가 구매력을 유지시켜 생산 · 고용의 격감을 방지하려고 노력하고 있었기 때문에, 과잉설비와 낡은 비능률적인 생산시설은 폐기되지 않았고, 노동강도와 노동생산성의 제고를 억제하는 노동관행은 제거되지 않았다. 다시 말해 1976~78년의 회복과정에서는 새로운 상품, 새로운 시장, 새로운 생산방법, 새로운 기업형태, 새로운 노동조직 등이 도입되지 않았기 때문에, 경기회복은 지속적인 추진력을 가질 수 없었다.

이런 상황에서 1978년 이란의 독재자 샤(Shah) 정권이 무너지고 이슬람교 시아파지도자 호메이니(Ayatollah Khomeini)가 정권을 장악하게 되자, 석유공급의 장래가 불확실해지고 석유가격이 2배나 인상됨으로써 세계경제는 1981~82년에 다시 위기에 빠져 버렸다.

물론 각국 사이에는 회복과정에 차이가 있었다. 일본의 경우, 정부의 적극적인 개입에 의해 불황 카르텔이 형성되어 산업부문별로 과잉설비가 폐기되고 가장 능률적인 기업으로 생산이 집중되었으며, 또한 대기업은 계열화된 중소기업의 제품단가를 대폭 인하함으로써 해외수출시장을 크게 확장시킬 수 있었다. 일본은 혁신과 합리화를 통해 해외시장을 개척했기 때문에 1974~75년의 공황을 성공적으로 극복할 수 있었다(표 9-9를 참조하라). 그러나 이런 성공은 사실상 다른 나라의 시장을 빼앗는 것으로써 다른 나라의 불황을 더욱 심화시켰다. 이에 따라 미국과 유럽은 일본에 대해 수출의 자율규제를 강력히 요구하게 된 것이다.

2
자본의 세계화와 국민국가

1980년대부터 영국과 미국의 신자유주의적 정부는 국내에 대규모의 실업자가 있는 상황에서 취업노동자들의 임금수준을 인하하고 사회보장제도를 축소했기 때문에 국내시장이 크게 축소되었다. 이리하여 노동자로부터 착취한 거대한 잉여가치를 실현하는 문제, 쉽게 말해 잉여가치를 품은 대규모의 생산물을 어떻게 판매하는가의 문제가 긴급한 과제로 등장했고, 또한 국내에 투자처를 찾지 못하는 유휴화폐자본에게 유리한 투자처를 제공해야 하는 문제도 등장했다. 대처(Margaret Thatcher: 수상 재임기간 1979~90)와 레이건(Ronald Reagan: 대통령 재임기간 1981~88)은 이런 문제들을 해결하기 위해 자국의 외환관리규정을 철폐하면서 세계 각국 정부에게도 무역 · 외환 · 자본이동의 자유화를 강요하게 된 것이다. 이제 선진국의 자본(산업자본 · 상업자본 · 금융적 자본)은 세계를 무대로 자유롭게 이동하면서 최고의 이윤을 얻게 된 것인데, 이것을 가리켜 자본의 국제화(internationalisation) 또는 세계화(지구화 globalisation)라고 부른다.

여기에서는 자본의 가치증식과정에 왜 국가(State)가 개입하게 되는가, 그리고 자본의 세계화 과정에 왜 국민국가(nation state)가 개입하게 되는가를 살펴보면서, 자본의 세계화 과정이 과연 국민국가 또는 국가 그 자체를 약화시키거나 소멸시킬 것인가를 전망한다.

1) 자본의 가치증식방법

자본(capital)의 목적은 자기의 가치를 증식시키는 것이다. 100원의 자본은 120원이 되기를 바란다. 따라서 내가 책을 사려고 가지고 있는 100원은 자본이 아니다. 책을 사면 100원은 사라져 버리기 때문이다.

흔히들 자본을 상업자본, 금융적 자본, 산업자본으로 구분하고 있으며, 자본주의 사회의 기본적인 자본형태는 산업자본이라고 한다. 산업자본은 임금노동자를 고용해 상품을 생산 · 판매함으로써 이윤을 얻는 자본이다. 예를 들면 자동차를 생산하는 공장에 투자한 자본이 바로 산업자본이다.

산업자본은 가치를 어떻게 증식시키는가? 다시 말해 어떻게 이윤을 얻는가? 자동차를 생산하기 위해 자본가는 공장을 짓고 기계와 부품을 구입하고 노동자를 고용했는데, 완성품인 자동차의 가치가 물적 투입비용과 인적 투입비용의 합계보다 커야 이윤이 생긴다.

노동자는 자기의 노동을 통해 한편으로는 기계와 부품의 가치를 완성품에 이전시키면서 다른 한편으로는 새로운 가치를 완성품에 추가하고 있다. 이 '새로운 가치'가 국민소득통계에 나오는 부가가치(value added)인데, 이것은 오직 노동자가 창조한 것으로서 임금과 이윤으로 분배된다.

따라서 자동차의 가치 = 공장건물과 기계의 감가상각액 + 부품의 가치 + 부가가치 = 공장건물과 기계의 감가상각액 + 부품의 가치 + 임금 + 이윤. 이윤의 크기는 노동자가 얼마나 큰 부가가치를 생산하는가, 그리고 부가가치 중 임금의 몫이 얼마인가에 달려 있다. 노동자에게 될 수 있는 대로 임금을 적게 주면서 노동생산성을 향상시키고 노동강도를 강화시키려는 이유가 여기에 있는데, 이 때문에 자본가와 노동자는 서로 대립하고 투쟁하게 된다.

만약 자동차를 생산하는 자본가가 다수이며, 자동차의 시장가치는 각각의 자본가가 생산하는 자동차의 개별가치들의 가중평균이라고 한다면, 각각의 자본가는 자동차의 개별가치(= 공장건물과 기계의 감가상각액 + 부품의 가치 + 부가가치)를 시장가치 이하로 감소시킴으로써 초과이윤(= 시장가치 – 개별가치)을 얻으려 할 것이다. 다시 말해 각각의 자본가들은 기술을 혁신하고 노동생산성을 향상시키고 노동강도를 강화함으로써 자동차를 싸게 만들어 시장가치로 판매하면, 그 차이가 초과이윤이 된다.

산업자본의 이윤 획득에는 노동자와의 이해 대립과, 산업자본가들 사이의 이해 대립을 내포하고 있다. 노동자는 새로운 기술의 도입에 따라 해고될 위험에 처해 있으며, 노동생산성의 향상이 이윤뿐 아니라 임금도 증가시킬 것을 바라고 있고, 노동강도의 강화에 따른 과로를 보상할 만큼 임금이 상승하기를 바란다. 노동자들은 노동조합을 만들어 자기의 권리를 주장하고, 자본가들도 경영자 총연맹을 만들어 대항한다. 노동조합과 경영자 총연맹이 끝까지 자기들의 주장을 굽히지 않는다면, 경제는 파탄에 빠질 것이다. 여기에 공권력으로서 국가(the State) 또는 정부가 해야 할 일이 있다. 국가는 자본가계급과 노동자계급 사이의 계급투쟁이 현재의 자본주의 질서를 붕괴시키지 않도록 개입하게 된다. 노동시간, 노동조건, 노동조합의 결성, 단체협약, 파업, 공장폐쇄 등등을 법으로 규정하여, 법 테두리 안에서 노사관계가 유지되게 한다.

산업자본가들 사이의 이해 대립 또는 경쟁은 한편으로는 기술혁신의 가속화, 새로운 상품의 등장, 상품가격의 인하를 낳으며, 다른 한편으로는 생산의 무정부성, 과잉투자, 과잉생산, 경제위기, 공황을 야기한다. 또한 인수와 합병을 통해 독점을 발생시키고, 이 독점체는 하청계열기업이나 소비자의 이익을 희생시킬 수도 있다. 따라서 국가는 공정거래법을 만들어 독점적 조직의 구성, 독점가격, 하청계열기업과의 관계를 규제하게 된다.

상업자본은 상품을 싸게 구입해서 비싸게 판매함으로써 이윤을 얻는다. 공간적으로 그리고 시간적으로 생기는 가격 격차를 이용하여 상인들은 이윤을 챙긴다. 물론 여기에서도 독점가격의 문제가 생기며, 매점 · 매석과 투기의 문제가 크게 대두한다. 우리나라에서는 1988년, 1989년, 1990년에 토지와 아파트 투기가 너무나 심해 주택가격이 각각 13.2%,

14.6%, 21%씩 폭등하여 일반서민들의 주거비용이 대폭 증가했기 때문에, 노태우 정부는 아파트 200만 호 건설계획을 세워 분당 · 산본 · 일산 등 신도시를 건설하게 된 것이다.

금융적 자본은 화폐를 빌려주고 이자를 얻거나, 주식을 구입하여 배당을 받거나, 유가증권을 사고파는 과정에서 투기이득을 얻어 가치를 증식시킨다. 사회의 각계각층이 가진 유휴자금은 금융기관(은행 · 투자신탁 · 증권회사 · 보험회사)을 통해 대출되거나 주식이나 증권에 투자하게 된다. 물론 개인투자자도 있지만 규모면에서는 기관투자자를 따라가지 못한다. 금융기관은 사회의 각계각층으로부터 신뢰를 얻어야 업무를 수행할 수 있기 때문에, 금융기관의 건전성을 감독하는 정부 기구가 있으며, 금융기관이 파산할 경우 예금자를 보호하기 위해 예금보험제도를 실시하고 있다. 물론 정부는 금융기관의 파산이 경제 전체에 미칠 영향을 고려해 긴급 구제금융을 제공하기도 한다.

자본의 목적은 가치증식이기 때문에, 100원이 120원으로 되면 만족하는 것이 아니라 120원을 150원으로 만들기를 원하고 또 150원을 180원으로 만들기를 원한다. 자본의 가치증식욕은 무한하며, 따라서 가치증식 활동에 따라 발생하는 여러 가지 경제적 · 사회적 문제들을 해결하기 위해 공권력으로서 국가가 경제에 개입하게 된다.

2) 자본이 국경을 넘는다: 자본의 국제화와 세계화

상업자본이든, 산업자본이든, 금융적 자본이든, 가치증식의 더욱 큰 기회가 있다면 세계 어디든 찾아갈 것이다. 그러나 세계가 여러 나라(country)로 분할되어 있고 각 나라에서 국민국가(nation state)가 주권을 행사하고 있는 상황에서는, 자본이 타국과 거래하는 것은 쉽지 않다. 자국 정부와 타국 정부의 허가를 받아야 하기 때문이다.

자동차를 타국에 팔면 큰 이익을 얻을 수 있더라도, 자기 나라의 국가 또는 정부가 자동차의 수출을 허가하지 않으면 수출할 수 없고, 거꾸로 타국의 국가 또는 정부가 자동차의 수입을 금지하면 수출할 수 없다. 우리나라의 정부는 1997년 말까지는 외국 자동차의 수입에 높은 관세를 붙여 사실상 수입을 제한했지만, 외환위기를 극복하는 과정에서 미국 정부와 일본 정부의 압력을 받아 자동차에 대한 수입관세를 낮추면서 시장을 개방했다.

그런데 기술이 발달함으로써 비용을 최소화하는 최적생산규모가 점점 더 증가하고 있으므로, 기업들은 규모의 경제를 얻기 위해 상품을 해외로 수출하게 되었다. 물론 후진국이 유치산업을 보호 · 육성하기 위해서는 당분간 무역장벽을 쳐야 할 것이지만, 선진국이 외교력이나 군사력으로 무역장벽의 철폐를 요구하는 경우도 생긴다.

금융적 자본의 대외투자에 대해서는 선진국의 정부들도 오랫동안 규제했다. 국내에 투자하게 함으로써 국내의 생산과 고용을 유지하려고 한 것이다. 영국에서는 1979년 대처가 수상이 되면서 외환관리규정을 철폐함으로써 영국의 금융적 자본이 자유롭게 해외로 진출했다. 우리나라에서도 1997년 말의 외환위기 이전에는 외국인의 주식소유가 좁은 범위로 제한되어 있었고 단기채권시장에는 외국인이 참가하지 못하게 되어 있었으나, 그 뒤 외자유치 명목으로 규제가 거의 해제되었다.

해외에 공장을 짓고 상품을 생산하는 것은 후진국의 경우 수출자유지역을 지정하여 해외투자자를 특별히 우대함으로써 큰 진전을 보았다. 선진국의 경우에도 대규모의 실업자를 해소하기 위해 해외의 투자자에게 공장부지와 세금에서 혜택을 주었다. 우리나라의 경우 신발류와 의류 등을 생산하는 경공업들은 국내의 높은 임금수준을 견디지 못해 중국과 동남아로 크게 이전했으나, 우리나라에서는 라틴 아메리카와는 달리 외국기업들이 국내에서 많은 공장들을 건설하지는 않았다. 그러나 외환위기 이후 우리나라의 건실한 기업들이 단기적인 현금 부족으로 말미암아 헐값으로 외국인에게 매각되는 경우가 많아져, 외국인이 지배하는 국내기업이 많아졌다. 대외직접투자의 경우 1930년대 이전에는 주로 선진국 기업이 후진국의 광업에 투자했지만, 1945년 이후에는 주로 선진국 기업이 다른 선진국에서 공산품을 생산 · 판매하기 위해 투자했는데, 1980년대 이후 중국 시장을 개척하고 중국의 싼 노동력을 이용하기 위한 대외직접투자가 크게 증가하고 있다.

상업자본, 산업자본, 금융적 자본이 대규모로 세계 각국을 침투하기 시작한 것은 1980년대 이후 계속된 세계경제의 장기불황 때문이었다. 또한 정보통신기술의 혁명이 장소와 시간상의 차이를 크게 축소시켰기 때문이다. 선진국의 상업자본가들은 불황으로 자국 시장이 축소하자 해외시장을 개척하기 시작하여 세계시장에서 '무한경쟁'을 일으켰다. 산업자본가들은 공정의 분할이나 제품의 차별화를 통해 세계 각국에 걸쳐 기업 안 분업을 실시했는데, 이것은 값싸고 양질의 노동력을 이용하기 위해 그리고 판매시장을 확보하기 위해 취한 전략이었다. 특히 금융적 자본은 정보기술혁명에 따라 세계의 주요 증권거래소가 매우 긴밀하게 연결되고, 금융자산의 증권화가 대폭 진전했기 때문에, 증권의 국제적 매매를 통한 투기이득의 추구에 열중하게 되었다. 이른바 카지노 자본주의(casino capitalism)라고 부를 정도로 증권거래가 활발한데, 이것은 은행대출을 통해 자금을 조달하는 일본과 독일의 은행 중심의 금융제도보다는 증권시장을 통해 자금을 조달하는 영국과 미국의 금융제도에서 더욱 활발했다.

3) 국제기구와 국민국가

선진국의 자본은 세계 각국이 무역을 자유화하고 외환규제를 철폐하며 자본이동을 자유화하면 할수록 더욱 큰 이득을 얻을 수 있었다. 이런 선진국 자본의 요구를 받아들여 국제기구인 IMF와 GATT는 각국에게 무역 · 외환 · 자본이동의 자유화를 강요했으며, GATT는 우루과이 라운드의 종결(농산물 무역의 자유화)과 더불어 1995년에 세계무역기구(WTO)로 발전했다.

IMF는 각국 정부가 출자한 국제기구로서 출자액에 따라 투표권을 가지는데, 미국 정부는 거부권을 행사할 수 있는 15% 이상의 투표권을 가지므로 사실상 IMF를 지배하고 있다. IMF의 결정은 각국 정부를 구속하는 국제협약과 같으므로 개별국가의 주권을 제한한다. 다시 말해 국제기구는 국제적인 국가기구로서 기능하고 있다. 그런데 IMF는 후진국의 외채위기나 외환위기에서 채권국이나 채권금융기관의 이익을 지나치게 보호함으로써 선진국의 금융기관이 무리하게 후진국에 대출하는 것(선진국 금융기관의 도덕적 해이)을 막지 못한다는 비판을 받고 있다. 또한 IMF는 후진국에 구제금융을 제공하는 대가로 흔히들 재정금융의 긴축정책을 강요하는데, 이 정책은 사실상 국민들의 허리띠를 졸라매어 대외부채를 갚게 하는 정책에 지나지 않는다. IMF에서 선진국들은 누구를 회장으로 선출할까를 둘러싸고 신경전을 벌이고, 후진국들은 IMF의 정책에 불만을 품고 있는 상황을 감안할 때, IMF는 결코 모든 국민국가들을 만족시키는 국제기구는 아니다.

WTO는 각 회원국 사이의 평등을 기본으로 삼고 있지만, 선진국들은 민주적인 다수결 투표보다는 합의(consensus)를 선호하면서 후진국들의 애로사항에 대해서는 합의해 주지 않는다. 다시 말해 선진국의 교섭력이 상대적으로 크기 때문에 후진국의 이익을 옹호하기가 어렵다. 세계 각국을 넘나드는 국제화한 자본은 각국의 제도가 동일하다면 활동에 매우 편리할 뿐 아니라 경쟁조건이 같기 때문에 어느 나라에나 정착할 수 있을 것이다. 따라서 WTO는 노사관계, 공정거래, 환경보호, 회계양식, 사회보장 등등에서 국제적인 규약을 제정하기 위해 노력하고 있다. 예컨대 블루라운드(blue round), 경쟁라운드(competition round), 환경라운드(green round) 등이 그것이다. 그런데 미국 등 패권국가들이 자국의 이익을 위해 공평무사한 합의를 반대하기 때문에, WTO도 모든 국민국가들의 이익을 조화할 수 있는 국제기구가 되지 못한다.

자본의 세계적 확장과 더불어 지역경제통합이 진행되고 있다. 유럽연합(EU)과 북미자유무역연합(NAFTA)이 그것이다. 이런 지역통합은 세계화를 저지하는 블록화가 아니라 세계화를 촉진하기 위한 디딤돌의 역할을 하고 있다고 보아야 할 것이다. 다시 말해 세계 전체를 한꺼번에 하나의 통합체로 조직할 수 없는 상황에서 지리(地理)나 상호관계에서 가까운 나라들끼리 미리 통합을 시도하는 것이다. 유럽연합의 경우 이미 유럽중앙은행(ECB)이 설립되어 단일화폐(유로)가 등장함으로써 경제적 통합은 상당히 진행되고 있다. 그러나 영국 · 덴마크 · 스웨덴 등은 아직 단일화폐를 채택하지 않고 있는데, 그 주된 이유 중의 하나는 오히려 정치적인 문제다. 유럽연합에는 유럽각료회의, 유럽집행위원회, 유럽의회가 있고, 유럽각료회의의 정책결정이 회원국을 구속하는데, 이렇게 결정된 정책이 각국 의회나 정부의 정책과 반대되는 경우, 각국 정부는 어떻게 해야 하는가를 고민하지 않을 수 없기 때문이다. 결국 유럽연합이라는 국제적인 국가기구가 각 국민국가와 대립할 가능성은 항상 있으며, 따라서 어떤 계기로 유럽연합이 갑자기 붕괴할 가능성도 배제할 수 없다.

4) 자본의 세계화는 국민국가의 힘을 약화시키는가?

자본이 세계로 자유롭게 진출함에 따라, 자본이동을 규제하던 시대에 비해 국민국가의 경제정책이 큰 제약을 받고 있다. 첫째로 사회보장제도를 유지하거나 개선하기 위해 고소득층(개인이나 기업)에게 높은 세금을 물리면, 자본은 세금을 내지 않는 또는 세율이 매우 낮은 나라로 영업기반을 실제로 또는 서류상으로 옮겨 버린다. 국민국가의 과세주권(課稅主權)이 큰 제약을 받게 된 것이다. 국민들이 사회보장제도의 개선을 요구하는 경우, 국민국가는 재정수입의 확충을 위해 무엇을 해야 할 것인가가 큰 문제로 등장하고 있다.

둘째로 실업을 감소시키기 위해 이자율을 내려 투자를 촉진하려고 하면, 높은 이자를 얻으려는 금융적 자본은 화폐자본을 타국에 대부하기 때문에 국내에는 자금이 부족하게 된다. 따라서 정부가 이자율의 인하를 통해 실업을 감축하기가 어려워진다. 물론 이자율의 인하가 증권가격을 상승시켜 해외로부터 금융적 자본의 유입을 증가시킬 수도 있을 것이지만, 이런 유입은 자국통화의 대외가치를 높여 수출을 저해하고 수입을 촉진할 수도 있다.

셋째로 자본이 타국으로 유출하는 것을 막고 해외자본을 유치하기 위해서는 자본에게 여러 가지 특혜를 제공해야 하는데, 이 특혜는 타국에 비해 더욱 유리해야 하기 때문에 점점 더 커지게 된다. 각 국민국가는 이런 경쟁적인 특혜 제공이 타국을 빈곤하게 만들면서 동시에 자기 나라도 빈곤하게 만드는 것임을 느끼게 되었다. 멕시코 정부는 미국과의 국경지대에 수출자유지역을 설치했는데, 미국의 기업들이 거기에서 싼 임금과 싼 환경보호비용을 이용해 제품들을 생산한 뒤 미국 시장으로 수출하기 때문에, 미국 안의 기업들은 타격을 받고 있으며 따라서 이들은 미국의 노동자들에게 '임금의 하향평준화'를 요구하며 미국 정부에게 환경보호기준의 완화를 요구하고 있다.

넷째로 어떤 나라가 호경기를 계속하리라고 해외투자자들이 예상하면, 그 나라로 대규모의 자금이 대출이나 증권투자의 형태로 몰려들지만, 그 나라의 경제에 불안요소가 생기면 자금이 대규모로 갑자기 유출하기 때문에, 그 나라는 외환위기와 금융위기에 빠지지 않을 수 없다. 거액의 외환보유고를 지니고 있으면 외환위기를 피할 수 있다는 사고방식은 매우 유치하다. 언제 일어날지 모르는 외환위기에 대처하기 위해 거액의 외환을 미국의 재무부증권(Treasury Bill, 매우 안전하고 곧 현금으로 전환할 수 있지만 이자율은 매우 낮다)에 투자하거나 아무런 이자를 얻을 수 없는 현금형태로 지니고 있는 것은 엄청난 낭비다. 1995년의 멕시코 페소화 위기, 1997년의 타일랜드 · 홍콩 · 한국의 외환위기, 1998년의 브라질 · 러시아의 외환위기, 2002년의 아르헨티나의 금융위기 등등은 모두 자본자유화의 문제점을 보여 준 예들이다.

다섯째로 금융적 자본의 특성이 산업자본에게 자금을 제공하여 이자나 배당을 받는 것에서부터 증권가격의 변동이나 환율의 변동에서 얻는 투기이득을 노리는 것으로 변화했기 때문에, 증권가격이나 환율은 매우 불안정하게 등락하고 세계금융시장의 위기, 나아가서 세계경제의 위기를 항상 걱정하게 되었다. 이런 상황은 자본 모두에게도 해로우며 각국의 모든 국민에게도 해로운 것이다.

자본의 세계화 과정은 확실히 국민국가의 경제정책을 약화시키고 있다. 그렇다고 국민국가가 필요없게 된 것은 아니다. 왜냐하면 자본이 스스로 해결할 수 없는 온갖 문제들이 생겨나고 있기 때문이다. 국민들이 실업의 해소를 요구하고 사회보장제도의 개선을 요구하며, 산업기업과 금융기업 등 모든 기업들이 이자율 · 환율 · 증권가격의 폭락과 폭등, 그리고 각종의 경제위기와 공황을 제거할 것을 요구하고 있기 때문이다. 이러한 문제들은 자본들의 자율적인 행동에 의해 생기는 것이기 때문에 국민국가, 그리고 국민국가를 통해 국제기구가 해결할 수밖에 없다. 물론 세계 전체의 정치적 · 경제적 · 문화적 문제들을 자유와 평등과 우애의 원칙 아래에서 해결할 수 있는 세계정부가 생긴다면, 자본뿐 아니라 모든 국민들도 만족할 것이지만, 아직 국민국가 단위에서 자유와 평등과 우애의 원칙이 확립되지 않는 상황에서 세계 전체가 그렇게 되리라고 기대하기는 어렵다.

5) 소결

1974~75년에 세계공황이 발발한 이후 각국 정부는 불황을 극복하기 위해 신자유주의정책을 실시했다. 노동시장의 유연화라는 기치 아래 비정규직을 양산하며 변형근로제를 실시하고 노동자의 임금수준을 억압하며 노동조합의 권리를 제한했고, 기업활동에 관한 온갖 규제를 철폐하고 법인세를 인하했으며, 국영기업이나 공익사업을 민영화했고, 사회보장제도를 축소했다. 정부의 개입은 줄이면서 시장에 맡긴다는 원칙 아래 실시한

신자유주의 정책은 자본으로 하여금 세계로 진출하게 독려한 셈이다. 국내시장이 점점 더 축소되기 때문에 어쩔 수 없었던 측면도 있고, 자본이동에 관한 규제를 철폐했기 때문에 국제금융시장에 자유롭게 참가할 수 있었던 측면도 있다. 우리가 기억해야 할 것은 국민국가의 불황극복 정책이 자본의 세계화 과정을 촉구했다는 점이다.

그런데 산업자본이 세계시장에서 경쟁력 1위를 유지하여 시장점유율을 확대하는 것은 그렇게 쉬운 일은 아니다. 세계 최고수준의 기술을 계속 개발할 수도 없고, 그렇다고 자기 나라 정부에게 법인세를 더욱 인하하라고 요구하거나 지원금을 점점 더 많이 달라고 요구할 수도 없다. 다시 말해 국제경쟁력의 향상을 통해 세계시장 점유율을 확대함으로써 국민소득을 증가시키고 국내의 실업을 해소하겠다는 국민국가의 정책은 결코 성공할 수 없는 것이다. 이런 형식의 국제경쟁력 향상 운동은 세계시장에서 무한경쟁을 야기하고 세계시장 전체를 오히려 축소하는 경향을 낳았으며, 또한 새로운 상품의 생명주기를 단축함으로써 자본의 이윤율을 저하시키는 경향을 낳았다(제12장 2를 참조하라).

금융적 자본의 경우도 마찬가지의 딜레마에 빠졌다. 유리한 투자대상을 찾아 세계를 돌아다니면서 투기이득을 크게 얻었지만, 모두가 투기꾼이 되는 바람에 세계금융시장의 불안정성이 증대하고 계속 금융위기가 생기고 있다.

이제 자본의 세계화 과정은 노동자를 포함한 모든 국민에게 주는 영향뿐 아니라 자본의 가치증식에 주는 영향이라는 측면에서도 국민국가의 규제를 받지 않을 수 없게 되었다. 국민들은 국가를 통해 자기들의 요구를 충족시킬 수 없었다는 점에서 자본의 세계화 과정은 민주주의의 원리를 파괴한다고 말한다. 그러나 지금은 각 국민국가나 IMF와 BIS(국제결제은행) 같은 국제기구도 자본이동을 규제해야 할 필요성을 강조하고 있다. 결국 자본의 세계화 과정은 국민국가를 소멸시키지 않으며, 국민국가와 국제기구의 보호를 받으면서 진행될 것이다.

제 10 장

불황극복정책인 신자유주의의 파탄

1973년 10월의 제1차 석유위기를 계기로 폭발한 1974~75년의 세계적인 공황과 그 뒤를 이은 장기불황은 1929년의 공황과 그 뒤를 이은 1930년대의 대불황만큼 강력한 것이었고, 자본주의의 정치 · 경제 · 사회를 근본적으로 변혁했다. 이른바 신자유주의(neo-liberalism) 또는 신보수주의(neo-conservatism)의 등장이 그것인데, 이 사상조류와 정부정책은 1945년 이래의 '사회적 합의' 또는 일반적인 상식—완전고용의 유지, 복지국가의 건설, 정부의 경제개입, 노동조합의 보호—을 완전히 타파하는 것이었다. 이제 다시 시장만능주의와 개인주의가 자본주의를 지배하게 되었다. 이렇게 보면 자유주의는 역사적으로 한 바퀴의 순환을 마치는 것처럼 보인다. 케인즈(J.M. Keynes)가 자유방임(laissez-faire)을 외치던 자유주의를 비판할 때, 그는 정부의 경제적 개입이 개인의 자유를 더욱 잘 보호하고 확충할 수 있다고 주장하면서 '낡은 자유주의'를 버리고 '새로운 자유주의(new liberalism)'를 채택할 것을 호소했다(Keynes 1926). 그런데 이제 다시 정부의 경제적 개입을 제거해야 개인의 자유가 더욱 잘 보호되고 확충될 수 있다는 신자유주의가 등장한 것이다.

신자유주의와 신보수주의는 거의 동일한 의미로 사용되지만, 그들 사이의 차이점을 '극단적인 경우'에서 발견한다면, (신)자유주의의 대표자인 하이에크(Friedrich August von Hayek 1899~1992. 비엔나에서 태어났고 1938년 영국 시민으로 귀화했다)는 은행권의 발행과 관리까지도 개별 민간은행에게 맡길 것을 요구하지만, 신보수주의는 시장의 효율성과 공정성을 달성하기 위해서는 '작지만 강력한 정부'가 필요하다고 생각한다.

신보수주의가 가장 먼저 공황과 불황의 극복책으로 등장한 나라는 영국이었다.[1] 1974~79년의 노동당 정부는 불황을 극복하기 위해서는 자본가들의 수익성을 회복시켜야 한다는 신념 아래 노동조합과 사회협약(social compact)을 맺어 매년의 임금 인상 상한선을 정책적으로 결정함으로써 사실상 실질임금 수준을 인하했고 복지제도의 축소를 시도했다. 그러나 그 때까지도 노동조합의 전투성이 상당히 강력해서 노동당 정부는 노동자들을 희생시켜 경기를 회복시키려는 정책을 끝까지 추구할 수 없었다.[2] 그러나 1979~97년의 18년 동안 집권한 보수당(대처가 1979년 5월, 1983년 6월, 1987년 6월의 총선에서 승리했고, 메이저가 1992년 4월의 총선에서 승리했다)은 노동조합의 세력을 완전히 진압했으며 공기업을 거의 대부분 사유화했고 사회보장제도에도 시장의 요소를 많이 도입했으며 대외정책에서는 패권주의적 경향을 상당히 드러내었다.

보수당의 온갖 반노동자적 · 반민중적 정책에도 불구하고 또는 그런 정책 때문에, 경기는 회복되지 않았고 실업률은 10% 수준에 머물고 빈곤에 지친 소수인종들은 도시에서 폭동을 계속 일으켰다. 18년 동안 신자유주의 아래에서 야당으로 지낸 노동당(당수: 블레어)이 1997년 5월의 총선에서 승리했을 때, 이미 노동당은 사회민주주의를 추구한 그 이전의 노동당(Old Labour)이 아니라 사회민주주의와 신자유주의 사이의 중간(이른바 제3의 길)을 추구하는 새로운 노동당(New Labour)이었다.[3] 블레어(Tony Blair)가 이끄는 노동당은 2001년 6월의 총선과 2005년 5월의 총선에서

1 물론 사회보장제도가 상대적으로 발달하지 않은 미국에서는 계속 자유주의나 신자유주의가 지배하고 있었다.

2 노동당은 1900년 노동조합이 만든 정당인데, 그 근본 정강(政綱)은 자본주의 아래에서 노동자들의 복지를 최대한도로 확대하는 것이다. 이른바 사회민주주의(social democracy)를 추구한다.

3 영국과 독일 및 프랑스의 제3의 길에 관해서는 김수행 외(2006)를 참조하라.

도 이겼지만, 제3의 길(The Third Way)을 충실히 따르고 있으며, 미국의 침략전쟁에 동조하여 이라크에 파병함으로써 2005년 5월의 총선에서는 국회의 다수의석이 101석이나 줄었다.

유럽의 다른 나라들에서도 여러 가지 형태로 신자유주의에 대한 민중의 반대가 표출되었다. 영국의 블레어와 함께 제3의 길의 전도사였던 독일의 슈뢰더 수상의 사민당은 2005년 9월의 총선에서 기민당/기사연보다 네 석이 적은 의석을 얻음으로써 기민당/기사연-사민당의 대연정(大聯政)에 하위 파트너로 참가할 수밖에 없었다. 프랑스에서는 2002년 4월의 대통령 선거에서 조스팽 사회당 후보가 1차 투표에서 탈락하는 이변이 일어났고 뒤이은 6월의 총선에서 우파가 크게 승리했다. 특히 프랑스 선거에서는 극우와 극좌의 득표율이 증가했는데, 그 이유는 비록 극우파와 극좌파가 정반대의 관점에서 출발하지만 공통된 구호는 세계화 또는 지구화와 유럽 통합에 대한 반대였기 때문이다. 민족주의에서 출발하여 국민국가를 강화하려는 극우적인 호소와, 미국에 의해 상징되는 초국적 자본의 침투에 저항하려는 극좌적인 호소가 국민들의 공감을 얻은 것이다(김수행 외 2006: v-vi).

프랑스에서는 2002년 대선에서 우파인 시라크 대통령이 재선되고 총선에서 우파가 승리함으로써, 조스팽 총리(재임기간: 1997~2002)의 좌파연합(사회당-녹색당-공산당)에서 유보되었던 신자유주의적 개혁이 급속하게 진행되었다. 예컨대 고소득층에 대한 소득세 감면, 사회보장제도의 축소, 공기업의 민영화, 35시간 노동제의 개편 등이 실행되었는데, 이런 신자유주의적 개혁에 대한 반발이 또한 매우 거셌다. 공공부문 노동자들과 민간부문 노동자들이 파업을 통해 격렬하게 항의했고, 2004년 3월의 지방의회 선거에서는 좌파연합이 압승했으며, 2005년 5월에 실시된 유럽연합 헌법에 대한 국민투표에서도 반대가 54.6%를 차지했다. 그러다가 2005년 10월 27일 두 명의 10대 아랍계 소년의 감전사(感電死)를 계기로 폭발한 이민자들에 의한 소요사태는 보름 이상 계속되었는데, 이것은 프랑스 역사에서 거의 볼 수 없는 사건이었다. 그 뒤 2006년 3월 시라크 대통령과 드빌팽 총리가 의회에서 통과시킨 '최초고용계약법(CPE)' (20명 이상의 종업원을 가진 기업이 26세 미만의 젊은이를 채용할 때 2년 동안의 수습기간에는 사유를 밝히지 않고 언제나 해고할 수 있는 권한을 기업가에게 주는 것)을 철폐하라고 학생 · 노동자 · 학부모들은 대규모 시위와 총파업을 벌였는데, 프랑스 정부는 시민들의 반대가 마치 1968년의 혁명처럼 거세지자 4월 10일에 CPE를 철폐하겠다고 발표했다(김수행 외 2006: 362-365).

여기에서는 영국의 보수당과 노동당이 1979년 이후 추진한 신자유주의 또는 신보수주의의 내용과 그것의 파탄과정을 살펴보기로 한다(이 장의 주요 내용은 김수행 외(2006: 25-47)를 수정 · 보완한 것이다).

1
실업의 감축인가 인플레이션의 억제인가

신자유주의는 실업의 감축과 인플레이션의 억제 중 후자를 정책의 최고 목표로 삼았다. 1979년 5월에 집권한 대처(Margaret Hilda Thatcher 1925~)는 극심한 경기침체와 고율의 인플레이션이라는 전형적인 스태그플레이션(stagflation)을 해결해야만 했다. 대처 정부는 인플레이션을 '제1의 공공의 적(public enemy no.1)' 이라고 선언했는데, 이런 정책을 채택한 근거는 다음과 같았다.

첫째는 인플레이션을 억제하면 국제경쟁력이 생겨 수출이 증가함으로써 국내 산업이 부흥하고 실업이 해소된다고 생각했기 때문이다. 둘째는 영국 파운드화의 대외가치를 유지함으로써 런던시티(the City of London)가 국제금융의 중심지로 계속 역할하도록 하기 위해서였다.[4] 셋째는 실업의 해소가 노동조합에세 새로운 힘을 준다고 생각했기 때문이다. 노동조합의 힘을 꺾지 못하면, 정부가 산업의 재편성(예: 효율성이 낮은 국영 탄갱의 폐쇄)을 시도할 수도 없고, 기업가들이 경영권을 제대로 행사하지 못해 노동조직을 개편하거나 노동강도를 강화할 수 없으며, 임금 인상을 규제할 수 없다고 믿었다.[5] 결국 인플레이션 억제를 제1의 정책목표로 삼음으

---

4 대처가 집권할 1979년 당시, 북해(North Sea) 유전 개발로 석유를 자급자족할 수 있었기 때문에 국제수지 적자나 파운드화의 가치 저하를 걱정할 필요는 크지 않았다. 그런데도 불구하고 인플레이션을 억제하고 금리를 인상함으로써 파운드화의 대외가치가 너무나 올라 영국 산업의 수출경쟁력이 약화하여 1981년 2월에는 경기후퇴가 일어났다.

5 대처 정부는 '비경제적인' 탄갱들의 폐쇄를 반대하는 광부노조의 파업을 1984년 3월 5일

로써, 노동조합의 힘을 약화시키기 위해 대규모 실업을 당분간(또는 장기간) 유지할 것을 의도하고 있었다. 실제로 실업률은 1979년 2월의 5.4%에서 1981년 2월에는 10.4%로 급증했다(Backhouse 2002).

대처 정부는 계속 금융재정 긴축정책을 강행했는데,[6] 그것은 '사회적 기강(social discipline)'[7]을 잡는다는 다른 목적도 가지고 있었다. 다시 말해 금융재정 긴축정책을 통해 기업으로 하여금 노동조합의 임금 인상 요구에 굴복하지 않도록 할 뿐 아니라 경영의 합리화와 효율화를 촉구하며, 사회보장제도를 축소하고 수혜자의 자격 요건을 강화함으로써 국민들의 근로정신을 진작하려 한 것이었다. 그러나 이런 긴축정책은 1979년의 제2차 석유위기[8]에 따른 세계적 불황과 동시에 작용함으로써, 수많은 기업들이 단기 유동성 부족과 수익성 저하로 도산했고, 실업자가 대량 발생했다. 산업생산지수는 1990년을 100으로 1979년에는 87.16이었는데 이것이 계속 저하해 1982년에는 80.41이 되었고, 고용지수도 1990년을 100으로 1979년에는 101.9이었는데 이것이 계속 저하해 1983년에는 92.7이 되었다.

도산과 실업의 증가로 말미암아 기업가들은 노동자들에 대한 발언권을 강화했으며, 이에 따라 노동조직의 개편과 노동강도의 강화가 뒤따랐고 노동생산성이 향상되었다. 그렇지만 능률적인 대기업들이 단기 유동성 부족으로 대량 도산함으로써, 영국의 산업기반은 크게 약화되었다. 이로 말미암아 그 이후 국내수요가 증가했을 때 국내공급이 이를 충족시킬 수 없어 수입이 증가하고 무역수지가 악화되었으므로, 정부는 파운드화의 대외가치를 유지하기 위해 긴축정책을 유지하지 않을 수 없었다.

부터 1985년 3월 3일까지 362일 동안 대결하면서 광부노조의 요구를 들어주지 않았다.

6 소비자물가의 상승률은 1980년의 18.0%에서 1981년에는 11.9%로 떨어졌다.

7 '사회적 기강'을 확립하는 것의 중요성에 관해서는 암스트롱 외(1993: 126)를 보라.

8 파리에 망명했던 호메이니(Ayatollah Khomeini)가 1979년 2월 이란의 실권을 장악하고, 오펙(OPEC)이 1978년 12월~1980년 5월에 석유가격을 배럴당 13달러에서 31달러로 인상함으로써 제2차 석유위기가 발생했다.

1997년의 총선에서 블레어의 신노동당은 "세금을 더 많이 거두어 정부 지출을 증가시키는 정당"이라는 이미지를 유권자들에게 주지 않기 위해, 그 당시의 최고세율(40%)을 그대로 유지하고 집권 뒤 2년 동안은 메이저(John Major, 수상 재임기간: 1992~97) 보수당 정부의 재정지출계획을 그대로 답습하겠다고 공약했다. 다시 말해 노동당도 집권하자 보수당과 마찬가지로 재정금융 긴축정책을 실시했는데, 그 가장 큰 이유는 자본의 세계화가 진행됨에 따라 세율이 상대적으로 높은 나라나 인플레이션이 상대적으로 높은 나라는 외국자본을 유치할 수 없었기 때문이다. 그러나 영국의 제3당인 자유민주당(Liberal Democratic Party)이 세금을 더 많이 거두어 사회보장제도를 더욱 개선하고 확대하겠다는 공약으로 2001년과 2005년의 총선에서 국회의석을 증가시켰기 때문에, 노동당도 긴축정책을 앞으로 계속 실시할 수가 없을 것이다.

2
사회보장제도의 축소 · 재편

영국의 사회보장제도는 소득보장 · 국민보건서비스 · 사회복지서비스로 구성되어 있으며, 사회보장제도의 기본 정신은 실업 · 질병 · 무지(無知) · 노령화로 말미암은 사회적 불평등을 감축하기 위해 '모든 시민'에게 일정한 수준의 복지를 국가가 보장한다는 것이다. 1979년 대처가 정권을 잡기 이전의 영국은 다음과 같았다.

> 인구의 1/3은 공공임대주택에 살면서 국가의 보조로 매우 낮은 월세를 낸다. 국가는 시민이 퇴직할 때 매우 관대한 연금(사회의 평균적인 보수에 연동되어 있다)을 지급하기 때문에 개인적으로 저축할 필요가 없다. 실업수당은 사회의 평균적인 보수에 연동되어 있다. 대학은 무료이고, 대학생에게 정부가 지급하는 생활보조금(grants)은 대학생활 하기에 넉넉하다. 직장을 잃으면, 국가가 주택담보대출금(mortgage loan)에 대한 매월의 이자상환액을 대신 지불한다. 노인을 정기적으로 보살피는 것은 무료이고 보편적이다(Johnson 2001).

그런데 보수당 정부는 개인의 빈곤이나 불행은 개인 자신의 책임이지 국가나 사회의 책임이 아니라는 이데올로기를 가지고 있기 때문에 사회보장제도의 축소를 도모했다. 물론 여러 가지 실용주의적인 계산도 사회보장제도의 축소에 기여했다. 첫째로 사회보장제도의 유지에 필요한 거대한 정부지출을 줄이기 위해서다. 둘째로 부유층과 기업에 대한 세금을 줄여주기 위해서다. 셋째로 사회보장제도에 '의존해' 일하지 않으려는 사람들을 줄이기 위해서다. 넷째로 노동자들이 사회보장제도를 믿고 기업가의 지휘 · 명령에 복종하지 않는 것을 고치기 위해서다.

그러나 보수당 정부가 집권한 1979~97년 동안 사회보장제도의 지출과 복지수혜자의 수는 결코 감소하지 않았다. 그 주된 이유는 등록한 실업자가 증가했을 뿐 아니라, 편부모(lone parents)와 병약자 및 장애자가 더욱 크게 증가했기 때문이었다. 생계비지원(income support, 자산조사를 받는 최저의 급여)에 의존하는 편부모의 수는 네 배나 증가해 100만 명에 달했고, 병약자와 장애자는 세 배나 증가해 120만 명이 활동장애급여(incapacity benefit)를 받았다. 보수당은 사회보장비 지출의 증가율을 억제했고, 사회보장제도의 주요 내용을 변경했다.

1) 소득보장제도의 개혁

소득보장은 공적연금이나 각종 급여 등 국가적인 소득보장 또는 소득이전(income transfer) 프로그램을 가리키며, 직접적인 현금급여나 세금공제를 중심으로 한다. 소득보장이나 소득이전의 방법은, 기여(寄與 contribution)에 의한 급여, 사산소사에 의거한 무기여(non-contributory) 급여, 보편적인 또는 무기여의 임시급여, 과세면제 또는 과세공제다.

기여에 의한 급여는, 노동자와 기업이 기여하고 국가가 지원하는 국민보험기금에 의거해 일시적 또는 항구적인 소득 상실을 메워 주는 것인데, 퇴직연금 · 기여제 구직자수당 · 질병 관련 급여가 여기에 속한다. 자산조사에 의거한 무기여 급여는, 일반조세를 재원으로 하며 생계비지원(income support), 무기여제 구직자수당, 가족 크레디트(family credit, 16세 미만의 아이를 키우고 있는 부모가 일정시간 이상 근로하는 경우 그 가정에 일정한 금액을 보조함. 1988년에 도입), 주택급여 · 장애자근로수당이 여기에 속하는데, 일반적으로 소득의 안전망(safety net)이라고 부른다. 보편적인 또는 무기여의 임시급여는, 시민권에 의거한 것으로 아동급여(child benefit, 16세 미만의 아이를 키우는 모든 가족에게 보조함), 장애자생활수당(65세 미만의 장애자에게 지급), 추가수당(65세 이상의 장애자에게 지급)이 여기에 속한다.

보수당 정부는 1980~90년대를 통해 공적연금에서 사적연금(직장연금과 개인연금)으로 중점을 옮긴 결과, 연금지급 총액에서 사적연금의 비중이 공적연금을 초과하게 되었다. 또한 보수당 정부는 1996년 구직자수당(job seeker's allowance; JSA)을 신설했는데, 이것은 종래의 국민보험 기여에 의거한 실업급여(12개월 동안)와, 1년 이상의 실업자나 신규학교 졸업 실업자에게 주는 소득보조를 대체한 것이다. 구직자수당은 구직자가 수당을 받는 것에 동의해야 하고, 구직활동을 적극적으로 하고 있다는 것을 증명해야 한다. 기여에 의거한 실업급여 기간은 6개월이고, 그 이후는 자산조사에 의거한 소득고려 구직자수당(income-based JSA)을 받는다.

노동당은 '복지로부터 근로로(from welfare to workfare)'를 기본 목표로 삼아 복지수혜자들이 '앉아서 복지급여를 계속 받을 수 없게' 하려고 노력했다. 예컨대 1998년 4월에 실시된 '청년을 위한 뉴딜(new deal for young people; NDYP)'은 6개월 동안 계속 구직자수당을 받고 있는 18~24세의 실업자를 대상으로 했다. NDYP의 첫 단계(gateway)는 4개월 계속되는데, 이 기간에 실업자는 구직상담원과 함께 구직을 시도한다. 이 기간에 일자리를 찾지 못한 실업자는 다음 네 가지 중 하나를 선택(option)해야만 한다. 아무것도 선택하지 않으면 구직자수당을 받을 수 없다. 첫째, 정부로부터 매주 60파운드의 보조금을 받는 기업에 고용되어 6개월 일하거나, 자영업주가 되기 위해 정부로부터 도움을 받는 것. 둘째, 자원봉사단체에서 6개월 일하는 것. 셋째, 환경보호 특별기동반에서 6개월 일하는 것. 넷째, 교육수준이 너무 낮아 일자리를 얻지 못하는 경우에는 12개월 동안 교육받는 것. 이 option 단계를 끝내면서도 여전히 직업이 없는 청년은 다시 gateway와 option 단계를 시작할 수 있다.

2) 국민보건서비스의 개혁

1948년에 설립된 국영의 무료 보건의료제도인 국민보건서비스(National Health Service; NHS)는 보수당 정부 아래에서 서비스가 더욱 악화되었다. 왜냐하면 국영이고 무료의 NHS를 정부 예산으로 확충하고 개선하기보다 사적 자본에 의한 보건의료산업을 확충하거나 NHS에 사적 자본을 도입하려고 했기 때문이다. NHS 병원과 사적 병원과의 제휴 · 협력을 추진했으며,[9] 미국계 자본이 민간병원을 세워 영리행위를 하게 되었고, 민간의료보험에 가입하는 사람들이 증가했으며, 비용절감을 위해 병원 안의 청소 · 세탁 · 급식 · 수리(repairs) 등 보조서비스를 외부의 민간업자에게 위탁했다. 물론 아직도 NHS는 다른 나라에 비해 상대적으로 적은 비용으로 모든 국민에게 포괄적인 보건의료서비스를 제공하고 있으며, 약값의 자기 부담분이나 치과서비스나 안경서비스를 제외하면 모든 것이 아직도 무료다.

보수당 정부는 1990년 NHS의 관리방식을 변경시켜 일종의 '내부시장(內部市場 internal market)'을 만들었다. 이제 보건당국(health authority 또는 health commission)은 보건의료서비스의 구매자로 되고, 병원 · 지역보건서비스기관은 보건의료서비스의 공급자가 된다. 공급자는 각각 트러스트(trust)를 설립해 독립의 비(非)영리조직으로 기능하는데, 이 트러스트에 대한 자금과 시설은 국가가 제공하며 트러스트의 소유자는 국가다. 보건의료서비스의 구매자인 보건당국은 트러스트, 일반의, 그리고 '민간병

9 영국에서도 사적 의료는 존재한다. 사립병원도 있고, NHS 내부에서 Consultant 의사(병원의사의 최고직)는 사적 진료를 하며, 일반의(general practitioner, 가정의 home doctor라고도 부른다)도 사적 진료를 한다. 그러나 그 비중은 작다. 1999년 NHS가 행한 수술 건수는 650만 건이지만 사적 의료기관의 수술 건수는 3만 건에 불과하고, 병상 수에서도 NHS는 20만 개이지만 사적 의료기관은 1만 개에 불과하다.

원'과 서비스 공급계약을 맺기 때문에, 공급자 사이에 경쟁이 촉진되고, 보건당국은 지역의 특수한 필요(needs)를 알 수 있고 서비스의 효율성과 적절성을 모니터할 수 있다는 것이다. 이런 관리방식과 내부시장의 조성은 보건의료서비스를 점차로 국영으로부터 사영(私營)으로 이전시키겠다는 의도를 가지고 있으며, 보건당국은 점점 더 많은 환자들을 민간병원에 보내려고 했다. 물론 이 경우에도 환자에 대한 치료비는 모두 정부가 부담하기 때문에, 정부의 부담은 줄어들지 않으면서 환자들은 더욱 큰 불편에 시달리는 결과가 나타났기 때문에, 이 제도는 1996년 4월 폐지되었다. 그 다음으로 '예산을 가진 일반의(GP fundholder)'를 설립했는데, 그는 자기가 관리하는 등록환자를 위해 보건의료비 예산을 보건당국으로부터 미리 받으며, 그 예산으로 자기가 적합하다고 생각하는 병원에 자기 환자를 보낼 수 있다.

노동당 정부는 일정한 분야(예: 진찰 · 수술 · 양로시설)를 영리적인 사적 의료기관에 맡기는 방식으로, 그리고 병원 건물을 민간업자에게 건설하도록 하고 보건당국이 그 건물을 민간업자로부터 빌리는 방식으로 공사협력체제(公私協力體制 public-private partnership; PPP)를 확대하고 있다. 이 PPP는 정부로 하여금 당장에는 병원 건물의 건설 등에 거대한 규모의 지출을 하지 않게 하는 이점이 있지만, 상당한 기간에 걸쳐서 병원 건물에 대한 임대료 지불을 합계하면 정부가 손실을 보지 않을 수 없다. 왜냐하면 금융시장에서 자금을 차입할 때 정부가 다른 어떤 기업보다 낮은 이자율로 자금을 차입할 수 있기 때문이다.

3
규제의 제거

보수당은 "시장이 가장 효율적이고 공평하다"는 신고전파 경제학의 원리와 "시장의 실패보다는 정부의 실패가 더욱 큰 문제다"는 신자유주의의 사상을 받아들이고 있었기 때문에 정부에 의한 규제들을 제거하기 시작했다.[10] 물론 정부의 실패를 강조하면서 정부의 개입이나 규제를 반대하는 신보수주의가 국민들의 인기를 끌게 된 것은, 케인즈주의가 1973년 이래의 스태그플레이션을 해결하지 못했다는 점과, 1985년 고르바초프의 페레스트로이카(perestroika) 이래 공개되기 시작한 소련 경제의 난맥상(Gorbachev 1987) 때문이었다.

보수당 정부는 1979년에 외환관리 규정을 완전히 철폐함으로써 자본이동을 자유화했다. 그 결과 영국의 개인투자자나 기관투자자는 세계 각국의 외환 · 재권(회사채와 국공채) · 주식을 자유롭게 매매할 수 있게 되었다. 이런 자본이동의 자유화가 세계적으로 보편화됨과 더불어, 컴퓨터와 정보통신의 발달, 그리고 금융기법의 혁신(예: 파생금융상품의 등장)으로 말미암아 세계금융시장(외환 · 채권 · 주식시장을 가리킴)의 규모와 힘은 크게 증가하게 되었다. 이른바 자본의 세계화는 신자유주의적 정부가 외환관리 규정을 폐지함으로써 비로소 가능하게 된 것이며, 자본의 힘이 정부의 힘보다 강해졌기 때문에 생긴 것은 아니다.

---

10 신고전파 경제학은 시장의 실패를 인정하면서 시장의 실패를 고칠 수 있는 방안을 제시한다는 점에서 시장만능의 신자유주의나 신보수주의와는 다르다고 말할 수 있다.

세계금융시장의 규모[11]가 일국 경제력(예: GDP · 수출액 · 외환보유액)에 비해 너무나 거대하기 때문에, 국제적인 자금 이동은 일국 경제정책을 무의미하게 만들었으며 일국 경제를 파국으로 몰아갈 수 있었다. 1983년의 멕시코 외채위기를 비롯해 다수의 후진국의 외채위기, 1987년 10월에는 미국과 세계의 증권거래소 공황, 1980년대 말 미국 저축대부조합(Savings & Loans Association)의 대규모 파산, 1990년대 초 일본 금융제도와 경제의 붕괴, 1992년 9월에는 파운드화의 가치 폭락으로 영국이 유럽연합의 환율조정장치(exchange-rate mechanism; ERM)로부터 이탈,[12] 1993년 8월에는 유럽연합은 각국 통화 간 환율변동 폭을 기준치의 상하 15%로 확대, 1994~95년에는 멕시코의 페소화 위기, 1997년에는 아시아 전역과 한국의 금융 · 외환위기, 1998년에는 러시아 정부의 지불정지 선언, 1998년 9월에는 미국의 헤지펀드 LTCM(Long Term Capital Management)의 부도위기, 그리고 2002년에는 아르헨티나의 금융위기 등등이 있었다. 투기적인 금융적 자본이 자유롭게 이동하면서 세계 각국에서 금융위기와 외환위기를 야기하고 있는 것이다.

1987년에 보수당 정부는 금융기관의 영업규제를 해제함으로써 주택금융 공제조합(Building Society)은 은행으로 전환되었고, 모든 은행들이 20~30년의 주택담보대출(mortgage loan)을 취급할 수 있게 되었으며, 증권거래소의 모든 규제가 폐지되었다(이른바 빅뱅 big bang). 이리하여 모든 금융기관이 경쟁적으로 소비자와 주택구매자에게 차입을 권유함으로써 민간부문의 부채가 크게 증가했다.[13]

---

11 *The Economist*, October 7th~13th, 1995의 특집 "The World Economy"에는 매일의 외환거래액, 주식 · 채권의 매매액, 국제대출 잔액 등등에 관한 자료가 실려 있다.

12 통화량의 목표 설정이 의미가 없어지자, 영국의 재무부장관은 파운드화와 서독 마르크화 사이의 환율 유지를 경제적 안정의 지표로 삼기 위해 ERM에 가입해야 한다고 주장했다. 대처는 이 주장을 몇 년 동안 거부함으로써 재무부장관과 불화를 일으키다가 1990년 10월에 드디어 가입했지만, 1992년 9월에 파운드화의 가치 저하로 ERM을 탈퇴하지 않을 수 없었기 때문에, 보수당은 국민들로부터 신뢰를 많이 잃었다.

13 이런 민간소비지출(주택구입비 포함)의 증가는 주로 은행지점망의 증설, 수퍼마켓의 건설 등에 관련된 투자를 증대시켰으며, 이것이 바로 1987~88년의 호황이었다.

4
민영화

1) 사유화의 이유

1945년 7월의 총선에서 전쟁영웅 처칠의 보수당을 물리치고 창당(1900년) 이래 최초로 국회의 과반수 의석을 차지한 노동당은 대규모로 국유화(nationalisation)를 실시했는데, 그 뒤 1951년에 집권한 보수당도 국유화를 해체하지 않았다. 그러나 1979년 5월에 집권한 대처의 보수당은 거대한 공공부문의 특징을 비효율성, 재정적자의 누진, 노동조합의 전투성(militancy)이라고 규정했다. 특히 보수당 우파는 공공부문 노동조합의 세력을 약화시켜야 한다고 생각했다. 왜냐하면 국영석탄산업의 광부노조가 1974년 보수당 히스 정부를 물러나게 했으며, 공공서비스 부문의 노조가 1979년 캘러헌 노동당 정부를 물러나게 했기 때문이다.

그러나 공기업의 매각 즉 사유화(privatisation)[14]는 기본적으로 부유층과 대기업에게 조세부담을 지우지 않으면서 재정적자를 축소하는 것을 목표로 삼았으며 정치적으로 가장 인기있는 방법이었다. 보수당 정부는 소득세의 기초세율을 1985년의 30%에서 1986년 29%, 1987년 27%, 1988년 25%로 인하했지만, 최고세율은 1987년의 60%에서 1988년에는 40%로 인하함으로써 부유층의 '일할 의욕'(?)을 자극했다.[15] 그러나 더

14 사유화는 민영화라고도 말할 수 있는데, 이것은 국유화와 국영화가 동일한 의미로 사용되는 것과 마찬가지다.

이상 조세를 삭감하기가 어려워졌다. 탈세(脫稅)의 구멍을 막아 세수를 증대시키는 데도 한계가 있었고, 다른 한편으로 재정지출을 확대하라는 국민들의 요구는 더욱 커졌기 때문이다. 실업자 특히 15~24세의 젊은 실업자는 계속 증가했으며, 국민보건서비스는 국민들의 기대 상승과 의학의 발달 및 인구의 노령화에 발맞추어 모든 사람들에게 양질의 포괄적인 무료 서비스를 제공하기가 점점 더 어려웠고, 공공부문 업무의 일부(예: 청소 · 세탁 · 급식)를 외부 민간기업에 '하청하는 것(contracting-out)'은 서비스의 질을 크게 악화시켰기 때문이다.

이런 상황에서 조세를 인상하지 않으면서 정부 세입을 증가시키는 방법으로 등장한 것이 국영기업과 공익사업의 매각이었다. 그러나 보수당 정부는 처음 사유화를 시작할 때는 사유화가 지닌 역사적 의미를 제대로 파악하지 못했는데, 사유화를 계속 실시하는 과정에서 공적 소유를 완전히 사적 소유로 바꿔 영국 경제와 영국 사회를 완전히 재편해야겠다는 '신념'이 생기게 되었다.[16]

2) 사유화의 시기 구분

보수당 정부가 실시한 사유화 정책은 대개 다음과 같은 시기를 거쳤다.

제1기(1979~83년)는 사유화의 '실험' 단계이다. 사유화의 대상은, i) 특별히 공공부문에 남아 있을 필요가 없는 수익성 있는 기업인데, 공기업의 주식 전체를 팔지 않고 일부만 팔았다. 25개 기업을 매각했는데, 그 중 다섯 개의 거대기업은 British Aerospace(1981년), Cable & Wireless(1981년), Amersham International(1982년), National Freight Corporation (1982년), Britoil(1983년)이었다. ii) 수송부문과 원거리통신부문을 정부의 독점에서 해제하고 민간기업에 문호를 개방했으며, Associated British

15 공급중시경제학(supply-side economics)이 주장하는 것이다.
16 Feigenbaum *et al.* (1998), 제3장 참조.

Ports(1983년)를 민영화했다. iii) British Petroleum의 정부보유주식 일부를 민간투자자에게 매각했다. iv) 공공임대주택(Council House)을 세입자에게 싼값으로 매각했다.

제2기(1984~87년)에는 사유화가 가속화하면서 공익사업(public utilities)의 매각이 처음 나타났다. 1984년에는 Enterprise Oil, Sealink Ferries, Jaguar Cars, British Telecom이 사유화되었고, 1985년에는 Cable & Wireless, British Aerospace와 Britoil의 마지막 정부보유주식이 매각되었으며, 1986년에는 British Gas, 1987년에는 British Airways가 매각되었다. 이 중에서 British Telecom과 British Gas의 매각은 공익사업 매각의 첫 번째 케이스로 이제 사유화가 체계적으로 근본적으로 실시되고 있다는 느낌을 주었다.

제3기(1987~91년)는 보수당이 세 번째 집권하자 자신감이 생겨 공공부문에 남아 있는 대부분의 사업을 사유화한 시기이다. British Airport Authority(1987년), Rolls Royce(1987년), British Steel(1988년), British Petroleum의 정부보유주식의 일부, 수도사업(1989년), 지역배전회사(1990년), 발전회사(1991년)를 매각했다. Rover Cars와 Royal Ordnance의 매각에서는 자산의 헐값 매각이 큰 문제로 제기되었다. 공공서비스(예: 교육 · 국민보건서비스)에도 사적 소유의 요소가 침투했다. 이제 국민들로부터 사유화에 대한 비판이 나오기 시작했는데, 국민들은 British Telecom과 British Gas는 국가독점을 그대로 사적 독점으로 대체한 것에 불과하며 가격이 인상되고 서비스는 저하했다고 비판했다.

제4기(1992~97년)에는 다수의 석탄 갱(pits)이 폐쇄되었고, 우체국과 British Rail도 사유화하겠다는 정부의 발표에 보수당 국회의원까지도 그것은 '사유화를 위한 사유화'라고 비판하게 되었으며, 보수당에 대한 유권자의 지지율도 저하하기 시작했다. 그러나 1996년에는 British Nuclear Power와 British Rail이 사유화되었다. British Rail의 사유화에서는, 철도선로 · 기차역 · 신호망은 레일트랙(Railtrack)에 매각했고, 기관차와 소유차량은 세 개의 임대회사에 매각했으며, 노선망(routes)의 운영과 기타 서비스는 다수의 철도운영회사(train operating companies; TOCs)에 매각했다. 이런 철도 경영의 분할은 비효율적이고 안전성이 낮으며 서비스의 질도 악화되고 경제적 손실이 크다는 것이 철도 사고의 빈발과 레일트랙[17]의 파산으로 증명되었다.

3) 사유화의 필요조건

공공부문의 사유화에는 하나의 근본적인 조건이 있다. 그것은 사유화한 기업이 이윤을 획득해야 한다는 점이다. 그렇지 않으면 어느 민간투자자가 사유화에 참가하겠는가? 따라서 사유화는 결국 수익성 있는 국영기업과 공익사업에 국한될 수밖에 없었고, 아니면 정부가 수익성을 보장하기 위해 헐값에 매각하든지 어떤 형식의 독점적 지위를 보장해야 했다. 이런 제약 때문에 사유화의 이익으로 선전한 경쟁의 강화나 기술혁신은 구호에 불과했다. 더욱이 보수당 정부는 공기업의 조속한 사유화를 위해, 공기업의 경영자와 노동자의 지지를 얻어야 할 필요가 있었고, 국민들에게는 모든 국민이 주주가 된다는 '인민자본주의(popular capitalism)' 라는 장밋빛 환상을 심어 줄 필요가 있었다. 이리하여 정부는 경쟁체제보다 사적 독점을 창출하는 방법을 채택한 것이다. British Gas는 독점적 공급자로서 사유화되었고, 수도사업과 배전회사는 지역독점의 형태로 사유화되었다. British Telecom은 하나의 회사로 사유화되었는데, 원거리통신에 대한 규제를 해제했기 때문에 경쟁자의 출현은 가능했지만, 초기에 거대한 투자가 필요했으므로 경쟁체제의 구축은 사실상 불가능했다.

이렇게 사유화된 공익사업 독점체는 가격을 인하해 소비자들에게 이익을 주기보다는 이윤 · 배당 · 주식가격을 올리는 데 더욱 큰 관심을 가지

17 레일트랙(Railtrack)은 2002년 공적 소유의 비영리법인인 네트워크 레일(Network Rail)로 넘어갔다.

게 되었다. 공익사업 독점체는 대규모의 해고를 통해 비용을 절감했음에도 불구하고 서비스의 가격은 더욱 인상되고 그 질은 더욱 악화했다.

4) 사유화의 폐해

대처 정부는 사유화의 일환으로 공공임대주택을 세입자에게 헐값으로 판매함으로써 자택거주자(owner-occupier)의 비율이 1971년의 52%에서 1981년에는 58.6%로, 그리고 1991년에는 68%로 증가했다. 이 과정에서 주택시장이 활황을 이루었고, 금융시장이 공급한 거대한 주택구매자금은 가계의 부채를 증가시키면서 주택가격을 상승시켰다. 1983~89년에 주택가격은 소비자물가보다 훨씬 더 빨리 상승해 그 격차가 1988년에는 거의 20% 포인트나 되었다. 그러나 1987~88년의 호황이 끝나자, 1989년에는 주택가격 상승이 주춤했고 1990년에는 주택가격이 실제로 하락했다. 주택가격은 1989~93년에 영국 전체로는 9% 하락했고, 남동부에서는 23%나 하락했다. 가계의 부 효과(wealth effect)는 마이너스가 되었고, 투기적으로 주택을 구매한 투기꾼들은 몰락했으며 주택담보대출로 주택을 구매했으나 직장을 잃은 자택거주자는 자기 집을 다시 팔거나 파산하지 않을 수 없었다.

국영기업과 공익사업의 사유화 정책은 "공적독점보다 사적독점이 낫다"는 이데올로기에 따라 소유권을 공공부문에서 사적부문으로 이전시키고, 정부의 세입을 증대시키면서 영국의 경제와 사회를 전면적으로 새 편한 것이다. 이제 정부에게 문제가 된 것은 사유화된 독점체가 소비자를 수탈하는 것을 어떻게 막느냐는 것이었다. 사유화된 독점기업들의 기본 운영시침을 세정하고, 명확한 공급기준을 확정하며, 가격을 결정하는 방식을 제시하기 위해 공공의 규제기구를 설치하지 않을 수 없었다. 통신분야에는 Oftel(Office of Telecommunication), 가스분야에는 Ofgas, 수도분야에는 Ofwat, 철도분야에는 Ofrail 등이 등장했다.

5) 노동당 정부의 사유화 정책

(1) 보수당 정부 아래에서 사유화된 공익사업들이 거둔 거대한 이윤에 대해 단 한 번의 특별세(windfall tax)를 두 번에 나누어 징수했다. 1997/98 회계연도와 1998/99 회계연도에 각각 26억 파운드, 합계 52억 파운드를 징수했다.[18]

(2) 철도는 사유화(1996년) 이후 제때 운행되는 비율이 낮아졌고, 사고율의 증가, 편법 요금 인상, 서비스 질 저하 등의 문제가 일어났다. 특히 회임기간(gestation period)이 긴 철도 선로와 신호망에 대한 투자를 소홀히 함으로써 1999년 런던의 패딩턴 역에서 31명이 사망하는 사상 최초의 대형 철도사고가 일어나 레일트랙(Railtrack)은 2001년 10월 8일 파산하지 않을 수 없었고, 이에 따라 공적 소유의 비영리법인인 네트워크 레일(Network Rail)이 레일트랙을 2002년 10월 3일 인수했다. 블레어 수상은 "철도의 사유화는 실패했다"고 선언했다.

(3) 우편업무를 규제하는 공공기구인 PostComm(Post Services Commission, 2001년 3월 26일 설립)은 공기업인 Royal Mail의 350년 동안의 우편서비스 독점을 깨고 2001년 9월 Hays에게 우편업무를 할 수 있는 면허를 주었다. 그 뒤 Deya, UK Mail, Datarun 등 10개 민간기업에도 우편업무를 할 수 있는 면허를 주었다. 이 정책은 경쟁을 유도한다는 이유뿐 아니라 우체국 노동조합의 파업에 대비하기 위한 것이었다. 이런 면허 제공에 대해 정부 소유 기업집단인 컨시그니어(Consignia)[19]는 민간기업들은 수익성 있는 시장에만 참가할 것이므로 전국적으로 일률적인 요금으로 우편을 배달하는 Royal Mail의 사업에 큰 지장이 있다고 불만을 토로했다.

(4) 노동당 정부는 2001년 전국항공교통관제서비스(National Air Traffic

18 이 자금은 청년실업자, 장기실업자 등을 위한 적극적인 노동시장정책에 사용되었다.
19 컨시그니어는 Royal Mail, Post Office Counters, Parcelforce를 운영하고 있다.

Services; NATS)를 공사협력체제로 전환했다. NATS의 주식 46%를 민간기업(7개의 영국 항공회사에게 42%를, 그리고 1개의 영국 항공운영회사에게 4%를)에 팔고, 5%는 NATS 직원에게 분배하며, 나머지 49%를 정부가 보유했다. 그런데 2001년 9월 11일의 미국 테러사태로 항공교통량이 크게 줄어들자 사유화된 NATS는 부도위기에 몰렸다. 이리하여 NATS는 2002년 4월 항공교통 이용자의 요금을 크게 인상할 것을 정부에 요구했으며, 항공교통관제원의 부족 때문에 야간에는 런던 북쪽의 상공(air space)을 폐쇄할 것을 권고했다. 결국 민간기업의 수익성 요구와 항공교통의 효율성 · 안전성 향상을 어떻게 조화시키는가가 계속 문제로 등장한다.

(5) 노동당 정부는 런던지하철을 공사협력체제를 통해 부분적으로 사유화하기로 결정하고 2002년 12월과 2003년 4월에 두 개의 민간기업과 계약을 체결했다. 전동차 · 선로 · 신호체계 · 역 등의 기반시설을 유지 · 보수 · 현대화하는 것은 장기계약(30년)을 맺은 두 개의 민간기업(Metronet Rail과 Tube Lines)이 담당하고, 지하철의 운영과 고객의 안전은 공공부문(Transport for London; TfL)이 담당하기로 했다. 물론 런던시장 리빙스턴(Livingston)은 런던지하철을 런던 시로 이전할 것을 요구하고, 런던 시가 공채(public bond)를 발행해 지하철을 현대화하는 것이 더욱 값싸고 안전하다고 주장했으며, 지하철에 공사협력체제를 도입하는 경우에는 런던 시가 지하철의 교통망을 운영할 뿐 아니라 두 민간회사의 직원을 관리하는 권리를 가져야 지하철을 통일적으로 경영할 수 있다고 지적한 바 있다.

5
노동조합의 권리와 노동자의 상태

대처 정부는 1980년과 1982년의 고용법(Employment Acts)을 통해, 클로즈드 숍(closed shop)은 금지하고, 노조는 자기의 행위로 말미암아 기업이나 타인이 입게 된 손실을 배상해야 하며, 제2차적인 쟁의행위인 지원파업(支援罷業)과 동정파업(同情罷業)은 불법으로 취급했다. 노조 사이의 분쟁이나 정치적 분쟁은 노동쟁의로 인정하지 않으며, 노조 간부는 노동조합원의 비밀투표에 의해 정기적으로 선출되어야 하고, 파업은 노동조합원의 비밀투표에서 과반수의 지지를 얻어야 하며, 노조의 정치자금 모금은 노조원의 과반수의 지지를 받아야 한다고 규정했다. 이리하여 노동조합의 권리와 활동은 상당히 제한되었다(암스트롱 외 1993: 455-456).

노동조합 가입자 수는 1979년 1,320만 명이라는 최고기록 이래 20년간 계속 감소하다가 1999년에 드디어 증가로 역전해 780만 명이 되었다. 그러나 18~29세의 청년노동자의 노조가입률은 1984년의 44%에서 1999년에는 18%로 격감했다. 노동조합의 설립요건을 강화한 관계로, 1980년 이후 개업한 직장에서 노동조합이 승인된 경우는 겨우 1/3에 불과했다. 임금결정은 점점 더 개별 노동자와 기업 사이에서 이루어지고 있으며, 단체교섭에 의해 임금이 결정되는 직장의 비율은 1980년의 70%에서 1998년에는 35%로 감소했다.

대처 정부는 노동조합의 세력을 약화시키기 위해 노동조합과 대결하는 것을 주저하지 않았다. 1984년 초에는 정부의 정보통신센터(GCHQ)에서 일하는 노동자들에게 공공부문노조를 탈퇴할 것을 명령함으로써 공공부문노조와 대결했는데, 결국 대처 정부가 이겼다. 그 다음으로 광부노조와 '비경제적인' 탄갱을 폐쇄하는 문제로 대결하게 되었는데, 광부노조위원장이 극좌적인 스카길(Arther Scargill)이라는 사실을 감안해 정부는 미리 석탄과 석유를 비축했다. 이리하여 1984년 3월 5일부터 1985년 3월 3일까지 362일 동안 계속된 광부노조의 파업을 대처 정부는 패배시킨 것이다. 이 길고도 치열한 파업과정에서 광부들의 가정생활 파탄, 파업 이탈자와의 대립관계, 새로운 노조(복수노조)의 설립 등으로 광부노조는 치명적인 타격을 입었다. 광부노조의 파업 패배로 노동조합운동은 크게 약화되었다. 그 뒤 News International(언론 재벌 머독 Rupert Murdoch이 소유주임)의 인쇄공들이 일으킨 파업도 1986년 1월부터 1987년 2월까지 계속되었지만 News International의 승리로 끝났다. 대처의 보수당은 노동조합의 세력을 약화시키는 데 성공했다. 메이저 수상도 '1993년의 노동조합개혁법과 고용법'을 제정해 노동조합권리를 더욱 제한했다.

실업률은 1985년 12%라는 최고수준에 달했다가 1993년에는 10.3%로 저하하고 그 뒤 계속 저하해 노동당 블레어 수상의 집권기인 2000년에는 5.4%에 이르렀다. 총 실업자 중 실업기간이 1년 이상~2년 미만의 비율과 2년 이상의 비율은 1993년에는 각각 42.2%와 21.7%였는데, 2001년에는 각각 26.1%와 15.0%로 격감했나.

실업급여는 평균임금 상승률과 연계되지 않고 생계비 상승률과 연계되어 실업자의 생활수준은 상대적으로 더욱 악화되었는데, 실업급여는 1995년에는 구직자수당으로 변경되면서 구직자수당을 받기 위해서는 실업자가 적극적으로 구직활동을 하고 있다는 것을 증명해야 했다(예컨대 두 주마다 그 지역의 직업소개소를 방문해야 한다).

또한 영국 노동자들은 장시간 노동에 시달리고 있다. 영국에서는 노동시간에 대한 법적 규제가 없이 노동자와 기업이 기업 차원의 협상에 의해 자율적으로 노동시간을 규제했다.[20] 이리하여 1995년 주당 실제노동시간의 분포를 보면, 장시간 노동이 예외적이 아니라 일반적이다. 주당 45~49시간 일하는 노동자의 비율이 전체 취업자의 18%에 이르고, 50시간 이상 일하는 비율도 25%에 육박하고 있는데, 이것은 프랑스와 독일에 비하면 매우 높다. 국가주도(國家主導) 모델인 프랑스의 경우, 취업자의 과반수 이상은 1995년의 법정 노동시간인 주당 39시간 정도 일했으며, 나머지 취업자의 노동시간도 1시간 많거나 적었다.[21] 또한 협상주도(協商主導) 모델인 독일에서는 취업노동자의 30% 정도가 주당 38시간을, 그리고 30% 정도가 40시간 일했다.

영국 노동자의 파트타임화는 거의 진전되지 않았다. 1993년 민간부문 취업자 총수의 24%가 파트타임이었고, 여성취업자의 43%가, 그리고 남성취업자의 7%가 파트타임이었는데, 2001년에도 거의 변화 없이 각각 25, 44, 8%였다. 2000년 총 파트타임 노동자 중 여성이 차지하는 비율은 79.6%였다.

노동당은 '1999년의 노사관계법'을 제정함으로써 보수당이 실시한 여러 가지 노동조합 탄압조치를 시정하려고 했다. 그러나 신노동당의 기본원칙이 노조와 기업 사이의 '협조'이므로 기업의 이익을 고려해 노동조합의 권리를 1960년대와 1970년대의 수준으로 강화하지는 않았다. 또한 신노동당은 보수당과 마찬가지로 노동조합이나 기업가연맹 등 거대한 이익단체와 협의하는 조합주의(corporatism)를 채택하지 않았다.[22]

그러나 1999년 4월에는 비정규직(임시직 · 시간직 · 파견직)의 생활을 보장하기 위해 전국최저임금제를 최초로 도입했다. 2000년 4월의 최저임금은 시간당 3파운드 70펜스로 정했고, 2001년 10월에는 4파운드 10펜

20 그러나 1998년부터 영국에서도 유럽연합의 지침(Council Directive 93/104/EC)을 수용하여 노동시간 관련 법률이 실시되고 있다.

21 이상헌(2002). 2002년 주 35시간제 법률이 통과된 이후에는 노동시간의 분포가 주 35시간을 중심으로 형성되었다.

22 보수당과 노동당이 조합주의를 채택하지 않기 때문에, 개별 정치인과 개별 기업가 사이의 유착이 심화하고 이른바 도덕불감증(sleaze)이 만연하게 되었다.

스로 인상했으며, 2005년 10월에는 5파운드 5펜스로 인상했다.

또한 노동당 정부는 마스트리히트조약의 '사회조항'(Social Chapter, 메이저 수상이 1991년 마스트리히트조약에 서명하면서 나중에 채택 여부를 결정하겠다고 말한 부분)을 곧 채택했는데, 이로 말미암아 영국의 노동자들은 큰 이익을 얻게 되었다. 왜냐하면 1979~97년의 18년 동안 보수당 정부의 반노동자적 입법으로 말미암아 영국 노동자와 시민의 권리가 유럽 대륙에 비해 크게 뒤떨어졌기 때문이다. 노동당 정부는 유럽연합이 결정한 '노동시간지침'을 받아들여 1998년 10월부터 주 48시간 노동을 실시했으며, 유럽연합의 '출산휴가지침'과 '부모휴가지침'을 받아들여 '가정에 우호적인 노사관계'를 지향하고 있다. 또한 유럽연합이 결정한 '노조에 대한 정보 제공과 협의에 관한 지침'을 노동당 정부가 받아들여, 기업을 인수하거나 합병할 때 그리고 해고가 예상되는 경우, 기업은 미리 노동조합에게 정보를 제공하고 협의하도록 했다. 이전에는 영국 기업들은 "증권거래법에 따라 정보를 미리 제공할 수 없다"고 주장했던 것이다.

영국의 노동조합은 노동당 정부를 지지하면서도 직장에서 노동자의 권리 확대, 평등권의 확보(남녀 · 인종 · 편부모 · 장애자 등), 공공서비스의 사유화 반대를 위해 투쟁하고 있다. 또한 유럽노동조합연맹(European Trade Unions Confederation; ETUC)에 가입해 유럽 전체에 걸쳐 노동자들의 경제적 · 정치적 · 사회적 권리의 확대를 도모하고 있다. 특히 영국 노동조합은 영국 정부에게 유럽단일통화제도에도 가입할 것을 촉구하고 있는데, 이런 태도는 유럽연합에 완전히 참여함으로써 유럽연합의 인권협정 · 사회협정 등으로부터 이익을 얻을 것이 많다고 생각하기 때문이다.[23]

23 1975년 6월 노동당 정부 아래에서 유럽공동체(유럽연합의 전신) 탈퇴 여부에 관한 국민투표가 실시될 때까지만 해도 영국의 노동운동이 유럽보다 훨씬 앞섰다는 자신감이 있었다.

6
소득불평등의 심화

보수당이 집권한 18년 동안 소득 격차는 크게 확대되었다. 상위 10% 계층의 주 평균소득은 1979년의 350파운드에서 1997년에는 540파운드로 54% 증가했는데, 하위 10% 계층의 주 평균소득은 1979년의 110파운드에서 1997년에는 130파운드로 18% 증가했을 뿐이다. 부(富)의 격차는 과거 20년간 거의 변하지 않았는데, 1996년 인구의 1%가 전체 부의 20%를 소유하고, 인구의 10%가 전체 부의 50% 이상을 소유하고 있었다(角田修一 2001). 동일임금법(1970년)이나 성차별금지법(1975년)의 시행에도 불구하고, 1999년 4월 통계에 의하면 전일제(全日制 full-time) 노동자의 경우 남성의 연간 평균소득은 23,000파운드인데, 여성은 16,000파운드로 남성보다 44%나 적게 받았다. 또한 파트타임에서도 동일 노동에서 여성이 남성보다 시간임금률에서 1/3이나 적게 받았다. 영국노총(Trade Union Congress; TUC)의 1999년 조사에 의하면, 100대 기업의 임원들은 노동자의 평균임금의 20.7배나 되는 보수를 받았고, 1994~99년간 임원의 평균보수는 72% 상승했는데, 노동자의 평균임금은 18% 상승했을 뿐이다.

전체 가구의 평균소득의 50% 이하를 받는 가구에서 살아가는 인구(이른바 빈곤층)가 1997~98년 두 해 사이에 전체 인구의 16.9%에서 17.7%로 증가했고, 빈곤선 이하에서 생활하는 연금생활자의 수도 200만 명에서 240만 명으로 증가했다. 또한 빈곤가구에서 살아가는 아이들의 수가 1968년의 140만 명에서 1997년에는 440만 명으로 증가했다.

7
인종폭동의 빈발

1979~97년의 보수당 정부는 이민통제(immigration control)를 강화했다. 이것이 '좋은 인종관계(good race relations)'에 필요하다고 생각했는데, 그 이유는 이민이 적어지면 사회보장제도의 자원과 서비스가 부족하지 않을 것이고 따라서 인종 사이의 갈등이 감소하리라 생각했기 때문이다. 다른 한편으로 보수당 정부는 유색인의 사회적 · 경제적 박탈감을 제거하기 위해 적극적인 고용정책 · 주택정책 · 교육훈련정책을 취하는 것과 1976년의 인종관계법을 강화하는 것을 거부했다. 이리하여 인종 사이의 긴장과 충돌의 책임을 흑인사회와 소수인종사회 전체 또는 그 사회의 청년층 등 특수한 부류의 사람들에게 넘겼다. 흑인은 '내부의 적(enemy within)'이고 사회안전에 대한 위협이라는 생각을 더욱 깊게 심어 주었다. 특히 1980년대 이후 경기침체가 악화함에 따라 보수당 정부는 고용 · 주택 · 병원 · 법과 질서 등등의 문제들을 인종화(人種化, racialise)하기 시작했다. 다시 말해 이 문제들이 이민온 다른 인종들 때문에 악화하고 있다고 주장한 것이다. 1981년 4월 10~12일에 런던의 브릭스톤(Brixton)에서 대규모로 폭발한 인종폭동의 원인과 대책을 조사한 스카먼 보고서(Scarman 1981)가 인종적 불이익을 감소시키기 위해 정부 주도의 종합적인 정책을 요구했지만 전혀 귀를 기울이지 않았다.

인종폭동(racial riot)은 대체로 인종차별적 백인 깡패들이나 경찰이 유색인의 분노를 자극하고 이에 유색인들이 대규모로 떨쳐 일어나 백인 깡패들이나 경찰과 대치하면서 동네의 가게들을 습격해 상품들을 훔쳐가는 형태로 전개되었다. 인종폭동은 1958년에 노팅엄(Nottingham)과 런던의 노팅힐(Nottinghill)에서 일어났고, 극우 인종주의 단체인 국민전선(National Front; NF)[24]과 유색인 사이의 충돌은 1976년 4월에는 매닝엄(Manningham)에서, 1977년 4월에는 런던의 우드그린(Wood Green)에서, 8월에는 런던의 루이셤(Lewisham)에서, 그리고 1979년에는 런던의 사우스홀(South Hall)에서 일어났다. 그런데 인종폭동은 1980년 이후에는 더욱 대규모로 자주 일어났다. 예컨대 1980년 4월 브리스틀(Bristol)의 세인트폴(St. Paul) 지역; 1981년 4월 10~12일 런던의 브릭스톤(Brixton); 1981년 7월 리버풀의 톡스테드(Toxteth), 런던의 사우스홀(South Hall)과 브릭스톤; 1985년 9월과 10월 버밍엄의 한즈워스(Handsworth), 런던의 토텐엄(Tottenham)과 브릭스톤, 리버풀; 1992년 7월 번리(Burnley), 코벤트리(Coventry), 블랙번(Blackburn); 1995년 6월 브래드퍼드(Bradford)에서는 처음으로 아시아계 청년들과 경찰 사이에 싸움이 벌어졌다; 1995년 12월 런던의 브릭스톤에서는 경찰에 구금 중인 흑인이 죽자 폭동이 일어났다; 2001년 4~7월 브래드퍼드, 올덤(Oldham), 번리에서 아시아계 청년들이 영국민족당(British National Party) 등 극우 인종주의자들에 대항해 싸웠다.

이런 인종폭동을 설명하는 방식은 대체로 두 가지다. 첫째는 흑인 또는 유색인 범죄집단이 법과 질서를 파괴하면서 약탈하기 위해 폭동을 일으킨다는 것으로 여당이나 인종주의자들이 즐겨 사용하는 설명방식이고, 둘째는 도시 중심부 흑인사회의 빈곤 · 실업 · 사회적 박탈(social deprivation)이 폭동의 주요한 원인이라는 것으로 야당이나 인종차별 반

---

24 영국에서 제노포비아(xenophobia 외국인혐오증)와 인종주의를 내세우는 신파시스트집단과 극우인종주의집단은 다음과 같다. 1967년 설립된 National Front(NF), NF로부터 분리해 1982년 창립된 영국민족당(British National Party; BNP), 그리고 BNP의 한 분파인 컴뱃(Combat) 18이 바로 그것이다. Combat 18은 BNP의 호위부대로서 1992년 설립되었는데, 인종주의적 테러활동에 종사하면서 유색인 거주지에서 자동차를 폭파시켜 유색인을 부상시킨 적이 있다.

대론자들이 주로 주장한다(Solomos 2003: 143 이하).

런던의 브릭스톤에서 1981년 4월에 일어난 폭동으로 145개 상점이 파괴되고 28채의 주택이 불탔으며 경찰차를 포함하여 116대의 차량이 불타거나 파손되었고, 경찰 299명, 민간인 65명이 다쳤으며 82명이 체포되었다. 이에 보수당의 내무부장관은 상원의원이고 판사인 스카먼(Scarman)으로 하여금 진상을 조사하게 했고 그 보고서가 11월 제출되었다.[25] 이 보고서에서 스카먼은 브릭스톤과 같은 도시 중심지 흑인 지역에서는 다음과 같은 '배경 요소'가 폭동을 일으킬 잠재성을 가지고 있다고 지적했다.

(가) 낙후한, 다인종의, 도시 중심지에서 경찰이 치안과 질서를 유지하려고 할 때 부닥치는 문제들.
(나) 이런 지역의 모든 주민들이 직면하는 사회적 · 경제적 문제들과 기타 관련 문제들.
(다) 특히 흑인주민들, 그 중에도 흑인청년들이 받고 있는 사회적 · 경제적 불이익.

이런 배경 요소들은 '폭력적인 항의로 분출하는 경향'을 지니고 있는데, 이 경향이 동네 주민과 경찰 사이의 대결이나 경찰과 기타 단속자의 행동에 관한 소문에 의해 폭발하게 된다. 다수의 흑인청년들은 폭력이 자기들의 상황에 항의하는 유효한 수단이라고 생각하며, 폭동은 흑인청년들이 경찰에 대한 분노와 불만을 표현하는 방법이라고 생각한다.

스카먼은 인종폭동의 해결책으로 다음과 같은 것을 제시했다.

25 보고서의 완전한 명칭은 다음과 같다. Scarman, Lord(1981). *The Brixton Disorders 10-12 April 1981. Report of an Inquiry by the Rt. Hon. The Lord Scarman OBE* (London: HMSO).

(가) 경찰이 마약과 절도를 단속하기 위해 의심나는 흑인청년들을 불심검문하는(stop and search) 방법을 버리고, 좀더 많은 흑인을 경찰관으로 채용해 자기 지역을 경비하게 하는 공동체 순찰(community policing)을 강화할 것.

(나) 정부는 인종차별을 제거하기 위해 노력할 것.

(다) 브릭스톤의 너무 높은 흑인청년 실업률(약 50%)을 감축할 것.

(라) 사회보장제도의 확대를 통해 흑인들의 삶을 보장할 것.

그러나 대처 정부는 '법과 질서'를 강조하면서 사회보장제도나 고용정책 · 인종평등정책에는 전혀 관심을 가지지 않고 소수인종의 경찰관 채용과 경찰의 단속방법 개선을 실시했다.

사실상 경찰과 소수인종 사이에는 항상 긴장이 있었다. 특히 경찰이 거의 백인으로만 구성되어 있기 때문에(1994년에도 런던 경찰의 98%가 백인이었다) 경찰이 '제도적인 인종차별(institutional racism)'에 가담하고 있다는 주장을 부정할 수가 없다(Favel & Tambini 1995). 경찰은 흑인청년들을 '문제그룹'으로 지목하고 자주 체포해 심문하며 흑인용의자들을 다룰 때 지나친 폭력을 행사하는 경향이 있었다. 또한 경찰은 자기들이 이색적(異色的)이거나 비정상적이라고 생각하는 모든 형태의 흑인들의 문화적 · 사회적 활동에 대해 전투적인 태도를 취했으며, 특수기동타격대가 자주 흑인 동네에 나타나 흑인공동체에 긴장감을 증폭시켰다.

그런데 블레어의 신노동당 정부 아래에서 2001년 4~7월 브래드퍼드, 올덤, 번리에서 일어난 폭동은 이전과는 다른 성격을 지녔다. 첫째로 서로 다른 인종그룹 사이의 충돌을 포함하는 인종폭동이었다는 점, 둘째로 영국민족당과 기타 극우 인종주의자들이 일부러 유색인을 자극함으로써 생긴 폭동이었다는 점, 셋째로 다수파인 백인 사회와 소수파인 특히 아시아인 사회 사이의 수십 년에 걸친 분리와 접촉 부족이 폭동에 큰 역할을 했다는 점 등이었다. 이 폭동이 일어난 뒤 사회적 통합(social cohesion)의 부족이나 다문화사회(multi-cultural society)라는 용어들이 등장하기 시작했다.

1979~97년의 보수당 정부는 인종적 불이익과 도시폭동의 근본원인을 해결하는 데 자원을 투자하지 않고, 오히려 도시폭동의 징후들을 통제하기 위해 경찰 강화에 더 많은 자원, 더 많은 장비, 더 많은 훈련을 투입했다. 그리고 지방정부가 취한 인종평등정책—1983년 런던시(Greater London Council)와 런던교육청(Inner London Education Authority)은 자기들이 발주하는 공사에 입찰하는 기업들에게 유색인을 백인과 동일한 비율로 채용할 것을 요구했으며, 또한 기타의 지방정부들은 정부나 지방정부와 계약을 맺어 도시 중심지에서 공사하는 기업들에게 그 지역의 노동인력을 주로 채용해야 한다는 조건을 달았다—은 시장 메커니즘을 저해한다는 이유로 '1988년의 지방정부법(Local Government Act)' 을 통해 금지시켰다.

보수당과 노동당은 전통적으로 이민(immigration)에 관해 거의 동일한 억제정책을 채택했다. 그러나 1997년 이래 노동당 정부는 이민과 난민(refugee)의 유입을 억제하기보다는 기업들에게 부족한 노동인력(예: 값싼 유연한 노동인력과 고급의 기술인력)을 유치하는 방법으로 이민정책을 실시하고 있다.[26] 이런 신자유주의적 이민과 난민 정책은 매우 중요한 결함을 가지고 있다. 첫째로 난민은 외국의 정치적 · 경제적 · 종교적 박해를 피해 영국에 이주하려는 사람인데, 경제적 '가치' 를 따져 난민의 국내 정착을 거부하는 것은 난민에 대한 인도주의를 저버리는 것이다. 둘째로 기업의 이윤추구 관점이 이민과 난민의 승인에서 가장 중요한 항목이 된다는 것은 이민과 난민에게 매우 낮은 임금수준, 열악하고 불안정한 고용조건, 최소한의 사회보장 혜택 등등을 안겨줄 가능성이 매우 크다. 셋째로 이런 상황에서는 이민사회의 경제적 · 사회적 박탈감과 빈궁이 더욱 악화될 것이며 영국 사회는 새로운 도시폭동의 위험성을 안게 될 것이다.

26 이런 이민정책이 필요한 이유를 내무부 이민담당차관 로체(Roche 2000)는 다음과 같이 설명한다. i) 이민을 경제적인 관점에서 추진하면 이민은 경제에 계속 이익을 줄 수 있다. ii) 영국의 주요 경제분야에서는 노동부족현상이 나타나고 있다. iii) 영국은 고령사회이며 이민은 이런 인구 구성의 영향을 완화할 수 있는 요인들 중의 하나이다.

8
'강한 정부'와 패권국

실업자는 격증하고 사회보장제도는 축소되면서 도시에서는 유색인종의 폭동이 일어나는 가운데, 신보수주의적 보수당 정부는 안으로는 '법과 질서'를 유지하는 '강한 정부'를 주창하고, 밖으로는 옛날의 대영 제국(British Empire) 같은 패권국의 재건을 희망했다.

대외관계에서 특징적인 사건은 아르헨티나와의 전쟁이었다. 보수당 정부는 포클랜드(Falklands, 아르헨티나에서는 말비나스 Malvinas라고 부른다)의 영유권을 둘러싸고 1982년 4~6월에 아르헨티나와 전쟁을 했다. 전쟁을 해야 할 만큼 중요한 섬은 아니었지만, 대처는 대영 제국의 꿈을 국민들에게 부활시키기 위해 막대한 인적 · 물적 자원을 희생했던 것이다. 1983년 6월의 총선 직전에 거대한 전승기념 행사를 열었고, 대처는 총선에서 다시 승리했다.

대처 정부는 유럽연합이 영국 정부와 의회의 주권(主權 sovereignty)을 약화시킬 것을 우려했으며, 유럽연합의 예산분담금이 영국에 너무 크다고 불평했고, 지역개발금을 영국에 더 많이 분배해야 한다고 주장했다. 집권 보수당 안에서도 유럽연합의 '완성'을 위해 '적극적으로' 노력해야 하는가에 관해 큰 대립이 있었다. 예컨대 1990년 11월 대처의 뒤를 이은 메이저(John Major) 수상의 경쟁 상대였던 레드우드(John Redwood)는 공공연히 "영국은 유럽에 집착하지 말고 미국과 특별한 관계를 유지해야 한다"고 말했고, 이에 대해 메이저 수상은 오히려 유럽연합 전체와 미국 사이에 범대서양 자유무역지역(Transatlantic Free Trade Area)을 설치할 것을 제안했다(*The Economist*, September 23rd~29th, 1995). 그러나 두 사람 모두 미국과의 우호관계를 통해 유럽에서 세력을 누리려는 전통적인 영국식 패권주의를 지니고 있었다.

메이저 정부는 1991년 12월 유럽연합의 경제 · 통화 · 정치의 통합을 강조하는 마스트리히트조약에 관해 유럽연합과 협상하면서 사회조항(Social Chapter)과 단일통화(Single Currency)는 재협상한다는 조건을 붙였다. 이 조건부 마스트리히트조약을 국회에서 승인받는 과정에서 보수당은 심각하게 분열했는데, 이 분열은 관세개혁(1903~24년)과 곡물법 철폐(1845년) 이래 가장 심각한 분열이었다고 주장하는 사람까지 있다. 마스트리히트조약은 1993년 8월 2일 승인되었다. 대처 정부 시절부터 유럽통합에 관해서는 보수당이 크게 분열했는데, 대처는 기본적으로 유럽통합을 반대했고 주요 각료들은 영국이 유럽연합의 충실한 회원국이 되어야 한다고 주장했다. 유럽통합에 관한 이러한 내각 분열 때문에, 재무부장관 로손(Nigel Lawson)이 1989년 사임했고 그 뒤 재무부장관과 외무부장관을 지낸 하워(Geoffrey Howe)가 1990년 11월 13일 보수당 부당수를 사임했다. 이런 내분이 1990년 11월 22일 대처가 당수와 수상의 자리를 메이저에게 빼앗긴 주요한 원인의 하나였으며, 또한 1997년 보수당이 총선에서 패배한 주요한 원인의 하나였다.

블레어의 노동당 정부도 미국 정부와의 특별한 관계를 통해 세계에서 패권을 행사하기를 원하고 있다. 노동당 정부는 2001년 9월 11일의 미국에 대한 테러사건 이후 부시 대통령의 '테러퇴치전쟁'에 적극적으로 가담해 아프가니스탄과 이라크를 침략했다. 이런 침략 행위에 대해 노동당 의원들과 시민들이 크게 반대했으며, 노동당은 2005년 5월의 총선에서 국회의석을 47석이나 잃었고, 침략전쟁을 계속 반대한 자유민주당은 의석을 11개나 얻었다.

제 11 장

1997년 한국 경제의 위기와 공황

1

'박정희체제'의 비판적 재평가[1]

박정희는 1961년 5 · 16 군사쿠데타로 정권을 잡은 뒤 1979년 10월 26일 자기의 심복인 중앙정보부장의 총에 맞아 죽을 때까지 독재자로서 거대한 권력을 휘둘렀다. 여기에서는 1961년 5월의 군사쿠데타에 의해 시작되고 1987년 6월 민주항쟁과 7~9월 노동자 대투쟁에 의해 끝난 한국의 정치 · 경제체제를 박정희체제라고 부른다. 끝난 연도를 박정희의 사망연도로 잡지 않은 것은 박정희의 군사쿠데타 이후 성립된 체제가 전두환 정권까지 계속되었기 때문이다.

박정희체제를 제11장의 머리에서 취급하는 이유는 1997년 12월의 한국 공황이 박정희체제하에서 일어났기 때문이 아니다. 이미 박정희체제는 1987년에 거의 해체되었고, 김영삼 정부(1993년 2월~1998년 2월) 아래에서는 정부의 경제적 개입의 축소, 민간주도의 확대, 재벌의 자율성 확대, 자유화와 개방화 등등이 정치적 민주화와 함께 상당히 진행되고 있었기 때문이다. 그러나 일부의 분석가들은 박정희체제가 1997년 말까지도 유지되고 있었던 것처럼 오해할 뿐 아니라 박정희체제를 찬양하기도 하기 때문에, 그리고 노무현 정부는 한국의 장기불황을 극복하는 방법으로 박정희체제를 긍정적으로 평가하며 이를 통해 보수대연합을 시도해 민중을 억압하려고 하기 때문에, 여기에서 다루지 않을 수 없었다.

1 김수행 · 박승호(2005)에는 더욱 자세하고 풍부한 내용이 있다.

1) 개발과 독재의 내적 연관

미국은 냉전체제하에서 체제경쟁이 본격적으로 진행된 1957년을 전후해서 대외정책을 군사우선(軍事優先)에서 경제중시(經濟重視)로 전환했다. 소련 · 중국 · 북한 등 사회주의 나라들이 급속한 산업화를 이룩함으로써 제3세계 나라들에게 하나의 대안모델로 부상했기 때문이다. 미국은 이승만 정권 말기부터 남한에서 공산혁명을 막고 정치적 안정을 이룩하기 위해 장기적인 경제개발계획의 수립을 종용하기 시작했다. 1960년 4 · 19 학생혁명 뒤 장면 정권은 미국의 자문과 종용에 의해 '경제지상주의'를 표방하고 경제개발5개년계획을 수립했으며, 박정희 군사정권은 장면 정권의 경제개발계획을 더욱 성장위주로 재조정했을 뿐이다(이완범 1999). 미국의 이런 종용과 강요는 1959년 쿠바혁명에 의해 더욱 강화되었다. 쿠바혁명의 성공은 중남미의 계급투쟁을 격화시켰고, 이에 대응하기 위해 미국은 대외정책의 중심을 중남미로 이동시켜 이 지역에 경제원조를 집중하게 되었다. 또한 미국은 한국에 대한 원조를 일본에게 분담시키게 되었다. 미국은 이미 장면 정권 때부터 한 · 일 국교정상화를 원조의 조건으로 강요하기 시작했다(이완범 1999).

요컨대, 북한과의 직접적 대치라는 분단체제로 인해 남한에서 장기적인 경제성장, 즉 안정적인 자본주의적 계급관계의 확장이 요구되었다. 따라서 1960년대의 경제개발계획은 그 자체가 '위로부터의 계급투쟁'이라는 성격을 가진 것으로 평가할 수 있다. 여기서 박정희 군사정권의 특수성은 군사쿠데타에 의한 집권이라는 정당성(正當性)의 취약성으로 말미암아 경제성장의 성과에 더욱 의존할 수밖에 없었다는 점이다.[2] 즉 더욱 성

2 미국 케네디 정부는 박정희의 좌익 전력(前歷)에도 불구하고 군사쿠데타 세력이 참신한 세력으로 부패를 일소하고 경제개발계획을 효율적으로 추진할 능력이 있다는 점에서 사후적으로 승인했다(이완범 1999). 5 · 16군사쿠데타 이후 쿠데타 주도세력에 대한 지지 여부에 대해 미국 정부는 경제개발계획의 안정적 추진을 주요한 기준으로 삼았다는 점은 시사하는 바가 크다.

장위주로 나아가서 고도경제성장을 이룩해야 대내외적으로 자신의 정당성을 확보할 수 있었던 것이다.

이 과정에서 고도성장에 성공할 수 있었던 요인을 정책 차원에서 찾는다면, 수출지향산업화로 정책을 전환한 것보다도 한·일 국교정상화에 따른 대일청구권자금의 도입과 베트남전 파병 등으로 인한 막대한 외자도입이 더 중요했을 수도 있다.[3] 그러나 문제는 어떤 정책이 더 결정적으로 기여했는가 하는 점이 아니라 자본이 압도적 우위를 차지하는 계급세력관계가 어떻게 재구축되고 유지되었는가이다.

박정희 정권은 쿠데타 직후 반공(反共)을 국시(國是)로 제시하고 930명의 친공용의자(?)를 구속함으로써 4·19혁명 이후 활성화되기 시작한 노동자들의 생존권투쟁과 학생 등 중간계층의 통일운동을 압살하고 한국전쟁 이래 실체화된 반공이데올로기 공포(恐怖)를 재강화함으로써 자본의 압도적 우위의 계급관계를 재구축했다.

박정희 군사정권의 초기 노동정책은 노조 해체와 재등록 정책을 통해 한때 노조결성 자체를 금지시켰고, 1963년 노동법 개정 때까지 쟁의권을 박탈하는 전면적인 노조부인정책(勞組否認政策)이었다. 그 뒤 박정희 정권은 개정노동법과 중앙정보부를 통해 대한노총의 기업별 노조체제를 한국노총의 산업별 노조체제로 개편했다. 이는 급속한 자본축적에 따라 예상되는 노동자들의 자생적 투쟁을 더 효율적으로 통제하기 위한 것이었다. 따라서 박정희 정권의 1960년대 노동정책은 1950년대보다 더욱 노동억압적이었다(김삼수 1999).

다른 한편 재벌(財閥)의 형성은 '위로부터의 계급투쟁'인 급속한 자본주의화의 필연적 산물이었다. 경제개발계획의 초점은 효율적인 사적 자본의 형성, 즉 유능한 사적 자본가의 육성에 있었고, 이 과정에서 제도학

3 이완범(1999)은 1960년대 기타 제3세계의 산업화와 남한의 경우의 결정적 차이를 원활한 외자도입에서 찾는다. 사실상 외채규모는 1961년 말의 8,300만 달러에서 1972년 말에는 35억 9,000만 달러, 1979년 말에는 202억 9,000만 달러, 1985년 말에는 467억 6,000만 달러로 급속히 증가했다.

파가 창조적으로 진화했다고 주장하는 '개발주의 제도형태들'이 만들어졌으며, 정부-은행-재벌의 관계가 형성되었다. 한국 경제에서 재벌체제는 1960년대의 개발독재에 의해 양성되기 시작했고, 1970년대의 중화학공업화를 거쳐 생산력 기반을 구축함으로써 1980년대 초반에 완성되었다(김기원 2002). 국제경쟁력을 최우선 기준으로 삼을 수밖에 없는 수출지향산업화는 '규모의 경제'를 추구하게 되었고, 따라서 계획적으로 독점자본을 육성한 결과가 바로 재벌체제였다.

이처럼 박정희체제의 역사적 전개과정을 자본주의적 계급관계를 중심으로 파악하면, 제국주의 · 정치 · 경제 사이의 내적 연관이 잘 나타난다. 냉전체제와 남북분단체제에서 자본주의적 계급관계의 유지와 확대를 위해 미국은 남한의 급속한 자본주의적 발달을 강요했고, 이에 따라 박정희 정권은 정치적 독재를 통해 자본이 절대적 우위를 차지하는 계급관계를 재구축함으로써, 자본가들로 하여금 직접적 생산자들(농민과 노동자)을 무자비하게 착취하게 하고, 소수의 재벌들로 하여금 중소자본을 수탈해 모든 잉여가치를 자기에게 집중시킬 수 있도록 하며, 모든 이용가능한 대내외 지원을 특정의 성장산업에 투자하도록 재벌들에게 특혜를 준 것이다. 이리하여 고도성장이 달성된 것이다.

2) 계급투쟁의 역동성과 박정희체제의 몰락

개발독재 시기의 장시간 노동과 저임금에 의한 착취는 도시와 농촌에 있는 대규모의 잠재적 과잉인구에 의해 유지될 수 있었다. 이런 과도한 착취도 한국전쟁을 통해 형성된 반공이데올로기 공포와 맞물린 노동자 의식의 '소시민적 소극성' 때문에 노동운동을 자극하지 못했다. 다른 한편 공적사회부조(公的社會扶助)가 거의 전무한 상태에서 민중들의 생계는 가족적 복지망(家族的福祉網)을 통해 겨우 유지될 수 있었다. 그리고 가족적 복지망은 가족 중 누군가가 희생될 것을 요구했는데, 그 일차적 희생자는 농촌 출신의 젊은 여성들이었다(박준식 1999). 1960~70년대의 박정희시대 개발독재를 상징하는 '세계 최저의 임금수준, 세계 최장의 노동시간, 세계 최고의 산업재해'는 당시 노동자계급의 참혹한 고통에 대한 진부한 표현이었다.

노동자계급은 1960년대 말부터 산발적이지만 자생적인 생존권투쟁에 나서기 시작했다. 특히 전태일의 분신투쟁(1970년 11월 13일)은 노동자투쟁의 기폭제가 되어, 그 뒤 몇몇 노동자들의 분신저항 시도와 자생적 생존권투쟁을 촉발했을 뿐 아니라, 도시빈민 · 소상인들의 생존권투쟁도 촉발시켰다. 경기도 광주대단지 3만여 도시빈민의 생존권 보장 요구 폭동(1971년 8월 3일), 수차례의 시장상인들의 시위 등 민중의 생존권투쟁이 광범하게 터져 나왔다. 그리고 노동자계급의 주체 형성과 관련해 중요한 측면으로, 전태일의 분신투쟁은 학생 · 지식인 · 종교인 등 중간계층(中間階層)에게 노동문제의 심각성을 충격적으로 알리는 계기가 되었다. 그럼으로써 한편으로는 중간계층의 반독재민주화투쟁을 격화시켰고, 다른 한편으로 노동자투쟁에 대한 중간계층의 지지 · 지원을 끌어냄으로써 이후 1970년대 민주노조운동의 형성 · 발전에 중간계층이 직 · 간접적으로 참여하게 되는 계기가 되었다. 그 결과 1970년대부터 민주화 운동과 노동운동은 상승작용(相乘作用)을 하면서 극단적인 개발독재인 유신체제에 대항하는 계급투쟁을 확산 · 격화시키게 되었다(이원보 2004: 349-355). 1970년대에 걸쳐 가장 열악한 노동조건을 지닌 섬유산업을 중심으로 한 경공업 수출산업의 여성노동자들이 자주적 민주노조운동, 즉 남한 노동자계급의 주체적 형성을 주도했다(이옥지 2001; 구해근 2002; 전순옥 2004).

1970년대 초반의 개발독재의 위기에 대한 박정희 정권의 대응은 개발독재를 더욱 강화하는 것이었는데, 노동자계급의 투쟁을 봉쇄하는 조치로부터 시작하여 반동적인 유신체제를 구축하는 것으로 나타났다. '외국인투자기업에관한특례법'(1970년), 국가비상사태선포와 '보위법'(1971년), 10월유신(1972년) 등 일련의 파쇼악법을 통해 노동운동과 민주화 운동에 대한 탄압을 한층 강화했다. 유신체제는 노동자의 단결권 자체를 총체적으로 부인했으며,[4] 이는 유신체제가 정치적으로 '통일주체국민회의(統一主體國民會議)'와 '유신정우회(維新政友會)'에 의해 국민의 참정권 자체를 부인했던 것과 불가분의 관계에 있었다. 요컨대 개발독재 형태의 자본주의적 계급관계가 정치적 · 경제적 · 국제정치적 위기에 부닥치자 위로부터의 계급투쟁의 또 다른 개발독재 형태로 유신체제가 등장한 것이다.

유신체제의 폭압은 먼저 학생운동을 중심으로 지식인 · 종교인의 격렬한 반(反)유신투쟁, 즉 정치적 계급투쟁을 불러일으켰고, 노동운동에서 신규노조 결성, 어용노조 민주화, 민주노조 사수, 생존권 요구 투쟁 등의 형태로 1970년대 여성노동자를 중심으로 완강한 민주노조운동을 일으켰다. 민주화 투쟁과 노동자생존권투쟁의 상승적 발전과정에서 도시산업선교회, 가톨릭노동청년회 등의 종교계의 참여와 크리스찬 아카데미로 상징되는 지식인층의 참여가 매개적 역할을 수행했다(김인동 1985; 이원보 2004). 그리고 주목해야 할 점은 1970년대의 학생운동은 전태일의 분신투쟁을 계기로 노동자 · 민중운동을 새롭게 평가하면서 반독재 민주화 수준을 넘어서는 계급투쟁의 전망을 가지게 되었고, 이에 따라 1980년대에 이르러 대중화된 지식인의 현장투신(現場投身)과 노학연대(勞學連帶)가 부분적으로 실천되기 시작했다는 점이다. 1980년대에 개화한 계급적 · 변혁적 노동운동의 씨앗이 이 시기에 뿌려진 것이다(김인동 1985; 신광영 1999).

1970년대 고양과 침체를 반복하면서 전개된 유신체제에 맞선 정치적 · 경제적 계급투쟁은 1970년대 말에는 세계경제의 위기[5]와 맞물린 개발독재체제의 위기에서 다시 폭발적으로 고양되었다. 1979년 8월 외자

4 유신체제의 노동정책은 미군정기의 단결금지정책보다도 후퇴한 것이었다. 이런 단결금지정책은 유신체제의 '적자(嫡子)' 임을 내세워 또 다른 군부쿠데타로 집권한 전두환 정권기 내내 계속되어 1987년 민주화 투쟁과 노동자대투쟁에 의한 노동법 개정 때까지 유지되었다(김삼수 2003).

5 세계경제는 1973년 10월과 1979년 6월의 석유가격 폭등에 의해 1930년대의 대불황에 필적하는 대불황에 빠졌다.

기업의 철수에 맞선 YH무역 노조의 완강한 생존권투쟁이 야당인 신민당의 당사 농성을 계기로 정치투쟁으로 비화하면서 부마(釜馬) 사태로 발전하자, 이에 대한 대응을 놓고 지배계급 내부의 분열에 의해 박정희 유신체제는 종말을 맞게 되었다. 유신체제가 종말에 이르는 과정은 전형적인 계급투쟁의 역동성에 의한 것이었다(이광일 2001).[6]

이후 노동자계급의 폭발적인 생존권투쟁, 학생 · 지식인 · 종교인의 전면적인 민주화 투쟁이라는 계급투쟁의 폭발적 고양과 이에 따른 계급세력관계의 변화에 대응하여 지배세력의 위로부터의 계급투쟁이 전두환에 의한 또 다른 군부쿠데타로 나타났다. 1980년 5월 광주민중항쟁으로 상징되는 격렬한 계급투쟁으로 인해 박정희체제는 더욱 강화된 억압체제로서만 존속할 수 있었던 것이다. 그러나 1980년대에 노동자 · 민중의 역량과 투쟁이 발전하여 1987년 민주항쟁과 노동자대투쟁에 의해 계급세력관계를 확실하게 변화시킴에 따라, 전두환 군사독재체제에 의해 수명이 연장된 박정희체제는 완전히 붕괴되었다(허상수 2001).

3) 최근의 긍정적 재평가의 배후

'죽은' 박정희체제가 '살아 있는' 논쟁으로 자주 출현하는 것은 현재 이 땅에서 진행되고 있는 계급투쟁 때문이다. 1997년 아시아 외환위기 이래 점차 심화되고 있는 지구적 자본주의(global capitalism)의 구조적 위기국면에서 한국 경제 역시 구조적 위기를 겪고 있다. 노무현 정권은 2000년 미국 경제의 주식거품 붕괴로 인해 지구적 자본주의가 본격적인 동시 불황을 보이기 시작한 이후인 2003년 2월에 출범했다. 특히 2004년 하반기부터 지구적 자본주의의 심화된 위기는 한국 경제의 위기를 심화시켰고, 노무현 정권은 위기극복전략으로 신자유주의적 세계화를 가속적으로 추

6 우리나라 민주노조운동의 특징인 자주성 · 민주성 · 전투성 · 연대성 등은 1987년 노동자대투쟁 이후가 아니라 1970년대의 여성노동자들의 완강한 투쟁에서부터 형성된 것이었다.

진하고 있다.[7] 다시 말해 노무현 정권은 우리나라의 자본이 세계시장에 더욱 많이 수출하며, 그리고 외국자본이 한국에 더욱 많이 투자함으로써 한국 경제가 부활한다고 믿고 있다.

한국 경제의 위기국면에서 치열하게 진행되고 있는 계급투쟁의 이데올로기적 내용이 박정희체제에 대한 재평가이다. 위기 속에서 지배세력은 내부의 통합, 즉 보수대연합(保守大聯合)을 통해 노동자 · 민중을 제압할 수 있는 헤게모니를 구축하고자 한다. 그리고 수구보수세력과 신자유주의 세력의 통합, 즉 '산업화 세력'과 '민주화 세력'의 통합을 위해서는 이들을 분열시켰던 과거사(過去事) 즉 박정희체제에 대한 '정리(整理)'가 필요하다. 이전에는 박정희체제에 대한 재평가가 수세에 몰린 '산업화 세력'이 박정희체제의 '경제적 성과'를 공로로 인정받으려고 방어적으로 제기한 것이었다면, 현재에는 박정희체제의 재평가는 지배세력 내부통합의 주도권을 잡기 위해 이른바 '민주화 세력'이 과거사 정리 차원에서 주도적으로 제기하고 있다. 물론 북핵위기(北核危機) 등 한반도를 둘러싼 정치 · 군사적 위기에 의해 더욱 복잡한 정치지형이 조성되고 있지만, 지금 지배세력 내부통합의 이데올로기는 부르주아 민족주의이며, 이 관점에서 박정희체제에 대한 재평가가 추진되고 있는 것이다.

또한 다른 각도에서 보면, 현재 부르주아 민족주의 이데올로기는 한국계 초국적자본(超國籍資本)의 이해관계를 적극적으로 대변한다. 외국계 초국적자본과 무한경쟁하는 한국계 초국적자본인 재벌은 경쟁에서 우위를 점하기 위해 부르주아 민족주의를 선동하고 있다. 더 나아가 박정희체제의 '경제적 공로'를 사회적으로 인정받는 것은 바로 재벌의 정당성을 사회적으로 인정받는 것이다.

7 이는 2004년 하반기부터 비정규직 관련법 제정, 노사관계 로드맵 입법화 시도 등 노동의 유연화와 노동운동의 무력화를 적극 추진하고, 다른 한편 50개 나라들과의 자유무역협정(FTA)의 동시다발추진(同時多發推進) 등으로 나타나고 있다. 무엇보다도 '기업하기 좋은 나라'를 모토로 관련정책을 정비하고 있다.

2

1997년 말 한국 경제의 공황[8]

IMF나 IBRD로부터 '기적'이라고까지 평가받던 한국 경제가 1997년 말 갑작스럽게 전반적인 공황에 빠졌다. 한국 정부는 IMF에 긴급구제금융을 요청하지 않을 수 없었고, IMF는 구제금융을 제공하는 조건으로 한국 경제의 신자유주의적 개혁을 요구했다. 이 과정에서 경제위기와 공황의 원인은 물론 IMF의 개혁 방향에 대해서도 전혀 다른 두 가지 견해가 등장했다.

하나의 견해는 한국경제시스템의 특수성, 이른바 '아시아모델'이 공황의 핵심적 원인이라고 주장하는데(IMF 1997; Krugman 1998a, 1998b; Summers 1998), 다른 하나의 견해는 한국금융시장의 대내외적 자유화가 '아시아모델'을 제거함으로써 공황을 야기했다고 주장한다(Wade & Veneroso 1998; Wade 1998; Crotty 1998; Crotty & Dymski 1998; Chang, Park & Yoo 1998). 이 두 견해는 당연하게도 한국경제시스템의 개혁방향에 대해서도 완전히 다른 입장을 보이고 있다.

여기에서는 이들 두 견해를 검토하고, 공황의 원인과 경제개혁 방향에 대해 또 다른 견해를 제시하고자 한다. 우리는 1997년 말의 공황이 주기적(週期的) 요소와 그 당시의 제도적 요소의 결합으로부터 발생했다고 주장한다. 한국 경제가 '자본주의' 경제이기 때문에 필연적으로 주기적 순

8 Kim & Cho(1999)를 수정한 것이다.

환을 겪을 수밖에 없었다는 점을 강조하며, 그리고 주기적 호황과 불황이 한국 경제의 그 당시의 특수한 제도적 요소들에 의해 어떻게 증폭되고 악화되었는지를 보이려고 한다.

1) 아시아모델과 경제공황

아시아모델은 다음과 같은 세 가지의 상호 연관된 특성을 갖고 있다. 첫째, 산업부문은 투자자금을 채권(bond)이나 주식 발행보다는 주로 은행으로부터 차입을 통해 조달한다. 다시 말해 아시아모델은 자본시장 중심의 금융제도(market-based system)가 아니라 은행 중심의 금융제도(bank-based system)이다. 둘째, 정부가 성장의 전략산업을 선정하고 그 부문에 대해 조세나 금융 면에서 적극적으로 지원한다. 셋째, 이 과정에서 정부, 은행 및 기업은 매우 밀접한 관계를 맺게 되고, 정부는 이 관계를 주도하고 조정한다.

한국 공황의 원인과 관련해 아시아모델은 논란의 핵심적인 대상이 되었는데, 한 그룹은 이 아시아모델이 내재적으로 큰 문제점을 가지고 있기 때문에 공황이 발생했다고 주장하며 (우리는 이를 '반(反)아시아모델 견해'라고 부를 것이다), 다른 한 그룹은 이 아시아모델이 경제의 성장과 안정을 보장하고 있었는데 IMF-미국-초국적자본이 아시아모델을 파괴함으로써 공황이 발생하게 되었다고 주장한다 (우리는 이를 '친(親)아시아모델 견해'라고 부를 것이다).

(1) 반아시아모델 견해

이들은 아시아모델에 내재하는 도덕적 해이(moral hazard)와 연고자본주의(crony capitalism)가 공황 발생의 주된 요소라고 주장한다. 크루그먼(Krugman 1998a; 1998b)은 한국 공황의 원인으로서 '도덕적 해이'를 강조하고 있는데, 한국 등 아시아의 경우 기업의 투자 실패에 대해 정부가 금융지원 등의 수단을 통해 대부분 구제해 주기 때문에, 기업이나 은행은 위험을 고려하지 않고 무모하게 투자하거나 대출했으며, "아시아를 벼랑으로 몰고 간 특수한 죄악 역시 대출에서 나타나는 도덕적 해이 문제였다"(1998b)고 주장한다.

IMF(1997)나 서머스(Summers 1998) 역시 아시아모델의 내재적 문제점을 한국공황의 원인으로 지적하고 있는데, 이들은 특히 연고자본주의를 공황의 주된 원인으로 지적하고 있다. 정부, 기업 및 은행 사이의 밀접한 관계는 사업의 경제적 수익성보다는 정실(情實)과 뇌물수수에 의거해 대부와 투자를 결정함으로써 부실대출, 채무누적 및 금융위기를 낳기 쉽다. IMF(1997)에 의하면, "한국의 현재의 금융적 어려움은 관치금융, 그리고 기업과 은행 사이의 밀접한 관계에 대부분 기인한다. 투자결정이 정부가 전통적으로 선임권을 가진 은행경영자에 의해 심사되었기 때문에, 무모한 투자가 이루어진 것이다."

위의 두 주장은 한국 공황을 설명하기에는 이론적으로나 실증적으로 적절하지 못하다. 첫째로 이들은 도덕적 해이나 연고자본주의가 아시아모델에 내재하는 특성이라고 보고 있는데, 그렇다면 어떻게 한국 경제가 1962~96년의 30년 이상이나 급속한 성장을 달성할 수 있었는가를 설명할 수가 없다. 도덕적 해이나 연고자본주의는 논리적으로 말하면 언론과 출판의 자유가 없었던 군사독재시설(1961~87년)에나 특히 큰 폐해를 낳았을 것이지만, 1987년 6월 항쟁 이후 정치적 민주주의가 확대되면서 민간주도의 경제로 변형되고 있던 공황 발발 직전에는 큰 문제는 아니었을 것이다.[9] 그런데 군사독재시절에도 정부는 신용을 일정한 우선순위(priority)에 따라 배분했고, 그것의 사용을 감독했으며, 비효율적 기업에 대해서는 새로운 신용을 제공하지 않았다(Lee 1992; Chang 1993). 또한 정부가 과잉설비와 투자 실패가 생길 때마다 기업들을 재편한 것은 사실

9 김형기와 서익진(2006)은 한국 경제가 위기에 부닥친 1997년 초의 발전모델은 개발독재모델이 아니라 '한국적' 포드주의모델이었다고 주장한다.

이지만, 그때마다 투자에 실패한 기업은 건전한 기업에 흡수 · 통합되게 하였으며, 정부가 구제금융을 제공할 때에도 해당기업은 은행으로 경영권을 대부분 이전하지 않으면 안 되었다. 한국 정부는 금융적으로 부실한 기업을 청산하고 과잉설비를 제거하기 위해 1969~70년, 1972년, 1979~81년, 1984~88년에 흡수 · 합병 등 구조조정을 실시한 바 있다.

연고자본주의는 소수의 대기업에 은행대출과 경제력을 집중시키는 결과를 낳았다고 비난받을 수도 있지만, 그것이 준(準)내부조직(quasi-internal organisation)으로 역할함으로써 시장메커니즘보다 더 효율적으로 수출목표와 고도성장을 이루는 데 기여했다고 볼 수도 있다(Lee 1992). 다시 말해 정부에 의한 선도(先導)산업부문의 선정과 정책금융의 지원, 그리고 대기업에 대한 각종 특혜가 이른바 경제기적을 낳는 데 크게 기여했다는 점을 부정하기는 어렵다. 물론 이 기적의 뒤에는 노동자와 농민에 대한 체계적이고 극심한 착취가 있었으며, 연고자본주의가 이런 착취를 극대화하는 효과적인 시스템이었다는 점이 강조되어야 하지만, 연고자본주의 그 자체가 공황을 낳는 메커니즘을 갖고 있었다고 주장할 수는 없을 것이다.

둘째로 기업의 과잉투자와 은행의 과잉대출은 도덕적 해이와 연고자본주의가 낳은 독특한 현상이 아니라 자본주의 경제에 내재하는 일반적인 현상이라는 점이다. 경기상승기에는 미래에 대한 낙관적 기대로 말미암아 기업은 경쟁적으로 투자를 확대하며, 은행 역시 경쟁적으로 대출을 증가시키기 때문이다. 세계의 모든 자본주의국에서는 주기적으로 이와 같은 과잉투자와 과잉대출이 발생했으며, 이것이 공황을 통해 정리되곤 했다. 1997년 말의 외환위기나 외채위기는 한국 경제가 앞으로도 고도성장을 계속하리라는 기대 때문에, 국제금융가들이 한국의 기업과 금융기관에 너무나 큰 대부와 투자를 행한 결과였다. 따라서 한국의 과잉투자와 과잉부채를 한국의 도덕적 해이와 연고자본주의로 설명하는 것은 국제금융가들의 잘못된 투자결정을 은폐하려는 시도에 불과하다(Chang 1999).

사실상 IMF가 한국 등 외채국의 경제에 개입하여 국제금융가들에게 원리금의 상환을 보장하기 때문에, 국제금융가들은 도덕적 해이에 빠져 무모한 대외투자와 대외대부를 행하고 있다고 비판할 수 있을 것이다(Palma 1998).

셋째로 현실적으로 한국에서 아시아모델의 특성은 공황 이전에 이미 상당히 사라져 가고 있었기 때문에, 반아시아모델 견해는 실증적으로도 적절하지 못하다. 금융자유화로 말미암아 정부가 신용의 흐름을 통제할 수 있는 능력이 감소하고 있었고, 기업이 은행에 의존하기보다는 점차로 채권시장이나 주식시장에 의존하게 되었으며, 정부가 사적 투자를 규제하거나 조정할 능력과 의지를 잃고 있었기 때문이다. 1980년대 초반부터 시작된 금융자유화는 1990년대 중반 이전에 이미 거의 완결된 상태였다(Koo 1993; Kim 1997).

금융자유화의 과정과 내용을 요약하면 다음과 같다.

(가) 은행의 민영화와 금융기관 신설의 자유화: 은행의 민영화로는 1989년 한국외환은행이 민영화된 것을 들 수 있으며, 금융기관의 신설로는 1982~83년 2개의 상업은행, 1989년 3개의 상업은행, 1992년 2개의 상업은행, 1993년 1개의 상업은행, 1994년 9개의 종합금융회사, 1996년 15개의 종합금융회사를 들 수 있다.

(나) 이자율의 자유화: CD, RP, CP, 3년 이상의 예금 및 당좌대출의 금리가 1991년에 자유화되었고, 6개월 이하의 요구불예금을 제외한 모든 예금의 이자율이 1995년에 자유화되었다.

(다) 자본자유화: 1992년 해외투자자들이 한국주식시장에 직접적으로 투자하는 것이 허용되었고, 1994년 채권시장에 대한 투자가 허용되었으며, 1995년과 1996년에는 각각 한국의 기관투자자와 일반투자자들이 해외채권에 투자하는 것이 허용되었다.

기업의 은행에 대한 의존은 점차로 감소해 1987년부터 비(非)은행금융기관의 여 · 수신 비중이 은행보다 더 커진 것은 물론, 기업의 자금조달구조도 1980년대 후반에 들어서면서 은행차입보다 주식이나 채권 발행이 더 큰 비중을 차지하게 되었다. 여기에 더해, 정부는 한보에게 제철공장을, 그리고 삼성에 자동차공장을 허가하는 등 1990년대 초부터 산업정책은 사실상 폐기되었던 것이다.[10]

결론적으로, 반아시아모델 견해는 경제공황이 도덕적 해이나 연고자본주의 없이도 발생한다는 점에서 이론적으로 타당하지 않고, 한국에서는 공황 이전에 이미 아시아모델이 상당히 무너졌다는 점에서 실증적으로도 타당하지 않다.

(2) 친아시아모델 견해

반아시아모델 견해와는 달리, 암스덴과 어윤대(Amsden & Euh 1997), 웨이드와 베네로소(Wade & Veneroso 1998), 웨이드(Wade 1998), 크로티(Crotty 1998), 크로티와 딤스키(Crotty & Dymski 1998), 장하준 · 박홍재 · 유철규(Chang, Park & Yoo 1998)는 아시아모델은 한국 경제의 안정된 고도성장을 달성하는 데 핵심적 요소였으며, 따라서 한국의 경제공황은 이 모델의 약화 또는 와해에서 그 원인을 찾아야 한다고 주장한다. 이들에 따르면, 아시아모델이 와해된 것은 주로 1990년대 중반에 완성된 금융부문의 자유화 때문인데, 금융자유화는 국내 금융시스템의 규제완화와 해외투자자에 대한 자본시장의 개방으로 진행되었다. 금융자유화가 신용흐름과 사적투자에 대한 정부의 통제 · 조정 능력을 제거했으며, 그 결과 과잉투자, 투기적 투자, 그리고 과도한 대외부채가 발생하고 이것이 1997년의 공황을 일으켰다는 것이다.

암스덴과 어윤대(Amsden & Euh 1997)는 "금융시장이 탈규제된 1990년

10 산업정책의 변화에 대해서는 Chang(1993)을 참조하라.

대 초에 경제는 비로소 침몰하기 시작했다. 사실 1997년의 공황을 낳은 것은 은행이나 다른 금융기관의 차입과 대출이었으며, 그것을 가능하도록 만든 것은 정부의 (금융자유화: 인용자) 결정이었다"고 주장한다. 웨이드와 베네로소(Wade & Veneroso 1998)도 다음과 같이 주장하고 있다. "아시아의 정부들은 IMF, OECD, 그리고 서방의 정부 · 은행 · 기업들의 요구 때문에 규제를 급진적으로 제거했다. 아시아의 정부들은 기업의 해외차입에 대한 통제를 제거하거나 완화했으며, 차입과 투자의 조정을 폐지했고, 은행에 대한 감독을 소홀히 했다. 다시 말해 아시아의 정부들은 높은 부채의 아시아모델의 안정조건의 하나를 파괴함으로써, 공황을 초래한 셈이다." 크로티와 딤스키(Crotty & Dymski 1998)도 역시 이런 입장을 강하게 주장한다. "서방언론에서 거의 일반적으로 말하고 있는 것과는 달리, 대부분의 한국인들은 한국의 공황이 너무 많은 정부개입에 의해 발생한 것이 아니라, 너무 적은 정부개입 때문에 발생했다고 올바르게 이해하고 있다. 실패한 것은 과도한 자유화이지, 전통적인 동아시아모델이 아니다."

우리는 금융자유화가 기업의 부채비율을 증가시키고, 금융시장의 불안정성을 증대시키는 데 기여했다는 점을 인정한다. 우리는 또한 자본자유화 때문에 가능하게 된 거액의 단기해외자본의 급속한 유출이 외환위기를 불러일으켰다는 점도 어느 정도 동의한다. 그러나 친아시아모델 견해는 정부개입이 한국자본주의의 경기순환을 효과적으로 제어할 수 있다고 과대평가하고 있으며, 또한 아시아모델의 내재적 약점을 과소평가하고 있다.

첫째, 아시아모델이 한국의 경제기적에 기여했다고 할지라도, 공황 없는 안정적 성장을 항상 보장하는 것은 아니었다. 한국의 경우 실제로 1960년대 후반과 1970년대 후반, 그리고 1980년대 후반에 각각 심각한 공황을 경험했으며, 경기변동도 1970년대 이후의 경우만 보더라도 7차례의 순환을 보여주고 있다(표 11-1 참조). 더욱이 아시아모델이라 하더라

표 11-1 1970년 이래 한국의 경기순환

	밑바닥	꼭대기	밑바닥
1 순환	1972. 3	1974. 2	1975. 6
2 순환	1975. 6	1979. 2	1980. 9
3 순환	1980. 9	1984. 2	1985. 9
4 순환	1985. 9	1988. 1	1989. 7
5 순환	1989. 7	1992. 1	1993. 1
6 순환	1993. 1	1996. 3	1998. 8
7 순환	1998. 8	2000. 8	2001. 7
8 순환	2001. 7	2002. 12	?

출처: 재정경제부

도, 한국과 같은 수출주도형의 소국개방경제에서는 경제성장과 안정은 해외 여건의 변화로부터 매우 큰 영향을 받기 때문에, 정부의 통제와 조정을 통해 경제의 안정적 성장을 달성하기에는 큰 한계가 있다.

둘째, 금융자유화가 경제의 안정을 저해하고, 자본자유화가 국제적 투기자본의 급속한 유입과 유출을 통해 외환수급의 불안정성을 강화했다 할지라도, 금융자유화와 자본자유화는 대내적 · 대외적 요인들에 의해 피할 수 없었다는 점을 이해해야 할 것이다. 다시 말해 정부 관리들이나 재벌이나 일반시민들까지 정부개입의 축소를 요구했으며, 미국 정부나 국제기구들은 무역 · 외환 · 자본거래의 자유화를 계속 요구하고 있었다. 아시아모델은 성장전략으로서는 이미 한계에 부닥쳐서 상당히 해체되고 있었다. 따라서 그것을 그대로 유지했더라면 공황을 피할 수 있었다고 생각하는 것은 환상적이다. 오히려 아시아모델을 대체할 수 있는 새로운 사회적 축적구조가 확립되지 못한 상황에서 공황이 터졌다고 주장하는 것이 옳을 것이다(정성진 2005: 제4장).

셋째, 이들의 아시아모델 예찬은 아시아모델이 독재 · 특혜 · 부패와 분리될 수 없다고 믿는 한국국민의 정서와는 크게 다르다. 나치체제가 독일 경제의 위기를 일시적으로 타개하는 데 성공했다고 해서, 누가 나치체제를 찬양한다면 우리는 그것을 받아들일 수 있겠는가? 친아시아모델 견해가 주로 케인지언들에 의해 주장되고 있는데, 이들은 케인즈와 마찬가지로 정부는 사적 이익이 아니라 공공의 이익을 추구한다고 생각하면서 정부의 경제정책이 지닌 계급적 성격을 무시하기 때문에,[11] 박정희체제(1961~87년)의 개발과 독재의 융합을 이해하지 못했다.[12]

박정희체제는 국제경쟁력을 높여 수출을 증대시키기 위해, 재벌들에게 금융과 세제(稅制)상의 지원을 집중시켰을 뿐만 아니라, 노동자의 노동조합 결성을 금지했으며 저임금 · 장시간 노동을 유지하는 데 공권력을 행사했다. 재벌들은 정부로부터 얻은 각종 특혜와 보호에 힘입어 독점적 기업으로 성장했으며, 은행여신을 독점하고, 중소기업의 이윤을 수탈했다. 결국 아시아모델이 경제적 기적을 이룩한 이유는, 세계시장의 변화와 같은 외부요인을 제외한다면, 이 모델이 자본가들로 하여금 직접적 생산자들(노동자와 농민)을 무자비하게 착취하는 것, 소수의 대자본으로 하여금 중소자본을 수탈하여 모든 잉여가치를 자기에게 집중시키는 것, 그리고 모든 이용가능한 대내외 자원을 특수한 성장산업에 집중시키는 것에 아주 효과적이었기 때문이라고 말할 수 있다.

탭(Tabb 1998)은 아시아모델의 진정한 성격을 다음과 같이 잘 지적하고 있다. "정치적 반대자를 억압하는 것, 그리고 가능한 한 가장 낮은 노동비용을 보장해 주기 위해 국가권력을 행사하는 것 등등이 해외 경제신문에서는 경제기적으로 찬사를 받고 있지만, 사실은 구식의 초과착취(super-exploitation)에 불과하며, 이데올로기적으로 구성된 '아시아 가치' 라는 담론은 민주적 열망을 억압하고 부정할 뿐이다." 실제로 아시아모델의 핵심은 정부와 독점적 대자본의 결탁이었다. 우리가 1969~72년, 1979~81년, 1984~88년 정부에 의한 산업구조조정에서 볼 수 있는 바와 같이, 정부는 과잉실비를 해소하고 금융적 어려움을 해결하기 위해, 재벌들에게 특별융자나 채무상환 중단과 같은 특혜를 주어 부실기업의 인수

11 이 책의 제4장 2를 참조하라.
12 이 책의 제11장 1을 참조하라.

와 합병을 유도했으며, 그 부담은 은행과 정부, 궁극적으로는 국민들이 졌다. 그런데 공황이 터진 1997년은 이미 박정희체제가 사라진 지 10년이 지난 해다.

넷째로 친아시아모델 견해는 해외자본의 급격한 유출이 국내의 금융공황을 일으켰다고 주장하고 있지만, 사실은 대기업들의 파산과 금융기관의 부실여신 증대로 말미암은 국내의 금융위기 때문에 해외자본이 급속하게 유출되었던 것이다. 김인준(2006)의 분석에 따르면, 1996년과 1997년을 비교할 때, 직접투자와 증권투자의 흐름에는 큰 변화가 없었던 반면,[13] 금융기관을 통한 자본거래가 1996년의 111억 달러 유입에서 1997년에는 108억 달러 유출로 전환됨으로써 해외자본 유출의 대부분을 설명한다. 그리고 박재준(Park 1998)의 자료(표 11-5)에 따르면, 금융기관의 해외차입 만기갱신율이 크게 감소한 것은 1997년 11월 이후이며, 자본순유입이 (−)로 돌아선 것도 1997년 말에 이르러서다. 따라서 자본자유화에 의해 가능해진 해외자본의 급격한 유출을 1997년 말 한국 공황의 원인으로 보는 것은 사실과 맞지 않다.

2) 1997년 말 공황의 기원

우리는 위의 두 견해와는 달리 1997년 말의 공황이 모든 자본주의 경제에서 특징적으로 나타나는 주기적 공황의 성격을 갖고 있다고 주장한다(표 11-1 참조). 다만 그것이 다른 경기순환과는 달리 격심한 외환위기와 경제적 파국으로 치달았던 이유는 당시의 한국 경제의 제도적 특성에 기인한다고 생각한다. 따라서 우리는 1997년의 공황을 주기적 성격과 제도적 성격으로 나누어서 분석하고, 그것이 어떻게 결합해 한국 경제에서 가

13 증권투자를 회수해 본국으로 송부하는 것을 꺼려한 이유는 주식가격의 하락에 따른 손실과 원화가치 하락에 따른 환차손을 증권투자자가 감당해야 했기 때문이다. 직접투자의 경우 자본이 실물에 고정되어 있기 때문에 빨리 매각하기가 쉽지 않았다.

장 심각한 공황을 야기했는지를 볼 것이다.

(1) 한국 공황의 주기적 성격

먼저 1997년 공황의 주기적 성격을 보자. 마르크스(『자본론』III)와 민스키(Minsky 1986)는 주기적 공황은 자본주의 경제의 내재적 속성이며, 또 정상적인 기능의 결과라고 주장한다. 한국 경제는 1996년 3월에 1970년대 이래 여섯 번째의 주기적 꼭대기에 도달했다. 그 이후 경제는 수축국면으로 진입해 GDP성장률과 고정자본 형성 증가율이 크게 감소하기 시작했으며, 경상적자도 크게 증가했다(표 11-2 참조). 1996년에 경상계정의 적자가 매우 큰 폭으로 증가한 것은 반도체와 같은 주요 수출품목의 단가 폭락과 자본재 수입의 증가에 의한 것이었다.

이처럼 경기가 벼락경기로부터 침체로 전환한 것은 전형적인 과잉투자 때문이었다. 1990년대 전반부에 재벌들은 국내시장에서 다른 재벌들과 경쟁하기 위해, 그리고 해외시장에서 거대 다국적기업과 경쟁하기 위해 설비규모의 확대와 신기술의 채택 등 대규모 투자를 감행했다. 이런 투자는 호황기에 형성된 낙관적 기대로 인해 미래의 위험을 고려하지 않고 추진되었다.[14] 더욱이 당시에 한국 경제는 저기술 · 저단가 품목에서는 중국

표 11-2 주요 경제지표

	1992	1993	1994	1995	1996	1997
GDP 성장률(%)	5.9	6.1	8.5	9.2	7.0	4.7
총고정자본형성증가율(%)	0.6	7.7	12.5	13.1	8.4	-2.3
경상계정(10억 달러)	-3.9	1.0	-3.9	-8.5	-23.0	-8.6
해외부채(10억 달러)	42.8	43.9	56.9	78.4	157.5	154.4

출처: 한국은행, 『경제통계연보』

14 1986~89년에 한국 경제는 석유가격이 싸고, 국제금리가 낮고, 원화의 대외가치가 낮아 역사상 처음으로 무역수지 흑자를 기록하면서 큰 호황(이른바 3저 호황)을 누렸다. 이것이 거대한 설비 확대에 대한 투자로 이어진 것이다.

과 동남아시아에 경쟁력을 잃은 상태였고, 고기술 · 고단가 품목에서는 일본이나 다른 선진국을 따라잡을 수 없는 상황에 있었다. 또한 신자유주의적 세계시장에서 국제경쟁은 더욱 더 격렬해졌고, 시장규모는 점차 작아졌다(Albo 1996; 1997). 이런 상황을 타개하기 위해 한국의 재벌들은 전자 · 반도체 · 자동차 · 철강 · 석유화학 등의 산업에 대대적인 투자를 실행한 것이다.

이 투자자금은 국내 금융기관과 해외은행으로부터 조달되었고, 이로 말미암아 재벌들의 부채비율은 매우 높아졌다. 실제로 1997년에 파산한 재벌 중 일부는 1,000% 이상의 부채비율을 보이기까지 했으며,[15] 어떤 차입금은 장기회임기간을 갖는 시설에 잠겨 있기도 했다. 민스키(Minsky 1986)는 이런 차입형태를 폰지금융(Ponzi finance)이라고 했는데, 경제 전체에 폰지금융의 비중이 커지면 자금조달구조는 견고한(robust) 구조에서 취약한(fragile) 구조로 변화하게 되어 금융적 취약성이 증가한다고 주장했다.[16] 한국 경제는 1990년대 중반에 이와 같은 금융적으로 취약한 상태에 빠져들었다.

그렇다면, 어떻게 이 금융적 취약성이 금융위기로 진행되었는가? 그것은 민스키(Minsky 1986)의 주장처럼 금융시장의 조건이 악화되어서, 특히 이자율이 상승해서 그렇게 되었다기보다는, 마르크스의 주장처럼 이

15 파산한 재벌들의 부채비율은 다음과 같다.

	자기자본(10억 원)	부채총액(10억 원)	부채비율(%)
한 보	615.9	5,788.3	939.9
삼 미	−55.9	1,910.2	−
진 로	88.5	3,084.4	3,485.2
대 농	−53.7	1,353.0	−
기 아	2,362.0	9,336.0	395.2
해 태	448.0	2,987.0	666.7
뉴코아	163.0	1,197.5	734.7
한 라	319.2	6,476.4	2,028.9
〈제조업평균〉			〈396.2〉

출처: 한겨레신문(1997년 12월 19일자)

16 조복현(1997: 제5장)을 참조하라.

표 11-3 수익률과 평균이자율(제조업)

(단위: %)

	1992	1993	1994	1995	1996	1997
매출액 영업수익률	6.64	7.04	7.65	8.33	6.54	8.25
매출액 경상수익률	1.53	1.70	2.74	3.60	0.99	-0.34
차입금 평균이자율	12.34	11.19	11.39	11.68	11.22	10.59

출처: 한국은행, 『조사통계월보』, 1998. 5.

윤율이 저하해서 그렇게 되었다고 볼 수 있다. 반도체 · 철강 · 석유화학 등 핵심 수출품이 수출량의 정체나 감소, 또는 수출단가의 하락에 부닥쳐 그 동안의 투자가 과잉투자로 판명되었고, 이에 따라 설비가동률이 저하하며 수익률이 저하했다.

표 11-3에서 보는 바와 같이, 영업수익률과 경상수익률은 1996년에 큰 폭으로 떨어졌지만,[17] 총차입금에 대한 평균이자율은 거의 그대로 변화하지 않았기 때문에, 민스키의 주장은 타당하지 않다고 말할 수 있다.

따라서 한국의 금융위기는 금융적 취약성과 이윤율의 저하가 결합해 발생했다고 말할 수 있을 것이다. 높은 부채비율을 갖는 기업은, 아무리 효율적인 기술을 가지고 있다 하더라도, 이윤율 저하에 직면하게 되면 파산하지 않을 수 없다. 실제로 1997년 초부터 높은 부채비율을 갖는 여러 재벌들이 연속적으로 부도에 빠졌다. 1월에는 한보철강, 3월에는 삼미특수강, 4월에는 진로, 5월에는 대농, 6월에는 한신공영, 7월에는 기아, 10월에는 쌍방울, 11월에는 해태와 뉴코아가 각각 부도에 직면했다. 이처럼 재벌들의 연속적 파산은 당연히 은행과 금융기관의 건전성을 손상시켰는데, 1997년 말의 부실채권은 22조 6천억 원으로 전체 대부액의 6.0%에 달했다. 이 금액은 1996년 말과 비교해 거의 2배에 가깝다. 또한 종합금융회사의 부실채권도 3조 9천억 원에 달했다. 그 결과 26개 상업은행 중 18개가 1996년의 흑자에서 1997년에 적자로 전환했으며, 종합

17 수익률은 연간수익을 총매출액으로 나눈다는 점에서 마르크스의 이윤율(= 연간잉여가치 / 총투자자본)과는 다르지만 산업의 수익성을 알려주는 지표는 된다.

금융회사도 큰 손실을 나타냈다. 부실채권과 영업손실로 말미암아 1998년 9월 말까지 문을 닫은 금융기관은 다음과 같다. 5개의 상업은행, 16개의 종합금융회사, 2개의 투자신탁회사, 4개의 보험회사, 17개의 상호금융회사, 36개의 신용협동조합, 4개의 증권회사.

결국, 수많은 기업의 파산, 금융기관의 부실채권의 누적 및 손실 확대는 신용경색과 은행파산을 초래함으로써 금융공황(panic)을 일으켰다. 이것은 자본주의 경제가 갖는 주기적 공황의 경로, 즉 호황→과잉투자와 과잉부채 → 경제위기 → 기업파산 → 신용경색 → 은행파산 → 금융공황→더 큰 규모의 기업파산을 그대로 보여주는 것이다.

(2) 한국 공황의 제도적 성격

1990년대 중반 이후의 한국 경제의 제도적 요소들은 위에서 본 주기적 경기순환과 위기를 증폭시켜 외환위기와 경제 전체의 파국을 초래했다. 먼저 그 당시에 기업이 그토록 큰 규모로 차입하여 투자할 수 있었던 제도적 환경을 살펴보자.

첫째로 아시아모델의 특성으로 남아 있었던 은행과 기업 사이의 밀착관계로 말미암아 은행은 특히 대기업의 투자계획에 대해 별다른 의심없이 거액의 자금을 대출했다. 물론 호황이어서 은행도 대기업과 마찬가지로 장래에 대한 기대감에 차 있었으며, 대기업에 대한 정부의 여신한도 규제에도 불구하고 '좋은' 고객을 잃지 않기 위해 한도를 피할 수 있는 교묘한 방법을 찾아내어 대출을 증가시키곤 했다.

둘째로 재벌들은 이미 높은 부채비율을 갖고 있었음에도 불구하고, 더 많은 자금을 차입하기 위해 정부에게 국내 금융시장에 대한 규제를 완화하고 해외자본의 차입을 자유화할 것을 요구했다. 그 결과 1980년대 초부터 시작된 금융자유화는 1990년 중반에 거의 완성되었다. 물론 금융자유화에는 재벌들의 요구 이외에도, 금융기관이 정부규제를 피하려고 각종 편법을 이용할 수밖에 없었던 사정, 정부 관료들의 신자유주의적 사

표 11-4 해외부채의 기간별 구조

(단위: 10억 달러)

	1996. 12	1997. 11	1997. 12
장 기	57.5	72.9	86.0
금융기관	1.5	53.2	50.3
기 업	13.6	17.6	17.6
공공부문	2.4	2.0	18.0
단 기	100.0	88.9	68.4
금융기관	78.2	63.1	43.2
기 업	22.0	25.8	24.7
공공부문	0.0	0.0	0.0
총 계	157.5	161.4	154.4

출처: 재정경제부, 보도자료, 1998. 2.

고, IMF-미국-다국적자본의 압력 등이 크게 기여했다. 특히 1994년과 1996년에 24개의 종합금융회사가 이전의 투자금융회사로부터 전환했거나 새롭게 신설되었는데, 이들은 영업활동에서 정부의 통제나 규제를 거의 받지 않았다. 더욱이 이들은 대부분 재벌들의 소유였는데, 그 결과 재벌기업들은 아무런 간섭 없이 이들로부터 대규모의 자금을 빌릴 수 있었다. 이것이 재벌의 부채규모를 비정상적으로 크게 한 또 하나의 요인이었다.

셋째로 해외의 투자자나 은행들은 한국 경제의 발전에 대한 기대로 한국의 유가증권시장에 투자하거나 금융기관과 대기업에 대출하기를 매우 기뻐했으며, 이에 따라 해외업무에 전혀 경험이 없는 신설 종합금융회사들까지도 거대한 자금을 해외로부터 차입할 수 있었다.[18] 그 결과 해외부채는 급속히 증가해, 총부채가 1993년 말의 439억 달러에서 1996년 말에는 1,575억 달러로 무려 3배 이상이나 증가했다(표 11-2 참조). 여기에 더해 정부는 장기해외자본보다는 단기해외자본의 차입을 더욱 장려함으로써 단기차입의 비중을 매우 높게 만들었다.[19] 실제로 당시의 단기차입비중은

18 여기에서 해외의 투자자나 은행의 무모한 과잉투자와 과잉대출을 문제로 삼을 수 있다. IMF나 미국 정부를 믿고 도덕적 해이에 빠졌다고 말할 수 있을 것이다.

19 정부가 해외차입의 단기화를 장려했던 주요한 이유 중의 하나는 당시 한국의 은행들과

표 11-5 1997년도 해외차입의 만기갱신율

(단위: %)

	3월	4월	5월	6월	7월	8월	9월	10월	11월	12월
갱신비율	109.0	94.9	100.6	106.3	89.1	79.2	85.8	86.5	58.8	32.2

출처: Park(1998).

전체의 55%에 달할 정도였다. 해외부채의 기간별 구조는 표 11-4와 같다.

넷째로 금융자유화가 진행하면서 정부의 금융기관에 대한 통제와 감독의 권한이 현저히 감소했다. 그리고 상업은행들은 전통적으로 정부의 지시를 따르고 있었기 때문에, 대출을 심사하거나 대출을 사후 감독할 능력을 향상시키지 못하고 있었다. 더욱이 종합금융회사는 표준적인 금융업무에 대한 경험조차 가지고 있지 않았다. 결국 금융자유화는 금융활동에 대한 정부의 감독은 물론 금융기관 자신의 대출 심사와 사후관리를 확립하지 않은 채 진행되었으며, 이리하여 무모한 투자계획에 따른 기업의 도산 가능성과 부실대출의 증가에 따른 금융기관의 파산 가능성이 크게 증가한 것이다.

이와 같이 재벌의 투자결정의 자율성 증가, 대내외적 금융자유화, 정부의 실물부문과 금융부문에 대한 조정과 감독 권한의 포기와 약화 등과 같은 그 당시의 특수한 제도적 요소들이 호황기의 일반적인 과잉투자나 과잉차입을 더욱 거대하게 증가시켰으며, 이에 따라 격렬한 공황이 일어날 것을 예고하고 있었다.

다른 한편으로 한국의 금융위기를 외환위기와 경제 전체의 파국으로 이끌었던 그 당시의 제도적 요소는 무엇이었는가? 한국의 대기업들이 파산상태에 빠지고, 여러 금융기관들이 대규모의 부실채권을 안고 있을 때, 외국은행들은 새로운 대출은 물론 기존의 대출을 갱신해 주지 않는 것은 너무나도 당연한 일이었다(표 11-5 참조).

그러나 이런 일반적인 외환위기는 총해외부채 중 단기부채의 비중이

기업들에 대한 국제적 신뢰도(신용등급)가 향상되고 있었으므로, 앞으로 차입이자율이 점점 더 떨어지리라고 기대하여, 단기차입을 계속 갱신해 나가기를 권고했기 때문이다.

너무 높았다는 사실과, 정부가 환율을 유지하기 위해 1997년에 대규모의 외환보유고를 사용했다는 사실[20]에 의해 크게 악화되지 않을 수 없었다. 정부는 기업과 은행이 채무상환 만기일에 외채를 갚을 수 없게 되자, 1997년 11월 21일 IMF에 특별구제금융을 요청했으며, 12월 3일에 승인되었다.[21]

결론적으로 말해 한국의 1997년 말 공황은 자본주의 경제 그 자체의 본성인 경기의 주기적 순환의 한 과정으로 전개되었으나, 그 당시 한국 경제가 가지고 있었던 제도적 특성들이 이 공황을 더욱 더 악화시켜 외환위기와 경제적 파국으로까지 몰고 갔던 것이다.

3) IMF의 특별구제금융: '벼랑외교'의 필요성

1997년 12월의 공황은 금융기관과 기업이 외채를 상환하지 못함으로써 외환 부족과 환율 폭등의 형태를 띠면서 폭발했다. 만약 정부가 개입하지 않고, 금융기관과 기업에게 스스로 외채상환 문제를 해결하라고 내버려 두었다면 어떻게 되었을까? 금융기관과 기업은 당연히 외채지불불능(default)을 선언하게 되었을 것이고, 채권외국은행 중 몇몇은 큰 손실을 입고 고객들의 신뢰를 잃어 도산했을지도 모르고, 국제금융시장은 큰 혼란에 빠졌을 것이고, 특히 대출시장은 각국의 신용등급을 다시 매기느라고 크게 축소했을 것이다. 물론 한국계 금융기관이나 기업은 당분간 국제금융시장에서 차입할 수 없었을 것이다.

사실상 19세기의 국제금본위제에서는 시장의 자동조정기능에 대한 믿

20 왜 환율을 유지하기 위해 거액의 외환보유고를 사용했는가는 잘 알려지지 않고 있다.
21 IMF는 "한국 경제가 위기에 빠졌다"고 외쳐서 외국의 채권자들이 앞다투어 채권을 회수하려고 했다는 의심을 받고 있다. IMF는 국내의 파산법에서처럼 파산위기의 국가를 구제하기 위해 미리 모든 외국채무를 동결하고 치밀한 계획에 따라 외국채무를 천천히 갚도록 했어야 할 것이다. 표 11-5에서 보는 바와 같이 IMF가 개입한 11월과 12월에 해외차입의 만기갱신율은 크게 저하했다.

음과 자유방임사상이 지배하고 있었기 때문에, 채무자가 파산하면 국제간의 대차관계는 그것으로 끝났다. 따라서 외국은행이나 외국기업에 대한 빚을 갚기 위해 채무자가 일부러 파산을 신청하는 경우도 많았다.

그런데 한국 정부나 IMF는 '시장'에 맡겨 두지 않고 금융기관과 기업의 외채상환에 개입했고, 한국 정부가 금융기관과 기업의 모든 외채 원리금 상환을 가장 불리한 조건으로 떠맡게 되었다. 구체적으로 말해, 정부는 IMF로부터 구제금융을 받으면서 IMF의 신탁통치를 받게 되었고, 그 뒤 외국은행의 단기차관을 장기로 전환시키는 교섭과정에서 정부가 원리금 상환을 보증하고 국제금리보다 매우 높은 금리를 지불하기로 합의했던 것이다. IMF와 외국은행은 큰 성공을 거두었고, 정부는 최대의 '무지'와 '무능'을 드러냈고, 국내의 금융기관과 기업은 훨씬 무거운 외채상환 부담을 짊어지게 되었고, 국민들은 실업과 생활수준 저하 등 큰 고통을 받았다.

IMF는 미국 · 영국 · 독일 · 일본 등 선진자본주의국이 국제적인 금융자본의 이익을 옹호하기 위해 세운 국제기구이기 때문에, IMF는 한국 정부에게 외채의 원리금 상환을 책임지라고 강요하기 마련이다. 그러나 정부는 금융기관과 기업이 외채지불불능을 선언할 수밖에 없는 긴박한 상황을 이용하여 원리금의 탕감이나 상환기일의 연장을 협상할 수 있었다.

1980년대 라틴 아메리카의 외채위기를 예로 들어 보자. 예컨대 멕시코의 은행이나 기업이 외채지불불능을 선언하면, 외채의 원리금이 곧바로 채권외국은행의 손익계산서에 손실로 계상되므로 고객들은 그 은행이 적자투성이인 것을 알아 예금하지 않고 예금을 인출하기 때문에 그 은행은 파산하지 않을 수 없다. 따라서 채권외국은행은 멕시코의 은행이나 기업에게 외채지불불능을 선언하지 않도록 '애원한다'. 물론 이 경우 채권외국은행은 IMF를 대리인으로 내세우고 멕시코의 은행과 기업은 멕시코 정부를 대리인으로 내세운다. 멕시코 정부는 오히려 당당하게 IMF에게 요구하여 원리금의 일부를 탕감하거나 원리금의 상환기간을 연장하거나 이자율을 인하하거나 추가적인 자금을 지원하도록 한다. 이것이 외채의 조정(rescheduling)이다. 이것은 국내에서 한국의 은행들이 부실대기업을 도산시키지 않은 채 부채를 탕감하고 대출을 계속하면서 워크아웃을 시도하는 것과 마찬가지다.

사실상 외국은행들도 한국의 금융기관과 기업에 대해 '과잉대출' 한 책임을 져야만 했다. 한국 경제의 기적이 계속되리라고 예상하여 거대한 금액을 대출했기 때문에, 이 잘못된 결정에 대해 책임을 지고 손실을 감수해야만 했다. 그리고 IMF, IBRD뿐 아니라 국제신용조사기관인 스탠다드 앤 푸어(S & P)도 은행을 포함한 외국투자자들에게 옳지 않은 정보를 제공한 책임을 져야만 했다. 그런데 IMF와 미국 정부가 외국은행들에게는 책임을 묻지 않고 모든 책임을 한국 정부에 지운 것이다. 이렇게 본다면, 1997년 12월의 공황은 한국의 금융기관이나 대기업의 도덕적 해이 때문에 발생했다고 주장하기보다는 오히려 외국은행들의 도적적 해이 때문에 발생했다고 주장해야 할 것이다. 왜냐하면 외국은행들은 IMF와 미국 정부가 대신 받아 주리라고 믿고 한국의 금융기관과 기업에게 무리하게 대규모로 대출했기 때문이다.

그러면 왜 김영삼 정부는 IMF의 요구를 그대로 받아들였는가? 첫째는 IMF나 미국 정부를 상대로 어떻게 감히 협상할 수 있는가, IMF나 미국 정부의 비위를 거슬리면 벼락이 떨어질지도 모른다는 '사대주의' 때문이었다. 이 사대주의는 정부관료 · 정치인 · 지식인뿐 아니라 모든 국민들에게도 퍼져 있었는데, 일부는 친미주의적 성향 때문에 그리고 다른 일부는 무지 때문에 그러했다. 둘째로 1997년 12월 3일은 대통령 선거(투표일은 12월 18일)의 절정기였기 때문에 여당의 후보(이회창)나 야당의 후보(김대중)나 모두 미국 정부나 IMF의 비위를 건드리지 않으려고 했기 때문이다. IMF는 대통령 입후보자들 모두에게 협정내용을 보증하는 서명을 요구해서 받았다. 셋째로 정부나 정당의 엘리트가 국민이나 민중의 이익이 우선이라는 시각을 가지지 못했기 때문이다.

4) 경제개혁의 새로운 방향

(1) IMF의 경제개혁 프로그램

앞에서 본 바와 같이 반아시아모델 견해와 친아시아모델 견해는 1997년 말 공황의 원인을 서로 다른 곳에서 찾았는데, 그들은 공황을 극복하기 위한 개혁방향에 대해서도 서로 다른 의견을 제시했다. 반아시아모델 견해를 대표하는 IMF는 한국경제시스템을 완전히 영미시스템으로 개혁할 것을 요구했는데, 금융개혁의 요구사항은 다음과 같았다.

(가) 금융부문을 더욱 투명하게 하고, 시장지향적으로 만들며, 잘 감독될 수 있도록 한다.
(나) 자원의 효율적 배분을 위해 자본시장에 대한 규제를 근본적으로 없애고, 주식시장의 매력을 강화하기 위해 인수와 합병에 대한 제한을 제거한다.
(다) 법인부문이 국제자본시장에서 자금을 직접 조달할 수 있도록 자본계정을 자유화한다. 그리고 외국인의 국내 화폐시장과 채권시장에 대한 투자를 허용한다.
(라) 한국은행을 독립시켜 물가안정을 그 주된 임무로 삼게 한다(IMF 1997).

IMF가 기업지배구조와 기업구조를 개혁하기 위해 요구한 사항은 다음과 같았다.

(가) 기업경영의 투명성을 높이기 위하여, 상장회사는 완전한 공개, 독립적인 외부감사, 결합재무제표의 작성 등을 실시해야 한다.
(나) 부채의존을 감소시키기 위해, 계열기업 사이의 상호지급보증제도가 결합재무제표에 의해 더욱 투명해져야 한다.

(다) 시장규율을 강화하고 만연된 도덕적 해이를 제거하기 위해 정부개입 없이 파산이 이루어질 수 있도록 파산절차를 법규화해야 한다. 정부는 개별기업을 구제하기 위해 지원이나 조세특혜를 주던 과거의 정책을 중단해야 하며, 또 건전한 기업과 불건전한 기업을 통합하도록 강요해서는 안 된다(IMF 1997).

이런 IMF의 개혁프로그램에 관해 반아시아모델 주장자들은 완전히 동의하며, 그것이 자본의 배분을 더욱 효율적으로 만들 것이며 또 한국 경제에 대한 신뢰를 회복시킬 것이라고 주장한다(Summers 1998; Krugman 1998b). 이와는 반대로, 친아시아모델 주장자들은 IMF의 개혁프로그램이 결국은 한국 경제의 구조를 더욱 더 불안정하게 만들 뿐 아니라, 한국 경제에 큰 부담을 지우게 될 것이라고 비판한다(Crotty 1998; Wade & Veneroso 1998).

(2) 금융개혁의 새로운 방향

우리는 IMF의 금융개혁 방향도 받아들이지 않고, 또 친아시아모델 주장자들처럼 과거의 금융제도가 바람직한 제도라고도 생각하지 않는다. 영미식 자본시장 중심의 금융제도(market-based system)는 증권시장의 투기를 조장하며 법인기업들을 주식가격의 동향에 너무 민감하게 만들어, 경제의 장기적 성장이나 안정성 · 공평성을 해치기 쉽다. 더욱이 자본이동의 자유화와 함께, 금융제도를 자본시장 중심으로 만든다면, 외국투기자본이 한국의 유가증권시장과 한국 경제를 쉽게 혼란에 빠뜨리면서 자기들의 이익을 추구할 수 있을 것이다.[22]

다른 한편 과거의 한국 금융제도가 은행중심 시스템(bank-based system)의 여러 장점들을 가졌다고 할지라도, 관치금융이나 재벌에 대한

22 금융제도를 market-based system과 bank-based system으로 구분하는 것과, 각각의 장단점에 대해서는 Pollin(1995)을 참조하라.

특혜적 집중 대출 등 여러 가지 문제를 내포하고 있었다. 그러므로 우리는 경제의 안정성을 높이고, 신용이 생산적인 부문으로 흐르도록 하며, 또 신용의 흐름이 사회적 공평성을 증대시킬 수 있도록 하는 금융제도를 구축해야만 한다. 특히 정부가 금융기관들에 막대한 공적자금을 투입했기 때문에 금융기관의 공공성은 더욱 증가했다.

첫째로 금융기관의 공공성을 더욱 증대시키기 위해, 소유가 더 많은 주주에게 분산되어야 한다. 은행(시중은행과 지방은행)에 대한 개인의 최대 주식 보유한도를 확대하면, 결국 재벌들이 은행을 지배하면서 자기들의 사금고로 만들 우려가 더욱 커진다. 따라서 현행 은행법의 소유한도는 확대되어서는 안 되며, 오히려 소유를 어떻게 더 분산시킬 것인가를 논의해야 할 것이다.

둘째로 주기적 경기변동에 따라 신용의 공급이 너무 많거나 너무 적은 문제를 해결함으로써 경제의 안정성을 증대시키기 위해서는, 금융기관의 대출이 금융기관 자신의 이익을 위해서가 아니라 국민경제 전체의 이익을 위해 이루어지도록 해야 할 것이다. 이를 위해 각 금융기관은 주주 · 예금자 · 종업원 · 차입자 및 일반시민으로 구성되는 '신용관리위원회' 를 두어야 한다. 이 신용관리위원회는 일정 금액 이상의 대출에 대해서는 사전승인을, 그 이하의 대출에 대해서는 사후승인을 해 줌으로써 신용의 적정성 여부를 관리하는 내부기구로 역할해야 한다. 그리고 각 금융기관의 '신용관리위원회' 가 내부자의 이익만을 추구하는 것을 막기 위해, 국민경제 전체의 이익을 도모하는 상급 신용관리위원회를 두어 각 금융기관의 신용관리위원회를 감독해야 할 것이다.

신용관리위원회는 콕스(Cox 1986)가 제시하는 '국민적 합의' 기구로 역할함으로써, 금융기관의 사적 이익이 아니라 사회 전체의 이익에 따라 신용을 배분하는 데 기여할 것이며, 다양한 사회적 목표들 사이에 신용을 균형 있게 배분하는 데 기여할 것이다. 또한 그렇게 함으로써 호황기와 불황기에 나타나는 과잉대출과 신용경색을 막아 경제를 안정시키는 데 도움을 줄 것이다. 더욱이 신용관리위원회는 다양한 이익단체로 구성됨으로써, 과거의 한국금융제도가 지녔던 관치금융이나 대기업 편중대출 등의 문제도 해결할 수 있을 것이다.

셋째로 한국은행의 역할과 금융통화위원회의 구성이 변화되어야 한다. 한국은행은 개별금융기관의 신용관리위원회에 신용관리의 가이드 라인을 제공해야 할 것인데, 이 가이드 라인은 정부의 경제정책과 조화를 이루어야 할 것이다. 그러나 IMF의 요구에 따라 1997년 말 개정된 한국은행법은 한국은행의 일차적 책임을 통화가치의 안정, 즉 물가안정에 두었으며, 또 정부로부터 완전히 분리시켰다. 이리하여 한국은행은 긴축적인 통화정책만을 펼 수밖에 없게 되었다. 그러나 한국은행이 통화가치의 안정만을 최고의 목표로 삼게 되면, 적절한 신용공급을 통해 실업문제를 해소하는 등 노동자나 일반시민의 이익을 고려하는 정책을 펴기보다는 화폐소유자나 금융기관의 이익을 더 중시하는 정책을 펴기 쉽다(Epstein 1994).

한국은행이 신용관리를 국민 전체의 입장에서 수행하기 위해서는 금융통화위원회의 구성도 현재와 같이 정부 · 기업 · 금융계의 추천 인사들로만 구성되어서는 안 되고 다양한 이익단체의 대표자들로 구성되어야 한다. 폴린(Pollin 1993)이 미국의 지역 연방준비은행의 이사회를 선거에 의해 구성하자고 제안했듯이, 우리도 금융통화위원회의 위원을 선거를 통해 선출할 수도 있을 것이다.

넷째로 IMF가 자본시장에 대한 규제를 없애고, 인수와 합병에 대한 제한을 없애라고 요구했지만, 자본시장에서 투기적 활동은 적절히 통제되어야만 한다. 이를 위해 우리는 케인즈(Keynes 1936: 160)와 폴린(Pollin 1995; 1997)이 제안하듯이, 유통시장의 거래에 대해 자본이득세나 거래세를 부과해야 할 것이다. 그리고 기업을 장기계획에 따라 경영하는 것을 장려하기 위해 적대적 인수와 합병도 규제해야 할 것이다.

다섯째로 자본자유화가 외국의 투기적 자금이 대규모로 갑작스럽게 유입하거나 유출하는 것을 가능하게 함으로써, 한국 경제의 안정을 해칠 뿐 아니라, 사회적 공평성과 경제성장을 위한 국내 경제정책의 효과를 제한하기 때문에, 해외자본의 유출과 유입은 완전히 자유화되어서는 안 되고 국내체류기간을 정하든지 토빈세(Tobin Tax) 등 외환거래세를 부과해야 할 것이다.[23]

(3) 재벌개혁의 새로운 방향

IMF는 기업경영의 투명성, 부채 / 자기자본 비율의 축소(200% 이하), 결합재무제표의 작성 등을 요구했는데, 한국 정부는 그밖에도 재벌들이 '대규모 사업교환' (이른바 빅딜 big deal)을 통해 독점적 전문기업으로 발전할 것을 강요했다.[24] 그런데 친아시아모델 주장자들은 재벌개혁 그 자체가 불필요한 것으로 보고 있다. 그러나 우리는 재벌체제가 갖고 있는 여러 비민주적 · 비효율적 문제들을 개선하기 위해서는 위의 두 주장과는 다른 재벌개혁 방안이 필요하다고 본다. 특히 우리는 재벌개혁이 기업조직의 효율성은 물론, 기업의사결정의 민주화와 그를 통한 기업의 사회적 책임 강화라는 목표를 달성할 수 있도록 이루어져야 한다고 생각한다.

첫째로 재벌의 금융구조와 사업구조가 조정되어야 하지만, 지배구조의 개혁이 더욱 중요한 과제다. 부채비율을 축소하고, 사업을 몇 개의 핵심사업으로 축소하는 것은 재벌의 효율화에 필요한 것이지만, 재벌총수가 재벌을 자기 마음대로 경영하는 것을 막지 못한다면, 투자 결정, 자금사용, 노사관계, 인사문제 등에서 엄청난 오류와 비효율성을 감소시키지 못할 것이다. 특히 재벌총수의 독재와 소유권 · 경영권의 세습은 봉건적인 전제정치에 속하는 시대착오적인 현상이며, 기업경영이 효율적으로 이루어지고 의사결정이 민주적이며 기업이 사회적 책임을 짊어지도록 하

23 자본통제의 구체적인 수단에 대해서는 Crotty & Epstein(1996)을 참조하라.

24 빅딜에 따라 LG반도체를 인수한 현대전자는 이름을 하이닉스(Hynix)로 바꾼 뒤 해체위기에 빠졌으나 채권단의 워크아웃 노력에 힘입어 정상적인 궤도에 올라섰다.

기 위해서는, 재벌총수의 독재와 소유권 · 경영권의 세습은 반드시 사라져야 한다.

재벌연구가인 김기원에 따르면, 재벌체제가 안고 있는 가장 큰 문제점은 '왕조식(王朝式) 황제경영(전근대적 독점)과 선단문어발 경영(근대적 독점)' 인데, 재벌체제를 개혁하려면 '재벌체제의 핵심 고리, 약한 고리' 인 왕조식 황제경영을 혁파하기 위한 소유 · 지배구조 개혁에 초점을 맞추어야 하며(김기원 2002: 7), 과도한 통합경영(선단경영)이나 과도한 다각경영(문어발경영)은 황제경영이 제거되면 자연히 사라진다고 본다(김수행 2005b: 101).

둘째로 이사회가 현재와 같이 대주주나 재벌총수의 관계인으로 구성되는 것을 막고 광범위한 이익단체의 대표들로 구성되어야 한다. 즉, 대주주는 물론 노동자 · 소비자 · 채권금융기관과 같은 이해당사자들이 이사회에 참여함으로써, 기업활동이 주주들의 이익뿐 아니라 이해당사자의 이익을 증진하도록 해야 한다. 종업원 지주제를 확대해 우리사주의 대표가 이사회에 참여하도록 하는 제도적 장치도 마련해야 할 것이다.

3

불황극복정책의 반민중적 성격

IMF신탁통치가 한국 사회에 고유한 '후진성' 때문에 불가피했다고 생각하는 새로운 형태의 '민족개조론'과 '사대주의'(= 미국숭배론)가 특히 김대중 정부(1998년 2월~2003년 2월)의 구조조정정책의 밑바탕에 깔려 있었다. 모든 것에서 미국을 본받아야 한다는 강박관념 때문에, 미국식 약육강식(弱肉强食) 자본주의와 카지노 자본주의가 한국 경제의 뼈대를 무너뜨리면서 경제적 · 사회적 · 정치적 대혼란을 야기했다. 기업들이 은행으로부터 자금을 조달하던 전통적인 금융구조를 증권시장으로부터 자금을 조달하는 영미식 금융구조로 '혁명'하는 과정에서 기업들의 자금난과 은행의 부실화가 더욱 심화되었고, 증권시장에서 일확천금을 노리는 무모한 한탕주의가 국민경제와 국민정서를 회복하기 어려울 정도로 멍들게 했다. 또한 국제경쟁력 강화를 위해 비용 절약을 강조하는 바람에 대규모의 해고가 발생하고 정규직 노동자가 임시직 · 계약직 · 파견직 등 비정규직으로 전환했지만, 공동체적 단결과 연대성을 통해 이룩되던 노동생산성 향상은 사라지고 노동자들 사이의 상호반목과 불신 및 노사분규가 증가했다. 대외경제 면에서는 개방과 자유화가 외국자본의 자유로운 활동을 보장하고 있지만, 언제 단기성 투기자본의 침략을 받아 주가폭락과 외환위기를 다시 겪게 될지 매우 위험한 상황이다.

아래에서는 1997년 말 공황과 그 뒤의 불황을 극복하기 위해 채택한 구조조정정책들이 어떤 철학을 바탕으로 하고 있는가를 고찰하면서 그

철학들이 불황을 극복하기에는 역부족이라는 점을 강조하고자 한다.

1) 자본주의 '체제'의 문제

미국숭배자들은 미국 경제도 끊임없이 크고 작은 공황을 경험했으며 앞으로도 또 경험할 것이라는 사실을 모르고 있든지 은폐하고 있다. 1930년대의 대공황은 자본주의 역사상 가장 큰 공황이었고, 1987년 10월 19일(Black Monday라고 부름) 뉴욕증권시장의 주가폭락은 1929년 10월의 주식시장 공황을 훨씬 능가했다. 물론 한국 경제에는 해결해야 할 여러 가지 문제들이 많지만, 그렇다고 경제적 위기를 '도덕적 해이(moral hazard)'나 '연줄(cronyism)' 때문이라고 분석해 버리면 한국 경제의 문제점을 개혁하기가 어려워진다. 다시 말해 1997년 12월의 공황을 자본주의 경제 일반의 관점에서 파악하고 자본주의 일반이 가지고 있는 문제점들을 해결하려고 노력할 필요가 있는데, 이런 근본적인 개혁은 정부의 구조조정정책에는 전혀 보이지 않았다.

자본주의 경제는 자본의 가치증식(valorisation)을 최대한 추구하는 과정에서 숙명적으로 공황에 부닥치기 때문에, 불황 극복의 진정한 방향은 경제의 운영 목표를 자본가의 이윤 추구에 둘 것이 아니라 국민들의 욕구 충족에 두어야 한다. 다시 말해 수익성보다는 공공성을 강조하는 부분이 경제에서 점점 더 커져야, 공황의 발생을 억제할 수 있다는 점이다. 수익성에 얽매어 호황기에는 무모한 과잉투자를 하고 불황기에는 대규모 해고를 단행하는 체제를 개혁해야 한다. 이것은 또한 수출중심의 경제로부터 내수중심의 경제로 전환하는 것을 의미한다. 모든 나라가 수출 확대를 통해 경제를 성장시킬 수는 없다. 왜냐하면 어느 나라가 수출을 확대하면 다른 나라가 수입을 확대해야 하기 때문이다. 또한 모든 나라들이 수출 확대를 위해 임금 억압을 시도한다면 세계시장은 축소할 수밖에 없고, 어느 나라도 수출 확대를 통해 고용을 확대하고 생활수준을 향상시킬 수가 없게 된다. 사실상 1980년대 이후의 신자유주의적 세계에서는 이런 현상이 대규모로 나타나고 있다.

2) 금융구조의 '혁명' 추구

한국에서는 전통적으로 가계가 주로 은행에 예금하고 기업들은 은행으로부터 대출받아 성장했다. 이리하여 기업(특히 대기업)은 은행과 긴밀한 관계를 맺으면서 장기적인 대규모 자금을 조달할 수 있었으며, 주식을 추가적으로 발행하지 않았기 때문에 기존의 대주주는 기업을 계속 지배할 수 있었다. 그렇지만 기업은 자기자본에 비해 부채가 너무 커서 금융비용이 많이 들었고, 경기가 좋지 않아 기업이 대출의 원리금을 상환하지 못하게 되면 기업과 은행이 동시에 파산할 위험성이 컸다. 그리하여 대기업들이 증권시장에서 주식을 발행해 자기자본을 증가시킬 수 있도록 정부가 증권시장의 육성에도 힘썼다.

그러나 한국에서는 '한탕주의'가 팽배하기 때문에 증권시장은 항상 투기장이 될 뿐 자본의 장기적이고 안정적인 조달 창구가 되지 못했다. 박정희 정권 초기에 증권시장을 육성하기 시작했지만 정치군인들이 정치자금을 모으기 위해 증권시장을 한동안 투기열풍으로 몰아넣어 일반 투자자들의 재산을 수탈했기 때문에 증권시장은 그 뒤 침체에 빠졌다. 증권시장은 노름판이고 잘 하면 '대박'을 얻을 수 있다는 한탕주의는 일반 투자자들에게 널리 퍼져 있기 때문에, 어떤 기업에 대한 좋은 풍문은 그 기업의 주식가격을 폭등하게 하지만 그 풍문이 실체가 없다고 판명될 때는 곧 주가가 폭락하여 투기적인 거래가 몰락할 수밖에 없다. 이렇게 돈을 잃은 일반 투자자들은 증권시장을 떠나기 마련이다. 1997년 이전에도 정부는 증권시장을 활성화하여 대기업들의 거대한 자금 수요를 충족시켜 주기 위해, 투자신탁회사(대한과 한국)에게 증권 매입을 독려하여 주가를 인상시킴으로써 일반 투자자의 한탕주의를 자극했다. 그러나 주가는 결국 해당 주식회사의 장래 수익에 달려 있기 때문에 근거없는 풍문으로 주가가 계속 상승할 수는 없고 언젠가는 폭락하기 마련이다. 정부의 지시에 순응한 투자신탁회사는 도산위기에 빠지게 되고, 정부가 '공적자금'을 지원하여 그 투자신탁회사를 회생시켰다.

과거의 경험에 비추어 보면, 증권시장은 제대로 기능하지 못했지만, IMF 신탁통치 아래에서는 증권시장을 활성화해야 할 새로운 필요성이 생겼다. IMF가 대기업의 부채/자본 비율을 200% 이하로 감축할 것과 은행의 자기자본/위험대출 비율(BIS비율)을 8%까지 증가시킬 것을 요구했기 때문에, 대기업과 은행은 주식 발행을 통한 증자에 노력하지 않을 수 없었기 때문이다. 또한 부족한 외국자본을 유치하기 위해 증권시장을 활성화해야 할 필요성이 있었는데, 이 과정에서 외국의 투자자들이 매우 낮은 가격으로 한국의 주요 기업들의 주식을 매입함으로써 큰 이득을 본 경우가 많았다. 더욱이 김대중 정부는 2000년 4월의 총선에서 승리하기 위해 유가증권시장과 코스닥시장에 투기 열풍(묻지마 투자)을 일으켰지만, 그 뒤 곧 주가가 폭락함으로써 증권사 · 연금공단 · 금융기관 · 기업 · 가계 모두가 큰 손실을 입었다.

미국 · 영국에서 역사적으로 형성된 증권시장 중심의 금융구조는 한국사회에는 적합하지 않은 것 같다. 물론 은행 중심의 금융구조에서는 주식을 발행하지 않고 차입을 통해 자금을 조달하기 때문에 기존의 대주주는 자기의 지분을 계속 유지할 수 있으므로, 인수와 합병이 어렵다든가, 기업의 경영실적이 곧바로 시장에서 평가되지 못한다는 문제점이 있다. 그러나 증권시장에서 자금을 조달하기 위해서는 주가를 높은 수준에 유지할 필요가 있고, 이렇게 되면 기업은 이윤 중에서 더욱 큰 부분을 배당으로 분배해야 하기 때문에 재투자를 위한 사내유보가 감소할 수밖에 없고, 또한 기업은 불확실성이 많은 장기투자보다는 단기투자에 몰두할 수밖에 없어 한국 경제의 장기적이고 지속적인 성장을 도모하기가 어려워진다. 더욱이 국민경제를 일정한 수준에서 계획적으로 운영할 필요가 있을 경우에는 은행 중심의 금융구조가 오히려 더욱 적합할 수 있다.

3) 외국자본에 대한 우대

김대중 정부는 IMF의 요구대로 금융시장과 자본시장을 완전히 개방했고, 외국자본의 국내 투자를 적극적으로 장려하면서 대통령이 스스로 투기꾼 소로스(Soros)를 접견하기까지 했다. 그리고 어떻게 하면 외국투자자들의 환심(또는 신뢰도)을 살 수 있는가에 고심했다. 경제정책의 목적이 국민경제의 안정적 성장과 고용의 증대에 있다기보다는 외국자본의 도입 그 자체에 있는 것 같은 인상까지 주었다.[25]

제일은행을 2000년 1월 20일 외국투자자(뉴브리지 캐피털 Newbridge Capital)에게 매각하면서 정부가 수용한 조건들은 너무나 불리했다. 지금 생각하면 처음부터 제일은행을 파산시키는 것이 국민경제에 더욱 이익이 되었을지도 모른다. 정부가 제일은행의 채무를 갚기 위해 거대한 공적자금을 투입하여 어느 정도 정리한 뒤, 외국투자자에게 헐값으로 매각하면서 앞으로 부실채권이 발생하면 그것도 (합의한 조건에 맞으면) 정부가 공적자금으로 대신 지급하겠다고 합의한 것이다. 이런 헐값 매각[26]은 그 뒤의 모든 매각 협상에서 하나의 기준을 제공함으로써 매각이 제대로 되지 않았다. 서울은행이나 대우자동차의 매각 협상도 예외가 아니었다.

그런데 매각 협상에서 정부는 외국투자자들의 '약속'을 너무 쉽게 믿는다는 점이다. 외국투자자가 "우리는 결코 현재의 노동자들을 해고하지 않겠다"고 약속했다고 해서, 해고가 발생하지 않으리라고 정부가 선전한 것은 참으로 어리석은 짓이다. 외국투자자도 국내투자자와 마찬가지로 자본의 가치증식이 목적이지 국민의 필요 충족이 목적은 아니다. 따라서

25 김대중은 외환 부족을 해결하는 것보다는 노벨평화상을 받기 위해 외국의 상류인사들에게 친절을 베풀고 있는 것이 아닌가 하는 오해를 받기도 했다.

26 뉴브리지 캐피털은 2005년 4월 15일 제일은행을 스탠다드 차타드(Standard Chartered) 은행에게 팔면서 거액의 매매차익을 챙겼다.

경기가 나빠지면 당연히 해고할 것인데, 경제에서 외국자본의 지배가 커질수록 정부는 외국자본의 요구를 점점 더 들어줄 수밖에 없다는 점이다. 예컨대 한국의 대기업을 인수한 외국자본가가 "채산성이 맞지 않아 문을 닫겠다"고 경고하면서 정부에게 거대한 금액의 지원을 요구한다면, 정부는 그 대기업이 산업과 고용에서 차지하는 중요성을 고려하여 외국자본가의 요구를 들어주지 않을 수 없을 것이다. 만약 선거일을 며칠 앞두고 외국자본가가 매우 무리한 요구를 해온다면, 정부와 여당은 당면한 선거 때문에 그 무리한 요구를 받아들이지 않을 수 없는 상황에 부닥칠 수도 있다. 사실상 이러한 상황은 선진국에서도 여러 차례 발생했다. 영국에 투자한 미국계 자동차회사(크라이슬러)는 공장폐쇄를 구실로 영국 정부로부터 거대한 지원을 받은 경우가 있다.

다시 말해 국내의 은행이나 기업을 외국에 매각하는 것의 이익이 사대주의와 시장주의 때문에 과대하게 평가되고, 공적자금을 투입해 은행이나 기업을 국가소유나 공공소유로 전환시키는 것의 비효율성이 지나치게 과장되고 있다. 그러나 자세히 관찰하면, 공기업 중 일부는 정부의 '낙하산 인사' 때문에 경영이 부실해진 것이다. 따라서 국가소유나 공공소유의 은행이나 기업을 국민들의 감시 속에서 책임경영을 실시한다면, 거대한 공적자금을 국민들의 재산과 고용을 보호하는 방향으로 사용할 수 있었을 것이다.

주식시장과 채권시장이 외국투자자에게 개방되었기 때문에, 단기적인 투기성 자금의 유출입이 심해졌다. 증권시세를 좌지우지하는 것은 외국자본인데, 이런 외국투기꾼들이 금융시장 · 증권시장 · 외환시장의 불안정을 더욱 부추기고 있다. 그런데 심각한 문제는 외국투기자본이 들어오는 것보다는 한꺼번에 몰려 나가는 데 있다. 국내에서 활동하는 외국투기자본이 예컨대 약 500억 달러라고 하고, 이 규모의 자본이 갑자기 원화를 외화로 환전하여 국외로 탈출하려고 한다면, 정부의 외환보유고로서는 원화가치의 폭락과 외환 부족을 도저히 감당할 수가 없어 또다시 외환위기에 빠지게 될 것이다. 따라서 단기적인 투기성 외국자본의 유출을 통제하는 조치를 미리 마련해야 한다.

4) 민중에 대한 희생 강요

김대중 정부는 불황을 극복하기 위해서는 부유층의 투자능력과 투자의욕을 강화해야 한다는 철학에서 소득분배의 불평등을 확대하고 치부욕을 적나라하게 자극했다. 몇 개의 정책을 살펴보자.

첫째로 김대중 정부는 금융실명제, 부동산실명제, 종합소득세 등의 실시에 철저하지 못했을 뿐 아니라 부정 · 부패의 방지에도 전혀 성공하지 못했다. 여당이 선거 때마다 동원하는 거대한 정치자금이나 계속 폭로되는 가신(家臣)들과 공직자들의 부정 · 부패를 보면 김대중의 정치철학을 의심하지 않을 수 없다. 물론 40년 이상의 야당 생활에서 가신들의 고통이 심했을 것이지만, 한국 사회에서 부정과 부패를 제거하지 못하면 아무런 개혁도 불가능하다는 사실을 명심해야 할 것이다. 구조조정의 칼자루를 쥐고 있는 고위층이 뇌물을 받아 구조조정의 내용을 바꾼다면, 어느 누구가 뇌물을 바치려고 하지 않겠는가?

둘째로 김대중 정부는 정리해고, 변형근로제, 파견근로제를 노사정위원회에서 민주노총의 합법화와 노동조합의 정치활동 허용 등과 맞교환해 통과시켰다. 노사정위원회를 자본의 이익을 증진시키는 방향으로 활용하는 것은 노동조합의 세력을 약화시키는 것이며, 결국에는 노사정위원회가 제대로 기능할 수 없게 만드는 것이다. 정규직 노동자를 비정규직 노동자로 지위를 강등시켜 임금을 인하하고 고용에 불안을 느끼도록 하여 더욱 열심히 일하게 한다는 사고방식은 참으로 한심하다. 나란히 함께 정규직 노동자로 동일한 임금과 대우를 받던 노동자가 하루 아침에 비정규직으로 되어 매우 낮은 임금과 대우를 받는다면, 노동자들 사이에 협력이 제대로 이루어질 수 있겠는가? 선진국에서 강조하는 '협력적 노사관계'

의 핵심은 노동자들의 연대성을 생산성 향상으로 전환시키는 것에 있다는 점을 상기한다면, 노동의 유연화 정책은 한국 풍토에서는 장기적으로 기업에 결코 도움이 되지 않을 것이다. 물론 우리 사회가 오랫동안 미국문화에 영향을 받았지만, 여전히 '종신고용'이 노동자들의 창의(創意)와 헌신을 끌어내는 방식일 것이다.

셋째는 금융기관이나 공기업은 주인이 없어 부실하게 되었으므로 구조조정의 핵심은 '주인 찾아주기'이어야 한다는 철학은 금융기관과 공기업을 모두 외국인에게 팔 수밖에 없다는 이야기와 같다. 왜냐하면 금융기관이나 공기업을 매입하려면 거대한 자금을 가져야 하는데, 재벌과 외국투자자 이외에는 이런 규모의 자본을 조달할 수 있는 주체가 없고, 재벌은 이미 구조조정의 대상이기 때문이다. 예를 들어 한국전력이나 한국통신이나 서울지하철이 주인(대주주)을 찾았다고 하자. 이 대주주가 외국인이든 한국인이든 독점적 지위를 이용하여 요금을 대폭 인상한다면 국민들은 얼마나 큰 고통을 받을 것인가? 공기업을 매입하는 민간자본은 이윤획득이 목적이기 때문에, 공기업의 매각 조건이 이윤 획득에 도움이 되지 않으면 매입하지 않을 것이며, 따라서 공기업의 공익성은 민영화와 더불어 사라진다는 점을 강조하지 않을 수 없다(제10장 4를 참조하라).

넷째로 빈민과 실업자와 저소득층을 위한 사회안전망의 구축에는 엄청난 재정지출이 필요하다는 것을 강조하면서도 불요불급한 정부지출을 제거하거나 새로운 세원을 개발하거나 세금을 철저하게 징수하거나 고소득층에 높은 세금을 부과하는 조세개혁을 실시하지 않았다.

이처럼 김대중 정부는 남한의 민중에게는 적자생존을 강조하고 경제위기의 모든 부담을 짊어지게 하면서, 대북정책에서는 북한 인민의 빈곤에 동정하면서 대규모의 원조를 제공했다. 이런 이율배반적인 정책은 결코 오래 계속될 수가 없다. 따라서 북한과의 관계 개선으로 남한의 민중도 이익을 볼 수 있는 여러 가지 조치들에 관해 남북 정부가 합의해야 할 것인데, 김대중 정부는 물론이고 노무현 정부도 이 점에 크게 신경을 쓰지 않고 있다. 북한과의 관계 개선을 통해 평화체제를 확립함으로써 국방비나 대북관련 사찰비를 대폭 삭감할 수 있고, 이런 세출 삭감으로 사회안전망을 구축하고 연구개발을 활성화시킬 수 있을 것이다. 더욱이 소규모의 직업군인제를 실시하면서 국민개병제를 철폐한다면, 청년들의 연구역량과 민주역량이 크게 향상되어 과학입국과 민주화에 박차를 가할 수 있을 것이다. 이렇게 되면 북한도 국방비를 삭감하여 인민의 생활 개선에 전용할 수 있을 것이다.

5) 기득권층을 위한 공적자금

기업과 금융기관의 구조조정에 거대한 규모의 공적자금이 투입되었다. 주식회사가 망하면 그 회사의 자산에서 부채를 갚고 순자산을 주주들이 나누어 가지면 된다. 그런데 오히려 부채가 자산보다 더 큰 경우에는 주주들은 책임이 없고 채권자들만 손해를 보게 되는데, 특히 금융기관의 손실과 도산은 경제 전체에 큰 악영향을 미치기 때문에, 정부가 금융기관의 구제와 업무정상화에 거액의 혈세를 쏟아 부었다. 공적자금관리위원회의 발표에 의하면, 1997년 11월부터 2006년 5월 말까지 IMF 외환위기를 극복하기 위해 투입한 공적자금의 잔액은 168조 3천억 원인데, 어떤 목적으로 투입되었는가는 다음과 같다.

(가) 출자 = 63조 5천억 원. 예금보험공사와 정부가 부실 금융기관에 출자해 현재 주식으로 보유하고 있는 금액이다.

(나) 출연 = 18조 4천억 원. 부실 금융기관을 인수한 금융기관에게 예금보험공사가 자산을 초과한 부채분을 메워 준 돈이다.

(다) 예금대지급 = 30조 3천억 원. 망한 금융기관을 대신해 예금보험공사가 예금자와 투자자에게 내준 돈이다.

(라) 자산매입 = 17조 1천억 원. 자산관리공사가 금융기관으로부터 매입

한 자산이다.

(마) 부실채권매입 = 39조 원. 자산관리공사가 금융기관으로부터 매입한 부실채권이다.

위에서 보듯이, 파산한 기업의 경영자나 주주의 잘못에 대해, 그리고 부실기업에 대출하거나 방만하게 운영한 금융기관의 임직원의 잘못에 대해, 또한 그런 대출을 지시한 고위층의 잘못에 대해, 국민들이 혈세를 내어 책임을 지고 있는 것이다. 경기가 좋을 때는 기업이나 금융기관이 국민들에게 어떤 혜택을 줄 것인지를 전혀 생각하지 않다가 파산 지경에 이르러서는 국민들의 혈세를 강제로 유용하고 있는 셈이다. 따라서 국민들은 공적자금이 투입되는 기업이나 금융기관을 '사회적으로 관리할 것'을 요구해야 한다. 정부가 공적자금을 투입하기 때문에, 소유는 국가소유가 되더라도 관리나 경영은 정부가 임명하는 경영자보다는 이해당사자들(종업원 · 채권자 · 소비자 · 전문경영자 등)이 담당하는 방식이 되어야 할 것이다. 왜냐하면 지금까지 정부가 임명하는 경영자들은 기업이나 은행의 전문가가 아니든지 전문가인 경우에도 기업이나 은행의 경영혁신보다는 임명자에게 충성했기 때문이다. 혈세를 내는 국민들이 공적자금을 받는 기업이나 은행의 경영에 참가하는 방식이 새로운 경영문화와 산업민주주의를 꽃 피우는 계기가 될 것이다.

제12장 장기불황을 넘어 새로운 사회로

1
현실로 존재하던 사회주의의 붕괴

코르나이(Kornai 1990), 브루스와 라스키(Brus & Laski 1989)는 현실로 존재하던 사회주의(actually existed socialism, 이후 AES로 약칭함)에서는 정보를 전달하는 시장도 없고 위험을 부담하는 기업인도 없기 때문에 망할 수밖에 없었다고 주장하지만, 레보위츠(Lebowitz 1991; 1996)는 사회주의를 자본주의로부터 공산주의로 이행하는 과도기로 규정하고 거기에는 자본주의적 요소와 공산주의적 요소가 혼재하고 있기 때문에 공산주의적 요소를 강화하는 의식적인 노력이 필요함을 강조한다. 따라서 AES가 붕괴한 것은 의식적인 노력의 방향이 옳지 않았기 때문이며, 시장이나 기업인이 없었다는 것과는 전혀 상관이 없다고 주장한다. 레보위츠(1991)의 주장을 들어보자.

먼저 자기 발로 서는 완전히 발달한 공산주의는 하나의 유기체(organic system)로서 공산주의의 모든 전제조건들이 공산주의가 기능하는 동안 끊임없이 재생산된다.[1] 그리고 생산자들은 생산수단의 공동소유에 의거한 협동적 생산의 필요성을 자명한 자연법칙이라고 생각한다. 왜 그렇게 생각할까? 다음과 같은 이유 때문이다.

1 이것은 발달한 자본주의가 자본-임노동관계를 자본의 기술적 구성의 고도화에 의한 산업예비군의 창출이나 주기적인 경기순환을 통해 끊임없이 재생산하고 있는 것과 마찬가지다. 김수행(2006b)을 참조하라.

(가) 연합한 생산자들(associated producers)이 사회의 인적 · 물적 자원을 계획적으로 사용함으로써 훨씬 큰 생산력을 달성하기 때문이다. 이 조건 아래에서는 개인들이나 집단들은 공동소유와 협동적 생산 이외의 방법으로 생산하려고 하지 않을 것이다. 생산자들이 공동생산의 우수성을 인정하게 되면, 개별 생산자가 게으름을 피우는 것은 동료생산자들의 비난을 받을 것이므로 최소로 줄어들 것이다.

(나) 직접적으로 사회적인 노동의 성과가 생산자들의 개인적 욕구를—지금 당장 또는 장래에—충분히 충족시키기 때문이다. "필요에 따라 소비하는 것"이 보증된다면, 개별 생산자는 창의성 · 혁신성 · 헌신성을 발휘하게 될 것이다(Lebowitz 1991).

결국 공산주의가 생산력의 발달과 주민들의 욕구 충족에 최적인 생산형태라는 것이 현실에서 증명되기 때문에, 주민들은 생산수단의 공동소유와 협동적 생산을 강화하게 되며, 공산주의의 전제조건들이 공산주의의 현실적인 운동을 통해 재생산되는 것이다. 또한 이 경우 공산주의적 윤리—협동정신 · 공동체주의 · 연대주의 · 자원봉사 —도 만발한다.

그러나 자본주의로부터 갓 태어난 사회주의에서는 아직 자본주의적 요소와 공산주의적 요소가 혼재하고 있기 때문에 여러 가지 상황이 벌어질 수 있다고 말하면서, 레보위츠는 다음과 같은 세 가지 경우를 검토한다.

첫째의 경우:

가정 1. 생산수단의 공동소유에 의거한 협동적인 생산이 행해진다.

가정 2. 공산주의가 생산력을 발달시키는 최적의 형태이다.

가정 3. '노동에 따른 분배' 가 실시되기 때문에, 개별 생산자는 자기의 노동력을 아직 자기의 사적 소유로 이용한다.

이 경우 개별 생산자는 더 큰 개인적 수입을 얻기 위해 자기의 에너지 · 창의력 · 독창력을 완전히 발휘하지 않을 수 있다. 그러나 공산주의적 생산이 뛰어난 성과를 올리는 상황에서는 이런 자기중심적 행동은 점점 더 비합리적으로 되고 예외적으로 될 것이다.

둘째의 경우:

가정 1. 생산자들이 공동노동의 논리를 받아들였다.

가정 2. 생산형태로서 공산주의가 생산력의 발달과 욕구의 충족에 최적 수단이라는 것은 아직 증명되지 않았다.

이 경우 생산자들이 어떤 행동을 취하는가가 생산력을 발달시키는 것과 공산주의를 최적 체제로 확립하는 것의 열쇠가 된다.

셋째의 경우:

가정 1. 공산주의는 아직 우수한 경제체제로 증명되지 않았다.

가정 2. 노동력의 사적 소유 경향이 계속된다.

이 경우 공동소유의 규칙적인 재생산과 생산자들의 자유로운 연합은 가장 해로운 장애에 부닥친다. 개별 생산자는 자기의 노동에 대해 정당한 대가를 받지 않으면, 자기의 에너지 · 창의력 · 헌신성을 발휘하지 않으며 생산수단의 사적 소유가 오히려 생산력을 더욱 크게 발전시킨다고 주장하게 된다 (Lebowitz 1991).

위에서 본 것처럼 사회주의에서는 공산주의적 생산형태가 우수하다는 것이 아직 증명되지 않았기 때문에, 생산수단의 공동소유나 생산자들의 공동체에 대한 의존이 재생산되지 않을 수도 있다. 따라서 사회주의에서는 공산주의적 생산의 필요성을 자명하다고 보는 새로운 인간을 만들어 내기 위해 '인위적 수단들'을 사용해야 한다.[2] 첫째로 생산자들이 협동적 생산과정을 자주관리(self-management)하게 함으로써 지배와 복종의 위

2 이것은 자본의 시초축적에서 자본주의적 국가가 각종 법령(임금규제 · 노동규제 · 구빈법 등)을 통해 규율 있는 임금노동자를 만들어 낸 것에 비유할 수 있다.

계제도를 철폐하고 협동심 · 공동체주의 · 연대주의와 민주주의의 필요성을 스스로 터득하게 하는 것이 필수불가결하다.[3] 둘째로 시민들로 하여금 자율적인 조직들에 참가해 활동하게 함으로써 시민들의 욕구를 집단적으로 해결하는 것이 유리하다는 것을 확신하도록 해야 하며, 이리하여 공산주의적 시민사회를 사회주의에서 의식적으로 발달시켜야 한다. 셋째로 '필요에 따른 분배' 가 아니라 '노동에 따른 분배' 가 지배하는 사회주의에서는 노동력의 사적 소유가 허용되고 있으므로, 개별 생산자는 자기의 육체적 · 정신적 힘을 최고도로 발휘하기 위해서는 생산수단의 사적 소유가 필요하다고 주장할 수 있다. 이 주장을 반박하기 위해서는 공동소유와 공동생산이 자본주의의 위계제도 · 착취성 · 빈부격차 · 실업 · 주기적 공황 · 낭비성을 제거하는 가장 확실한 방법이라는 것을 교육할 필요가 있다(김수행 2006b).

자본주의로부터 공산주의로 가는 과도기인 사회주의에서는 공산주의적 생산형태의 우수성과 필요성을 증명할 수 있는 제도 형태들과 공동체 윤리를 인위적으로 확립해야 한다. 그런데 현실적으로 존재하던 사회주의에서는 민주적이고 협동적인 생산을 조직하지 못했고 공산주의적 시민사회를 형성하지도 못했으며 관료주의적 위계제도가 강화되었기 때문에, 공산주의적 생산의 우수성과 필요성을 공감하는 인간들을 창조하지 못했고, 이리하여 사회주의가 공산주의로 성장 · 전환하지 못하고 붕괴한 것이다. 그러나 레보위츠는 사회주의가 붕괴했다고 해서 그 사회가 다시 자본주의로 후퇴할 필연성은 없으며, 오히려 과거의 쓰라린 경험을 교훈삼아 공산주의로 더 빨리 진전할 가능성이 있다고 전망한다.

더욱이 레보위츠(Lebowitz 1996)는 상품생산이 반드시 자본주의를 탄생시키는 것은 아니며, 따라서 시장사회주의(market socialism)가 자본주의로 전환할 필연성은 없다고 주장한다. 『자본론』에서 마르크스는 상

3 Albert & Hahnel(1991).

품→화폐→자본의 순서로 서술하면서 상품유통이 화폐를 낳는다고 말하지만, 화폐가 자본으로 전환하기 위해서는 생산자들이 생산수단으로부터 분리되어 노동력이 상품으로 등장하는 시초축적(primitive accumulation)이라는 역사적 과정이 필요하다고 말한다. 다시 말해 상품생산 그 자체(사회주의적 상품생산을 포함)는 자본주의를 형성하기 위한 충분조건은 되지 않는다고 마르크스가 지적한 바 있다. 그러나 상품을 생산 · 교환하는 경제(상품경제)에서는 상품들 사이의 교환관계가 생산자들 사이의 공동체적 관계를 은폐하기 때문에, 개별 생산자는 다른 생산자들을 집단적 노동의 구성원으로 파악하지 않고 단순히 경쟁자이거나 구매자로서 파악하는 경향이 있다. 더욱이 상품경제에서는 가치증식의 기회가 생기므로 상인이나 화폐대부업자가 생길 가능성이 커진다. 그러므로 시장사회주의에서는 공산주의적 시민사회를 의식적으로 발달시키는 노력이 더욱 더 필요하다. 특히 큰 작업장에서 생산자들이 자주관리하면서 위계제도를 철폐하는 것은 연대주의적 생산자들을 만들어 내는 데 매우 중요하며, 시민들의 욕구를 공동으로 만족시켜야 하는 활동분야들(예: 교육 · 보건 · 교통)에서 공동체의 인적 · 물적 자원을 동원해 계획적으로 사회적 서비스를 생산하는 것도 공산주의의 우수성을 알게 하는 좋은 계기가 될 것이다.

2
좌파의 대안

2006년의 세계경제에서는 오직 하나의 경제발전모델만이 살아 있는 것 같다. 즉 유연한 노동시장, 더 낮은 실질임금과 사회임금, 느슨한 환경규제, 더 자유로운 무역과 외환거래와 자본이동, 그리고 이러한 것들에 의거한 수출지향적 생산체제. 1945년 이후 1970년대까지의 사회민주주의적 국민적 합의는 시장만능의 자본주의에서는 어디에서도 찾아보기가 어렵게 되었다(김수행 외 2006 참조).

그렇지만 신자유주의에 대항하는 새로운 좌파적 경제정책 대안은 없는가? 알보(Albo 1997)의 주장을 음미해 보자. 먼저 그는 다음과 같은 세 가지 경제정책 대안이 있을 수 있다고 말한다.

(가) 자본이동을 규제하고 무역거래를 통제하여, 국내 생산자와 고용을 보호하며 지방으로부터 전국을 거쳐 국제영역에 이르기까지 대안적인 계획기구를 설치한다. 이 대안은 1980년대 초 사민당 안의 좌파가 패배한 이래 사민당 정책입안자들이 제시한 적이 없다.

(나) 국민경제 안정화정책을 수립함으로써, 복지국가를 유지하고 경쟁적인 환율정책을 통해 국내 합의를 외부 간섭으로부터 보호하며, 낮은 성장정책을 실시해 실업을 감소시키고 국민소득을 재분배한다. 물론 이 경우 노동비용을 직접적으로 인하하는 나라들에 비해 국가경쟁력은 저하할 수밖에 없지만, 이 대안이 사실상 전후 사회민주주의의 전통이다.

(다) 국가경쟁력을 높이기 위해 작업장의 생산성을 개선한다. 고도의 숙련 노동자를 고용하고 새로운 생산방법을 채용하며 수출용 신상품을 개발한다. 이 공격적인 전략이 이른바 개방경제형 사민주의(open economy social democracy)인데, 이 전략이 목표로 삼는 것은 '주주자본주의(shareholder capitalism)' 가 아니라 '이해당사자 자본주의' (stake-holder capitalism)' 이다. 개방경제형 사민주의는 시장이 불완전하므로 자유무역에 의한 비교우위에 국민경제의 운명을 맡겨둘 수 없고, 따라서 국가가 산업정책이나 인력개발정책 등으로 경쟁우위 확보에 개입함으로써 경제성장 · 고용 · 무역수지를 개선해야 한다는 것이다(Albo 1997).

위의 세 가지 정책 대안 중에서 유럽의 현실 사민주의는 대체로 개방경제형 사민주의를 채택한 바 있는데, 이것에도 다음과 같은 유형들이 있었다.

(가) '진보적인 경쟁력 확보' 전략은 세계시장의 무한경쟁을 강조하면서 노동비용을 감소시키기 위해 임금수준 인하보다는 노동생산성 향상에 주력한다. 훈련, 연구개발, 노동자와 고용주 사이의 작업장에서의 신뢰 확립에 초점을 두는데, 고임금-고부가가치 경제에서 경쟁력 향상에 기여했다.

(나) '고통분담' 전략은 소득정책을 통해 임금수준을 억제하여 경쟁력을 강화함으로써 수출 증진과 고용 확보를 도모한다. 그러나 현실적으로는 자본가계급은 고통분담에서 빠지고 노동자계급 안에서 고통을 분담함으로써 고용을 확보한다는 것인데, 사민당이 노동조합의 지지를 받아 조합원들에게 이것을 강요하기는 매우 어려웠다.

(다) '국제적 케인즈주의' 는 초국가적 차원에서 모든 국가들이 유효수요 확대정책을 채택하기로 '정치적으로' 결정하면 수요 제한이 사라지면서 성장과 고용이 증가한다는 것이다. 이를 위해서는 국제기구들이 '세계동

포주의적 민주주의(cosmopolitan democracy)'를 확립해야 하며, 각국 경제정책의 국제적 조정이 필요하다(Albo 1997).

그러나 위와 같은 개방경제형 사민주의가 성공하지 못하고 결국 신자유주의로 빠졌는데, 그 이유는 개방경제형 사민주의는 정부 정책을 제한하고 있는 배후의 메커니즘이나 세계시장의 현재의 불균형을 유지하고 있는 자본주의적 장애물들을 이해하지 못했기 때문이라고 알보(Albo 1996; 1997)는 주장하면서, 다음과 같은 몇 가지 예를 들고 있다.

첫째로 국가경쟁력을 향상시켜 실업을 축소하는 문제를 살펴보자. 무한경쟁에서 우위를 확보하려면 노동절약적인 기술을 도입하여 노동생산성을 향상시켜야 하므로, 고용을 현재의 상태로 유지하려고 하더라도 생산증가율, 수출증가율이 더욱 커져야만 했다. 그러나 신자유주의가 지배하는 불안정하고 불확실한 세계경제에서는 그것들을 달성하기가 어려웠다.

둘째로 무역수지 적자나 외채 증가 등 대외적인 불균형은 각국 사이의 경쟁력의 불균등발전에서 유래하는 것이므로, 경쟁우위 확보 전략은 세계적으로 나라들 사이의 빈부격차를 훨씬 더 확대했다. 물론 어느 한 나라는 국가경쟁력 향상 전략을 통해 대외적인 불균형을 제거할 수 있을지 모르지만, 모든 나라가 그렇게 할 수는 없는 것이다. 국가경쟁력 향상을 위한 경쟁우위 확보 전략은 구성의 모순(fallacy of composition)을 지닌다. 모든 나라들이 자기 나라의 경제성장과 고용을 해결하기 위해 수출지향적 정책을 채택한다면, 어느 나라도 성공할 수 없다는 점이다. 모두가 수출만 하려고 한다면 어느 나라가 수입할 수 있을 것인가?

셋째로 임금수준 인하 이외의 방법으로 국제경쟁력을 향상시키는 것은 노동조합이 강력한 경우에만 가능한 일이다. 그러나 1979년 이래 통화주의적 긴축정책을 무기로 추진된 신자유주의는 노동조합 세력을 크게 약화시켰고 국가경쟁력 향상을 경제정책의 목표로 삼았으므로, 노동조합도 임금수준 인하에 반대할 수 있는 능력이 부족했다.

넷째로 국제적인 자본이동의 자유화 때문에 개방경제형 사민주의는 성공할 수 없었다. 어느 나라에서 물가 상승이나 화폐가치 인하를 일으킬 수 있는 재정금융 확대정책을 실시하면 모든 금융적 자본이 그 나라를 이탈하기 때문에, 경제를 활성화하는 확대정책을 실시할 수가 없었다. 또한 금융적 자본은 단기적인 이익을 추구하기 때문에, 자본이동을 통제하지 않는 한 금융적 자본은 산업자본의 축적에 기여하지 못한다. 더욱이 현재는 금융적 자본가들이 점점 더 큰 세력을 행사하며 자본도피나 환율 혼란을 야기함으로써 대안적인 정책들을 봉쇄했다. 따라서 금융적 자본을 민주화하고 국제적인 자본이동을 통제하는 전통적인 좌파정책이 과거 어느 때보다도 경제적으로 건전할 뿐 아니라 정치적으로도 필요하다.

다섯째로 국제적 케인즈주의는 국제적인 수요 진작으로 성장과 고용문제를 해결할 수 있다고 생각하지만, 국제적인 수요 진작은 무역수지의 국제적인 불균형을 더욱 확대함으로써 무역적자국의 사정을 더욱 어렵게 할 것이다(제12장 3을 참조하라).

여섯째로 국가경쟁력 향상 전략이 나라들 사이에 상대적인 경쟁력과 생산수준을 균등화하는 것을 목적으로 한다면, 개방경제형 사민주의는 자본주의를 제대로 이해하고 있지 않다는 비판을 듣게 될 것이다. 왜냐하면 경쟁적인 자본주의적 세계시장에서 기업을 운영하고 투자를 배분하며 무역과 자본이동을 수행하고 있는 것은 정부가 아니라 이윤추구를 목적으로 하는 자본가이기 때문이다. 자본가들은 세계동포주의에도 관심이 없고 '이해당사자 자본주의'나 '국가이익'에도 관심이 없기 때문에, 국가경쟁력 향상 전략이 각국 사이에 어떤 결과를 일으킬 것인가에도 관심이 전혀 없다.

위에서 본 바와 같이 개방경제형 사민주의는 사실상 실패하고 신자유주의를 채택하지 않을 수 없었다. 이것은 자본주의적 개혁론자의 딜레마다. 시장주도 개혁들은 불공정한 현재 상황을 강화하기 때문에 자본주의적 개혁론자가 거부하지만, 정부주도 전략들은 뿌리를 내린 시장의 힘들과 싸우지 않으면 안 되기 때문에 각국 정부들과의 협조가 필요한데, 각국 정부는 자국의 자본가계급과 노동자계급의 동의를 얻어야만 새로운 경제정책을 실시할 수 있다. 결국 각국의 자본가계급과 노동자계급이 하나의 세계적인 경제정책에 동의해야만 자본주의적 개혁이 가능한데, 이것은 사실상 불가능하다. 구조적으로 불균형적이고 통제할 수 없는 자본주의적 세계시장의 무한경쟁하에서는 각국은 보호주의 아니면 내핍생활을 선택할 수밖에 없다. 그런데 현재의 상황에서는 IMF, WTO 등 국제적 국가기구와 제국주의 국가들이 보호주의를 선택할 수 없게 했기 때문에, 조절의 모든 부담을 기술적 합리화, 노동의 유연화, 환경의 악화가 짊어지게 되었고, 이에 따라 세계경제에서 '경쟁적 내핍생활'의 악순환이 전개되고 있다.

좌파적 경제정책은 민주역량을 발전시켜 경제구조들을 변혁함으로써 경제구조가 평등주의적으로 그리고 환경유지적으로 재생산될 수 있도록 하는 것이다. 자본주의 경제에서는 시장을 자유화하거나 통제하는 문제가 중요하지만, '새로운' 경제에서는 민주적인 계획과 경제조정이 중요하다. 이 경우 국민국가의 개입이 필수적이다. 국민국가는 세계화 이전이나 이후에나 사회권력의 핵심으로서 역할한다. 신자유주의적 국내정책과 대외정책은 물론 세계시장의 형성은 국민국가를 매개로 이루어진 것이다. 개별 자본가나 개별 국가의 자율성이 IMF, WTO, NAFTA, EU, ASEAN에 의해 제약받는 것은 사실이지만, 이런 제약들은 상당한 정도로 국민국가가 스스로 부과한 셈이다. 만약 국민국가가 '자본주의적' 사회관계와 권력관계를 문제로 삼는다면, 국가의 행동범위나 대안의 폭은 훨씬 넓어질 것이다.

세계화는 기본적으로 시장(또는 자본가계급)이 점점 더 경제적 규제자로 된다는 것을 의미하며, 시장의 범위가 확대하면 민주권력의 범위는 축소한다. 세계화는 자본주의적인 사회권력 형태에 뿌리를 둔 경제체제이고 사회체제이다. 따라서 세계화의 반대말은 민주주의인데, 시민적 자유와 투표권에서 본 민주주의일 뿐 아니라, 사회의 조직화나 생산에 관해 모든 주민이 동등한 사회인으로서 공동으로 토론한다는 의미에서의 민주주의, 그리고 작업장이나 공동체에서 모든 참가자가 자주적인 경영 능력을 개발한다는 의미에서의 민주주의다.

알보(Albo 1997)에 따르면, 자본주의적 세계시장의 지배를 거부하는 대안은 민주주의의 범위를 확대하면서 생산규모를 축소하는 것이다. 민주주의의 범위를 확대하는 것은 국제기구의 지배구조와 정책수립 구조를 변혁하는 것뿐 아니라, 지방이나 전국에서 민주적인 행정과 자주경영의 기반을 확대하는 것을 포함한다. 생산규모를 축소하는 것은 과잉생산과 과잉설비를 제도적으로 제거하기 위해 좀더 국내지향적인 경제전략을 채택하는 것과, 국제적으로 새로운 경제적인 협력관계와 통제관계를 형성하는 것을 의미한다. 생산규모 축소는 주민들의 기본 욕구를 충족시키는 것, 자주경영능력을 강화하는 것, 자본집약적 기술이 환경파괴적일 때 노동집약적 기술로 대체하는 것, 양보다는 질에 관심을 두는 것 등을 포함한다.

이런 대안은 각국이 다양한 발전모델을 개발하고 유지하는 것을 장려해야 하며, 완전고용(최대한의 성인인구가 사회적으로 유용한 유급 직업에 정규직으로 자발적으로 참가하는 것)을 달성해야 한다. 이를 위해 필요한 원칙들을 일보(Albo 1997)는 다음과 같이 제시한다.

(가) 다양한 발전 경로와 고용 안정을 확보하기 위해서는 국내지향적 경제전략이 필요하다. 이 경우 대외개방부문은 국내우선순위를 훼손해서는 안 되며, 국제질서는 그 나라의 선택을 억압하지 않고 지지해야 한다. 저개발국이 노동착취에 근거해 수출 확대를 시도하는 것을 저지하기 위해 타국이 보호무역주의를 채택하는 것은 국제주의에 어긋나지 않으며 정당하다.

(나) 자본의 투기적 이동을 민주적으로 통제하기 위해 금융적 자본을 규제

해야 한다.

(다) 거시경제적 균형은 총수요관리뿐 아니라 새로운 형태의 투자계획과 단체협약을 필요로 한다. 예컨대 전국적인 그리고 부문적인 계획위원회, 기업들의 투자계획과 기술도입에 관한 사전적인 조정, 핵심부문(금융산업 포함)의 공유화 등이 필요하다. 그리고 노동조합의 단체협약은 생산성 증가를 임금 인상에 결부시키기보다는 여가시간을 확대하면서 실업자에게 고용기회를 주는 방향으로 전환된다. 지역사회의 노동집약적인 서비스(학교 · 지방문화관 · 탁아소 · 보건소 · 주택 · 교통 · 환경개선 등)에서 고용이 점점 더 증가할 수밖에 없다.

(라) 실업을 축소하기 위해서는 일하는 시간을 줄이고 작업을 재분배해야 한다. 노동일을 국제적으로 표준화하고, 시간외 노동을 제한하며, 자발적인 작업분담을 강화한다.

(마) 노동시간과 자유시간 중 자유시간을 증가시킴으로써 노동자들이 작업장을 민주적으로 통제할 수 있는 능력을 얻게 해야 한다.

(바) 노동과정에서 노동자들이 기술과 숙련을 향상시켜 구상(conception)과 집행(execution)을 결합함으로써 노동자의 전인적(全人的) 능력을 키워 자주경영의 가능성을 확대해야 한다.

(사) 자원절약적인 기술을 사용하여 내구적인 질적 생산물을 집단적인 노동을 통해 생산할 수 있도록 작업방식이나 작업내용을 변경해야 할 것이다.

(아) 좌파 경제정책은 새로운 형태의 민주적인 행정을 제시해야 한다(Albo 1997).

1970년대의 위기를 극복하는 데 경제의 금융화나 신자유주의 이외에는 다른 대안이 없었는가? 뒤메닐과 레비(Duménil & Lévy 2004a: 193)는 다른 대안을 생각해 낼 지적 능력이 없었기 때문이 아니라, 그 당시의 경제적 · 사회적 · 정치적 조건들 속에서 금융권이 헤게모니를 잡았기 때문이라고 말한다. 언제나 특수 상황의 정세가 역사의 진행을 결정하는 것은 틀림없지만, 그 특수 상황은 과거와 단절된 것이 아니라 과거로부터 누적된 것임에 틀림없기 때문에, 우리는 '항상' 대안을 강력하게 제시해야 한다.

그러면 현재의 자본주의를 변혁하는 계기는 어디에서 찾을 수 있을까? 패니치와 긴딘(Panitch & Gindin 2004)은 어떤 갑작스런 경제적 붕괴에서 찾기보다는 현재의 지배적인 이데올로기의 정치적 정당성(legitimacy)을 문제삼는 것에서 찾아야 한다고 본다. 시장에 맡기면 번영이 온다는 이데올로기에 대해서는 금융위기의 빈발, 실업의 증가, 빈부 격차, 고용의 불안정 등등을 반대 증거로 제시해야 하며, 또한 투명성과 책임성을 강조하지만 엔론(Enron)과 월드컴(Worldcom) 등 거대기업에서는 오히려 회계부정이 더욱 널리 퍼졌다는 점, 테러와의 전쟁을 선포하면서 정부 스스로 비전투원인 민간인들에게 테러를 자행하고 있는 점, 민주주의를 확대한다고 이야기하면서 정부 스스로 재판에 의거하지 않고 피의자를 장기간 감금하고 있는 사실 등등을 문제삼는 것이 현재의 체제를 붕괴시키는 시발점이라고 생각하는 것 같다.

그리고 '최종목표'에 대해 패니치와 긴딘은 다음과 같이 말한다.

> 지구적 자본주의와 미국 제국으로부터 탈출하는 것은 제2차 세계대전 이후의 질서에 의거한 개량주의(케인즈주의적 복지국가: 인용자)로 돌아가는 것으로는 불가능하다. 자본주의의 세계화가 노동자계급이 동맹할 민족자본가를 전혀 남겨 놓지 않았고 금융과 산업 사이의 불화(不和)를 이용할 어떤 가능성도 남겨 두지 않았기 때문에, 국민국가 수준의 반(反)자본주의적이고 반(反)제국주의적인 투쟁이 중요하다. 제국주의 국가 사이의 투쟁이나 금융위기가 새로 폭발해 통제할 수 없을 정도로 전개됨으로써 사회적 변혁의 길이 열릴 가능성이 없는 마당에서, 신자유주의적 · 제국주의적 정당화를 위해 제시한 근거들이 자본주의적 사회관계에 근본적으로 대항하는 새로운 정치전략의 개발에 충분한 자료를 제공하게 될 것이다(Panitch & Gindin 2004).

3
케인즈가 제안한 자급자족

케인즈(Keynes 1933)는 1930년대의 대불황 중에서 러시아의 사회주의, 독일과 이탈리아의 파시즘 등을 새로운 경제체제를 찾으려는 '실험(experiments)' 으로 규정하고, 모든 국가는 19세기의 자유무역적 경제적 국제주의를 버리고 '국민적 자급자족(national self-sufficiency)' 을 추구해야 한다고 주장하면서, 그 근거로 다음과 같은 네 가지 사실을 지적했다(김수행 2006a를 참조하라).

첫째로 경제적 국제주의는 국제평화를 보증하지 않는다. 그 이유는 다음과 같다.

(가) 각국 정부가 해외시장을 차지하려고 노력하고, 외국 자본가가 자본을 수출하여 다른 나라의 경제구조에 영향력을 행사하며, 일국의 경제적 운명이 타국의 경제정책의 변동에 크게 의존하게 됨으로써, 각국 정부 사이에 마찰과 갈등이 생기지 않을 수 없기 때문이다.

(나) 주식회사의 발달에 따라 외국의 주식 소유자들이 국내기업의 상황을 전혀 고려하지 않고 수익성 원리에 따라 행동한다면 국내기업과 국민경제는 큰 손실을 입지 않을 수 없기 때문이다.

케인즈는 나라들 사이의 경제적 얽힘(economic entanglements)을 최소화하기를 바랐다. "사상 · 지식 · 과학 · 서비스 · 여행은 그 성격상 국제적이어야 한다. 그러나 재화들은 될 수 있는 한 국내에서 만들어야 하며, 특히 금융은 주로 국내에서 역할해야 한다. ……국민적 자급자족과 나라들 사이의 고립의 정도가 1914년보다 더욱 강화되어야만 국제평화에 기여할 것이다”(Keynes 1933).

둘째로 국제적 분업의 경제적 이익이 옛날처럼 크지가 않다. 그 이유는 다음과 같다.

(가) 각국에서 현대적 대량생산이 거의 비슷하게 효율적으로 운영되고 있기 때문이다.

(나) 국민경제에서 제1차 산업과 제조업이 차지하는 비중이 비교역재(非交易財)인 주택 · 개인서비스 · 지역적 오락 등에 비해 줄어들고 있으므로, 더 큰 자급자족의 결과 제1차 산업과 제조업의 제품 가격이 상승하더라도 큰 문제가 되지 않을 것이며, 또한 이 가격 상승은 자급자족이 보존할 수 있는 농업 · 목축업 및 그것에 종사하는 주민들과 그들의 전통문화가 가진 비경제적인 이익에 비하면 아무것도 아닐 것이기 때문이다.

셋째로 무질서한 국제적이고 개인주의적 자본주의는 사적 기업을 유지 · 보존할 것이므로, 우리가 가지고 있는 인적 · 물적 자원과 기술이 허용하는 물질적 부를 얻게 할 수 없다. 특히 국제금융시장에서 결정되는 이자율은 완전고용을 달성하는 데 필요한 이자율보다 높을 것이기 때문이다. 따라서 자본의 자유로운 이동을 금지하는 조치(자본통제)가 필요하다.

넷째로 각국 정부가 회계사의 '효율성' 계산에서 벗어나 자국 안의 물적 · 인적 자원을 완전히 사용하는 정책들을 실시한다면, 국제거래의 필요성은 상당히 줄어들 것이고 국제거래가 가져올 혼란을 피할 수 있을 것이다.

이런 케인즈의 '국민적 자급자족론'은 현재의 지구화 또는 세계화(globalisation), 특히 한미 FTA 체결에 대한 하나의 경종이 될 것이다. 더

욕이 농업 · 농민 · 농촌을 버리면서 개방화와 자유화를 외치는 세계화 가속론자들에게 케인즈는 큰 이론적 타격을 가하고 있다. 그러나 케인즈의 주장과는 달리, 자급자족 '사상'이 아니라 세계화를 지지하는 '기존 권익'(예를 들면 다국적기업과 제국주의 국가)이 세상을 지배하고 있기 때문에 세계화는 점점 더 진전하고 있다.

그런데 현재에는 장기불황을 타개하기 위한 방안의 하나로 '국제적 케인즈주의(international Keynesianism)'가 주창되고 있다(제12장 2를 참조하라). 이것은 각국이 함께 케인즈주의적 재정금융 확장정책을 실시함으로써 세계적인 불황을 해소하자는 것이다. 그러나 UN이나 IMF나 WTO에서 이런 합의를 도출하지 못하고 있다. 그러나 미국이 여전히 세계에서 경제적 · 군사적 · 정치적 · 이데올로기적으로 가장 강력하고, 미국 지폐인 달러가 세계화폐로 통용되고 있으므로, 무역수지의 적자나 자본유출 등을 무서워하지 않고 경기를 계속 확대할 수 있는 나라는 미국뿐이다. 따라서 일부에서는 미국 정부가 세계적인 불황을 해소하기 위해 선도적인 역할을 해야 한다고 주장하며(Eatwell 1994), 다른 일부에서는 미국은 무역수지 적자를 걱정하지 않고 외국 상품들을 거의 공짜로 소비하기 때문에 매우 '불공평'하다고 주장한다(Davidson 2002). 사실상 국제통화제도를 재편해야 할 필요성은 긴급하지만 제국주의의 우두머리인 미국이 자기의 이익을 포기하지 않기 때문에 제도의 재편은 아직 논의조차 되지 않고 있다.

마르크스에 의하면, 자본의 가치증식욕은 국경을 무너뜨리면서 한편으로는 자본주의적 문명을 세계로 전파하고 다른 한편으로는 식민지와 종속국의 인민들을 억압하고 착취한다. 생산력이 크게 발달한 상황에서 그 생산력을 국민국가 안에 잡아둘 수는 없기 때문에, 국제무역과 국제대부 및 다국적 생산은 불가피하다. 이런 과정을 통해 다수의 나라들이 하나의 세계로 통합되면서 세계적인 차원에서 자본가계급과 노동자계급이 형성될 것이고, 만약 이 세계적인 노동자계급이 계급투쟁에서 승리해 권력을 장악한다면 일국 사회주의가 아니라 만국 사회주의(cosmopolitan socialism)

가 건설될 수 있을 것이다. 이런 점에서 마르크스주의자인 필링(Pilling 1987)은 케인즈가 "좁은 반동적인 경제적 국민주의에 의존해 자본주의의 위대한 성과인 세계시장과 국제분업을 거부했다"고 비판한다.

그러나 마르크스의 이런 시나리오는 '궁극적으로' 나타날 것을 예측한 것에 불과하다. 오히려 현실적으로는 자본의 세계화 과정에서 국내에서는 각종의 '양극화'가 더욱 진행되고, 국제적으로는 발전의 불균등성이 더욱 심화되면서 제국주의적 지배와 종속이 강화되고 국제적인 금융위기가 자주 일어나고 있다. 앞으로 세계적인 공황이 발생하여 자본의 세계화가 머뭇거릴 가능성이 크다. 다시 말해 자본주의적 생산관계를 유지 · 보존하기 위해 거대한 생산력이 다시 파괴될 가능성이 크다. 그러므로 거대한 생산력을 활용해 세계의 모든 주민들에게 '넉넉한 생활'을 보장할 세계혁명이 필요하다고 말해야 할 것이다.

'국제적 케인즈주의'와 관련해, 필링(Pilling 1987)은 실질적인 가치가 없는 미국 달러는 세계화폐로서 적합하지 않지만 현재에는 미국의 국제적 지위 때문에 세계화폐로서 기능하고 있다고 본다. 따라서 국제적 케인즈주의에 의거해 미국 정부가 특히 전쟁을 계속하면서 무역적자와 재정적자를 대규모로 야기한다면, 미국 달러에 대한 신뢰도가 하락하고 미국 달러를 대체하는 새로운 화폐(예를 들면 유럽연합의 유로)가 등장하면서 뉴욕의 증권시장에서 공황이 일어나서 미국 경제와 세계경제가 위기와 공황을 맞이할 것으로 예상한다.

4

한국의 경우: '더불어 사는 사회'[4]

지금 우리 사회는 양극화(兩極化) 현상이 여러 부문에서 심화되고 있다. 부자와 서민, 공부 잘하는 학생과 공부 못하는 학생, 취업자와 실업자, 정규직과 비정규직, 대기업과 중소기업, 수출산업과 내수산업, 도시와 농촌, 수도권과 지방 등등. 이런 양극화의 심화는 한편으로는 수탈 · 사기 · 대박 · 폭력 · 인권유린을, 다른 한편으로는 증오 · 분노 · 자살 · 이혼을 대폭 증가시키면서 사회의 기본질서를 파괴하고 있다. 이런 상황에서는 부유하든 가난하든 모든 국민들이 우리 사회를 떠나 다른 나라로 이민가고 싶어 한다. 이런 상황이 계속되면 우리 사회는 결국 붕괴할 수밖에 없을 것이다. 이런 양극화를 축소하고 서로 도우면서 함께 사는 세상 즉 '더불어 사는 사회' 를 만드는 훈련이 지금 당장 필요하다. 유럽 자본주의 나라들의 경우 제2차 세계대전이 끝난 1945년의 처참한 상황에서 복지사회를 만드는 '사회적 합의(social consensus)' 가 형성되었는데, 우리의 경우에도 지금과 같은 양극화의 심화가 오히려 사회보장제도의 확대와 개선을 생각하는 좋은 기회가 될 수 있을 것이다. 더욱이 남북통일을 예상한다면 더욱 더 공동체적 통합 · 상호부조 · 협력 · 연대의 정신이 필수불가결하다.

그런데 문제는 우리나라의 정신문화가 미국의 이기주의 · 실력주의 문화에 지배되어 승자독식(勝者獨食) · 적자생존(適者生存)의 밀림법칙을 너

4 『아세아연구』 제48권 4호(고려대학교 아세아문제연구소, 2005년)에 실은 글을 수정한 것이다.

무나 숭배하기 때문에, 양극화의 심화가 오히려 당연하고 사회의 '근면성과 효율성'을 증진시킨다고 믿고 있다는 점이다. 이런 이데올로기적 협착증을 해소하고 더불어 사는 것이 기업가들과 노동자들 모두에게, 그리고 부자와 서민 모두에게 '이익이 된다'는 것을 경제이론의 측면에서 그리고 역사적 관점에서 증명해야 할 필요가 있다. 이런 증명을 통해서만 정부의 조세정책과 복지정책이 특히 기득권층의 큰 반발 없이 시행될 수 있을 것이기 때문이다.

여기에서는 먼저 경제성장과 분배의 상호관계를 이론적으로 검토할 것이다. 이 이론적 고찰은 성장과 분배가 하나로 통일되어 있으며 고도성장은 적절한 수준의 균등분배 위에서만 가능하다는 것을 증명하기 위한 것이다. 우리나라에서도 "성장이냐 분배냐"를 가지고 논쟁하지만, 이 논쟁은 사회보장제도(social security system)가 거의 없는 우리의 사정에 비추어 볼 때 과학적인 논쟁이 아니라 양극화(兩極化)를 심화시키면서까지 자기들의 이익을 확대하려는 기득권층의 정치적 선전활동에 불과하다는 느낌을 지울 수가 없다.

둘째로 성장과 분배의 상호관계에 관한 역사적 예증(例證)을 들 것이다. 우리 사회가 선진자본주의로 나아간다고 볼 때, 유럽 선진자본주의 나라에서는 성장과 분배가 역사적으로 어떤 상호관계를 나타내었는가를 살펴보는 것은 큰 의미가 있다. 영국에서 1950~70년에는 케인즈주의에 의해 고도성장과 복지국가가 '동시에' 달성되었는데, 1979~97년에는 신자유주의에 의해 한편으로는 복지국가가 해체되면서 다른 한편으로는 이전보다 낮은 경제성장, 더욱 낮은 서민생활수준, 더욱 높은 실업률이 나타났다는 역사적 사실을 지적할 것이다.

셋째로 지금의 세계경제가 매우 불안정하며 세계공황의 가능성을 내포하고 있기 때문에, 현재 노무현 정부가 추진하는 '세계화의 가속화'는 한국 경제를 다시 1997년의 공황으로 몰아넣을 수 있다는 점을 지적할 것이다. 해외시장의 확대나 개척, 그리고 외국자본의 유치에 의존하여 투자와 설비를 대폭 증가시키면 당장은 경제성장률이 높아지지만, 해외시장이 예상대로 확대되지 않을 경우 상품의 판매불능이나 가격하락으로 기업들과 금융기관들은 파산하게 되고 외국자본들은 모두 유출하는 상황—1997년의 재판—이 벌어질 수밖에 없다.

넷째로 사회보장제도의 확충과 개선을 통해 '국내시장'을 확대하는 것이 경제성장률을 높이는 가장 올바른 길이고, 이 길이 또한 서민들의 생활수준 향상과 고도성장 사이의 선순환을 통해 '더불어 사는 사회'를 건설하는 길이라는 것을 결론으로 제시할 것이다.

1) 성장과 분배의 상호관계

우리는 산업자본의 순환을 고찰함으로써 성장과 분배의 상호관련성을 쉽게 파악할 수 있다. 산업자본은 도식적으로 말한다면 다음과 같이 순환한다.

> 산업자본의 투자 → 생산수단(기계 · 원료)과 노동력의 구입 → 노동자가 생산과정에서 상품을 생산하고 새로운 부가가치를 창조한다 → 상품이 판매됨으로써, 창조된 부가가치가 화폐로 실현된다 → 실현된 부가가치가 임금과 잉여가치로 분할되고, 또한 잉여가치가 이자 · 상업이윤 · 지대 · 조세 등으로 분배된 뒤 기업이윤이 남는다 → 기업이윤은 다시 배당과 사내유보(社內留保)로 분배된다 → 사내유보의 재투자 → 산업자본의 축적 → 기업의 생산능력 확장과 고용인구의 증가 → 경제성장의 달성

경제성장을 촉진하는 데 가장 중요한 것은 흔히 말하듯이 산업자본의 투자이고, 이 투자의 규모는 기업이윤(더욱 자세하게는 사내유보)의 크기에 달려 있다. 그러나 위의 도식에 따라 좀더 자세히 살펴보면, 기업의 재투자 규모를 규정하는 것은 다음과 같은 항목들이다.

(가) 노동자들이 생산과정에서 더욱 큰 부가가치를 창조해야 한다.

(나) 이렇게 창조된 부가가치가 화폐로 실현되어야 한다. 다시 말해 생산된 상품들이 제값에 모두 팔려야 한다.

(다) 이렇게 실현된 부가가치 중 임금보다 잉여가치의 몫이 더욱 커야 한다.

(라) 잉여가치 중 기업이윤의 몫이 증가하려면 이자 · 상업이윤 · 지대 · 조세 등이 감소해야 한다.

(마) 기업이윤 중 배당으로 분배되는 것보다 사내유보의 몫이 더욱 커야 한다.

(바) 이 사내유보가 산업에 다시 투자되어야 한다.

기업이 재투자할 수 있는 재원이 커야 투자가 증가하고 투자가 증가해야 높은 경제성장을 이룩할 수 있다. 그런데 기업의 투자 규모를 결정하는 위의 항목 중 (다), (라), (마)가 직접적으로 분배문제에 속하므로, 경제성장은 항상 분배문제를 자기의 가슴 속에 품고 있다는 것을 명백하게 알 수 있다. 노동자들이 창조한 부가가치 중 될수록 임금 몫을 줄이고 잉여가치 몫을 늘리는 것, 잉여가치 중 기업이윤의 몫을 늘리는 것, 그리고 기업이윤 중 사내유보의 몫을 늘리는 것이 바로 분배문제이기 때문이다.

더욱이 경제성장은 '간접적으로' 분배문제에 의해 제약된다. 사내유보가 크게 증가하면 산업자본이 큰 규모로 축적되며 생산능력이 크게 확대될 수 있다. 그러나 아무리 상품을 많이 생산하더라도 제값에 팔리지 않으면 헛수고일 뿐 아니라 산업자본을 낭비하게 되고 기업은 도산한다. 상품이 판매되어야만 창조된 부가가치가 화폐로 실현될 수 있기 때문에, 경제성장에서는 상품의 판매시장을 확대하는 것이 또한 매우 큰 문제다. 그런데 (다)처럼 임금 몫을 줄인다면 노동자계급의 소비지출이 상대적으로 또는 절대적으로 줄어들어 소비재의 판매시장이 제대로 성장하지 않으며, 나아가 소비재 생산에 소요되는 생산재가 제대로 팔리지 않기 때문에 생산재의 판매시장도 축소된다. 이처럼 노동자의 소득인 임금의 규모가 잉여가치 몫의 증가로 줄어든다면, 소비재와 생산재의 판매시장이 좁아지고 소비재와 생산재가 제대로 팔리지 않기 때문에, 창조된 부가가치가 화폐로 실현될 수 없어 경제성장은 중단된다. 다시 말해 경제성장의 원동력인 기업이윤을 증대시키는 과정에서 노동자들의 소득을 감축하면 상품이 팔리지 않는 시장문제가 발생하여 경제성장에 차질이 생긴다. 그리고 이런 시장문제가 예상되는 경우에는 산업자본가들은 사내유보를 산업에 다시 투자하지 않고 예컨대 금융자산이나 부동산에 투자하려 할 것이다. 따라서 경제성장을 규정하는 위의 항목 중 (나)와 (바)가 또한 분배문제와 '간접적으로' 연결되어 있다고 볼 수 있다.[5] 이제 경제성장을 결정하는 요인들 중 몇 개를 자세히 살펴보자.

(1) 임금 이외의 분배 항목

만약 산업자본가들이 '분배문제' 때문에 재투자할 재원이 부족하고 따라서 경제성장률이 낮아진다고 불평한다면, 그것은 노동자계급(임금)에 대한 불만뿐 아니라 금융적 자본가(이자), 상업자본가(상업이윤), 토지소유자(지대), 정부(조세), 주주(배당) 모두에 대한 불만을 표현한다고 보아야 한다. 만약 정부가 기업의 투자재원을 증가시킴으로써 투자를 활성화하고 경제성장을 촉진하려고 한다면, 임금수준의 억압 못지않게 이자 · 상업이윤 · 지대 · 조세를 경감해야 할 것이다. 또한 기업이윤이 재투자용 사내유보보다는 배당으로 더욱 많이 분배되는 문제나, 배당의 상당한 부분이 국외로 유출되는 문제도 정부가 정책의 차원에서 고려해야 할 것이다.[6]

5 뒤에서 보는 바와 같이, 선진자본주의 나라들에서는 1950~70년대에는 분배문제를 개선한 사회보장제도의 확대가 국내시장을 넓혀 고도성장을 뒷받침했고, 1980~90년대의 신자유주의는 사회보장제도를 해체함으로써 국내시장을 축소시키고 세계시장에서 무한경쟁을 촉발해 경제성장을 더욱 저해했다.

6 자본의 세계화가 급속하게 진전되면서 한국증권시장에서 외국자본의 세력이 상당히 증가했다. 상장주식의 시가총액에서 외국자본이 소유하는 비율이 40% 정도이기 때문에, 국내에서 창조된 잉여가치 중 상당한 부분이 배당으로 해외에 유출되고 있으며 또한 증권의 매매과정에서 얻은 자본소득도 해외로 유출되고 있다. 이것도 당연히 분배문제에 속하며, 재투자되는 기업이윤의 규모를 줄인다.

(2) 생산능력의 확대와 판매시장의 확대

생산능력의 확대와 판매시장의 확대는 이율배반적(二律背反的)이다. 기계화 · 정보화 · 자동화 등 기술집약적인 생산방식을 도입하면 생산능력은 확대되지만 노동자들의 수는 절대적으로나 상대적으로 감소하기 때문에, 임금소득의 증가에 의한 소비재 시장의 확대, 그리고 소비재의 생산에 소요되는 생산재 시장의 확대는 달성되지 않는다.[7] 다시 말해 노동자들의 임금소득이 대폭 삭감되는 경우, 소비재가 팔리지 않고 나아가서 소비재 생산업체에 기계와 원료를 공급하는 생산재 생산업체도 생산재를 팔 수 없게 되는 것이다. 특히 최근 세계시장의 무한경쟁에서 이기기 위해 '국가경쟁력'을 강화하려고 기업과 정부가 함께 노동자계급의 임금수준을 압박하고 있는데, 모든 국가가 거의 비슷한 신자유주의적 정책을 채택하고 있기 때문에 세계시장은 축소하고 무한경쟁은 더욱더 강화되고 있다. 왜냐하면 임금을 지불하는 기업 측에서는 임금은 '비용'이므로 절감해야 할 항목이지만, 상품판매시장의 관점에서 보면 노동자들의 임금 총액은 상품을 사는 '구매력'을 이루기 때문이다. 임금지불 총액을 감축해 이윤을 증가시키고 이윤을 재투자해 생산능력을 확대하는 과정에서 결국 판매시장의 부족이라는 장애물에 걸리게 된다. 다시 말해 생산능력과 노동자들의 임금총액 사이에는 일정한 균형조건이 있는데, 이 조건이 충족되지 않으면 상품들이 팔리지 않아 경세 선제가 과잉생산 공황에 빠지는 것이다. 물론 여기서 말하는 '과잉'은 주민들의 욕망이나 필요에 비해 상품들이 너무나 많다는 뜻은 아니며, 자본의 가치증식욕(價値增殖慾)을 만족시키지 못할 만큼 많다는 뜻이다.[8]

7 물론 자동화를 도입한 기업은 제품의 판매가격을 낮춤으로써 시장을 더욱 많이 차지하겠지만, 관점을 넓혀 모든 기업이 동시에 자동화를 채택한다면 위와 같은 결과가 나오게 된다.

8 만약 상품들이 팔리지 않아 창고에서 썩고 있다면, 그 상품을 필요한 사람들에게 공짜로 주는 것이 더욱 합리적이지 않을까? 이렇게 공짜로 나누어 주지 않는 것이 자본주의의 원리다.

(3) "빵을 키워서 갈라 먹자."

"작은 빵을 지금 당장 갈라 먹기보다는 빵을 키워서 갈라 먹자"는 구호는 1961년 박정희 시절에 유행했는데, 아직도 그대로 메아리치고 있다. 빵이 수천 배나 커졌는데도 기업가들은 여전히 이 구호를 외치고 있는데 영원히 이 구호를 버리지 않을 것이다. 왜냐하면 '키운 빵'을 골고루 나누어 줄 주체가 자본주의 사회에는 없어 이 구호가 집행되지 못할 것을 기업가들이 알고 있기 때문이다. 정부 · 기업 · 노동자 어느 누구도 이런 '공권력'을 가지고 있지 않다. 물론 모든 생산수단을 공동으로 소유하고 공동으로 노동하는 새로운 사회에서는 이 구호가 실제로 실천에 옮겨질 수 있다. 왜냐하면 사회 전체가 빵의 '처분권'을 가지고 있기 때문이다.

경기를 부양시키기 위해서는 분배보다는 성장을 우선해야 한다는 주장이 나오고 있는데, 이런 주장을 하는 사람들은 우리나라에 대단한 사회보장제도가 확립되어 있는 듯 착각하고 있다. 학교와 병원이 모두 무료이고 저소득층을 위한 값싼 장기임대아파트가 있고 실업수당 · 연금 등이 인간생활을 보장하는 복지사회에서는 심각한 불황시기에 그런 주장이 나올 수도 있겠지만, 그 주장이 옳다는 뜻은 아니다. 위에서 살펴본 바와 같이, 노동자들에 대한 적절한 분배가 이루어지지 않으면 시장문제가 등장하기 때문에 성장이 불가능하게 된다는 점을 기억할 필요가 있다.[9]

2) 역사의 교훈

(1) 황금시대: 고도성장과 더 나은 분배의 선순환

유럽 선진자본주의 나라들의 경우 1950~70년에는 경제성장률이 높았을 뿐 아니라 사회보장제도도 확대되고 개선되었다. 이른바 성장과 분배가

9 박정희체제에서는 세계 최저의 임금수준, 세계 최장의 노동시간, 세계 최대의 산업재해를 지니면서도 고도의 경제성장을 이룩한 것은 사실이지만, 이 고도성장의 뒷면에 있는 무자비한 인권탄압을 보아야 하고, 또한 그 당시에는 선진자본주의 나라들이 '황금시대'를 구가하고 있어 수출시장이 매우 컸다는 점을 고려해야 한다.

조화를 이룬 '황금시대' 였다. 학교와 병원이 모두 무료였고, 완전고용이 경제정책의 가장 중요한 목표였으며, 실업자에게는 실업수당을 주었고 저소득층에게는 소득을 보조해 주었으며, 공공임대주택을 건설해 소득에 따라 월세를 받았고, 노인들은 연금으로 생활했으며, 공장과 회사들은 노동자들과 협력해 노동생산성을 향상시켰다. 중산층 이상이면 '당연히' 자기 소득의 50% 정도를 세금으로 국가에 바쳤고, 국가는 이 세금으로 위와 같은 사회보장제도를 유지하고 확대했다. 따라서 이 황금시대에는 "성장이냐 분배냐"의 양자택일 문제가 제기된 적이 없고, 높은 성장률과 훌륭한 사회보장제도(또는 '더불어 사는 사회')의 선순환(virtuous circle)이 있었을 뿐이다. 그 당시 유행했던 케인즈의 유효수요이론(effective demand theory)에 의하면, 선진자본주의 경제에서는 완전고용을 달성할 유효수요가 항상 부족하므로 사회보장제도를 확대해 정부의 소비지출과 투자지출을 증가시킴으로써 국내시장을 확대해야 고도성장이 가능하다는 것이다.[10]

(2) 신자유주의: 사회보장제도의 축소와 더 낮은 경제성장률의 악순환

1974~75년의 공황과 그 뒤의 장기불황을 겪는 과정에서, 1945년 이후의 '사회적 합의' (즉 혼합경제 · 완전고용 · 복지국가)를 무너뜨리는 신자유주의가 나타났는데, 영국에서는 보수당이 집권한 1979~97년에 신자유주의적 정책이 강력하게 실시되었으며, 사회보장제도가 축소되었다.

그러나 실업자 특히 청년층의 장기 실업자가 급증하고 있는 상황에서는, 그리고 인구의 노령화가 진행하고 있는 상황에서는 사회복지비의 지출을 삭감하는 데도 한계가 있었다. 장기불황이 계속되면서, 생산재에 대한 수요는 점차 줄어들고, 실업의 증대와 임금수준의 저하로 소비재에 대한 수요도 줄어들고 있는데, 정부까지 복지국가를 해체하고 재정금융의

10 케인즈(J.M. Keynes)는 "저축이 미덕이 아니라 소비가 미덕이다"는 철학을 제기했기 때문에, 복지국가의 건설에 크게 기여했다. 이 책의 제4장 1을 참조하라.

긴축정책을 실시하기 때문에, 국내시장은 크게 축소되었다. 따라서 신자유주의는 국가경쟁력을 강화해 해외시장을 개척하는 것에 역점을 두게 되었는데, 이것이 바로 세계화(globalisation)의 시작이었다.

그런데 거대한 선진국들이 국가경쟁력을 강화해 세계시장을 개척함으로써 국민경제를 부흥시키는 데는 한계가 있었다. 첫째, 새로운 기술을 최초로 발명해 사용하는 기업이나 나라는 더욱 큰 세계시장을 차지할 수 있지만, 어느 한 기업 또는 어느 한 나라가 항상 최초로 새로운 기술을 개발할 수는 없었기 때문이다. 둘째, 국가경쟁력을 높이기 위해 노동의 유연화(해고나 비정규직화)를 통해 임금비용의 저하를 도모하는데, 이것은 고용의 안정성을 파괴하고 노동자계급의 삶의 질을 저하시켜 정치적 · 사회적 혼란을 야기하며, 또한 국내시장을 더욱 줄임으로써 세계시장의 규모를 점점 더 축소시키는 경향이 있었기 때문이다.

결국 사회보장제도의 축소를 통해 고소득층과 기업의 조세부담을 경감시킴으로써 경제성장률을 높이고 실업을 축소하며 국민생활수준을 향상시킨다는 신자유주의는 사실상 사회보장제도의 해체와 더 낮은 성장률, 더 높은 실업률, 더 낮은 국민생활수준의 악순환을 야기했다. 그리고 점점 더 축소되는 국내시장을 세계시장의 개척을 통해 보상받으려는 자본의 세계화는 결국 제국주의(imperialism)의 다른 이름에 불과해 국제적으로 침략전쟁을 통해 세계평화를 파괴하고 빈익빈 부익부 현상을 심화시켰다.

(3) 신자유주의의 쇠퇴

신자유주의의 국내적 · 국제적 폐해에 대해 각국 주민들의 반대운동이 전개되었다. 세계사회포럼(World Social Forum), 반전운동, 각국의 선거운동, 시민운동, 노동운동 등이 신자유주의적 정책들을 구체적으로 반대하고 있다. 결국 사회구성원들이 정치나 경제를 자기들이 원하는 방향으로 개혁하는 과정에서 신자유주의는 쇠퇴할 수밖에 없었다. 아무리 세계화의 진전을 이야기하더라도 다국적기업이 구름 속에서 영업하는 것이 아니라 특정한 지역이나 나라에 발을 붙이고 있는 것은 사실이기 때문에, 지역적이고 전국적인 규모의 시민운동이나 노동운동은 자본과 정부의 '야만(barbarism)'을 규제하는 가장 확실한 방법이다. 흔히들 세계 전체의 시민운동의 연대나 노동운동의 연대를 강조하지만, 각 지역이나 각 나라에서 시민운동이나 노동운동이 활성화하지 못한다면 세계 전체의 연대는 무의미할 뿐 아니라 불가능하다.

영국과 독일의 2005년 총선에서는 신자유주의적 색채가 강한 '제3의 길(The Third Way)'을 주창한 노동당과 사회민주당이 상당히 큰 타격을 입었고, 국제적으로는 세계화와 전쟁을 반대하는 민중운동이 '국제적 국가기구들'(예: WTO, IMF, IBRD, APEC)의 총회를 따라다니면서 대규모 시위를 벌이고 있다.

3) 노무현 정부의 가속적인 신자유주의적 세계화

노무현 정부는 2003년 2월 집권한 이래 장기불황의 극복전략으로 신자유주의적 세계화를 가속적으로 추진하고 있다. 무엇보다도 '기업하기 좋은 나라'를 모토로 관련정책을 정비하고 있는데, 한편으로는 비정규직 관련법 제정, 노사관계 로드맵 입법화 시도 등 노동의 유연화와 노동운동의 무력화를 적극 추진하고, 다른 한편으로는 다수의 국가들과 자유무역협정(FTA)을 동시에 추진하고 있다. 다시 말해 노무현 정부는 우리나라의 자본이 세계시장에 더 많이 수출하고 외국자본이 한국에 더 많이 투자함으로써 한국 경제가 회복된다고 믿고 있다.

이런 전략을 추진하기 위해 노무현 정부는 보수대연합(保守大聯合)과 부르주아 민족주의를 통해 노동자 · 민중을 제압할 수 있는 헤게모니를 구축하고자 한다. 보수대연합과 부르주아 민족주의는 한국계 초국적자본(超國籍資本)인 재벌이 국내와 국외에서 외국계 초국적자본과의 치열한 경쟁에서 승리하는 것을 열렬히 응원하기 위한 것인데, 이 맥락에서 노동자와 민중은 '국가의 이익' 을 위해 재벌의 요구 사항에 복종하지 않으면 안 된다는 친재벌적이고 파시즘적인 이데올로기가 강화되고 있다.

도대체 '국가의 이익' 은 무엇인가? 국가(State)는 각종 특수기구들(대통령 · 각종 행정부서 · 국회 · 법원 · 경찰 · 검찰 등등)과, 그 기구들을 통해 공적 권력을 행사하는 국가엘리트로 구성되어 있다. 여기에서 우리가 관심을 가지는 것은 국가엘리트가 누구를 위해 또는 무엇을 위해 국가권력을 어떻게 행사하는가이다. 자본가계급이 정치 · 경제 · 문화의 모든 면을 지배하고 있는 자본주의 사회에서는 국가엘리트가 외형적으로는 각종 이해대립(利害對立)의 중재자 또는 선의의 제3자인 것처럼 보이지만, 사실은 기득권자인 자본가계급의 이익에 봉사한다. 물론 국가는 자본가계급의 이해관계로부터 '상대적 자율성' 을 가지지만, 이것은 국가가 자본주의 체제를 유지 · 옹호하기 위해 자본가계급의 단기적 이익을 희생시키면서 민중의 요구를 일정한 범위 안에서 수용할 수 있다는 것을 가리킬 뿐이다. 예컨대 노동조합의 결성권 · 단체협약권 · 단체행동권을 법률로 보호하는 것이 그것이다. 결국 국가의 이익은 기득권자의 이익과 다를 바 없다. 그런데 우리는 국가의 이익을 '국민 모두의 이익' 으로 착각하는 경우가 많지만, 국민들이 예컨대 자본가계급과 노동자계급으로 크게 구분되면서 이 두 계급의 이해관계가 전혀 상반될 때 어떻게 국민 전체의 이익 또는 공통의 이익을 찾아낼 수 있겠는가? 정부와 기득권자들이 강조하는 '국가의 이익' 은 국민 전체의 이익을 가리키는 것이 아니라 사실은 기득권자의 이익을 감추는 이데올로기에 불과하다.

둘째로 정치적 민주주의를 확대하는 것과 민중의 이익을 옹호하는 것은 동일한 것인가? 전혀 다른 차원의 문제다. 노무현 대통령은 참여정부가 정치적 민주주의의 확대에 기여하기 때문에 자기를 '좌파' 라고 부르는 모양인데, 자본가계급을 위해 실업자와 비정규직을 양산하고 농민을 희생시키는 것은 우파이지 좌파가 아니다. 참여정부의 고위층은 영국의 대처 수상을 높이 평가하는 경향이 있는데, 대처 수상은 신자유주의적 정책들을 처음 체계적으로 실시함으로써 자본가계급을 위해 가장 크게 봉사한 극우 정치인이라는 사실을 알아야 할 것이다. 대처는 1979년 집권하면서 노동조합의 세력을 약화시키기 위해 재정금융 긴축정책을 실시함으로써 기업들을 도산시켜 실업자를 양산했고, 1984년 '비경제적인' 탄갱의 폐쇄에 반대하는 광부노조의 파업에 1년 동안 대결함으로써 광산업과 광부들의 가정을 파탄시켰다. 그리고 경제 전체적으로 볼 때도 경제성장률은 오히려 저하했고 실업률은 오히려 상승했으며 이자율과 물가상승률도 상승했다. 결국 '깡패' 대처는 1990년 보수당의 동료 국회의원들의 배척에 의해 당수 자리와 수상의 자리를 빼앗겼던 것이다. 노무현 정부가 추진하는 보수대연합과 부르주아 민족주의는 노무현 정부가 초기에 실시한 정치적 민주주의를 크게 후퇴시킬 우려까지 있다.

셋째로 재벌을 앞장세워 세계시장을 지배하게 함으로써 한국 경제를 부흥시킨다는 아이디어는 한심하기 짝이 없다. 한국계 초국적자본이 약소국을 지배하는 것을 찬양한다면 일본제국주의가 한국을 지배한 것과 미국 정부가 한국 정부에 온갖 압력을 넣는 것도 '당연하다'고 체념해야 할 것이다. 그리고 재벌은 한국의 땅에서 이윤을 낼 수 없다면 언제나 한국의 땅을 떠날 수 있다는 사실을 명심해야 한다. 사실 다수의 재벌이 생산과 금융의 중심지를 외국으로 옮기고 있다. "외국자본의 경쟁으로부터 재벌을 보호하자"는 주장에는 재벌이 한국의 정부나 국회의 요구에 순응하여 국민들을 위해 자기의 이익을 희생할 수 있다는 믿음이 깔려 있지만, 외국자본이나 재벌이나 모두 자본의 가치증식을 위해 행동한다는 점에서는 전혀 다름이 없다. 재벌이라고 비정규직을 정규직으로 전환시키는가, 재벌이라고 회계의 부정을 저지르지 않는가, 재벌이라고 정치권에 뇌물을 주면서 흥정하지 않는가, 재벌이라고 노동자들의 이익을 보호하는가! 재벌의 대외팽창을 위해 민중이 희생해야 한다는 주장은 도대체 경제성장이나 경제발전이 무엇을 그리고 누구를 위한 것인가를 곰곰이 생각하게 한다. 재벌의 수출 증대와 대외팽창을 위해 임금수준을 인하하고 농산물 시장을 개방하며 정규직이 비정규직으로 강등되고 노동운동을 삼가며 민중의 생활을 희생한다면, 민중이 점점 더 희생해야만 재벌이 수출을 더욱 더 증가시킬 수 있을 것이다. 이렇게 되면 이제 내수시장이 점점 더 좁아져서 더욱 더 수출 증진에 전념하지 않을 수 없다는 주장이 또 나올 것이다. 이리하여 수출의 증가와 민중생활의 저하가 악순환을 이루게 될 것이다. 수출과 경제성장은 누구를 위한 것인가?

넷째로 노동자를 모두 비정규직으로 만들고 임금수준을 낮추고 자본가의 명령에 복종하는 '임금노예'로 만든다고 고용이 얼마나 증가할 것인가? 지금 우리나라는 세계 10대 경제대국이기 때문에 단순 · 반복노동에 걸맞은 노예 같은 노동자는 사실상 크게 필요 없다. 정보통신산업과 같은 첨단산업은 창의력이 있고 재기발랄한 노동자가 필요하기 때문에 임금노예를 만들어 고용을 증가시키려는 정부의 시도는 성공할 수가 없다. 외국자본도 노예를 원하지는 않는다. 또한 내수시장이 부족하다고 기대한 규모의 신용불량자를 만든 나라에서 임금수준을 삭감하면 내수시장이 더욱 축소된다는 것을 왜 모르는가?

심각한 장기불황을 민중의 희생 위에서 탈출하기는 매우 어렵다. 주어진 자본주의 체제 안에서 대안을 생각하지 말고 자본주의 체제를 뛰어넘는 새로운 체제를 모색하는 것이 옳고 빠른 길이다. 민중이 들고일어나 정부를 민중의 정부로 갈아 치우고 재벌을 국민들의 관리와 통제 아래 두어야 한국 경제가 국민들의 필요와 욕구를 충족시키는 체제로 전환될 수 있을 것이다.

4) 현재의 세계경제와 세계대공황의 가능성

세계경제는 각 국민경제, 지역경제통합체(예: EU, NAFTA 등), 다국적기업들 그리고 국제적 국가기구들(예: UN, IMF, WTO, IBRD 등)로 구성되어 있는데, 현재의 세계경제는 국내총생산(GDP)의 규모가 가장 큰 미국 경제[11]가 세계를 제국주의적으로 지배하는 것을 특징으로 삼고 있다. 미국 정부는 특히 1974~75년의 세계공황을 극복하는 과정에서 각국 정부에게 경제의 개방화와 자유화를 요구하면서 미국 출신의 다국적기업들이 세계의 산업과 금융을 지배하도록 도왔다. 이리하여 세계적인 상품거래와 금융거래가 폭발적인 규모로 증가하였지만 국제적인 국가기구들은 이런 거래들을 제대로 감독하거나 관리할 능력을 지니지 못했다. 따라서 크고 작은 금융위기가 끊임없이 일어났다. 1983년 이후 후진국의 외채위기, 1987년 10월의 세계적인 주식시장 공황, 1997년 동아시아의 금융위기, 1998년 멕시코와 러시아의 금융위기, 미국 LTCM(Long Term Capital Management)의 파산위기, 2002년 아르헨티나의 금융위기 등등. 이런 위기들을 어떻게 해소할 것인가는 대체로 미국을 위시한 영국 · 프랑스 · 독일 · 이탈리아 등의 '집단적 제국주의(collective imperialism)'에 의해 결정되었지만, 미국 제국(Empire)의 이익을 옹호하지 않을 수 없었다.

2005년 미국 경제는 연간 7천억 달러의 무역수지 적자와 연간 5천억 달러의 재정수지 적자에 시달리고 있다. 무역수지의 적자는 미국 산업의 국제경쟁력이 상대적으로 낮다는 것과 미국이 값싼 상품들을 대량으로 외국(특히 중국)에서 수입하고 있다는 사실을 가리킨다. 그리고 재정수지의 적자(이전의 클린턴 정부에서는 없었던 일이다)는 부시 정권이 부유층에게는 세금을 깎아 주면서 아프가니스탄 · 이라크 등에서 계속 전쟁을 수행하기 때문에 생긴 것이다. 이처럼 무역수지와 재정수지가 대규모 적자를 나타낸다면, 미국의 국내통화인 달러의 대외가치는 당연히 떨어져야 하고, 외국투자자들은 달러로 표시된 유가증권(주식 · 채권 · 재무부증권 등)을 팔아야 하며, 외국 정부들은 외환보유고를 달러로 가질 것이 아니라 유로

11 세계은행(IBRD)의 발표에 따르면, 구매력을 기준으로 추산한 국내총생산의 크기(2003년도)에서 세계 제1위는 미국(10조 달러)이고, 2위는 중국(6조 4,358억 달러), 3위는 일본(3조 5,825억 달러), 4위는 인도(3조 962억 달러)였다.

(Euro) 등 다른 통화로 바꿔야 할 것이다. 이렇게 되면 달러 가치는 더욱 떨어지고 뉴욕증권거래소의 주가는 폭락하며 미국 경제는 물론 세계경제가 공황에 빠질 것이다. 그런데 아직은 이런 연쇄적인 반응을 일으킬 방아쇠는 당겨지지 않고 있다. 왜냐하면 세계 각국의 정부와 투자자들은 아직도 미국이 군사적 · 경제적 · 외교적으로 가장 강력하다는 것을 인정하면서 미국 정부의 국채(재무부증권 Treasury Bill)가 세계에서 가장 안전하다고 믿기 때문이다. 따라서 외국의 정부들은 외환보유고를 미국의 재무부증권으로 가지려고 하고 투자자들도 달러표시증권에 투자하고 있다. 다시 말해 미국 정부가 무역수지와 재정수지의 적자를 메우기 위해 발행한 달러가 재무부증권 등 달러표시증권을 구매하려고 다시 미국으로 돌아오고 있는 셈이다. 미국 제국에 대한 믿음이 계속되는 한, 달러의 대외가치가 떨어질 위험이 없고 뉴욕증권시장의 붕괴는 일어나지 않으며, 따라서 세계대공황은 폭발하지 않는다고 말할 수 있지만, 세계대공황이 일어날 물적 기반은 있기 때문에 대공황의 가능성은 항상 있다고 보아야 한다.

미국 경제는 1995~2000년에 일본과 유럽연합에 비해 높은 성장, 낮은 실업, 낮은 인플레이션을 이룩했는데, 이에 대해 주류경제학자들은 미국이 '신경제(New Economy)'를 맞이했다고 주장했다. 그러나 신경제를 창조한 요소들은 디지털 혁명이라는 기술혁신, 이 기술혁신에 자본을 공급한 벤처자본, 그리고 벤처자본에게 대박을 얻을 수 있게 한 흥청거리는 뉴욕증권거래소였다. 디지털 혁명의 선두주자인 미국에서는 IT(정보통신) 산업에서 새로운 혁신이 거듭되기 때문에, 각국의 유휴자금이 미국 IT산업의 주식을 매입함으로써 IT산업의 이윤을 분배받으려 했으며, 이리하여 뉴욕증권거래소는 큰 활황을 이루었다. 이 결과로 미국의 IT산업은 큰 자본을 쉽게 얻을 수 있어 확장을 계속했고, 기술직 · 전문직의 고용이 증가하고 이들의 소득이 증가했다. 또한 주가가 상승함으로써 주식소유자는 장래의 재산이 증가했다고 생각해 미리 은행으로부터 자금을 차입해 소비를 증가시켰다. 이리하여 투자와 소비가 증가해 경제성장이 높아지고 취업이 증가했으며, 기술혁신의 도입으로 노동생산성도 향상했고, 후진국으로부터 값싼 제품들을 대량 수입함으로써 인플레이션을 억제한 것이다. 그러나 이런 과정에서 IT 등 첨단산업부문에 대한 투자가 과잉이 되어 투자의 수익률이 저하했고, 2000년 봄부터 IT산업의 주가가 하락하기 시작하면서 전체 주가의 상승이 머뭇거리게 되었다. 만약 주가가 폭락하는 경향을 보인다면, 외국투자자들은 주식을 팔아치울 것이고 그 대금을 달러 이외의 화폐로 가지려고 할 것이다. 또한 주식소유자들은 장래의 재산이 감소하기 때문에 소비를 줄일 것이고, 기업은 주식 발행을 삼가고 투자를 줄일 것이다. 더욱이 은행으로부터 차입한 자금으로 주식을 구매한 가계와 기업들은 주식의 판매로 부채를 갚을 수 없어 파산하게 될 것이다. 이렇게 된다면, 주식가격과 달러의 대외가치는 폭락하며, 미국 경제는 공황에 빠지고 세계경제도 공황에 부닥칠 것이었다.

이런 위험을 잘 알고 있기 때문에, 미국의 연방준비은행(FRB)은 2001년 초부터 주가가 크게 하락하자, 2001년 한 해 동안 연방기금금리(하루짜리 은행 간 대출금리. 이 금리가 시중은행의 대출금리를 결정한다)를 11차례에 걸쳐 6.5%에서 1.75%로 인하하면서 주가의 반등을 시도하였다. 그 뒤 2002년 11월에는 금리를 다시 1.25%[12]로, 그리고 2003년 5월에는 또 다시 1.00%로 인하했으며 2004년 6월까지 1%를 유지했다. 그러나 주가는 쉽사리 상승하지 않았으며, 경제성장률이 1995년 이후 최저수준으로 하락하고 실업률이 크게 증가하여 IT산업의 이윤율은 더욱 저하했다. 이런 와중에서 2001년 9월 11일 미국에 대한 테러공격[13]이 있었고, 2001년에는 아프가니스탄에 대한 침략, 2003년에는 이라크에 대한 침략으로 미국 경제는 점점 더 전쟁경제로 돌입했다. 전쟁으로 재정수지의 적자가 늘어나고 무역수지의 적자가 악화됨에 따라 달러의 대외가치가 서하하면서

12 연방기금금리가 1.25%라면 프라임 레이트(prime rate, 시중은행이 개인이나 기업에 대출하는 금리)는 4.25%가 되는데, 이 수준은 1959년 5월 이후 최저수준이다.

13 이 테러사건은 미국 본토가 1812년 이래 처음으로 적군의 공격을 받았다는 점에서 미국 국민에게는 매우 경악스러운 사건이었다.

달러보다는 유로를 선호하는 경향이 외국 정부들과 투자자들에게 나타나게 되었다. 이에 미국의 연방준비은행은 달러가치를 유지하기 위해 이자율을 인상하기 시작했다. 연방기금금리를 2004년 6월 1%에서 계속 0.25%포인트씩 17번이나 인상해 2006년 6월에는 5.25%가 되었다. 이것은 5년여 만의 최고치다.

또한 미국 경제에 불리한 사정은 엔론, 월드컴, K마트, 글로벌크로싱 등 미국의 대기업이 분식회계로 파산했고, 기타 대기업들도 분식회계 의혹을 받고 있다는 점이다. 주주가치를 극대화하는 것이 기업의 목표가 되면서 기업경영자들은 주식가격을 끌어올릴 수 있는 온갖 방법을 동원할 수밖에 없는데, 이 과정에서 회계를 조작하게 된 것이다. 분식회계 의혹을 받는 대기업들은 자금을 조달하기가 어려워 결국 도태될 가능성이 크므로 이 점에서도 미국 산업은 어려운 상황이다.

2003년 하반기부터 주식가격은 상승하는 추세로 돌아섰지만, 문제는 기업의 수익성은 저하하는데 주가는 상승하는 현상, 즉 기업의 수익성과 주가 사이의 간격이 1995년 이래 계속 확대되고 있다는 점이다. 이것은 주가가 기업의 이윤과 배당으로부터 점점 더 자립하고 있다는 것을 가리키는데, 이 간격이 어느 수준을 초과하면 주가가 자기의 토대인 배당을 반영해 폭락하지 않을 수 없을 것이다.[14] 주주자본주의 아래에서 미국 정부와 기업이 주가를 상승시키는 데 너무 집착하기 때문에, 주가가 기업의 수익성과는 무관하게 상승하다가 폭락함으로써 공황을 일으킬 수도 있다.

지금의 세계경제는 미국 정부가 세계를 군사적으로 지배하면서 국제적인 경제관계들을 조정하고 있는 구조이다. 미국 경제는 달러가 세계화폐

14 이 현상은 1990년대 이래 일본의 장기불황을 설명하는 데 매우 중요하다. 1985년의 플라자협정으로 일본 엔화의 대외가치가 인상됨으로써 한편으로는 기업의 수출경쟁력은 크게 약화되었지만, 다른 한편으로는 엔화 가치의 더 높은 상승을 기대해 대규모의 외국자본이 일본의 유가증권에 투자하였다. 이리하여 기업의 수익성은 개선되지 않았는데도 주가가 상승해, 소비와 투자가 확대되면서 과잉투자와 과잉설비를 야기한 것이다. 그 뒤 주가가 폭락하면서 가계와 기업 및 금융기관의 파산이 이어졌는데, 이것의 영향으로 일본경제는 1990년부터 현재까지 장기불황을 겪고 있는 것이다.

역할을 수행함으로써 엄청난 화폐주조이익(seigniorage)을 얻고 있으며,[15] 뉴욕증권거래소와 미국의 금융적 자본이 세계의 금융시장을 지배하며, 미국의 첨단산업이 세계의 기술혁신을 주도하고, 미국의 군수산업이 세계에 무기를 수출하며, 미국의 언어와 문화가 또한 세계를 지배하고 있다. 그러나 이처럼 미국 정부가 세계를 장악하고 있는데도 불구하고 미국의 이익을 해치는 금융위기는 거듭 일어나고 있으며, 미국의 국내 경기는 무정부적 생산과 불균등발전에 따라 회복과 침체를 반복하고 있다. 어떤 특수 상황에서 달러의 가치가 폭락하면서 뉴욕증권거래소가 붕괴한다면 미국 경제와 세계경제가 공황에 부닥치면서 미국 제국은 몰락하게 될 것이다.

5) '더불어 사는 사회'의 경제적 근거

'더불어 사는 것'은 우리 사회에 널리 퍼져 있는 양극화를 축소하는 것인데, 이 과제는 사실상 정부가 떠맡아야 할 업무이다. 사회보장제도를 확대 · 개선하여 복지국가를 건설하는 거대한 과제는 공권력을 가진 정부만이 수행할 수 있기 때문이다. 그런데 흔히들 자본의 세계화에 따라 자본과 국민국가 사이의 세력관계가 자본 우위로 역전되었다거나, 국민국가의 개입 능력이 축소되었다거나 국민국가가 쇠퇴하고 있다고 주장한다. 그러나 미국의 부시 정권을 보면 알 수 있듯이 이 주장은 전혀 사실이 아니다. 오히려 각국 정부는 자기 나라 기업의 국제경쟁력을 강화시키고 자본(자국 출신이든 타국 출신이든)의 수익활동에 적합한 사회환경을 만들기 위해, 케인즈주의적 복지국가정책이나 사회민주주의적 정책을 포기하고 신자유주의적 정책을 채택했다고 보아야 한다. 사실상 다국적기업은 대부분 출신국에 강력한 기반을 두고 있으며 출신국의 경영자에 의해 운영

15 제7장 4-5)를 참조하라.

되고 있다.[16] 그리고 WTO 협상과정이나 미국 · 일본 · 중국 · EU 사이의 무역마찰에서 보는 바와 같이 다국적기업은 자국 정부의 지원을 받으면서 세계로 확장하고 있다. 따라서 자본과 국민국가 사이의 관계는 대립 · 갈등의 관계가 아니라, 자본의 가치증식 조건(정치적 · 경제적 · 이데올로기적 조건)의 변화에 대응해 국민국가가 어느 시기에는 사회민주주의적으로 변형하고 또 어느 시기에는 신자유주의적으로 변형한다고 보아야 할 것이다. 또한 이렇게 본다면, 신자유주의가 각국 경제는 물론 세계경제의 안정적 성장을 달성하지 못하고 있는 지금, 국민국가가 자본의 가치증식 방식 특히 자본의 세계화 경향에 제동을 걸 수도 있다. 왜냐하면 대다수의 국민에게 경제적 안정을 줄 수 없는 정부는 선거에서 패할 수밖에 없기 때문이다.

다국적자본이 세계시장을 휘젓고 다니는 세계화 시대에도 정부 또는 공권력의 힘은 여전히 막강하다는 사실을 정책담당자가 알아야 한다. 자주 일어나는 세계적인 금융위기에서 각국 정부가 개입하지 않고 시장에 맡겨 두었더라면, 어떻게 되었을까? 각국의 금융기관과 기업들은 완전히 붕괴되고 말았을 것이다. 금융기관이나 기업을 살리기 위해 누가 자금을 제공했는가? 금융시장도 아니고 자본시장도 아닌 정부가 국민의 혈세인 공적자금을 제공하였다. 그리고 노사대립이 심각한 수준에 이르러 노사 모두가 큰 손해를 보고 국민경제가 큰 혼란에 빠질 때 누가 이 노사대립을 해소할 수 있을까? 정부뿐이다. 따라서 공동체적 통합을 이루는 더불어 사는 사회를 만드는 데 필요한 현실적인 정책은 정부가 추진할 수밖에 없다.

그렇다면 더불어 함께 사는 것, 즉 양극화의 축소가 기업가들과 노동자들 모두에게, 그리고 부자와 서민 모두에게 '이익이 된다는 인식'을 어떻

16 『포춘』(*Fortune*, 2004년 7월 26일)에 따르면, 세계에서 가장 큰 규모의 다국적기업(금융업 포함) 500개의 출신국은 다음과 같다. 미국 189개, 일본 82개, 영국 35개, 독일 34개, 프랑스 37개, 한국 11개.

게 심어 줄 것인가? 가장 기본적인 사실은 지금과 같이 수출에만 목을 매달고 있다가는 우리 경제가 계속 침체할 수밖에 없다는 점이다. 수출을 증대시키기 위해 국가경쟁력을 향상시킨다는 명목으로 노동자들을 대량 해고하고 정규직을 비정규직으로 대체하며 빈곤층을 내팽개치고 부품을 생산하는 중소기업의 목을 비튼다. 이리하여 서민의 소비규모는 격감하고 내수산업은 도산하며 경제가 전반적으로 침체를 겪고 있다. 이렇게 되니까 수출을 더욱 확대할 필요가 생기고, 국가경쟁력을 향상시키기 위해 노동자들을 더욱 착취함으로써 국내수요기반을 더욱 축소시키고 서민들의 삶을 더욱 비참하게 만들고 있다. 수출 증대와 서민 불행의 악순환이다.

그런데 우리가 주목해야 할 사실은 세계 각국의 정부가 모두 신자유주의적 세계화 정책을 추진하고 있기 때문에, 세계시장이 좀처럼 확대되지 않을 뿐 아니라 무한경쟁이 더욱 더 치열해지고 있으므로 한국 기업의 수출이 증가할 가능성이 점점 더 낮다는 점이다. 그리고 우리 경제의 대외의존도가 너무 높고 우리의 최대 수출시장인 중국과 미국이 안정적이지 못하다는 점이다. 2004년에 수출액을 국내총생산액으로 나눈 수출의존도는 37%이고, 수출액과 수입액을 더한 무역액을 국내총생산으로 나눈 무역의존도는 70%였는데, 이 숫자는 내수기반이 붕괴되면서 2002년부터 빠른 속도로 증가한 숫자이다. 미국과 일본의 무역의존도가 20% 정도인 것에 비하면 우리 경제의 무역의존도는 매우 높은 편이고, 따라서 우리 경제는 세계대공황이 온다면 곧 파탄에 직면하지 않을 수 없다. 또한 주의해야 할 것은 우리의 수출시장이 중국과 미국에 너무 집중되어 있다는 점이다. 중국에 대한 수출 비중이 점점 증대하고 미국에 대한 비중이 점점 감소하다가 2004년에는 중국과 미국에 대한 수출이 각각 총수출액의 20%와 17%를 차지하게 되었다. 그런데 중국 시장의 장래가 중국 국내의 사회적 · 정치적 혼란의 가능성과 미국 정부의 중국에 대한 경제정책에 따라 안정적이지 않으며, 미국 시장에 대한 수출은 항상 미국 정부의 '보복' 조치에 시달리고 있다. 따라서 우리 경제가 수출에 목을 매달다가는 눈 깜짝할 사이에 대규모의 과잉생산과 과잉설비에 부닥치고 1997년과 같은 공황을 맞이하게 될 것이다. 다시 말해 수출시장이 계속 확대되리라 믿고 투자와 설비를 확장하다가는 곧 판매 애로에 부닥쳐 도산하게 된다는 것이다.

정부는 수출 증대와 서민 불행의 악순환을 끊고 경제의 안정적 성장을 위해 내수기반을 확충해야 한다. 정부는 국산품에 소득의 대부분을 지출하는 서민들의 소득을 향상시킬 수 있는 경제정책(양극화를 축소하는 정책)을 실시해야 한다. 노동자들이 건강한 일꾼일 뿐 아니라 건전한 소비자가 될 수 있도록 노동자의 고용과 임금을 보호하는 조치들을 취해야 하며, 동일한 노동을 하면서도 임금과 인격 면에서 엄청난 차별을 받는 비정규직을 폐지해야 할 것이고, 고용효과가 대기업보다 훨씬 큰 중소기업을 보호 · 육성해야 할 것이며, 빈곤층에 대해서도 부실 금융기관과 기업에 대해 막대한 공적자금을 제공한 것과 마찬가지로 보조해야 할 것이다. 더욱이 양극화를 축소하기 위해서는 학교 · 병원 · 연금 · 실업 · 주택 · 소득보조 등에서 사회보장제도를 확대 · 개선해야 한다. 이런 내수기반의 확충 위에서 비로소 공동체적 통합이 가능하며 건실한 과학기술이 발달할 수 있고 수출의 증대와 국민생활의 향상이 더불어 이루어질 수 있다.

이리하여 양극화의 해소 → 내수기반의 확충 → 경제의 안정적 성장 → 인권유린과 증오의 해소 → 사회적 타협의 확대로 나아갈 것인데, 이것이 바로 유럽의 선진국들이 걸어온 길이다. 유럽의 선진국들은 1945년에 이미 사회보장제도를 확대 · 개선하여 복지국가를 건설했는데, 한국은 60년이 지난 지금도 자살 · 범죄 · 인권유린이 판치는 야만상태에 있다는 것은 매우 부끄러운 일이 아닌가.[17]

17 사회보장제도를 위한 재원이 어디에서 나오는가를 기득권층은 큰 문제로 삼고 있지만, 세금의 탈루(脫漏) 금지, 불요불급한 정부 지출의 제거, 남북평화체제의 구축을 통한 군사비와 정보비의 삭감, 투기이득에 대한 과세, 부유층의 더 큰 조세부담 등으로 충분히 재원을 마련할 수 있을 것이다. 어려울 때 서로 돕는다는 정신이 필요하다.

: 참고문헌 :

고든 외(1998). 『분절된 노동, 분할된 노동자. 미국노동의 역사적 변형』(고병웅 역. 신서원).(원저: David Gordon, Richard Edwards, & Michael Reich. *Segmented Work, Divided Worker: The Historical Transformation of Labour in the United States*. Cambridge University Press, 1982)

곽노완(2006). 「21세기와 『자본』의 철학, 공황의 에피스테몰로기」. 『진보평론』, 27.

구해근(2002). 『한국노동계급의 형성』. 창작과비평사.

김기원(2002). 『재벌개혁은 끝났는가』. 한울아카데미.

김삼수(1999). 「1960년대 한국의 노동정책과 노사관계」. 『1960년대 한국의 공업화와 경제구조』. 백산서당.

______(2003). 「박정희시대의 노동정책과 노사관계」. 『개발독재와 박정희시대』. 창작과비평사.

김수행(1983). 「케인즈의 사회사상과 금일의 불황」. 『케인즈와 슘페터의 경제학』. 서울대학교 경제연구소. 제9회 경제학 심포지엄.(이 논문은 다음에도 실려 있음. 『경제논집』(서울대학교 경제연구소), 제22권 제4호)

______(1984). 『마르크스 / 슘페터 / 케인즈』. 중앙일보사.

______(1986). 『경제변동론』. 비봉출판사.

______(1988a). 『정치경제학 원론』. 한길사.

______(1988b). 『『자본론』연구 1』. 한길사.

______(1991). 『정치경제학 에세이』. 새날.

______(1995a). 「독점이론에 대한 힐퍼딩의 공헌」. 『경제논집』, 제34권 제1호.

______(1995b). 「영국 신보수주의의 경제적 귀결」. 『이론』, 겨울호.

______(2001). 『알기 쉬운 정치경제학』. 서울대학교출판부.

______(2002). 「국민국가는 여전히 중요하다」. 『역사비평』(역사비평사), 제58호.

______(2004a). 『『자본론』의 현대적 해석』(제1개정판). 서울대학교출판부.

______(2004b). 『한국에서 마르크스주의 경제학의 도입과 전개과정』. 서울대학교출판부.

______(2004c). 「『자본론』의 연구방법에 관한 일본의 논쟁」. 『마르크스주의연

구』(경상대학교 사회과학연구원), 제1권 제2호.
______(2005a). 『알기 쉬운 정치경제학』(제1개정판). 서울대학교출판부.
______(2005b). 『한국의 좌파경제학자들』. 서울대학교출판부.
______(2005c). 「마르크스의 이윤율 저하 경향의 법칙」. 『경제논집』, 제44권 제1호.
______(2005d). 「1980년대 이후 미국경제의 '금융화'」. 『마르크스주의연구』, 제2권 제1호.
______(2005e). 「'더불어 사는 사회'의 현실적 경제적 타당성」. 『아세아연구』(고려대학교 아세아문제연구소), 제48권 제4호.
______(2006a). 「케인즈주의에 대한 마르크스주의적 비판」. 『마르크스주의연구』, 제3권 제1호.
______(2006b). 「『자본론』에서 볼 수 있는 자본주의 이후의 경제체제」. 『마르크스주의연구』, 제3권 제2호.
김수행 · 박승호(2005). 「박정희체제의 경제적 성과에 관한 비판적 평가」. 『마르크스주의연구』, 제2권 제2호.
김수행 · 정병기 · 홍태영(2006). 『제3의 길과 신자유주의: 영국 · 독일 · 프랑스를 중심으로』(제1개정판). 서울대학교출판부.
김숙경(2004). 「이윤율의 변동과 자본주의 경제의 위기에 관한 연구」. 서울대학교 경제학박사 학위 논문.
김인동(1985). 「70년대 민주노조운동의 전개와 평가」. 『한국노동운동론 1』. 미래사.
김인준(2006). 「1997년 경제위기와 한국경제의 진로」. 김광억 · 황익주 편. 『광복 60년: 우리는 어디에 와 있는가』. 서울대학교출판부.
김형기 · 서익진(2006). 「IMF 경제위기 직전에 존재했던 발전모델은? 개발독재인가 '한국적' 포드주의인가」. 『경제학연구』(한국경제학회), 제54집 제1호.
리카도, 데이비드(1991). 『정치경제학 및 과세의 원리』(정윤형 역. 비봉출판사).(원저: David Ricardo. *On the Principles of Political Economy and Taxation*, 1817)
마르크스, 칼. 『자본론』 I(상)(김수행 역. 제2개역판. 2001. 비봉출판사).
__________. 『자본론』 I(하)(김수행 역. 제2개역판. 2001. 비봉출판사).
__________. 『자본론』 II(김수행 역. 제1개역판. 2004. 비봉출판사).
__________. 『자본론』 III(상)(김수행 역. 제1개역판. 2004. 비봉출판사).
__________. 『자본론』 III(하)(김수행 역. 제1개역판. 2004. 비봉출판사).
박대원(2002a). 『맑스의 경제위기론』. 문원출판.

______(2002b). 『경제위기론의 역사적 논쟁』. 문원출판.

박승호(2004). 『좌파 현대자본주의론의 비판적 재구성』. 한울.

박준식(1999). 「1960년대의 사회환경과 사회복지정책」. 『1960년대의 정치사회변동』. 백산서당.

스미스, 애덤(2003). 『국부론』(상)(김수행 역. 비봉출판사).(원저: Adam Smith. *An Inquiry into the Nature and Causes of the Wealth of Nations*, 1776)

스위지와 바란(1984). 『독점자본: 미국의 경제와 사회질서』(최희선 옮김. 한울).(원저: Paul Sweezy & Paul Baran. *Monopoly Capital: an Essay on the American Economic and Social Order*. New York: Monthly Review Press, 1966).

신광영(1999). 「1970년대 전반기 한국의 민주화운동」. 『1970년대 전반기의 정치사회변동』. 백산서당.

암스트롱, 글린, 해리슨(1993). 『1945년 이후의 자본주의』(김수행 역. 동아출판사).(원저: Philip Armstrong, Andrew Glyn, & John Harrison. *Capitalism Since 1945*. Basil Blackwell, 1991).

엥겔스, 프리드리히(1994a). 「오이겐 뒤링 씨의 과학 변혁」(반 뒤링). 『맑스 엥겔스 저작선집』 5 (김세균 감수. 박종철출판사). (원저: Friedrich Engels. *Herrn Eugen Düring's Umwälzung der Wissenschaft*, 1878).

_______(1994b). 「유토피아에서 과학으로의 사회주의의 발전」. 『맑스 엥겔스 저작선집』 5 (김세균 감수. 박종철출판사). (원저: Frederick Engels. *Socialism: Utopian And Scientific*, 1880).

이광일(2001). 「개발독재시기의 국가-제도정치의 성격과 변화」. 조희연 편. 『한국 민주주의와 사회운동의 동학』. 나눔의 집.

이상헌(2002). 「노동시간의 정치경제학: 노동시간에서 노동자시간으로」. 김수행 · 신정완 편. 『현대마르크스경제학의 쟁점들』. 서울대학교출판부.

이옥지(2001). 『한국여성노동자운동사 1』. 한울.

이완범(1999). 「제1차 경제개발5개년계획의 입안과 미국의 역할」. 『1960년대의 정치사회변동』. 백산서당.

이원보(2004). 『한국노동운동사5—경제개발기의 노동운동/1961-1987』. 지식마당.

재경부(1998). 보도자료. 2월.

전순옥(2004). 『끝나지 않은 시다의 노래』. 한겨레신문사.

정성진(2005). 『마르크스와 한국경제』. 책갈피.

조복현(1997). 『현대 자본주의 경제의 불안정성』. 새날.

조순(1983). 「케인즈와 슘페터: 그 학문과 사상의 비교」. 『케인즈와 슘페터의 경제학』. 서울대학교 경제연구소, 제9회 경제학심포지엄.

조영래(1983). 『전태일평전』. 돌베개.

파인과 해리스(1985). 『현대정치경제학입문』(김수행 역. 한울).(원저: Ben Fine & Laurence Harris. *Rereading Capital*. London: Macmillan, 1979).

한겨레신문(1997). 12월 19일자.

허상수(2001). 「개발독재시기와 위기시기의 운동정치」. 조희연 편. 『한국 민주주의와 사회운동의 동학』. 나눔의 집.

힐퍼딩, 루돌프(1994). 『금융자본』(김수행 · 김진엽 역. 새날).(원저: Rudolf Hilferding. *Das Finanzkapital: Eine Studie ber die junste Entwicklung des Kapitalismus*, Vienna: Wiener Volksbuchhandlung, 1910; 영어판 *Finance Capital*. London: Routledge & Kegan Paul, 1981).

角田修一(2001). 「英國の福祉國家と社會政策の動向と課題」. 『立命館經濟學』, 第50巻 第1號.

田口芳明(1964). 「平均利潤率とその低下傾向: 獨占資本主義段階への'移行'との關聯において」. 『經濟學雜誌』, 1月.

長島誠一(1984). 『現代資本主義の循環と恐慌』. 岩波書店.

松尾純(1979). 「資本の過剰生産に關するマルクスの定義」. 『經濟學雜誌』, 第79巻 第4號.

______(1984a). 「利潤率低下法則論の形成過程(1): 資本構成高度化と剩餘價値率上昇の對抗を中心として」. 『經濟經營論集』(桃山學院大學), 第25巻 第4號.

______(1984b). 「利潤率低下法則論の形成過程(2): 草稿「第3章資本と利潤」を中心として」. 『經濟經營論集』(桃山學院大學), 第26巻 第3號.

______(1993). 「『資本論』第3部「第1草稿」においての利潤率低下法則論の形成」. 『經濟經營論集』(桃山學院大學), 第35巻 第3號.

見田石介(1965). 「資本の一般理論と發展段階の理論」. 『經濟學雜誌』, 第37巻 第3號.

______(1967). 「『資本論』·『帝國主義』· 國際經濟學」. 『經濟學雜誌』, 第56巻 第1/2號.

佐藤金三郎(1971). 「『資本論』第3部原稿について」1 · 2. 『思想』, 4月 · 6月.

鈴木鴻一郎(1960 & 1962). 『經濟學原理論』(上) · (下). 東京大學出版會.

_________(1967). 「歷史的唯物論と經濟學」. 『經濟學論集』, 第33卷 第3號.

大內力(1962). 『日本經濟論』(上) · (下). 東京大學出版會.

_____(1978). 「信用創造の理論」. 『經濟學論集』, 1月.

若林洋夫(1973). 「株式資本と平均利潤率の法則: 交通手段としての鐵道を中心として」. 『經濟論集』(京都大學), 1月.

橫山正彦(1971). 「宇野の『經濟原論』 批判」. 『經濟學論集』, 第36卷 第4號.

宇野弘臧(1950 & 1952). 『經濟原論』(上) · (下). 岩波書店.

_______(1953). 『恐慌論』. 『宇野弘藏著作集』, 第5卷.

_______(1954). 『經濟政策論』. 岩波書店.

_______(1962). 『經濟學方法論』. 岩波書店.

伊藤誠(1971). 「マルクスの株式資本によせて」. 『經濟學論集』, 第37卷 第1號.

_____(1976). 「信用と恐慌の原理的規定」. 『經濟學論集』, 1月.

川上正道(1976). 『戰後日本經濟論』. 青木書店.

倉田稔 · 上条勇 編譯(1983). 『R. ヒルファデイング現代資本主議論』. 新評論.

侘美光彦(1970). 「帝國主義の硏究方法」. 『經濟學論集』, 第36卷 第3號/第4號.

_______(1976). 「純粹資本主義と世界資本主義」. 『經濟學論集』, 第42卷 第2號.

_______(1978). 「『資本論』の構造と世界資本主義」. 『經濟學論集』, 第44卷 第3號/第4號; 第45卷 第1號.

富澤賢治(1972 & 1973). 「『資本論』の勞動の社會化概念」. 『經濟硏究』, 第23卷 第4號; 第24卷 第1號.

富塚良三(1960). 「資本蓄積と利潤率の傾向的低下」. 『經濟評論』, 6月.

戸原四朗(1967). 「『資本論』と修正主義論爭」. 『經濟學論集』, 第33卷 第3號.

柿崎繁(1981). 「利潤率傾向的低落法則の內的諸矛盾展開と恐慌」. 『大學院紀要』(法政人學), 第6輯.

廣田純(1970). 「資本家的生産の矛盾と恐慌」. 『經濟』, 6月.

Aglietta, Michel(1979). *A Theory of Capitalist Regulation*(London: New Left Books).

Albert, Michael & Robin Hahnel(1991). *Looking Forward: Participatory Economics for the Twenty First Century*(Boston: South End Press).

Albo, Gregory(1996). "The World Economy, Market Imperatives and Alternatives." *Monthly Review*, 48(7).

____________(1997). "A World Market of Opportunities? Capitalist

Obstacles and Left Economic Policy." *Socialist Register 1997*(London: Merlin Press).

Althusser, Louis(1977). *For Marx*(London: New Left Books).

Althusser, L. & E. Balibar(1977). *Reading Capital*(London: New Left Books).

Amsden, Alice & Yoon-Dae Euh(1997). "Behind Korea's Plunge." *The New York Times*, November 27.

Amstrong, Philip, Andrew Glyn, & John Harrison(1984). *Capitalism Since World War II*(London: Fontana Paperbacks).

Arrighi, Giovanni(2003). "The Social and Political Economy of Global Turbulence." *New Left Review*, 20.

Backhouse, Roger(2002), "The Macroeconomics of Margaret Thatcher." *Journal of the History of Economic Thought*, 24(3).

Baran, Paul Alexander(1957). *The Political Economy of Growth*(New York: Monthly Review Press).(김윤자 옮김. 『성장의 정치경제학』. 두레, 1984).

Bilmes, Linda & Joseph Stiglitz(2006). "The Economic Cost of The Iraq War: An Appraisal Three Years After The Beginning Of The Conflict." NBER Working Paper 12054, National Bureau of Economic Research.(http://www.nber.org/papers/w12054. 검색일: 2006년 4월 6일).

Bleaney, Michael(1976). *Underconsumption Theories: A History and Critical Analysis* (London: Lawrence & Wishart).

Boddy, Raford & James Crotty(1975). "Class Conflict and Macro-Policy: The Political Business Cycle." *Review of Radical Political Economics,* 7.

Bonefeld, Werner(1993). *The Recomposition of the British State During the 1980s*(Aldershot: Dartmouth).

von Bortkiewicz, Ladislau(1907). "Value and price in the Marxist system." *International Papers*, 2. 1952.

Bowles, Samuel, David Gordon & Thomas Weisskopf(1990). *After the Waste Land*(Armonk: M.E. Sharpe).

Brenner, Robert(1998). "The Economics of Global Turbulence: A Special Report on the World Economy, 1950~98." *New Left Review*, 229.

______________(2002). *The Boom and the Bubble: The US in the World Economy*(London: Verso).(정성진 역. 『붐 앤 버블: 호황 그 이후, 세계경제의 그늘과 미래』. 아침이슬, 2002).

de Brunhoff, Suzanne(1976). *Marx on Money*(New York: Urizen Books).

Brus, Wlodzimierz & Kazimierz Laski(1989). *From Marx to the Market: Socialism in Search of an Economic System*(Oxford: Clarenden Press).

Bukharin, N.(1924). *Imperialism and the Accumulation of Capital*, edited by K. Tarbuck(New York: Monthly Review Press, 1972).

Carchedi, Guglielmo(2001). "Imperialism, Dollarization and the Euro." *Socialist Register 2002.*

Chang, Ha-Joon(1993). "The Political Economy of Industrial Policy in Korea." *Cambridge Journal of Economics*, 17(2).

_______________(1999). "The Hazard of Moral Hazard: Untangling the Asian Crisis." a paper presented at the American Economic Association Annual Meeting.

Chang, Ha-Joon, Hong-Jae Park, & Chul-Gyue Yoo(1998). "Interpreting the Korean Crisis: Financial Liberalization, Industrial Policy, and Corporate Governance." *Cambridge Journal of Economics*, 22(6).

Cogoy, Mario(1973). "The fall of the rate of profit and the theory of accumulation." *Bulletin of the Conference of Socialist Economists*, Winter.

Cox, Andrew(1986). "The State, Finance and Industry Relationship in Comparative Perspective." In Andrew Cox, ed. *The State, Finance and Industry: A Comparative Analysis of Post War Trends in Six Advanced Industrial Economies*(New York: St. Martins Press).

Crotty, James(1985). "The Centrality of Money, Credit, and Financial Intermediation in Marx's Crisis Theory." In S. Resnick & R. Wolff, eds. *Rethinking Marxism: Essays in Honor of Harry Magdoff and Paul Sweezy*(New York: Autonomedia).

_____________(1998). "The Korean Economic and Political Crisis."(Talks to the Korea Social and Economic Studies Association, Seoul National University).

Crotty, James & Gary Dymski(1998). "The Korean Struggle: Aftermath of the IMF Takeover." *Z Magazine*, 11(7/8).

Crotty, James & Gerald Epstein(1996), "In Defence of Capital Controls." *Socialist Register 1996.*

Davidson, Paul(2002). "Globalisation." *Journal of Post Keynesian Economics*, 24(3).

Desai, Meghnad(1974). *Marxian Economic Theory*(London: Gray-Mills Publishings).

Duménil, Gérard & Dominique Lévy(2002). "Neoliberalism: The Crime and the Beneficiary." *Review*, XXV.

______________(2004a). *Capital Resurgent: Roots of the Neoliberal Revolution*(Cambridge: Harvard University Press).

______________(2004b). "The Real and Financial Components of Profitability(United States, 1952-2000)." *Review of Radical Political Economics*, 36(1).

Eatwell, John(1994). "Citizen Keynes." *The American Prospect*, 5(16).

The Economist. 1995, September 23rd~29th; September 30th~October 6th; October 7th~13th.

Epstein, Gerald(1994), "A Political Economy Model of Comparative Central Banking." In Gary Dymski and Robert Pollin, eds. *New Perspectives in Monetary Macroeconomics: Explorations in the Tradition of Hyman P. Minsky*(Ann Arbor: University of Michigan Press).

Epstein, Gerald & Arjun Jayadev(2004). "The Determinants of Rentier Incomes in OECD Countries: Monetary Policy, Financial Liberalization, and Labor Solidarity." In G. Epstein, ed. *Financialization and the World Economy*(London: Edgar Elgar).

Favell, Adrian & Damian Tambini(1995). "Great Britain: Clear Blue Water Between 'Us' and 'Europe'?" In Bernd Baumgartl & Adrian Favell, eds. *New Xenophobia in Europe*(London: Kluwer Law International).

Feigenbaum, Harvey, Jeffrey Henig, & Chris Hamnett(1998). *Shrinking the State: The Political Underpinnings of Privatization*(Cambridge: CUP).

Froud, Julie, Colin Haslam, Sukhdev Johal, & Karel Williams(2000). "Shareholder Value and Financialization: Consultancy Promises, Management Moves." *Economy and Society*, 29(1).

______(2002). "Cars after Financialisation: a Case Study in Financial Under-Performance, Constraints and Consequences." *Competition and Change*, 7(1).

Glyn, Andrew & John Harrison(1980). The British Economic Disaster (Brighton: Pluto Press).

Glyn, Andrew & Bob Sutcliffe(1972). *British Capitalism, Workers and the Profit Squeeze*(London: Penguin Books).

Gordon D., T. Weisskopf, & S. Bowles(1983). "Long Swings and the Nonreproductive Cycle." *American Economic Review*, May.

Gough, Ian(1979). *The Political Economy of the Welfare State*(London: Macmillan).

Gorbachev, Mikhail(1987). *Perestroika: New Thinking for Our Country and the World*(London: Collins).

Grahl, J.(1983). "The Liberal Revolutionary." *Marxism Today*, June.

Greider, William(1997). *One World, Ready or Not: The Magic Logic of Global Capitalism* (Simon and Schuster).

Hansen, Alvin(1938). *Full Recovery or Stagnation?*(New York: Norton).

Harman, Chris(1984). *Explaining the Crisis: A Marxist Reappraisal*(London: Bookmarks).

Harris, Laurence(1976). "On interest, credit and capital." *Economy and Society*, May.

Harrod, Roy(1972). *The Life of John Maynard Keynes*(London: Penguin Books).

Hayek, Friedrich August von(1944). *The Road to Serfdom*(London).

Henwood, Doug(1998). *Wall Street*(London: Verso).

Himmelweit, Susan(1974). "The continuing saga of the falling rate of profit." *Bulletin of the Conference of Socialist Economists*, Autumn.

Hobson, John Atkinson(1902). *Imperialism*(London).

Hodgson, Geoff(1974). "The Theory of the Falling Rate of Profit." *New Left Review*, Mar./Apr.

Howard, M. C. & J. E. King(1989). *A History of Marxian Economics: Volume I, 1883-1929*(London: Macmillan).

______________(1992). *A History of Marxian Economics: Volume II, 1929-1990*(London: Macmillan).

IMF. *International Financial Statistics.*

IMF(1997). *Request for Stand-By-Arrangement.* Korea, December 3.

Itoh, Makoto(1975). "The formation of Marx's theory of crisis." *Bulletin of the Conference of Socialist Economists*, February.

___________(1980). *Value and Crisis: Essays on Marxian Economics in Japan*(Brighton: Pluto Press).(김수행 옮김. 『가치와 공황』. 비봉출판사, 1988).

Jessop, Bob(1990). "Regulation Theories in Retrospect and Prospect." *Economy and Society*, May.

Jones, Richard(1833). *An Introductory Lecture on Political Economy Delivered at King's College, London.*

Johnson, Paul(2001). "New Labour: A Distinctive Vision of Welfare Policy?" In Stuart White, ed. *New Labour: The Progressive Future?*(Basingstock: Palgrave).

Johnston, Barry (1983). *The Economics of the Euro-Market: History, Theory and Policy*(London: Macmillan).

Kay, Geoffrey(1976). "The falling rate of profit, unemployment and crisis." *Critique*, Spring.

___________(1979). *The Economic Theory of the Working Class*(London: Macmillan).

Kendall, W.(1975). *The Labour Movement in Europe*(London: Allen Lane).

Keynes, John Maynard(1925). "Am I a Liberal?" *The Collected Writings of J. M. Keynes*, Vol. IX(London: Macmillan, 1972).

___________(1926). "The End of Laissez-faire." *The Collected Writings of J. M. Keynes*, Vol. IX(London: Macmillan, 1972).

___________(1933). "National Self-Sufficiency." *The Yale Review*, 22(4).

___________(1936). *The General Theory of Employment, Interest and Money. The Collected Writings of J. M. Keynes*, Vol. VII(London: Macmillan. 1973).

___________(1972). *Essays in Biography. The Collected Writings of J. M. Keynes*, Vol. X(London: Macmillan).

Kidron, Michael(1970). *Western Capitalism Since the War*(Harmondsworth: Penguin).

Kim, Pyung-Joo(1997). "Financial Policies and Institutional Innovation." In

Dong-Se Cha, Kwang Suk Kim, & Dwight H. Perkins, eds. *The Korean Economy 1945-1995: Performance and Vision for the 21st Century*(Seoul: Korea Development Institute).

Kim, Soo Haeng(1982). *Theories of Economic Crises: A Critical Appraisal of Some Japanese and European Reformulations.* Ph.D. Thesis, University of London.

Kim, Soohaeng & Bokhyun Cho(1999). "The South Korean Economic Crisis: Contrasting Interpretations and an Alternative for Economic Reform." *Studies in Political Economy*, 60.

Kleinknecht, A. *et al.* eds.(1992). *New Findings in Long-Wave Research* (New York: St. Martin's Press).

Kondratiev, Nikolai Dmitrievich(1922). *The World Economy and Its Condition During and After the War.*

__________(1926). "The Long Waves in Economic Life." *Archiv für Sozialwissenschaft und Sozialpolitik*(번역문이 1935년에 *Review of Economic Statistics*에 실렸다).

__________(1984). *The Long Wave Cycle*(New York: Richardson & Snyder).

Koo, Bon-Ho(1993). "Industrial Policy and Financial Reforms in Korea." In Faruqi Shakil, ed. *Financial Sector's Reforms in Asian and Latin American Countries.* EDI seminar series(Washington: The World Bank).

Kornai, Janos(1990). *Road to a Free Economy. Shifting from a Socialist Economy: The Case of Hungary*(New York: W. W. Norton & Co.).

Kotz, David(1990). "A Comparative Analysis of the Theory of Regulation and the Social Structure of Accumulation Theory." *Science & Society,* Spring.

Krippner, Greta(2003). "The Fictitious Economy: Financialization, the State, and Contemporary Capitalism." Ph.D. Dissertation. Sociology Department, University of Wisconsin-Madison.

________(2004). "The Financialization of the American Economy." *Socio-Economic Review*, 3(2).

Krugman, Paul(1998a). "What Happened to Asia?" MIT Department of Economics, January.

________(1998b). "Will Asia Bounce Back?" Speech for Credit Suisse First

Boston, Hong Kong, March.

Lambert, P.(1963). "The Social Philosophy of John Maynard Keynes." In J. Wood, ed. *John Maynard Keynes: Critical Assessments*(Kent: Croom Helm, 1983).

Lazonick, William & Mary O'Sullivan(2000). "Maximizing Shareholder Value: A New Ideology for Corporate Governance." *Economy and Society*, 29(1).(김재우 옮김. 「주주 가치 극대화: 기업 지배구조에 대한 새로운 이데올로기」. 진보저널읽기모임 http://journal.jinbo.net).

Leathers, Charles G. & J. Patrick Raines(1994). "The new speculative stock market: why the weak immunizing effect of the 1987 crash?" *Journal of Economic Issues*, 28(4).

________(2004). "The Schumpeterian role of financial innovations in the New Economy's business cycle." *Cambridge Journal of Economics*, 28.

Lebowitz, Michael(1991). "The Socialist Fetter: A Cautionary Tale." *Socialist Register 1991.*

________(1996). "Market Socialism, the Second Side of Production and Solidarity." Paper presented at the 8th Conference of North American and Cuban Philosophers and Social Scientists in June 1996 in Havana, Cuba.

________(2003). *Beyond Capital: Marx's Political Economy of the Working Class*(2nd edition. Basingstoke: Palgrave Macmillan).

Lee, Chung(1992). "The Visible Hand and Economic Development: The Case of South Korea." In James A. Roumasset and Susan Barr, eds. *The Economics of Cooperation: East Asian Development and the Case for Pro-Market Intervention*(Boulder and Oxford: Westview Press).

Lenin, V.I.(1893). "On the so-called market problem." *Collected Works*, Vol. 1(Moscow: Progress Publishers, 1977).

________(1917). *Imperialism: The Highest Stage of Capitalism*(Moscow: Progress Publishers, 1975).

Leslie, S.W.(1993). *The Cold War and the American Science*(New York: Columbia University Press).

Luxemburg, Rosa(1913). *The Accumulation of Capital*(London: Routledge & Kegan Paul, 1971).

____________(1915). *An Anti-Critique*, edited by K. Tarbuck(New York: Monthly Review Press, 1972).

Malthus, Thomas(1820). *Principles of Political Economy*.

Mandel, Ernest(1975). *Late Capitalism*(London: New Left Books).

_______(1978). *The Second Slump*(London: New Left Books).

_______(1992). "The International Debate on Long Waves of Capitalist Development: An Intermediary Balance Sheet." In A. Kleinknecht *et al.*, eds.

Martin, J.(1971). *Revisionist Viewpoints: Essays in a Dissident Historical Tradition*(Boulder: Ralph Myles Publishers).

Marx, Karl(1857-58a). *Grundrisse*. Marx & Engels, *Collected Works*, Vol. 28(Moscow: Progress Publishers, 1986).

________(1857-58b). *Grundrisse*. Marx & Engels, *Collected Works*, Vol. 29(Moscow: Progress Publishers, 1987).

________(1859). *A Contribution to the Critique of Political Economy*. Marx & Engels, *Collected Works*, Vol. 29(Moscow: Progress Publishers, 1988).

________(1861-63a). *Theories of Surplus-Value*. Marx & Engels, *Collected Works*, Vol. 30(Moscow: Progress Publishers, 1988).

________(1861-63b). *Theories of Surplus-Value*. Marx & Engels, *Collected Works*, Vol. 31(Moscow: Progress Publishers, 1989).

________(1861-63c), *Theories of Surplus-Value*. Marx & Engels, *Collected Works*, Vol. 32 (Moscow: Progress Publishers, 1989).

________(1861-63d). *Theories of Surplus-Value*. Marx & Engels, *Collected Works*, Vol. 33(London: Lawrence & Wishart, 1991).

________(1861-63e). Third Chapter, Capital and Profit. Marx & Engels, *Collected Works*, Vol. 33(London: Lawrence & Wishart, 1991).

________(1970). *A Contribution to the Critique of Political Economy* (Moscow: Progress Publishers).

________(1973). *Grundrisse: Foundations of the Critique of Political Economy(Rough Draft)*(London: Penguin Books).

Matsui, Kiyoshi(1970). "Marx's Plan in the *Critique of Political Economy* and the Crisis in the World Market." *Kyoto University Economic Review*, 40(1). Reprinted in John Cunningham Wood, ed. *Karl Marx's*

Economics: Critical Assessments(Kent: Croom Helm, 1988), Vol. IV, Article No. 136.

de Medeiros, Carlos Aguiar(2003). "The Post-War American Technological Development As a Military Enterprise." *Contributions to Political Economy*, 22.

Mill, John Stuart(1848). *Principles of Poltitical Economy with Some of Their Applications to Social Philosophy*(Toronto: University of Toronto Press, 1965).

Minsky, Hyman(1986). *Stabilizing an Unstable Economy*(New Haven: Yale University Press).

Moran, Michael(1991). *The Politics of the Financial Services Revolution: The USA, UK and Japan*(London: Macmillan).

Palma, Gabriel(1998). "Three and a Half Cycles of Mania, Panic and (Asymmetric) Crash: East Asia and Latin America Compared." *Cambridge Journal of Economics*, 22(6).

Panitch, Leo & Sam Gindin(2004). "Finance and American Empire." *Socialist Register 2005*.

Park, Jae-Jun(1998), "Financial Crisis in Korea: Why It Happened and How It can be Overcome." Research Department, the Bank of Korea.

Patrick, Hugh & Henry Rosovsky, eds.(1976). *Asia's New Giant* (Washington: Brookings Institution).

Phillips, Kevin(1996). *Arrogant Capital: Washington, Wall Street, and the Frustration of American Politics*(Little, Brown, and Company).

____________(2002). *Wealth and Democracy: A Political History of the American Rich*(Broadway Books).

Pilling, Geoffrey(1987). *The Crisis of Keynesian Economics: A Marxist View*(Kent: Croom Helm). www.marxists.org/archive/pilling/works/keynes/index.htm(검색일: 2006년 1월 17일).

Pollard, Sydney(1969). *The Development of the British Economy 1914-67*(2nd edition. London: Edward Arnold).

Pollin, Robert(1993). "Public Credit Allocation through the Federal Reserve: Why It is Needed; How It should be Done." In Gary Dymski, Gerald Epstein & Robert Pollin, eds. *Transforming the U.S. Financial*

System(Armonk: M. E. Sharpe).

____________(1995). "Financial Structures and Egalitarian Economic Policy." *New Left Review*, 214.

____________(1997). "Socialization of Investment and the Euthanasia of the Rentier: The Relevance of Keynesian Policy Ideas for the Contemporary US Economy." In Philip Arestice & Malcolm Sawyer, eds. *The Relevance of Keynesian Economic Policies Today*(New York: St. Martins Press).

Raico, R.(2002). "Keynes and the Reds." *Ludwig von Mises Institute*, Feb. 13(www.mises.org).

Robinson, Joan(1945). *An Essay on Marxian Economics*(London: Macmillan, 1966).

__________(1971). Introduction to the *Accumulation of Capital* by Luxemburg(London: Routledge & Kegan Paul).

Roche, Barbara(2000). "UK Migration in a Global Economy." Paper submitted to the Institute of Public Policy Research seminar, London, 11 Sep.

Rosdolsky, Roman(1969). *The Making of Marx's Capital*(Brighton: Pluto Press, 1977).

Rowthorn, Bob(1977). "Inflation and crisis." *Marxism Today*, Nov.

_________(1980). *Capitalism, Conflict and Inflation*(London: Lawrence and Wishart).

Rude, Christopher(2004). "The Role of Financial Discipline in Imperial Strategy." *Socialist Register 2005*.

Samuelson, Paul(1973). *Economics*(New York: McGrow Hill).

Scarman, Lord(1981). *The Brixton Disorders 10~12 April 1981. Report of an Inquiry by the Rt. Hon. The Lord Scarman OBE*(London: HMSO).

Schefold, Bertram(1980). "The General Theory for the Totalitarian State? A Note on Keynes's Preface to the German Edition of 1936." *Cambridge Journal of Economics*, 4(2).

Schumpeter, Joseph(1934). *The Theory of Economic Development: An Inquiry into Profits, Capital, Credit, Interest, and the Business Cycle* (독일어 초판은 1912년이고 마지막 수정판은 1934년. 이 영어판은 슘페터가 수

정한 것임)(Cambridge: Harvard University Press).

_________(1939). *Business Cycles*. Vol. I-II(New York: McGraw-Hill).

_________(1943). *Capitalism, Socialism and Democracy*(London: Unwin University Press).

_________(1954). *History of Economic Analysis*(Oxford: Oxford University Press).

Seccombe, Wally(1999). "Contradictions of Shareholder Capitalism: Downsizing Jobs, Enlisting Savings, Destabilizing Families." *Socialist Register 1999*.

Sekine, Thomas(1975). "Uno-Riron: A Japanese contribution to Marxian political economy." *Journal of Economic Literature*, 13(3).

Shackle, G.(1974). *Keynesian Kaleidics: the Evolution of a General Political Economy*(Edinburgh: Edinburgh University Press).

Shaikh, Anwar(1978). "An introduction to the history of crisis theories." In Union for Radical Political Economics, ed. *U.S. Capitalism in Crisis*. URPE.

Skidelsky, Robert(1983). *Hopes Betrayed: John Maynard Keynes*. Vol. 1(London: Macmillan).

_________(1992). *The Economist as Saviour: John Maynard Keynes*. Vol. 2(London: Macmillan).

_________(2000). *Fighting for Britain: John Maynard Keynes*. Vol. 3(London: Macmillan).

_________(2004). *John Maynard Keynes 1883~1946: Economist, Philosopher, Statesman*(London: Pan Books).

Smith, Ron(1977). "Military Expenditure and Capitalism." *Cambridge Journal of Economics*, 1.

Solomos, John(2003). *Race and Racism in Britain*.(Third Edition. Basingstoke: Palgrave Macmillan).

Sraffa, Piero (1960). *Production of Commodities by Means of Commodities* (Cambridge: Cambridge University Press).

Steedman, Ian(1977). *Marx After Sraffa*(London: New Left Books).

Stockholm International Peace Research Institute(2005). *SIPRI YEARBOOK 2005: Armaments, Disarmament and International Security* (http://www.sipri.org. 검색일: 2006년 4월 5일).

Summers, Laurence(1998). "Opportunities out of Crisis: Lessons from Asia." US Treasury News, March 19.

Sutcliffe, Bob(1977). "Keynesianism and the Stabilisation of Capitalist Economies." In F. Green & P. Nore, eds. *Economics: An Anti-Text*(London: Macmillan).

Sweezy, Paul Malor(1942). *The Theory of Capitalist Development: Principles of Marxian Political Economy*(New York: Monthly Review Press).(이훈 · 이재연 옮김. 『자본주의 발전이론』. 화다, 1998)

Szymanski, Al(1973). "Military Spending and Economic Stagnation." *American Journal of Sociology*, 79.

Tabb, William(1998). "The East Asian Financial Crisis." *Monthly Review*, 50(2).

Tickell, Adam(1999). "Unstable Futures: Controlling and Creating Risks in International Money." *Socialist Register 1999*.

Tugan-Baranowsky, Mikhail(1894), *Studien zur Theorie under Geschichte der Handelskrise in England*(Jena: Gustav Fisher, 1901).

Uno, Kozo(1980). *Principles of Political Economy: Theory of Pure Capitalist Society*, translated by T. Sekine(Brighton: Harvester Press).

de Vroey, Michel(1980). "A Marxist view of ownership and control." In T. Nichols, ed. *Capital and Labour*(London: Fontana Paperbacks).

Wade, Robert(1998). "From Miracle to Cronyism: Explaining the Great Asian Slump." *Cambridge Journal of Economics*, 22(6).

Wade, Robert & Frank Veneroso(1998). "The Asian Crisis: The High Debt Model Versus the Wall Street-Treasury-IMF Complex." *New Left Review*, 231(1).

Whyman, Philip(2006). "Post-Keynesianism, socialisation of investment and Swedish wage-earner funds." *Cambridge Journal of Economics*, 30.

Williams, Karel(2000). "From Shareholder Value to Present-Day Capitalism." *Economy and Society*, 29(1).

Wolff, Edward(1996). *Top Heavy*(New Press).

____________(1997). "Who are the Rich? A Demographic Profile of High-

Income and High Wealth Americans." University of Michigan Business School, Working Papers Series, 98-6.

Yaffe, David(1973a). "The crisis of profitability: a critique of the Glyn-Sutcliffe thesis." *New Left Review*, 80.

___________(1973b). "The Marxian theory of crisis, capital and the State." *Economy and Society*, May.

Yaffe, D. & Paul Bullock(1975). "Inflation, crisis and the Post-War boom." *Revolutionary Communist*, 1.

찾아보기

[ㄴ]

[ㄷ]

[ㄹ]

[ㅅ]

[ㅇ]

[ㅈ]

[ㅊ]

[ㅋ]

[ㅌ]

김수행

서울대학교 경제학과에서 학사학위와 석사학위를 받고, 영국 런던대학교에서 「공황이론: 일본과 유럽 마르크스주의자들의 공황이론 재구성에 관한 비판적 평가」란 제목으로 경제학 박사학위를 받았다. 2008년 2월 말 서울대학교 경제학부를 정년퇴임하고, 성공회대학교 사회과학부 석좌교수를 역임하였다.

자본주의 경제의 위기와 공황

초판 1쇄 발행 2006년 9월 5일
초판 5쇄 발행 2018년 10월 15일

지은이 김수행
펴낸이 성낙인
펴낸곳 서울대학교출판문화원

출판등록 제15-3호

주소 08826 서울 관악구 관악로 1
대표전화 02-880-5252 | 팩스 02-888-4148
홍보마케팅팀(주문 상담) 02-889-4424, 02-880-7995
이메일 snubook@snu.ac.kr
홈페이지 www.snupress.com

ISBN 978-89-521-1551-5 93320

2007년 대한민국학술원 우수학술도서